R&B

DER WILLIAM KOTZWINKLE OMNIBUS

Fan Man
Nachtgeschichten
Schwimmer im dunklen Strom
Dr. Ratte
Fata Morgana

Rogner & Bernhard
bei Zweitausendeins

FAN MAN
Copyright © 1974 by William Kotzwinkle.
Titel der Originalausgabe: *The Fan Man.*
Copyright © der deutschen Ausgabe 1978 by
Rogner & Bernhard GmbH & Co. Verlags KG, München.
ISBN 3-8077-0094-3

NACHTGESCHICHTEN
Copyright © 1974 by William Kotzwinkle.
Titel der Originalausgabe: *Nightbook.*
Copyright © der deutschen Ausgabe 1978 by
Rogner & Bernhard GmbH & Co. Verlags KG, München.
ISBN 3-8077-0103-6

SCHWIMMER IM DUNKLEN STROM
Copyright © 1975 by William Kotzwinkle.
Titel der Originalausgabe: *Swimmer in the Secret Sea.*
Copyright © der deutschen Ausgabe 1979 by
Rogner & Bernhard GmbH & Co. Verlags KG, München.
ISBN 3-8077-0136-2

DR. RATTE
Copyright © 1971, 1976 by William Kotzwinkle.
Titel der Originalausgabe: *Doctor Rat.*
Copyright © der deutschen Ausgabe 1984 by
Rogner & Bernhard GmbH & Co. Verlags KG, München.
ISBN 3-8077-0207-5

FATA MORGANA
Copyright © 1977 by William Kotzwinkle.
Titel der Originalausgabe: *Fata Morgana.*
Copyright © der deutschen Ausgabe 1979 by
Rogner & Bernhard GmbH & Co. Verlags KG, München.
ISBN 3-8077-0113-3

1. Auflage, August 1993.

ISBN 3-8077-0292-X

Umschlaggestaltung Britta Lembke, Hamburg.
Herstellung Dieter Kohler & Bernd Leberfinger, Nördlingen.
Druck und Bindung Ebner, Ulm.
Printed in Germany.

Dieses Buch gibt es nur bei Zweitausendeins
im Versand (Postfach, D-60381 Frankfurt am Main) oder
in den Zweitausendeins-Läden in Berlin, Essen, Frankfurt, Freiburg,
Hamburg, Köln, München, Nürnberg, Saarbrücken, Stuttgart.

In der Schweiz über buch 2000, Postfach 89, CH-8910 Affoltern a. A.

Fan Man

Deutsch von Dirk Mülder

1
Horse Badorties' Nummer-Eins-Apartment

Ich bin ganz allein in meinem Apartment, meinem bis zur Decke vollgestopften Apartment. Berge von Notenblättern und haufenweise vor Abfall platzende Mülltüten und stapelweise verkrustete Bratpfannen auf dem Boden, voll mit unbeschreiblichen Flecken von in Fäulnis übergegangenem ekelhaften Fett. Mein Apartment, Mann, mein eigenes kleines Lower East Side Horse-Badorties-Apartment.

Bin grade aufgewacht, Mann. Horse Badorties ist grade aufgewacht und kriecht in dem Meer von abscheulichem Dreck rum, das er sein Zuhause nennt. Geh durch die Räume meines Apartments, Mann, über Glasscherben und durch Berge dreckiger Sachen, aus denen ich meine Tagesgarderobe wählen werde. Hier, in den Mülleimer gestopft, ist eine unglaublich zerknautschte versaute Hose. Und hier, Mann, unter einem Packen nasser Zeitungen, ist ein Hemd, Mann, mit einem Ärmel. Alles, was ich jetzt brauch, Mann, ist eine Krawatte, und hier ist eine ganz ausgezeichnete japanische Gummispielzeugschlange, Mann, die ich mir leicht in einen akzeptablen Knoten schlingen kann, der aussieht wien Klumpen Spaghetti.

SPAGHETTI! MANN! Jetzt weiß ichs wieder. Darum bin ich doch von meiner Müllkippe aufgestanden, Mann, wegen meinem knurrenden Magen. Es ist Zeit fürs Frühstück, Mann. Aber erst muß ich nach Alaska telephonieren.

Muß das Telephon finden. Wichtiger Deal in der Mache. Such nach dem Telephon, kämpf mich durch Berge von Notenblättern, Mann, gestapelt bis zur Decke. Und hier ist ein Verlängerungskabel, Mann, aus dem läßt sich sehr gut ein Gürtel machen für meine rutschende Horse-Badorties-Hose, ich steck einfach das Kabel durch die Gürtelschlaufen und stöpsel es zusammen.

Such zwischen Trümmern Lumpen kaputtem Stuhl, alte Sardinendose mit ner Küchenschabe drin, leere Piña-Colada-Flasche, süßes klebriges Zeug an der Wand, zerschlagenes Ei auf dem Boden, Kaffeesatz verstreut. Was ist denn das hier unten, Mann? Es ist das Waschbekken. Mann, ich hab das Waschbecken gefunden ... würde es überall wiedererkennen ... Moment mal, Mann ... es is nich das Waschbecken, das ist mein großer Horse-Badorties-Polstersessel voll schmutzigem Geschirr. Ich muß mich hier hinsetzen und ausruhen, Mann, bin so müde vom Aufstehen. Schmeiß Teller runter, krachendes brechendes Scheppern. Versink in den feuchten Polstern, irgend ne Art von Schimmelpilz auf der Armlehne, kann man vielleicht sogar rauchen.

Ich bin in meinem kleinen Horse-Badorties-Apartment, Mann, seh mich um. Is das schönste Apartment, das ich je hatte, Mann, und ich nehm mir noch genau so eins gleich nebenan. Zwei Apartments, Mann. Die Miete wird hoch sein, aber das is nich so schlimm, wenn du sie nich bezahlst. Und mit zwei Apartments, Mann, da hab ich Platz, da kann ich den Liebeschor proben, Mann, und wir singen unsre heilige Musik und nehmen sie auf mit meinem batteriebetriebenen tragbaren auseinanderfallenden japanischen Tonbandgerät mit den ausgelaufenen abgenutzten Batterien, Mann, und wenn wirs zurückspulen und es hören wollen, werden wirs nicht hören können. Wie wunderschön, Mann.

Sitz im Sessel, starr die Wand an, wo die Farbe abblättert und die Soße runterläuft und Hunderte von Telephonnummern stehen. Ich muß gleich mal telephonieren, Mann, ich MUSS.

Sitz im Sessel, starr die Wand an. Kann mich nicht bewegen, Mann, fühl den dunklen schweren Vorhang undurchdringlicher Betäubung auf mich fallen, Mann. Küchenschabe kriecht die Wand hoch. Ja, Mann, sogar meine Schaben haben Schaben.

Schlaf wieder ein. Kopf nickt auf Brust, Arm fällt von der Lehne, Finger berühren glattes Plastik. Ich habs Telephon gefunden, Mann. Es hat die ganze Zeit neben mir gesessen wien braves kleines Tier, und ich heb es hoch, Mann, und das ist Margarine da in den Löchern der

Wählscheibe, Mann. Es ist eindeutig mein Telephon. Mein Weg nach draußen ist jetzt Ma Bell und ich steck meinen Wählfinger rein, Mann, immer wieder. Sie ist erregt, Mann, sie antwortet...

„...Hallo?...Hallo, Mann, hier ist Horse Badorties... richtig, Mann, ich stell grade nen kleinen Deal auf die Beine, Mann. Acapulco-Artischockenherzen, Mann, toller Stoff... is aufm Floß übern Colorado geschwommen, Mann, isn bißchen feucht, aber ansonsten... Bleib mal nen Augenblick dran, ich glaub, es will grade jemand durchs Fenster."

Ich kann keine Sekunde länger sprechen, Mann, ohne was zu essen. Ich bin ganz schwach vor Hunger, Mann, muß meinen Kühlschrank finden, zwischen ausgelutschten Apfelsinen, totem Holz, altem Eisen und eingetrocknetem Rotz. Hier ist er, Mann, und der Tisch mit dem Müll genau davor. Wirf den Tisch um, Mann, jetzt is nich Zeit für große Umstände, ich bin am verhungern.

Irgendson geheimnisvolles Gemüse hockt im Kühlschrank, verschrumpelt, schmutzig, von Schimmel bedeckt, irgendwas Verfaultes, Mann, und es ist mein Frühstück.

Statt das zu essen, Mann, kehr ich lieber wieder auf mein Schmerzenslager zurück. Ich werd noch mal das Bardo der Träume betreten, Mann, sofern ich mein Bett finden kann. Es muß durch diese Tür sein und dann irgendwo hier hinten drin, Mann. Ich brauch noch etwas Schlaf, das wird mir jetzt klar. Ich funktionier einfach nich, komm einfach nich weiter, bis ich nich wieder schlaf.

Kriech über die Schreibtischschubladen krachvoll mit alten Lumpen und meiner Sammlung abgelaufener Socken und rutsch runter, Mann, erwisch eine Ecke von meinem Bett, Mann, wo ich mich endlich ausruhen kann auf einem Stapel Bücher Steine alter Eimer. Kriech in meine gelben verschmierten steifen zerrissenen Wachspapierlaken, Mann, wie nett. Und das letzte was ich tu, Mann, bevor ich einschlaf, ich stell meinen batteriebetriebenen tragbaren japanischen Fan* an. Der Summton, den er macht, das süße beständige melodische Brummen wiegt mich in den Schlaf und dann träum ich Symphonien und wach mit einem steifen Nacken auf.

* Amer. Abk. f. Ventilator.

2
Horse Badorties' Beutel

Horse Badorties wacht wieder auf, Mann. Mann, auf welchem Planeten bin ich? Schein in irgend nem merkwürdigen urzeitlichen scheußlichen Fett eingemacht zu sein. Moment mal, Mann, das is mein Horse-Badorties-Kissenbezug. Ich bin am Leben und es geht mir gut in meinem eigenen Horse Badorties widerwärtigen Leben.

Zeit zum Aufstehn, Mann, du mußt aufstehn und rausgehn ans Tageslicht und fünfzehnjährige Mädels in dein Leben bringen.

Ich setz meine Horse-Badorties-Füße in Trab, Mann, hol mir meine Sachen zusammen, sammel die verschiedenen wertvollen Stücke meines Apartments ein, Mann, die ich jetzt mitnehmen MUSS. Ich hab den japanischen Fan in meiner Hand, Mann, und marschier vorwärts durch meinen Müllhaufen. Mach mir Luft, Mann, an nem heißen Sommermorgen oder -nachmittag, eins von beiden.

Auf zum Fenster, Mann, von wo aus man weit über die Dächer bis zu nem Turm in der Ferne sieht, auf dem es vier Uhr nachmittags ist. Spät, Mann. Ich muß raus aus dem Apartment, oder ich lauf immer im Kreis drin rum, entdeck verlorene Schätze uralter Zivilisationen und bleib den ganzen Tag hier hängen.

Hier is mein Beutel, Mann. Jetzt muß ich ihn mit den Dingen vollstopfen, die fürs Überleben auf der Straße wesentlich sind: Noten, Fan, Wecker und Tonbandgerät. Und nochn letzter Gegenstand, der in meinen Überlebensbeutel gepackt werden muß, ist Commander Schmocks koreanische Mütze mit den Ohrenklappen, falls ich unterwegs puertoricanische Musik zu hören bekomm.

Mann, es sind zahllose tausend andere Dinge in diesen Räumen, die ich mitnehmen sollte für Notfälle, und da es Sommer ist, MUSS ich meinen Mantel mitnehmen. Mir ist ganz so, als werd ich ihn brauchen können.

Viele andre Sachen würd ich noch gern in meinen Beutel stopfen, Mann. Alles, Mann, ich würd gern alles mitnehmen und deswegen muß ich, nach einem letzten Schluck Wasser, hier raus.

Küchenschaben trippeln über den gigantischen Haufen verklebten und zusammengebackenen Geschirrs in meinem Horse-Badorties-Waschbecken. Das Wasser ist noch nicht kalt genug. Ich werd das Wasser hier nen Augenblick laufen lassen, bis es kalt wird. Ich darf nicht vergessen, es abzustellen. Ich hab alles, was ich brauch, Mann. Alles, was ich möglicherweise brauchen könnte für ein paar Stunden auf der Straße, ist unwiderruflich in meinem Beutel verstaut. Wenn er noch viel schwerer wird, kann ich ihn nicht mehr tragen.

„Ich stell das Tonbandgerät an, Mann, um das Geräusch der zugehenden Tür aufzunehmen, während ich meine Wohnung verlasse. Dieses langgezogene quietschende Geräusch, Mann, ist der wunderbare Ton der Freiheit für Horse Badorties. Es ist der Ton der Befreiung, Mann, von meinem Zwang, das Weggehn immer wieder aufzuschieben ... Moment mal, Mann, ich hab vergessen, mich zu vergewissern, ob ich nich doch noch was mitnehmen wollte."

Noch mal zurück in die Wohnung, Mann, geht der Geisteskranke in seinem Wahn. Hab ich noch irgendwas vergessen zu tun oder mitzunehmen? Nur eins, ich muß die Schuhe ausziehn, diese japanischen Plastikschuhe bringen mich um, und hier, Mann, liegt ein chinesischer Gummi-und-Segeltuchschuh für bequemes Horse-Badorties-Gehen. Wo is der andre, Mann? Hier is er, Mann, mit irgendwelchen durchgeweichten Bohnen, Mann, die drin sprießen. Ich kann die Harmonie der Natur nicht stören, Mann, ich werd zwei verschiedene Schuhe tragen müssen, einen gelben japanischen Plastikschuh, den andern roten chinesischen Segeltuchschuh und mein Gang, Mann, wird hoffnungslos unausgeglichen sein. Ich sollte besser überhaupt nicht rausgehn, Mann.

Aber, Mann, du mußt raus. Wenn du draußen bist, kannst du dir immer noch ein Paar neue Lower East Side ukrainische Schlafzimmer-Papplatschen kaufen, die nach hundert Metern auseinanderfallen. Türlich, Mann, es is alles ganz einfach, wenn man es vernünftig betrachtet. Komm, Mann, wir gehn raus aus der Tür: Alles in Ordnung.

Wieder durch die Tür, Mann, und die Stufen runter, die Stufen runter... eine, zwei, drei Treppen runter... Gott, Mann, ich hab meine Walkie-Talkies vergessen. Ich bin drei Treppen runtergegangen, Mann. Und dreh um und geh wieder rauf.

Ich steig wieder die Stufen rauf, obwohl ich müde bin und auseinanderfall. Ohne meine Walkie-Talkies kann ich nicht sein, Mann. Der gesunde Menschenverstand, Mann, muß über die Müdigkeit des Körpers triumphieren.

„Es ist wunderbar, Mann. Ich geb eine besondere Erklärung zu diesem Wunder aufs Tonbandgerät ab, Mann, so daß ich niemals diesen Augenblick überwältigender unbewußter Vorahnung vergessen werde. Scheinbar, Mann, kehrte ich meiner Walkie-Talkies wegen um, aber tatsächlich war es mein unbewußtes Denken, das mich zurücktrieb, Mann, denn ich hatte die Tür zu meiner Wohnung verdammt sperrangelweit offengelassen. Jeder hätte reingehn und den kostbaren wertvollen Inhalt meines Apartments wegschleppen können, Mann. Und so bin ich zurück im Müllhaufen, Mann, in dem elenden zerbrochenen verstreuten Allerlei meines Apartments, Mann, und ich seh ein weiteres Wunder, Mann. Es ist das Wunder des Wassers im Waschbecken, Mann, das ich laufen ließ. Mann, verstehst du, wenn ich nicht zurückgekommen wär, hätt ich das Apartment überschwemmt, hätt meine Küchenschaben unter Wasser gesetzt und die Küchenschaben unter mir, wo die sechsundzwanzig puertoricanischen Mädels wohnen. Eine Katastrophe ist abgewendet, Mann. Mehr noch, jetzt is das Wasser beinah kalt, Mann. Es braucht nur nochn paar Minuten zu laufen, Mann, und ich kann nen Schluck trinken.

Ach, jetzt seh ich erst, daß ich meine süße kleine Mondlaute vergessen hab, hier hängt sie im Ofen. Die Mondlaute, Mann, ist das seltsamste verdammte Instrument auf der Welt, Mann, sieht aus wie ne chinesische Bratpfanne, Mann, und ich bin der einzige in der westlichen Welt, der es wagen würde, sie zu spielen, Mann, weil sie wie ein Chinese klingt, der die Treppe runterfällt. Das erinnert mich daran, Mann, daß ich besser aus der Wohnung raus sein sollte und die Treppe runter. Ich geh, Mann, schon auf dem Weg, durch die Tür. Ich mach die Tür jetzt dicht, Mann, ohne weitere Ankündigung.

3
Horse Badorties' Flasche Piña-Colada

Die Straße, Mann, toll, die Straße. Befreit von meiner Wohnung, Mann. Bin hier draußen an einem Sommertag gehe trage Beutel und Mantel. Mann, warum hab ich den Mantel mit runtergenommen muß ihn sofort wieder raufbringen in mein Horse-Badorties-Apartment.

„Hier spricht Horse Badorties, schalte Tonbandgerät ein, um noch ein paar wertvolle Geräusche zu sammeln. Hör mal das Brummen im Hintergrund, Mann. Horse Badorties ist auf der durchsichtigen weißen Schmiere vor dem großen Con-Edison-Transformator abgefahren. Hörst du den großen summenden Drachen, Mann, hör dir den mal an. Ich wollt ich könnt hierbleiben und zuhören, Mann, aber ich muß noch fünfzehnjährige Mädels für den Liebeschor anwerben, UNVERZÜGLICH!"

Horse Badorties biegt in die Avenue A ein, Mann, was für eine wunderbare Straße. Guck dir den Dreck an, Mann, überall. Das ist mein Apartment, Mann, Avenue A ist einfach nur eine Verlängerung meines ewig-wandelnden Scheißhaufens. Warum, Mann, hab ich diesen

Mantel mitgenommen? Es muß dreißig Grad im Schatten sein unter nem New Yorker BAUM!

„Baum, Mann... Hier spricht Horse Badorties, Mann, schalt das Tonbandgerät ein, um Den Plan bekanntzugeben, Mann. Es ist so ... ich erinner mich an einen gewissen Baum, Mann, im Van Cortlandt Park, wo ich als Kind aufgewachsen bin. Und da, Mann, DA gehn wir jetzt hin, Mann, auf ne heilige Pilgerreise in den Van Cortlandt Park, wo ich als kleines Kind abgefahren bin. Komm, wir gehn, Mann, SOFORT!"

Der Gedanke an diesen vergessenen Park meiner Kindheit wirkt jetzt auf mein Horse-Badorties-Bewußtsein ein. Inzwischen muß ich mich noch fünfhundert anderen Dingen widmen, Fans bequatschen, Mädels bequatschen, Musik bequatschen – und all diese Dinge sind dringend erforderlich und dürfen nicht einen Moment lang vernachlässigt werden. Aber denk immer dran, Mann, trotz all der Dinge, die du zu tun hast, denk an die Bäume vom Van Cortlandt Park, grün und frei und von Ruß bedeckt. Ich muß da sofort hin.

Zuerst allerdings muß ich zum Tompkins Square Park, wo zweifellos fünfzehnjährige Ausreißerinnen zusammenkommen. Zuerst allerdings muß ich mir Wind machen, muß ich mir Kühlung verschaffen mit meinem tragbaren batteriebetriebenen Fan, bevor ich vor Hitze umfall in diesem verdammten Mantel. Ne kühle Brise, Mann, über die Braue.

Warum ichs nich mit chinesischen Papierfächern mach,

Mann, das kommt daher, daß ich lange nicht in Chinatown war, aber HEUTE ABEND muß ich da hin. Nimms aufs Band auf, Mann, damit dus nich vergißt. „Wir fahren abends nach Chinatown zum Essen, Mann. Es steht auf Dem Plan. Paß auf, daß ichs nich vergesse, ja?“ Der Plan ist jetzt auf meinem Horse-Badorties-Tonband. Später, wenn ich vergessen hab, wer ich bin, kann ich immer das Gerät anstellen und hören, daß ich Horse Badorties bin, auf dem Weg nach Chinatown. Und jetzt, Mann, muß ich aus diesem Hauseingang raus und die Straße lang.

Das ist ein Horse-Badorties-Schritt und das ist noch einer. Mit Erfolg überquer ich die Straße, Mann, aber alles halt, STOP! Ich hör puertoricanische Musik, Mann.

Rasch grab ich aus dem Horse-Badorties-Überlebensbeutel Commander Schmocks kaiserliche rotchinesische Militärmütze aus, Mann, setz sie auf den Kopf und klapp die dicken daunengefüllten Ohrenschützer über meine Ohren, Mann, schalt das Geräusch von puertoricanischen Kürbiskopfspielern aus, die

muy bonita
mi corazón

singen.

Ich hör immer noch ein entferntes Geräusch, Mann, aber ich hau schnell ab. Commander Schmocks Mütze hat wieder mal meine Trommelfelle gerettet, Mann, vor nem

Anschlag schlimmer als ukrainische Volkslieder. Meine Commander-Schmock-Mütze ist eine Wintermütze, und obwohl es Sommer ist, trag ich sie, auf meinem Weg zum Tompkins Square Park, und jetzt, Mann, JETZT weiß ich, warum.

Endlich weiß ich, warum ich diesen Mantel mitgenommen hab. Um keine Aufmerksamkeit auf die ungewöhnliche Anwesenheit der Commander Schmockschen kaiserlichen Wintermütze mit den anti-puertoricanischen Musik-Ohrenklappen zu lenken, Mann, die dem Auge eines streifenden Polizisten auffallen könnte. Ich zieh den Wintermantel an, Mann, damit der Polyp, der mich mit Wintermütze und -mantel sieht, nur feststellt, daß meine Kleidung komplett ist. Und bis er drauf kommt, daß irgendwas nicht stimmt, werd ich längst zu einer kleinen Schweißpfütze auf dem Bürgersteig zusammengeschmolzen sein. Und jetzt, Mann, seh ich Mädels, die im Tompkins Square Park spazieren gehn.

„Hey, Baby, hier ist ein Blatt mit Noten für dich. Halts fest bis heute abend und brings zur St.-Nancy-Kirche auf der Bowery mit. Sing diese Musik und du bist voll von aufregenden Schwingungen."

„Ach, ich kann aber keine Noten lesen."

„Diese Musik wartet auf dich, Baby, genau unterhalb der Oberfläche deines aufwachenden Bewußtseins. Komm heute abend um acht in die St.-Nancy-Kirche und du wirst den Weg in die Höhen augenblicklicher musikalischer Meisterschaft finden. Nach der Probe gibt dir

Maestro Badorties eine Privatstunde in seiner Fourth-Street-Musikakademie, über dem puertoricanischen Gemischtwarenladen, wo er und sein Stab, mit unbegrenztem Kredit versehen, Partysandwiches eingekauft haben und aus leuchtend bemalten Büchsen ausgewählte Teesorten aufbrühen werden. Studier diese Noten den ganzen Tag, Baby... bis heute abend."

„Kann ich eine Freundin mitbringen?"

„Die Akademie öffnet ihre Arme allen Studentinnen unter sechzehn, die ein spezielles Stipendium erhalten einschließlich eines eigenen Zimmers. Momentan verhandeln wir mit dem Hauseigentümer über die Anmietung des gesamten obersten Stocks des Gebäudes. Sings heute abend und bring deine Freundinnen mit."

Ich könnt jeden Augenblick ohnmächtig werden, Mann. Zu große Anspannung meiner wertvollen Energien in diesem fünfzig Pfund schweren schwarzen Mantel. Ich muß was zu essen haben, Mann, oder mir wird schlecht. Raus aus dem Park, Mann, und rüber zu nem Gemischtwarenladen, SCHNELL, und her mit 'ner Flasche Piña-Colada. Denn als Viersternegeneral der puertoricanischen Befreiungskräfte, Mann, is Commander Schmock zu einer Flasche pro Tag berechtigt.

Aber zuerst muß ich in nen Zeitungsladen, Mann, und mir ein Astrologiebuch für diesen Monat kaufen, ich muß wissen, was mit mir geschieht, Mann. Denn etwas muß ja geschehen, Mann.

„Wie läufts, Mann?" Knall ihm fünfzig Cents auf den

Tresen und geh raus mit meinem Horse-Badorties-Original-Widder-Horoskopbuch, für heute laß mal sehen:

Eine gemischte oder verwirrte Ordnung
und Chaos drohen

Wieder ein wundervoller durchschnittlicher Horse-Badorties-Tag, Mann. Ich bin gemischt, verwirrt und weiß nicht, wohin ich geh. Ich spul mal besser das Tonband zurück, Mann, und laß mir sagen, wo ich hingeh. Denn jetzt steh ich grade an einer Straßenecke und geh nirgends hin.

Kleine Rädchen des Geräts wirbeln. Schalte *Ein*-Knopf, höre:

„*Chinatown, zum Essen, Mann. Es steht auf Dem Plan.*"

„Richtig, Mann, ich kapier." Horse Badorties ist jetzt vollständig orientiert. Chinatown. Die einzige Frage ist: Chinatown in San Franzisko oder Chinatown in New York City? Ich könntn Flugzeug nach Frisko nehmen und morgens wär ich da. Hier ist ein Mädel, Mann, noch ein Mädel, das singen möchte.

„Hey, Baby, tolle Musik ... heute abend ... St. Nancy's auf der Bowery ..."

Was mich zusammenhält, Mann, das ist meine MISSION, Mann, für Mädels und Musik. Ohne das bin ich ne leere Piña-Colada-Flasche, das ist genau, was ich jetzt tun muß, sofort, Mann, reingehn in meinen nächsten puertoricanischen Kramladen und ne Flasche Piña-Colada leeren.

„Kann ich hälfen?“ Auf einem Regal überm Kopf von der Kramdame, Mann, steht ein Radio, und sogar durch meine Commander-Schmock-Ohrenklappen, Mann, hör ich die unerträglichen Mädelrhythmen der puertoricanischen Musik. Is mir zuviel, Mann. Ich muß hier raus und die Flasche Piña-Colada sausen lassen.

4
Ein Ritter des Hot Dog

Ich geh rüber nach Chinatown, Mann. Was fürn schöner Tag für einen langen Marsch, zwanzig oder dreißig Querstraßen weit bis nach Chinatown. Ich nehm lieber die U-Bahn, Mann.

Geh die U-Bahntreppe die oh nein Mann dunkle U-Bahntreppe zur U-Bahn runter. Warum, Mann, geh ich runter in die U-Bahn, wenn ich oben an der frischen Luft sein könnte? Hier kommt wieder das japanische No-Theater, Mann: Ich beweg mich in der langsamstmöglichen Geschwindigkeit, Mann, wien Zeitlupentraum aufm Treppenabsatz zwischen dem Bürgersteig oben und der U-Bahn unten und frag mich in meiner mir eigenen hoffnungslos zwanghaften Horse-Badorties-Art, was ich am besten mit dem Tag anfangen soll. Ich hab nur eine Lösung, und das ist mein Fan.

Such im Beutel und finde Fan. Schalt die Flügelchen ein, Mann, und die warme Luft bläst mir ins Gesicht und ich bin wieder lebendig, Mann, in der summenden Brise.

Blauhaarige alte Dame kommt die Treppe runter. Sie braucht nen Fan, Mann. Geh neben ihr her und kühl sie mit zärtlichen Luftströmen.

„Was für eine herrliche Erfrischung."

„Ja, Ma'n. Jeder braucht nen Horse-Badorties-Fan. Nehmen Sie ihn mit in die U-Bahn und fühlen Sie sich nie mehr unter Druck. Die Chance Ihres Lebens, heute nur 1,95 Dollar. Ich wollt, ich könnt Ihnen diesen hier verkaufen, aber er ist mein einziges Muster. Holen Sie sich Ihren irgendwann."

„Das muß ich. Ist so erfrischend kühl."

Geh durchs Drehkreuz, Mann, klack-ein-Knirschen durchs Drehkreuz und in den dunklen Tunnel. Wahnsinnige überall. Glücklich fächel ich mir Luft zu und trag einen Mantel, um nicht mit einem Wahnsinnigen verwechselt zu werden. Ich bin in der U-Bahn, Mann. Was, Mann, tu ich in der U-Bahn? Hier kommt der Zug, ich kann den Wind auf meinem Gesicht spüren, den großen Röhren-Fan, der die Luft vor sich herbläst und meinen Bart kräuselt. Da ist der U-Bahnführer, Mann, in seinem kleinen Kontrollraum, und sieht aus dem Fenster. Ich grüß ihn mit meinem Fan, Mann, und jetzt steig ich in den U-Bahnwagen und fahr tatsächlich nach Chinatown, während ich zum Van Cortlandt Park fahren sollte, um durch die Büsche zu kriechen. Da oben bin ich geboren, Mann. Und bald werd ich dahin zurückkehren, um im Gras zu laufen und zu träumen, Mann!

Direkt gegenüber von mir, Mann, ist das U-Bahnfenster. Und da es im Tunnel dunkel ist und hell im U-Bahnwagen, kann ich die Spiegelung meines Horse-Badorties-Kopfes sehn mit den Haaren, die sich in neunzig verschiedenen Richtungen sträuben. Unheimlich aussehender Horse Badorties. Horse Badorties macht dämonisches kleines rattenhaftes Gesicht, Augäpfel in die Winkel verdrehend, Nase nagetierartig kräuselnd, Zahnfleisch entblößend, Zähne vorstehend, langsam kauend. Grause mich selbst, Mann, und einige andere Leute im Wagen sich auch.

Fächel mir mit Plastikflügeln Luft zu, schneid Grimassen, was sonst noch, Mann, wird gebraucht? Nur eins noch, Mann, und das ist eine ungeheure tiefe und durchdringende Horse-Badorties-Tibet-Lama-Baßnote, die er jetzt losläßt:

„Broooooooooooouuuuuuuuuuuuuuuummmmmmmmm mmmmnnnnnnnnnn."

Mütter mit ihren Kindern sehn mich an, Mann, und erklären dann ihren Kleinen, daß, wenn du nicht lernst, leise in der Kirche zu furzen, du einmal wie der schreckliche Mann da wirst. Aber die Kinder wissen das, Mann, die wissen, daß es besser ist, den Energien freien Lauf zu lassen.

Während nun die anderen Fahrgäste in der Sommerhitze umkommen, kommt Horse Badorties doppelt um, weil er einen Mantel trägt. U-Bahntüren öffnen sich, seh das Schild muß den Beutel zumachen, hier ist meine Horse-Badorties-Haltestelle.

„LASS DIE TÜR AUF, MANN!" Steck Fan ein, versuch aufzustehn, versuch im riesigen Mantel auf die Beine zu kommen, zur Tür, die sich meinem Horse-Badorties-Bart naht, die Haare einklemmt und mich zwingt, hier zu stehn, Mann, ohne mich zu rühren, damit ich nicht den hochgradigen Schmerz erfahren muß, Mann, wie mir der Bart mit den Wurzeln ausgerissen wird.

Ich fahr eine Station weiter, Mann, mit meinem Bart in der Tür, so kann ich mich Chinatown von zehn oder fünfzehn Straßen weiter unten nähern, um den Appetit anzuregen, Mann.

Hier is die nächste Haltestelle, Mann, mein Bart ist befreit und ich steig aus dem Wagen und die Treppe rauf, Mann, komm zwischen den vielen Lagerhäusern unterhalb von Chinatown raus. Straßen sind leer. Der Arbeitstag ist vorüber. Horse Badorties ist völlig allein, Mann, und so ist es an der Zeit, einen Hauseingang aufzusuchen.

Öffne Beutel nehme spezielle Montgomery-Ward-Versandhaus glasumschlossene wassergefüllte drahtbesiebte gummischlauchige lungenschonende verdammte Wasserpfeife raus. Und meinem wasserdichten Kräutersammler entnehm ich eine großzügige Prise des mexikanischen Papayablatts, Mann, um meine Enzyme in Fluß zu bringen, streu die Blätter in den Kopf der Wasserpfeife. Und dann grab ich das auf der Weltausstellung prämierte japanische ewige Streichholz mit dem besten Design aus – einen rechteckigen Metallbehälter gefüllt mit Feuerzeugbenzin, in den ein schlanker, in Stahl gebetteter Docht aus Flintstein und Baumwolle eingetaucht ist. Indem ich einfach dieses Baumwoll-Stahl-Streichholz herauszieh und an der Reibfläche des Behälters entlangstreich, werd ich Feuer haben, um meinen Gesundheitstabak damit zu entzünden.

Kratz ... kratz

Scheint nicht zu funktionieren, Mann. Das japanische ewige Streichholz ist momentan außer Dienst, Mann, und ich komm auf das altmodische Streichholzbriefchen zurück und die Zündung klappt. Es hebt mich hoch, Mann, ich zieh den Rauch ein und geh in die Luft, Mann, alle vier Brenner in meinem Gehirn arbeiten. Der große Vogel schwebt, Mann.

Ja, Mann, ist nichts so gut wie der Gesundheitsrauch von Pflanzen, die von den mexikanischen Mönchen in ihren Dschungelklöstern angebaut werden. Gut gegen Kopfhängen, schuppige Ellbogen und Purpurdorkies.

Der große Vogel treibt nach Chinatown, Mann, in das geheimnisvolle Land von Baumsprossen und gebratenem Reis. Gute makrobiotische vegetarische Nahrung. Aber zuerst, Mann, muß ich nen Hot Dog kaufen von diesem Hot-Dog-Karren an der Straße.

Aber zuerst, Mann, muß ich dem Hot-Dog-Mann seinen gigantischen Schirm abkaufen.

„Was solln der Schirm kosten, Mann?“

„Schirm nicht zu verkaufen. Du willst Hot Dog, Mostrich, Sauerkraut?“

„Ich will den Schirm, Mann, diesen riesigen rot-weiß-blauen Schirm mit dem Hot-Dog-Bild drauf, Mann, wieviel willste dafür?“

„Nich zu verkaufen.“

„Zehn auf die Hand, Mann, in bar.“

„Gehört nicht mir, gehört der Firma.“

„Hör mal, Mann, du sagst einfach der scheiß Firma, der Wind hat ihn die Straße runtergeweht und ein Puertoricanerbengel hat ihn gepackt und is in nen Hauseingang gerannt und du hast nich hinterherrennen können, sonst hätt dir seine Bande auch nochn Karren geklaut. Was soll ein Hot-Dog-Verkäufer für die Firma tun, Mann, die Angreifer mit nem Gummi-Hot-Dog in die Flucht schlagen? Komm schon, Mann, sei kein Idiot.“

Hippie-Klugscheißer grapscht den Schirm, soll ern klauen. Gibt mir zehn Eier und klaut ihn. Hat einer nen Schirm gestohlen, genau wie er gesagt hat. Richtig, er wars, ja. „Also gut, gib mir die zehn.“

„Du bist ein guter Konzernmann, Mann. Hilf mir das Ding aufrollen.“

Rollen den rot-weiß-blauen Schirm auf.

„Okay, hau ab.“

„Falls es regnet, Mann, falls es regnet.“ Ich hab meinen Schirm. Geh los, Mann, trag meinen unglaublichen Schirm, so groß wien verdammter Fahnenmast. Er ist schwer, Mann. Brech mir fast die Arme beim Tragen. Ich bin so glücklich, Mann, diesen Schirm zu haben, mit meinen Insignien drauf: zwei gekreuzte Hot Dogs auf nem Brötchen.

In nem Wolkenbruch passen viele fünfzehnjährige Mädels unter diesen Schirm mit Horse Badorties. Ein glückverheißender Kauf, Mann, muß unbedingt mal ins Horoskop sehn –

Eine Reise wird sich als kostspieliger erweisen, als Sie gerechnet haben.

Stimmt, Mann, ich hab mir nen verdammten Zehn-Dollar-Schirm gekauft und trag ihn durch Nebenstraßen nach Chinatown, Mann, wo all die abgefahrenen Chinesen auf den Türschwellen sitzen und auf nem Ginsengwurzel- und Salzmandel-Trip sind.

„Hier spricht Horse Badorties, Mann. Ich nehm eine Botschaft auf, für die große Zeitkapsel, die einzementiert und morgen ausgegraben wird. Ich bin in Chinatown, Mann, und empfang Gehirnblitze aus meinem früheren Leben als Chinese, Mann. Hab mal chinesische Flöte gespielt, Mann, vor tausend Jahren, unter ner Türschwelle. Ja, Mann, ich war mal am Hof des Papierdrachens und da wir grade von Drachen sprechen, Mann, mein rechter Arm hängt durch bis auf die Erde von all den Sachen, Beutel, Fan und schwerem Schirm, die ich rumtrag. Es ist Zeit, Mann, in diesen kleinen chinesischen Laden zu gehn und mehr Zeug zu kaufen, Mann, um meine Reise noch schwerer zu machen."

Chinesisches Spielzeug, Mann. Kleine hölzerne Leute in einem Ruderboot, ein winziges Teeservice, eine Spielzeugtrommel, kaufen, kaufen kaufen...

Gott sei Dank bin ich raus aus dem kleinen Laden, Mann, hab nur fünfzehn kostbare wertvolle sinnlose Sachen gekauft. Und da, Mann, da kommt ein fünfzehnjähriges chinesisches Mädel, Mann, mit wunderschönen Augen und langem schwarzem Haar. Mann, wie gern würd ich kegeln in ihrer Pagode.

„Hier, Baby, lies mal diese Musik.“ Überreich Spezialnotenblatt mandeläugigem lächelndem angetörnten Chinesenmädel. „Sings heute abend, Baby, in der St.-Nancy-Kirche auf der Bowery. Wie du siehst, haben wir eine chinesische Trommel in unserem Orchester.“ Nehm Musiktrommel raus, geb sie dem Mädel. „Hier, Baby, nimm diese Trommel, trag sie mit dir rum, schlag drauf, wenn du Lust dazu hast, und komm heute abend um acht zu St. Nancy's, die Adresse ist auf den Noten da. Ich würd gern noch mehr sagen, aber ich muß noch ein paar Plastikinstrumente kaufen, rumwandern, hinfallen und essen und verschwinden. Komm zu St. Nancy's, Baby, und wir werfen zusammen das *I Ching*. Bis später dann, Baby, bis später.“

Hier ist ein kleines Blechschwert, Mann, billig genug, passend für einen Viersternegeneral in der puertoricanischen Kavallerie, der auf ner Riesenküchenschabe reitet.

Es ist Zeit, aus Chinatown rauszukommen, Mann, ich kauf wie verrückt. Aber erst muß ich mir dies Paar schwarze Eßstäbchen kaufen, oder vielleicht lieber gleich drei oder vier.

Geh weiter, Mann, werd angelockt von dem buddhistischen Ladentempel von Kwan-jin. Muß reingehn, Mann, mein Glückslos ziehn.

Alte Chinesen sitzen drin, sitzen auf Klappstühlen, lesen Zeitung, reden, blicken ins Leere, abgefahrene Chinesen, Mann.

Geh an ihnen vorbei zur Glückstombola vor der Statue von Kwan-jin, wunderbare Glücksgöttin. Leg nen Vierteldollar in die Schale und zieh ein Papierröllchen raus, das von einem Gummi zusammengehalten wird. Winziges magisches Glücksröllchen. Roll es auf, lese:

Der Schirm Buddhas öffnet sich über dir wie ein Lächeln. Wirklich großes Glück.

Stimmt, Mann, der Schirm gibt mir Sicherheit. Das Schicksal, Mann, ist stärker als der Wille. Aber um die heroische Pflicht eines Ritters des Hot Dog erfüllen und meinen Schirm tragen zu können, brauch ich sofort was zu essen, Mann.

Raus aus dem Tempel, Mann, und zurück auf die laute Straße, vielleicht kauf ich mir ein paar Becher Sojabohnenquark, Mann, gesunden nahrhaften klumpigen klebrigen ekelhaften Bohnenquark, Mann, der jeden andern außer einem Chinesen aus den Schuhen haut, wenn er ihn ißt.

Moment mal, Mann, hier isn phantastischer Karton grauer hundert Jahre alter Eier, Mann. Iß eins und stirb auf der Stelle. „Geben Sie mir bitte ein halbes Dutzend, nein, lieber ein Dutzend von diesen Eiern, danke.“ Kein Platz mehr in meinem Beutel, Mann, werd sie im Mantel mitnehmen müssen.

Was sonst, Mann, soll ich zum Essen kaufen? Einen chinesischen Salzkeks und etwas schwarze Bohnensuppe, so salzig, Mann, daß du hinterher noch ne Woche lang durstig bist.

Ich fahr lieber zur Zweiundvierzigsten rauf und eß fünfzehn gedämpfte Gummihamburger.

5
Der Mantel, der in die Bronx ging

Hier ist das ideale Restaurant, genannt das Grand, Mann, ein kaputtes kleines billiges chinesisches Lokal, Mann, wo nur chinesische Typen essen. Was für ein wundervolles Restaurant. Komm, wir gehn woanders hin, sie haben kein Telephon.

„Wünschen Sie etwas zu essen?"

„Gib mirn bißchen gebratenen Reis, Mann". Nurn kleines Loch-in-der-Wand-Restaurant, Mann, ich kann hinten in die Küche sehn, wo der alte chinesische Koch den Reis umrührt. Es is heiß dahinten, Mann, am Herd.

„He, Mann, du brauchst nen Fan. Fühl mal den Luftzug, Mann. Direkt vom Gelben Fluß. Kauf nen Fan, Mann, nur einen Dollar und fünfundneunzig Cent, vereint dich mit deinen Vorfahren."

Vellückte amellikanische Junge.

„Is das mein Reis hier, Mann. Ich nehm ihn selbst raus, spar der Serviererin das Trinkgeld."

So ein wundervoller Teller mit leichtem flockigem Reis, mit winzigen Pilzstückchen drin und Sojasoße,

Mann. Dies ist die einzige Art zu essen, Mann, die himmlische Art. Reis, Mann, ein Mädel hat nur von Reis gelebt, drüben in New Jersey, und sie starb, Mann, dahingewelkt. Ich weiß nich, Mann, scheiß auf den Reis, ich geh lieber die Straße runter zum Bäckerladen und kauf mir stattdessen nen riesiges saftiges vollgestopftes Bulettenbrötchen, Mann.

„Du nicht mögen Reis?"

„Mir fällt grade ne wichtige Nachricht ein, die draußen in der Telephonzelle auf mich wartet. Würden Sie mir diesen Reis bitte einpacken? Vielen herzlichen Dank, ich muß hier raus, und vergessen Sie nicht, einen Fan zu kaufen, wenn Ihr Chop Suey zu heiß ist, können Sies damit kühlen. Bis dann, Mann!"

Steck das Paket mit dem Reis in den Beutel, Mann, und geh die Straße runter, Mann, zum kleinen Bäckerladen, und da im Fenster, Mann, liegen die heißen frischgefüllten Brötchen, frisch gefüllt mit durchgedrehter aufgekochter schmackhafter toter Kuh, die in meinem Magen verfaulend mein Bewußtsein mit Todesangst Fäulnis vergiften wird. Ich kann nich, Mann. Ich geh an den gefüllten Brötchen vorbei, DAS ERINNERT MICH, Mann! Es is Zeit für die Liebeschor-Probe und Mädels werden da sein, Mann, und vielleicht, Mann, werd ich mein Fleisch in ihre Brötchen stopfen. AUF GEHTS!

Zurück zur U-Bahn, Mann, und die Treppe runter, hier kommt der Zug, Mann, ich muß mich beeilen, Mann, rasch durchs Drehkreuz.

Klack-ein-Knirsch.

Ich glaub, Mann, ich hab grade ein hundert Jahre altes Ei in der Manteltasche zerbrochen.

Los, Mann, los, die Türen von dem Zug sind immer noch offen. „HALT DIE TÜR AUF, MANN!"

Der Schaffner sieht mich rennen, Mann, mit Beutel und Schirm, er hält die Türen offen, Mann, er hält sie offen als ich durchgeh, ich geh durch, Mann, er schließt die Tür direkt mit mir dazwischen, Mann.

Flopp-ein-Knack.

Er hat mich getroffen, Mann, genau in die Tasche voll hundert Jahre alter Eier, Mann. Der Geruch, den diese Eier ausströmen, Mann, die ein ganzes Jahr gelegen haben. Eine Tasche voll zerbrochener Eier, Mann, ist zu entsetzlich. Es gibt meines Wissens nur eins, das noch schlimmer ist, Mann, und das ist als ich mal ein Mädel gesehen hab, Mann, mir gegenüber in der U-Bahn sitzend, ausgeflippt, Mann, wand sich und krümmte sich in einer Art, sonderlich, Mann, als wolle sie ein hundert Jahre altes Ei legen. Und als die Tür bei der nächsten Station aufging, Mann, stand sie eilig auf und hinterließ auf ihrem Sitz nen HAUFEN, Mann. Und direkt im nächsten Moment steigt dieser Schönling rein inn Wagen, in nem nagelneuen weißen Regenmantel, Mann, sieht aus wie aus Esquire, Mann, und da der Schönling es eilig hatte, setzte er sich ohne sich umzublicken hin, direkt in den Haufen, Mann. Und plötzlich begannen die Leute vom ihm abzurücken, genau so wie sie jetzt von mir abrücken, Mann, wegen dem Dutzend unglaublich fauler Eier in meiner Tasche. Es gibt nur eine Lösung, Mann. So wie das Mädel muß ich etwas Faules hinterlegen und aus diesem Mantel raus. Hier ist meine Station, Mann. Hier muß ich raus, Mann. Alles Gute, kleiner Mantel, paß auf dich auf.

Mann, wie gut man sich ohne den verdammten Mantel fühlt und dann, Mann, brauch ich auch diese hundert Jahre alten Eier nicht mehr zu essen, Mann, wie toll. Zeit für die Probe, Mann, für den Liebeschor, also halt dich nirgendwo mehr auf, geh direkt die U-Bahntreppe rauf zur St.-Nancy-Kirche auf der Bowery.

6
Fuge in A-Dur

Geh die Bowery lang, Mann, mit Beutel und Schirm, an den Pennern vorbei. Penner, Mann, torkelnd geschlagen zerbrochene Krücken schlafend in den Hauseingängen, Mann. Penner kriechen fallen in Hauseingang Zähne fallen raus liegen zwischen den Abfalltonnen. Es geht nichts über zuhaus, Mann, und ich würd selbst gern ein Nickerchen machen, doch ich muß in meiner Mission fortfahren, alle fünfzehnjährigen Mädchen sollen Liebesmusik singen. Und danach werd ich mich in den Van Cortlandt Park zurückziehen und mit den Fröschen zu Mittag und Mitternacht singen.

Hier ist jetzt aber die St.-Nancy-Kirche auf der Bowery, und hier bin ich wieder, Maestro Badorties, geh die steinernen Stufen hinauf – was mich daran erinnert, Mann – immer bevor man Musik macht, ist es nötig, die Körperchen im Gehirnkäfig mit dem geheiligten Rauch kultivierten Blattwerks zu beleben. Laß mich nur noch um die Ecke gehn, Mann, hier in nen Hauseingang, aus dem Wind raus, und meine arabische Kamelsattelpfeife mit sorgfältig verarbeiteten Feigenblättern stopfen, deren Rauch ich jetzt tief meinem Gefüge einverleibe und zum Zweck optimalen Nutzens drinbehalte. Ja, Mann, all meine Gehirnzellen sagen plötzlich Hallo, Horse, und ich hab noch einmal die Kraft eines abgefahrenen Kamels. Durch Wüstensand, Mann, kriech ich raus aus dem Eingang. Zahlreiche und unglaubliche Feinheiten erscheinen mir jetzt, Mann, seltene und außerordentliche Muster, und das, was ich jetzt selektieren und worauf ich mich jetzt konzentrieren muß, ist das, was mich davon zurückhält, vom Bowery-Avenue-BUS überfahren zu werden, paß auf, Mann!

Jetzt also, Mann, wieder die Kirchentreppe rauf, damit du deiner musikalischen Berufung nachgehen kannst, für die du geboren bist und zu der dich all deine Ausbildung hindrängt – dem Dirigieren von fünfzehnjährigen Mädchen auf die erhabenen Höhen des Gesangs und dann, später noch, in die luftigen Höhen deines Apartments im vierten Stock, wo du sie in deiner Eigenschaft als Avatar, herabsteigender Gott des Gesangs, grün und blau bumsen wirst.

„Guten Abend, Horse", sagt der Priester an der Tür.

„Guten Abend, Vater."

„Der ganze Chor ist hier und ich glaube ich sehe ein paar neue Gesichter."

„Ja, Vater, ich bin draußen gewesen und hab noch mehr Mädchen geworben und in großer Anzahl Flugblätter verteilt, auf denen das Konzert angekündigt ist."

Die Super-Hot-Dog-Mission von Horse Badorties, Mann, nimmt langsam Gestalt an. Schon ein ganzes Jahr halt ich den Liebeschor zusammen, schlepp die wertvollen kostbaren Inhalte meines Körpers hier jeden Abend zur Probe, und jetzt, Mann, sind wir fast für unsere erste Aufführung bereit. Alles, was wir brauchen, sind fünfundzwanzig Fans, und ich hab sie bestellt, Mann, sie sind auf dem Weg hierher.

Den Chorgang hinauf, Mann, und die Treppe rauf zum Balkon, wo der Liebeschor versammelt ist – fünfzehnjährige Mädchen, Mann, die ich die alte Kirchenmusik gelehrt hab, wie sie der Welt kaum bekannt ist, nie gehört in modernen Kirchen, aber die ich in alten Gewölben, verschlossenen Laden und geheimen Verstecken alter Gräber entdeckt hab. Die meiste Kirchenmusik, Mann, macht mich richtig krank, Mann, ich schrei und fühl mich abscheulich, deprimiert, verfault und voller Angst, so lausig ist sie, Mann, so spießig und furchtbar, von alten Damen geschrieben und von Schwachköpfen gesungen. Aber diese Kirchenmusik, Mann, die ich gefunden hab, ist der weiße Vogel der Wirklichkeit, Mann, geschrieben von alten Typen im Mittelalter, Mann, die in wundersame Harmonien eingesperrt lebten, Mann, bei denen sich mir die Haare sträuben, und deshalb sind meine Haare immer in neunzig verschiedenen Richtungen gesträubt.

„Guten Abend allerseits.“

All die guten kleinen Mädchen sagen *Guten Abend, Horse.*

„Ich hab ne besondere Ankündigung. Hier in meiner Hand seht ihr einen batteriebetriebenen Fan, der einen ständigen Summ- oder Brummton macht, ein Dröhnen, um das herum wir alle singen werden, unsere Stimmbänder kräftigen und unser inneres Ohr öffnen. Ich hab einen Fan für jede von euch bestellt und wir werden singen und sie in unseren Händen halten. Sowas war noch nie da. Also, laßt uns beginnen."

„Aber ich kann keine Noten lesen!" Ein neues Mädel, frisch im Liebeschor heute abend.

„Hör mal, Baby, die Noten sind in deiner Seele. Halt nur das Notenblatt in der Hand und bald kennst du dich aus. Also, Liebeschor, auf die Plätze, bitte. Von Anfang an, eins, zwei..."

Und wieder sind wir von Musik umgeben. Das neue Mädel is abgefahren, Mann, glaubt nich, daß es Musik lesen kann, aber bald, Mann, bald wird der Strom sie forttragen, und mit einem Mal weiß sie dann, wohin die Musik sie trägt, weil es nirgendwo anders hingehn kann. Tauch ein, Baby, du wärst heute abend nicht hier, wenn du nicht schon alles über Musik wüßtest. Sie ist hier, Mann, in der heruntergekommenen Kirche im kaputten East Village, weil ihre Seele gesagt hat, geh. Die Seele weiß das, Mann, und der alte Maestro Horse Badorties geht immer direkt in die Seele. Es hat keinen Zweck, Mann, Musik zu lehren, die einzige Möglichkeit ist, daß man das Mädel mitten in ihren Seelenstrom stößt, Mann, wo sies augenblicklich begreifen wird.

Sie öffnet den Mund, Mann, sie bringt eine musikalische Note hervor, da ist sie, Mann, ich sehs in ihrem Gesicht aufleuchten. Augenblickliches Wiedererkennen: *Ich kenne diese Musik.* Lächeln. Spontanes Verzücken wiedergefangener Kindheit. Gerade wurde noch ein Mitglied des Liebeschores wiedergeboren, Mann. Das Ohr hört, das Herz weiß, die Stimme singt es an den Tag. Du brauchst keine Musikschule, Baby, du hast es geschafft.

Maestro Badorties hält den Liebeschor beinander, Mann, in überragender polyphonischer Harmonie. Diese Musik, Mann, stammt vom Engel strahlender Freude im mittleren Reich der Dichtgepackten und erhebt, wenn sie richtig ausgeführt wird, meine Hot-Dog-Seele ins Reich der Ekstase. Und es wird noch tausendmal besser klingen, Mann, wenn jeder einen Fan hat.

„Sehr gut, das war ja fürchterlich, das Schlimmste, was ich je gehört habe, abgesehen von ein oder zwei Augenblicken, die unglaublich großartig waren. Wir treffen uns alle morgen abend wieder. Sollte ich aus irgendeinem Grund verhindert, entgleist oder deportiert worden sein, wißt ihr alle, wie ihr weiterproben müßt. Da dies die großartigste Musik ist, die je geschrieben wurde, werdet ihr keine Schwierigkeiten damit haben. Vater, wir danken Euch alle für diese wundervolle Kirche, die Ihr uns heute abend noch einmal gegeben habt, damit wir zusammenkommen können, bis morgen abend."

„Es klang wundervoll", sagt Vater.

„Ja, es war furchtbar, und es wird rechtzeitig zu unserem Konzert noch schlimmer sein, wenn meine Fans nicht kommen, die uns eine perfekte Klangfülle garantieren.“ Und jetzt die kleine Wendeltreppe vom Balkon runter und aus der Kirche raus in die Nacht.

Und auf der Straße steht, Mann, das wunderschöne Chinesenmädel und lächelt.

„Ich habe die Musik gehört. Sie klang wunderbar.“

„Hör mal, Baby, sie klingt sogar noch besser, wenn wir zurück in mein Apartment in der Akademie in der Vierten Straße gehn und sie uns mit falscher Geschwindigkeit noch einmal auf diesem ausgeleierten Tonbandgerät anhörn. Komm mit, Baby, ich geb dir Unterricht im Notenlesen.“

Sanft ihre feinfühlige orientalische Zustimmung zu meinem Vorschlag erteilend läuft das chinesische Mädel neben mir her, Mann, durch die malerischen Straßen der Lower East Side, und überall stehen feuchte rausgeworfene Sofas, auf denen kleine Kinder spielen, auf den Sprungfedern rumhopsen und durch die Luft segeln.

„Hier ist es schon, durch diese aus den Angeln fallende Tür und die Treppen rauf...“ Ein wunderschönes chinesisches Mädel, Mann, geht mit mir in mein Horse-Badorties-Apartment. In wenigen Augenblicken werden wir das Wunder augenblicklichen Notenlesenkönnens durch die spezielle Horse-Badorties-Gedankenübertragungs-Sexverkehrskopulationsbumstechnik erleben.

„Wart ne Sekunde, Baby, hier aufm Treppenabsatz.

Ich muß runter in den Laden und nen Karton Teebälle holen, dauert nur zwei Minuten." Lauf die Treppen runter, nehm immer zwei Stufen auf einmal, Teebälle müssen sein, Mann, um ne orientalische Umgebung zu simulieren.

„Gut Abend."

„Zwei Flaschen Piña-Colada zum Mitnehmen, Mann... aufgemacht bitte, danke..."

„Fünfzwanzig Cent, bitte."

„Alles, was Sie brauchen, Mann, ist ein Fan, damit Ihre Bananen kühl bleiben. Fühl mal, Mann, die Brise von diesem kleinen japanischen... ENTSCHULDIGE, MANN, mir fällt grade ein, hab ne wichtige Verabredung auf der Treppe... bis dann, Mann!" Geh rasch wieder die Treppe rauf, Mann, überwinde die Tendenz, das Wichtigste zu vergessen, welches in diesem Fall ein chinesisches Mädel ist, an das ich Hand anlegen muß. Da ist sie, Mann, noch immer lächelnd und wartet auf ihren Musikunterricht.

„OK, Baby, ich hab die hochwichtigen Piña-Coladas und es sind nur noch zwei Treppen bis zum obersten Stock."

Und wir gehn rauf zum vierten Stock, Mann, dahin, wo mein wundervolles Horse-Badorties-Apartment gelegen ist. Wie höchst sonderbar, Mann. Jemand scheintn riesiges Vorhängeschloß an die Tür von meinem Apartment gehängt zu haben.

„Das war der Hausbesitzer, Baby. Er versucht die Einbrecher abzuschrecken. Guck mal, hier hängt ein Zettel, der alles erklärt. Er ist in der Form eines Räumungsbefehls gehalten, damit die Einbrecher denken, daß der ganze Inhalt des Apartments schon raus ist."

Einfach indem ich meinem Horse-Badorties-Überlebensbeutel einen handlichen Zimmermannshammer entnehme und mit einem mächtigen Schlag dieses Werkzeugs, Mann, hab ich das Schloß aufgebrochen.

„Also, Baby, alles in Ordnung jetzt, komm rein. Wie du siehst, ist der wertvolle kostbare Inhalt meines Apartments nicht gestohlen."

Das Apartment, Mann. Unglaubliche Berge von Gegenständen, von modrigen Newtonschen Feigen und Thunfischdosen konfrontieren uns, Mann, trüben den Blick, scheißen einem ins Bewußtsein. Wie wundervoll, Mann, wieder zuhaus zu sein. Mann, ich hab das Wasser im Waschbecken laufen lassen.

„Sieh mal das Wasser überall, Baby, die Wohnung ist überschwemmt, das muß knöcheltief sein, und, weißt du, Baby, dies Wasser ist jetzt KALT GENUG ZUM TRINKEN! Würdest du an meiner Stelle dieses schmutzige vergiftete ständig zirkulierende Scheißwasser trinken?"

„Hier wohnst du?"

„Das ist mein Arbeitszimmer. Du wirst bemerken, daß ich Aktionsmalerei studiere, werfe moderne Kunstgegenstände hierhin und dorthin, Konservendosen, Papiertüten. Tritt nirgendwo drauf, wenn dus vermeiden kannst, es ist alles in Reihenfolge angeordnet."

„Gott, hast du hier ne Menge Zeugs."

„Es ist die Arbeit eines Lebens. Wenn ich doch nur einen Rahmen bekommen könnte für den bunten Fettklecks an der Wand gemischt mit alter Tomatenpaste. Findest du, ich sollte die ganze Wand abreißen und mit meinem Schulbus zum Museum of Modern Art fahren?"

„Ich finde, du solltest das Wasser abstellen."

„Du hast recht, Baby, es erscheint sinnlos, dies New-York-City-Wasser zu trinken, wenn wir in unsren Händen jeder eine Flasche Piña-Colada halten, den puertoricanischen Erfrischungstrunk, von dem dir die Zähne rausfalln. Und vielleicht können wir was zu essen auf dem Boden finden... MOMENT MAL, MANN! ICH HABS!" In meinem Beutel, Mann, was wartet da auf mich, synchron geplant von meinem unbewußten Gedächtnis-Bewußtsein in Koordination zu meinem Zusammentreffen mit diesem Chinesenmädel... zwei langvergessene aber völlig unberührte Pakete mit...

„Gebratener Reis, Baby, sieh mal her, und ein paar Eßstäbchen."

Ich habs geschafft, ich habs Mädel mit gebratenem Reis rumgekriegt. Wir sind für einander bestimmt gewesen, Mann, sie weiß es, ich weiß es, wir sind glücklich mit gebratenem Reis, wenn wir nurn saftiges Steak dazu hätten.

Und jetzt, Mann, da wir gegessen und getrunken haben, ist in meiner Hose die unbestreitbare Gegenwart eines

Horse-Badorties-Steifen zu verzeichnen. Es ist so lange her, Mann, daß ich Zeit hatte n Mädel zu ficken, und hier is sie, Mann, lächelt mich an, gibt mir ihren fünfzehn Jahre alten Kraftstrom grade erwachter Sexualität. Ich geh zu ihr, geh langsam hin zu ihr wo sie sitzt, auf der Armlehne meines vollgepackten Sessels und laß die Finger durch ihr pechschwarzes Haar laufen, und sie hebt den Kopf zu mir auf, Mann, ihre Lippen, Augen, der Augenblick ist gekommen für einen Telephonanruf, den ich nicht einen Moment länger aufschieben kann.

„Sekunde mal, Baby, während wir unsren Reis verdauen, ist mir grade wieder eingefallen, meinen Drucker anzurufen, der in der Nachtschicht Tausende von Ankündigungen für das Liebeskonzert druckt."

Hier is das Telephon, Mann, gleich neben ihrem Fuß, ihrem zierlichen orientalischen Fuß, den ich mit meinem sensibilisierten Wählfinger zärtlich streichel ... wähl ... wähl ... wähl.

„Hallo, Mann, hier spricht Horse Badorties, wie gehts ... großartig, Mann, laß noch mal fünftausend Blatt durchlaufen ... ich komm morgen mitm Schulbus und hol alles ab ... genau, Mann, und hör zu, noch etwas, Mann ... wart maln Augenblick, Mann ... bleib dran ... ich ..." Musses Mädel anfassen, Mann, mit der Hand an ihrm Bein hoch, Mann, heb ihren Rock hoch bis zu ihrer schwarzen chinesischen Unterwäsche mit roten Drachen drauf, Mann, ich muß ne Schiffsladung von diesen Höschen haben, die ich zusammen mit den Fans an den ganzen CHOR verteilen werde!

„Wo kann ich meinen Rock hinlegen, ich möchte nicht, daß er ganz schmierig wird."

„Irgendwo hier muß ein Fleck sein, Baby... ich weiß nicht... du behältst ihn besser unterm Arm."

„Zieh die kratzige alte Jacke aus", sagt sie und verspielt zieht sie mir meine Jacke aus.

„Sei vorsichtig, wenn du die Jacke hinlegst, Baby. Sonst find ich sie vielleicht nich wieder."

Wir kämpfen uns durch den Müll, Mann, auf der Suche nach einem Platz zum Hinlegen, aber es ist nicht sicher auf dem Boden, sogar die Küchenschaben fahren in kleinen Papierbooten rum. „Wir müssens im Stehen machen, Baby."

Sie greift nach meiner Horse-Badorties-Hose, Mann, und ich verlier das Gleichgewicht und wir kippen um, fallen runter in den unbekannten unmöglich zu beschreibenden Müllhaufen. Wir rollen rum in dem dunklen Inhalt – alter Brotlaib, Fahrradreifen, Bindfaden in Erdnußöl, unheimlich harte schmierige Sachen und schleimige Gefühle und Sand und Wasser, Deckel von ner Konservendose treibt aufm Schwamm vorbei. Da liegt mein Telepathiebuch mit ner Küchenschabe auf Seite zwölf, die übern Dalai Lama liest. Ich kann mein Schwanz noch nich ins Mädel reinstecken, Mann, weil mir grade nochn Anruf einfällt, den ich machen muß, Mann. Ich muß das jetzt erledigen, Mann, wenn ich eins nich haben kann isses *coitus interruptus*, also sollte ich den Anruf lieber machen, bevor wir offiziell mitm Bumsen starten.

„Es dauert nur ne Minute, Baby, ich mußn Schrottplatz in New Jersey anrufen, der Besitzer wartet, daß ich nen Schulbus bestätige, entspann dich, Baby, während ich wähle."

Direktwahl, Mann, direkt zum Schrottplatz. Mein kompliziertes Leben, Mann. Es gibt so viele Dinge auf einmal zu tun, wenn man Direktor der Fourth-Street-Musikakademie ist und einen Schulbus kaufen muß, um fünfzehnjährige Mädels drin rumzufahren, von einem Staat zum andern. Wir werden im Schulbus leben, Mann, und Betten reinstellen und ne Waschmaschine.

„Hallo?... hallo, Mr. Thorne, wie gehts, Mann... Hier spricht Horse Badorties in New York City... ja, Mann, richtig... ich wollte sagen, ich komm morgen, um den Schulbus zu erwerben, also verkaufen Sie ihn bitte nicht an einen anderen reisenden Künstler. Ja, ich werd morgen gegen Mittag dort sein... richtig... bis dann, Mann..."

„Wenn wir in das andere Zimmer gehn", sagt das Mädel, „könnten wir vielleicht ne Stelle zum Hinlegen finden."

Möglich, daß sie recht hat, und so kämpfen wir uns durch das fürchterliche Meer von Müll... fürchterlich, Mann, Moment mal. „Hör mal, Baby, da liegt meine gemietete Schreibmaschine, genau da, unter dem Haufen von gekochten Nudeln, und weißt du, Baby, ich werde SOFORT einen Artikel für die Zeitschrift *Argosy* über einen enormen Fußabdruck schreiben, den man in Zentralasien gefunden hat."

„In diesem Zimmer liegt sogar noch mehr Schrott", sagt sie, als sie nen Blick in mein Horse-Badorties-Schlafzimmer wirft.

„Richtig, Baby, wenn wir da oben auf die Kartons mit den Notenblättern klettern, könnten wir ne Fuge zusammen spielen, komm, Baby, wir versuchens."

Es ist der beste Platz zum Bumsen, Mann, weils besser is als ne Musikstunde, das Mädel wird direkt durch ihre Arschbacken die Liebeschormusik aufnehmen.

„So isses richtig, Baby, krabbel einfach da rauf, ich folg dir."

Wir kriechen von Karton zu Karton, Mann, rauf auf eine Plattform aus anderen Kartons vollgestopft mit Noten, und jetzt, Mann, JETZT, hoch über dem nassen schmutzigen Boden, auf unserm himmlischen Notenblätterturm, gibt mir dieses fünfzehnjährige Chinesenmädel ihr süßes kleines Fleischbrötchen.

Mann, was is das bloß fürn reißendes Geräusch, das zusammenbrechende nasse Pappreißgeräusch, das sind die Kartons, Mann, sie fallen unter uns auseinander, Mann, und runter, Mann, noch mal runter in die Dunkelheit fallen wir und Notenblätter flattern in alle Richtungen, wir schlagen auf andre Kartons sinken fallen durch sie hindurch brechen sie auseinander und fallen noch tiefer, ins Wasser, klatsch, hier, Mann, kommen die Küchenschaben mit nem Rettungsboot.

Also, Mann, wir werden wohl aufm Boden bumsen müssen in nem Haufen von alten Küchentüchern und einem Gummi-Überschuh. Jetzt isses Zeit, Mann, ihr mal zu zeigen, was Horse Badorties drauf hat.

„Ich muß gehen“, sagt sie und steht auf.

„Gehen? Baby, wir sind eben grade gekommen. Komm, Baby, wir haben viel Zeit.“

„Ich muß um zehn zuhaus sein“, sagt sie und zieht ihren Rock an. Fünfzehnjährige Mädchen, Mann, machen alles, ficken mit jedem und sind um zehn Uhr abends zuhaus. Ich hab nicht die Kraft zu protestieren, Mann, ich hab meine Anzugjacke verloren, ich hab fünfzehn Kartons mit Noten zerstört, vergessen Teebälle zu kaufen, und die Folge ist, ich werde nicht gebumst. Die Götter, Mann, arrangieren alles. Vielleicht arrangieren sie, daß sie morgen abend wiederkommt, wenn ich meinen Schulbus hab und sie nach Haus fahren kann, Mann, ich bin so müde vom Kartonklettern und Runterfallen. Ich muß mein Bett finden undn bißchen schschschschschsch.

7
Horse Badorties' Träume

Horse Badorties hat nen Traum: Träumt er läuft im Kreis rum mit Elephanten, Nilpferd. Bringt ihnen harmonisches Singen bei. Und hier ist ein Bär, Mann, fährt Dreirad und trägt nen Hot-Dog-Schirm.

Horse Badorties' Traum: Marschiert Riesenberg Papiertüten Konservendosen rauchende Knochen rauf, marschiert Riesenmüllberg rauf. Die Leute aus dem Dorf haben Angst, den Müllberg zu besteigen, weil ihn nie jemand bestiegen hat und am Leben geblieben ist, um die Geschichte zu erzählen. Unmögliches Durcheinander zu viele Schrotthaufen überall wo man hinblickt. Verliere Gleichgewicht falle sinke durch alte Eierschalen, Kartons, Kaffeesatz, geschmolzenes Plastik. Mann ging den großen Müllberg rauf und ward nie wieder gesehen. Tausende alter Sardinendosen aufm Haufen in nem gleißenden blendenden Licht. Zeugs überall um dich zu verwirren und keiner hat je mehr den Weg rausgefunden.

Horse Badorties läuft bequem den Berg rauf. Er geht den großen Müllberg rauf eins zwei drei, Mann. Horse

Badorties eigener Hinterhof, mehr ist doch der ganze Müllberg nich, Mann, einfachste Sache der Welt zu klettern, raufklettern rauf rauf rauf.

Horse Badorties träumt: Altes mittelalterliches Dorf, sieht man an den Strohdächern. Horse Badorties geht auf eine sonnenbeschienene Wiese, wo altmodische Leute mit Umhängen komischen unheimlichen Gewändern Kapuzenmänteln beieinanderstehen wertvolle kostbare Notenblätter in den Händen halten, und Horse Badorties dirigiert. Vollendete Akkorde vollbringt Maestro Badorties inmitten des goldnen Wiesenlichts und goldne Vögel fliegen hoch am Himmel.

Traum Horse Badorties': Träumt, er läge in ner Badewanne oder Toilette oder irgendner Art von Wasserbekken. Eine dunkle Gestalt über ihm, stülpt nen Sieb über ihn, stößt ihn ins Wasser. Horse Badorties wird alle häßlichen Mothers of Imagination abschütteln!

Horse Badorties wacht auf. Horse Badorties auf seinem verdammten Schmerzenslager. Ich schlaf die ganze Nacht in nem Bett voll Steinen, Mann, mit irgendner Art von Plastikschwert im Rücken. Wie spät isses, Mann, in welchem Universum bin ich?

Horse Badorties erwacht oh nein nicht noch ein Horse-Badorties-Tag, nicht noch ein Tag mit Rumlaufen, Schulbuskaufen, Fanverkaufen, Wahnsinnigwerden. Du willst nich noch son Tag. Schlaf wieder ein in deinem Schrotthaufen, Mann, hol dir noch ne Mütze Schlaf. Kuschel dich zurück in den leeren Milchkarton, wertvolle

Schätze, sink tiefer rein. Entfern Wachs aus den Ohren, um besser zu hören, form kleine Figuren, fang Ohrenwachsfigurenkabinett an. Wieder schlafen Horse Badorties schlafen.

Horse Badorties' Traum er geht dahin und eine fliegende Untertasse kommt hinter ihm her.

8
Horse Badorties' Nummer-Zwei-Apartment

Ein Klopfen an der Tür, Mann, ich muß aufstehn und nachsehn, Mann, stolper fall durchs Zimmer zur Tür.

„Ja, wer ist da?"

„Luke."

„Richtig, komm rein, Mann." Luke, Mann, Typ der nebenan wohnt in dem einzigen andern bewohnten Apartment im selben Stock. Die andern beiden Apartments sind leer, Mann, und ich krieg sie, bald und irgendwie.

„Ich geh nach Japan, Horse."

„Echt, Mann? Das heißt, Mann, wir kriegen Fans direkt aus Tokio und schalten den Zwischenhandel aus, Mann. Wir können nen phantastischen Import-Export-Deal aufziehn, Mann, und ohne Geld damit zu machen."

„Ich geh in ein buddhistisches Kloster, Mann, keine Deals mehr."

„Diese Fans, Mann, sind religiöse Gegenstände. Die Hälfte der Zeit gehn sie nich, Mann. Nirwana-Fans, Mann, einmalig unbeweglich. Sieh sie als solche an und schick mir hundert, sobald du ankommst, damit ich sie an fünfzehnjährige Mädels verteilen kann."

„Ich weiß nicht, wo der Hausbesitzer ist, Horse. Gibst du ihm bitte meinen Apartmentschlüssel?"

„Gern, Mann. Ich sehe es als ein besonderes Vorrecht an, dir zu Diensten zu sein, da du, wie ich sehe, ins religiöse Leben eintreten willst."

„Danke, Horse. Paß auf dich auf."

„Beantworte mir nur eine Frage, Mann: die kleine Tasche da, nicht größer als ne Gebißtasche, in die nur eine Zahnbürste und ein Naßrasierer paßt – ist das alles, was du nach Japan mitnimmst?"

„Das ist alles, Horse."

„Unglaublich, Mann. Ich beabsichtige selbst nach Japan zu gehen, nächstes Jahr, wenn ich mir ne 747 fliegende Güterwagen-Superfestung kaufe, Mann, um all mein Zeug mitnehmen und Fans zurückbringen zu können. Bis dann, Mann. Bis Japan, nächstes Jahr, Mann, bleib so."

Da geht Luke, Mann, das letzte Mal die Treppe runter in ein buddhistisches Kloster. Er is aufm Weg, Mann, und ich auch, genau um die Ecke zu seiner Wohnung, Mann. Öffne die Tür und geh rein. Wie nett, Mann, richtig wie ne Mönchszelle – nackt und leer, alles an seinem Platz, nur die wesentlichen Dinge. Mein neues Apartment, Mann, meine neue Bleibe. Braucht nur nochn paar anheimelnde Horse-Badorties-Zutaten. Genau, Mann, da der Hausbesitzer mich aus meiner Nummer-Eins-Bleibe rausgeschmissen hat, werd ich jetzt in meine Nummer-Zwei-Bleibe ziehn. Heute is mein Glückstag, Mann, n brandneues Apartment. Ein neues Apartment undn Schulbus aus zweiter Hand, jetzt fällts mir wieder ein, Mann, ich muß aus meinem neuen Apartment SOFORT raus und nach New Jersey, Mann.

9
Rund einen Löffel voll

Jetzt, Mann, da ich raus bin aus meinem Doppelapartment in der frischen Luft und auf dem Weg nach New Jersey, laß mich mal hinsetzen auf diese Tompkins-Square-Parkbank und meinen frischgekauften Joghurtbecher auslöffeln. Nehm winzige transsylvanische Bakterien in mich auf, die den wertvollen kostbaren Inhalt meines Magens für mich verdauen werden. Mann, wo is der Löffel, den ich in meinem Beutel haben sollte?

Kein Löffel, Mann. Ich muß einen auftreiben, das is sicher. Jedoch wünsch ich nicht in mein Horse-Badorties-Doppelapartment zurückzukehren, da ich nur einem Circulus Vitiosus zum Opfer fallen und drin hängenbleiben würde. Ich muß hier draußen nen Löffel auftreiben, in der Welt. Ich schulter meinen Schirm, Mann, und geh weiter, weiß ich doch, daß ein Löffel auftauchen wird.

Was für ne Musik hör ich da, Mann, die da schwebt über der Fifth Street? Das isn phantastisches Saxophon, Mann, das da gespielt wird. Irgendwo in einem dieser Häuser, Mann, ich muß die Quelle dieser Musik finden und das Saxophon für unsern Liebeschor einkaufen.

Wo kommt es genau her, Mann? Scheint aus diesem Backsteinbau hier zu kommen, der zusammenbricht. Schmutziger halbverhungerter Hund im Hauseingang, knurrt und nagt an seinem Knochen.

„Geh zur Seite, Mann."

Genau, Mann, die Saxophonmusik kommt von da oben, da oben die Treppe rauf. Die Musik eines vollendeten Künstlers, Mann, wie ich. Kaputt und hinüber. Ich möcht wissen, welche Musikschule ihn rausgeschmissen hat. Ich komm dem Geräusch näher, Mann, kletter die Treppe rauf. Wie schön das Saxophon all die Musik der puertoricanischen Sender übertönt, die überall im Haus dudeln.

Es scheint aus diesem Stockwerk zu kommen. Ja, Mann, es kommt aus der Tür da unten am Gang. Eine sehr avantgardistische Musik, Mann, der fließende treibende selbstverlorene Ton allerbester Schule und ich trommel das orchestrale Tam-Tam an die Tür. Saxophonspiel hört auf.

Tür öffnet sich, abgefahrener mißtrauischer paranoischer Saxophonspieler starrt mich an, Mann, mit seinem Axe in der Hand.

„Kommt das Saxophonspiel von hier, Mann?"

„Nee, Mann, nee."

„War toll gespielt, Mann."

„Also gut, Mann, das is was anderes."

„Genau, Mann, und jetzt, da wir uns verstehen, sag mir

eins, Mann, ne besonders wichtige Tatsache, die mit deiner musikalischen Entwicklung zu tun hat, Mann, und zwar, hast du irgendwo in deinem Apartment, Mann, einen Löffel, damit ich diesen verdammten bulgarischen Joghurt essen kann?"

„Ja, Mann, ich glaub ja, komm rein."

10
Der wunderbare gelbe Schulbus

„Mann, der Joghurt hat mir neue Lebenskraft verliehen, Mann, ich könnt jetzt mit einem Satz übern großes Haus springen, hilf mir an die Tür, Mann, mir is fürchterlich übel von diesen verdammten transsylvanischen Bakterien, Mann."

„Weshalb rauchst du nichn bißchen von dem hier, Mann?"

„Du hast recht, Mann. Laß uns zivilisiert sein."

Der Saxophonspieler holt ein Päckchen peruanischer Mangoschalen raus, das milde Gemüse-Stimulans, von dem man Leguane in seinen Augäpfeln sieht.

„Darf ich es dir mit meinem japanischen Feuer anzünden, Mann?"

Kratz... kratz

„Hier, Mann, versuchs mal mit nem Streichholz."

„Richtig, Mann... Mann..." Rauch peruanischen Mango, Mann, n grünes High, Mann, ich muß nach New Jersey und meinen Schulbus holen.

„Hör mal, Mann, ich muß weg, Mann. Ich seh dich

heute abend in der St.-Nancy-Kirche auf der Bowery."

„OK, Mann, versuch hinzukommen."

N seltener Fund, Mann, n richtiger Musiker, der dem Liebeschor in der letzten Probenwoche Tiefe bringen wird. Mein Glückstag, Mann, und jetzt, Mann, JETZT? Ja, Mann, jetzt ras ich mit meinem durchs peruanische Mango befreiten Bewußtsein die Treppe runter und erreich in superschneller blitzhafter astralheldischer verdichteter Zeitfolge das Port-Authority-Gebäude, kauf Fahrkarte und stolper in den Bus grade als er die Station verläßt.

Ich fahr in nem Bus nach New Jersey, Mann, seh die Gegend vorbeifliegen, Mann, an ner Tankstelle vorbei, Kind im Vorgarten, vorbei, Two-Guys-From-Brooklyn-Hosenfabrik, vorbei, der große Jersey-Sumpf breitet sich aus und aus.

„*Finkfield.*"

Finkfield, Mann, das ist meine Haltestelle.

„Halt mal, Mann, mein Schirm hat sich im Sitz festgehakt, Mann, laß die Tür offen, ich komm, Mann..."

Schieb den Gang lang, hüpf Stufen runter, hab wieder festen Boden unter den Füßen, Mann, der Ritter des Hot Dog ist auf der spirituellen Suche!

Der Schrottplatz, Mann, liegt genau an der Autobahn, verschönt den Staat New Jersey mit zehntausend aufgestapelten alten Fahrzeugen, und ich geh langsam rein, Mann, demütig angesichts all des Schrotts. Es übertrifft meine wildesten Träume, Mann, und ich geh hier den

Weg runter auf einen unglaublichen BERG VON SCHROTT zu! Mein Traum, Mann... dies ist mein Traum von letzter Nacht, Mann, wird wahr und zeigt mir, daß ich mich auf dem richtigen Weg befinde, wenn ich einen Schulbus kauf. Sieh mal, Mann, sieh die unglaublich zahlreichen Haufen von kaputten Batterien Räderteilen Berge von Eisen Altäre aus gepreßtem Schrott, Mann. Und vor mir, mittendrin, der Besitzer, Mann, Mr. Thorne. Ich würd ihn überall erkennen, Mann, wegen dem abgefahrenen Blick in seinen Augen. Ein Sammler, Mann, von irren Sachen – ein stämmiger Kerl, steht da, Mann, und hat ein Auge auf allem, mit nem alten zerfetzten Hut auf und auseinanderfallenden Hosen an. Er ist der Schrottpapst, Mann, sieh ihn dir an, wie er sich umschaut und tiefe religiöse Gefühle bewegen sein Herz, Mann. Ich hab meinen Guru gefunden.

„Wie läufts, Mann?"

„Tach."

„Ich hab wegen dem Schulbus angerufen."

„Hier stehter, fast betriebsbereit, brauch nur nochn bißchen Arbeit an der Lenkung, den Achsschenkeln und den Bremstrommeln. Quietschtn bißchen beim Bremsen."

„Das sind Kleinigkeiten, Mann. Ich seh schon, es isn fahrbereiter Bus. Ich hab nen Instinkt für solche Sachen."

„Aha, tatsächlich? Gut, hier hinten liegt noch was andres, das dich interessieren dürfte. Ne alte Luftschutzsirene..."

„Mann, ich such seit Jahren ne Luftschutzsirene, Mann!"

„Hab auch nochn altes Minensuchgerät da."

„Klar, Mann, werfs inn Bus, ich kann damit verlorene Armbanduhren in meinem Apartment aufspüren... hilf mir beim Heben, Mann."

Wir beladen den Bus, Mann, mit wertvollen kostbaren Objekten. Ich fühl mich wie im Himmel, Mann. Was is das da auf dem Boden, total verrostet mit Handgriffen und Eisenringen, ne moderne Skulptur, die ich an das Whitney Museum verkaufen kann. „Was is das da, Mann?"

„Das isn Bremsmechanismus von nem alten U-Bahnwagen, eine Antiquität könnte man sagen."

„Hilf mir einladen, Mann."

Mann, dieser Schulbus is ja wahnsinnig, Mann. Ich kann so viele phantastische Gegenstände reinladen, überall damit hinfahrn, ein fahrender Schrotthaufen, Mann. „Was isn das fürn Dings da aufm Boden, Mann, mit all den Stangen und Flaschenzügen und Sprungfedern, Mann?"

„Das ist ein phantastisches Gerät, Junge, hat nem Knaben bekannt unter dem Namen Great Springboard gehört. Junge aus der Gegend, is groß rausgekommen und hat die ganze Welt bereist. Schoß sich damals hunnert Fuß rauf inne Luft mit dem Ding und landete innem Netz."

„Was is mit dem Typen passiert?"

„Drüben auf der Weltausstellung in New York vorn paar Jahren sprang er in die Luft und landete mit dem Kopf aufm Parkplatz. Nach der Beerdigung kam seine Mutter raus und hat mirs verkauft."

„Wieviel willst du dafür haben, Mann?"

„Ich wills jetzt noch nicht verkaufen. Ich komm ab und zu gern hier raus und guck mirs an und denk an den Jungen, wie er inne Luft gesprungen ist."

„Ich versteh das schon, Mann. Es is offensichtlich ein wertvoller kostbarer Teil von deinem Schrottplatz. Also, was schulde ich dir für den andern Kram, Mann?"

„Dreihunnert und es gehört dir."

„Gut, Mann, hier isn Scheck von der Musikakademie in der Vierten Straße... he, Mann, is das dein Hund?"

„Ich würde an deiner Stelle den Hund nicht streicheln, Junge. Er stinkt ziemlich, du mußt deine Klamotten wegschmeißen, wenn er sich an dir reibt."

„Hier, Mann, komm her und gib Horse die Pfote."

Seine Pfote, Mann, ist voller Dreck und Öl und sein Fell ist voller Schmiere und er ist der perfekte Wachhund für mein Apartment, Mann. „Wieviel willst du für diesen Hund, Mann?"

„Zehn und er gehört dir."

„Gut, Mann, hier ist ein Scheck über dreihundertundzehn Dollar, Mann, jetzt muß ich in meinem Schulbus abhauen."

„Hier sind die Fahrzeugpapiere, Junge. Vorsicht beim Zurücksetzen."

Der Hund is im Bus, Mann, und ich sitz hinterm Steuer und laß den Motor an.

„Komm wieder, Junge. Ich hab noch ne Menge Zeugs hier, was du sehn solltest. Hab nen alten Flugzeugmotor da, falls du fliegen möchtest."

„Ich hol ihn morgen, Mann. Verkauf niemand den Flugzeugmotor. Ich kann ihn als Fan in meinem Studio brauchen."

Der alte Schulbus fährt, Mann, hör mal wie die Maschine schnurrt. Fährt sich wien Panzer, Mann, kann ihn fast nicht steuern, was fürn Vorteil. Wende aufm Schrottplatz, Mann, reiß mir praktisch die Arme aus den Gelenken. Ich hätt dran denken sollen, mir nen Führerschein zu besorgen, Mann, aber für diese Dinge ist später noch reichlich Zeit, denn jetzt, Mann, JETZT auf die Autobahn zurück nach New York City, mit nem Schulbus, Mann, endlich, vollgepackt mit wertvollen Objekten und nem Hund.

Kotflügel klappern, Windschutzscheibe kaputt, Loch im Fußboden, Wind strömt rein – mein cooler Schulbus, Mann. Endlich steuert Maestro Badorties dahin, Mann, mit siebzig Stundenkilometern, in seinem eigenen wertvollen Kraftfahrzeug. Was ich alles mit diesem Bus machen kann, Mann, die unglaublichen Abenteuer und fünfzehnjährigen Mädels die ich haben kann, Mann. Aber erstmal muß ich langsamer fahren, Mann, da unten kommt ne scharfe Kurve...

...bremse leicht, die Bremsen sind in Ordnung, aber

die Räder, Mann, scheinen sich nicht in die Richtung zu drehen, in die ich fahren will. Da kommt ein Feldweg, Mann, fahr direkt drauf zu, komm jetzt drauf, stoß drauf, von der Autobahn runter und diesen schmalen steilen Feldweg rein, kämpf mit dem Steuer, es dreht sich, Mann, aber nichts geschieht und ich kann auch nich mehr auf dem schmalen Feldweg bleiben, Mann, ich rase schleuder holper weiter mit durchgetretenem Bremspedal und die Bremse geht nich, Mann, wir haben keine Bremse, ich sollte lieber runterschalten, Mann, mit Zwischengas runter in den ersten Gang, kein erster Gang mehr, Mann, die Kupplung is weg, paß auf, Mann, der Bus fährt vom Feldweg runter und über die Böschung, Mann, und runter, Mann, mein Leben zieht an mir vorbei, Mann, da is der Van Cortlandt Park vor meinen Augen, Mann, und ich polter diesen steinigen dreckigen Abhang runter und fall ins New-Jersey-Sumpfgras, Mann, knöcheltief Wasser und Schlamm, Mann, und komm in nem Schilfsumpf zum Stehen mit meinem wunderbaren Schulbus, und mein Hund sieht mich an.

„Das wars, Mann. Das hätten wir."

Wir haben ne Sumpflandung gemacht in ner stinkenden Wiese mit Weidenkätzchen, die bis an die Fenster reichen. Ich steig lieber aus, bevor das verdammte Ding völlig versinkt, Mann, und die Staatspolizei kommt und sieht, daß ich keinen Führerschein für meinen Schulbus hab. Wie schrecklich, Mann, meinen Schulbus zurückzulassen mit Luftschutzsirene, Minensuchgerät und U-

Bahnbremssystem, Mann.

Kann die verdammte Tür nich aufkriegen, Mann, also durchs Fenster mit Beutel und Schirm, Mann, und sich in den Sumpf fallen lassen. Jetzt meinen Hund rausholen. „Komm, Mann, kriech raus da." Wasser, Mann, und Schlamm, und da, Mann, taucht ein Polizeiauto auf. Keine Zeit, den Hund rauszuholen, Mann. Die Polizei wird ihn rausholen müssen, verdammt. Ich muß sehn, daß ich hier abhau, Mann, durch die hohen Weidenkätzchen, Mann, und renn weiter durch den Sumpf, der sich genau so anfühlt wie der Boden in meinem Apartment, Mann, ungefähr ein Fuß Wasser und Dreck. Ich schaffs leicht, Mann, mit geübtem Schritt, Old Horse fangen die nie.

Halt meinen Schirm niedrig, Mann, und stapf weiter durch das Sumpfgras und da sind die Staatstruppler, Mann, schwärmen um den Schulbus und kratzen sich die Köpfe, Mann, sehn meinen Hund hinterm Steuer.

Ich hab nen Schulbus verloren, Mann, aber er wird an den Besitzer des Schrottplatzes zurückgehn, zusammen mit meinem geplatzten Scheck, und jetzt, Mann, entfern ich mich weit vom Ort des Geschehens und meinem wunderbaren gelben Schulbus. Durch dies Gebüsch, Mann, seh ich zu, wie sie nen Abschleppwagen ranholen, Mann, und den alten Bus rausziehn. Es ist irgendwie traurig, Mann. Aber ich begreif in diesem Augenblick, daß ich mir stattdessen nen gebrauchten Postwagen kaufen sollte.

11
Der verrückte Anrufer

Zurück in New York City, Mann, komm aus der U-Bahn auf der Lower East Side mit Sumpfschlamm in den Schuhen und Weidenkätzchen in den Hosenbeinen. Es ist Nacht in der City, Mann. Wieder ist ein typischer Horse-Badorties-Tag vorüber, Mann. Ich mußte zehn Meilen durch einen Sumpf waten, hab meine Liebeschorprobe verpaßt und muß sofort hundertmal telephonieren. Hier ist meine Lieblingszelle, Mann, auf der First Avenue, und hier ist mein verquecksilbertes Spezial-Zehncentstück, Mann, mit dem ich ununterbrochen anrufen kann ohne was zu bezahlen.

„Hallo, Mann... es is ne Ladung organisch angebauter Karotten unterwegs, Mann, bist du an ein paar Bündeln interessiert..."

„Hallo, Mann, hol mal den *I Ching* raus, Mann, und schau mal das Hexagramm nach, das ich grad geworfen hab, Nummer einundfünfzig, neun auf dem vierten Platz, was isses... *ist alles zäh und träge wie Schlamm, so wird die Bewegung gehemmt?* Genau, Mann, ich kapiers, ich hab meinen Schulbus in nem Sumpf verloren ..."

„Hallo, Baby, hier spricht Horse Badorties ... sing diesen Ton für mich, ja, Baby, ich muß mir mein Loch im Trommelfell durchblasen lassen: *Buuuuuuuuuuuuuup!*"

Die Nacht geht vorbei, Mann, sternenlos und unendlich, und Millionen Leute treiben sich rum und der Furchtlose Anrufer erreicht jeden von ihnen.

„Hallo, Mutter, hier ist Horse. Hab ich zufällig bei meinem letzten Besuch Vitamin-C-Tabletten bei dir liegen lassen, kleine weiße Tabletten in einer unbeschrifteten Flasche ... ja, hab ich? Gut, ich komm bald vorbei und hol sie ab, Mann, aber nimm sie bitte auf keinen Fall."

„Hallo, Mann ... ist da Wähl-ein-Huhn? ... sagen Sie mir, Mann, liefern Sie auch an Telephonzellen ..."

„Hallo, Mann, hier ist Horse Badorties ... hör zu, Mann, es tut mir leid, daß ich nicht mit dem Schweizerkäse bei dir vorbeigekommen bin, aber ich war für drei Tage unvermeidbar entgleist, Mann. Ich ging die Straße lang, Mann, sah diese Kinder, Mann, spielten mit ner *toten Ratte*, Mann. Ich mußte zurück in die Wohnung, ne Schaufel holen und sie beerdigen, Mann. Verstehste, Mann, Kinder dürfen so was nich sehn. Hör zu, Mann, ich bin gleich bei dir, um ... Moment mal, Mann, eine Sekunde ..."

Kommt da doch, die First Avenue lang, genau auf diese Telephonzelle zu, Sundog der Fiddler, Mann. Ich will den Typen nich sehn, Mann. Nicht, daß ich ihn nich mag,

Mann, aber ich kann weder den Anblick noch den Ton seiner Geige vertragen, Mann, sie macht die schauderhaftesten Geräusche auf Gottes Erde, Mann, ne Verbindung von Katzengedärm und Pferdehaar, um teuflisches Kreischen hervorzubringen, so muß ich mich der berühmten Aleister-Crowley-schwarzen-Magie Machmich-selbst-unsichtbar-für-alle-anderen-Technik bedienen, Mann, mit der ich gradewegs übern arabischen Marktplatz gehn kann ohne von einem einzigen Menschen gesehen zu werden. Es ist alles eine Frage des Willens, Mann, und ich kauer mich jetzt in der Telephonzelle zusammen und laß dabei einen geistigen Schleier runter, so daß ich, wenn der Fiddler vorbeikommt, Mann, völlig unsichtbar für seine starren Augen sein werde.

„Hey, Horse, Mann, was machst du da in ner Telephonzelle kauernd, Mann?“

„Ich hab tausend Anrufe zu erledigen und werd dabei ohnmächtig.“

„Du hast Glück, Mann, ich hab zufällig nen Schluck Brandy in meinem Geigenkoffer.“

„MACH DEN GEIGENKASTEN NICH AUF, MANN, BIS ICH DIE AUGEN ZUGEMACHT HAB! Also gut, Mann, mach schon, ich kann nichts mehr sehen.“

„Hier, Horse, in dieser Flasche.“

„Danke, Mann. Ich brauch was, um meine Zellen in Brand zu stecken und mein Gehirn zu betäuben... gutes Zeugs, Mann, viel Biß drin, wo haste das her?“

„Ich kenn diesen alten Knaben, lebt draußen in den Wäldern von New Jersey, Mann. Er macht das Zeugs selbst. Tut alles mögliche rein, Mann. Tutn Stück Rattenschwanz rein, Mann, nur die Spitze vom Schwanz einer weiblichen Ratte."

„Mann, machst du Witze?"

„Ich würd mich nich über dich lustig machen, Horse. Ich hab ihm dabei zugesehn. Ich muß los, Mann, willst du noch nen Schluck, bevor ich geh?"

„Nee, Mann, einer is schon genug, mich umzubringen, danke." Macht die Zellentür zu. Wie schrecklich, Mann. Hab mich von nem Fiddler vergiften lassen, Mann. Man muß ja mit sowas rechnen, bei Typen, die ne verdammte Fiddel spielen, Mann. Der Ton von der Fiddel trübt ihr Bewußtsein, Mann. Und jetzt durchläuft die Essenz vom Rattenschwanz meine Blutbahn und gelangt ins Gehirn, Mann. Ich merk, wie es ankommt, Mann, und mich zwingt, den Vorbeigehenden abscheuliche Rattenfratzen zu schneiden, Mann, es verzieht mir die Nase Lippen Backen Augäpfel, während ich weitertelephoniere, Mann, in die Nacht hinaus.

„Hallo, Mann... hör mal, ich spreche verschlüsselt, willst du Rüben... richtig, Mann, Rüben, ich nehm dich nich aufn Arm... kriegst orangene Visionen, Mann..."

Ich mag besonders dieses Telephon, Mann, weiln kleiner Fan in der Zelle angeht, wenn man die Tür schließt. Wie wunderbar, Mann. Ich fühl mich trotzdem sehr merkwürdig, Mann, von all dem Telephonieren, das meine Eustachischen Röhren angreift und Gleichgewichtsstörungen schafft, Mann, die Zelle scheint durchs All zu treiben, fort in die Nacht, Mann, während der Verrückte Wähler seine Nummern wählt und einen Rübendeal aufzieht, so unglaublich präzise und sorgfältig geplant, daß niemand, nicht einmal ich, Mann, dem folgen kann...

„Hallo, Mann... hier ist Horse Badorties, ich hab nen Deal inner Mache... hör auf zu schrein, ich kann nichts verstehn... richtig, Mann, jetzt erinner ich mich, ich hab schon dein Moos, das heißt, ich hatte das Moos bis heute, Mann, als etwas Merkwürdiges geschah, Mann, du wirst es kaum glauben... geh nicht weg, Mann, ich ruf dich in fünf Minuten wieder an."

Hier kommt Jimmy der Tänzer die Straße lang, Mann, genau der Typ den ich sehn will. Spielt das viersaitige Banjo, Mann, und ist immer an Gesundheitsrüben interessiert, die frei von giftigen Mitteln sind. „Hey, Tänzer, Mann, wie gehts?"

„Horse, Mann, ich wollte gerade zu dir kommen."

„Phantastisch, Mann, ich arbeite grade an nem Deal..."

„Ich geh nach Kanada, Horse. Ich brauch meinen Mantel wieder, Mann. Es ist kalt oben im Norden."

„Deinen Mantel, Mann?"

„Ja, Mann, erinnerst du dich, ich hab ihn dir letzten Herbst geliehen, als du in dem kleinen Mädchencamp oben in den Bergen unterrichtet hast! Erinner dich,

Mann, ein großer schwarzer verdammter Mantel."

„Frag mich nich nach dem Mantel, Mann. Frag mich nach allem andern in der Welt, Mann, aber frag mich nich nach dem Mantel."

„Was is los, Mann. Was is dem Mantel passiert?"

„Es is zu fürchterlich, Mann. Ich kanns dir nicht sagen."

„Was soll das heißen, Mann?"

„Ich kanns dir nich sagen, Mann. Glaubs mir. Dein Mantel starb einen ehrenhaften Tod, Mann, aber ich kann dir keine Einzelheiten erzählen, sie sind zu abscheulich."

„Der Mantel ist weg, Mann?"

„Ich weiß, wie du zu deinem Mantel stehst, Mann. Mir gehts genauso, und darum erspar ich dir die Einzelheiten, Mann, was mit ihm geschehen ist."

„Hey, Mann, das is zuviel."

„Ja, Mann, es is zuviel für das Bewußtsein und deshalb schirm ich dich vor etwas ab, was du später nur verdrängen müßtest. Inzwischen, Mann, nimm das kleine Beutelchen mit rotem panamaischem Rübenkraut, Mann, um den Schmerz zu betäuben."

„Danke, Mann, aber ich hätte natürlich gern den Mantel. Ein Typ hat ihn mir vorn paar Jahren gegeben, als wir zusammen auf der Bundesstraße 22 reisten."

„Richtig, Mann, und jetzt ist er im Mantelhimmel. Hör zu, Mann, wenn du tief atmen übst, brauchst du keinen Mantel, dann kannst du den Schnee mit deinem Arschloch schmelzen. Sieh mich an, Mann, ich trag keinen

Mantel und wir sind mitten im Sommer. Sag mal, Mann, bevor du nach Kanada gehst, komm und sing mit im Liebeschor. Wir haben in ein paar Tagen eine Veranstaltung, Mann, und ich brauch ein paar Baritonstimmen, Mann, St.-Nancy-Kirche auf der Bowery, um acht morgen abend."

„Weiß ich nich, Mann."

„Nimm den Verlust deines Mantels nich so tragisch, Mann. Heute, Mann, hab ich einen Schulbus, einen Hund, eine Luftschutzsirene, ein Minensuchgerät und einen U-Bahn-Bremsmechanismus verloren. St. Nancy's, Mann, morgen abend."

„Also gut, Mann, ich versuch da zu sein."

„Mach das, Mann, würdest du mich entschuldigen, ich muß noch fünfzig Anrufe machen...

„...hallo?... hallo, Mann, Horse Badorties hier, Mann. Mann, es tut mir leid, daß ich nicht mit der Tomatenüberraschung bei dir war, Mann, aber weißt du, etwas sehr Merkwürdiges ist geschehn, Mann. Ich ging durch den Van Cortlandt Park, Mann, und plötzlich sah ich über mir dies Flugzeug, Mann, kein Sprit mehr. Der Typ kreiste niedrig, Mann, suchte nach nem Platz zum Landen. Ich mußte ihn einwinken, Mann, zur Notlandung, Mann, und es hat ziemlich lange gedauert und darum komm ich später zu dir, Mann..."

„...hallo, Mann, hör zu, Mann, ich hab in der letzten Zeit phantastische Träume voller Vorahnungen gehabt, Mann, ich erfahr jede Nacht was über die Zukunft, und letzte Nacht bekam ich einen definitiven Wink, Mann, daß die fliegenden Untertassen jeden Augenblick landen können. So ist es, Mann, ich nehm dich nich aufn Arm, und hör zu, Mann, ich lad alle die ich kenne aufs Dach über meinem Apartment ein, Mann, damit sie zusehen, wie die Untertassen landen, durchaus möglich, daß ich fortgetragen werde, Mann, in den Himmel, zu einem anderen Planeten…"

12
Commodore Schmock auf See

Es ist Morgen, Mann, die Sonne scheint die Erste Straße runter in die Telephonzelle. Ich habs geschafft, Mann. Ich hab noch ne ganze Nacht inner Telephonzelle verbracht und Anrufe so zahlreich wie Sandkörner am Ganges getätigt. Ich erinner mich dunkel , daß ich nen perfekten Rübendeal auf die Beine gestellt hab, Mann, wenn ich nur wieder drauf käm. Und jetzt, Mann, raus aus dieser Zelle rein ins Bardo der Wiedergeburt. Die Tür klemmt, Mann. Ich bin in meiner Zelle gefangen.

Da kommt ne einsame Gestalt die Straße runter, Mann, kommt aus dem grauen Licht des Morgens. Es ist der Saxophonspieler, Mann, mit seinem Axe, auf dem Weg nach Haus von nem Auftritt. Ich trommel gegen die Tür, Mann, und jetzt kommt er, Mann, um mich zu retten, tritt die Tür auf.

„Wie gehts, Horse?“

„Hilf mir, Mann, ich hab die ganze Nacht in dieser Telephonzelle gesteckt, Mann, ich brauch Sauerstoff und nen Hot Dog zum Frühstück. Ich hab die Wahrheit gesehen, Mann. Ich muß mir nen gepanzerten Bundesschatzamt-Geldtransporter kaufen. Gehn wir, Mann, die Straße rauf für ne Tasse Kaffee."

„Ich brauchn bißchen Schlaf, Horse. Bis später."

„Gut, Mann, machs gut. Ich seh dich heute abend auf der Probe."

Ich brauch auch etwas Schlaf, Mann. Aber nicht in meinem Apartment, Mann. Die vier Treppen, Mann, würden mich umbringen. Und außerdem, Mann, muß ich heute die NBC besuchen und sie auf das Liebeskonzert stoßen. Deshalb werd ich in den Central Park gehn, Mann, und im Gras schlafen und dann später zur NBC rüberlaufen. Ein perfekter Plan, Mann.

Aber zuerst, Mann, muß ich unverzüglich in Barneys Herrengeschäft und mir nen neuen Anzug für meinen Besuch bei der NBC kaufen. Wenn man mit den hohen Tieren verhandelt, muß man auch so aussehn.

„TAXI!"

Suuuuuuuum.

Barneys Herrenausstattungen, Mann, da bin ich, geh die Anzüge durch. Ich nehm liebern Sonderangebot, da ich meinen letzten Gummischeck für den verdammten Schulbus ausgegeben hab. Hier is ein wunderbarer Anzug, Mann, für 185 Dollar. Is auch meine Größe, Mann. Jetzt muß ich nur noch eins tun, Mann, aus meinem Beutel meinen Vier-Farben-Spezial-Kugelschreiber rausholen und die zum Preisschild passende Tinte wählen. Dann, Mann, indem ich einfach das Komma um eine

Stelle verschiebe und eine Null ans Ende der Zahl hänge, hab ich einen Anzug gefunden, der auf

$ 18,50

herabgesetzt ist.

„Ja, der Herr, kann ich Ihnen helfen?"

„Ich nehm diesen Anzug, Mann."

„Ja, der Herr, zahlen Sie bar oder Scheck?"

„In bar, Mann, ich bin eigentlich nur wegen nem Paar Socken reingekommen, aber ich konnt dem Schnitt dieses Anzugs nicht widerstehn. Er wird perfekt passen, Mann, und ich werd ihn gleich anbehalten."

„Sehr wohl, der Herr."

In die Umkleidekabine, Mann, raus aus meinem alten zerfetzten Horse-Badorties-Anzug und rein in meinen Erster-Klasse-Barneys-Ausverkaufs-Anzug. Sieht ungeheuer aus, Mann. Genau was ich brauch für die NBC.

„Ja, der Herr, das macht achtzehn Dollar und fünfzig Cent, plus Steuer. Soll ich Ihren alten... äh... Anzug forttun?"

„Wenn Sie so freundlich sein wollen, Mann, bitte. Andererseits, Mann, vielleicht doch lieber nicht, packen Sie ihn lieber luftdicht ein, Mann, und lassen Sie mich ihn beerdigen." Ich kann diesen Anzug nicht in feindliche Hände falln lassen, Mann. Er ist wertvoll, wie meine kostbaren Fußnägel, die als Opfer verbrannt werden müssen, Mann, nach dem Abschneiden. Schwarze Magie,

Mann, is überall. Schreckliche Dinge könnten mir zustoßen, wenn dieser Anzug in die falschen Hände fiele. Puertoricanische Medizinmänner, Mann, zelebrieren irre Riten, Mann, mit Hühnern und meinem alten Anzug. Das darf nicht geschehen, Mann, ich hab schon stechende Schmerzen in meinem Schnabel, Mann, wenn ich nur dran denke.

„Da wären wir, der Herr, und vielen Dank für Ihren Einkauf bei Barneys."

„Gut, Mann, bleib so." Und raus geh ich, Mann, ins helle Sonnenlicht, Mann, das zu hell is, Mann, ich muß meine Spezialsonnenbrille aufsetzen, Mann, total schwarz bis auf fünfzig winzige Stecknadellöcher in jeder Linse. Kommt dir vor wien Drahtkäfig, Mann, das Blickfeld ist in Form eines Nadelstichmusters aufgeteilt, so daß du kaum siehst, wo du gehst und deshalb, Mann, nehm ich lieber ein Taxi.

„TAXI!"

Taxi kreischt hält direkt an der Bordsteinkante. Bärtiger Fahrer mit Sonnenbrille.

„Wart, bis ich meinen Schirm reinkrieg, Mann, kannst du ihn da aufn Vordersitz schieben, danke, Mann. Central Park, Mann, egal wo."

Suuuum-Taxi fährt ab, webt sich durch Verkehr Ampeln krach-bäng durch die Gänge. Taxifahrer-Karate. Leichter Schlag mit der Stoßstange fahren wir raus aus der Stadt ins Sonnenlicht. Fahrer blickt über die Schulter, schneidet leicht tötet fast Mann mit nem Armvoll Pakete, jagt dahin, dreht und wendet das Steuerrad des Schicksals, wir fahren.

„Was du noch im Taxi brauchst, Mann, isn Fan, Mann, der dich coolt."

„Ich bin cool, Mann."

„Genau, Mann, und du kannst sogar noch cooler werden mit diesem handlich-schmucken Fan, gibt nichts Besänftigenderes." Für diesen Moment gibt es natürlich noch eine andere Abkühlung und dafür hole ich aus meiner Westentasche diesen großen vergoldeten Kugelschreiber raus, ein Andenken vom Empire State Building. Der Schreiber, Mann, ist innen hohl, und wenn ich ihn öffne und schüttel, bekomm ich eine zusammengeknüllte, an jedem Ende fein säuberlich zusammengefaltete Portion Gesundheitskost-Rauch in meine Hand, Mann, aus salzigem Seetang geerntet von portugiesischen Fischersfrauen und auf Steinen getrocknet.

Zünd es an, Mann, inhalier tief, geb rauchenden Seetang weiter an Taxifahrer.

„Danke, Mann."

Furchtloser Fahrer, Mann, fährt überall hin, raucht alles.

Horse Badorties und abgefahrener Taxifahrer rauchen Seetang, lächelndes Sonnenlicht wölkt in der Luft. Fahren im blinkenden Licht.

Taxifahrer auf einmal stoned mitten auf der Lexington Avenue wenn schon Mann fahr überall hin egal wie. Flieg automatischen Pilot, kenne Stadt in und auswendig, stoned, blau, abgefahren, sag mir wohin ich bring dich. Perfekte Koordination, schlängelt sich durch den Verkehr, treibt durch den Verkehr, alle träumen ihren verdammten Traum.

Kommen zu den Hotels Springbrunnen plätschern im Sonnenlicht, biegen ein in den südlichen Central Park da sind die Bäume, Mann, wir sind am Park.

„Hier is prima, Mann."

Suum rüber zum Bordstein.

Bezahl Fahrer, geb ihm als Trinkgeld den Rest von dem Seetang, Mann, das soll er in der Stoßzeit rauchen. Gib ihm nen Stoß, mit dem er alle andern Stöße abfängt, Mann.

„Gut, Mann, danke dir."

„He, Mann, tu mir nen Gefallen und häng diese öffentliche Ankündigung hinten im Taxi auf, Mann. Sieh her, Mann, ich klebs hier dran. Erzähl der Welt übers Liebeskonzert, Mann, heute in zwei drei Tagen."

Und ich steig aus dem Taxi mit Schirm und Beutel, Mann, weit oben in der Stadt. Taxifahrer fährt ab ssuuuuuuuummmm.

Ach nee, Mann, ich hab meinen wertvollen kostbaren gebrauchten vergammelten alten Anzug im Taxi gelassen, Mann. Muß sofort hinterherjagen und ihn zurückholen. Anderseits, Mann, scheiß drauf. So gehts nun mal, Mann, man macht auch Fehler und mein Anzug ist jetzt auf dem Weg in die Hände der Medizinmänner. Heut abend werd ich mörderische Schmerzen im Ellbogen und

Ausschlag an den Eiern haben, Mann, mit wahnsinnigen Träumen, daß ich mich in ein Huhn verwandel, Mann. Huhn-Mann Badorties, Mann, es is zu grauenvoll, meine Zunge schlottert, Mann, wenn ich dran denk. Solange ich noch bei guter Gesundheit bin, Mann, abgesehen von meinem üblichen Gehirntumor, laß mich hier in den Central Park einbiegen, Mann, in den wunderbaren schönen Central Park mit Bäumen und Gras und Vögeln und Eichhörnchen. Was mach ich hier, Mann. Ich sollte in Buffalo ein Postamt kaufen.

Wander durch den Central Park, Mann, über das Gras, todmüde, trag an meinem unheimlich schweren Beutel und Schirm. Warum, Mann, wurde ich geboren? Um wertvolle kostbare Liebesmusik zu machen, Mann, denk dran.

Leben, Mann, ist so schwer, wenn du nen Beutel trägst, der deinen Arm bis aufn Boden ausleiert. Ich seh ein Mädel vor mir, Mann, schiebt einen Kinderwagen. Jemand wurde grade geboren und wird durch den Sonnenschein gerollt.

„Da, Baby, ein Blatt mit Noten für dich und eins fürs Baby, bringt dir Glück."

Mädel lächelt, Baby gurrt, das isn Leben, Mann, jemand, der dir die Windeln wechselt und dich rumrollt. Aber warts ab, Mann, wart zwei oder drei Jahre und sie wollen dir Geigespielen beibringen. Dann, Mann, weißt du, was Schmerzen sind, besonders in den Nackenmuskeln mit Komplikationen bis runter zum Ende der Wirbelsäule einschließlich möglicherweise der Füße.

Ich geh durch den Central Park, Mann, ohne Telephon, ohne Müll-Apartment, ohne Küchenschaben und hab die Orientierung verloren, Mann. Ich glaub, ich lehn mich lieber mal gegen diesen Abfallkorb, Mann, und hol mir ne Energieübertragung. Einsames Leben, Mann, auf dem Planeten Erde. Ich würds immer wiedererkennen, Schwerkraft hält mich am Boden. Lang ists her, Mann, da schwebte ich am Himmel mit ner Sitar, ein himmlischer Musiker, Mann, der aus der Höhe runterfiel. Die einzige Art, von der Erde wegzukommen, Mann, ist sterben, und ich sterbe bestimmt, Mann. Die große Frage ist nur: Werd ich den Fan Beutel und Schirm mitnehmen können, wenn ich von hier scheide?

Da vorn, Mann, seh ich nen Brunnen, Mädels drumrum, Mann, heiße Höschen abgeschnittene blaue Jeans lange Haare Perlenketten und ich geh die großen steinernen Stufen zum Brunnen runter, um den sich die ganzen Mädels versammelt haben, Arsch Titten Pussy fürn Liebeschor.

„Sieh mal die Musik, Baby. Heute abend in St. Nancy's auf der Bowery. Wenn du nur einmal kommst, Baby, dann hol ich dich später mit dem Akademie-Postauto ab. Gib mir einfach deinen Namen und die Telephonnummer bitte, danke."

Schubs Lachen Mädels im Brunnen, nasse Jeans Wasser kleben Arsch Mädels überall Sonne Sommer Erde und ich geh um den Brunnen rum, Mann, mit meinem Beutel, schenk den Mädels Notenblätter. „Das Fernsehen wird da sein, Baby, und jede kriegt nen Fan. Nach dem Singen ziehn wir uns zu nem Mitternachtsimbiß in die Akademie zurück. Jeder bringt was zu essen mit, bring was zu essen mit, ja, deine Telephonnummer, danke vielmals."

Steinengel tanzen auf der erhobenen Schale des Brunnens, tropfnaß. Unter den Steinengeln ist ein abgefahrenes Mädel, lacht, langes schwarzes Haar, ihr Kleid durchgeweicht naß man sieht ihre Titten ihren Bauch Arsch. O Horse Badorties, auch für sie bist du auf die Welt gekommen, für die ERDMÄDELS!

Trag Beutel trag Schirm, laß Brunnen hinter mir. Ich darf nicht am Brunnen rumhängen, oder ich eß nen Hot Dog an der Bude nebenan da, mit Mostrich und Sauerkraut. Ein Hot Dog aus dem Central Park, Mann, ist sofortiges Ptomain. Zum Schutz aber gegen ptomainerzeugende Fäulnis sind die Hot Dogs in einer Plastikhaut drin. Wie wunderbar, Mann, ein Plastikhotdog, ich möcht lieber zwei, SOFORT.

„Gibma einen ... gibma ..." Was issen das da, Mann. Es is ne Plastikspielzeugmühle, Mann, blau und weiß, auf nem Stöckchen, Mann. EIN AUTOMATISCHER EWIGER FAN, MANN! „... so einen Fan, Mann, nein, lieber zwei, Mann, danke." Und jetzt, Mann, während ich weitergeh, mit dieser Windmühle hinten an meinem Jackenkragen, erzeugt die Bewegung meines Körpers einen gegen die zarten Windmühlenflügel gerichteten Luftstrom, Mann, und sie drehn sich. Keine Batterien erforderlich, Mann, und wenn ich loslauf, drehn sich die Flügel schneller und der Ton verändert sich... ich renne, Mann, im Dauerlauf mit Beutel Schirm und Windrad, Mann, Dauerlauf, gesunder kräftiger Dauerlauf... langsamer, Mann, hör auf zu laufen oder du fällst tot hin mit nem Blutgerinnsel im großen Zeh, Mann.

Ich bin ganz schön weit gekommen, Mann, und durch die Bäume seh ich das Dach vom Central-Park-Bootshaus, Mann. ICH HABS, MANN! ICH LEG MICH SCHLAFEN IN NEM RUDERBOOT, MANN, DRAUSSEN AUFM SEE WO MICH NIEMAND STÖRT!

Was für ne Idee, Mann. Ich geh genau aufs Bootshaus zu, Mann, geh zum Schalter, sag zu der Dame: „Gib mir ne Karte, bittebitte." Ziehn Affengesicht, klapp die Ohren raus, roll die Augen rauf, häng die Zunge raus. Schalterdame sitzt im Schalterhäuschen, schläft beinah, Mann, und wacht plötzlich auf und sieht ein Horse-Badorties-Gesicht und springt auf, Mann, mit ner Fahrkarte. Und als sie mir die Karte durchs Fenster gibt, Mann, da versink ich langsam unterm Fenster und man sieht nur noch meine Hand die die Karte nimmt und krabbel weg zum Eingang vom Steg, wo die Boote liegen, wo ich mich augenblicklich seemannsmäßig strecke, Mann, denn da, vor mir, der da, der auf die Ruderboote aufpaßt, ist eine der wichtigsten Figuren in der puertoricanischen Marine, Admiral Rodriguez, Mann, mit seiner amtlichen weißen Jachtmütze aus John's Billigladen.

Commodore Schmock grüßt den Admiral, der den Gruß erwidert und mich zu meinem Boot bringt, Mann.

„Halt mal meinen Schirm nen Moment, Admiral, während ich reinkletter, ich will nichts ins Wasser fallen lassen. Riesige Aale leben da unten, Mann. OK, Mann, gib ihn rüber, danke.“

„Hokay, *amigo,* da“, sagt Admiral Rodriguez und gibt dem Boot einen kleinen Schubs, Mann, und ich geh raus in den Kanal, an die Riemen, Mann, und das Wasser kräuselt sich sanft und ich laß das Land hinter mir.

Wellen funkeln, Ruder steigen, fallen, und als das Bootshaus hinter mir weggleitet, Mann, und das Dach im Sonnenlicht leuchtet, da kommt es mir wie eine chinesische Pagode vor. Vor langer Zeit, Mann, war ichn chinesischer Bootsmann, im Rudern geübt, verstand es ein Boot schnell zu bewegen. Das alte chinesische Bootsmanngefühl kommt wieder zurück, die Ruder tauchen jetzt richtig ein und das Boot fährt schneller, wühlt das Wasser auf, klatsch, kalatsch... OH NEIN!

„Halt das Boot an, Mann, halt alles an. Ich muß zurück an Land, zum Arzt. Ich hab grade nen Tropfen von diesem verdammten stehenden giftigen Wasser auf die Lippe bekommen, Mann... ärrrrggggghhhhhhhhhhhhh!“

Wisch ab Mund und Zunge am Jackenärmel wien wildes Tier, Mann, beiß in die Wolle, versuch den Tropfen von dem tödlichen Central-Park-Seewasser von der Lippe zu entfernen, bevor er eindringt, Mann, er ist tödlicher als das Gift der schwarzen Mamba, krieg galoppierenden Typhus davon, Mann. Spuck in den See „Rotztuuuuiiiiii, Mann!“ Mach Beutel auf, grab in dunklen Tiefen rum find antiseptische Lösung, gurgel sofort mit voller Kraft.

Aber was schlimmer ist, Mann, viel schlimmer als die schrecklichen Krämpfe und plötzlichen Bewußtseinsstörungen, die durch dies Wasser hervorgerufen werden, ist der Lautsprecher eines Transistorradios in der Ferne, durch den puertoricanische Musik übertragen wird, Mann. Grab im Beutel rum nach Commodore Schmocks Marinekampf-Ohrenklappen-Mütze. Puertoricanische Wassermusik, Mann, macht mich zum Krüppel, wahnsinnig. Alles is jetzt OK, Mann. Ich bin in der schalldichten Mütze und kann wieder gemütlich den Kanal raufrudern. Ich werd müde, Mann, und meine Füße kalt, das Gift verteilt sich anscheinend in meinem Körper. Ich sollte lieber das Gegengift nehmen. Aus meinem Beutel, Mann, kommt Doktor Horse Badorties riesige Ann-Page-Blaukäse-Salatsoßen-Flasche, die mit klarem Quellwasser gefüllt ist. Im Flaschenhals steckt ein Laboratoriums-Gummistöpsel Größe vier mit zwei Löchern. Ein chemischer Tropftrichter, zweckdienlich wie ein Pfeifenkopf geformt, führt durch das Loch Nummer eins des Nummer-vier-Stöpsels. Loch Nummer zwei ist mit einem Mundstück-Schlauch versehen. Und dem speziellen Culpeeper-Botanisierbeutel entnehm ich ein paar Triebe von wilden Spargelblättern und streu sie in den Tropftrichter.

Und jetzt, Mann, komm ich noch mal raus mit dem prämierten superb entworfenen ewigen japanischen Feuer. Dieser kleine Behälter, nicht größer als eine Briefmarke, auf dem ein Pik-As eingraviert ist, enthält wirklich Feuerzeugbenzin. Indem ich einfach diesen kleinen Knopf abschraube, entnehme ich den Zünder und streiche damit gegen die Reibefläche des Pik-As, wodurch ich gesundes nichtschwefliges Feuer erzeuge, um die hausgemachte Horse-Badorties-Wasserpfeife zu entzünden.

Kratz... kratz

Völliges Zündversagen. Astronaut Badorties ruht in schmerzhafter Erwartung, während das Bodenpersonal im Beutel rumsucht. Start wird dann durch altmodische umweltverschmutzende Schwefelhölzer möglich, die sofort brennen und Astronaut Badorties in den äußeren Weltenraum abfahren lassen, Mann. Schwebend, Mann, aufm Central-Park-See.

Jetzt, Mann, in meiner schalldichten Mütze und mit entspanntem Gehirn, rutsch ich untern Sitz, Mann, und streck mich auf dem Bootsdeck aus, und schlaf ein.

Die Ruder sind drin, Mann, und das Boot tanzt sanft auf und nieder, treibt wos hintreiben möchte, Mann. Die Götter werdens für mich steuern, Mann, und den unschuldigen Schläfer beschützen. Ich ergeb mich den Gezeiten des heiligen stehenden Tümpels, Mann. Ich bin so müde, Mann, vom Verlust meines Schulbusses und Rennen durch Sümpfe und Telephonieren die ganze Nacht und vom Rudern in die Mitte dieses künstlichen verdammten vergifteten Sees. Jetzt, Mann, ganz in Ruhe und Frieden, während ich zu dem hellen, rußgrauen Himmel über mir aufseh, saug ich lebenswichtiges Prana ein, der astrale Lebensfluß, Mann, schwimmt in meine wertvolle kostbare auseinanderfallende Gestalt.

Da scheint ein kleines Leck im Boot zu sein, Mann. Es war trocken als ich einstieg, aber ich fühl das Wasser um meine chinesisch-japanischen Schuhe strudeln. Ne kleine Akupunktur, Mann, des puertoricanischen Flaggschiffs. Ich kann es jetzt untersuchen. Commodore Schmock schläft ein, Mann, um Kraft für unbekannte bevorstehende Schlachten zu sammeln.

13
Commodore Schmock an der Krabbenbucht verraten

„Hey, Raoul, da iissen Bott ganz allein aufm Wasser."

„Kommt, *muchachos,* wir holen uns das Bott und machen ne Reise."

„Iis zu weit draußen. Wie solln wir rankommn?"

„Ich schwiim raus und hols."

„Hokay, *hombre, muy bien.*"

Spriingt iin See, schwiimt raus zum Bott. Wiir Ritter von der Hunnertunersten Straße, *hombre,* wiir schwiim gutt, fassn annem Änne vom Seil an, was ausm Bott raushängt un briingens zurück ans Ufer."

„Hokay, hier iisses."

„Kommt, *muchachos!*"

„Hey, wartma, da iis einer im Bott. Guck, er liigt aufm Boden vonnem Bott."

„Iis hokay, iisn Hiipii, hat niix dagegen, wenn wiir sein Bott benutzen."

Klettern rein, klettern alle rein in das Hiipiibott. „Wäcktn nicht auf, *muchachos,* er siiht serr miide. Triit niich aufn. Kommt, *muchachos,* alle an Bord."

„Diis Bott hatten Läck driin."

„Mach niix ... wir könn ... niims Ruder, José ..."

„Wiir siind zviel iin diis Bott, Monn."

„Rudert hart, *amigos*, rudert."

„Hey, Raoul, iich sag diir, guckma das Bott, unser Bott niimmt ne Mänge Wasser ..."

„Rudert, *amigos*, rudert!"

„Verdamm, Monn, vorn geht diis Bott unter."

„Sgeht unter ..."

„Spriingt, *muchachos*, es siinkt."

Ich hab wieder son Traum, Mann, daß jemand mich in die Kloschüssel zu schubsen versucht, Mann. Jemand versucht mich zu ertränken. Scheiß auf diesen Traum, Mann, ich wach lieber wieder auf. Es ist sicher Zeit, aus dem Apartment wegzugehn ... Mann, WAS GEHT HIER VOR! Wo bin ich, Mann, was, Mann, was?

Grünes schleimiges Wasser, Mann, überall um mich rum und Kinder, Mann, überall ... ich bin in ne Art grüne Suppe gefallen, Mann ... Was is das, Mann, ne puertoricanische Badewanne? Da sind Bäume, Mann, du bist im Central Park, Mann, und dein Boot sinkt. Schnell, Mann, pack deinen Beutel, da.

Wie der Blitz, Mann, packt Commodore Schmock das Bardo des Todes am Griff. Halt den Beutel fest, Mann. Paß auf, Mann, der Schirm schwimmt weg. Ich hab ihn, Mann, ich hab ihn vor der Zersetzung in diesem Wasser bewahrt. Das Boot, Mann, ist völlig untergegangen und ich stehe drin, Mann, einen Meter tief im vergifteten

Wasser, Mann. Ich hab mich immer gefragt, wie tief dieser verdammte See is.

Und jetzt muß ich auf den Grund, Mann, zum Ufer. Komm aus dem gesunkenen Boot raus, Mann. Commodore Schmocks Flaggschiff ist unter ihm weggesunken. Geh, Mann, ich geh wieder durch Schlamm und Schleim, Mann, auf dem Grund des Central-Park-Sees, Mann, der voll ist von Flaschen und Konservendosen und kriechendem Todesgras, Mann. Wie abscheulich, mein Nachmittagsschlaf wurde auf teuflische Weise ruiniert. Dies Seewasser, Mann, gibt mir den Rest. So viel davon, Mann, würde fast alles umbringen. Einmal, Mann, sah ich einen Krebs aus diesem Teich rauskriechen, Mann, und er war mit öligem Schleim bedeckt. Krabbelte benommen vorwärts wie ich jetzt. Dieser Krebs, Mann, lief und VERSUCHTE EINEN BAUM RAUFZUKLETTERN. Versuchte wegzukommen von diesem verdammten verunreinigten Wasser, Mann, in dem ich grade völlig versunken bin, Mann, und unzählige Mundvoll geschluckt hab. Du hättest den Krebs sehn sollen, Mann, als er versuchte, die Wurzeln des Baums raufzuklettern. Klammerte sich mit der Schere an und versuchte, sich hochzuziehn. Ich hab ihm den ganzen Tag lang zugesehn, Mann. Bis Sonnenuntergang war er halb den Baum rauf.

Und ich bin jetzt halb am Ufer, Mann, tropfnaß, und ich hab offenbar mein Gehör verloren, Mann. Das Eintauchen in das schreckliche Wasser dieses Sees, Mann, hat mich völlig taub werden lassen. Die Wirkung war unmittelbar, Mann, das Wasser muß in meine Trommelfelle eingedrungen sein. Vielleicht kann ich durch Schütteln... Mann? ICH HAB MEINE COMMODORE-SCHMOCK-MÜTZE AUF! ICH BIN NICHT TAUB?

Nee, Mann, du kannst hören. Du wirst deine Symphonien nicht in völliger Stille komponieren müssen, Mann. Gottseidank, Mann, daß obwohl alle anderen Teile meines Körpers, vom Arschloch bis Ellbogen, völlig unter Wasser waren, meine zur Versorgung dienenden Ohrkanäle versiegelt gewesen sind. In ein paar Stunden, Mann, wird von mir nicht mehr übrig sein, als zwei Ohren, die durch den Central Park gehn.

14
Der Fan Man im Haus des Todes

Ich steh am Ufer, tropfnaß, Mann. Ich muß deshalb durch diese Büsche raufkriechen, Mann, und mich ausziehn. Runter mit meinem nagelneuen Anzug, Mann, den ich auswringe und auf den Ast eines Baums hänge, Mann, in die Sonne.

Da kommt ein Bulle, Mann, und er sieht meinen Anzug zum Trocknen aufgehängt und kommt rüber zu den Büschen, in denen ich meine nackte Gestalt verberge.

„Was geht hier vor?“

„Hör zu, Mann, ich bin in den verdammten See gefallen mit meinem neuen Anzug an, Mann, und ich versuch ihn trockenzukriegen.“

„Sie sind in den See gefallen? Wie ist das passiert?“

„Ich bin ausgerutscht, Mann. Ich stand aufm Stein und guckte nem verdammten Fisch hinterher und fiel rein.“

Er befühlt meine Kleidung, Mann, um sicherzugehn. „Ja, sie sind allerdings naß, nich?“

„Es isn Anzug, den man nur aufzuhängen braucht und er tropft sich trocken, im Nu.“

„Na ja, halten Sie sich verborgen.“

„Gut, Mann, ich verberg mich in diesen Büschen, danke.“

Bulle, Mann, geht ab und wirbelt mit seinem Schlagstock rum. Glück gehabt, Mann, daß er nich in meinen quatschnassen Beutel sehn wollte, Mann, in dem verschiedene organische Gesundheitskostmaterialien mitreisen, die nicht mit dem Gütezeichen des *Häuslichen Glücks* versehen sind.

Mein Anzug ist längst nicht trocken, Mann, aber ich kann nicht den ganzen Tag in diesen Büschen rumhängen, Mann. Ich muß ihn wieder anziehn, feucht wie er ist. So ist das Leben. Das ist die Strafe dafür, daß ich in den Central Park gefahren bin, statt in den Van Cortlandt Park.

Gut, Mann, ich geh mal wieder los in meinem klatschnassen Anzug mit meinen quietschenden Wasserschuhen, schlepp mich durch den Park zur NBC. Da sitztn Vogel, Mann, hüpft rum, redet mit sich selbst. Ich werd ihn ausflippen, Mann, mit nem Vogellied.

„Kriiiiiiicccccccckkkkkkk, kriiiiicccck, twiiiiiiii“, sagt der Vogel und Horse Badorties sagt:

„Kriiiicccccccckkkkkkk, kriiiiicccck, twiiiiiiii.“

Vogel dreht sich um, guckt sich um, ein Spuk, fragt sich – wo kommt der Laut her, Mann, ist noch ein Vogel in der Nähe?

Ich bins nur, Horse Badorties, durchlauf mein Vogelleben. Ich muß alle im Liebeschor so weit kriegen, daß sie mit den Armflügeln schlagen. Um das Vogelbewußtsein wiederaufzurichten. Das ist sicher.

Eines Tages, Mann, werd ich mich zusammenreißen, mit den Armen flattern und in den Kosmos abhaun. Hau ab ins Nirwana, Mann, hol mirn bißchen Ruhe und Erholung auf der großen weißen Couch der Seligkeit. Doch nicht heute, Mann, heute muß ich zur NBC.

Aber zuerst, Mann, muß ich mich auf diese Parkbank setzen, Mann, die ein aufmerksamer jugendlicher Verbrecher hier in die Büsche geschleudert hat. Und wenn auch meine Aktenmappe voll Wasser ist, sind glücklicherweise, Mann, meine Kräuterblätter und Zweige alle in handlichen, vom *Häuslichen Glück* empfohlenen Plastikbeuteln untergebracht, Mann, und hermetisch versiegelt gegen die Anschläge der puertoricanischen Froschmänner, die mich zu ertränken versuchten. Ich hab trockenen Rauch, Mann, und jetzt, da ich mich an diesem ruhigen Örtchen befinde, laß mich einen Wahnsinnsjoint aus Bananenflocken mit Süßholzpapier rollen und obwohl er so groß is wien Gorillafinger ihn bis zum letzten Stummelende aufrauchen, das ich dann runterschlucken werd. Und dann, durch den lebensspendenden Hirnnebel des Bananenrauchs gestärkt, werd ich mich erheben.

Aber bevor ich mich erheb, Mann, warum nich noch einen rollen, nur um mich zu versichern, daß ich wirklich stoned bin, denn manchmal, Mann, in meinem Zustand, ists schwer zu sagen.

Streu Flocken aufs Papier, form Zylinder mit den Fingern, roll perfekten Joint und zünd ihn an.

Ich sitz immer noch, Mann, geh nich. Geh, Horse Badorties, geh in deinem nassen Anzug. OK, Mann, ich geh los, ich beweg mich, der große Vogel schwebt durch den Tag. Ich schein aus dem Park zu kommen, Mann, und auch um meinen Verstand. Mann, was steht denn da...

76ste Straße

Gott, Mann, was mach ich denn hier oben, NBC is unten im Rockefeller Center. Aber da vor mir is das Museum für Naturgeschichte. Komm wir sehn uns die ausgestopften Tiere an.

Geh die Treppe rauf zum Museum und in das dunkle Gebäude, dunkle Eingangshalle, wo eine Herde von alten grauen Elephanten großartig rumspaziert, Mann, mit Glasaugen.

Sieh mal, Mann, die haben hier ne ausgestopfte Gorillafamilie, die phantastisch lebendig zwischen Blättern und Felsen aufgebaut ist, wie in einer afrikanischen Gebirgslandschaft. Die Grashänge runter und dahinter gekrümmt in unglaublich realistischer Manier ein Gemälde von großer Weite, den afrikanischen Ebenen. Ein Gorilla steht in seinem Garten Eden, Mann, blickt den Hügel runter. Ein paar kleine Gorillababies sitzen rum und fummeln an nen paar Beeren und die alte Gorilladame sitzt im Eingang mit ihren hängenden Gorillatitten. Und den Hügel rauf durch die weitentfernten Dschungelbäume dieses wunderbar genau und schön angeordneten

Schaubildes des Buschlebens kommt ein natürlich wirkender biologisch-wissenschaftlicher Sammler, Mann, mit seinem Netz, und er kommt, um die Affen auszustopfen und in sein seltsames Haus zu bringen.

Schwacher Geruch von Verfall in der Luft. Häute scheinen jeden Tag ein bißchen Gestank abzugeben. Aber hör mal, Mann, den Ton des großen Ventilators, machtn gewaltiges Brummen im Hintergrund, Mann, ich muß die Geräuschquelle finden. Hier is das Büro des Kurators, Mann, geh einfach rein. Sekretärin sitzt am Schreibtisch, blickt auf. „Ja, kann ich Ihnen helfen?"

„Fan Man. Soll hier nen Fan reparieren. Irgendn Defekt am Ventilator, haben in der Zentrale nen Anruf gekriegt."

„Oh, lassen Sie mich mal sehen... das wäre die Instandsetzungsabteilung. Ich rufe sie an... *hallo... hier ist das Büro des Kurators. Hier ist ein Fan-Reparateur... ja, irgendetwas stimmt nicht mit dem Ventilator...*"

„Er ist leicht verstimmt, Baby, wir hörn immer am Ton, wenn was nicht stimmt."

„*Sehr gut, vielen Dank*... ein Wärter wird in wenigen Minuten hier sein, Sir, um Sie hinzubringen."

„Vielen Dank."

„Ich habe bemerkt, daß es heute hier ein bißchen stikkig ist."

„Ja, der Ton vom Hauptlicht ist offensichtlich verstimmt." Grab im Beutel rum, hol Stimmgabel raus, schlag auf Kniescheibe, halt sie ans Ohr der Sekretärin, geb ihr A 440 Schwingungen in der Sekunde in den Gehörgang. „Hier, Baby, das is die richtige Tonlage."

„Wie interessant. Sie stimmen ihn wie... ein Musikinstrument?"

„Genau, es besteht eine erstaunliche Verwandschaft zwischen Ventilatoren und Musikinstrumenten, ausgenommen natürlich die Geige."

„Hier ist der Wärter."

„Sie haben gerufen, Miss Winston?"

„Ja, würden Sie den Herrn zum... wo genau haben Sie zu arbeiten, Sir?"

„An der Hauptanlage... dem großen Fan, Mann, er muß irgendwo im Keller sein."

„Gut, ich glaube ich weiß, wo Sie meinen. Folgen Sie mir, Sir."

Reparateur Badorties und der Wärter gehn die Halle lang, Mann, und ein paar Stufen runter, und eine andre Halle lang, und öffnen eine Tür mit dem Schild

Nur für Personal

und gehn noch ne Treppe runter, Mann, in den unteren Keller des einsamen Totenhauses, Mann, in den kalten Steinkeller, Mann, wo das Brummen lauter wird, Mann. Das großartige brüllende Dröhnen des größten Fan erregt meine Trommelfelle und versetzt sie in einen schwärmerischen Zustand, Mann. Mann, was für ne Musik, mach Bewußtsein ganz auf ungeheures vibrierendes Dröhnen:

„BRAAAAAAAAAAAAAAAAAAAAUUUUU UUUUUUUUMMMMMMMMMMMNNNN NNN.“

Und da steht er vor uns, Mann. Ungeheuer, der große Museums-Fan, Mann, mit zahlreichen Rohren, Mann, die ihn mit dem ganzen Gebäude verbinden. Das is der Häuptling, Mann, spricht sein großes Wort zu den Toten:

„BRAAAAAAAAAAAAAAAAAAAAUUUUU UUUUUUUUMMMMMMMMMMMNNNN NNN“

Und jetzt, Mann, werd ich antworten und eine Horse-Badorties-Dalai-Lama-Baßnote reinbringen:

„BRAAAAAAAAAAAAAAAAAAAAUUUUUU UUUUUUUUMMMMMMMMMMMMNNNNN NN.“

Der Wärter, Mann, kratzt sich am Kopf. „Wie gehts ihm?“

„Die Tonlage scheint in Ordnung, Mann. Ich versteh das nicht.“

„Scheint in Ordnung, nicht?“

„Läuft einwandfrei, Mann. Aber ich prüfs noch mal mit nem Oszillator nach.“ Entnehm meinem Beutel, Mann, Doktor Badorties Armee-Bestände-Stethoskop, Mann. Steck die Gabel mit den Gummienden in meine Ohren, Mann, und leg die empfindliche Hörscheibe auf das Herz des Großen Fan. Oh Mann, es ist phantastisch, Mann. Das is die Urstimme, Mann, die er mir ins Stethoskop singt. Ich hör tausend Gesänge da drin, Mann, und ein paar Dinosaurier laufen da rum und sprechen miteinander in unglaublichen Baßnoten, Mann. Sie haben ein paar Dinosaurierknochen im vierten Stock von diesem Apartment, Mann, und ich nehm ihre Schwingungen auf. Und ich seh an dem Typenschild dieser Fan wurde von der Passaic Fan Company gebaut. Sieht aus, als müßt ich bald wieder nach New Jersey rüber, Mann, und mir einen von diesen Fans mit nem langfristigen Kredit und nem Gummischeck als Anzahlung kaufen.

„Der Druck der Tonwellen stimmt, Mann. Alles klar. Ich kann nur sagen, wahrscheinlich hatn Kind nen Hot Dog in eins von den Rohren geworfen."

„Meinen Sie?"

„Is schon vorgekommen, Mann. Ich muß wieder in die Zentrale zurück und meinen Rohrtauchanzug holen, Mann. Ohne ihn wär der Druck zu groß. Sehn Sie den Anzug, den ich jetzt trage? Ich hab ihn mir erst vor ner Stunde versaut, im Fan-Rohr vom Pan Am Gebäude."

„Gefährlich, was?"

„Klar, Mann. Ich werd in ner Stunde oder so zurück sein. Vielleicht nehmen Sie dies Stück Kreide aus meinem Beutel, Mann, und gehn durch das Gebäude markieren alle Luftgitter mit einem X, so daß wir sofort an die Arbeit gehn können, wenn ich zurückkomm."

„Wird gemacht."

Und rauf gehn wir, und wieder rauf, und aus dem Nebeneingang des Museums geht Fan-Reparateur Badorties.

15
Der Fan Man fällt in den Schacht

Und jetzt, Mann, muß ich direkt weiter zur NBC. Da kommtn Bus, Mann, muß rennen. „HALTET DEN BUS, MANN!“

Schwierig den riesigen Schirm in die Tür reinzubugsiern, er hat sich im Lenkrad des Fahrers verklemmt.

„Paß auf den Schirm auf, du Heini.“

„Tut mir leid, Mann... tut mir leid...“ Werf in dem Durcheinander nen paar Pennies in den Automaten und geh weiter, fahr für vier Cent in die Stadt. Bus bewegt sich schießt vorwärts und ich polter rückwärts nach hinten in den Bus und treff unbeabsichtigt einen am Griff hängenden Mann mit meinem Beutel in die Kniekehlen und er geht sofort zu Boden.

„Tut mir leid, Mann... fürchterlich leid... es geht schon...“

Es ist heiß in diesem Bus, Mann. Wieder mal Zeit zum Fächeln. Was is los, Mann, er geht nich. Das Wasser vom Central-Park-See hat die Kontakte von meinem Fan aufgelöst. Und auch mein Anzug ist eingelaufen, Mann, ich fühl ihn jede Minute enger werden. Und da ist das Rockefeller Center, Mann, halt den Bus an.

Klingeling... kling... klingeling.

„Entschuldigen Sie... geht schon..."

Bus stoppt mit nem Ruck, Beutel schwingt vorwärts, trifft selben Mann in die Kniekehlen und wieder geht er zu Boden, Mann, einfach zu Boden.

„Tut mir leid, Mann... Entschuldigung..."

Spring vom Bus ab, Mann, und überquer die Straße, rein in die unglaublich große Halle des Rockefeller Centers, Schritte Echos Echos. Zum Informationsschalter, Mann.

„Ja, der Herr, kann ich Ihnen helfen?"

„As-Botendienst. Ich hab einen großen Schirm für die Heute-Abend-Show. Ich bin beauftragt, ihn direkt dem Programmdirektor zu übergeben. Er ist für die Sendung heute abend."

„Programmdirektor... das wäre Mr. Reynolds, vierter Stock."

Und da geht Horse Badorties weiter, Mann, zum Direktorenfahrstuhl. Drück Nummer-vier-Knopf und rauf gehts, Mann, rauf, rauf, rauf.

Fahrstuhl öffnet sich auf einen langen stillen Korridor. Hier is ne Toilette, Mann, ich geh mal kurz rein und seh nach, ob meine Erscheinung angemessen ist für diese Verhandlung auf höherer Ebene, sollte lieber mal meine Haarbüschel bürsten.

Durch die Tür, durch ne andre Tür, und in die glänzende makellose gekachelte Latrine, Mann, und da is ein Spiegel und da bin ich, Mann, oh nein, Mann.

Fliegende Haare, Bart voller Zweige und Teichgewächse, meine Krawatte hängt schief und kommt zum Ärmel meiner Jacke raus, die bis zu den Ellbogen eingelaufen ist. Meine Hosenaufschläge sitzen auf den Knien, Mann, und das Ganze ist mit Central-Park-Schlamm und -Schleim bedeckt. Die Wirkung, Mann, ist albtraumhaft. Wie kann ich in diesem Zustand geschäftlich verhandeln? Ich seh aus, als wär ich gerade den Fahrstuhlschacht runtergefallen. Es gibt nur eine Lösung, Mann.

Zurück in den Korridor und weitergehn, Mann. Pfeil an der Wand und ein Schild:

Programmdirektion

Deshalb, Mann, muß ich mich, bevor ich um diese Ecke bieg, auf Hände und Knie werfen, so ists richtig, Mann, und jetzt krabbel ich diesen Korridor lang, auf den Schreibtisch von der Sekretärin zu. Sie sieht mich, Mann, sie steht auf, schaut erstaunt, und ich kriech weiter, Mann, zerr Schirm und Beutel hinter mir her.

Kriech weiter, Mann, auf den Schreibtisch zu. Sie kommt mir entgegen, ihr Gesicht voller Sorge. „Alles in Ordnung?“

„... Fahrstuhl ... Schacht ... runtergefallen ...“

„Oh mein Gott!“

„Stockwerk ... über uns ... Tür öffnet sich ... Unfall ...

reingetreten... hab ne Verabredung... Mr. Reynolds... könnten Sie..."

„Ich rufe den Arzt... einen Krankenwagen..."

„Ja, bitte... ich bin vielleicht... ernsthaft... Fraktur des großen Zehs... aber vorher, bitte... ich muß Mr. Reynolds sprechen... höchst dringend... meine Verabredung..."

„Wie ist Ihr Name, Sir?"

„Badorties, Maestro Badorties, hauptamtlicher Leiter der Fourth-Street-Musikakademie... bin zehn vielleicht fünfzehn Meter tief gefallen, landete in einer Wasserpfütze, die sich auf dem Dach des Fahrstuhls angesammelt hat... knapp entkommen..."

„Mr. Reynolds... da ist ein Mr. Badorties draußen... er ist in den Fahrstuhlschacht gefallen... er ist mit Ihnen verabredet."

Sofort darauf das Geräusch von hastigen Schritten, Mann, und der Programmdirektor stürzt aus seinem Büro, Mann, auf meine zugrunde gerichtete Figur zu.

„Was ist geschehen... mein Gott, Miss Hodgekiss, der Mann ist schwerverletzt... rufen Sie den Arzt... und rufen Sie den Hausmeister an. Der verdammte Fahrstuhl macht schon seit ner Woche Schwierigkeiten. Gestern ist ein Bote drin steckengeblieben."

„Ja, Sir."

„Mr. Reynolds... in meinem Beutel..."

„Ja, was ist denn?"

Der Programmdirektor beugt sich über mich, ganz besorgt, Mann, hilft mir meinen quatschnassen Beutel öffnen, in dem ich ein einziges trocknes Notenblatt finden kann.

„Das ist die Musik, Mr. Reynolds ... die wir auf der Veranstaltung machen."

„Veranstaltung?"

„Hat meine Sekretärin ... ich war für heute nachmittag verabredet ..."

„Ich erinnere mich nicht ..."

„Auf der Lower East Side, Mr. Reynolds, in den Slums, entlaufne halbwüchsige Mädels singen Kirchenmusik ... das Konzert ist schon übermorgen ... ich scheine mir den Kopf verrenkt zu haben ... Liebeskonzert im Tompkins Square Park ..."

„Entlaufene Halbwüchsige?"

„Fünfzehnjährige Mädchen ... Bruch der Kniescheibe, sehn Sie, wie sie vorsteht ... singen Kirchenmusik, Mann ... eine Million Notenblätter wie das da wurden in der ganzen Stadt verteilt, wir erwarten ne Menge Leute ..."

„Konzert?"

„Datum und Uhrzeit stehn auf dem Blatt ... mögliche Lazeration der großen Fibula ..."

„Ich glaube, wir lassen Sie lieber ins Krankenhaus bringen, Mister ..."

„Badorties, Maestro Badorties von der Fourth-Street-Akademie ... Kontusionen des ... junge Mädchen, die von zuhaus weggelaufen sind, leben und singen in der

Akademie, die sie mit gebrochenen Armen willkommen heißt. Wenn Sie mir auf die Beine helfen könnten...“

„Ja, natürlich... können Sie gehen...?“

„Ich werd mich auf meinen Schirm stützen... ein ungeheuer wichtiges Konzert... ich versicher Ihnen, es hat Nachrichtenwert... können Sie mir zum Fahrstuhl helfen... ich werd direkt zu meinem Hausarzt fahren... drüben im Bellevue-Krankenhaus...“

16
Weit draußen, Mann

Wieder auf der Straße, Mann, mit Beutel und Schirm, und ich war bei der NBC, Mann. Ich hab das Fernsehen übers Liebeskonzert informiert. Jetzt kommts auf die Götter an, Mann, die müssens bringen. Guck mal, Mann, es is Mittagspause und alle Sekretärinnen und Angestellten sind auf der Straße, Mann, hetzen dahin. Alles ergießt sich in die U-Bahn, Mann, und Vizepräsident Badorties muß mit dem Rest der arbeitenden Klasse in die Dunkelheit runtersteigen.

Geh durchs Drehkreuz, steh auf dem Bahnsteig, und da kommt der unmöglich überfüllte Wagen, in den keiner mehr reingeht, sie hängen schon aus den Fenstern. Er hält und noch hundert steigen ein und ich bin einer von ihnen, Mann, und mein Schirm ist noch einer, und wir sind drin, stehn wie Einsen zusammengequetscht im Wagen.

Es ist mitten im Sommer und wir sind in die Untergrundbahn gepackt gestopft gekeilt und es ist absolut keine Luft da zum Atmen, Mann. Und ich kann nich an meinen Fan ran, Mann, krieg den Arm nich hoch.

Wir fahren, fahren, fünfhundert Leute in diesem Wagen, Mann, alle sauer, hassen den Boß, drehn durch, fallen tot um, werden regelrecht ohnmächtig aber von der Masse aufrecht gehalten.

Murmel murmel jemand umbringen teuflische Energien sammeln sich in diesem Tunnel, ausgelöst von unzähligen Arbeitern jeden Tag. Mach den Boß kalt tot schmeiß ihn vorn U-Bahnwagen furz Schweiß widerlich. Kann diese U-Bahn nicht ausstehn, Mann, sie überlädt das Gehirn, Mann, aber ich komm nicht raus, selbst wenn die Türen aufgehn, steck ich zu sehr in der Mitte drin und mein Schirm hängt an nem Haltegriff fest. Les die U-Bahnreklamen, Leute steigen aus, es wird etwas leerer, les die U-Bahnreklamen, lassen Sie Ihre Hämorrhoiden schrumpfen, kleine Raten leih unnötig Geld wenn du mußt, unsere Familie macht diese Soße seit Generationen aus Stenographen. Du hast nen weiten Weg hinter dir, Baby. NEN WEITEN WEG! Mein Gott, Mann, wo bin ich, muß inzwischen auf der Lower East Side sein, Mann. Sieht mir nicht... bekannt aus, Mann, als ich aus der U-Bahn steige.

Die U-Bahntreppe rauf, Mann, geh rauf, mal sehn wo ich bin. Ich bin auf den Brooklyn-Höhen, Mann, da unten ist das Meer. Ein wilder Wind bläst und die Sonne fällt grade ins Meer. Das Wasser ist golden und der Schlepper zieht durch das Gold.

Ich bin wieder mit dir auf der Höhe, Mann.

17
Der Elephantentanz

Ich sitz auf ner Parkbank, Mann, auf den Klippen der Brooklyn-Höhen, seh aufs Wasser hinaus. Wie friedlich, Mann, ich muß hier weg. Brooklyn is am Ende von Nirgendwo. Na gut, Mann, ich bin runter von der Bank und geh. Blei liegt auf meinem Gehirn, Mann. Es ist fast unmöglich zu funktionieren, mit einlaufenden japanisch-chinesischen Schuhen und meinem Kopf verdreht drauf. Trag Beutel und Schirm, latsch durch die Straße. Horse Badorties fällt auseinander geht weiter. Als ich ein kleiner Junge war, Mann, hab ich mir immern Loch im Van Cortlandt Park gegraben und bin reingekrochen, jeden Tag.

Was seh ich denn da, Mann, nen Spielzeugladen. Muß ich rein, Mann, und mich umsehn. Ich bin in dem Laden, Mann, nem kleinen alten Brooklyn-Spielzeugladen, und ich kauf nicht eine, sondern zwei Spieldosen, Mann.

„Vielen Dank, der Herr, und Ihr Wechselgeld."

Raus aus dem Laden, Mann, bevor ich noch mehr kauf. Was für ein wunderbarer Kauf. Kleine Spieldose, du bist meine kleine Steel Band, Mann. Spielt dieselben Noten immer wieder, perfekter Einklang. Laß mich jetzt die Dose mit diesem japanischen Schlüssel aufziehn – steckt scheints fest, Mann. Das Scheißding ist schon festgeklemmt. Bin noch keine fünf Meter ausm Laden raus und die Spieldose klemmt. Ich kann sie nicht zurückbringen, Mann, das wär gegen die Spielregeln. Typisch meine Spieldose, Mann. Gut daß ich noch ne andre hab.

Diese andre tuts, Mann, die beiden kleinen Figuren oben auf der Dose tanzen rum, rum und rum und die kleinen Steel-Band-Musikanten spielen plinke-plinke. Dieses Spielzeug, Mann, wird mir viele Stunden musikalischen Vergnügens bereiten.

Boooooiiiiinnnnnnnnggggggggg!

Was ist das für ein Geräusch Boooooiiiiinnnnnnnggggg, Mann, wie ne zerbrochne Feder. Es is ne zerbrochne Sprungfeder, Mann. Was fürn tollen Handel ich grade gemacht hab, Mann. Zwei japanische Spieldosen dies nicht tun. Vier Figuren warten auf die Musik. Ein vollendeter Augenblick, Mann. Ewiges Nicht-Spiel. *Warten auf den Tanz*. Das ist Nirwana-Musik, Mann. Völlige Stille.

Hier is wieder der U-Bahneingang, Mann. So viel Zeit meines Lebens verbring ich unter der Erde. „Eine Marke bitte." Zeig der Marken-Frau ne Grimasse, seh ihre Augen rausquellen und geh durchs Drehkreuz und hier kommt der Zug und ich bin drin und fahr den ganzen Weg zur Lower East Side zurück.

Hier bin ich, Mann, steig an der Lower East Side aus der U-Bahn, Mann, kletter die Treppen rauf, lande mal wieder auf der Straße, Mann, bei Cooper Union und St. Mark's Place, wieder bei meinen Leuten, Mann. Fühl den Schmutz und Dreck, Mann, der mir in die Augen weht und riech den Gestank von Pisse und Scheiße und Kotze und alten Bierdosen, Mann, bis zur Nase. Wir sind wieder da, Mann, wo wir hingehören.

St. Mark's Place, Mann, mit einem Hippie-Laden am andern, Mann, da werd ich EIN PAAR FANS VERKAUFEN! Geh rein in diesen unheimlich irren psychedelischen Laden, Mann, mit rotierenden Leuchten krieg ich Kopfschmerzen von und Weihrauch tränen mir die Augen, wie wunderbar, Mann. Rüber zum Tresen, Mann, wo der Geschäftsführer sitzt, mit nem hohen Seidenhut auf.

„Hör mal, Mann, was du brauchst, um das Geschäft anzukurbeln, ist einer von diesen Fans, Mann, sieh mal."

Fisch Fan raus, Klick-den-Schalter, nichts passiert. „Die Batterien sind am Ende, Mann, und er ist voll Wasser, aber auf jeden Fall, Mann, kapierste – für Typen zum Kopfkühlen gedacht."

„Was soll das Ding kosten?"

„Ich kauf sie ein für einen Dollar und fünfundneunzig Cent und ich verkauf sie für ein Dollar und fünfundneunzig Cent. Man fragt mich, warum. Ich sags dir, Mann – das sind heilige Gegenstände, sie machen Musik, einen kleinen Summton, und deshalb kann ich mir damit keinen

Gewinn erlauben."

„Ich geb dir eineinhalb Dollar."

„Wahnsinn, Mann, das is sogar noch besser für mein Ego, ich verlier Geld an dem Handel."

„Wieviele haste dabei?"

„Nur diesen einen, Mann, und ich würd ihn dir lassen, wenn es nicht mein einziges Muster wär. Allerdings erwart ich jeden Augenblick ne Riesensendung, Mann."

„Ich nehm ein Dutzend."

„Fabelhaft, Mann. Wieviel willst du für diesen batteriebetriebenen Spezialrückenkratzer im Schaufenster, Mann?"

„Kostet dich nen Dollar und fünfundneunzig Cent."

„Ein notwendiger Gegenstand, Mann, hol ihn raus."

Und jetzt hab ich noch einen Kauf getätigt und in meinem bereits unglaublich schweren Beutel noch einen wertvollen kostbaren Gegenstand untergebracht, einen batteriebetriebenen Rückenkratzer mit nem langen Griff, Mann, und ner kleinen Plastikhand am Ende, die hin und her vibriert. Aufs dritte Auge angewendet kurbelt sie Visionen an, Mann. Ich werd ihn als Chakramasseur verkaufen und so wird er ein heiliger Gegenstand sein, für den ich nicht mehr als einen Dollar und fünfundneunzig Cent nehmen kann. Noch so ein Horse-Badorties-Plan, Mann, mit dem ich kein Geld verdienen kann. Raus aus dem Laden, Mann, bevor du zu nem Heiligen wirst.

Quer über die Second Avenue, Mann, und die Straße runter zur First Avenue und weiter runter – zum Tompkins Square Park, Mann. Und hörst du, Mann, da is der Saxophonspieler und blästn paar Noten auf ner Parkbank mit nem Posaunisten, Mann, und die Posaune klingt wien Elephant, der durchn Urwald kommt, Mann, und das Saxophon klingt wien unheimlicher prähistorischer Vogel. Mann, das sind Musiker.

Ich muß das aufs Band nehmen, Mann, es ist wesentlich, klingt wie Tiere, die sich ums Wasserloch versammeln, wild, wunderbar, ne ziemliche Menge sammelt sich drumherum, Mann, und ich bau meine zwei Bandgeräte auf, und jetzt, Mann, nehm ich auch aus meinem Beutel mein unheimlich irres Instrument, Mann, meine Mondlaute. Sie hat einen runden dünnen Resonanzkörper, Mann, und vier Saiten, die zu einer Brücke hinaufführen, die wie der Hals einer Schlange geformt ist, mit nem Drachenkopf oben drauf. Die Saiten werden mit vier riesigen Holzstöpseln festgezogen, Mann, die wie Ohren aussehen. Es ist das unheimlichste verdammte Instrument, das ich je gesehn hab, Mann, und wenn man es spielt, klingt es, als würden hundert Chinesen erwürgt. Die unglaubliche Mondlaute ist gestimmt, Mann, zu Saxophon und Posaune. Saxophonlächeln und die Posaune rollt die Augen und lächelt auch, Mann, und jetzt, Mann, wolln wir maln bißchen Musik machen.

Mondlautenrhythmen, Mann, macht dich verrückt. Kniffliges Plinke-plinke, Mann, all diese Chinesentypen, Mann, in den Mondlautensaiten, tanzen und springen schreiend umher, Mann, plinky-plink.

Es isn seltsamer Ton, Mann, wie ihn nie jemand im Tompkins Square Park je gehört hat. Er ist so wahnsinnig, Mann, er macht mich verrückt, wenn ich ihn spiele, aber gleichzeitig ist er auch so vollendet schön, Mann, weil ich ein Meister aller der Menschheit bekannten Ouvertüren und Finale Rhythmen Formen bin, und in Augenblicken wie diesen, Mann, wenn ich sie alle spiele, weiß ich, Mann, daß ich nur Musik machen sollte und sonst gar nichts. Und deshalb werd ich stattdessen Gebrauchtwagenverkäufer, Mann. Was fürn wundervoller Ton, Mann, Horse Badorties' allwissender musikalischer Genie-Mondlautenton, in diesem Augenblick sollte ich nen Mechaniker anheuern, der mir meine Postwagen repariert, wenn ich sie kauf.

Finger laufen, Mann, fünfzig Finger überall über die Saiten, Progressionen, raus, rauf, zurück, runter, Auflösung der Akkorde in ungeahnten nie-vorher-entdeckten Reihenfolgen spezieller Horse Badorties musikalischer Vollendung, Mann, wie gern würd ich nen Muschelsandwich essen, statt mit dieser musikalischen Ekstase rumzumachen, Mann.

Es is so wunderschön, Mann, ich muß sofort los rüber zu meinem Apartment, jemand könnte wegen nen paar Rüben anrufen. Überwältigende Schönheit, Mann, in der erhabenen Musikalität von Mondlaute, Saxophon und Posaune, die Menge steht von Ehrfurcht ergriffen da. Diese Typen können spielen, Mann.

Ja, Mann, Horse Badorties kann spielen, spielt seit seinem zweiten Lebensjahr, und jetzt spielen wir zweitausend Jahre Entwicklung durch, Mann, die ganzen Jahrhunderte durch, Mann, unternehmen nen musikalischen Ausflug durch die Zeiten, verschiedene Lebenszeiten treffen zusammen – ich kannte dich, Mann, wir haben Leier gespielt und wurden rausgeworfen aus Athen und weiter zurück, Mann, als ich noch auf dem ägyptischen Klavier gehämmert hab, während du die hundeköpfige Flöte spieltest und du nen etruskischen Dudelsack, Mann, und wir rannten durch die Wälder mit der babylonischen Polizei hinter uns her.

Das ist einfach ne unglaubliche Musik, Mann, ich bin so glücklich, ich sollt jetzt lieber aufhörn, Mann, ich muß los undn U-Boot kaufen. Oh, Mann, wie diese kleine Mondlaute spielt, in winzigen Figurationen, erste Position zweite Position Takte Akkorde von überirdischer Schönheit erlernt in einem pompejanischen Gefängnis. Und die Posaune und das Saxophon sind gute Musiker, Mann, gehn überall hin spielen alles, haben keine Angst, mit ihren Axes rumzuhopsen, Mann, denen is alles egal, die sind seit Urzeiten rumgeschlurft, abgefahren, Mann, die Posaune klingt wien altes Nilpferd, Mann, sagt guten Morgen – HOPPOPITAMUS? Mann, das war mein Traum letzte Nacht, Mann, ich spielte Musik mit nem Elephanten und nem Hoppopitamus, Mann, und hier sind wir, Mann, Saxophon und Posaune und Mondlaute, Mann, machen Dschungelgeräusche im Park, greifen und gleiten, Mikroton wunderbar schneller Anschlag, Saxophon macht Dschungelflüsse aus weichen Noten und ein hohles hölzernes Boot schwimmt den Fluß entlang, was für ne Musik, Mann, unbeschreiblich bildhaft. Horse Badorties, Mann, obgleich runtergekommen niedergeschlagen umgedreht auseinandergerissen überarbeitet zusammengeklebt und auseinanderfallend kann spielen. Trotz aller glücklosen Vorzeichen, Mann, machen wir ne großartige Musik. In so nem Augenblick fühl ich mich richtig frei, aber ich habs nicht verdient, ich sollte meinen Zahnarzt anrufen.

Hier kommen wir, Mann, arbeiten uns hin auf die Befreiung, Mann, den Klimax das Kletterkreszendo, hier sind schnell mal sechzig Akkordwechsel und ein paar unmöglich schwierige fingernägelzerreißende Hammertechniken und Swing-Stagnation und ein symphonisches Hinausschwellen und eine chinesische Ogdoade und eine Wagenladung wunderschöner Melodien alles auf einmal und dann, Mann, als wir genau auf der gleichen Ebene schließen, Mann, im reinen und zweifelsfreien Rhythmus perfekt zusammen, scheißt sich die Menge in die Hosen vor Freude, Mann, schreit und klatscht, und die Mädels, die rumhängen, blitzen mit den Augen.

Saxophonspieler sagt: „War gut, Mann."

Posaune sagt: „Lässig, Mann."

Horse Badorties sagt: „Ja, Mann, aber es wird noch besser klingen mit dem Geräusch von nem riesigen Museums-Fan, den ich morgen in Jersey kaufe."

„Hast du ne Gruppe, Mann?" fragt die Posaune.

„Mann, ich hab Gruppen im ganzen Land, aber vor allem hab ich ne Gruppe, die heute abend um die Ecke in der St.-Nancy-Kirche probt, Mann, und du kommst um acht Uhr hin und wir rauchen Haferflocken aufm Chorboden und singen ein paar phantastisch schöne Wunderdinge, Mann."

„Klingt stark, Mann."

„Wird mit Fans gemacht, Mann. Hör mal, ich muß jetzt los, muß mich um die zahlreichen Ereignisse meines Lebens kümmern, Mann."

„Gut, Mann", sagt das Saxophon. „Wir bleiben in Verbindung, Mann."

„Genau, Mann, und ich sag dir, wie. In meinem Beutel ist ein Paar Walkie-Talkies, Mann, und du nimmst eins und ich nehm eins, Mann, und wir werden laufend miteinander in Verbindung sein, MANN!"

Saxophon nimmt Sprechfunkgerät und ich geh weg rüber zum Park-Rand und wir probierens mal aus, Mann.

„Hallo, Mann, kannst du mich hören, Mann?"

„Ja, Mann, du kommst klar rein."

„Gut, Mann, prima. Ich verlaß den Park, Mann... überquer die Straap... kräckel... spatter..."

Ich mußn Dutzend Walkie-Talkies dazukaufen, Mann, und Musiker überall in der Stadt aufstellen, die gleichzeitig spielen. Ich hörn Saxophon, Mann. Er blästn paar Noten ins Walkie-Talkie.

„Klingt wunderbar, Mann, ich kanns sehr gut hören. Wir habens geschafft, Mann, endlich."

Kräckel… spatter… kräckel

Es wird leiser, Mann, es geht weiter weg, aber es wird wiederkommen, wenn es an der Zeit ist.

„Hey, Mann, wer war der Typ da mit dem verrückten Instrument?“

„Typ heißt Horse Badorties, Mann, er kam neulich zu mir ins Apartment und hat sich nen Löffel geborgt für seinen Joghurt.“

„Er weiß, wie man das verdammte Ding spielt, Mann, was auch immer es ist.“

„Ja, Mann, das stimmt. Wart nen Moment, Mann, ich hör was in seinem Walkie-Talkie…“

„*Hallo… hallo… kräckel… spatter… hier spricht Horse Badorties… kräckel… Mann… kräckel…*“

„OK, Mann, du kommst klar rein…“

„*…kräckel… spatter… richtig, Mann… ich hör dich auch… was übern Mongoloiden… ich seh dich… kräkkel… später… spatter… Mann…*“

18
Horse Badorties' vier Apartments

Geh Avenue A entlang, Mann, mit Beutel Schirm und hier isn kleines Mädchen spielt auf der Straße, Mann, mit ihrer einarmigen Puppe. Das Kind braucht was, Mann, um sich gegen die Musik abzuschirmen, die ihr Onkel aufm Kürbis macht.

„Hier, *muchacha*, hast ne Spieldose."

„*Muchas gracias*", sagt sie, nimmt die Spieldose berührt das kleine Spitzenkleid der Tänzerin, oben auf der Spieldose, Mann. Is zu schade, daß sie nich geht, Mann. Sie gibt den Figuren nen kleinen Stoß.

„... plinke ... plink ... plinke ..."

Sie geht, Mann, die Spieldose geht, da drehn sich die tanzenden Figuren, Mann, rum und rum. Und da geht ein phantastisch sexy blondes Mädel lang, Mann, Avenue A rauf SCHNELL, MANN! Ihr nach, geh ihr nach, Mann. Das Mädel is auf der Straße, Mann, isn ausgerissenes halbwüchsiges blondes Mädel, Mann, mit nem Rucksack auf der Schulter und bald wird sie auch Horse Badorties draufhaben, durch die Anziehungskraft meiner Persönlichkeit Scharm und die Verheißung einer kostenlosen Übernachtung.

„Hier bitte, Baby, hier ein Notenblatt für die Landstraße. Willst nen Platz zum Schlafen? Es wird spät, willst nen sicheren Platz zum Schlafen?"

„Also gut", sagt sie und durchschaut mich schnell, sieht die Reinheit meiner Absicht, sie zu bumsen.

„Es is gleich um die Ecke, gleich hier entlang, mach mal nen großen Schritt über die Mülltonnen. Sekunde, Baby, ich kauf schnelln paar lange saftige puertoricanische Ubootsandwiches, sowas hast du noch nie probiert, gefüllt mit Wurst, Zwiebeln und Peperoni." In den Laden, Mann.

„Kann ich Ihnen hülfen?"

„Gib mir ne Dose Gemüsesuppe, nee, zwei."

„Fünfzehn Cen, *por favor*."

„Danke, Mann, das ist dein Glückstag. Morgen bring ich nen riesigen Museums-Fan mit, mit zwanzig Rohren dran, und eins davon werden wir durch die Decke in diesen Laden führen."

„Ohren?"

„Genau, Mann, Ohren für San Juan. Seh dich später, Mann. OK, Baby, ich habs Essen, wir brauchen nur diese Treppe hier rauf ... paß auf die erste Stufe auf, die fehlt ... rauf gehn wir rauf ..."

Die vier Treppen rauf hinter dem blonden Mädel her, ein schönes Mädel, Mann, mit nem wundervollen süßen Arsch in Reisejeans, mit alten Turnschuhn an, Knöcheln und ner Armyjacke, ein befreites fünfzehnjähriges Mädel, Mann, das überall hingeht, sogar ins Bett mit Horse Badorties. Was ist da los? Da is mein Hausbesitzer im vierten Stock, hängt nen riesigen Riegel und mehrere Bretter an meine Tür.

„Was issen hier los, Mann, das is mein Apartment, das Sie da zunageln."

„DU HUNDSOHN, ICH BRING DICH UM."

„Immer mit der Ruhe, Mann, was issen los?"

„Du nix bezahl sechs Monat, du macht Apartment kaputt, du Hundsohn."

Er ist rot im Gesicht, Mann, und grün an den Fingern, möchte Geld sehn, Mann. „Gut, Mann, blas dir nur nich die Kapillen aus, ich schreib dirn Scheck, Mann, jetzt gleich."

„GIB MIR KEINE VERDAMMTE HUNDSOHNSCHECK, DU PENNER!"

„Fuchtel mir nich mitm Hammer im Gesicht rum, Mann, du könntest dir damit auf den Kopf haun. Guck ma, Mann, ich versicher dir, dieser Scheck ist völlig in Ordnung, ich hab grade Geld fürn Artikel übern Fußabdruck vom Schneemensch im *Argosy*-Magazin gekriegt."

„Raus aus meinem Haus, das wärs, Mister, hau ab."

Einen Stock tiefer ruft eine Stimme, eine Dame ruft den Hausbesitzer: „Hallo, Mr. Patrutchka, sind Sie es da oben?"

„Je, ich bins, was los?"

„Das Wasser läuft durch meine Decke, kommen Sie

lieber mal runter.“

Hausbesitzer wendet sich mir zu, bevor er die Treppe runtergeht: „Du bist in fünf Minuten draußen, nimm dein Zeug und geh!“

„Gut, Mann, wenn Sie vielleicht wieder die Bretter von der Tür zu meinem Apartment abmachen ...“

„Du haben das Apartment ruiniert, du Hundsohn Bastard, ich krieg es nie wieder sauber.“

„Kleinigkeit, Mann, eine einzige Pfadfinderin könnte es in einer Stunde saubermachen. Gib mir den Hammer, Mann, ich mach die Tür auf und hol sofort meine Sachen raus, Mann. Machen Sie inzwischen unten weiter und kümmern Sie sich um die Decke.“

„In fünf Minuten biste raus, verstehst, oder ich ruf Bullen.“

„Ich versteh vollkommen, Mann, geh mal zur Seite, Baby, während ich ...“

Treff die Tür und hau genau das Mittelteil raus. Da geht der Hausbesitzer, die Treppe runter, außer Sicht. „Gut, Baby, komm hier lang, um die Ecke, leise.“

Und wir gehn um die Ecke, das Mädel und ich, in das alte Apartment von Luke dem Buddhisten, von dem der Hausbesitzer nicht weiß, daß ich den Schlüssel hab, und öffne die Tür und geh rein. „Hier isses, Baby, mein Apartment Nummer zwei.“

Die Tür springt auf, Mann, zur ehemaligen Wohnung des Buddhistenmönchs, Mann, die er vollkommen sauber und aufgeräumt hinterlassen hat. Ich hab nur ein paar vertraute Horse-Badorties-Spuren hinzugefügt.

„Liegt wirklich ne Menge Schrott hier drin."

„Kunstmaterialien, Baby, dienen als Tarnung für einen Geheimgang, den du augenblicklich sehn wirst. Folg mir durch den Haufen Müll Konservendosen und alten Lumpen, steig über den Berg von Dreck und zerbrochnem Geschirr, wimmelnd von Küchenschaben und komm hierher und hilf mir diesen Wahnsinnsschrank voller Flaschen und Lumpen abzurücken. Genau so, schieb ihn von der Wand weg und was, Baby, siehst du vor dir?"

„Ein Loch in der Wand."

„Das is richtig, Baby, ein Loch in der Wand, das ich, vorsichtig wie ich bin, gestern rausgehaun hab. Wenn der Hausbesitzer aus irgendeinem Zufall entdecken sollte, daß ich in diesem Apartment Nummer Zwei wohn, machts nichts, denn jetzt werden wir durch den Geheimgang hier rutschn – los, Baby, durch die zersplitterte Täfelung und den herabfallenden Verputz – durch das Loch in der Wand in mein Horse-Badorties-Nummer-Drei-Apartment."

„Oh je, hier is aber auch ne Menge Schrott drin."

„Ja, Baby, und es war nicht leicht, diese Stapel von Notenblättern und Mülltüten durch das kleine Loch in der Wand zu kriegen. Jetzt hilf mir den Schrank zurück an seinen Platz schwenken, um das Loch abzudecken, Baby, das wärs, und jetzt sind wir völlig sicher vorm Hausbesitzer, hier im Nummer-Drei-Apartment, aber sei leise."

„Wohnt denn sonst niemand hier?“

„Ich hab jetzt die ganze Etage für mich, Baby.“

Mann, und jetzt könn wir unsre Gemüsesuppe essen, wenn wir den Herd finden. Tasten rum zwischen alten Kartons und leeren Büchsen, da isser, Mann. Tret, schick verschiedene Krempelhaufen in die Luft, schaff wertvolle kostbare Gegenstände ausm Weg, Mann, und steck den Herd an. „Und jetzt, Baby, kommt aus meinem Beutel griffbereiter Dosenöffner und wir könn die Suppe gleich in der Dose kochen, da keine Töpfe verfügbar sind, die nicht bereits mit wissenschaftlichen Moderexperimenten besetzt wären. Wir stelln die Dosen einfach auf die Flammen.“

„Die Etiketts brennen!“

„Ja, Baby, es kocht sich schneller so. Wir werden in Kürze essen, Dosensuppe, ohne irgend nen Wert für den menschlichen Körper. Setz dich, Baby, irgendwo. Hier oben ist man ganz zwanglos, nimm deinen Rucksack ab und entspann dich, Horse Badorties paßt auf ihn auf für dich, Baby. Wo kommst du her, Baby?“

„Ich war in Provincetown.“

„Weißt du, ob sie da irgendwelche Postwagen zu verkaufen haben?“

Mann, die Suppe kocht über, sie is heiß.

„Ich habe ein paar Löffel in meinem Rucksack.“

„Irre, Baby, das isn Leben, mit Suppe und Löffeln und ich glaub, ich hör den Hausbesitzer draußen auf dem Gang durchdrehn und wahnsinnig wern.“

Kriech leise rüber zur Tür und horch auf die Geräusche vom Gang. „,...Hundsohn... nich zurückkomm... bring den Hundsohn um..."

Und weg geht er, Mann, die Treppe runter, denkt, ich bin weg, Mann. Wir sind in Sicherheit. Leben ist gut.

„Und jetzt, Baby, laß uns einen Nach-der-Suppe-Zug nehmen, direkt inhaliert durch diese speziell importierte hindustanische Kokosnußkopf-Rausch-Wasserpfeife. Natürlich benutz ich sie nie zu solchen kriminellen Zwecken. Stattdessen stopf ich sie mit winzigen nahrhaften Alphabetnudeln aus reinem Mehl plus geriebenen Artischocken und Spinat... ziehs tief ein, Baby, laß uns gesund werden."

Mädel und Horse Badorties rauchen Alphabetnudeln und wechseln in den Alphawellenbereich rüber, und ich seh mein ganzes Leben vor mir ausgebreitet von da an wo ich Klein-Horse-Badorties im Van Cortlandt Park war, wobei mir einfällt, Mann, daß ich da morgen hinmuß. Nachdem ich den Hausbesitzer verklagt hab, Mann. Ich muß meinen Anwalt heut abend anrufen. Ein einfacher Fall beruhend auf ner verstopften Toilette im Gang, in der ein gedankenloser Mieter versucht hat seine türkische Badematte runter zu spülen. Hausbesitzer weigert sich zu reparieren, Beeinträchtigung der Rechte des Mieters, Verstoß gegen das Gesundheitsschutzgesetz, A durch B.

„Der Stoff ist gut, Mann."

„Ja, er wird von drei kleinen alten italienischen Damen nach einem altehrwürdigen Rezept hergestellt. Laß uns den Pfeifenkopf wieder füllen und ihr Familiengeheimnis genießen."

Und jetztn bißchen Musik auf der Mondlaute, Mann, süße zärtliche Horse-Badorties-Liebeslieder, Mann, um das Mädel in Stimmung zu bringen.

„Du spielst schön."

Was fürn süßes blondes Mädel, was für schöne blaue Augen, was für ne hübsche Haut, was für prächtige Titten, was fürn wunderbares Glück, daß wir einander begegnet sind und gefunden haben und ich spiel ihr was vor, ich sollte lieber mit diesen bezaubernden Liebesliedern Schluß machen, Mann, und anfangen, nochn Loch in die Wand zu haun, von diesem Apartment ins Apartment Nummer vier.

„Baby, ich werd uns gegen weitere Störungen absichern, indem ich diese Axt hebe und..."

Krach

„...in die Wand..."

Mörtel und Wandverkleidung und Nägel und Küchenschaben fliegen durch die Luft. Es ist harte Arbeit, Mann, das is genug für heut. „Bald, Baby, werden wir durch die Wand in mein Apartment Nummer vier ziehn können."

„Völlig irre, Mann."

„Ja, Baby, aber nich ganz, Baby, denn durch diesen brandneuen Riß in der Wand können wir jetzt nach nebenan sehen, in ein VÖLLIG SAUBERES APARTMENT, wie wunderbar, bald werden wir dort sein."

19
Habichtmann lebt!

„Ja, Baby, wir sind gerettet, alles is cool, und da wir gerade von cool reden, laß uns aufs Dach gehn, genau über uns, und nen Blick über die Stadt werfen. Komm, Baby, is ne unvergeßliche Szenerie, ich hab vergessen wies aussieht ich bin schon so lange nich mehr oben gewesen, GEHN WIR!“

Und wir gehn durch das Loch in der Wand, schieben den Schrank wieder zurück und kämpfen uns durch Apartment Nummer zwei und raus aus der Tür. Um die Ecke ist die Treppe zum Dach und wir klettern die Stufen rauf und treten die Dachtür auf und steigen raus, aufs Dach.

„Sieh mal, Baby, der Horizont und die sich runterstürzenden Möwen, und da drüben is der East River, vielleicht kauf ichn Kanu. Und hier, Baby, isn Kunstwerk, von nem Primitiven aus der Nachbarschaft. Sieh mal die riesige Zeichnung von dem großen gelben Vogel.“ Wir überqueren das Dach und betrachten das Gemälde von einem Vogel mit großen Schwingen, sorgfältig aufs Dach gemalt, und drunter in großen gelben Buchstaben geschrieben der Name

HABICHTMANN

„Dach-Kunst, Baby, isn Vermögen wert. Habichtmann, der puertoricanische Junge, der fliegen wollte." Ich bin außer mir, Mann, blick über die Dächer wie Habichtmann selbst und flieg, Mann, zu der großen Uhr an dem weitentfernten Turm, schon ACHT UHR?

„Ich muß zur Probe, Baby, ich muß hin..."

Steh einfach da, Mann, un laß deinen Blick weit rauf zu den großen Manhattan-Gebäuden schweifen, die sich aus dem Staub und Ruß erheben. Horse Badorties, Mann, probiert ein bißchen gutes altes Samadhi, fühlt sich wie der Dalai Lama. Kannte mal ne Frau, die dachte, Samadhi sei eine Stadt in Ohio. Samadhi, Ohio, Mann, Harmonie mit dem Gegenstand, den man betrachtet, dessen Kräfte ausströmen, so daß Betrachter und Gegenstand eins werden in der Ekstase, wie ich in diesem Fall eins mit dem Kirchturm geworden bin. ACHT UHR, Mann, ich muß aus diesem selig-ekstatischen Zustand der Harmonie verdammt nochmal raus und meinen Arsch inn siebten Gang schmeißen, rüber zur Kirche ohne weitere Geistesglückseligkeit.

„OK, Baby, ich hau ab. Paß auf meine Apartments auf und bedien dich aller wertvollen kostbaren Gegenstände, die du findest. Bis später."

Es wär besser und bei weitem schneller, Mann, die Feuerleiter runterzugehn, damit den Hausbesitzer vermeidend. Hier geh ich die gefährlich krachende auseinanderfallende Feuerleiter runter, an meinem Nummerzwei-Apartment vorbei, Mann, wo ich erst das Fenster öffnen und im Vorbeigehn meinen Schirm und Beutel holen muß. Wo sind sie bloß, irgendwo verbuddelt, muß die Schuh wechseln, Buch lesen, was essen, raus hier, Mann, bleib nicht hängen. Ja doch, Mann, ich versuchs ja. Wer is das da an der Tür? Es is das Mädel, Mann, kommt wieder rein.

„Da bist du ja, Baby, ich will grade weg, da is mein Beutel auf dem Berg Konservendosen, paß auf, Baby, Blechdosen fallen runter rum in neuen künstlerischen Anordnungen und da mein Schirm in der Badewanne, und ich hau ab ausm Fenster die Feuerleiter runter ... bis dann ..."

Ich geh knarr knarr ... runter ... runter ... runter ...

Jetzt geht der komische Kerl. Da ist er schon wieder, steckt den Kopf zum Fenster rein.

„Laß das Fenster offen, Baby, damit Luft reinkommt. Bis dann ... bis dann ... Mann ..."

Knarr ... knarr

Jetzt geht er wieder, die Feuerleiter runter. Der verrückteste Kerl, den ich je gesehn hab, sieht aus als wär er grade aus nem Goldfischglas geklettert. Na ja, ich bleib heute nacht bei ihm und fahr morgen nach San Francisco.

Aufm Daach gegenüber siitzt Habichtmann persöönlich, hat all die Geboide im Auge, wer kömmt, wer gäht, welchs Mädel allein inner Wohnung siitzt mit oofnem Fänster. Habichtmann kömmt raus aus seim tuurmhoch gelegnen Hoorst. Über die Schuultern trägt ern aaltes Bättuch, sein Maantel. Er spriingt vonnem Daach zum nächstn un klättert leise übern Raand un die Feuerleiter runter un siiht in des oofne Fänster rein, wos Mädel siitzt.

„Cha cha cha, Baby."

„Hau ab, Mann."

„Ich kömm rein, Baby", sagt Habichtmann un flaattert rein ins Fänster un laandet aufm Fuußbodn, un des Mädel, des rännt an die Tüür, aber Habichtmann schnäller Mann is schnäller als Speedy Gonzales, er paackts Mädel un legts um.

„Laß mich in Ruhe", sagt das Mädel.

„Zieh deine Saachn aus, Baby", sagt Habichtmann, „damiit ich dir nich wäh tu."

Geh die Straße lang, Mann, trag meinen Beutel, was isn das für ne Musik, die da aus meinem Beutel kommt? Öffne meinen Beutel, Mann, stell fest, daß Saxophonmusik aus meinem Walkie-Talkie kommt. Der Saxophonspieler, Mann, nimmt Verbindung auf.

„*...kräckel... spatter... tröööt... kräckel...*"

„Hallo, Mann, hallo hier spricht Horse Badorties, Mann. Ich hab dich drin. Wo bist du, Mann? Du klingst wahnsinnig weit weg, Mann."

„*...kräckel... tröòt... kräckel...*"

„In Ordnung, Mann, ich hab dich drin. Hier spricht Horse Badorties, Mann, wo bist du?"

„Ich steh innem Hauseingang neben dir, Mann."

„Hey, Mann, da bist du ja! Irre, diese Walkie-Talkies sind wahnsinnig stark, Mann, findest du nich?"

„Ganz sicher, Mann."

„Hör, Mann, komm mit mir zur Liebeschorprobe."

„Gut, Mann, aber laß uns erst ein bißchen von dem hier rauchen", sagt das Saxophon.

Und er entnimmt seinem Koffer einen riesigen zigarrenförmigen Wahnsinnsjoint, bestehend aus mehreren Blättern, gerollt und zusammengeklebt, zweifellos gefüllt mit einem milden Stimulans, vielleicht geschroteter Sesamsamen, und Reismehl.

„Gestatte mir, Mann, das preisgekrönte japanische Feuer, Mann..."

Kratz... kratz...

„Hier, Mann, versuch mein Zippo-Sturmfeuerzeug."

„Klar Mann, die guten alten USA. Wahnsinn, Mann."

Rauchen Riesenjoint auf.

„Er is durch und durch versetzt und aromatisiert, Mann", sagt das Saxophon. „Mit verschiedenen Chemikalien."

„Genau, Mann, um die Haltbarkeit zu sichern und zu verlängern."

Phantastischer Dynamit-Engel-Stoff, Mann, mein Kopf geht durch die Wand des Gebäudes. Mann, ich bin ein alter Haufen Ziegelsteine. Ich bin STONED, Mann, ich treibe hier und dort die Straße rauf und runter.

„Laß uns ein bißchen Musik machen", sagt das Saxophon.

„Auf jeden Fall, Mann. Ich muß vor einer halben Stunde bei meiner Probe sein."

Wir stimmen unsre Instrumente, Mann, und wir spielen, spielen schnell ne zuckersüße Melodie runter.

„Sis guut für diich, Baby", saagt Habichtmann, oobn aufm bloonden Mädel.

„Oh, du spanische Mistfliege", saagts Mädel und währt sichn biißchen.

„Laß uns weitergehn, während wir spielen, Mann, durch die Straße, Mann, und rüber zur Kirche. Meine Augen, Mann, tun mir weh, halt mal, Mann, bis ich meine opalisierende Vogelschwingensonnenbrille aus der Tasche hab, ich bin wahnsinnig stoned, Mann. Wo sin wir, Mann, im Supermarkt?"

„Du bist auf der Straße, Mann", sagt das Saxophon. „Hör mal den Verkehr."

„Verrückt, Mann, ich hör irgendwo Gongs."

„Schau mal, Mann", sagt das Saxophon. „Ich möcht dich nich runterholen, aber du hast den Kopf verdreht, Mann, hörst der Straße zu. Es sieht wahnsinnig aus, Mann. Ein Bulle könnte sich fragen, was du da versuchst zu hören, Mann."

„Gongs, Mann, hör sie dir an."

„Du nimmst mich aufn Arm, Mann." Vorgebeugt, der Straße zuhörend. „Du hast recht, Mann. Da sind Gongs da drin."

„Ja, Mann, und außerdem kommt puertoricanische Musik aus dem Restaurant da. Geh schneller, Mann, bevor es uns einwickelt."

„Du solltest versuchen, deren Musik zu mögen, Mann."

„Ja, Mann, würde sie gern mögen, zwei Meter unter der Erde, Mann, innem Loch, und begraben. Hier is St. Nancy's, Mann, laß uns reingehn und die Tür hinter uns verriegeln."

„Wie fiindstes, Baby?" fraagt Habichtmann un griinst, als er zum Fänster raussteigt.

„Du kotzt mich an, Mann."

„Niimms leicht, *muchacha*", saagt Habichtmann und fliigt fort.

20
Die Doktor-Juckfuß-Wunderkur

„Also, Liebeschor, es ist jetzt Zeit für eine etwas fortgeschrittene musikalische Technik, die uns, vor unserer Veranstaltung, aufs endgültige Niveau emporheben wird. Schaut euch das unglaublich unheimliche Gesicht an, das ich gleich mach, roll die Augäpfel in den Kopf rauf, so daß nur noch das Weiße meiner Augen zu sehen ist ... Und jetzt verzerr ich die Lippen, daß meine Zähne wie schmatzende Fänge erscheinen. Wollt ihr bitte alle so ein Gesicht machen, kommt, rollt die Augäpfel in den Kopf, sehr gut, rauf, rauf, und reißt die Lippen zurück ... jetzt, Mann, versteht ihr, jetzt müßt ihr eure Hände zu Ruderklauen von Reptilien formen, die an kleinen, kurzen Armen sitzen, so als wüchsen sie euch aus der Brust. Genau, so ists richtig. Und was haben wir da, Mann, wir haben Tyranosaurus Rex, Mann, knickt die Daumen ein, Mann, das ist ein Lebewesen, das vor dem abstehenden Daumen gelebt hat, genau so, MANN!"

Ich glaub, sie habens alle kapiert, Mann, fünfundzwanzig Mädels und ein paar Typen, Mann, schneiden prähistorische Horse-Badorties-Reptil-Gesichter, Mann, mit schlängelnden Fingern. „Fühlt, wie es hochkommt, fühlt die uralten langbegrabenen Gene wiederaufstehn. Ihr wart mal Dinosaurier, Mann, und jetzt laßt uns rumgehn und Dinosaurier und Tyranosaurier sein und laßt uns SINGEN, Mann, ohne Noten, singen und Fratzen schneiden, eins zwei drei..."

Hör sie dir an, Mann, sie sind wunderschön. Die einzige Art, wie man aus nicht ausgebildeten Musikern ausgebildete Musiker machen kann, ist, indem man sie all ihre Komplexe, Mann, daß sie keine Musik machen können, vergessen läßt. Dann, Mann, wenn sien Gesicht ziehn so unglaublich irre, daß sie ihre musikalischen Hemmungen vergessen, singt die Seele aus ihrem Leib, so wie jetzt, Mann, genau in der richtigen Tonlage, genau. Gehn den Chorgang rauf und runter, Mann, eine Reptilienparade. Wenn du son Gesicht machst, Mann, kannste unmöglich denken, weils präkognitive Gesichter sind, Mann. Wenn du sie machst, schrumpft dein Gehirn.

„Sehr gut, Reptilienchor, das wars für heute abend. Unsere Aufführung ist jetzt auf sieben Uhr Sonnabend abend im Tompkins Square Park angesetzt. Ich hab massenhaft Flugblätter in Nachtschichten rausbringen lassen und hier sindn paar bedruckte Bogen, die das besondere Programm ankündigen. Gebt jedem eins, den ihr kennt."

Ich muß hier raus und zurück in meine vier Apartments und mein einziges Mädel bumsen, Mann. Ich hab nen langen Tag hinter mir. Alles geht die Treppen runter, Saxophonspieler, Posaunenspieler, Priester, Mädels, der Liebeschor, Mann, aus kaputten hysterischen Lower-East-Side-Verlierern, Mann, und wir kamen bei Kerzenlicht, Mann, und wir sangen.

„Der Chor klingt gut“, sagt der Saxophonspieler, als wir aus der Tür der Kirche kommen.

„Ja, Mann, aber wart ab, bis die Fans kommen, Mann, dann kriegste wirklich was zu hören, Mann.“

„Klingt jetzt ganz toll, Mann.“

„Ich freu mich sehr, das zu hören, Mann, da jeder Musiker voller Unsicherheit ist, und meine Hauptunsicherheit ist, Mann, wann meine verdammten Fans kommen werden, denn ohne den Ton dieser Fans, Mann, werden wir den Höhepunkt nicht erreichen.“

„Die schaffens wirklich, Horse?“

„Diese Fans, Mann, sind kleine Götter, Mann, und sie machen den Ton, in dem alle anderen Töne enthalten sind – sie machen den Wirbelton AUUUUUUUUUUUUUUUMMMMMMMMMMMMMMNNNNNNN, Mann, und von dem Ton häng ich ab, Mann, damit ich das Liebeskonzert zum unglaublichsten perfektesten musikalischen Ereignis in der Geschichte der Erde machen kann.“

„Wo hast du Musik gelernt, Horse?“

„Als ich zwei Jahre alt war, Mann, mußte ich Geige lernen. Hast du dich schon mal gefragt, Mann, weshalb mein Kopf zur einen Seite rüberkippt und mein Kinn die Schulter berührt? Ich sag dir, warum, Mann, es kommt vom Halten der verdammten Geige, Mann, mit dem Kinn und dem Hals, Mann, als Kind. Es hat meine Haltung fürs ganze Leben ruiniert. Ich seh dich morgen, Mann, ich muß nach Haus und mein neues Mädel bumsen, Mann. Mir steht der Schaum vorm Mund, Mann, ich bin tausend Jahre lang nicht gebumst worden. Bis dann, Mann, wir bleiben in Kontakt per Walkie-Talkie."

„Klar, Mann, nimms leicht."

Horse Badorties ich bin Horse Badorties und rase ab zu meinem neuen blonden Mädel, wundervoll fickie-tikkie, schnell, Mann, die Avenue runter und um die Ecke und die Straße lang. Es ist dunkel, Mann, kein Hausbesitzer zu sehn. Ich kann furchtlos die Vordertreppe raufgehn, Mann, mit meinem schweren Beutel Schirm und platzenden Nüssen, Mann. Gesegnete Erleichterung is endlich in Sicht.

Die Treppen rauf und rauf auf sie und raus mit dem wertvollen kostbaren Inhalt meiner Gonaden in ihre Schnappe. Hier bin ich, Mann, geh durch die Tür in mein Apartment Nummer zwei und schieb den Schrank beiseite und geh durch das Loch in der Wand in mein Apartment Nummer drei, Mann, un da is mein Mädel, Mann, da is sie. Öffnet den lieblichen roten Mund, um mir Liebe zu sprechen, Mann.

„Ne dreckige lausige puertoricanische rotzige Mistfliege is heute abend durch dein gottverdammtes Fenster reingekrochen und hat mich vergewaltigt."

„Mein Fenster?" Panikkopf *an.* „Was hat er geklaut?"

„Er hat mich vergewaltigt, Mann, das hat er gemacht."

„Hör mal, Baby, das is jetzt wichtig. Hat er an meinen Bandgeräten oder an irgendwelchen andern wertvollen Objekten rumgefummelt?"

„Du verdammtes Dreckschwein!" Mädel ist außer Fassung, Mann, wirft nen alten Butterteller nach mir.

„Hör auf mit dem Theater, Baby, wertvolles Notenmaterial kann gestohlen worden sein." Ich muß schnell mal alles durchsehn, Mann, alles was ich im Apartment hab. Seh mich um, kontrollier die Sachen durch, hier is mein Telephon, Mann, ich muß gleich mal telephonieren, meine Fans lassen schon zu lange auf sich warten. Wählen... wählen...

„Ich hasse diese verdammte Stadt", sagt das Mädel.

Das is ja sonderbar, das Telephon scheint tot zu sein. „Hat er an meinem Telephon rumgefummelt, Baby? Isses das, was der Saukerl gemacht hat? Moment mal, Mann, jetzt seh ich, was los is, es is eins von meinen Ersatztelephonen, es läßt sich aus den Haufen von verschiedenem Müll rausziehn. Es war noch nie angeschlossen. Gottseidank, Baby, die Verbindung war beinah unterbrochen."

„Ich brauch ne Spritze gegen GO."

„Nich nötig Baby. Ich sag dir, warum. Hat zu tun mit der Kraft der psychischen Bewußtseinskontrolle. Selbsthypnose reicht dem Organismus. Stell dir vor, du hättest deine Spritze gekriegt und deine Zellen werden sich dementsprechend verhalten."

„Geh zum Teufel, Mann.“

„Hör zu, Baby, ich will dir die wahre Geschichte vom Doktor Juckfuß erzählen. Ja, ich werd sie in diesem Augenblick für die Zeitschrift *Argosy* aufschreiben. Ich hatte diesen Ausschlag, Mann, zwischen den Zehen. Musikerfüße nennt man das, vom Tempotreten in japanischen Plastikschuhen. Brannte wie verrückt zwischen all meinen Zehen. Quälendes fürchterliches anhaltendes brennendes kitzelndes gemeines Jucken, ich wurde wahnsinnig. Ich runter raus zur Drogerie. Baby, ich leg anderthalb Dollar hin aufn Tresen für ne halbe Tube von Doktor Juckfuß, dem Wunderjuckbefreier. Ich konnte kaum noch gehn, Mann, aber ich kroch direkt in mein Apartment zurück und legte die Tube hin und verlegte sie schnell und verlor sie total aus dem Auge in meinem Aktionsmalerei-Apartment. Folglich wendete ich niemals Doktor Juckfuß auf meine Füße an. Ich nahm es nicht einmal aus der Schachtel. ABER MEINE FÜSSE HÖRTEN IN DERSELBEN NACHT ZU JUCKEN AUF! Und sie haben seitdem nicht wieder gejuckt. Doktor Juckfuß ist hier in dem Apartment, Baby, irgendwo begraben, und tut seine Arbeit im Stillen. Wirklich, es war ein Wunderjuckbefreier.“

Wir sitzen da, Mann, starren uns an. Das Mädel, Mann, ich kanns in ihren Augen lesen. Sie will Horse Badorties nich bumsen. Sie hat ihren heutigen Fick gehabt. Die puertoricanischen Fallschirmjäger, Mann, waren schneller bei meinem Mädel. Sie hängt sich ihre Armyjacke über, Mann, und hebt ihren Rucksack auf. „Wo gehst du hin, Baby?"

„Ich geh in nen Christlichen Verein junger Mädchen und nehm ne Dusche."

„Hör zu, Baby, du kannst hier baden. Ich schrubb dirn Rücken. Die Wanne is irgendwo hier... hier is sie, Baby, is nur voll tausend alten Konservendosen, komm, wir räumen sie zusammen aus. Laß uns ne neue Seite aufschlagen, laß uns sauber und neu anfangen. Baby, von Anfang an. Wir baden und backen Brot und hängen Wachstücher vor die Fenster und baun uns unser eignes kleines Liebesnest, Mann, was meinst du?"

„Bis dann, Mann."

Das Mädel haut ab, Mann, raus durch das Loch in der Wand, Mann, raus aus meinem Leben, Mann, Horse Badorties, Mann, ist wieder mal allein.

21
Es ist mal wieder Dorkie-Tag!

„Dorkie dorkie…“

(Es ist Morgen, Mann, ein neuer Tag, und ich stolper in meinem Apartment rum und wiederhol immer und immer wieder):

„…dorkie dorkie…“

(Durch fortwährende Wiederholung des Wortes Dorkie reinige ich mein Bewußtsein, Mann, befrei es von den drin angehäuften Trümmern und Spinnweben. Ich muß es unbedingt jeden Monat einmal machen und heute ist Dorkie-Tag):

„…dorkie dorkie dorkie dorkie dorkie dorkie dorkie dorkie dorkie dorkie dorkie dorkie dorkie dorkie

dorkie dorkie...“

(Es klopft an der Tür, Mann, geh mal nachsehn.)

„...dorkie dorkie dorkie dorkie dorkie dorkie dorkie...“

(Es is das blonde Rucksack-Mädel, Mann, sie kommt wieder, sie kommt zurück. Ich wink sie rein, aber ich kann jetzt nicht mit meinem Dorkie aufhören.)

„...dorkie dorkie...“

„Ich hab mir ne GO-Spritze geben lassen.“

„...dorkie dorkie...“

„Ich hab durch den Lincolntunnel rauszutrampen versucht und die Bullen haben mich angehalten.“

„...dorkie dorkie...“

„Ich dachte, ich sollte vielleicht noch ein bißchen in der Stadt bleiben. Ich dachte, das muß ein Zeichen sein.“

„...dorkie dordie dorkie...“

„Was is los, Mann, was soll all das Dorkie?“

„...dorkie dorkie...“

„Ich hab was zum Frühstück für uns eingekauft... Brot und Gelee.“

„...dorkie dorkie

dorkie doekie dorkie...“

„Gott, Mann, hör auf damit, bitte!“

„...dorkie dorkie

dorkie dorkie dorkie dorkie dorkie dorkie dorkie dorkie dorkie dorkie dorkie dorkie dorkie dorkie dorkie...“

„Ich geh die Wände hoch, Mann.“

„...dorkie dorkie...“

(Nochn Klopfen an der Tür, Mann. Das passiert immer am Dorkie-Tag. Es is der Saxophonspieler, Mann.)

„...dorkie dorkie...“

„Wie gehts, Horse?“

„...dorkie dorkie...“

„Was is los mit Horse, Baby?“

„...dorkie dorkie...“

„Ich weiß nicht. Er war schon so, als ich kam.“

„...dorkie dor-kie...“

„Hey, Horse, was soll all das Dorkie, Mann?“

„...dorkie dorkie...“

„Ich hab Brot und Gelee in meinem Rucksack. Willst du was haben?“

„...dorkie dorkie dorkie dorkie dorkie dorkie...“

„Danke, Baby, wenn du nichts dagegen hast?“

„...dorkie dorkie

dorkie dorkie...“

„Was isses, Himbeer?“

„...dorkie dorkie dorkie dorkie dorkie dorkie dorkie...“

„Erdbeer.“

„...dorkie dorkie...“

„Hey, Horse, hör auf, Mann, und wir machen nen bißchen Musik.“

„...dorkie dorkie...“

„Er wird dir nicht antworten. Ich hab ihn erst gestern abend kennengelernt, aber ich weiß, er wird dir nicht antworten.“

„...dorkie dorkie dorkie dorkie dorkie dorkie dorkie

dorkie dorkie…“

„Ich glaub, vielleicht komponiert er grade ne Art Lied, Baby.“

„…dorkie dorkie…“

„Ich dachte, ich könnte vielleicht ne Weile bei ihm bleiben, aber ich kann hier nicht bleiben, nicht mit all diesem Dorkie.“

„…dorkie dorkie…“

„Hör mal, Baby, du kannst bei mir bleiben, wenn du willst. Mein Apartment ist gleich um die Ecke.“

„...dorkie dorkie..."

„Können wir jetzt gleich da hingehn, ich halt jetzt kein Dorkie mehr aus."

„...dorkie dorkie dorkie dorkie..."

„Sicher, Baby, laß uns gehn."

„...dorkie dorkie..."

„Meinst du... er wird wieder?"

„...dorkie dorkie dorkie dorkie dorkie dorkie dorkie dorkie dorkie dorkie dorkie dorkie dorkie dorkie..."

„Ja klar, er muß nur noch weiter dran arbeiten, Baby, wir gehn... Moment mal, Baby, ich glaub, er will dir was aus seinem Beutel geben."

„...dorkie dorkie dorkie dorkie dorkie dorkie dorkie dorkie dorkie dorkie dorkie dorkie dorkie dorkie..."

„Es is ne Spieldose. Du willst mir die Spieldose geben, ist es das?"

„...dorkie dorkie dorkie dorkie dorkie dorkie dorkie..."

„Er versucht dir was zu sagen, Baby..."

„...dorkie dorkie dorkie dorkie dorkie dorkie..."

„Danke, es is ne wunderschöne Spieldose."

„...dorkie dorkie dorkie..."

„Komm, Baby, laß uns gehn, bis später, Mann, machs gut mit deinem Dorkie."

„...dorkie dorkie..."

22
Lebt wohl, Horse Badorties' vier Apartments!

Dorkie-Tag, Mann, hat mein Leben verändert, das seh ich jetzt. Denn heute, am Tag nach dem Dorkie-Tag hab ich ein klares Bild von dem, was ich mit meinem Leben machen muß. Mann, ich muß, und das ist eine absolute Notwendigkeit, aus diesen vier Apartments ausziehn. Die vier Treppen sind zuviel für mich, Mann, sie sind zu gesund. Mann, die Zeit ist gekommen, aus diesen vier Apartments auszuziehn, JETZT, Mann, genau jetzt.

„Horse Badorties, Mann, spricht seine letzte Tonband-Botschaft von der East Fourth Street. Ich pack ein, Mann, ich hau hier ab. Meine vier Apartments müssen zurückbleiben, Mann. Und wenngleich es wahr ist, daß ich dem Hausbesitzer Berge und Stapel von alten Klamotten zerbrochenen Steinen Salzbrezeln und andre unvergleichliche und unersetzliche kostspielig entworfene wertvolle Waren und Gegenstände übereigne, ist es doch notwendig, Mann, daß ich jetzt nur meinen Beutel pack, jetzt sofort pack ich diesen Beutel, Mann, mit Mustern der Notenblätter, mit Tonbandgeräten, mit Fans, kaputtem Wecker, unvergeßlichem Pimentglas und zuallerletzt, Mann, meinem Schirm. Und nun, Mann, heißt es, lebt wohl, meine vier Apartments.

Ich laß sie zurück, vollgestopft bis an die Decken, genau wie meine andren Apartments, in New Orleans, Acapulco, San Francisco, Miami Beach, Pittsburgh und Poughkeepsie – geheiligte Tempel, Mann, vollgestopft bis oben mit Besitz. Wo immer Horse gewesen ist, Mann, hat er nen Haufen alter Wäsche und Blechdosen errichtet, Mann, ewig unvergeßlich für den Hausmeister, Hausbesitzer oder die Putzfrau, die hinterher kommt, um alles wegzukarren, Haufen über Haufen von knorrig verkrustetem Dreck, Mann, und Sachen überall in den verrücktesten Farbkombinationen.

„Bis dann, ihr alten Apartments. Ich schließ die Tür zum letzten Mal." Meine Arbeit, meine Aktionsmalerei, falsch interpretiert, wird man wegtragen und zerstören. Aber so will ich es, Mann. Ich mag keinen Ruhm.

Die Überraschung, Mann, im Gesicht des Hausmeisters, wenn er mit diesem archetypischen Albtraum eines Horse Badorties-Schrotthaufen-Apartments konfrontiert wird, mit ner vertrockneten Orangenschale in der Mitte, ist den Eintrittspreis wert, Mann. Ich werf nen letzten Lebewohlblick drauf, Mann, und jetzt schließ ich die Tür für immer, kleiner Schrotthaufen, leb wohl.

Wenn der Hausmeister reinkommt, Mann, mit seinem Mop und Eimer und vielleicht nem alten Karton, um den Staub reinzufegen, ist er erstaunt. Er stolpert, Mann, gegen die Wand und denkt *jetzt hab ich alles gesehn.* Er is sofort erleuchtet, Mann. Es is ein Teil meiner Arbeit als Avatar, herabsteigende Gottheit, des gesellschaftlichen Bewußtseins. Wenn du einmal versucht hast, ein Horse-Badorties-Apartment aufzuräumen, Mann, wird dich nie mehr was erschüttern. Du hast den Erhabenen Tod kennengelernt, Mann.

Der Hausmeister, Mann, wenn er da reingeht, wird alte zerrissene Teppiche und Lumpen rauszerrn und ne unmöglich zu analysierende schwarze Schmiere. Und dann wird er in immer andere und noch tiefere Anordnungen reinsteigen von alten Abfallkörben und Papiertüten, die vor Müll platzen. Er wird den Kopf schütteln, Mann, und sich wundern. Und er wird seinen Enkelkindern davon erzählen: *Ich hab mal einen Haufen gesehen...*

Die Treppe runter, Mann, die Treppe runter und durch die Halle. Da is der Hausbesitzer, Mann, steht auf der Freitreppe, Mann, sieht mich an und wird rot im Gesicht.

„DU HUNDSOHN BASTARD! Du immer noch hier, ich hab dir gesagt..."

„Hier sind die Schlüssel, Mann. Ich hab die letzten paar Tage damit verbracht, das Apartment sauberzumachen, Mann, hab die Fußböden geschrubbt und das Holz gebohnert. Ich wollte das Apartment nicht als Trümmerhaufen hinterlassen, Mann, verstehn Sie. Ich dachte, das sei ich Ihnen schuldig. Der ganze Sperrmüll ist raus, Mann. Ich hab die Nacht durchgearbeitet und die Müllabfuhr war heute ganz früh am Morgen hier und hat alles abgefahren, vielleicht haben Sies gesehn."

„Ich hab nix gesehn..."

„Ja, es war recht früh. Jedenfalls, jetzt ist alles sauber, Mann, bereit zur Vermietung an ne kleine alte Dame. Ich habn Mädel dagehabt und wir haben ein paar Vorhänge vor die Fenster gehängt. Es sieht irgendwie richtig manierlich aus, Mann, Sie sollten das mal sehn, wenn die Sonne reinscheint."

„Ja... ja, das werd ich tun."

„Genau, Mann, das wird Ihnen Ihren Tag erleuchten. Also, bis dann, Mann. Wenn Sie irgendwas rumliegen sehn, in nem Bücherregal oder so, geben Sies an die Bibliothek der Handelsmarine. Bis dann, Mann, bleib cool."

Und das wars, Mann. Ich bin wieder mit der Welt im reinen. Ich hab ne ungeheuer komplexe Telephonrechnung hinterlassen, Mann, mit Anrufen nach Alaska, Hongkong, Bombay und den Fidschiinseln. Wieder mal ein sauberer Abgang. Ich hab nur ein Problem, Mann, ein kleines Problem, und das ist: Wo werd ich wohnen?

Geh einfach Avenue A runter, Mann, irgendwas wird sich schon ergeben. Was issen das, Mann, das scheintn verlassener Laden zu sein mit nem Schild *Zu Vermieten* im Fenster. Riesige Schaufenster, Mann, und liegt direkt an der Straße. Sieh mal, Mann, der viele Platz da drin, Mann. Mein Dorkie-Meter reagiert und schlägt aus bis sechs auf ner Skala von sieben. „Das isses, Mann! DAS IS MEIN NEUES APARTMENT!"

23
Der Avatar bei der Arbeit

„Ich bin in meinem neuen Apartment, Mann, nehm das erste Band auf in meinem neuen kleinen Heim. Ich hab dem Hausbesitzer nen Gummischeck über dreihundert Dollar gegeben, und jetzt wird das lange Hin und Her mit ihm und den Anwälten losgehn, um mich rauszuwerfen. Aber inzwischen, Mann, und bis es so weit kommt, sind wir hier – im LADEN! Der Laden, mehr Platz Sachen zu lagern als je zuvor. Da is so viel Platz, Mann, in meinem dunklen schäbigen Laden, ich muß sofort meinen Drucker anrufen und ihn noch fünfzigtausend Notenblätter drucken lassen, um sie bis zur Decke zu stapeln."

Und jetzt kommt der unglaubliche lang zu bewundernde Horse-Badorties-Zauberhaufen. Scheinbar in nur ein paar vergehenden Augenblicken, der Zeit eines einzigen Nachmittags, die flackert und hopst wien Untergrundfilm, trage ich, Horse Badorties, einen Karton mit Notenblättern nach dem andern rein, verstreu sie überall. Und dann schnell wieder raus, mit der Geschwindigkeit und der Intensität eines Blitzes, hol ich alte zerbrochne

Möbel, auf der Straße gefundene, rein, nen zerrissenen Lampenschirm, nen Teil von nem Sessel, ne auseinanderfallende Matratze. Ein bemerkenswerter Gang folgt dem nächsten in einem kurzen Zwischenspiel großartigen Zusammentragens, mit dem Stapel von Einkaufstüten reinkommen, vollgestopft mit glänzenden neuen Konservendosen und Schachteln voll Frühstückskost. Und plötzlich sind die Dosen leer und fliegen rum und die Cornflakes werden auf dem Boden festgetrampelt und der aufgeräumte Laden wird mit Fett- und Schmutzflecken bedeckt, und höher und höher wächst der Haufen, füllt all die hellen Räume aus, wächst mit jedem flackernden Einzelbild, und endlich, mit einem Mal, steh ich da – Horse Badorties, Mann, steh in der Mitte von noch einem bis zur Decke gestapelten nicht zu entfernende Flecke Postkarten alles vollgestopften LADEN!

Da is kaum noch Platz sich umzudrehn. Wie wunderbar, Mann.

24
Onkel Schleicher

Und jetzt, Mann, ist es Zeit für meine Liebeschorprobe. Ich verlaß den Laden, Mann, hinter mir beulen sich die Fenster raus, und ich geh die Straße hoch, Mann, nach St. Nancy's, wo sich der Liebeschor zu einer einmaligen musikalischen Erfahrung zusammengefunden hat. Hier bin ich wieder, Mann, geh in St. Nancy's rein, geh den Chorgang runter und die Stufen rauf, Mann, aufn Chorboden, wo alle auf Maestro Badorties warten, Mann, der hier, auf der letzten Stufe, noch kurz mal pausieren muß, um einen wohltuenden Kräuterrauch aus Natternkopfwurzeln zu inhalieren, Mann, um die japanischen Käfer aus seinen chinesischen Schuhen zu schütteln. Wie wunderbar, Mann, meinen Chor wiederzusehn, ich kann sie kaum sehn, Mann, meine Sehkraft schwindet, Mann, die Medizinmänner haben das getan, ach nee, Mann, Moment mal, Mann, es is nur, weil ich meine spezielle Horse-Badorties-Sicht-Korrektiv-Sonnenbrille aufhab, Mann, mit dem einen einzigen Guckloch in der Ecke von der einen Linse, Mann, so daß man stutzäugig und schließlich blind wird, wenn man sie trägt, Mann, wie wunderbar, sie abzunehmen, Mann, und wieder zu sehn.

„Jetzt, Liebeschor, ist es Zeit, daß ich euch in den endgültigen Reinigungsprozeß der Musik einführe. Er heißt Onkel Schleicher und geht so –“

Jetzt, Mann, kriegen sie mein Dreiviertelprofil zu sehn, in knappen Umrissen, Mann, und ich roll die Augäpfel in die Winkel meiner Augenhöhlen, so daß ich sie von oben her anblinzel, seitwärts. Und die Ellbogen an den Brustkorb drückend und die Unterarme ausstreckend wie ein arthritischer polynesischer Tänzer wink ich ihnen zu, Mann, schlangenartig umherschlitternd. Ich bin der geisteskranke Onkel Schleicher, Mann, schleich übern Dachboden, durch die Gänge ihres Bewußtseins.

Dies ist ein abscheuliches Gesicht, Mann, und vielleicht ist es das abscheulichste von allen meinen Gesichtern, Mann, weil es nicht etwas Langbegrabenes wie mein Tyranosaurus-Rex ist, sondern etwas, das vor nicht sehr langer Zeit in meinem Stammbaum lebte, Mann. Der liebe alte Onkel Schleicher, Mann, ist der unglaublich verrückte Verwandte, den wir alle schlafend in unserm Innern tragen. Er würde ganz hochkommen und von mir Besitz ergreifen, Mann, mich übernehmen und völlig schizo machen, Mann, wenn ich den Onkel Schleicher nicht ab und zu rausnehmen und lüften würde, Mann, n bißchen rumlaufen und rumschleichen lassen, Mann, danach geht er wieder runter in sein entsetzliches geheimes Verließ und läßt mich in Ruhe.

„Also gut, alle miteinander, wir nehmen jetzt alle unsere Plätze in dem Onkel-Schleicher-Bild ein."

Unglaublich, Mann, fünfundzwanzig Mädels rollen die Augen in die Winkel ihrer Augenhöhlen und bringen die Hände in die wahnsinnige Kriechstellung, und jetzt schleichen wir alle zusammen über den Balkon und die Wendeltreppe runter, Mann, von wo wir uns zu den Chorgängen der Kirche fortbewegen, Mann, und hin und her schleichen.

„Hervorragend, jetzt fangen wir an, eins zwei..."

Onkel Schleicher, Mann, singt ein Lied von unerreichter Unheimlichkeit. An den flackernden Kerzen des Altars vorbeischleichend singen wir unsre Onkel-Schleicher-Musik, Mann, schneiden so teuflische und wahnsinnige Gesichter, daß die letzten Hemmungen, die die Mädels gegenüber der Musik noch haben, jetzt völlig ausgelöscht werden. Wir sind vollständig gereinigt, Mann. Wir haben das Schlimmste in uns ausgelebt. Vom Tyranosaurus-Rex zum Onkel Schleicher zum NBC, Mann, wir sind auf dem Weg. Der Liebeschor hat gelernt, wie man zusammen singt, Mann!

25
Der Fan Man geht essen

Es ist Nacht auf der Lower East Side, Mann, und nachdem ich den ganzen Tag lang gearbeitet und meinen Laden aufgefüllt und den ganzen Abend Onkel Schleicher gesungen hab, trink ich jetzt ne Flasche Piña-Colada am Schnellimbiß, nehm gesunde Lebensenergie und Verdauungsenzyme auf, um die totale Leere meines Magens zu verdauen. Wie wünschte ich mir, ich hätt nen dreckigen Hot Dog, Mann.

Wander rum, Mann, stolper hungrig durch die Lower-East-Side-Nacht, auf der Suche nach dem letzten Hot Dog. Ich bestell mir statt dessen lieber ne Pilz-Pizza. Moment mal, Mann, hier isn Stand mit Bratwürsten Zwiebeln und Pfeffer, Mann, schau mal all die saftigen Schweinsdärme, Mann, die da brutzeln und blubbern, vollgestopft mit durchgedrehter Fäkalmasse und Augäpfeln, ich glaub, Mann, ich gehn bißchen weiter zu nem netten ruhigen sauberen Restaurant, Mann, und bestell mir einen Käsesandwich... Moment mal, Mann, ICH HABS! Ich geh ins makrobiotische Restaurant und bestell mir nen Teller braunen ungeschälten Reis mit ner zerschnitzelten Schürze drin und vielleicht nen alten Wischlappentee. Es is ne Tatsache, Mann, ich kenn ein Mädel, das da gearbeitet hat, und sie hat mir erzählt, eines Tags hätte sie tatsächlich nen alten Wischlappen im großen Zen-Teetopf entdeckt.

Vielleicht geh ich doch nicht rein, Mann, ich könnte statt dessen, wenn ich von hier aus einfach zehn bis fünfzehn Straßen zum widerlichen West Village raufgeh, nen griechischen Sandwich mit Erbsen und Zwiebeln und ner Sesampaste namens Filafel bestellen, Mann, und mich, wenn ich eins davon esse, grauenhaft fühlen. Nein, Mann, ich laß mir lieber was andres einfallen. Ich habs, Mann, ich bieg hier einfach nach Südosten ab, dreh mich um mich selbst, Mann, total, und geh zur Second Avenue zurück, Mann, zum INDISCHEN RESTAURANT! Das ist es. Bestell mir nen scharf gewürzten Gemüsecurry, brennenden Kurkuma-Koriandersenf-Cayennepfeffer, hol mir ne Magenschleimhautentzündung, treib mirs Wasser in die Augen, ich werde Knallkörper furzen, Mann, lieber nicht.

Immer mit der Ruhe, Mann, es gibt ne ganz einfache Lösung. Du fährst einfach mit der U-Bahn rauf in die Vierzigste Straße zur Blarney Stone Bar und bestellst dirn paar hausgemachte Bratkartoffeln undn Glas Bier dazu. Und einige Scheiben Roastbeef blutig rot werden wohl dein Tod sein.

Nein, Mann, alles halt und wir gehn direkt wieder ins

West Village zurück, in den Vegetarierladen, und bestellen uns ein Glas Karottensaft. Mann, warum hab ich nicht früher dran gedacht? Ein köstlicher kühler orangefarbener Trunk von Vitamin A saftigen Karotten, die meine Haut orange färben und mich irre im Fernsehen aussehn lassen. Den Karottensaft müssen wir streichen, Mann.

Statt dessen bestell ich mirn schlichtes Vegetarierkotelett in der Milchbar hier unten, Mann, wieder mal auf der Second Avenue, ein Gemüsekotelett, Mann, so schwer, daß du denkst, du hast sechzehn Hamburger gegessen.

DAS IST ES, MANN! Sechzehn Hamburger mit Zwiebeln, zum Mitnehmen! Endgültig, Mann, Zweiundvierzigste Straße, hol die Münze raus, wir fahren.

Nee, n Zwiebelbrötchen von Yonaschimmel's unten auf der Delancy Street is näher, Mann, n heißes frischgebacknes Zwiebelbrötchen. Unmöglich, Mann, Buddha rät von Zwiebeln ab, fällt mir grade ein, sie ersticken die tausend kleinen Götter des Körpers.

Dies is ne existentielle Krise, Mann. Ich steh mit dem Rücken zur Wand. Ich verhunger, Mann, und kann nicht die perfekte Nahrung finden. Mein überaus wichtiges Liebeskonzert ist schon in zwei Tagen. Ich muß ohne weiter zu überlegen umgehend zurück in den Schnellimbiß, Mann, und noch eine Piña-Colada trinken und bei meiner flüssigen Diät bleiben.

„Piña-Colada, Mann."

„Alles aus, Mann, die Piña-Colada is drocken."

„Gut, Mann, ich wollte sowieso keine. Ich nehme liebern Teller... warte mal... nur einen... bis später, Mann... ich muß..."

Denk mal nach, Mann. Wenn das so weitergeht, Mann, lauf ich noch morgen früh bei Sonnenaufgang durch die Straßen auf der Suche nach nem Hot Dog. Ich kauf mirn Riegel Schokolade, das is alles, Mann, scheiß drauf. Nee, Mann, der Zucker von Süßigkeiten ist die Ursache für Jugendkriminalität, liest du denn nicht deinen *Wöchentlichen Komposthaufen*?

Geh weiter, Mann, arbeite an der perfekten Ernährung weiter. Die alten chinesischen Weisen, Mann, lebten von ihrem Speichel. Die perfekte Diät. Einzige Voraussetzung ist, daß man sein ganzes Leben im Liegen verbringt, im absoluten Nichtstun. Der Weg des Himmels. Das ist es, Mann, das ist meine Diät.

Ich weiß jetzt, was ich zu tun hab, Mann. Ich werd heut abend fasten, und da morgen abend die Generalprobe des Liebeschors ist, werde ich den ganzen morgigen Tag im Van Cortlandt Park zubringen und mich von Blättern und Beeren und den Wurzeln von Distelbüschen nähren. Mann, ich werde die Energie meiner Kindheit in mich aufsaugen, und sie wird mir eine wahnsinnige Vitalität für das Konzert am Tag drauf verleihen. Das ist der Plan. Er ist vernünftig, geistig gesund, er ist klar, er ist wirksam, er erfährt innere Zustimmung von meinem Dorkie-Meter. Mein ganzes Sein antwortet auf diesen Vorschlag mit einem Gefühl des Friedens und der Zufriedenheit. Deshalb kehr ich, nachdem ich das Dilemma in einer für einen

Künstler meiner Statur geziemenden Weise gelöst hab, unverzüglich in meinen Laden zurück, um mich schlafen zu legen. Ruhig und cool, mit meiner ganzen gelösten strahlenden Persönlichkeit, werd ich früh morgens mit der U-Bahn zum Van Cortlandt Park fahren und mich der vitalen Meditation und dem Beknabbern von Buschwerk widmen. Vielleicht werd ich mir sogar ne Büchse Beeferoni mitnehmen und auf nem Feuer im Wald aufkochen, das ich zwischen ein paar Steinen entfach. Was für ein wunderschöner und wohl überlegter Plan, Horse Badorties. Du solltest ein Collegeprofessor sein.

26
Etwas ruft den Fan Man, ganz schwach

Es ist Morgen, Horse Badorties, was für ein wunderbarer sonniger Morgen, Moment mal, Mann, es is Nachmittag, ich hab verschlafen. Ich muß mich beeilen, Mann, wenn ich vor der Generalprobe des großen Horse-Badorties-Liebeschorkonzerts noch in den Van Cortlandt Park und wieder zurück sein will. Fummel jetzt nich lange in deinem Abfallhaufen rum, Mann, pack deinen Beutel und den Schirm und wind dich raus aus dem Laden.

OK, Mann, ich geh einfach weg, ohne Frühstück, ohne mich umzusehn, ohne rumzufummeln, ohne meine Haufen von Zeugs durchzusehn. Ich bin bereits draußen im richtigen Sonnenlicht auf der Straße, Mann, schließ den Laden zu und geh. Ich muß grade dabei sein, mein Leben in Ordnung zu bringen, Mann, wenn ich fähig bin, mein Ladenapartment so einfach zu verlassen. Ich mach mich, Mann, werdn Supermann, Mann!

Hab ich irgendwas vergessen?

Sonnenbrille, Tonbandgerät, Fan, Schirm, Beutel... sieht aus, als ob ich alles hab, was ich brauch, Mann, für nen Tag im wunderschönen Van Cortlandt Park. Endlich isses so weit, Mann. Mein Leben ordnet sich in koordinierten Einheiten.

Steig in die U-Bahn, Mann, und fahr, fahr den langen einsamen Tunnel rauf, in meine Kindheit zurück.

Fahr, fahr, Tunnel Lichter sausen vorbei. Ein einsamer Horse Badorties bin ich, trag Beutel und halt riesigen Schirm, auf dem Weg zu den Bäumen und Wegen vom Van Cortlandt Park. Und morgen abend, Mann, werd ich den Liebeschor vor den Augen der Welt dirigieren. Ein großer neuer Tag bricht für dich an, Horse Badorties, voller Fans und...

...wir kommen rauf aus dem Untergrundtunnel, Mann, die U-Bahn klettert auf den altbekannten Stützpfeilern die U-Bahnschiene hoch, und dort, was sich da unter mir ausbreitet, das is die Bronx. Ich mußn Bild von diesem Blick machen, Mann, durchs Fenster, mit meiner japanischen Superplastik-Kamera, Mann. Ich hab mir nen ganzen Satz auf einmal gekauft, mit kleinem Plastik-Entwicklungstank und Schalen und der Flüssigkeit. Es is so wunderbar, Mann, Photos zu machen, und dann zu entwickeln und sie vor deinen Augen aus dem Fixierbad auftauchen zu sehn, nichts drauf, Mann, nur schwarze Schatten vielleicht undn paar Spritzer mit schwachen Streifen.

Rüttel hin und her U-Bahnwagen, fall vielleicht rüber kipp runter auf die Straße. Da, Mann, da unten hab ich früher gewohnt... nein, Moment mal, Mann, es is weiter oben gewesen.

Du irrst dich, Mann, das IS die Station, schnell, Mann, halt die Tür das Telephon...

...hier bin ich, Mann, aufm Bahnsteig inner Bronx. Alles klappt, Mann, alles läuft glatt. Und jetzt, Mann, jetzt gehts die Treppen runter und auf die Straße und direkt in den mystischen magischen Van Cortlandt Park, Mann, der sich vor mir mit seinen vielen Meilen geheimer Pfade erstreckt.

Geh lang zwischen grünen Bäumen und dann den Berg rauf, Mann, höher und höher. Steh auf einem Plateau, Mann, am Rand des Parks, seh hinab auf die fernen Gebäude. Ich bin Merlin, Mann. Sinnen soll ich wieder über das Geheimnis des alten Parks. Was für eine wunderbare Idee, hierherzukommen, Mann, am Tag vor dem Liebeskonzert. Urwoge der Kindheit. Hier pflegte ich zu wandern, Mann, ein abgefahrner kleiner Horse Badorties.

Komm auf eine Wiese, Mann, laß den ganzen Anblick von Gebäuden hinter mir. Idyllische Stimmung, geh rein ins hohe Gras mit Beutel und Schirm, wandernder Ritter des Hot Dog wird mal was rauchen.

Zeit gehört mir, Mann. Wie spät isses, Mann, auf dem großen Wecker in meinem Beutel? Vier Uhr, Mann, viel Zeit bis zur Probe, Zeit zum Weiterziehn, Mann, gehn wir diesen geheimnisvollen Tunnel runter, den nur Kaninchen, völlig Übergeschnappte und Horse Badorties kennen. Trag Wahnsinnsbeutel, geh runter, unter die Straße und dringe tiefer ein in den Park, Mann, auf den verlorenen schlammigen Pfad der Jugend. Keine Bedrohung durch die Umgebung, hier unten durch, da ist ein Sümpflein mit Vögeln und Fröschen. Träume, Mann, alle langvergessenen Träume werden wieder wach.

Gott, Mann, hier isser, hier is derselbe Baum, gegen den ich mein erstes Mädel gebumst hab ... nee, Moment mal, Mann, es war der da drüben. Hier ist er, Mann, es war der falsche Baum.

Da is der Golfplatz, Mann, Onkels schlagen kleine Bälle und ich träum meinen Traum weiter über die Zeit.

Hier, Mann, sind die alten Eisenbahnschienen, die durch den Park laufen, und hier, Mann, werd ich in die Büsche runterrutschen, um mich zu entspannen, Mann. Die Sonne bescheint mich und dies ist mein langersehnter Tag. Mann, morgen nachmittag um diese Zeit werd ich ein öffentlicher Künstler sein.

„Wo ist Horse, Mann?"

„Ich weiß nicht, Mann, mach dir keine Sorgen, er ist immer zu spät."

„Leute, habt ihr Horse gesehen?"

„Nein, Vater."

„Nun, seine Fans sind heute morgen in der Kirche eingetroffen. Wir nehmen sie besser gleich zum Tompkins Square mit. Ich nehm an, er wird schon dort sein."

„Ich versuch ihn aufm Walkie-Talkie reinzuholen, Vater ... Hallo, Mann ... hallo, Horse ... kannst du mich hören, Mann ...? Es ist Zeit fürs Konzert, Mann, wo bist du?“

„Also gut, allesamt, kommt, wir gehn, rüber zum Park.“

„Horse, Mann, komm rein, Mann... wir verlassen die Kirche, Mann, und bewegen uns die Straße rauf zum Square. Wo bist du, Mann? Komm schnell, Ende.“

Ja, Mann, das ist das Leben meiner Kindheit, liegt hier im Van Cortland Park bei den Eisenbahnschienen, und ich träum mich tief in meine uralten Gefühle rein, Mann. Verschiedne Lebzeiten laufen hier zusammen, und ich geh rein und raus, Mann, auf den immer breiter werdenden Bahnen sinnlichen Bewußtseins. Was fürn wundervoller Tag im Park, Mann. Das ist genau die Vorbereitung die ich brauch für mein morgiges Debut. Dies war eine deiner besten Ideen, Mann. Sie zeugt von einer Vervollkommnung deines Charakters und einer entwickelten Willenskraft.

„Hallo, Horse, komm rein, Mann. Wir kommen auf den Tompkins Square, Mann, und die NBC is da, Mann. Ü-Wagen, Mann, und Kameras und Bandmaschinen und Kabel auf dem ganzen verdammten Platz. Da is ne Menge Publikum, Mann, alle möglichen Leute, Mann. Wir halten sie noch bei Laune, Mann, beeil dich und komm rüber, Ende.“

Ich war maln chinesischer Typ, Mann. Ich bin mir dessen

sicher, während ich hier an den Eisenbahnschienen sitze. Sowas vergißt man nicht, Mann. Mann, mein Gedächtnis setzt sich aus vollkommen integrierten Formen und Einheiten zusammen. Mann, ich hab die fehlenden Jahrhunderte im Griff, die musikalische Disziplin hat sie mir zurück ins Bewußtsein gebracht. Ich hab alles studiert, Mann, ich kenn die Musik aller Zeiten. So ein Gedächtnis ist eine große Kraft, Mann, die man zum Nutzen der Welt anwenden sollte. Ich werd eine spezielle Gedächtnisschule aufmachen müssen, Mann, um Leuten beizubringen, wie man sich all seiner Lebzeiten erinnert, oder Ihr Geld zurück.

„Hallo, Horse, Mann... bitte, Mann, wo bist du...? Ich kann sie nicht länger hinhalten, Mann. Der NBC-Regisseur wird nervös, Mann, Ende..."

„Kannst du ihn nicht erreichen, Frank?"

„Nein, Vater, er is außer Walkie-Talkie-Reichweite."

„Nun, dann, wir werden ohne ihn anfangen müssen. Es wird schwierig sein ohne den Dirigenten, nicht wahr?"

„Ich schätze, ich kann das dirigieren, Vater."

„Was ist mit den Jungs von nebenan und ihrem Trommelspiel unten vor dem Podium?"

„Ich werd sie bitten müssen aufzuhören." Puertoricanische Trommler, Mann, jammern auf ihren Conga- und Bongotrommeln. Geh rüber, Mann, sag ihnen, sie solln aufhören, haun mir in die Fresse. Horse, Mann, wo bist du? „Hey, Mann, macht doch maln bißchen die Trommeln aus, Mann, damit wir singen können."

BUM BUMP BUM BUM BUM
BUM BUMP BUM BUM BUM

„Hör mal, Mann, wir haben ne Veranstaltung, Mann, müssen n paar Lieder singen, dauert nich lange, macht doch mal Pause und laßt uns dran, Mann."

ROCKE-TOCKE-TOCKE-TOCKE-ROCKE
BUM BUMP BUM BUM BUM

Horse Badorties erinnert sich, Mann, erinnert sich seiner süßen und unschuldigen Kindheit hier im Park. Als ich ein kleiner Junge war, Mann, sah ich oft unheimliche Sachen in meinem Kopf, Mann. Sah oft Männer mit Turbanen lobpreisen. Und chinesische Typen, Mann, Flöte spielen. Und nen Berg, Mann, in Tibet, wo sie durch sieben Meter lange Hörner bliesen, Mann. Ich kam auf diese Erde, Mann, wissend, wo ich gewesen bin. Und deshalb ist das Liebeskonzert so wichtig für mich, Mann, weil es von all den Musiken, die ich in eintausend Millionen Leben je gemacht hab, die schönste ist. Morgen nachmittag, Mann, wird die Welt vernehmen, was sie seit fünfhundert Jahren nicht mehr vernommen hat, Mann, und dann wird sie sich ERINNERN! Ja, Mann, all diese früheren Leben. Welches hab ich ausgelassen, Mann? Irgendwas scheint mich von fern zu rufen.

RICK-TICKE-TICKE-TOCK

BUM BUMP BUM BUM

„Schaut, Mann, wenn ihr mal aufhörtet, Mann, nurn paar Sekunden lang, bis ich die Sänger aufgestellt hab, Mann, dann könnten wir dieses verdammte Konzert zusammen bringen, Mann. Ihr könntet den Hintergrundrhythmus machen, Mann, für uns trommeln, was sagste, Mann? Bringen wirs zusammen?“

„OK, Monn. *Hombres silencio*!“

„Cool, Mann, das is prima. Wenn ich da oben aufm Podium klar bin, Mann, geb ich dirn Zeichen runter und du un die Boys, ihr kommt ganz weich rein, Mann, kapierste?“

„Ich kapiirrr, Monn. Mich un de Boys spiel dir Drommel.“

„Also gut, Chor auf die Bühne. Hier sind eure Fans, jeder nimmt einen aus der Kiste.“

„Müssen wir diese Fans in der Hand halten, Frank?“

„Hör zu, Baby, so hat es Horse gewollt, Mann, und so soll ers auch haben. Alle halten den Fan in der einen Hand hoch, so, ja, richtet ihn auf eure Gesichter. Sind alle Fans an? Gut, also singt jetzt zu dem kleinen Ton von dem Fan und gleich sind wir alle gestimmt. Hey, NBC, Mann, wir sind so weit, Mann.“

„TON AB.“

„Einen Augenblick des Gebets, Frank?“

„Genau, Vater.“ Wo bist du, Horse, du Arschloch, ich hab noch nie zuvor einen Chor dirigiert, Mann, und meine Hand zittert.

Ja, Mann, ich, Horse Badorties, grauenerregender Fußabdruck und Monster, habe zum ersten Mal in meinem Leben Musterplan A sauber eingefädelt und sorgfältig ausgeführt. Noch eine ordentliche Generalprobe und der Chor ist so weit. Mein Auftrag, der Auftrag, den auszuführen ich zurück auf die Erde kam, nähert sich seinem Abschluß. Ich erheb mich von dem Bahndamm, Mann, und geh zwischen den Bäumen durch, endlich eine ganze Persönlichkeit.

„OK, es geht los, allesamt... eins zwei drei und..." Phantastisch, Mann, alle zusammen, jetzt, Mann, laß sie laufen, wie Horse es macht, Mann, schwing mit den Armen wien großer Vogel, Mann, bring die Trommeln rein, Mann, und...

...JETZT...

Jetzt, hombres, schlachd di Drommel, so riichdiig, scheen weich.

OK, Mann, da sind die Trommeln, sie laufen von selbst, Mann, Inseltrommeln, Mann, im Hintergrund, richtig drin. Und ganz weit hinter mir, Mann, kann ich die Kameras surren hören. Zusammen, wir sind zusammen, Mann, die Akkorde sind süß, wie Horse sie mag, und stark, steigen rauf durch die Bäume, Mann, raus über den Park, und ich flatter meine Flügel, Mann, heb ab in den Himmel, such Horse, Mann, wo bist du, Mann?

„Hier spricht Horse Badorties, nimmt ne Botschaft auf

Tonband im Van Cortlandt Park. Ich bin schließlich doch zurückgekommen, auf die alte Szene vergangener Jahre. Es is jetzt amtlich, Mann. Am Tag vor dem Lower-East-Side-Liebeskonzert schleppte Horse Badorties seine wertvolle kostbare Person in die Bronx, um in Vorbereitung des Großen Abends mystische Visionen zu erfahren. Jahre später, Mann, werde ich mir dieses Band anhören und das Konzert wird schon lange vorbei sein. Es ist ein seltsamer Gedanke, Mann.“

Der Liebeschor, Mann. Ich trag die Musik in meinem Herzen. Ich kann sie jetzt hören, mit meinem inneren Ohr, Mann. Geheime magische Musik, Mann, künstlerisch vollendet. Ich bin glücklich, Mann, daß ich der Welt morgen diese Musik geben kann. Und jetzt, Mann, im schwindenden Nachmittagslicht, werde ich ein Feuerchen im Wald machen und diese Dose mit den vegetarischen Steaks aufwärmen, Mann, damit ich stark bin bei der Aufführung morgen. Das wird das letzte Mal sein vor der entscheidenden Stunde. Ich werd leicht wie ein chinesischer Speichel-Weiser ins Liebeskonzert gehn.

Wir singen es vollendet, Mann, die Mädels, Vater, ich und die PR-Trommler, Mann, es is Wirklichkeit, Mann, es klappt, jetzt zum Ende hin, Mann, halt sie alle harmonisch, Mann, daß mir keiner von den Noten fällt, Mann. Die Mädels, Mann, ihre Haare wehn, steigen sanft vom Wind der Fans, Mann. Horses Fans, Mann, halten euch cool und in der Musik. Das is alles, das isses, jetzt, jetzt,

jetzt, RAUF gehts, stark rein mit den Trommeln, rollt rollt, haltet den Ton Sopran Baß Tenor Alt haltet ihn, laßt ihn schimmern und leuchten da oben in der Abendluft, in den Bäumen, in der Stille. Mann, die Gedärme hüpfen mir im Leib, dieses Dirigieren gibt mir Magengeschwüre, Mann, ich will zurück zum Saxophon, nochn bißchen mehr, allesamt, damit wir an die Wolken stoßen, Mann, und das wärs!

Silencio!

„Kamera zwei, fahrt auf das Podium zu und nehmt euch ein paar von den Gesichtern."

Kinder rennen rum, ein Hund pißt an einen Baum, alle möglichen bekifften Leute, lächelnd, Mann, wir habens geschafft!

Geh zwischen den Bäumen durch hier draußen im Van Cortlandt Park, Mann, es ist Abend. Christus, Mann, was seh ich denn? Ich seh das unglaublichste Bild meines Lebens, Mann. Puertoricanische Jungs, Mann, in grünen Uniformen und mit schwarzen Baskenmützen, Mann, kommen durch die Bäume und Büsche vom Van Cortlandt Park, Mann, tragen Spielzeuggewehre und Handgranaten, Mann, vielleicht kein Spielzeug knalln dir eins vor den Latz, ich flieg rüber zum Yankee-Stadium. Puertoricanische Jungs, Mann, bewaffnet, in Kampfanzügen, trainieren im Wald. Wofür, Mann, trainieren sie?

Durch die Büsche, Mann, ungefähr fünfzig. Und hier kommt ihr Anführer, Mann, ein schneidig aussehender

Schweinehund, Mann, in ner GI-Uniform, weiße Gamaschen, scharfe Uniform. Ich frag mich, Mann, würde er einen Fan kaufen?

„Hey, Mann, du brauchst einen von diesen Fans, Mann. Hör zu, Korporal, ne Brise, um den Staub von deinen Orden zu pusten. Schau, Mann, drückst einfach auf diesen Knopf ... Moment, Mann, er klemmt, ich muß das Wasser rausschütteln ..."

„Zur rechten Flanke, HO!"

„Ho ist richtig, Mann. Ho Chi Minh hatte einen, Mann, und du solltest auch einen haben. Ein Dollar fünfundneunzig, Mann, mit Batterien."

„Eins, zwei, hat! zwei ..."

Immer weiter durch die Büsche, Mann. Mann, der Typ braucht keinen Fan. Der is schon cool. Der hat seine eigne Armee. Mann, bald wird der Bürgermeister mitm kleinen weißen Hut aufm Kopf Piña-Colada auf der Einhundertsten Straße Ecke Amsterdam Avenue saufen, Mann. Paß auf, Mann. Die Puertoricaner, Mann. Überrollen uns, Mann. Es kommt, Mann. Jetzt irgendwann. RENN IN DIE BERGE, MANN!

„Gut, meine Herren, wir packen ein. Die Kabel einrollen. Großartige Veranstaltung, Vater. Die Kinder haben wunderschön gesungen. Wie haben Sie sie so gut hingekriegt?"

„Mit Dinosauriergesichtern."

„OK, *hombres*, nochn biißchen Drommel!"

BUM BUMP BUM BUM BUM
BUM BUMP BUM BUM BUM

„Hallo, Horse, hallo, hörst du mich, Mann. Das Konzert ist OK gelaufen, Mann, wo immer du bist.“

Ich geh durch die Büsche, Mann, auf den großen offnen Fußballplatz im Van Cortlandt Park, Mann, wo die puertoricanischen Fußballer den Ball treten, vielleicht irgend nen Kopf, und der Himmel, Mann, ist bewölkt und ein leichter Wind kommt auf. Ich komm raus auf die große grüne Rasenfläche, Mann, und geh zurück zur U-Bahn. Ich hab den Park durchwandert, Mann, hab Lebensenergien von meiner Kindheitserde aufgesammelt, Mann, und ich bin bereit für eine wahnsinnig sensible Probe, Mann, auf der ich die letzten kleinen delikaten subtilen Tonarten der größten Musik der Welt vereinigen werde.

Und denk dir, Mann, ich fühl nen Regentropfen.

„Hier spricht Horse Badorties, Mann, mit nem besonders aufgenommenen Wetterbericht auf Band, Mann. Es regnet, Mann, endlich. Ich hab diesen riesig schweren Schirm wochenlang rumgeschleppt, Mann, Tag ein Tag aus, und jetzt ist die Zeit gekommen, Mann, IHN ZU ENTFALTEN!“

Entfalte den großen Hot-Dog-Schirm, Mann, stoß die Rippen den Schaft rauf und breite ihn über meinem Kopf aus, Mann, eine wahnsinnige Fläche aus rotem weißem und blauem Stoff.

„Er ist aufgespannt, Mann. Er ist aufgespannt und über meinem Kopf. Mann, hör mal die Regentropfen draufschlagen. Die Fußballer rennen und suchen Schutz unter den Büschen, aber ich bin schon bedeckt, Mann. Ich geh langsam über den großen grünen Rasen zur U-Bahn, Mann, Beutel in der einen Hand, Schirm in der andren, lauf durch die Pfützen. Alles is cool, Mann, unterm großen Schirm. Horse Badorties ist bereit für den Monsun."

Inhalt

Nachtgeschichten

Deutsch von Udo Breger

Für Elizabeth

Mit Dank an die Väter:

Herodotus

Plutarch

Homer

Aristophanes

Sophokles

Achilleus Tatios

Ailianos

Um das Leben der Griechen zu verstehen . . . müssen wir uns in Gedanken in moralische Breiten begeben, die uns völlig fremd sind.

W. E. H. Lecky, *History of European Morals*

1

»Hast du schon mal ein Mädchen geleckt?« fragte sie ruhig.

Ihre Beine waren wohlproportioniert, und sie trug keine Strümpfe. Nahebei murmelte der Fluß und wand sich durch die Dunkelheit. Er saß neben ihr im Sand des Flußufers und blickte auf die Lichter der Stadt, jenseits der dunklen Wasserfläche.

»Nein«, sagte er. Er war noch keine zwanzig. Seinen Wagen hatte er oben an der Uferstraße geparkt. Möglich, daß ein Polizist ihn sehen, neugierig werden, herabkommen und sie hier finden würde. Langsam schob sie den Rock über ihre nackten Beine.

»Leck mich.« Sie spreizte ihre Beine weit und hob ihren Körper, so daß ihr Schamhaar aus dem Schatten des Flußgehölzes tauchte und im Mondlicht glänzte.

Die Uferstraße war belebt. Die vornehmsten Damen Athens schritten im Mondlicht den Fluß entlang zum Tempel der Demeter. Das Mysterium der Fruchtbarkeitsgöttin sollte gefeiert werden, und um sich ihres höchst potenten Segens zu versichern, war es für die hochgestellten Damen notwendig, der Göttin ihre Aufwartung zu machen und an den Feierlichkeiten teilzunehmen.

»Leck mich«, flüsterte sie.

Die Schönen Athens wurden am Tempeleingang von einem jungen Sklaven begrüßt, dem auffiel, wie sie sich für diesen Abend herausgeputzt hatten. Ihre Augen blitzten, ihre roten Lippen und ihre Kleider waren aufreizender und offenherziger als alles, was man bei Tage auf den Straßen Athens zu sehen bekam.

Mit klopfendem Herzen neigte er seinen Kopf dem Mysterium entgegen. Wenn die Bullen meinen Wagen finden, werden sie mir höchstens einen Strafzettel verpassen.

»Oh, ja, Baby«, stöhnte sie, als sein Mund zärtlich ihre Schamlippen berührte. Das weiche Fleisch seines Mundes schickte eine Welle erregender Vibrationen aus, den Leib hoch und die Schenkel hinab.

Die Hohepriesterin im Tempel Demeters fühlte einen Schauder süßer, leichter Freude ihren Körper durchströmen. Die Göttin Demeter war jetzt in sie eingedrungen und befand sich somit im Tempel. Die Athenerinnen versammelten sich im großen Raum und ließen sich vor einer langen flachen Tafel auf lieblichen roten Kissen nieder. Die Priesterin erhob sich von ihrem goldenen Sessel und stieg langsam die Stufen hinab, um zwanglos mit ihren schönen Gästen zu plaudern. Natürliche Schönheit paarte sich in ihr mit anerzogener Würde, was die unvermeidliche Folge ihres Verzichts auf das Athener Gesellschaftsleben zugunsten des vertraulichen Umgangs mit der Göttin war. Doch an diesem Abend schien sie der

Welt zugewandt und strahlte, und ihr gelockertes Auftreten bewirkte bei den Damen Entspannung; eine Seltenheit, wenn viele schöne Frauen unter einem Dach versammelt sind.

Die Schönheit der Athenerinnen ließ den Sklavenjungen kalt. Seine Vorliebe galt jungen Männern. Ein Paradoxon, an dem die Götter sich vergnügen: Der Diener der Fruchtbarkeitsgöttin war Sodomit. Wie verführerisch ist doch der goldene Schenkel des Pythagoras.

»Möchtest du einen Drink?« fragte er seinen Liebhaber.

»Nein«, erwiderte der blaßgesichtige junge Mann und rekelte sich, in seinem englischen Maßanzug im Stil der 20er Jahre, auf dem roten Plüschsofa des luxuriösen Greenwich-Village-Apartments. Er schloß die Augen und ließ einen Traum, den er kürzlich geträumt hatte und in dem er eine nächtliche Straße entlangspaziert war, noch einmal an sich vorüberziehen. Jemand hatte mit dem Finger auf ihn gezeigt und gesagt: »Dreiunddreißig Jahre alt und immer noch ne Schwuchtel.«

Schwanz. Die von der Sonne gebräunten Oberschenkel eines Knaben und das abstechende Weiß seiner Arschbacken, wenn die letzte Hülle fällt. Zischeln. Eine Schlange.

Der Kopfschmuck der Priesterin stellte eine Schlange dar, die sich, aus Gold gearbeitet, mit Rubinaugen und erstarrtem, kaltblütigem Lächeln um ihre Stirn ringelte. Auf ihren Schuppen glitzerten kleine Brillanten. Sie gab dem Sklaven ein Zeichen, und für die vornehmen Damen wurde ein üppiges Mal aufgetragen, das sie an dem niedrigen Tisch in der Mitte des Raums, im Schatten der Demeter-Statue, einnahmen. Sie rekelten sich auf Kissen und tranken vorzüglichen Wein. Der Duft ihres Parfüms war wie starker, Demeter entbotener Weihrauch, vermischt mit dem noch köstlicheren Bukett ihres Geschlechts.

Die Pussy riecht gut! stellte er freudig fest. Die Nacht am Fluß hielt sie in ihrem Bann. Sie sagte: Leck mich, und ich lecke sie. Er drückte seine Nase tiefer in das krause Haar. Man sollte das, was Freunde einem erzählen, nicht einfach glauben; es schmeckt verdammt gut. Ich habe keine Angst mehr, weder vor der Pussy noch vor der Polizei.

Der Sklavenjunge trug den Frauen von Athen ein Gericht nach dem anderen auf, und sie haschten nach seiner Toga und flirteten offen und obszön – es war die Nacht dafür, der Sklave aber vermochte nicht darauf einzugehen, so groß war seine Angst vor diesen sanften Geschöpfen. Ihr Geruch ängstigte ihn, ihr Geschmack, ihre Berührung, und er hatte Angst, ausgelacht zu werden, wenn er es mit einer von ihnen versuchen und dabei versagen würde.

»Dreiunddreißig Jahre alt und immer noch ne Schwuchtel.«

»Ist es wieder mal Zeit für Selbstanalysen, mein Lieber?«

»Ich bin ein Schwanzlutscher.«

»Und du magst es.«

Die beiden Männer sahen sich an, der eine auf seinem grotesken viktorianischen Sofa, der andere an einem runden Kaffeetischchen mit weißer Marmorplatte. Sie teilten sich das Greenwich-Village-Apartment und eine Neurose. Ihre Affäre gestaltete sich mal ungestüm, mal fade. Einst war sie zärtlich, subtil und tiefgründig gewesen. Jetzt war sie zu einer Karikatur geworden: Vor kurzem hatten sie an einem Kostümball für Tunten teilgenommen, verkleidet als Grüner Maiskelch und sein ergebener Chauffeur Cocko. Eine Razzia hatte die Party platzen lassen; Cocko und dem Grünen Maiskelch war es gerade noch gelungen, aus dem Fenster in den wartenden Tuntenkreuzer zu entkommen, der an der Achten Straße geparkt stand. Zwei ihrer Freunde, die als Nonnen kostümiert gekommen waren, wurden dem Schnellrichter vorgeführt. Sie hatten ebenfalls versucht fortzulaufen, doch in ihren langen Kleidern konnten sie nur trippeln, und Wachtmeister Slug von der Sittenpolizei hatte eine aufsehenerregende Verhaftung vornehmen können.

Spaß, ja, aber in Grenzen. Die Affäre war schal geworden. Der Grüne Maiskelch stand vom Kaffeetisch auf. Sein Körper war stramm, in ein enganliegendes Polohemd und enge weiße Jeans gekleidet. »Ich mach mal einen Spaziergang.«

Cocko schloß die Augen und verharrte auf der Couch. Wie traurig und unabänderlich doch alles war, sich lieben und wieder auseinandergehen. Er wäre gern rüber zum Grünen Maiskelch gegangen, um dessen starken Körper an sich zu drücken, doch hatte sich eine bleierne Schwere über seine Gliedmaßen gelegt. Er vermochte lediglich die Augen zu öffnen, an die Decke zu starren und sich ein schwaches Lächeln voller Bitterkeit zu gestatten. »Wirst du wieder untreu sein?«

»Vielleicht«, sagte der Grüne Maiskelch, und schon war er aus der Tür, raus in die Nacht.

Cocko blieb in seiner eleganten Pose auf der Couch zurück, schlaff, mit blütenweißem Spitzenkragen um den Hals und lieblichen Locken in der Stirn, und starrte an die weiße Decke, wo ein Stuckrelief aus dem vorigen Jahrhundert restauriert worden war – rund, mit Blumen und Schlangenmustern verziert.

Die Priesterin lächelte und bewegte den Kopf zu der sanften Musik, die ihre Sklaven auf der Laute spielten, und als sie sich so bewegte, schienen die Augen der goldenen Schlange auf ihrer Stirn den Damen Athens zuzuzwinkern, die jetzt ihr exquisites Mahl beendet hatten. Während sie Wein aus goldenen Bechern schlürften, hatten sie sich mehr und mehr entspannt, und schon bald sollten die Geschichten beginnen, die köstlichen und obszönen Liebesgeschichten, die von den schönsten Frauen der Stadt der Schönheit einmal jährlich vorgetragen wurden – Geschichten von seltener Unzüchtigkeit, wie sie Demeter, die ihre fruchtbaren Leiber segnen würde, so heiß und innig liebte.

2

Wie sie da heiß und halb wahnsinnig vor Lust im Sand des Flußufers lag, wand sie sich wie eine Schlange hin und her, die die juckende Haut abstreifen will, streckte sich und drückte ihren Körper tief in den Sand.

Ihr Geschlecht war in seinem Mund, ihre Beine gespreizt. Seine Lippen, seine Zunge waren voll von ihrem Geschmack, ihr Geruch stand in seiner Nase, und er preßte sein Gesicht immer tiefer in ihr Schamhaar.

Das Gebüsch teilte sich, und die schwarzen Dschungelkrieger traten mit umgehängten Maschinenpistolen heraus. Ihre ebenholzfarbenen Körper glänzten kraftvoll und geschmeidig im Mondlicht. Die Trommeln dröhnten durch die Bäume. Bei den Kriegern befand sich ein heranwachsender Knabe, dessen Körper noch nicht ganz ausgewachsen, dessen Männlichkeit aber schon entwikkelt war. Er hatte unter dem dichten Schleier der Dschungelnacht allein geschlafen und bewiesen, daß sein Geist stark war. Jetzt mußte er sich einem noch gefährlicheren Initiationsritus unterziehen, der ihn von den tükkischen Schlingen der Kindheit befreien sollte, die sich bei der Geburt um einen Knaben winden und ihn festhalten. Gesicht und Arme grell bemalt, wurde er, wie ein Krieger geschmückt, zur Lichtung geführt, wo Feuer flackerten und die alten Männer entrückt bei den tanzenden Flammen hockten. Er wurde von den Kriegern zu der Hütte geführt, die er am besten kannte, zur Hütte seiner Mutter.

Cocko lag auf der viktorianischen Couch, starrte unter die Decke und fragte still: »Warum bin ich eine Schwuchtel?« Etwa weil Mutter mich zu den Schwimmstunden des CVJF mitnahm und ich mit den kleinen Mädchen planschen und spielen mußte, mit einer Bademütze auf dem Kopf?

Seine Mutter lag auf der Bettstatt aus Tierhäuten im Dunkel der Hütte. Draußen nahm das Dröhnen der Stammestrommeln zu, und als der Tanz begann, konnte man das Stampfen der Männerfüße hören. Seine Mutter lag nackt auf den Häuten und erwartete ihn. Er mußte einmal schmerzhaft schlucken und machte einen Schritt auf sie zu. Die tiefe Ziernarbe auf ihrer Stirn schien glühend rot, als sei sie noch blutig. Es war jedoch schon lange her, daß man den zusammengerollten Leib einer Schlange mit einem geweihten Messer in die Haut ihrer Stirn geritzt hatte.

Die Priesterin lächelte, nahm das juwelenbesetzte Schlangendiadem vom Kopf und legte es auf den Tisch in der Mitte des Raumes, um den die Athenerinnen sich versammelt hatten. Sie schüttelte ihr langes schwarzes Haar. Mit Augen, die wie die rubinroten Augäpfel der Schlange funkelten, sagte sie: »Laßt uns beginnen, ihr Damen. Wer wird unserer Göttin die erste Geschichte vortragen?«

Die Frauen blickten einander an, und eine von ihnen, die Frau eines bekannten Redners, meldete sich zu Wort. Ich werde beginnen, sagte sie. Sie war rank und schlank, in ein durchsichtiges Gewand gehüllt. Indem sie es sich mit gekreuzten Beinen auf einem roten Kissen bequem machte, hub sie zu sprechen an.

Ich werde euch von Pisistratus erzählen, der die Tochter des Megakles ehelichte. Sie war ein liebreizendes Mädchen mit weichen Brüsten und wohlgeformtem Hintern. Doch Pisistratus war Vater mehrerer Söhne aus früherer Ehe und hatte kein Verlangen, weitere Nachkommen zu zeugen. So setzte er sich über die von Demeter, unserer Göttin der Fruchtbarkeit, geheiligten Gebräuche hinweg und näherte sich seinem schönen jungen Weib in der Hochzeitsnacht mit einem höchst ungewöhnlichen Begehren.

Wie gern würde ich dir meinen Schwanz in den Arsch schieben, dachte Cocko. So fing alles an, als ich noch ein kleiner Junge war, ein aufblühender Prinz, der mit einem Freund Kinderspiele trieb. Darf ich ihn dir reinstecken, ja du darfst. War das wirklich der Anfang, oder lag es noch länger zurück, als Mutter sich weigerte, meine lieblichen Shirley-Temple-Locken abzuschneiden? Sie hingen mir bis auf die Schultern herunter, und damals, Baby, war das überhaupt nicht Mode. Und die anderen sangen:

Der fette Bobby Zapf will Jungens bocken
Wenn er kämmt die seidnen Locken.

Ich war ne fette kleine Shirley-Temple-Schwuchtel, und den Zapfen kriegte ich gewiß hinein, mitten ins Spundloch.

»Mein liebes Weib«, sagte König Pisistratus, »bitte knie nieder und heb mir deinen Allerwertesten entgegen.« Nun könnt ihr euch vorstellen, ihr Damen von Athen, in welche Verwirrung die Tochter des Megakles geriet, aber sie wollte ihrem Ehemann gefällig sein und nahm fügsam diese ungewohnte Positur ein. Offenbar bevorzugte ihr Ehegemahl, wie ein Bulle zu kopulieren und sie von hinten zu besteigen.

»Weiter unten, mein König«, sagte sie, als sie spürte, wie sich sein Glied in der Dunkelheit zwischen ihren drallen Backen verirrte.

»Nein, genau hier, meine Liebe«, sagte der König, und mit kraftvollem Stoß wuchtete er sein Organ in jenes kleine, als Ausgang und nicht als Eingang vorgesehene Loch, außer bei einer von Überdruß beladenen Beziehung, zu der sich die ihre, wie die Braut erkannte, entwickelte.

Ich habs gern im Arsch, dachte Cocko, indem er gedankenverloren am Rüschenkragen seines Hemds spielte. Geschmack an dieser Variante fand ich im College. Ein graduierter Student der technischen Wissenschaften zeigte mir, wie man das perfekte organische Gleichgewicht erlangt, indem man, auf dem Rücken liegend, die Knie bis zum Kinn hinaufzieht. Ein bißchen Vaseline auf die Spitze der Bohne und ab geht die Post, meine Herrn, sauber und tief – oh, mein Gott, ich kanns immer noch fühlen. Kürzlich schrieb er mir mal einen Brief. Er baut Brücken für die Armee, und vor kurzem fickte er einen Vier-Sterne-General.

Der junge Krieger kniete neben seiner Mutter nieder. Die Männer hatten ihn instruiert, was er mit ihr machen sollte. Er hatte Angst, viel mehr Angst, als allein im Busch zu schlafen. Aber seine Mutter war sich ihrer Pflicht bewußt, und immer bereit, sich dem Willen der Stammesältesten zu beugen, deren Wissen ihr eigenes weit überstieg. Sie streckte die Arme aus und legte eine Hand auf das schlaffe kleine Heiligtum ihres Sohnes, das sich bei der Berührung sofort zu regen begann.

»Mutter!« rief er von Schrecken erfüllt.

»Ich bin nicht länger deine Mutter«, sagte sie und massierte sein Kleinod, den süßen kleinen Gott, den sie so viele Jahre lang gewaschen und beschützt hatte, und der in ihrer Hand jetzt beträchtlich anschwoll, während die Trommeln tosten und die Männer lauter sangen:

Jetzt ein Mann
Ein Tiger-Mann
Ein Knabe ohne Mutter
Ist ein Mann.

Ich mag meine Mutter, dachte Cocko und trommelte mit den Fingern auf die Rückenlehne der Couch. Sie ist unheimlich spaßig. Als ich den Antiquitätenladen kaufte, kam sie in die Stadt und wir spazierten umher und aßen im Longchamps toll zu Mittag. Wir saßen draußen an einem Tisch dicht an der Hecke. Hat eine Mutter nicht was ganz besonderes? *M* steht für all die vielen Dinge, die sie mir gegeben hat – meine Neurose zum Beispiel. Nach dem Essen gingen wir in den Laden zurück, polierten die Hunde aus Porzellan und pusteten den Staub von einem Gemälde der Queen Victoria. Ich verkaufte es später für tausend Dollar an einen Dekorateur. Es trug so einen hübschen Schriftzug in Messing.

Einmal Queen, immer Queen

Mutter ist keine New Yorkerin, aber das macht gerade ihren Charme aus. Sie ist nur die kleinstädtische Mutter einer Schwuchtel. Es ist schon ein neckisches Leben, alte Federboas für den Laden zu sammeln. Natürlich machen mir bei allem, was ich in den Arsch gerammt kriege, meine Hämorrhoiden zu schaffen.

So ein Wüstling, dachte die Tochter des Megakles, wie kann er es wagen, mich auf diese Weise zu gebrauchen und seinen monströsen Kolben in mein kleines Loch zu zwängen, das dafür nicht gedacht ist. Oh, wie schmerzhaft; und dennoch – es entbehrt nicht eines gewissen Reizes, was das Ganze noch degradierender macht. »Bitte, König Pisistratus, sei . . . ein wenig sachter«, bat sie, indem sie über die bloße Schulter den König ansah, der hinter ihr im Dunkeln ächzte. Könnt ihr Damen euch vorstellen, wie eines der begehrenswertesten Mädchen von Griechenland so mißbraucht wurde?

Ja, nur ein bißchen Fett, meine Herrn, das ist alles, und das widerstrebende Arschloch des Liebhabers geht auf wie ein Löwenmäulchen. Wir, Mutter und ich, suchten sogar die Tapeten für mein Apartment gemeinsam aus, oben bei Bloomingdale. Eine liebliche, nach einer alten griechischen Vase reproduzierte Szene. Ich habe dafür soviel Lob erhalten, und eines Nachts, als der Grüne Maiskelch mir das erste Mal einen runterrieb, spritzte ich drauf. Der Fleck ist immer noch zu sehen.

Die Mutter des jungen Kriegers brachte seinen kleinen Gott auf volle Größe. Da stand er, schwarz, pulsierend wie die Trommeln vor der Hütte. Wie schnell er von einem Kätzchen zu einem Tiger herangewachsen ist! Sie nahm ihn in ihre Hand und brachte ihn dichter an sich heran. In ihrem Kopf drehte sich alles mit dem Trommelschlag, als wäre sie unter den Tanzenden, die draußen im Mondlicht herumwirbelten. Oh, du mein Tiger-Mann-Knabe, süßer als jeder Ehemann, sei jetzt mein Ehemann-Sohn. »Hier«, sagte sie. »So mußt du es machen.« Sie spreizte die Beine, so daß sie offen vor ihm lag, und er bewegte sich auf sie zu, während die Krieger sangen und ihre Maschinenpistolen in den nächtlichen Himmel abfeuerten.

Gefährlich ist sie
Doch er nimmt sie
Mit seiner Waffe
Und sprengt die Fessel.

Als ich noch klein war, dachte Cocko, ließ mich Mutter, wenn sie ein Bad nahm, reinkommen, um ihr den Rücken zu waschen. Und später dann, wenn ich in meinem Pyjama steckte, spielten wir das Flohspiel auf dem Bett. Macht sie das zu einer schlechten Person? Nichts als die kleinen Zärtlichkeiten einer Mutter. Ich erinnere mich an einen Knaben, jung und zart, als ich das erste Mal nach New York kam. Er saß im Fenster seines Zimmers im ersten Stock in der Einundsiebzigsten Straße. Ich befand mich auf dem Heimweg von der Arbeit. Er blickte mich aus seinen dunklen südländischen Augen an, und schon hatten mich diese Augen gefangen und kurz drauf sein sahniger Kubanerarsch. Er hatte sich gerade ein Klistier verpaßt, seine Dusche, wie er es nannte. Er hatte Talkumpuder auf den Arschbacken. Ich glaub, es war Old Spice. Oh, sein Arsch, so weich wie Samt. Mein samtener Sommer.

Die Tochter des Megakles legte den Kopf auf die königlichen Kissen, und Pisistratus stieß wieder und wieder in ihren ach so zarten und jungfräulichen Schließmuskel. Und ihre Brüste und Oberschenkel bearbeitete er voller Lust, um sie zu erregen. Wie peinlich, ihr Damen, so aufgespießt zu werden.

Morgens um vier bin ich in der Subway rumgelaufen, um den Päderasten aufzutreiben, der zu mir paßt, dachte Cocko. Sowas kann natürlich zu den eigentümlichsten Erlebnissen führen – wie an jenem Morgen, an dem ich in einem komischen Bett aufwachte, eine rote Schleife um den Pimmel und an meinen Brustwarzen Büroklammern. So bin ich durch die ganze Stadt gelaufen, auf der Suche nach einem Mann. Vielleicht weil ich Angst habe, ich könnte bei einer Frau keinen hochkriegen, ich, die Betty Grable aus Poopsville, Pennsylvania?

Sie führte ihren Sohn-Liebhaber in sich hinein. Bumm-bumm, machen die Trommeln. Kräck-kräck-kräck, machen die Maschinenpistolen. Oh, mein kleiner Häuptling, wie stark du bist, mein kleiner Sohn. Welche Liebe ich spüre, wenn ich meinen kleinen Liebhaber dort habe, wo ich ihn gebar. »Jetzt bewege dich«, sagte sie, und bewegte sich selbst so, daß er tiefer in sie eindrang.

Glaubt ihr etwa, daß wir, nur weil Mutter mich ihre Zehennägel schneiden ließ, ein unnatürliches Verhältnis hatten?

Das ist also das große Geheimnis des Stammes, dieses weiche, warme Loch, das sich so heiß schließt, wie Feuer. Ich bin ein Tiger-Mann!

Natürlich schliefen Mutter und ich zusammen; wann immer ich den Alptraum hatte, daß ein Gorilla mich verfolgte, rief ich sie, und sie kam herein und kuschelte sich eng an mich. Und sie sagte, du bist mein kleines Häschen, mein süßes Böckchen.

Tiger-Mann, Tiger-Mann

Die Hütte war von Schatten erfüllt. Sie fühlte den tobenden Gott ihres Sohnes tief in sich drinnen, so tief, daß sie gar nicht glauben konnte, es sei ihr Sohn. Sie spürte, wie alle Schlangen des Dschungels sich in ihr wanden, und sie hatte Angst vor ihm.

»Oh, mein Gemahl«, sagte die Tochter des Megakles, »du . . . du tust mir weh!« Der verderbte König brüllte wie ein Tiger und ließ sie auf dem Bett auf und nieder schnellen, ein königlicher Tiger – denn obschon verderbt, war er immer noch ein König mit edler Standarte. Und tief im Innern fühlte sie ein sonderbar anwachsendes Vergnügen, während ihr Körper sich gegen ihren Willen seiner Kraft ergab.

Eines Morgens wachte ich im Apartment eines Gentleman in der Park Avenue auf und sah meinen Gastgeber im Flur, wie ers dem Briefträger übers Treppengeländer gebeugt verpaßte.

»Ah«, stöhnte der König, und sie fühlte, wie die Zeichen seiner königlichen Würde in sie hineinströmten, Krone, Siegel und Namenszug des Souveräns, aber es geschah in ihrem Hinterteil, dort, wo kein Leben sprießen kann. Und dennoch, ihr Damen von Athen, wird bei einer solchen Umarmung in der Natur der Frau irgend etwas ausgelöst, und die mißhandelte Tochter des Megakles überraschte ein plötzliches Verlangen. Sie preßte und drehte sich auf des Königs Organ und tanzte auf dem Ende seines Zepters einen heißen Tanz.

Der Dschungel war erfüllt von Schreien, Gesang und Gewehrfeuer. Der Krieger-Junge, der Tiger-Mann bäumte sich auf seiner Mutter, biß ihr in die Schulter und schoß einen Strahl aus seiner Seele ab. Die Tiger tanzten im Sand. Seine Mutter empfing mit einem Schluchzen diesen zuckenden Augenblick seiner erweckten Männlichkeit und fühlte, wie er in sie hineinschoß. Die heißen Säfte ihres Sohnes ließen sie in diesem großen und düsteren Moment aufheulen – sie wurde zum Dschungel. Hmmmmmmmm, sie war die Große Königin der Tiger. Hmmmmmmmm, alle schwarzen Augen waren wie in Brand geraten. Sie glitt durch die Bäume, Königin der Affen. Sie schlängelte sich durchs Gras, Königin der Schlangen; tauchte aus dem Wasser auf und schüttelte ihre Flußpferdhüften. Er wird sie jetzt verlassen und in der Hütte einer anderen Frau leben. Doch ich habe ihn zuerst gekannt, und jetzt wird er von mir fortgerissen.

Die Tochter des Megakles fand den unnatürlichen Akt, ungeachtet ihrer selbst, genüßlich, doch schwor sie sich, daß so etwas nie wieder geschehen sollte. Als es dann wieder geschah, wieder und wieder, Nacht für Nacht, erzählte sie ihrem Vater, dem König Megakles, von dieser Befleckung ihres zarten Hinterns und des Namens der Familie. Eine Armee wurde aufgestellt und Krieg erklärt, und König Pisistratus wurde gezwungen, sein eigenes Land zu verlassen. Alles, weil er darauf bestand, seine junge Frau in einer so unziemlichen Art zu gebrauchen.

Ich hätte nie gedacht, daß ichs wirklich gern haben würde, in den Arsch gefickt zu werden. Aber als ich nach jener ersten Nacht mit dem Studiosus Technicus nach Hause kam, setzte ich mich vor meinen großen Spiegel auf den Boden und betrachtete meinen glücklichen kleinen Arsch, in den er einen halben Liter Samen abgeschossen hatte, und ich sagte zu mir selbst, Baby, du bist schwul. Und ich hatte keine Angst bis zu jener Nacht, als ich verhaftet wurde, nachdem ich einem Polizisten in Zivil auf irgend einem Subway-Klo einen unmißverständlichen Antrag gemacht hatte. Ich hätts mir gleich denken können, als ich sah, wie er dastand, so weit weg vom Pißbecken, und wie er mit seinem Schwanz rumschlenkerte, damit ich ihn ja sehen konnte.

Die Damen Athens zollten der noblen Geschichte Applaus, und die Erzählerin hob ihr Gewand hoch über die Hüften, so daß ihre lieblich ausgeprägten Hinterbakken sichtbar wurden. Und indem sie sich nach vorn beugte, ließ sie die nackten Backen kreisen, so, daß der kleine Bart zwischen ihren prächtigen Schenkeln zu sehen war, um genau zu demonstrieren, wie die arme Tochter des Megakles besprungen worden war. Ein höchst sonderbares und seltenes Schauspiel, das eine so vornehme und angesehene Dame, die Frau eines großen Redners, da gab. Aber es war die Stunde der *Aischrologia*, in der Geschichten von Heiterkeit und Sinneslust Demeter entzücken und damit sicherstellen sollten, daß die Nation reich sein werde an neugeborenen Knaben. Und als die Kommentare verebbt und das Gelächter abgeklungen, erhob eine andere Schöne ihre Stimme und begann die nächste Geschichte.

3

König Kandaules saß, still vor sich hin träumend, müßig in seinem Thronsaal, denn unter seiner Herrschaft war es friedlich, und er hatte viel Zeit zum Nachdenken. Es traf sich, daß sein Weib an der Tür vorüberging, und wie immer reizten ihn ihre stolze Haltung und ihre natürliche Schönheit.

»Ist meine Frau nicht ein seltenes Exemplar?« fragte er seinen Leibwächter, den treuen Gyges, der ergeben auf den Stufen unterhalb des Throns stand.

»Allerdings, Majestät.«

Plötzlich kam dem König eine reizend unanständige Idee. »Du solltest sie nackt sehen.«

Der Leibwächter erstarrte vor Schreck.

»Ja, ja«, sagte der König, »das wird dir guttun.«

Sie waren gerade von New Jersey herüber in die Stadt gekommen und zogen durchs Village. »He! Chuck«, sagte Vince, »ich wette . . . ich wette, du bringst es nicht fertig, ne halbe Flasche Whiskey ex zu trinken.«

»Wie zum Teufel kommsten da drauf, ich trink dir ne *ganze* Flasche auf einmal aus.«

»Okay, ich kauf dir eine.«

Der Leibwächter von König Kandaules, der redliche Gyges, widersprach aufs neue. Man könne nie wissen, sagte er, auf was man sich bei einer Frau gefaßt machen muß, habe sie erst einmal die Kleider abgelegt. »Bitte, Herr, ich flehe euch an – euer Weib ist von großer Schönheit. Das kann ich deutlich sehen.«

»Das wirst du noch deutlicher sehen, mein Guter.«

Sie gingen in einen Schnapsladen im Village und kamen mit zwei Halbliterflaschen Gin im Arm wieder heraus. Lachend und lärmend zottelten sie rüber zum Washington Square Park und machten sichs auf einer stillen Bank bequem. Es war eine laue Sommernacht. »Gib her die verdammte Flasche«, sagte Chuck und schraubte den Deckel ab.

»Heut nacht«, sagte König Kandaules, »wenn sie sich auskleidet, wirst du dich ganz nahe, im Schatten einer Tür, verbergen, und du wirst sehen, wie sie ihre Hüllen fallen läßt, und wirst die ganze Pracht des Königreichs erblicken.«

Chuck setzte die Flasche an die Lippen und ließ das weiße Feuer die Kehle runterrinnen. Verflucht nochmal, Mann, wer sagt, ich kann dieses Zeug nicht auf einmal runterkriegen! Gluck-gluck-gluck, gluck-gluck-gluck. Flammen schossen ihm durch die Brust und hinab in den Magen. Da geht sie hin. Der von Laternen beleuchtete Park verdüsterte sich plötzlich und erhellte sich dann grell weiß. *Wow*, das haut rein, ne Wette is ne Wette, und sie is schon mehr als halbleer. Wir sind in die Stadt gekommen, einen saufen, ganz aus Jersey her, oder?

Noch in derselben Nacht zeigte der König seinem

Leibwächter, wo er sich verstecken sollte, was dieser auch tat, kurz bevor die Königin aus dem Bade kam. Und schon trat sie ein, in ein dunkles wallendes Gewand gehüllt. Sie entstammte dem Geschlecht der Lydier, deren Frauen für Sittsamkeit bekannt sind, die soweit geht, daß sie sich selbst ihren Ehegatten nur selten zeigen. Vielleicht war König Kandaules deshalb so begierig, mit vier Augen zu sehen, was seine Leidenschaft erregte.

Er stellte die erste halbe Flasche Gin auf den Boden, sie war leer. »Gib ma . . . gib . . .« Gib die Flasche . . . hab se schon . . . rein damit . . . Feuer! Ich brenne . . . unheimlich schnell dunkel . . . nie so schnell gesoffen . . . da geht se hin, Nummer zwei, immer runter . . . runter . . . runter damit . . . aufgepaßt! Da geht se hin . . .

Schon jetzt, als sie sich neben dem Stuhl bückte und ihre Pantoffeln auszog, streifte Gyges, der treue Wächter, ihre lieblich glatten Beine von unten nach oben mit seinem Blick. Und als ihr Gewand sich vollends öffnete und ihre süßen festen Brüste sichtbar wurden, und ihr Bauch und ihr Hügel goldnen Haars, sah der Wächter alles. Eine Augenweide, diese saftigen Rundungen, wie sie sich jetzt umdrehte und zum Bett des Königs schritt.

»Ich kann se voll austrinken . . . zwei halbe Flaschen schaff ich . . . immer sachte . . . ne Wette winnen . . .« Luft anhalten. »Ne halbe und noch ne . . .« Ne halbe und noch ne . . . 's wird ganz schwarz. Luft anhalten. Verdammter Blödsinn sowas. Aber wir sind hier rübergekommen, um zu saufen, stimmts . . . ne Wette is ne Wette, Allmächtiger!

Als die Königin in ihr dunkles Bett schlüpfte, schlüpfte der Wächter aus seinem Versteck. Doch selten kommt es vor, daß eine Frau nicht merkt, wenn sie beobachtet wird, und irgendein Instinkt ließ sie genau in dem Moment aufblicken, als der ihr wohlbekannte Umhang des Wächters den Flur entlangflatterte, und sie wußte, daß er sie gesehen hatte. Aber sie verhielt sich still.

»Chuck, bist du okay? He! Kannste mich hören, Baby? Was isn los, Chuck, du hast die Wette gewonnen! Jaaa . . . hier haste deine zwanzig Bucks, Baby . . . Mann, Chuck.«

»Du hast dich letzte Nacht auf dem Flur versteckt«, sagte die Königin am nächsten Morgen in einer Privataudienz zu dem Leibwächter ihres Ehegatten, dem es nicht gelang, sein Schamgefühl zu verbergen, das, wie die Dinge lagen, mit einem Funken Leidenschaft vermischt war. »Ich lasse dir die Wahl, teurer Mann. Töte König Kandaules und nimm mich zum Weib. Oder du selbst sollst sterben.«

ALLMÄCHTIGER!

König Kandaules starb in seinem Bett, erstaunt, welch ungünstige Wendung sein kleiner Scherz genommen hatte. Sein Leibwächter nahm die Krone und regierte neben der Frau, bei der er spioniert hatte. Nun mußte er nicht länger spionieren.

Die vornehmen Damen Athens klatschten in ihre hübschen Hände, denn die Geschichte von König Kandaules war eine ihrer Lieblingsgeschichten, und sie war von der lieblichen Erzählerin mit geschickt eingelegten Pausen wohl vorgetragen worden. Und nur so zum Spaß hatte sie nach und nach ihr Gewand abgelegt, um vorzuführen, wie die Königin ausgesehen hatte. So waren jetzt zwei Damen nackt, und es war ein Genuß, ihre Brüste und Lenden zu betrachten. Frauen sind so köstlich, selbst in ihren kleinsten Gesten, flüsterte die Göttin Demeter allen zu.

Der Krankenwagen kam wild kreischend die Straße hinauf und nahm fast den Bordstein am Washington Square Park mit, aber dem Gewinner der Zwei-Flaschen-Wette war nicht mehr zu helfen.

»Was ist passiert?« fragte der Polizist den Freund des Entschlafenen.

»Wir ham n bißchen getrunken . . . wir kamen aus Jersey, um n paar zu kippen . . .«

4

Eine weitere liebliche Athenerin, auf einem roten Kissen knieend, setzte die Reihe der Geschichten fort. Ihre sanfte Stimme zeugte von edler griechischer Herkunft.

»Junge, ich werd dir sagen, was ich will«, sagte Mr. Pant, Abkürzung für Panthella, wie es förmlich in seinem Scheckbuch stand, aus dem wöchentliche Zahlungen an junge Schriftsteller flossen, die heiße Geschichten für die Pant-Publishing Company ausstießen. »Was ich sehen will – und ich will es auf jeder einzelnen Seite sehen – sind die Wörter Schwanz, Blasen, Ficken und Fotze. Auf jeder Seite.«

Schwanz, Blasen, Ficken, Fotze. Der junge Schriftsteller nickte eifrig mit dem Kopf, bereit, für Geld alles zu schreiben.

Ich weiß nicht, ihr Frauen von Athen, ob es ein Zufall war oder nicht, daß mein Sklavenmädchen, Kyno, einer solch seltsamen Form des Koitus begegnete, wie es sich letztes Jahr zutrug. Wie ihr euch vielleicht erinnern könnt, pflegte sie auf ihrem täglichen Weg zum Brunnen an einer Ziegenherde vorbeizugehen.

»Auf jeder Seite und machs saftig. Wenn ein Kerl bei einer Puppe in den Keller steigt, dann schreib drüber, wie seine Zunge . . .« Mr. Pant streckte seine eigene Zunge raus und schlängelte sie. Von hinten wurde sein Kahlkopf durch ein helles Fenster aus kleinen achteckigen Milchglasscheiben beleuchtet, die von einem Stahlgitter eingefaßt waren. Mit dem Gesicht, das er machte, mit der langen roten raushängenden Zunge, beleuchtet von dem seltsam verzierten Fenster, wirkte er wie eine dieser ziegenköpfigen Gestalten aus der Antike.

»... wie er mit seiner Zunge, zack! in die Pussy reinfährt. Fotzenhaare, Kitzler-Knabbern, alles was dir in den Kopf kommt. Wenn dus nicht auf jeder Seite saftig machst, muß ich n paar Anheizfotos einstreuen. Aber ich ziehe reine Kliteratur vor.«

Der alte Ziegenbock, das starke und unbestrittene Leittier der Herde, hatte Kyno oft vorbeigehen sehen. Wann immer das Sklavenmädchen mit einem Krug voll Wasser auf dem Kopf vorüberkam, starrte er sie mit flammendroten Augen an. Oft wühlte er mit seinen Hufen den Boden auf, so daß hinter ihm die Erdklumpen niederprasselten. Und war sie vorüber, so sonderte er sich von den anderen Ziegen ab und blickte sehnsuchtsvoll hinterher, wie ihr rhythmischer Gang sie dahintrug.

»Du schreibst mir ein Buch mit Ficken, Blasen, Schwanz und Fotze auf jeder Seite, und ich zahl dir zweihundertfünfzig Bucks.«

»Sagen wir drei-fünfzig.«

»Wenn ich keine Fickbilder brauch, ums loszuwerden, drei-fünfzig. Manchmal kriegt man in euren kleinen Kaffs ganz schönen Ärger mit Fickbildern.«

Eines Tages gab Kyno dem aufmerksamen Ziegenbock einen Bissen, der von ihrem eigenen Mittagsmahl übriggeblieben war. Ob sie ihn nun eigens für die Ziege aufgehoben hatte, weiß ich nicht, doch der Bock fraß ihn ihr aus der Hand und schlang ihn rasch hinunter, und als sie weiterging, folgte er ihr mit seinen Blicken. Nur die Stimme des Schäfers und dessen harte Ruten hielten den alten Bock davon ab, den lieblich sich wiegenden Hüften des Sklavenmädchens nachzulaufen.

»Du kannst alles verwenden, Stöcke, Ruten, Peitschen, Ketten, alles außer Tieren. In Cincinnati sind sie erst letzte Woche wegen eines Hundes über mich hergefallen. *Puppy Love* war der Titel, von einem meiner besten Autoren. Ich riskierte es. Aber die Mütter gegen die Verbreitung von Schmutz und Schund hatten Wind davon bekommen und hängten mir eine gerichtliche Verfügung an. Und jetzt platzt mir das Lager mit *Puppy Love* aus den Nähten und kostet mich mein Geld.«

Eines Tages begann der Ziegenbock zu singen, als Kyno sich näherte; eine rauhe, gutturale Musik drang zwischen seinen Lippen hervor, als er sie sah. Er blieb genau vor ihr auf dem Weg stehen. Sie lächelte bei diesem seltsamen Gesang, wagte aber nicht zu lachen, denn seine Augen waren hitzig, und es war klar, daß er nicht scherzte. Und als sie versuchte, an ihm vorbeizugehen, versperrte er ihr mit gesenkten Hörnern den Weg.

»Wie schnell, glaubst du, kannst du mir ein Buch abliefern?«

»In ner Woche«, sagte der junge Schriftsteller. Als er das Pant Publishing House verließ, war seine Aktentasche zur Anregung voll mit Büchern, in denen auf jeder Seite Ficken, Blasen, Schwanz, Fotze vorkam.

Ängstlich wich sie zurück, als der Ziegenbock sie mit seinem Kopf leicht anstupste. Sie ging nach links; er ging nach links. Sie nach rechts; er auch. Sie ging zurück, und schon war er an ihr dran, zerrte mit teuflischer Besessenheit ihr Kleid hoch, so daß ihre Beine und ihr Bauch nackt waren. Sie schrie auf, doch der Ziegenhirt war außer Sichtweite, und das war nun tatsächlich der Augenblick, auf den der alte Bock gewartet hatte. Er legte seine Hufe auf ihre Arme und drückte sie mit seinen Hörnern hintenüber. Das arme Mädchen war zu verängstigt, um sich rühren oder davonkrabbeln zu können. Vielleicht hatte das alles aber auch überhaupt nichts mit Angst zu tun, wer weiß?

Die ganze Woche lang schrieb er mit nem Steifen und sah die seltsamsten und ungestümsten Wesen in seiner armseligen Behausung.

Vom Ziegenbock überwältigt, konnte sie, als er sie bestieg und das lange dünne glänzendrote Glied seiner Gattung in ihre erstaunte Spalte trieb, sich nur noch im Sand festkrallen.

»Himmel und Herrgott, Mann, ich hab doch gesagt – keine Tiere!«

»Das ist mir ganz spontan gekommen.«

»Vielleicht«, sagte Mr. Pant, »kriegen wirs als derben

Klassiker durch. Ich persönlich hab auch gar nichts gegen Ziegen.«

5

Die Mädchen aus dem gemeinen Volk in Lydien, begann die nächste Sprecherin, hegen eine Sitte, deresgleichen es in unserem Heimatland nicht gibt. Sie prostituieren sich alle, ohne Ausnahme, um eine ansehnliche Mitgift für ihre Heirat zu verdienen. Für dieses Brauchtum sind ihre Väter verantwortlich, denn sie wollen die Töchter gut verheiraten. Meine Geschichte handelt von so einem Mädchen, von Lyca und ihrem Vater Mylus.

Lyca war eine dunkle Schönheit und verlangte für ihre Gunst einen stattlichen Preis. Die ansehnlichsten Männer vermochten ihr nicht den Kopf zu verdrehen, es sei denn mit dem Geschenk eines mit Rubinen besetzten Fächers oder Kamms. Nur dann würde sie ihnen ihren eigenen lieblichen Fächer geöffnet darbieten.

Sie blickte aus ihrem Fenster auf die Prince Street hinab. Nacht stieg auf über dem unteren Village. Sie zog ein weißes Hemd und lange Hosen an und kämmte ihr kurzes Haar im Genick zu einem Entenschwanz. Ums Handgelenk trug sie ein schweres Armband, mit dem Namen Spike eingraviert. Sie trug kein Makeup, ihre Augenbrauen waren nicht gezupft, und ihr Körper war nicht gerade graziös, als sie vor ihrem Spiegel hin und her schritt und maskuline Posituren einnahm. Ihre Augen hatten einen kalten und grimmig glimmenden Ausdruck, der ihr schon immer bewußt gewesen war, selbst als kleines Mädchen. Jetzt, in den späten Zwanzigern, war dieser Blick ihr stärkstes Identitätsmerkmal geworden, denn mit diesen Augen sah sie den Mann, der zu sein sie fühlte. Das grimmige Glimmen war die Bitterkeit dieses Mannes, den das Schicksal in den Körper einer Frau gegossen hatte, ohne Schwanz und mit Titten.

Sie stopfte ihr Hemd tiefer in die Hose und strich ihren Busen flach, aber das Hemd hatte sich, bis sie unten auf der Straße stand, wieder selbständig gemacht, und ihre schweren Brüste waren wieder mal allzu sichtbar. Sie hatte ein wenig Geld aus der Fabrik in der Canal Street, wo sie jeden Tag mit ein paar puertoricanischen Frauen kleine Elektroschalter montierte. Sie hatte genug Geld für einen Freitagabend in der Bar.

Lyca war durchs Verkaufen ihrer Genüsse wohlhabend geworden, und für den rechten Preis tat sie alles, was im Bereich menschlichen Verlangens stand. Diese Tatsache und seine perverse Lust waren es, die ihren Vater Mylus mitten ins Inferno der Tabus, direkt in die Klauen des Inzest trieben. Über einen anderen Kunden arrangierte er einen Besuch bei seiner eigenen Tochter, er selbst maskiert und sie mit verbundenen Augen, damit sie niemals erfuhr, mit wem sie geschlafen hatte.

Lyca ging auf die sonderbare Bitte ein, daß sie einen maskierten Mann empfangen und selbst in Dunkelheit gehüllt sein sollte, während sie sich liebten. Es war ihr gleich, wie die Sache angegangen wurde, solange es sich für sie gut auszahlte, und den Beutel schweren Goldes, den ein Bote gebracht hatte, hielt sie schon in Händen. Mein Kunde muß ein öffentliches Amt bekleiden, überlegte sie, und will nicht, daß ich ihn erkenne. Und so legte sie für ihre Augen ein Tuch aus einem Material bereit, tiefschwarz wie das Antlitz der Nacht.

Sie schritt den East Broadway hinauf in Richtung Washington Square Park. Der Park würde voller Suchender sein wie sie selbst. Der Klang von Trommeln und Gesang drang durch die Bäume. Ihre Welt war klein, das Village ihr Territorium, und sie dachte nicht daran, es zu verlassen. Der Park war der Mittelpunkt dieser Welt, in der unzählige Halbmänner, Halbfrauen herumhingen. Sie würde ein Mädchen finden; es gab immer ein Mädchen. Aber selbst der Gedanke, eines zu finden und bei Nacht zu lieben, löschte nicht das kalte Feuer in ihren Augen, vielleicht entfacht durch die Enge ihrer Welt – das Village, ein paar Blocks mit Bars und Cafés, in denen sie wie ein gefangenes, nervöses Tier umherstrich.

Lyca befestigte ihre Maske und legte sich aufs Bett. Der Knabe führte ihren Gast ins Zimmer. Es war mit schweren Teppichen ausgehängt, so daß die Schritte ihres Gastes von der schweigenden Dunkelheit geschluckt wurden, und auch hinter ihrer Maske war Dunkelheit. Aber sie konnte seine Schritte fühlen und spürte eine sonderbare Intensität in seiner Annäherung. Sie kannte die Seele der Männer, weil sie so vielen Gefährtin gewesen war, und sie wußte, daß dieser Mann äußerst aufgeregt und äußerst aufregend war.

Mylus tappte, von der Hand des Knaben geführt, wie ein Blinder, sein Herz voller widerstreitender Gefühle. Seine Tochter erwartete ihn, sein eigenes Fleisch und Blut – welch höllischer Schritt! Und dennoch, wie hatte sie ihn, schon als Kind, mit ihrer Schönheit betört, und die Liebe, die er ihr entgegenbrachte, war ein schmerzvolles Verlangen, das an Wahnsinn grenzte. Er hatte diesem Verlangen nobel widerstanden, bis sie eine Kurtisane geworden war. Dann, als er von anderen Männern von dem großen Geschick seiner Tochter im Liebeshandwerk hörte, konnte er sich dieses Vergnügen nicht länger versagen. Aber es muß maskiert geschehen, denn diese Liebe ist verrucht und blind. Und so kam er zu ihr an den Bettrand.

Sie stand an dem runden Springbrunnen im Park und lauschte dem Rhythmus der Trommeln. Menschen strömten in alle Richtungen an ihr vorbei, und sie suchte nach einem Gesicht, das lächeln, nach den Augen, die antworten würden. Sie war mit dem Nachtzug aus Ohio gekommen. Sie hatte gelernt, einen Gummi-Dildo zu tragen, und sie hatte begriffen, daß ihr Leben eine bittersüße Nummer sein würde. Das war in Ordnung so; sie konnte die billigen Bars und das heimliche, schmerzvolle Verlangen ertragen. Sie konnte die ganze Nacht in einem Café sitzen, sie war ganz auf sich gestellt; sie konnte die Nacht vorbeispazieren lassen, und niemand konnte sie herumschubsen. Aber trotzdem spürte sie eine Wut in sich aufsteigen, eine Wut, deren Ursprung sie nicht kannte, die sie an niemandem auslassen konnte.

»Sprichst du nicht mit mir?« fragte Lyca, als ihr Freier sich aufs Bett setzte. Wer mag das wohl sein, der nicht sprechen will? Vielleicht ein bekannter Redner, den die Stimme verraten könnte? Er sprach nur mit seinen Fingerspitzen, die ihr Bein sacht berührten. Wie zärtlich er ist, wie selten solche Liebkosung. Sie war rauhe Vorstöße gewohnt, und er war so scheu und zurückhaltend. Ist er jung? Sie streckte einen Arm aus und betastete seine Hand. Nein, das war nicht die Hand eines Jünglings. Also ein Mann mit einem Geheimnis? Wir alle haben unsere kleinen Geheimnisse, dachte sie und öffnete ihr Gewand, damit er ihren Schatz fühlen konnte.

Der Park wurde von Straßenlampen grell erleuchtet, und durch die Lichtkegel schritten Pärchen und Gangs, Einzelgänger und Freaks. Auch sie war ein Freak, eine besondere Art Freak, in Oberhemd und Männerhosen, in schlichten Schuhen, mit abgekauten Fingernägeln und vornübergebeugten Schultern. Sie stand da, die Hände in den Taschen, eine Zigarette im Mundwinkel. Sie holte tief Luft und richtete sich auf, einen Fuß ließ sie dabei lässig auf dem Brunnenrand ruhen, mit jenem maskulinen Gebaren, das sie für ihr verschüttetes Ich hielt, an dem sie so hart arbeitete, um es sichtbar zu machen. Ich bin halt ne New Yorker Butsch, Baby. Der sachte Schmerz der Traurigkeit kam, und sie lächelte ihn hinweg, irgendwohin, auf niemanden besonderen in dieser Sommernacht gerichtet. Dieser sachte Schmerz schien von Partykleidern und Puppenwäsche herzurühren, von Erinnerungen, von Dingen, die sie bedrohten, die in ihrem Herzen aufkamen und die sie ohne ein Wort ertragen mußte. Dieses Leiden, das bittere und distanzierte Lächeln, das es markierte, war für sie das Kriterium ihrer Männlichkeit. Sie hatte die Kraft, diesen Schmerz zu erdulden, an ihm vorbeizulächeln, rauh, hart, wie ein Held, ein französischer Leinwandgangster – was auch immer – solange sie sich der Traurigkeit nicht beugen und wie eine Frau weinen mußte. Der laue Sommerwind wehte das kurzgehaltene Haar in feinen Strähnen über ihre Stirn, und sie schlenderte ans andere Ende des Brunnens. Dort hatte sich eine kleine Menschenmenge angesammelt, die einem Schwarzen zuhörte, der zu seiner einsaitigen Gitarre sang. Ein Freak, ein einsamer Wanderer, wie wir alle.

Mylus verweilte mit den Fingern auf dem Körper seiner Tochter, und berührte ihn nicht wie Männer, die zum ersten Mal ein fremdes Ufer betreten, sondern wie ein Seemann, der in ein vertrautes, aber vor langer Zeit verlorengegangenes Land zurückkehrt und all die kleinen Hügel und Täler genießt.

Fasziniert von dieser aufmerksamen Freundlichkeit und nicht im geringsten beunruhigt, ging Lycas Puls schneller, als er sie hier und da und schließlich da berührte.

»Du bist sanft«, sagte sie, indem sie ihn empfing in jenem geheimen Gemach ihres Berufs, das sie mit cremigem Schaum ausgestrichen hatte, um sicher zu sein, daß alles ohne Spannung und Trockenheit ineinanderpaßte. Sie sah in ihre schwarze Maske und war über ihren Liebhaber verwundert, und ihre Verwunderung nahm zu, als er vollends in sie eindrang, denn sein Glied war glühend, als trüge er das Feuer des Apollo in sich.

Mylus versank in der Tiefe seines verzweifelten Verlangens, in der Vagina seiner Tochter; der kleine Traum, den er genährt, ging alptraumhaft in Erfüllung. Bei dem Gedanken an die vielen Männer, die sie genossen hatten, steigerte sich seine Lust noch. Sie ist der Liebe Freiwild für den, der den Preis trägt; und so zerbrach er das Tabu des Inzest. In rituellem Erwachen stieß er sein Glied immer wieder in seine geliebte Tochter, und sie antwortete mit kleinen Schreien, höchst alarmierend für die Ohren ihres Kammerknaben, der an solch emotionale Ausbrüche seiner Herrin nicht gewöhnt war. Aber er wartete vor ihrer Tür und wußte, daß sie noch mit jedem Mann fertiggeworden war.

Lyca aber befand sich in einem Zustand höchster Erregung, und nie zuvor, während ihrer ganzen Karriere nicht, hatte sie etwas ähnliches erlebt. Wäre es möglich, daß sie, die goldene Prostituierte, mit verbundenen Augen ihrem Schicksal begegnet war? Ihre Aussteuer war beisammen, vollkommener als die eines jeden anderen gemeinen Mädchens dieser oder einer benachbarten Stadt. Sie war frei in der Wahl eines Ehegatten, wie es bei

Frauen Sitte war, die sich ihr eigenes Vermögen erarbeitet hatten.

»Ich habe viel zu geben«, flüsterte sie, während er sie liebte. Seine Antwort war ein zuckender Schauder, der sie in ihrer Überzeugung bestärkte, daß er es war, daß eine schicksalsträchtige Begegnung im Dunkeln stattgefunden hatte. Sie wußte sofort und instinktiv, daß er der Mann war, der einzige Mann. Und es war die Liebe, die sich in jeder Hure verbirgt, die in ihr Herz sprang, ihre Brust schwellen ließ. »Ich gehöre dir«, sagte sie, indem sie ihn fest an sich drückte, ihre Knie emporhob und ihn mit ihren Beinen umklammerte. »Und du gehörst mir. Ich weiß es genau. Die Götter flüstern es mir ein, mein Liebling, zweifle nicht daran.«

Die Menge um den Sänger wurde größer, und sie lächelte, wie sie seiner hohen Stimme lauschte, die einen dunklen Harlemsong angestimmt hatte. Und dann wurde das enge Aneinanderreiben der Körper in der Menge mehr als zufällig. Plötzlich fühlte sie, wie hinten am Hosenboden eine Hand zugriff, und sie drehte sich wie ein Kampfhahn mit erhobenen Fäusten um, sah sein Gesicht, das Gesicht eines fiesen Typen, eines ungehobelten, dummen, kurzgeschorenen und lächelnden Hurensohns, und die tief in ihrem Innern brennende Flamme des Hasses loderte hell auf. Mit der Wut vieler Jahre schlug sie ihm so heftig ins Gesicht, daß sie beide zu Boden gingen, er flach auf den Rücken und sie auf ihn drauf. »Laß deine Pfoten von den Frauen!« schrie sie, und als er sich mühte aufzustehen, schlug sie erneut auf ihn ein, mitten auf die Nase, und mußte von ihm runtergezerrt werden. Sie wurde von der Menge festgehalten, während er hastig aufstand und, sich die Nase haltend, schnell im Schatten des Parks verschwand. Sie atmete wild, ihr Herz schlug wie wahnsinnig, aber sie war von einer schreienden Freude erfüllt, als wäre ihr Frauenkörper endlich von ihr abgefallen, und als hätte ihre Männlichkeit sich auf wunderbare Weise manifestiert. Kräftige Arme hielten sie, als sie sich zu befreien suchte, und sie fühlte sich wie ein Preiskämpfer. Als man sie losließ, gab es Gelächter, und sie blickte sich rasch um, aber keiner, weder Männer noch Frauen, erwiderten ihren Blick. Sie zog auf einem der vielen Wege des Parks weiter, vorbei an den dichtbesetzten Bänken und an den Schachtischen, von denen man das Klick-klick der Schachfiguren in der Stille der Spiele hören konnte.

Wie überrascht war Lyca, ihr Damen Athens, als ihr geheimnisvoller Liebhaber, dem sie gerade ihr Herz geöffnet hatte, mit einem Schmerzensschrei von ihr sprang, wie sie ihn weder von Männern, Frauen oder Tieren je gehört. Der Maskierte floh aus ihrem Gemach in die Nacht und ließ sie zurück mit ihrer Liebe, die schon im zarten Keim erstickt worden war.

6

Ihr Damen von Athen, hub die nächste Sprecherin an, wir müssen uns auf unsere süße Stärke besinnen und uns ihrer erfreuen. Wie Vater Plutarch einst sagte, Flötenmädchen haben auf den Kronen der Könige herumgetrampelt. Und davon handelt die Geschichte, die ich jetzt für euch spinnen werde.

Jeden Abend nach der Arbeit ging er die Zweiundvierzigste Straße hinab zu seinem Lieblingsbuchladen. Im hinteren Teil des Ladens gab es eine Reihe Kammern, die man den verschiedensten Aspekten des Voyeurismus geweiht hatte, und er begab sich, wie so oft, in seinen Lieblingsraum, eine Kammer von der Größe eines Kleiderschranks mit einem Fenster in der Wand. Dieses Fenster war dunkel und durch einen Vorhang verdeckt. Neben dem Fenster befand sich ein Schlitz, und wenn man dort eine Münze einwarf, löste man einen Mechanismus aus, der den Vorhang zur Seite rollen ließ und den Blick in ein angrenzendes Zimmer freigab. Man sah eine rotierende Plattform, auf der ein nacktes Mädchen lag.

Ihr Name war Semiramis, und sie war die Konkubine eines Sklaven, der König Nimus gehörte. Der Sklave behandelte sie gut, denn sie war außergewöhnlich schön mit ihren dunklen syrischen Brüsten, die in sanften, rubinfarbenen Brustwarzen ausliefen. Sie wußte sich mit Perlen und feinen Gazetüchern wohl zu kleiden, so daß alle ihre Reize wie selbstverständlich zum Vorschein kamen, etwa hinter einer Perle, die auf einmal zur Seite gleiten mochte und den Blick auf die stolze Welpennase einer Brust freigab. Mit solch körperlicher Pracht hielt sie den armen Sklaven in einem ständigen Zustand der Erschöpfung, denn sie entzog ihm jedes Quentchen seiner Männlichkeit. Nun, sie war eine Sklavin, und was sollte sie mit den langen heißen Tagen denn schon anderes tun, als ihn in Versuchung zu führen, ihn mit ihren Schenkeln anzuspornen und ihn auszusaugen, daß er bald blaß war wie ein sterbender Mond.

Als er sie durch das Fenster hindurch erblickte, öffnete er seinen Gürtel und ließ Hose und Unterhose fallen. Aber wenige Augenblicke später schloß sich der Vorhang wieder, und er mußte noch einen Vierteldollar einwerfen, damit er sich erneut öffnete. Während er das nackte Mädchen heißhungrig anstarrte, das verschiedene obszöne Positionen einnahm, begann er seine einsame Latte zu reiben und dabei keuchende Laute von sich zu geben. Und als der Quarter durchgelaufen war und der Vorhang sich wieder schloß, hielt er mit seinem Stöhnen inne, weil er nicht zu schnell abspritzen und seine feierabendliche Cocktailstunde nicht zu einem vorzeitigen Ende bringen wollte. Er warf noch einen Quarter ein, der Vorhang ging wieder auf.

Der große König Nimus, von erhabener Herkunft,

stolz wie eine Löwe, gierig wie ein Rabe, feinsinnig wie eine Eidechse, die beim Anblick eines Insekts im Jagdfieber erstarrt, war gefesselt von den Reizen der Semiramis, die wie zufällig an seinem offenen Thronsaal vorbeistolzierte. Er ließ sie sogleich rufen, ließ die Türen hinter ihr verschließen, ließ sie sich entkleiden und nahm sie.

Semiramis aber war keine gewöhnliche Dirne. Sie war mit jenem seltenen Freiheitsdrang des Körpers zur Welt gekommen, der in einem orgiastischen sich Hin- und Herwerfen, in Schreien, in Weinen und Sichkrümmen resultierte, so daß ihr Liebhaber den Eindruck haben mußte, er sei mit zehn Frauen auf einmal ins Bett geraten. König Nimus war höchst überrascht, und einen Augenblick lang fürchtete er wie ein Kind für sein Leben, so heftig waren die Wallungen unter ihm und die Liebesbisse und das Herumfingern und Drücken und all die anderen Tricks der viellistigen Semiramis.

Der kleine Mann im dunklen Spähgeviert rieb sein Fleisch in sanftem Rhythmus, versuchte es zurückzuhalten, sein Vergnügen bis zum Rande zu steigern und es da zu halten, um sich dann noch weiter zu steigern. Im Wichsen war er Experte, der haargenau wußte, wie er seinem Glied ein Maximum an Samen entlocken konnte. Wieder schloß sich der Vorhang, und er lockerte den Griff um seinen zuckenden Wüstling. Mit all seinen Sinnen auf das Mädchen fixiert, das nebenan auf der Plattform rotierte, war er sich des kleinen dunklen Kämmerchens, in dem er sich befand, kaum bewußt. Folglich bemerkte er nicht, daß ihn ein Augenpaar durch einen Schlitz in der Wand betrachtete, der von der Geschäftsleitung mit aller Sorgfalt angebracht worden war. Dort saß ein anderer Mann, sah dem Mann, der das Mädchen anstierte, zu und zahlte dafür einen halben Dollar. Der zusätzliche Vierteldollar war also der Aufpreis für den Blick auf das Mädchen, weit weg hinter dem verhangenen Fenster, und auf den Mann im angrenzenden Zimmer, der sich ihr zu Ehren einen runterholte.

»Du bist wundervoll«, sagte der König zu Semiramis, nachdem ihre erste Runde den Höhepunkt erreicht hatte.

»Ich bin nichts weiter als das Spielzeug eines Sklaven«, sagte sie, während sie am König herumspielte.

»Du bist die wichtigste Frau im ganzen Königreich geworden. Es gibt keine, die dir gleicht.«

»Nein, nein. Ich bin nichts als ein glänzender kleiner Stein ohne wirkliche Bedeutung. Du, mein König, bist der König der Juwelen.« Und indem sie so sprach, kraulte sie jene wertvollen Juwelen, die nicht glitzern, außer in ihrem Innern, wo sie flüssigfeurige Kristalle bergen.

Seufzend sagte der König: »Was immer du dir wünschst, gehöre dir, du kleiner Edelstein.«

»Dann laß mich etwas Albernes wünschen«, sagte Semiramis. »Laß mich einen Tag lang auf dem Thron sitzen und deine Krone tragen und die Staatsgeschäfte führen.«

Der König willigte ein. Sie spielten immer weiter miteinander, und er tat noch mehr von seinem königlichen

Samen in ihre dunkle Erde. Den ganzen Nachmittag ergötzten sie sich, und Semiramis sog alle Lebenskraft des Herrschers in sich hinein, bis er erschöpft und schwach auf den dicken Teppich sank, glückselig vor sich hin kicherte, wie betäubt von der Trockenlegung seiner Männlichkeit. Dann sprach sie, die von königlichem Samen fast zerbarst, mit süßer Stimme: »Darf ich jetzt den Thron einnehmen?«

»Ja, ja«, antwortete er lachend; sein Atem ging stokkend und schwer.

Und sie bestieg den Thron, setzte sich die Krone aufs Haupt und nahm die königliche Positur ein. Der König mußte wieder lachen, als er sie beherzt und betörend da sitzen sah. Frauen, so gings ihm durch den Sinn, sind wie Kinder. Wie gern sie doch spielen.

Wie ein Wahnsinniger keuchend, zerrte der Selbstbefriedigungskünstler ein Kleenex aus einer Schachtel, die in weiser Voraussicht von der Geschäftsleitung bereitgestellt worden war, um überflüssige Schmantflecken auf dem Boden zu vermeiden, die jemanden ausrutschen und hinfallen lassen konnten. Der Künstler legte das Tuch um seinen Schwanz, zollte dem rotierenden Mädchen einen letzten feurigen und lechzenden Blick und kam, kam, während er sich auf dem Stuhl weit ausstreckte. Vor seinem Auge erschienen hundert Frauen auf einmal, und sie alle gehörten ihm, und es war so schön und traurig, so warm und schrecklich, so vorbei und fertig. In fantastischer Leidenschaft gefangen, hörte er nicht das Surren der

Sechzehnmillimeter-Kamera, die, in einem von der Geschäftsleitung sorgfältig gesteckten Blumenarrangement installiert, auf ihn gerichtet war. Er wußte nicht, daß er ein Star war! Schon bald würde er über und unter dem Ladentisch in vielen Kopien an frustrierte Hausfrauen, an Filmverleiher, an die verschiedensten begeisterten Sammler und Filmspezialisten in aller Welt verkauft werden. Sein Name in Neonbuchstaben! Angekündigt in spannenden Abenteuermagazinen, die Männer so mögen – und Frauen auch! Die Hauptdarstellerin und er, als Stars in:

DIE TECHNIK DES MASTURBIERENS
FÜR SIE

Eine wissenschaftliche Studie einer Diplom-Krankenschwester, zuzüglich der männlichen und weiblichen Anatomie. Für Anfänger.

$ 4.95

(Selbstverständlich in neutralem Umschlag versandt)

Er wischte sich den pulsierenden Schwanz ab, packte ihn wieder in die Hose und stakste raus auf die Straße. Er mußte jetzt direkt zum Grand Central Station, sonst würde er seinen Zug verpassen. Es war schon dunkel, und seine Frau hatte bestimmt schon das Essen auf dem Tisch.

Semiramis hielt das königliche Zepter in der Hand, und König Nimus brach in schallendes Gelächter aus. Wie liebreizend sie ist auf meinem Thron, mit ihren hübschen

Beinen und dem reinen Blick. Sie hat all meine Säfte, das läßt ihre Augen so glänzen, wie die Augen einer Königin. Hört mal, wie sie nach der königlichen Wache ruft. Sie klingt wie der Souverän.

Die Wachsoldaten des König Nimus kamen herbei, sechs Mann stark, in Rüstung und Waffen, marschierten vorsichtig um den am Boden liegenden König herum und nahmen am Fuße des Throns ihren Platz ein. Die Konkubinen-Königin lächelte voll kalter Autorität. »Nehmt diesen Mann, der so respektlos dort liegt, fest und legt ihn in Ketten.«

Ohne mit der Wimper zu zucken, ergriffen die Wachsoldaten den König, der eben noch ihr Gebieter gewesen war. »Laßt mich los, Dummköpfe!« schrie er. »Es ist nur ein Spiel! Laßt mich los oder ich lasse euch auf der Stelle töten. Laßt mich . . .«

Aber Krone und Zepter sind die syrischen Symbole königlicher Hoheit, und Semiramis trug beide so selbstverständlich, als hätte sie sie schon immer getragen. Und wenn der König so töricht war, sie dieser Frau zu überlassen, mochte er vielleicht doch nicht der weiseste Herrscher sein. Semiramis aber war weise, und mit großer Klugheit herrschte sie lange Jahre über Asien.

7

Die nächste Erzählerin war eine dunkeläugige Schönheit, die ihre Beine auf so lässige Weise von sich streckte, daß ihr Gewand den Blick freigab bis zum Schritt, auf dunkle, sauber gestutzte prächtige Locken. Frauen Athens, sagte sie, bitte erinnert euch an Mais, die berühmte Prostituierte unserer Stadt, die so viele verschiedenartige Liebhaber hatte. Im Dickicht des Liebesspiels war sie ein kräftiger Baum, der sich gestattete, alle fünf Jahre Frucht zu tragen, einen Sohn des Mannes auszutragen, der ihr am besten gefiel, gleichgültig ob Soldat, Richter oder Taugenichts. Mit schwerer Seide und Wandteppichen aus aller Welt rot ausgeschlagen war das Gemach, in welchem sie sich für ihre Kunden niederlegte und ihre heilige Pflicht ausübte.

Die Neunundvierzigste Straße war immer noch gut genug für eine letzte Nummer, und sie schlenderte in einem Minirock, der knapp ihren Hintern bedeckte, darauf entlang. Ihr Magen war mit Gasen von zuviel billigem Sekt gefüllt. Grad noch schnell ne Nummer vorm Schlafengehn, und jetzt sah sie ihn, schuldbewußt und geil, wie er da vor dem Cuckatoo Club stand, einer Bar für Mädchen der zweiten Garnitur, in die er sich weder reintraute noch Grips genug hatte, davon wegzubleiben.

Es begab sich, daß ein Soldat unserer Armee nach Mais suchte. Er fragte einen alten Mann aus dem Nuttenviertel nach ihrem Haus.

»Dort drüben werdet ihr sie finden, Herr«, sagte der alte Mann und zeigte auf Mais' Haus. »Und sie ist wirklich einzigartig.«

»Ich habe gehört«, sagte der Soldat, »daß sie große Tugend besitzt.«

»Das mag wohl sein, Herr, doch ich glaube, daß ihre Tugend ein gewisses Laster ist.«

Der Soldat wurde in die Gemächer der Prostituierten geführt, wo sie ihn auf ihrer goldenen Liegestatt empfing.

»He, Honey«, sagte sie.

»Hallo«, sagte der Typ vor der Bar und drehte sich nach ihr um, wobei seine Augen aufleuchteten.

»Siehst einsam aus.«

»Meinste, du könntest es ändern?«

»Kanns ja mal versuchen.«

Er legte den Arm um sie, und sie zogen die Straße runter.

Um die Prostituierte Mais waren Pfauenfedern gesteckt, von denen man sagte, sie brächten Liebenden Unglück. Der ältliche Hauptmann der Armee sagte, »Madame, ich suche den Scharfsinn einer Frau.«

»Komm zu mir auf die Couch, Hauptmann«, sagte Mais. »Ich kann dich nicht ins Vertrauen ziehen, bevor ich dich nicht in meinen Armen halte. Komm her, alter Kämpe, auf in die Schlacht mit Mais.«

Der Mann stoppte an der Ecke Neunundvierzigste Straße und Broadway. »Steig ein«, sagte er und zeigte auf einen langen schwarzen Wagen, in dem schon ein anderer Mann wartete.

»Oh, nein, keine Vergnügungstour für Muttern.«

»Du wirst diesen Trip machen, Schwester«, sagte er, zog seine Dienstnummer hervor und öffnete gleichzeitig den Wagenschlag.

»Du dreckiger Hurensohn.« Sie zog ihren Arm weg, er aber stieß sie auf den Rücksitz.

Der Hauptmann begab sich also zu ihr auf die Couch und fühlte unter sich die ganze Lieblichkeit der Kurtisane, ihre tröstende und vollendete Kunst. Sie beruhigte und streichelte ihn, und als sie sich liebten, sagte sie leise, »Welches Problem plagt dich, Hauptmann?«

»Viele Schiffe kommen den Fluß herauf, uns anzugreifen. Ich kenne kein Orakel, das ich befragen könnte. Wir sind an Zahl weit unterlegen. Wie soll unsere Verteidigung vonstatten gehen?«

»Es gibt eine Verteidigung gegen Vernichtung, die nur wir Prostituierten kennen«, sagte Mais.

Sie fuhren den Broadway hinunter zur Polizeiwache. Sie saß zusammengekauert in einer Ecke auf dem Rücksitz.

»Was issn los, Baby«, sagte der Sittenbulle. »Hats dir deine Zunge verschlagen?«

»Leck mich, du Arsch.«

»Ne zähe Nummer. Na, wir werden sehen, wie zäh du

wirklich bist, Honey.« Er lachte rauh auf und spuckte aus dem Fenster des nicht gekennzeichneten Streifenwagens.

Wie ein Schiff auf den Wogen des Ozeans, so kam sich der Hauptmann plötzlich vor. Er trieb dahin auf den weichen weißen Brüsten der Prostituierten. Ihre Augen waren dunkel und hinreißend wie die Augen der Pfauenfedern, und ihre Lippen waren so rot wie Hagebutten. Wie ein Mann, der aus einem Traum erwacht, blickte er auf die Frau unter sich und war verwirrt.

Der Streifenwagen hielt vor der Polizeiwache; sie führten sie die Stein-Stufen rauf und durch die Tür, zum Pult des Nachtdiensthabenden.

»Anschaffen auf der Neunundvierzigsten Straße«, sagte der Beamte, der sie festgenommen hatte.

Sie war jetzt ganz still, untergetaucht in der Kälte ihres wahren Herzens, wo kein Freak sie verletzen konnte. Das war sowieso immer da – was zum Teufel es auch sein mochte – ein Stück Eis vielleicht, weil es niemals schmolz.

»Alle Männer sind gleich, Hauptmann«, sagte Mais, ihren Liebhaber wiegend. »Das ist der Hure Weisheit.« Und noch während die Prostituierte sprach, fühlte der herannahende Angreifer die Erschütterung ihrer Weisheit, denn das Wasser des Flusses begann zu brodeln, als hätte ein gigantischer Fischschwarm zu tanzen begonnen. Die Orakelsprüche von Delphi besagen, daß jedes Lebewesen, das einen großen Teil des weitläufigen Wissens um die Existenz gemeistert hat, mächtig ist, gewisse Elementarkräfte zu kontrollieren. Und das war es, was die vollkommene Prostituierte, die liebliche Mais, tat.

»Ja, Hauptmann«, sagte sie, »alle Männer sind gleich. Mein Körper wird für diese Gleichheit Zeugnis ablegen.«

Das Stadtvolk, wie auch die angreifenden Soldaten, gafften mit offenen Mäulern. Der Lauf des Flusses kehrte um. Schlamm wurde sichtbar; der Wasserschleier rollte sich auf und floß, wie von einem gewaltigen Windstoß getrieben, flußaufwärts, von wo er gekommen war.

Sie wurde von dem Beamten, der sie festgenommen hatte, in einen kleinen kahlen Raum geführt. »Heb deinen Rock hoch.«

»Hier ist keine Polizistin, du Sack. Ich heb meinen Rock doch nicht fürn Freak wie dich hoch.«

»Ich habe gesagt, heb ihn hoch, du alte Sau!«

Sie wich vor seiner geballten Faust zurück, tauchte in ihr Eisherz und hob den Rock wie in einem bösen Traum. Sie war gar nicht richtig da. Sie war irgendwo weit weg und beobachtete den gierenden, kranken Hurensohn, dem die Augen beim Anblick ihrer Strümpfe und weißen Oberschenkel übergingen. Sie war nicht da und würde nie da sein. Vielleicht ist das Eis in mir der Tod. Ich trage den Tod in mir herum, nehme ihn überall hin mit.

Der Hauptmann verließ das Haus der Kurtisane und nahm die Erinnerung an ihre mond-weißen Schenkel mit sich. Wenn ich diese Nacht bei der Verteidigung der Stadt sterben sollte, so wird das eine gute Nacht fürs Sterben sein. Ein Läufer der Armee kam ihm völlig außer Atem entgegen.

»Der Fluß, Hauptmann. Höchst merkwürdig, Herr.«

»Was gibt es?«

»Drehte um, Herr, und blieb stehen, als hätte irgendeine mächtige Kraft seinen Lauf angehalten!«

Der Sittenbulle griff mit seiner Hand nach ihrem Slip. »Mal sehn, ob du Dope bei dir hast, Baby«, sagte er und zerrte den Slip runter.

»Laß mich in Ruhe, du Arschkriecher.« Wie ein verängstigtes Kind bohrte der Bulle ihr seinen Finger in den Arsch.

Der Hauptmann eilte durch die mondbeschienene Nacht ans Flußufer. Der Fluß strömte wie immer und schob sich dunkel durch die Nacht. Aber die Fackeln des Feindes, der sich früher am Abend genähert hatte, waren erloschen, und vom drohenden Angreifer war kein Laut mehr zu hören.

»Ich schwöre es, Hauptmann«, sagte der Junge. »Viele von uns haben es mit eigenen Augen gesehen. Ihre Schiffe wurden fortgerissen und aufs Meer zurückgeworfen.«

Sie ließ ihn seinen Finger in ihren Arsch zwängen, wobei er ihr mit seinem plumpen Daumen wehtat. Sie ließ es über sich ergehen und opferte keine einzige Träne, sie war nicht einmal wütend. Es würde ihr nichts nützen, ihn anzuzeigen; eine Hure hatte in diesem Haus keine Chance. Und in dem verzweifelten Griff seiner Gorillapranken erkannte sie den alten Liebhaber, den einen, den sie in all den Nächten so gut kennengelernt hatte.

Als sie den nächsten Kunden in ihrem rot ausgeschlagenen Gemach empfing, war Mais, die vornehmste Prostituierte von Athen, taufrisch, als hätte keine Vergangenheit sie je besudelt. Sie schien Jungfrau, obwohl sie erst vor einer Stunde von einem Hauptmann unserer Armee ein Kind empfangen hatte. Doch erinnerte sie sich seines Besuchs mit heimlicher Freude, und nach Ablauf eines Jahres gab sie sein Kind in den Tempel des Orakels von Delphi. Das Kind wurde dort in die heiligen Brauchtümer eingeführt wie ein Kind, das ohne Scham empfangen worden war.

8

Dann erhob die Hohepriesterin ihre Stimme, um die nächste Erzählung dieser Nacht zu beginnen. In Babylonien ist es Sitte, sagte sie, daß jede Frau einmal in ihrem Leben zum Tempel der Aphrodite geht und sich einem Fremden hingibt. Der Tempel ist immer voll und die Frauen warten in langer Schlange. Der Mann zeigt seine Wahl an, indem er eine Münze in den Schoß der Frau wirft, und sie darf sich ihm nicht verweigern. Daraufhin begeben sie sich zu einem nahegelegenen Feld und beginnen zu ficken.

Sie hatte in dieser Firma schon viele Bosse gehabt, und sie weigerte sich, deren Fußmatte zu sein, und sagte es ihnen auch. Sie weigerte sich, ihnen morgens Kaffee und Brötchen zu holen. »Ich bin kein Dienstmädchen, Herr Soundso«, sagte sie, und es dauerte nicht lange, bis sie zu einem anderen leitenden Angestellten versetzt wurde. So hatte sie einen nach dem anderen durchgemacht, bis sie Sekretärin eines komischen, gequälten Mannes wurde, einem genialen Werbetexter, dessen Verdauungsstörungen das Problem des morgendlichen Kaffee- und Brötchenholens lösten. Das einzige, was er den Tag über an Nahrung zu sich nahm, war etwas Obst, das er mittags aß. So merkwürdig sein Speiseplan auch war, er war der fähigste Werbetexter der Branche, der Mann, der seiner Feder den berühmtesten Werbebrief aller Zeiten entlockt hatte, welcher so begann:

Sehr geehrter Herr,
Lassen Sie mich einen überschäumenden Fluß von Reichtümern in Ihr Leben entlassen.

Sein ureigenes Problem war das Entlassen eines Sturzbaches von Schmerzen in seinem Gedärm – ein Magenleiden, das täglich an seine Tür pochte und das er mit seiner Früchtediät nur mühsam unter Kontrolle halten konnte. Seine stille Pein rührte in seiner Sekretärin das Gefühl mitleidiger Sympathie, und sie wurde ihm eine sich aufopfernde Mitarbeiterin.

Mit hurtigem Schritt ging sie zum Tempel der Aphrodite. Einen Ehemann hatte sie nicht, weil sie nicht hübsch war. Ihre einzige Liebesaffäre war der trunkene Augenblick mit einem Sklaven gewesen, vor vielen Jahren, als sie ein noch reizloseres junges Geschöpf war. So ging sie also, mit einem Verlangen im Körper, das Jahr um Jahr gewachsen, und ohne einen Liebhaber in Sicht, zum Tempel, um die Auserwählte eines Fremden zu werden. Frohgemut machte sie sich in ihrem besten Gewand, parfümiert und mit ihrem einzigen Schmuckstück, einem goldenen Armband in Schlangenform, das ihr Handgelenk zierte, auf den Weg. Als sie sich dem Tempel näherte und die leuchtenden Farben sah, in die die anderen

Frauen sich gekleidet hatten, und es waren ihrer so viele, stockte ihr Schritt. Als sie ganz nah dran war und die Schönheiten direkt vor sich sah, die in langer Reihe darauf warteten, von einem Fremden erwählt zu werden, sank ihr Mut und ihre Verlegenheit nahm zu. Bei all diesen Schönheiten, die zu haben waren, den schönsten Frauen Babylons, wer würde da noch sie, ein reizloses Ding mit einem Pferdegesicht, aussuchen?

»Gibts heute noch etwas zu tun, Mister Comola?« Die tüchtige Miss Radcliff stand neben dem Schreibtisch des gequälten Werbetextgenies. Sie hatten jetzt schon ein Jahr lang zusammengearbeitet, in welcher Zeit er hunderte von Werbebriefen von außerordentlicher, nahezu magischer Überzeugungskraft geschrieben hatte, die die fantastischsten hypnotischen Winke gaben und die Gewinne seiner Firma beträchtlich hatten steigen lassen. Doch bei den Frauen hatte er keine Fähigkeiten entwikkeln können, keine überzeugende Zeile, keinen professionellen Zugang. Er hatte sich mit dem Zölibat praktisch schon abgefunden, bis Miss Radcliff auf der Bildfläche erschienen war und seine Leidenschaft wieder zu neuem Leben erweckt hatte. Häufig, wenn er Sturzbäche von Verkaufserfolgen komponierte, war sein Blick auf ihre übergeschlagenen Beine fixiert.

Er folgte dann dem glatten Wuchs ihrer Beine, vom Knöchel rauf zum Knie, und manchmal, wenn sie eine plötzliche Bewegung machte, sich auf ihrem Bürostuhl drehte, sah er DIREKT DEN GOLDENEN STROM

IHRER OBERSCHENKEL HINAUF! Lassen Sie es mich noch einmal wiederholen, Sir, damit Sie die Ernsthaftigkeit unseres Angebots klar erkennen können – IHRE OBERSCHENKEL UND MANCHMAL SOGAR EINEN AUSBLICK AUF IHR ROSAROTES HÖSCHEN!

Sein Genius gedachte sie zu gewinnen, wie er schon Millionen von Postwurfsendungsempfängern im ganzen Land gewonnen hatte, wertlose Bücher von Spinnern und Hochstaplern zu kaufen, von Alleswissern und religiösen Lunatikern geschrieben, die seine Firma ausgesucht und unter Vertrag genommen hatte. Wann immer irgend so ein Schwachsinniger mit einer Anzeige in einem religiösen Blatt (seine Firma hatte sie alle abonniert) oder im *Far Out Space*-Magazin erschien, schrieb der Cheflektor diesem Kerl einen Brief und sagte, *Sehr geehrter Herr, hätten Sie Lust, über Ihr wunderbares System der Zukunftsvoraussage an Hand von gebrauchten Kleenex ein Buch zu verfassen?*

Wurde dann ein Manuskript eingeschickt, so war es völlig unverständlich. Alsdann wurde es an einen Lektor mit akademischem Abschluß weitergeleitet, der es in lesbare Sprache überarbeitete. Und der geniale Texter Comola sponn dann einen Fantasiebrief voller Versprechungen über dieses Buch für alle Männer und Frauen Amerikas zusammen.

Mit solcher Erfahrung beim Verkauf wertloser Produkte auf komplizierte Art und Weise hatte er sich auf jenen erhabenen Augenblick vorbereitet, der jetzt gekommen war. Am ganzen Körper zitternd, tippte er eine kleine Notiz und reichte sie seiner Sekretärin, der tüchtigen Miss Radcliff. Darauf stand:

Heute abend Dinner. Hole Sie um acht ab.

Sie setzte sich neben die goldene Statue der Aphrodite und sah zu, wie die Priester und Priesterinnen den wartenden Frauen zu essen servierten, denn es war wichtig, daß Gäste der Göttin gut essen und trinken. Gutes Essen und guter Wein wurden mit dem Geld, das der Tempel vom babylonischen Adel als Opfergaben erhielt, eingekauft. Und so verzehrte sie ein köstliches Mahl, und jedesmal, wenn ein Mann an ihr vorbeikam, versuchte sie, ihm ihr hübschestes Merkmal, ihre zierlichen Füße, zu zeigen. Aber die Männer gingen immer vorüber und warfen ihre Münze in den Schoß einer Schönheit. Sie aber saß da und wartete – einen Tag, einen Monat, ein Jahr.

Sie hatte mit anderen Angestellten der Firma Verabredungen gehabt, aber die waren alle so aufgeblasen und von sich selbst überzeugt gewesen. Mister Comola, Jim, war schüchtern und bei weitem der Beste unter ihnen. So ging sie, fast wie auf Wolken, nach Hause, obwohl ein Mädchen aus der Arbeiterklasse den Boden immer noch mit wenigstens einem Fuß streifen sollte. Sorgfältig und in aller Ruhe bereitete sie sich für ihn vor, badete in warmem Schaum und zog ein besonders verführerisches rotes

Kleid an, das sie nie im Büro trug. Als sie vor ihrem Spiegel das Makeup auflegte, summte sie ein Liedchen vor sich hin, und schon war da weit hinten in ihrem Hinterkopf ein schwaches Bild vom ständigen Zusammenleben mit Jim Comola. Ihre Augen strahlten, von schmalen Linien eines kunstvollen Schwarz und sanft aufgetragenen blauen Schatten abgesetzt.

Ein ganzes Jahr lang fing sie nicht einen einzigen Blick eines Fremden auf. Sie hätte den Tempel natürlich verlassen und in eine etwas diskretere Einsamkeit fliehen können, doch sie entschied sich, beim Tempel der Aphrodite zu bleiben, denn sie war zu dem Schluß gekommen, daß ihr nirgendwo anders eine so gute Behandlung widerfahren würde, und die Statue der Göttin war so lieblich anzuschauen. Von ihr träumte sie, Tag um Tag, das ganze zweite Jahr ihres Aufenthalts. Und indem sie sich mit einer Priesterin des Tempels anfreundete, wurde ihr gelegentlich gestattet, an den die Göttin beschwörenden Tänzen teilzunehmen und die geheimen Gebete aufzusagen. Das entspannte sie, löste ihre Verklemmung und lenkte sie von ihren wenig entwickelten Reizen ab.

Mittags hatte er lediglich ein wenig Obst zu sich genommen, ein paar Orangen, einen Apfel und ein paar Weintrauben, dann aber, in einem gewagten Ausbruch von Leichtsinn, kaufte er einen mit einer klebrigen Substanz gefüllten Schokoladenriegel, den er sorgfältig kauend verputzte. Der Gedanke an Miss Radcliff hatte ihn zu diesem unbesonnenen Schritt getrieben und erfüllte ihn mit neuem Mut. Der Wildbach der Liebe rauschte in seinem Herzen. Aber ebenso der entsetzliche Fluß der Scheiße in seinen Eingeweiden, und auf halbem U-Bahn-Weg zu ihrer Wohnung ereilte ihn ein furchtbar stechender Schmerz im Leib, als drückte jemand mit eiserner Hand seine Därme, umklammerte sie mit dämonischer Faust, fest und fester. Sowas hatte er schon unzählige Male durchgemacht. Mitten in der Nacht war er schon oft aus dem Bett gesprungen und zum Badezimmer gesprintet, wo er bis zum Morgengrauen wie ein Sterbender hing, von Krämpfen geschüttelt, die ihn immer wieder, *bitte, nein!* schreien ließen. Der Fluß in seinem Innern wurde von dem kleinen Dämon fanatischer Werbekampagnen verschmutzt, der solange heiße Kackekugeln aus seinem Arsch abfeuerte, bis es zu bluten begann. Und jetzt, auf dem Weg zu IHREM Haus, in der U-Bahn, peinigte er ihn aufs neue, oh, nein, bitte, nein.

Er ging rasch durch die geöffneten Wagentüren und das Drehkreuz, wobei er seinen Schließmuskel unter größten Mühen zusammenkniff, denn in seinen Eingeweiden gingen ganze Kanonaden los, die ein genügend großes Quantum an Supergasen entwickelten, die, einmal losgelassen, ganz England und das Dritte Reich dazu zu vernichten vermocht hätten. Herr im Himmel, warum gerade ich? Warum muß ich so etwas ertragen? Er hastete die Treppe zur Straße hinauf. Ich muß unbedingt ein Klo finden. Ein glühender Fluß von Scheiße. Du kannst erlöst werden, wenn du nur ein Örtchen findest, ihn zu entlassen. Die Frauen werden sich dir zu Füßen werfen. Kein Klo in Sicht. Kein Restaurant in dieser Gegend, keine Tankstelle. Drugstores haben keine Scheißhäuser. Für nur $ 3.95 werde ich Ihnen bei vollem Rückgaberecht ein Buch zuschicken, das Sie zu einem Supermann machen wird, zu einem Titanen, einem Giganten unter den Männern, muß ein Klo finden, hätte fürn paar Cents eins im U-Bahnhof benutzen können, aber es stinkt da so entsetzlich, und unter Umständen wäre ich angequatscht worden. Dämlicher Stolz. Schlucks runter. Ohne Umwege zu Miss Radcliff. Sie ist deine Sekretärin und versteht dich. Stellen Sie keine Fragen, Miss Radcliff, ich muß unbedingt ins Bad. Oft genug hat sie mich den Gang zwischen den Büros mehr laufen als gehen sehn, die Arschbacken fest zusammengekniffen. Ein großartiges Mädchen, eine perfekte Frau, der einzige glühende Fluß. $ 3.95. Schreckliche Schmerzen im Arsch.

Und wie er so dahinging, selbst in seiner Misere fühlte er, daß er mit der Lösung seines Problems in ihrem Bad eine seiner törichten Hemmungen überwinden würde, wie etwa nicht urinieren zu können, wenn jemand in der Nähe war. Häufig stand er in einem öffentlichen Pissoir, versteinert, unfähig, seinen Urin zu aktivieren. Er blickte dann an die Decke und pfiff nonchalant vor sich hin, als pisse er fässerweise wie ein richtiger Pisse- und Essig-Amerikaner, aber das Pipi in seinem Pisser war blokkiert wie der Eingang zur Grabkammer der Pharaonen. Die verworrenen Wege der Seele. Geheimnisse werden enträtselt. Nur $ 3.95. Noch heute in den Kasten werfen.

Ich werde geradewegs zu ihr gehen. Ein lieblicher Abend für explodierendes Gedärm. Diese Straße rauf, schnell gehen, nicht zu schnell, darf keine Aufmerksamkeit auf mich lenken und von einem Polizisten für zeitraubende Fragen aufgehalten werden. Die kleinste Verzögerung, und es wird Schwierigkeiten geben, Freund, böse Schwierigkeiten.

So reizlos sie auch war, die Verehrung der schönen Göttin gab ihr innerliche Schönheit, und alsbald begann dieses Gefühl von Schönheit sich auch äußerlich zu manifestieren. Unsere wartende Dame nahm diese Verwandlung wahr, als würde ihr ganzer Körper neu geboren. Dies ist das sanfte und feinfühlige Eindringen eines göttlichen Wesens, ihr Damen von Athen. Die äußere Erscheinung des Mädchens begann sich zu verändern! Ihre mageren Hüften setzten etwas an, ihr Busen erblühte, ihre Wangen bekamen Farbe, sogar ihr Haar verlor seine krause Widerspenstigkeit, als hätte eine zarte Welle der geheimen Kräfte ihr Energiefeld verändert und die Bewegung ihres Haarflusses in wunderschönen Linien neu gestaltet. Sie wurde zu einer Sirene.

Mit fiebriger Hast läutete er ihre Glocke in der Halle des Apartmenthauses. Ein Sturzbach von Kötteln wartet in deinem Hausflur, bitte, drück den Summer und laß mich rein, und ich mache dich zum König der Rennbahn!

BZZZZZZZZZZZ. Er drückte gegen die Tür, deren Schloß sich dem elektrischen Impuls ihrer Fingerspitze, drei Stockwerke höher, beugte. Den Fahrstuhl? Nein, zu riskant. Könnte zwischen zwei Etagen steckenbleiben. Wär ne Katastrophe.

Das Apartmenthaus war ihm fremd, aber er erklomm die Treppen mit einer aus Verzweiflung erwachsenden Vertrautheit. Ein glühender Fluß von teppichbelegten Stufen zum BADEZIMMER IHRER TRÄUME! Die Eingeweide richten sich auf, erzeugen Überdruck im Unterleib, produzieren gefährliche Wellen von Beinahefürzen. Muß das Arschloch unter Kontrolle halten. Todesmutig stieg er die Treppe hinauf, resolut schob er einen Daumen fest in den Schritt seiner Hose und preßte ihn wie einen Korken in seinen brennenden, zuckenden Schließmuskel.

Ich bin schön, dachte sie voller Verwunderung und betrachtete sich im Spiegel der Tempelpriesterin. Wie konnte das geschehen, fragte sie sich. Nach all den Jahren reizlosen Unglücks war sie jetzt unbestreitbar schön. Jetzt würde sie sich einen Fremden angeln können, jeden Fremden, den sie wollte. Doch sie blieb im Tempel und wurde Priesterin. Sie zeigte jungen Mädchen, wie sie ihr wahres Bild finden konnten, ein Bild, das naturgemäß schön, aber von Schmerz und Zweifel verdeckt wird.

Der Flur der dritten Etage präsentierte sich als eine teuflische Falle von sich verzweigenden Gängen. Den Finger noch immer gegen sein glühendes Arschloch gepreßt, nahm er die falsche Abzweigung und ging entgegengesetzt zum Apartment Nummer sechzehn, ihrem

Apartment; ging den ganzen Gang bis ans andere Ende hinunter, bis er seinen Irrtum schließlich erkannte.

Hilfe. Mammi. Pappi. Warum? Werfen Sie die beigefügte Bestellkarte unfrankiert in den nächsten Briefkasten, und Sie werden gegen psychologische Kriegsführung versichert sein, die Ihnen in grausamer Weise von DENEN, DIE SIE HASSEN, aufgezwungen wird. Ich bin sicher, daß Sie eine solche Person, die Sie intensiv haßt, kennen. Erlernen Sie die KUNST DES TELEPATHISCHEN JUDO! Öffne mir, schnell, bitte, eine Toilette. Ich zahle jeden Preis. $ 3.95. Sie bestimmen ihn, es gehört Ihnen. Sie brauchen nur mit aller Macht an das zu denken, was Sie wirklich wollen, und mein verblüffendes PSYCHOKRAFTPACK wirds hervorbringen, eine Toilette, bitte, holen Sie es raus, wo ist ihr Apartment. Dort . . . dort entlang . . . vierzehn . . . fünfzehn . . . sechzehn.

Er drückte den Klingelknopf. Er hörte durch seine Agonie hindurch, wie ihre Schritte sich näherten. Er sah ihr ganzes gemeinsames Leben vor sich, ein glühender Strom von Zärtlichkeit, ohne Preis, voller Freuden. Beeil dich zu öffnen. Vergeude keine Zeit, keinen einzigen Augenblick, bitte, die Schmerzen, der A-Bombenfurz.

»Hallo, Jim«, sagte sie, als sie die Tür öffnete.

Er nahm seinen Daumen vom Arsch und schiß sich auf ihrer Türschwelle in die Hose; eine donnernde Salve flüssiger, furzgeladener Kacke, unkontrollierbar, abscheulich, die Beine hinabfließend, furchtbar stinkend, nun laßt mich bitte sterben.

»Ich habe mir gerade in die Hose geschissen«, sagte er, so ruhig er konnte, »darf ich bitte Ihr Badezimmer benutzen?«

9

Unsere Göttin, ihr Damen von Athen, zu deren Ehre wir uns heute abend hier eingefunden haben, ist beides, die Göttin der Fruchtbarkeit und die Hüterin der gesellschaftlichen Ordnung, vor allem der Institution Ehe, die sie nicht verhöhnt wissen will. Laßt zu, daß ich es mir erst einmal bequem mache und mein Gewand ablege, und nun werde ich euch erzählen, wie sieben ruhmreiche persische Soldaten den Zorn Demeters zu spüren bekamen.

Persien hatte Mazedonien in der Schlacht besiegt: Persische Abgesandte kamen, um Erde und Wasser als Gaben der Mazedonier entgegenzunehmen, die alles für ein prachtvolles Bankett bereitet hatten. Man hoffte, daß großzügige Gastfreundschaft die Schikanen, die die Mazedonier von den Persern zu erwarten hatten, lindern würden. Jene aber nahmen Anstoß daran, daß beim Bankett keine Frauen zugegen waren, und taten ihr Mißfallen kund. In Mazedoenien ist es nicht üblich, daß Frauen mit Männern am Tisch sitzen, doch es wurde eine Ausnahme gemacht, und man holte die Frauen aus ihren Privatgemächern herbei.

Die Profitunte von Pothole, Pennsylvania, verließ ihr möbliertes Zimmer und schlenderte die paar Blocks zu ihrem Revier ins Schwarzenviertel der Stadt. Man konnte ihn jede Nacht dort finden – eine Schwuchtel in mittleren Jahren, mit silbrigen Löckchen aus dem Schönheitssalon, mit Lippen rot wie Neon. Man nannte ihn Mister Sam.

»Wie gehts, Mister Sam?« fragte der schwarze Krämer und trat aus seinem Laden in die heiße Sommernacht.

»Gut, sehr gut«, sagte Mister Sam und lächelte dem Schwarzen zu. Pothole war Mister Sams Stadt, und er war ihr Spezialist im Blasen. Es gefiel ihm, die Lokalgröße zu sein. Irgendwer kam auch immer vorbei, irgendwelche neugierigen Jungs, die mal eine richtige Schwuchtel sehen wollten, und wenn sie kamen, um zu sehen, konnten sie auch in seinen Mund kommen; so wenigstens sah es Mister Sam. Er hatte mit jungen Männern wundervolle Augenblicke erlebt, zu zahlreich, um sie zählen zu können. Manchmal sah er ihre Fotos auf den Sportseiten oder später in den Klatschspalten zusammen mit ihren Verlobten, und dann lächelte er. Prima Jungs, Jungs, denen er in dunklen Seitenstraßen einen geblasen hatte. So war das Leben schön; es hatte ihm viele Geschenke beschert. Sich selbst betrachtete er als Lehrer – als einen sanften alten Praktiker in der Kunst des Blasens. Er wars, der aus ihnen Männer machte. *»So«*, hatte er oft gesagt, wenn er seinen Kopf aus dem zuckenden Schoß eines Jungen hob, *»jetzt bist du ein Mann.«*

»Es ist sehr gut, liebe Mazedonier, eure Frauen zu sehen«, sagte der persische Hauptmann, »aber warum müssen wir getrennt von ihnen sitzen? Wir sitzen hier mit vollen Bäuchen und den Gläsern voller Wein, und sie sitzen da drüben, wie Hennen durch einen Zaun von uns getrennt. Sicherlich können wir uns gesellig zueinander setzen und uns vereinen, wie unsere Länder sich in Zukunft miteinander vereinen werden.« Sein Auge ruhte dabei auf einer außergewöhnlich schönen Frau mit goldenem Haar und üppigen Brüsten. Dem Anführer der Mazedonier gefiel es gar nicht, zuschauen zu müssen, wie seine Frau und die Frauen seiner Söhne und Brüder und Landsleute mit den Persern verkehrten. Aber dergestalt ist die Unterwürfigkeit, die sich im Herzen eines besiegten Mannes nährt, daß er sich ohne Selbstachtung fügte und seiner Frau erlaubte, sich neben einem finsteren dunkelhäutigen Perser niederzulassen, der ihr sogleich an die Brust faßte.

Ein funkelndes Automobil mit mehreren Jungens drin kam langsam vorbei, und Mister Sam sah sie kokett an. Ja, es wurde Zeit. Sie hatten ein paar Stunden lang getrunken und waren jetzt auf weitere Erlebnisse aus. Aber sie fuhren vorüber, ohne anzuhalten. »Die kommen wieder«, sagte er, spitzte die Lippen und küßte die Nacht. »Sie kurven immer erst ein bißchen rum.«

»Sie müssen langsam kommen«, sagte der Krämer und rieb sich den Rücken am Türrahmen.

»Eure Zehen, Madame, sind kostbare kleine Stücke Elfenbein, wie man sie bei keiner Perserin findet, auch nicht bei der größten Schönheit.« Der Hauptmann langte nach seinem Glas und berührte ihre Zehen. Sie hatte Angst, und das genoß er, denn er war sich jener Schwäche bewußt, der wir Frauen bekanntlich zum Opfer fallen – wir werden bei jedem Mann schwach, ganz gleich bei welchem, wenn er nur hartnäckig genug vorgeht. Er mag vulgär sein, ein ungestalter Wicht, ein unverschämter Sklave, ein mächtiger Barbar, dessen Atem nach üblen Speisen und üblen Taten stinkt, aber irgend etwas in unserer Natur steht jenseits solcher Unterscheidungen. Irgend etwas regt sich, ungeachtet wie launisch, gefährlich oder abscheulich der Rufende unserem Bewußtsein erscheinen mag. Und weil die Schlange uns so leicht reizen kann, hielt Demeter es für angebracht, uns zu beschützen.

»Euer Hals, Madame, ist so weiß und weich wie der eines Schwans«, sagte der Hauptmann, indem er ihren Hals streichelte.

Mister Sams Haar glitzerte im Licht der Neonreklame, mit einem Haarfestiger gesprayt, der seinen Locken Sitz verlieh, wie bei einer griechischen Statue. Ansonsten hatte sein Körper herzlich wenig mit dem griechischen Schönheitsideal zu tun; er hatte schmale Schultern, einen schmächtigen Brustkorb und einen Spitzbauch. Außer auf Frisur und Lippen legte er keinen Wert auf sein Äußeres. Denn das war die Schleckerei, die die Jungs wollten.

»Da sind sie wieder«, sagte der Krämer.

»So sind Jungs halt«, sagte Mister Sam.

»Euer ganzer Körper fesselt mich«, sagte der persische Hauptmann und streichelte mit ungestümer Hand ihre Oberschenkel, direkt vor den Augen ihres Ehegemahls. Soll er nur zusehen, dachte der Hauptmann. Auf diese

Weise wird er gefügiger werden. Der Kampfhahn wurde in der Schlacht besiegt, und seine Sporen sind dahin. Wir können uns vergnügen und den Mazedoniern dann ihr kaltes, mit persischen Gewürzen gefülltes Fleisch zurückgeben. So groß war seine Verachtung, ihr Damen Athens, und, ach! die Frau des mazedonischen Anführers ging auf seine aufdringlichen und schändlichen Annäherungsversuche ein, obwohl sie dagegen hätte ankämpfen sollen. Vielleicht sind die Frauen Mazedoniens weniger stolz als wir Griechinnen. Ich kann mich des Gedankens allerdings nicht erwehren, daß sich alle Frauen so verhalten. Die Ehre ihres Ehemanns war nun bereits mit Füßen getreten; nun war die ihre an der Reihe, und dabei fühlte sie sich gar nicht so erniedrigt. Denn, wie ich bereits sagte, der weibliche Urtrieb ist stärker als jede Moral und regt sich ohne Rücksicht auf Schmach und Schande. Es wurde ihr warm ums Herz und feucht zwischen den Beinen.

Der Wagen stoppte mit kreischenden Reifen am Bordstein, genau vor Mister Sam.

»n Abend Jungs«, sagte er. »Auf Spazierfahrt, wie ich sehe.«

Die Jungen lachten und besprachen sich leise miteinander. Der Krämer ging mit einem Kunden in den Laden. Mister Sam schlängelte sich an den Wagen und machte eine komische wiegende Bewegung mit den Hüften, als er sich an den Kotflügel lehnte. »Unter *dieser* Haube muß ne ganze Menge Kraft stecken«, sagte er und hob die Augenbrauen.

»Willste ne kleine Fahrt mit uns machen?« fragte einer der Jungs.

»Okay«, sagte Mister Sam, »wenn ihr nicht zu schnell fahrt.«

»Unser Erfolg in der Schlacht ist legendär«, sagte der persische Hauptmann. Dann ihr ins Ohr: »Hörtet Ihr auch von unseren überlegenen Bettwaffen, Madame? So ungestüm unsere Waffen im Felde sind, so ungestüm ist auch die Kraft unserer Schwänze«, flüsterte er und beleidigte mit diesem gemeinen Wort ihre Ehre. Sie errötete und rückte zur Seite, er aber hielt sie am Handgelenk und zog sie dichter an sich. Seine Mitstreiter taten ebenso, und manche von ihnen erfreuten sich der Gegenwart von zwei, gar drei Frauen. Sie malten sich bereits eine Orgie aus, eine Siegesfeier mit den Siegern in Fleisch gebettet. Aber der Anführer der Mazedonier hegte einen Plan; hatte Demeter, unsere große Göttin, ihm in sein Ohr geflüstert?

»Auf welchen Verein steht ihr, Jungs?« fragte Mister Sam, als der Wagen die Hauptstraße entlangschoß und die kleine Stadt schnell hinter sich ließ.

»Hier, Mann«, sagte einer der Jungs neben Mister Sam. »Lutsch meinen Schwanz.« Er öffnete seinen Hosenstall und zog einen schlaffen Riemen hervor.

»So, so . . . ihr seid aber wirklich auf Abenteuer aus«, sagte Mister Sam und blickte auf das müde Glied hinab.

»Lutschn mir, Mann«, sgte der Junge, ergriff mit grober Hand Mister Sams Haarschopf und rammte seinen Kopf in den Schoß.

»Hört mal, Jungs«, sagte Mister Sam, »wir müssen doch nicht gleich grob werden. Wir haben die ganze Nacht vor uns, und ich bin nicht schwer von Kapee.« Er schloß die Lippen um das geheiligte Objekt, das er in all seinen Größen und Formen verehrte. Fachkundig ließ er es rasch zu voller Größe wachsen, und während die Jungs lachten und fluchten, führte er es tief in seine Kehle, schloß geschickt seine Wangen drumrum und verbarg seine Zähne, ganz sanft, denn er wollte keine Panik auslösen. Nein, er wollte nichts als glücklich lutschen und in diesem geschwollenen Organ die steigende Erregung spüren. Ich bin ihr Führer. Ich führe sie über den Highway des Lebens.

»Gentlemen«, sprach der Anführer der Mazedonier, »ich sehe, daß unsere Frauen euch gefallen, und das bereitet mir Freude. Denn wie kann sich ein Mann von den Reizen seiner Frau überzeugen, wenn er sie nicht den reizvollsten Akt mit einem anderen ausführen sieht? Erst dann kann er urteilen, erst dann kann er sie wirklich schätzen. Und so werdet ihr, liebe Ehrengäste, uns, was die Tüchtigkeit unserer Frauen angeht, aufklären, und das Vergnügen wird dabei ganz auf unserer Seite sein.« Der Mazedonier erhob sein Glas, nahm einen Schluck und fuhr fort: »Jedoch haben sie sich schon mehrere Stunden hier bei uns aufgehalten. Sie haben gegessen und ihre Finger sind klebrig, sie haben geschwitzt, ihre Leiber sollten gewaschen werden, nur ein kleines Bad, eine kurze Waschung, auf daß sie zu euch zurückkehren mögen, strahlend und parfümiert, damit ihr eurer Pflicht als Gäste genügen könnt, sie die ganze Nacht hindurch aufmerksam zu bedienen. Stimmt Ihr mit mir überein, Hauptmann?«

»Einverstanden«, sagte der persische Hauptmann und versetzte seiner Dame einen Klaps aufs Hinterteil. »Geht und vergnügt Euch in Euerm Schaumbad, Madame, auf daß ihr nur noch begieriger werdet aufs Gastgeschenk, das ich für Euch aufsparen werde.«

»Er bläst toll, was?«

»Ja, isn guter alter Schwanzlutscher«, sagte der Mittelpunkt der Aufmerksamkeit und ließ auf einmal Mister Sams weiches Haar los, in das er sich nach seiner ungestümen Aufforderung unbewußt festgekrallt hatte.

Mister Sam leckte rauf und runter und rundherum, dann schloß er seine Lippen wieder, um dieses köstliche heiße Eis am Stiel, sein bevorzugter Leckerbissen, der plötzlich zuckte und explodierte und in seinem Mund dahinschmolz.

»Trink, Mann!«

Da brauchte niemand lange zu bitten. Mister Sam erhielt fast all sein Protein auf diese Weise. Mit einem Lächeln schluckte er das exotische Gebräu.

Die mazedonischen Frauen zogen sich in ihre Privatgemächer zurück, und dort vollzog sich eine seltsame Wandlung. Eine Gruppe schöner bartloser mazedonischer Jünglinge war zusammengerufen worden. Es waren köstliche, elfengleiche Wesen, junge Männer, die fast Frauen waren. Nein, sie schienen von fantastischem Geschlecht jenseits des Weiblichen. Ich muß euch das nicht erläutern, ihr Damen. Ihr wißt, wie diese Kreaturen des Zwielichts mit ihrem übertrieben weiblichen Auftreten betören können, das gewandte Flirten einer Frau, das durch jenen Funken Männlichkeit, den diese mädchenhaften Knaben in sich tragen, noch heftiger wird.

Kichernd und vergnügt kleideten sie sich in die Gewänder, die die Frauen abgelegt hatten, und geschickter noch als jede Frau tuschten sie sich die Augen, verzierten sie die Augenlider, legten sie Schatten aus einem Hauch von Bernstein und Blau um ihren Blick. Kein Muskel verunstaltete diese Arme; sie waren weiß wie Elfenbein, sanft wie Milch. Aber trotz all ihrem Gekichere und Gefrotzle, konnte man in ihren flammenden Augen eine furiose Verschlagenheit entdecken.

»Ich bin der nächste, Mann.«

Wieder ging Mister Sams Kopf runter, als der nächste Schwanz ihn ansah. Alle Größen und Formen, ich liebe sie ohne Unterschied der Rasse, Farbe oder Konfession. Glücklich schloß er seinen Mund um die nächste Opfergabe.

»Sie sind zu euch zurückgekehrt, Männer von Persien. Unsere Frauen sind erfrischt und nach allem, was ich ihrem Flüstern entnehmen konnte, begierig, euch ihre Leidenschaft spüren zu lassen!«

Das Auto schoß durch die Nacht, und Mister Sam lutschte, was das Zeug hielt.

»Dann kommt her zu uns!« rief der persische Hauptmann trunken, denn in der Abwesenheit der Frauen war mehr Wein das einzige Vergnügen, und die persischen Offiziere hatten wüst weitergetrunken. Der Hauptmann sank lachend auf die Kissen zurück, und alles drehte sich in seinem Kopf. Seine Gastgeberin näherte sich ihm, viel schöner als er sich ihrer erinnern konnte, ihr Körper strahlend nach dem Bad, ihre Haut zweifellos aufgereizt vom brausenden Wasser. »Komm her, kleine Frau«, sagte der Hauptmann, »und reibe dein Parfüm in meinen Bart.«

»Du tust mir weh, junger Mann«, sagte Mister Sam, als der Junge ihn festhielt, ihm den Arm auf den Rücken drehte. Das Auto roch nach Samen und Bier und Whiskey und Erbrochenem.

»Halts Maul, verdammte Schwuchtel.«

»Hab ich euch nicht lieb behandelt? Hab ich euch nicht allen toll einen geblasen?«

»Schmeiß ihn aus dem verdammten Karren raus.«

»Bitte, Jungs! Laßt mich nicht hier draußen, isn langer Weg in die Stadt zurück. Ich zahl euchs Benzin, laßt mich nur an meine Brieftasche.« Mister Sam wand sich hin und her. Er hatte es früher schon mal erlebt. Man hatte ihn draußen auf irgendeiner dunklen, unbelebten Straße, mitten im Nirgendwo aussteigen lassen. Die jungen Bengel sind immer so launisch, wenn man ihnen einen geblasen hat.

»Ihr seid bereit, Madame?« fragte der Hauptmann und ließ seine Hand langsam den Oberschenkel der wunderschönen Kreatur neben ihm aufwärts gleiten; diese lächelte verschlagen, zog einen Dolch hervor und stieß ihn todbringend mitten in sein Lachen hinein. Die anderen behandelten ihre persischen Freier ebenso, das Blut ergoß sich in Strömen in den Bankettsaal. Sie standen in tiefem Schweigen über den leblosen Körpern.

Mister Sams Kopf hing zum Fenster hinaus, und der Nachtwind blies seine sorgsam gepflegte Frisur in Stücke, blies die Löckchen raus, machte seine Augen schmerzen und nahm ihm den Atem. »Jungs!« schrie er. »Jungs! Ich bin . . . euer . . . Freund!«

Plötzlich flog die Tür auf, und er war draußen in der Nacht, überschlug sich auf dem harten Pflaster und war tot.

10

Artremnesia war eine Frau, die nicht mit sich spotten ließ. Wenngleich eine Perserin, war sie so mächtig wie eine Göttin der See. Ja, ihr Damen, sie war eine Seefrau – Kapitän eines Kriegsschiffes des mächtigen Xerxes, und ihr stolzes Schiff segelte in der Flotte gegen die Griechen. Sie war eine Frau, die Männer in die Schlacht führte, und ihr gehörte das Ohr des großen Xerxes, der jedes ihrer Worte respektierte. In ihr brannte ein Feuer, wie das, welches am Fuße des Demeter-Altars entzündet wird, und dieses Feuer heißt Liebe, und ihr Liebhaber war der König von Kalyndien, ein Verbündeter, der in der Flotte des Xerxes fuhr. Das Gerücht ging um, daß Artremnesia und der König von Kalyndien miteinander im Streit lagen, und daß, als man sich gemeinsam in die Schlacht gegen die Griechen begab, der Streit noch immer nicht geschlichtet war.

»Okay, Joyce«, sagte Mr. Woodrow Jones zu seiner Frau, »ich hab die neue Dichtung am Fenster angebracht. Hier hast du eine Dose Holzkitt und einen kleinen Schraubenzieher. Tu ein wenig Kitt auf das Ende des Schraubenziehers und schmier ihn in die Nagellöcher der Dichtung. Das ist ne leichte, saubere Frauenarbeit.«

»Dankeschön, Liebling«, sagte Mrs. Jones, nahm den

Holzkitt und begann, die Löcher auszufüllen. Sie war es, die immer die kleinen Jobs im Haus verrichtete.

Die Gischt schäumte um den Schiffsbug, ihr Haar flatterte im Wind, ihr Blick war nach vorn auf die sich nähernde griechische Flotte gerichtet, mit der sie sich schon bald im Kampfe messen würden. Als sie zur Seite blickte, hinüber zum Schiff, das neben dem ihren dahinglitt, sah sie das Schiff des Königs von Kalyndien und den König selbst, wie er mit seinem goldenen Helm auf dem Deck auf und ab ging. Ihre Liebe war wild und leidenschaftlich gewesen, jetzt aber gab es diese Liebe nicht mehr, so dachte jedenfalls die Mannschaft. Denn Artremnesia war kurzangebunden mit ihnen, und jeder fürchtete ihren Zorn, der sich in ihr angestaut hatte, seit sie den Hellespont, wo der Streit mit dem König sich entfacht hatte, verlassen hatten.

»Okay, Joyce, ich bin mit den Regalen fürs Badezimmer fertig. Du kannst jetzt die Werkbank saubermachen.«

»Ja, Liebling«, sagte Mrs. Jones und nahm Kehrblech und Besen zur Hand. Was für ein Durcheinander dieser Mann immer zurückläßt, Sägespäne, Leim, verbogene Nägel. Nun ja, ich bin froh, hinter ihm saubermachen zu können. Immerhin hat er alle schweren Jobs erledigt.

Die Schiffe beider Flotten näherten sich einander. Artremnesia hatte den Blick des Todes in ihren Augen. Einen ungestümeren Kapitän wird man in keiner Flotte finden, ihr Damen, als diese tapfere Frau, eiskalt in ihren

Entscheidungen, betörend in ihrer Schönheit, eine Frau, um die nur ein König werben würde.

»Joyce, wenn du Lust hast, gibt es hier noch ein paar Winzigkeiten an den Fensterrahmen; das könntest du erledigen. Hier hast du einen kleinen Pinsel; die grobe Arbeit habe ich schon gemacht. Ich will meine Zeit lieber nicht damit vergeuden. Das ist genau das Richtige für dich. Vielleicht werde ich jetzt mal den Wagen waschen.«

»Gewiß, Woodrow«, sagte Mrs. Jones, nahm den kleinen Pinsel und besserte hier und da ein wenig aus.

Die salzige Luft strich über Artremnesias Lippen, und ein Schiff der Athener drehte sich vor ihr in Kampfposition. Die Krieger Athens konnte man ganz deutlich sehen, ihre Waffen blitzend, ihre Bärte schwarz, ihre Augen ruhig, so erwarteten sie den Kampf.

Von seinem Schiff aus beobachtete der König von Kalyndien die Frau, die als Kapitän ihr Schiff gegen die Athener manövrierte. Wie schön sie doch war und wie geschickt in der Schlacht. Und vielleicht bereute er seine grausamen Worte im Hafen von Hellespont. Mit jedem Augenblick konnte er ihr Gesicht deutlicher sehen, denn sie war von den Athenern abgedreht und hatte Richtung auf sein eigenes Schiff genommen. Jedermann an Bord des kalyndischen Schiffes war plötzlich in Betrachtung des wilden Schwanenschiffes erstarrt, das sich ihnen näherte, als wäre es völlig außer Kontrolle geraten. Und doch konnte man Artremnesia sehen, das blonde Haar hinter ihr herflatternd, den Arm in die Richtung ausgestreckt, die sie zu verfolgen wünschte.

»Mein König!« rief der kalyndische Kapitän. »Sie wird uns rammen!«

Prächtig kam Artremnesia daher, die letzten Strahlen der untergehenden Sonne hinter sich, die Wildheit des Meeres in ihren Augen. Der König von Kalyndien stand auf dem Deck seines Schiffes, das vergeblich versuchte, ihr auszuweichen. Dann blickte er direkt in ihre Augen und nickte langsam mit dem Kopf, bevor sie rammte und das Schiff in zwei Hälften schnitt.

»Joyce, würdest du bitte einen Moment aufhören mit Pfeifen? Ich überlege mir gerade angestrengt, wo ich die Etagere hier im Schuppen anbringen kann. Ich muß mich konzentrieren. Du weißt, das ist geistige Arbeit.«

Artremnesia blickte über die Schulter zurück; dort, wo sie das Schiff des Königs versenkt hatte, war jetzt nur noch die mahlende See, aus deren Fluten sich kein einziger Überlebender reckte.

11

Io, Tochter des König Inachus, begab sich mit einigen ihrer Zofen in den Hafen, wo ein phönizisches Schiff festgemacht hatte und die sonderbarsten Gegenstände aus Asien zum Kauf anbot. Io war schön, und es war ein lieblicher Tag mit einer sanften Briese, die vom Meer her wehte. Sie spazierte am Ufer entlang, kaufte dieses und jenes, einen prächtigen Gegenstand nach dem anderen, als ihr Blick auf eine noch prächtigere Gestalt fiel – die des phönizischen Kapitäns, der in Schweigen gehüllt an Deck seines Schiffes stand, den muskulösen Arm lässig nach vorn gestreckt, seine Hand lose über die Reling hängend. Er schien so weit von ihr entfernt wie Asien selbst, seine Augen schweiften über die Hügel jenseits des Ufers, und sie wünschte, ihrer Natur entsprechend, daß sie auf ihre liebliche Figur fielen, denn verkörperte sie nicht die ganze Schönheit dieses Landes?

Ihr kleines Gemach im hinteren Teil des Buchladens an der Zweiundvierzigsten Straße war eine Traumwelt der Lust, wo sie der Welt ihre großen Brüste zeigte. Drall reicht gar nicht aus, um die monumentale Größe ihrer Titten zu beschreiben, die durch die Tatsache, daß sie barfuß nur 1 m 60 maß, noch enormer wirkten. Sie kleidete sich in der Garderobe aus und ging wie eine große

Schauspielerin, die sie tatsächlich war, in den Raum mit den Fenstern und der rotierenden Plattform. Sie kam aus einer anständigen, gutbürgerlichen amerikanischen Kleinstadtfamilie; sie hob ein Bein auf die Plattform und hörte, wie die durch Münzeinwurf betätigten Vorhänge der Fenster aufrollten. Sofort wurde ihr anständiges, gutbürgerliches, kleinstädtisches Loch feucht. Wie sehr liebte sie es, wenn man ihre Titten bewunderte.

Er war mit Schätzen übers Meer gekommen, und jetzt sah er einen Schatz, den er wohl mit sich nehmen mochte. Die blonde Io hatte endlich die Aufmerksamkeit des Kapitäns gewonnen, indem sie ein goldenes Ei aus Persien emporhob und sich mit ihren Zofen mit lauter Stimme darüber ausließ, wobei sie ihren Körper so drehte, daß die Sonnenstrahlen von jenseits der Hügel durch ihr dünnes Gewand fielen und die Wölbungen ihrer Brüste für ihn deutlich sichtbar machten.

»Es gibt noch seltsamere Gegenstände an Bord«, sagte der Kapitän leise, doch seine Stimme gelangte ans Ohr des äußerst aufmerksamen Mädchens. Ach, ihr Damen von Athen, so geht es – sie muß ihn aus dem Schlaf, aus seinen Träumen wecken und ihn Schönheit lehren. Aber jetzt war er wach geworden, und er sandte seinen Schiffsjungen hinab, um sie und ihre Gespielinnen an Bord zu geleiten.

Ihre Titten waren wahrscheinlich die größten, die jemals an der Zweiundvierzigsten Straße gezeigt wurden. Sie strahlten für sie selbst, wie für die Männer hinter den dunklen Fenstern, eine große Faszination aus. Wozu hatte man solche riesigen Brummer, wenn nicht, um sie auf diese Weise zur Schau zu stellen? Nackt auf der langsam rotierenden Plattform sitzend, war sie ganz sie selbst. Jede Frau möchte das tun. Sie drehte sich zur Seite, einen Ellbogen auf die Plattform, den Kopf in eine Hand gestützt. Unsere Titten zeigen. Ich zeige meine Titten. Guckt, ihr ausgehungerten Wichser, und laßt eure Riemen baumeln. Alle haben sie ihre Schwengel zu meinen Ehren rausgeholt. Jenseits der Fenster, die unzählige Reflektionen ihres weißen Körpers zurückwarfen, hoben sich die Schwänze. Sie drehte sich auf den Rücken, blickte an die Decke und leckte sich mit der Zunge über die Lippen. Langsam hob sie ein Bein und streckte es in die Luft wie eine Tänzerin. Einer dieser Typen hat jetzt einen Vierteldollar-Blick mitten in meine Muschi. Vielleicht kann er sogar sehen, wie feucht sie ist. Ich liebe es, Mommy und Daddy, das liebe ich. Und sie senkte das rechte Bein und hob das linke, wobei sie ihre Zehen hin und her bewegte.

»Genau vor dir«, sagte der phönizische Kapitän, »ist meine Kabine. Und dort bewahre ich meinen wertvollsten Schatz auf.«

Irgendwie hatte sie ihre Gespielinnen aus den Augen verloren, zweifellos an die Locken und Blicke der Seeleute, und sie war für den Kapitän bestimmt. Die Tür zur Kabine öffnete sich. Ihr Herz schlug wie rasend. Jetzt, da sie ihr kleines Ei erstanden hatte, hatte sie genug. Sein

Flirten war alles, was sie wollte, nichts weiter als einen frivolen Spaziergang am Strand. Aber sie hatte nicht mit dem Lockruf gerechnet, den die Seeleute von den Sirenen auf den Klippen lernen. Plötzlich befand sie sich in seiner hölzernen Kammer über dem Wasser und sah die heimatlichen Hügel durch ein kleines rundes Fenster. »Was für Welten dieses Fenster wohl gesehen hat«, sagte sie und versuchte, so ruhig zu sein wie der Ozean unter ihr.

»Nichts so Betörendes wie dich, Mädchen mit dem goldenen Ei«, sagte er.

»Du bist in deinen Worten wohl geübt.«

»Nur für dich.« Er berührte ihr Haar und wickelte es sacht um seinen Finger.

Sie berührte sich selbst, ließ ihre Hand schön langsam den Oberschenkel hinaufgleiten, bis sie ihren Biber erreichte, und strich sacht darüber hin, wobei sie mit den Fingern die Haare teilte. Die Vorhänge schlossen und öffneten sich, einer nach dem anderen. Es war ein vertrautes, ihr angenehmes Geräusch. Tausendmal besser, als im Kaufhaus zu jobben. Sie lag im warmen Licht auf dem persischen Teppich und sah zu, wie die Decke sich drehte. Ihre Hände wanderten über den weichen Bauch zu ihren Supertitten. Sie drückte und liebkoste sie. Sie war die beste Show auf der Zweiundvierzigsten Straße; sogar der Manager kam manchmal in eine der Zellen und begaffte sie. Sie ging in ihrer Arbeit völlig auf und kannte die ganze Skala autoerotischer Körperbewegungen. Sie rollte sich herum auf den Bauch und drückte sich auf den warmen Teppich, wobei ihr ganzer Körper lustvoll erschauerte.

Ich bin heiß, so heiß, dachte sie und hob ihr süßes Hinterteil von der Plattform und, indem sie es langsam im Kreis bewegte, bot sie den Boys einen guten Blick von hinten auf ihren Biber. Ihren süßen kleinen Biber mit seinem langen Schlitz und der Klitonase. Das habt ihr gern, Boys, oder? Ihr würdet gern an ihm rumlutschen, wenn ich euch dranließe. Aber es ist so schön hier drinnen, so ganz allein, als wäre ich im Fernsehen. Die Augen springen ihnen aus den Höhlen; sie sind bereits in ihre Taschentücher gekommen. Manchmal geben sie Laute von sich, stöhnende und grunzende Laute. Sollen sie lechzen. Ein Typ kommt und leckt die Fensterscheibe. Ich bins, die sie lieben, nicht ihre Frauen oder Freundinnen. Sie gehen nach Hause und ficken ihre Frauen, und ich bin es, an die sie abspritzen. Sie sehen, wie meine großen Titten tanzen und meine süßen Zehen. Ich bin so schön. Ich bin das Schönste, was Echo Lake, New Jersey, jemals hervorbrachte. Keine der Studentinnen-Verbindungen wollte mich aufnehmen, weil ich die größten Titten hatte. Aber wer wurde als aussichtsreichste Anwärterin fürs Showbusiness gewählt? Ich, Edwina Sutlock; und die Männer beten mich an.

Sie hörte, wie jemand an die Glasscheibe klopfte. Sie blickte auf und sah ihn mit runtergelassenen Hosen auf einem Stuhl stehend, seinen prächtigen Ständer ans Glas gedrückt. Ich verstehe. Er möchte, daß ichs sehe. Sie lächelte und warf ihm einen Kuß zu, und wie sie es erwartet hatte, spritzte er in der nächsten Sekunde über die Scheibe. Er hatte es für sie aufgehoben, und jetzt verschwand er wieder im Dunkel, und sie beobachtete, wie das Sperma langsam am Fenster herabtropfte, seine Opfergabe an ihren Tempel. Sie hoffte, daß er es genossen hatte, hoffte, er würde jetzt nach Hause gehen und mit seinem dummen alten Weib eine gute Nummer schieben.

Die Hände des Kapitäns lagen jetzt auf ihr, und sie wehrte sich einen Augenblick lang, gab aber schnell nach. Wir sind so schwach, ihr Damen von Athen, was das angeht, während wir sonst so stark sind. Das Gefühl von seinem Glied an ihren jungen Schenkeln war überwältigend. Sie schloß die Augen, sein Schiff segelte in ihr Herz, sie weinte sogar ein bißchen, wie sie da nackt auf seiner Pritsche vor Erregung zitterte. Aber er erwärmte sie schon schnell mit diesem exquisitesten aller Schätze, die nicht nur in Asien, sondern auch in unserem Land, ja überall gemacht werden, jenem Kunstobjekt, von der Göttin selbst für höchsten Genuß gestaltet.

Sie stand, schüttelte ihre Titten ein wenig. Wie sehr liebte sie es, sie zu fühlen. Sie waren immer die beste Überraschung. Wenn sie morgens aufwachte, waren sie da, wie ein Wunder. Sie beugte die Beine, stellte sich auf die Zehenspitzen und ließ ihren Venushügel kreisen. Ich bin ein kleines Wunder. Sie kriechen aus Löchern in der Wand, um mich zu sehen. Ich wünschte, es gäbe eine Toilette in diesem Raum, dann könnten sie mich scheißen sehen. Mutter bestand immer darauf, daß ich die Badtür offenließ, wenn ich mal mußte. Sie wollte kontrollieren, daß ich nichts Schmutziges mit mir selbst machte. Und jetzt bin ich hier, Mama, deine Tochter macht schön langsam Stinkefingerchen für alle Freaks der Stadt.

Gäbe es eine Toilette, könnte ich meinen Abendschiß für sie aufheben. Ich würde mich ganz langsam abwischen. Ich würde mich drehen, so daß sie alle sehen könnten, wie ich mir den Hintern putze. Alles – ich will, daß sie alles kriegen, was ich ihnen geben kann. Man sollte auch eine Dusche einbauen, dann könnten sie zusehen, wie ich meine süßen Titten wasche, wie ich sie einseife, wie ich mein Loch einseife, wie ichs ganz mit Seife vollschmiere, meinen Finger reinstecke und es hübsch sauber mache.

An dieser Stelle hob die vornehme Athenerin ihren Rock, und, indem sie ihn knapp über die Oberschenkel spannte, zeigte sie ganz ungeniert ihren runden, von kohleschwarzem Haar bedeckten Hügel. Es ist eine Armengeldbörse, sagte sie, bis der Goldbarren hineingeschoben wird. Sie blickte neckisch auf die schwarze Börse als versuche sie, das tiefste Geheimnis Demeters zu ergründen, das Geheimnis weicher Lippen, die von süßer Ewigkeit singen, vom Urgeheimnis, das die Göttin vor ewigen Zeiten auf immer besiegelt hatte. Sie lachte und zog sich vollends aus, wie es in ihrer Fabel die entführte Jo getan hatte.

Nirgends bin ich so gern wie in diesem Raum, wo ich mich selbst scharfmachen kann. Sie rollte sich auf der

Plattform wie ein Fötus zusammen, die Hände zwischen den Beinen gefaltet. Sie massierte ihre Beine, preßte die Finger in ihre Muschi, in die weichen, feuchten Falten. Langsam streckte sie die Beine wieder aus, und indem sie sie breitmachte, begann sie ihre Klitoris zu kitzeln, ganz sacht, so, wie sie es am liebsten hatte, wie niemand sonst es konnte, hörte genau im richtigen Augenblick auf und begann von neuem.

Sie rieb die Hände in ihrem krausen Biber, während die Vorhänge aufgingen und sich schlossen. Sie waren jetzt alle voll dabei und bearbeiteten wie sie ihr Fleisch. Laßt uns alle gemeinsam kommen, Boys. Oh, ich liebe die Wärme des Lichts, was könnte ich sonst schon tun, mit meinen Titten, meinem Biber, meinem Leben? Ich will jetzt nur noch eins, Honey, ich will jetzt kommen. Sie erhob sich, hielt ihre Pussy fest umfaßt, schüttelte ihre Brüste und sank dann langsam wieder auf die Plattform, schob ihren Finger rein und raus und legte den Daumen auf ihre Klit. Im Bad dann, bei weit geöffneter Tür und unter aller Blicke, stieß sie einen tiefen Seufzer aus und streckte ihre Beine weit von sich, ganz weit und kam, kam in einer gleißenden Woge über die ganze Zweiundvierzigste Straße, wieder und wieder, und die Schwänze standen Spalier.

Io fühlte, wie die Welt sich wiegte; konnte es sein, daß er ein solch kraftvoller Liebhaber war, daß ihr ganzer Körper so heftig hin- und hergeworfen wurde? Das Schiff befand sich auf See, ihr Damen, Io war entführt worden.

Eine Schatzsucherin, auf der Jagd nach einem goldenen Ei. Sie sprang nackt auf – ihre Scham war überwunden –, und sie sah durch das runde Fenster, wie die heimatlichen Hügel auf immer in der Ferne verschwanden.

Man sagt, daß sie eigentlich gar nicht unglücklich war, denn hinter ihr stand der Kapitän mit einem stillen Befehl, dem sie verspielt gehorcht hatte. Dummes Kind! Und so brach wegen einer Kinderlaune der Große Krieg aus.

König Inachus schwor, daß seine Tochter gegen ihren Willen entführt worden war, was zweifellos stimmte. Aber ich frage euch, ihr Damen, wird jemals eine Frau völlig gegen ihren Willen genommen?

12

Der große Plutarch hat von der lieblichen Witwe Ismenodora berichtet, die in den wunderschönen Knaben Bacchon verliebt war. Sie war wohlhabend, er nur ein Kadett der Palestra, wo er, nachdem er nackt mit den anderen Knaben herumgetollt hatte, viele Bewunderer gewonnen hatte. Diese jungen Männer, und nicht wenige alte Männer, verehrten Bacchons Schönheit und wollten ihn nackt in ihrer Mitte sehen. Aber wir kennen die Stärke einer Frau, deren Verlangen erwacht ist. Ismenodora begehrte den Jüngling und meinte, daß ihre Brüste, ihre Schenkel, ihre ausgereifte Schönheit den Muskeln der Knaben im Gymnasium, mit denen Bacchon täglich spielte, überlegen waren.

Wachtmeister Slug ging in seine Garderobe und legte Lidschatten, Mascara und Nylonstrümpfe bereit.

Bacchons Männlichkeit stand außer Zweifel. Ismenodora wußte, daß er, einmal in ihren Armen, die wahre Natur der Frau entdecken und seine eigene Natur erwachen würde, ausgewachsen und bereit. Der Gedanke daran füllte ihre Nacht mit einsamem Feuchtwerden, denn sie hatte Bacchon im Stadion beobachtet, hatte die unerprobte Männlichkeit gesehen, kräftig und zum Pflücken reif – aber behindert von den Gliedmaßen eines

Knaben. Spät im Dunkeln seufzte sie und wünschte sich, ein Mann zu sein, um beim Sport der Palestra teilnehmen und den Geliebten berühren zu können. Aber dann, als sie den eigenen Busen und ihre schwellende Scham berührte, wurde sie ruhig und wußte, daß sie noch immer über die größeren Kräfte verfügte, wenn sie es nur geschickt genug anstellte.

»Wachtmeister Slug, sind Sie dienstbereit?« fragte der Captain der Sittenpolizei. »Haben Sie Gummiknüppel und Brieftasche? Ich muß schon sagen, Sie sehen großartig aus heut nacht.«

»Danke, Cap.« Und jetzt verlasse ich die Wache und geh mit meinen hohen Absätzen auf Streife und schnapp mir irgend so einen gottverdammten Hurensohn von einem Junkie-Taschendieb. Titten. Perücke. Lippenstift. Irgendwie ein tolles Gefühl, wie die Nylonstrümpfe sich beim Gehn aneinanderreiben. Wenn ich nicht aufpass, krieg ich davon noch einen hoch. Aber mein Riemen ist festgeschnallt, und unter meiner nach europäischem Stil unrasierten Achselhöhle steckt ein 45er Revolver. Hab ne Spur Parfüm hinter die Ohren gerieben, nicht zu stark, gerad so ne Spur von *Ma Griffe*. Was für ne wunderschöne Nacht, nen Perversen zu schnappen und ihm eins in die Fresse zu schlagen. Seht mein Spiegelbild an, da in der Schaufensterscheibe – sexy? Mann, ich bin ne heiße Puppe, wattierte Titten und n falscher BH mit Gumminippeln. Irgend so ne Nille wird heute nacht ne Überraschung erleben. Herr Bürgermeister, Wachtmeister Slug ist im Dienst!

Ismenodora schritt in der fast völligen Dunkelheit des Neumonds auf und ab. Sie hatte Bacchon diesen Nachmittag gesehen, wie er in Gesellschaft der anderen Knaben an ihrem Haus vorüberkam, und seine Schönheit hatte gefunkelt wie das Schwert der Liebe, das die Herzen seiner Begleiter durchbohrt. Bacchon, mein Liebling, mein Süßer, flüsterte sie aus dem Fenster hinaus der Nacht zu. Die Zeit der Trauer war vorüber; ihr Ehegemahl war in der Schlacht gefallen und hatte sie in Reichtum und Freiheit zurückgelassen. Dieser so schwer einzufangende Knabe hatte die Lust in ihr wieder geweckt. Es wäre töricht, ihn langsam und allmählich verführen zu wollen, indem ich mich mal hier, mal dort zeige, wo er vorübergeht. Seine Wächter sind zu schlau, sie überhäufen ihn mit Schmeicheleien und Zuneigung und schirmen ihn ab von jener höchsten Wonne, die nur ein Frauenkörper in einem Mann erzeugen kann. Diese kleinen Teufel, diese geilen nackten Böcklein. Ich werde Gewalt anwenden müssen, um ihre Abschirmung zu durchbrechen und ihre Liebkosungen zu vereiteln. Oh, lieber Mond, wie kann ich ihn nur so verzücken, wie er mich verzückt hat?

Ja, heute nacht sehe ich göttlich aus, wie so ne Art Sophia Loren mit meinen glittergeschmückten Augenlidern. Bin froh, daß ich die dunkle Perücke genommen hab; bringt das Braun meiner Augen besser zur Geltung. Ich werd mir nen Taschendieb schnappen und ihm meinen Gummiknüppel so tief in den Arsch rammen, daß ihm die Augen rauspoppen.

Alles, was Ismenodora und Bacchon von einander trennte, waren die Knaben, und bei diesem Gedanken kam sie auf die einzig mögliche Lösung. Am frühen Morgen rief sie all ihre Dienerinnen und Diener zusammen und befahl ihnen, den ganzen Tag an der Pforte ihres Hauses Ausschau zu halten, während sie badete und vor sich hin summte und ihre gewagtesten Kleider ausprobierte. Der Tag war strahlendhell, sie aber hatte nur die Nacht vor Augen.

Drüben an der Ecke steht n Kerl und glotzt mich an. Werd n bißchen mit meinem Arsch wedeln. Vielleicht wird er versuchen, mir meine Brieftasche wegzunehmen. Wird ne gottverdammte Überraschung zwischen seinen Lichtern erleben. Komm her, du Riesenbaby, komm her und versuch mich zu belästigen.

Er geht in ne Bar. Hast Angst vor ner schönen Frau, mickriger Knirps. Na gut, ich marschier einfach weiter. Fühl mich ganz gut mit meinen hohen Absätzen. Letzte Woche bin ich darauf einem Taschendieb nachgerannt, hab ihn fünf Blocks lang gejagt und ihm dann in nem Hauseingang die Lichter ausgeblasen. Wachtmeister Slug kann keiner entwischen. Sie ist zu schnell.

Schnell sind die Läufer der Palestra und flink ihre Finger beim Austeilen scheuer Liebkosungen, aber sie waren nicht annähernd so flink wie Ismenodoras erfinderischer Geist. Sie glaubten den Preis fest in der Hand, und sie fürchteten keinen Rivalen, schon gar nicht außerhalb des

Gymnasiums. Bacchon mußte ihre Freude sein, ihr Ruhm, und Arm in Arm gingen sie einher, nachdem die täglichen Übungen abgeschlossen waren, und erfreuten sich jener rauhen und doch so rührenden Zärtlichkeit, der Jugend Eigenliebe. Bacchon war ein Gott! Seine goldene Lockenkrone tanzte, als er seinen Kopf auf die Schulter eines anderen Knaben legte, mit einem Lächeln, das gleichzeitig ein flüchtiger Kuß war. Wir geben zu, ihr Damen Athens, es ist traurig, daß einander zugeneigte Jünglinge getrennt werden müssen. Aber unternähmen wir Frauen nichts, dann würden uns keine Helden geboren. Somit ist Ismenodoras Handlung gerechtfertigt, und als die sich geneigten Knaben an ihrem Tor vorbeikamen, stürzten ihre Diener hervor und, mit der Überraschung als Verbündete, zerrten sie Bacchon aus seiner Schar.

Wachtmeister Slug, du bist das bestaussehendste Stückchen Arsch auf dem Broadway heut nacht. Da steht n heiß aussehender Zahn, drüben im Hauseingang, aber ich glaub, meine Titten sind größer. Was solln das, die kommt ja auf mich zu. Mann, was ne sexy Stimme.

»Du bist hinreißend heut nacht, meine Liebe.«

»Nee, finden Se wirklich?« Was soll das, was soll denn das, worauf will die Alte raus. Wär ich nicht in diesem Aufzug, würd ich sie mir vielleicht mal vornehmen, sie in nem Hauseingang mal kurz abspritzen. Aber ich bin im Dienst. Kann heute nacht nicht rumvögeln.

»Einfach toll. Warum kommste nich n bißchen mit. Ich weiß, wo ne geschmierte Party läuft, wo Mädchen wie wir n Mordsvergnügen haben können.«

»Tut mir leid, keine Zeit heut abend. Ich bin . . .«

»Haste ne Verabredung?«

»Ja . . . ja, genau; ich hab ne Verabredung.«

»Ich wette, der steht auf deine behaarten Eier.«

»WAS?«

»Oh, tu doch nicht so, Honey, wir sind doch vom selben Ufer. Dein Augenmakeup is cool, aber du hastn paar Oberschenkel wien Rhinozeros.«

»Gibt Männer, die lieben ein muskulöses Kälbchen.« Ich muß diese verrückte Alte abwimmeln. Die is ja schizo. Ich muß mir nen Taschendieb finden und ihm die Lichter ausprügeln. Kann keine Zeit mehr verschwenden. »Ich muß weiter.«

»Hab man nicht so ne Eile. Ich sag dir, du stehst bestimmt auf diese Party. Hör zu, du hast n Paar Eier, und ich hab auch n Paar Eier, klar? Und ich hab n paar Freunde, alle so aufgeputzt wie wir, und wir könn dahingehn . . .«

»AUF NE PERVERSENPARTY?«

»Ja, Baby, genau. Nur für Freaks.«

»Ich mein, verdammt noch mal, Sie denken wohl – ich wär so ne Art von gottverdammtem Perversen!«

»Was biste denn?«

»Ich bin . . . ich bin . . .«

»Du bist schwul, ich bin schwul, komm jetzt, laß uns n Taxi schnappen. TAXI!«

Vielleicht geh ich mit diesem Witzbold einfach mal mit.

Könnte sein, daß ich n ganzes Nest von diesen perversen Vögeln zusammentreibe. Wasn Fang für Wachtmeister Slug!

Der junge Bacchon wurde durch das eiserne Tor in Ismenodoras Hof geführt, und die Dienstmägde überschütteten ihn mit Blumen und Lorbeerzweigen, und eine von ihnen spielte Flöte, und Bacchon mußte lächeln, denn er wußte, daß ihm hier nichts Böses zustoßen würde.

»Nirgendwo auf der Welt«, sagte Ismenodora zu ihrem Geliebten, »gibt es einen Jüngling, so schön wie dich, Bacchon.« Er wurde in ihr weihrauch-geschwängertes Gemach geführt. Sie lag in einem äußerst gewagten weißen Gewand da, die Tür schloß sich hinter ihm, und er war mit ihr allein, bis auf den Klang der Flöte, der süß von irgendwo unterhalb des hohen offenen Fensters emporstieg.

13

Perianders Gemahlin, ihr Damen von Athen, starb ziemlich unerwartet. Im Bann des Alptraums der Trauer, gestürzt in Einsamkeit, suchte er auf dem erkalteten Körper seiner geliebten Melissa Trost und Erleichterung. Ja, meine Lieben, er besamte die tote Lieblichkeit seiner Gemahlin. Eine grauenerregende Geschichte, dennoch eine Lieblingsgeschichte von Demeter. Fröstelt es diejenigen unter euch, die ihr Gewand abgelegt haben, bei dem Gedanken an den eiskalten Körper, auf den er sich legte? Meine Geschichte, ihr Damen, wird den klaren Beweis für die verborgene Gegenwärtigkeit der Seele erbringen. Ja, irgendwie fühlte Melissa die Schändung, denn im Tod, jenem unumgänglichen Status, ist ein Rest des Lebens enthalten. Der verblassende Regenbogen ist eine Spiegelung des Sonnenlichts, und Periander versuchte, den verbotenen Abgrund der Ewigkeit zu betreten, und legte sich auf sein lebloses Weib. Wie reglos der Geistermond stand!

»Spiel das Lied noch einmal. Ja, Honey?« sagte die betrunkene Blondine zum Klavierspieler in der Bar. Der Klavierspieler lächelte und spielte es noch einmal, und sie kam herüber und setzte sich dicht neben ihn auf seine Bank und stopfte ihm eine Zehn-Dollarnote in die Tasche seines Jacketts. »George und ich würden dich gern zu einer kleinen Party einladen heute abend.« Sie wies mit einer Kopfbewegung auf einen kahlköpfigen Mann, der etwas weiter hinten an der Bar hockte. Sein Drink stand auf dem glänzenden Pianodeckel. Er lächelte und winkte betrunken mit den Fingern.

»Okay«, sagte der Klavierspieler, »wenn ich die letzte Nummer gespielt habe.«

»Prima! Honey, wir werden einen Mordsspaß zusammen haben. Wenn du Geld magst, George hat genug. Hast du Geld gern?«

»Oh, ja«, sagte der Klavierspieler, »Geld hab ich gern.«

»Na, dann wirst du heut nacht was verdienen; wie wärs?«

»Wär toll.«

Das tat Periander, ihr Damen, und er mußte immer daran denken. Einer seiner Freunde fragte ihn nach einem bestimmten Gegenstand, den er ihm geliehen hatte. Periander suchte danach, konnte ihn aber nirgends finden. So begab er sich zum Orakel am Acheron-Fluß, wo völlig unerwartet der Geist seiner Frau erschien. Sie friere, sagte sie. Die Gewänder, die sie im Grab trage, hielten sie nicht warm.

Ich friere, sagte sie. *Ich brauche Kleider, warme Kleider.*

Zuerst vermutete Periander einen Dämon, der seinen Schabernack mit ihm trieb. Aber dann sagte der Geist einen merkwürdigen Satz, der seine Seele aufs tiefste erschütterte.

Du hast deinen Laib in einen kalten Ofen geschoben, sagte Melissas Geist.

Der Tempel des Orakels war von Schatten bevölkert, denn die Toten lieben solche Schatten. Sie stand in dem kalten steinernen Raum wie eine dünne Rauchfahne. *Ich friere und brauche warme Kleider. Du hast deinen Laib in einen kalten Ofen geschoben.*

»Du spielst irrsinnig gut«, sagte George, als er, seine Freundin und der Klavierspieler in ein Taxi stiegen. Das Taxi jagte durch die verlassenen Straßen zur East Side von Manhattan, hinein in den Wald eleganter Wohntürme, an deren Pforten dienstergebenes Personal die ganze Nacht hindurch auf Spätheimkehrer oder einen gelegentlichen Einbrecher wartete, mit dem es unter einer Decke steckte.

»Er ist sehr begabt«, sagte die Blondine und fuhr mit ihren Fingern durch das schwarze Kraushaar des Klavierspielers.

Der Klavierspieler saß betrunken, ungerührt da. Während der zehn Jahre, die er in New York City zum Cocktail aufgespielt hatte, hatte er alle möglichen Drinks probiert. Er hatte sie *alle* gekostet, dies hier schien aber ein besonderes Gebräu, denn es sah so aus, als habe die Blondine sich nur wegen Kleidern und Klunkern an George rangemacht. Könnte sowas werden wie ne gute Pokerpartie, die man als Reicher verläßt. Naja, ich werd mit ihr pokern, werd sie bumsen, sie oder George oder, wenns sein muß, auch ihren Gummibaum. New York.

Der Schreck fuhr Periander bis in die Haarspitzen. Tote fühlen und hören; Tote sprechen, wenn man sie anspricht. Und wieder spürte er den toten Körper; noch als er auf die Straße hinausging, fühlte er die Berührung mit dem toten Fleisch, so kalt und nackt, die Blume, die in seinen Armen welkte. Wie schrecklich, dieses grausige Verbrechen auf dem Gewissen zu haben.

»Bring Melissa ein Opfer dar, um ihr Frieren zu lindern«, sagte das Orakel.

Der Mond bahnte sich einen mühsamen Weg durch den nächtlichen Smog und erhellte Georges Penthouse. Sie standen eine Zeitlang im Halbdunkel, und der Klavierspieler fühlte eine Hand an seiner Hose, die sich zwischen seinen Beinen zu schaffen machte.

»So«, sagte George und schaltete das Licht an, »das ist schon besser.« Eine rote, hinter Pflanzen verborgene Glühbirne ließ den Raum wie ein kaputtes Herz aussehen, schwach flackernd und seltsame Schatten unregelmäßiger Dschungelblätter an die Wand werfend.

»Hier ist die Bar«, sagte George, rollte sie heraus und öffnete sie. George war ein gedrungener Mann mit einem runden Kopf, dicken Backen und sinnlichen Lippen. An den Wänden hingen viele Gemälde.

»Alle herhören!« Der Ausrufer von Korinth schlug seinen Gong. »Alle herhören!«

Die Bewohner der Stadt versammelten sich, die Frauen

standen in Gruppen und flüsterten miteinander, die Männer warteten still und gespannt. Der Ausrufer hub an und verkündete eine Botschaft des Stadtvaters, von Periander, dem Anführer, Periander, dem großen Feldherrn.

»Alle Frauen«, sagte der Ausrufer, »sollen sich nackt ausziehen. Und es muß unverzüglich geschehen.«

Die Aufregung war enorm. Ein paar junge Mädchen, die an diesem Tage keine Aufmerksamkeit auf sich gelenkt hatten, waren die ersten, die ihre Kleider abwarfen. Befehl ist Befehl; einer Proklamation von oben muß gehorcht werden. Es war geradezu eine Schande, weiterhin mit Kleidern am Leibe herumzustehen. Andere Frauen wurden von den Soldaten gezwungen, sich auszuziehen, und schon bald türmten sich die Kleider auf einem Haufen mitten in der Stadt, während eine Frau nach der anderen nackt, mit ihrem Gewand auf dem Arm, daherkam. Doch die Menge befand sich nicht gerade in einer munteren Stimmung, spürte sie doch, daß hinter dieser seltsamen Aufforderung etwas Furchteinflößendes steckte. Selbst die Draufgänger unter den Soldaten benahmen sich zurückhaltend wie Diener, indem sie den Frauen behilflich waren, die ein Kleidunsgsstück nach dem anderen auf den wachsenden Haufen warfen.

»Nun, ich werds mir bequem machen.« Die Blondine öffnete ihr langes Haar. »Stört es euch?« Sie knöpfte ihr Kleid auf und ließ es fallen. Ihr BH war transparent, mit aufgestickten schwarzen Händen. »Ein Geschenk von

George.«

»Ich mag, wenns perlt«, sagte George und rührte die Drinks um.

Der Klavierspieler riskierte noch einen Blick. Auf dem Slip der Blondine waren kokett zwinkernde Augen. Sie hatte lange Beine und trug mit hauchdünnen Schmetterlingen verzierte Strümpfe. Sie ließ sich auf einen Stuhl fallen, einen Drink in der Hand, und sagte: »Er mag Geld, George.«

»Ja, natürlich«, sagte George, »wer nicht? Glücklicherweise habe ich sehr viel Geld. Hier.« Er öffnete seine Brieftasche und gab dem Klavierspieler zwei Fünfhunderter, die dieser in seine Tasche steckte. »Willst du mal das Schlafzimmer sehen?« fragte George und ging voran in einen dunklen Raum, der sich rasch rot färbte. Er hatte ein Kingsize-Bett, und die Frau streckte sich darauf aus.

»George hätte gern, daß du mich jetzt ausziehst«, sagte sie. »Stimmts, George?«

»Ja«, sagte George, »wir sind ja unter Freunden.«

Der Klavierspieler zog sein Jackett aus, warf es auf einen Stuhl und setzte sich neben sie aufs Bett.

Der Tag neigte sich seinem Ende zu. Der Haufen wuchs immer mehr an, immer mehr Gewänder, Ober- und Unterkleider. Aus der düsteren Schwermut, die im Zwielicht über den Häusern hing, trat Periander hervor. Seine Rüstung war bronzen, mit einem Löwen auf der Brustplatte. Das gezogene Schwert wog schwer in seiner Hand, und, von seinen Soldaten flankiert, stand er da, in äußerster Konzentration, mit zusammengekniffenen Augen und beobachtete, wie der Kleiderhaufen in die Nacht hineinwuchs. Er stand vor ihm im Dunkeln, weiß wie ein Geist, und er konnte Melissa flüstern hören, *Ich friere. Wärme mich, mein Gemahl.*

»Massier mir die Titten ein bißchen; George mag das.«

»Ja, ich bin versessen aufs Vorspiel«, sagte George und setzte sich in einen Sessel.

Der Klavierspieler legte seine Hände auf die Hände auf dem BH und knetete ihre Brüste.

»Oh, George«, sagte die Blondine seufzend, »du bist so ungezogen.«

»Ich kann nichts dafür«, sagte George aus seinem Sessel. »Ich bin bei der Geburt zu schnell rausgeflutscht.«

Als alle Kleider sich schließlich hoch in die Nacht türmten und jede Frau in der ganzen Stadt nackt im Mondlicht stand, schlenderte Periander langsam zu dem Haufen herüber. »Bringt mir Feuer«, sagte er, denn er konnte seine tote Frau Melissa flüstern hören: *Ich friere, mein Gemahl, wegen des Laibs im kalten Ofen!*

Die Augen auf dem Schlüpfer der Blondine schlossen sich, als der Klavierspieler ihr ihn vom Hintern zog, die Oberschenkel hinab, über die Knie und hinunter auf die Fußgelenke, von denen sie ihn fortschleuderte. George fing ihn mit einer Hand auf und drückte ihn an seine Nase, wie eine Frau, die in ein parfümiertes Taschentuch träumt.

Der Schopf ihres Schamhaars schimmerte rötlich in

dem roten Raum. Der Klavierspieler streifte Hemd und Hose ab.

»Zieh dich ganz aus«, sagte die Blondine. »George besteht darauf.«

»Ja«, sagte George, »mich kann keiner mehr zurückhalten.«

Der Klavierspieler war nackt in dem roten Licht und die Blondine auch, bis auf ihre Strümpfe und die goldenen Schuhe mit hohen Hacken. »Komm«, sagte sie, streckte die Arme nach dem Klavierspieler aus und zog ihn auf sich drauf.

»So hab ichs gern«, sagte George, öffnete seine Hose und zog sein schlaffes Glied hervor. »Ganz normaler, altmodischer Sex.«

»Machs mir«, sagte die Blondine. »Gibs mir, George.«

»Ja, ich werd dirs geben, Darling«, sagte George und fing auf dem Sessel an, sich einen zu reiben. »Fühlst du, wie er reingeht?«

»Ja«, sagte sie, »ich fühle ihn tief reingehen.«

»Ich bin bei einem chinesischen Doktor gewesen«, sagte George.

Das Feuer spiegelte sich auf der bronzenen Rüstung. Periander näherte seine Fackel dem Haufen Weiblichkeit, den Gewändern und Umhängen, den Tüchern, dem Unterzeug, das leicht sengte, dann in Flammen sang; die Seide brannte lichterloh und warf Zungen in die Luft, so daß das Feuer den Mittelpunkt der Stadt rotglühend erhellte.

Periander kniete mit gesenktem Haupt am tosenden Feuer nieder, und Melissa sprach aus der Wärme, die er ihr gebracht hatte, zu ihm. *Jetzt, mein getreuer Liebhaber, sind wir im dunklen Feuer wieder eins geworden. Jetzt kann ich jene letzte Liebkosung, die du mir von so weit her hast zukommen lassen, erst genießen. In der Wärme deines Opfers fühle ich wieder Leben in mir. Und wenn du einen Beweis dafür wünschst, daß ich wirklich hier war, dann geh zum Haus des Plotinous, und da, in der Ecke neben dem hölzernen Lampenkästchen, wirst du einen Gegenstand finden, den du vor langer Zeit aus den Augen verloren hast.*

Periander begab sich zu dem von ihr bezeichneten Haus und fand tatsächlich, wie der Geist es ihm vorhergesagt hatte, eine Bronzestatue, Phönix, der sich auf einem flammengeschmückten Säulenfuß erhebt.

»Das isn Wahnsinnsauftritt, Baby«, flüsterte der Klavierspieler der Blondine zu, als er sie vollpumpte.

»Du hasts gern«, sagte die Blondine.

»Ja«, sagte George und rieb seinen Schwanz, »ich hab nichts lieber als ne gute Nummer.«

14

Ich werde euch von Melonisia erzählen, der Dame, die die Geometrie liebte. Ihre Wangen waren wie der Mond, aber ihre Gedanken galten den Sternen. »Wer die Sterne liebt, kann keinen Mann lieben«, so sagt man, und Melonisia kannte das Geheimnis der Mondfinsternis, denn sie hatte das Himmelsrad studiert.

»AGNES!«

Eine tiefe Stimme hallte durch den Innenhof der Mietskaserne an der Hundertundersten Straße, in der Gegend des Riverside Drive. Es war einen Moment Ruhe, und dann rief die Stimme wieder, furchterregend, und ließ die Fensterscheiben des ganzen Hauses erzittern:

»AGNES!«

»Was willstn, Honey?« kam eine zuckersüße Stimme aus dem Fenster und ließ Honig den Luftschacht runtertröpfeln.

»AGNES, SCHAFF DEIN SCHWATTSEN AASCH HIER RUNTA!«

Melonisia ging nach ihrer Geometriestunde allein durch die Dunkelheit der warmen Nacht. In ihrem Kopf barg sie ein großes Geheimnis, das nur den gelehrten Mathematikern bekannt war – der Mond würde heute nacht hinter einem dunklen Schatten verborgen sein, würde fort sein, wie vom Himmel gewischt. Noch zeigte der Himmel einen vollen Mond, in seiner Pracht vielleicht ein Mond der Liebenden, aber schon bald würde er in Dunkelheit versinken, und die Liebe würde erbeben.

»DU SCHAFFST JEZZ DEIN SCHWATTSEN AASCH HIER RUNTA ODA ICH KOMM HOCH UN SCHAFFN MIT TRITTEN RUNTA!«

»Nun wart mal schön n Moment, Honey.« Süße Schokoladekirsch-Worte tröpfelten den Luftschacht runter.

»ICH WATT NICH MEHR LANGE«, grollte die Stimme unten von der Straße und rasselte wie ein Panzer, der über Felsbrocken kriecht.

Melonisia kannte den Mond, und der Mond kannte Melonisia, denn er beschien sie mit einem lieblich blassen Licht, das einen herumreisenden Nekromanten anzog, einen Mann, der sich in den Sternen auskennt, und von dem man sagt, daß er sogar Reisen zu den Sternen unternimmt. Er war hingerissen von dem Mädchen, das da ohne Furcht durch die Dunkelheit mondwandelte. Er sah gut aus, trug einen schwarzen Schnurrbart und hatte blitzende Augen. »Ich kenne ein Geheimnis der Götter«, sagte er zu ihr.

»AGNES? ICH KOMM GLAICH MINNER KNARRE RAUF, WENN DU NICH GLAICH DEIN AASCH RUNTASCHAFFST!«

»Du hast ja gar kein Gewehr, Darling.«

»ICH HAB NE VADAMMTE FLINTE UN SCHIEB SE DIR IN DEIN SCHWATTSEN AASCH,

WENN DE NICH IN FÜNF SEKUNDN UNTEN BIST, AGNES!«

»Oh, Honey, sei nur nich so bööös!«

»Ein Geheimnis von den Sternen«, sagte der Nekromant, »welches ich dir anvertrauen werde.«

Sie wandelten auf der Straße seltener und finsterer Träume. Der Himmel barg ein Geheimnis? Welches Geheimnis?

»Ich werde für dich ein magisches Stück aufführen«, sagte der Nekromant, »etwas, das nicht leicht zu bewerkstelligen ist.« Von den Schatten der Nacht umgeben, näherte er sich ein wenig. Sie behielt ihren würdevollen Schritt, denn auch sie kannte ein Geheimnis, etwas, das nicht jeder wissen konnte, etwas, das die Geometriker ihr gezeigt hatten, nämlich, daß der Mond heute nacht bald ausgehen würde. Was weiß dieser Mann wohl von der Nacht?

»Ich kann es nicht beliebig aufführen. Ich kann es niemals allein aufführen«, sagte der Nekromant. »Aber ich kann es mit einer hübschen Frau in der Kühle des Abends aufführen, wenn der Mond, in einer Nacht wie dieser, sein Streben nach Fülle befriedigt hat.«

Sein Blick blendete wie der Mond selbst. Ist das die leidenschaftliche Glut eines Liebhabers? Ist er vom Mond zu mir hingezogen worden? Die Sternennacht ist eine berückende Lagune, so sagt man.

»Aber wo werden Sie ihr magisches Kunststück vollbringen, mein Herr?« fragte sie.

»Hier, wo wir sitzen«, sagte er. »Ich stehe jetzt in direkter Verbindung mit dem Mond.«

»AGNES! ICH KOMM JEZZ RAUF DIR DEIN SCHWATTSEN AASCH ZU VASOHLN. HAB MEIN FUSS SCHON AUF DER ERSTN STUFE!«

Ein Polizist kam die Hundertste Straße herab, und als er die gewaltige Stimme da so dröhnen hörte, warf er mal einen Blick auf den Innenhof. Er war überzeugt, daß alles in bester Ordnung war, als er nichts weiter als einen kleinen Schwarzen sah, vielleicht ein Meter sechzig groß, der da in den Lichtschacht brüllte.

»AGNES? ICH WERD BIS DRAI ZÄHLN! HÖRSTE MICH? WENN DE NICH UNTEN BISS, WENN ICH BIS DRAI GEZÄHLT HAB, WERD ICH DEINE TÜR AINTRETN!«

Der Polizist ging weiter.

»Der Mond und ich, Madame, wir haben eine geheime Abmachung«, sagte der Nekromant, und indem er seine Arme zum Himmel erhob, sprach er zum Juwel der Nacht: »Herr des Mondes, du kristallener Herrscher, ich bitte dich, zugunsten dieser selten schönen Dame, mit mir ein höchst wundersames Kunststück vorzuführen!«

Die unendliche Nacht breitete sich um ihn aus. Wie einsam sich Melonisia doch in ihrer schweren Umarmung fühlte, die sich weit in grenzenlose Ferne ausdehnte. Der Anblick des Nekromanten ließ sie erschauern, so schwarz mit seinem rätselhaften, magischen Blick. Sie setzte sich auf einen großen, vom Mond beschienenen

Stein und machte ihm schöne Augen. Seine dunkle Erscheinung gefiel ihr, in dem schwarzen Umhang mit dem weißen Totenschädel unterm Arm wirkte er ungeheuerlich romantisch.

»AGNES? JEZZ KOMM ICH ABA WIRKLICH, UN TRET DIR IN DEIN SCHWATTSEN AASCH, DASS DIR DIE AUGN RAUSFALLN!«

»Oh, Mond, du kennst meine Absichten. Ich kann dich im Antlitz dieser Athenerin sehen. Sollen wir ihr zeigen, wie sie mit uns kommuniziert, daß sie dazu bestimmt ist, heute nacht hier zu sein, erkoren, ein seltenes himmlische Schauspiel zu erleben?« Er trat vor Melonisia und verbeugte sich. »Ich kann dieses nur durch dich tun. Akzeptiere es als eine geheime Geste der Liebe. Es ist nicht etwas, das ich leicht geben kann, denn ich vereinige mich dir zuliebe mit den Mächten der Dunkelheit.«

Was ist das für ein Liebhaber, der solch wundersames Geschenk bringt? fragte sie sich. Die lange schmale Hand des Nekromanten zeigte tanzend gen Himmel.

»AGNES? ICH ZÄHL JEZZ DAS LEZZTE MA BIS DRAI!«

»Denn dieses, oh Mond, gelingt nur durch die Macht der Liebe, die Macht der Liebe allein«, sagte der Nekromant und machte geheimnisvolle Bewegungen mit dem weißen Totenschädel in der Hand. Der Totenschädel leuchtete im Mondlicht wie ein kleinerer Mond, ein reflektierender Mond. Und jetzt antworteten auch ihre Augen. »Ich werde den Mond für dich verhüllen, meine

Schöne. Ich greife hinauf zu den Sternen und ziehe an den feinen seidenen Schnüren des Weltalls mit meinen Händen und lasse den Vorhang der Dunkelheit fallen . . .«

Nach ihren eigenen Berechnungen wußte sie, daß die Finsternis jeden Moment einsetzen mußte, sie kannte den genauen Zeitpunkt, denn auch sie kannte das Geheimnis des Mondes.

»AGNES! ICH WERD DEIN AASCH MIT MEIN FUSSABDRUCK MARKIERN!«

»Nur noch n paar Minutn, Darling.«

»WEN HASTN DA OBEN BEI DIR? HASTE WEN BEI DIR? DEN WERD ICH AUCH GANZ SCHÖN IN AASCH TRETN!«

Die Nacht zog langsam und geheimnisvoll ihren schwarzen Vorhang zu und bedeckte das Antlitz des Mondes mit ihrer Dunkelheit . . .

»Der Mond ist nun gegangen«, sagte der Nekromant und zeigte auf den dunklen Himmel. »Denn deine Schönheit hat ihn sich verfinstern lassen«, sagte er und berührte sie dort, wo sich ihre Zwillingsmonde unter dem Gewand verbargen. Melonisia wich der Hand des Nekromanten nicht aus. Er stand neben dem Felsbrocken, auf dem sie im Schatten der Nacht saß, und spielte mit ihr in der Dunkelheit ihres Gewandes.

»AGNES? ICH KOMM JEZZ RAUF UN TRET DIR DEIN GOTTVERDAMMTEN AASCH EIN, UN DEM ANDERN AUCH. SACH IHM, ER SOLL SICH LIEBA VERZIEHN, WENN ICH KOMM!«

»Ist keiner bei mir, Darling. Ich tusch mir grad die Augen.«

»ICH WERD DIR GLAICH DIE AUGN TUSCHN! WERD SE DIR MIT MEIN FÄUSTEN ANMALN!«

»Ich hatte den Mond in mir und hab ihn dir gegeben«, sagte der Nekromant, hob sie von dem Stein herab ins weiche Gras und legte sie vorsichtig nieder, mit einer Hand, sanft genug, den feinen Vorhang der Nacht zu greifen und zuzuziehen. Ja, es war weithin bekannt, daß der Mond sich verfinstern würde. Auch sie hatte es gewußt; am frühen Abend war es ihr stolzes Geheimnis gewesen, das man sie an der Universität gelehrt hatte.

Zuerst dachte ich daran, ihn zu entlarven, weil er ein Scharlatan ist. Aber dann machte er jene Geste gen Himmel . . . Ich dachte vielleicht, daß die ganze Geometrie, alle Berechnungen der Astrologen nur bestätigten, was im Buch der Liebe längst bekannt war: daß ein Nekromant heute nacht den Mond für mich verhüllen würde.

»AGNES? ICH WERD JEZZ MA NE WEILE IN UNSRE BAR GEHN. DANN KOMM ICH WIEDA HIERHER UND WERD DIR DEIN SCHWATTSEN AASCH VERSOHLN!«

Und so arbeitet der Verstand einer Frau, ihr Damen von Athen, auch wenn sie über eine Universitätsausbildung verfügt.

»ICH WERD MIR SIEBNFUFFZICH BIER REINTUN UN DANN WEN UMBRINGEN, AGNES.«

15

Ach, ihr Damen, sagte die nächste Erzählerin, laßt uns nicht den guten Homer und seine Geschichte von Aphrodite und Ares vergessen, die so verliebt ineinander waren, daß sie bei jeder Gelegenheit, wann immer Aphrodites Ehemann, Hephaistos, nicht zuhause war, miteinander ins Bett stiegen. Hephaistos war jedoch kein Dummkopf, und da er seine Frau des Ärgsten verdächtigte, dachte er sich eine Falle aus, in der er die beiden Liebenden fangen wollte. Er war Schmied von Beruf, und so fertigte er ein kunstvolles Netz aus feinstem Stahl und befestigte dieses über Aphrodites Bett. Dann überließ er seine Frau ihren Gelüsten mit der Entschuldigung, er brauche ein paar Tage Erholung, und tatsächlich ließ sie Ares sofort an ihr Bett rufen.

»Du, mein Liebling«, sagte sie, »laß uns jetzt, da wir allein sind, ein bißchen ficken.«

»Recht so«, sagte Ares, zog ihr das Kleid vom Leibe und bestieg sie. Kaum hatten sie das Bett mit ihrer Freude zum Schwingen gebracht, da fielen schon die feinen Schlingen der Falle über sie und fesselten sie, wie zwei Hündchen vereint, ans Bett.

Der aufgetakelte Wachtmeister Slug zog seinen 45er Revolver aus seiner unrasierten europäischen Women's

Lib-Armhöhle, richtete ihn auf den Gastgeber der Party und sagte, »Pfoten hoch.«

»Aber Mary«, sagte der als Wunderweib verkleidete Gastgeber, »steck deinen Dildo weg.«

»PFOTEN HOCH, PERVERSES PACK!« brüllte Wachtmeister Slug, zungenlahm vor Erregung, und fuchtelte mit der Knarre rum.

»Du hast mich betrogen!« brüllte Hephaistos.

»Bitte, Darling«, sagte Aphrodite, »mach nicht so eine fürchterliche Szene.«

»Sieht aus, als würde die Party n Reinfall, und ich hab keine Lust, meinen Arsch hinzuhalten«, sagte ein junger, als Martha Washington verkleideter Mann und wandte sich zur Tür, wo er von einem lauten Knall aus Wachtmeister Slugs Revolver gestoppt wurde, als sich eine pfeifende Kugel in den Türrahmen eingrub.

Die Gäste standen da, wie zu Salzsäulen erstarrt, sie wußten, daß sie es mit einem ganz schlimmen Perversen zu tun hatten.

Alle Götter kamen, um die Verstrickung von Ares und Aphrodite zu sehen, und der große Hermes sagte, er würde alles darum geben, auf einer solchen Schönheit gefangen zu sein. Hephaistos schäumte und schnaubte vor Wut.

Wachtmeister Slug griff zum Telefon und wählte die Vermittlung. »Geben Sie mir die Polizei.«

»Mein Gott, das ist ja wie in einem Fellini-Film«, sagte ein junger Mann, der sich monatelang Hormon-Injektionen hatte verabreichen lassen, um seine Titten für diese Party aufzublasen.

Hephaistos willigte nicht früher ein, dieses tückische Netz zu lüften, bis Poseidon, der Gott des Meeres, kam und versprach, Hephaistos für alles, was er für Aphrodite an Hochzeitsgeschenken gegeben hatte, zu entschädigen.

»Hallo, Captain, hier spricht Wachtmeister Slug. Schicken Sie mal n Streifenwagen zur Christopher Street 125, Apartment 23. Ich habe n Rudel Perverser zusammengetrieben.« Einer der Gäste, der sich als Mutter Erde verkleidet hatte und fünf Paar falscher Titten auf der Brust trug, schlich sich hinter Wachtmeister Slug und warf dem tapferen Polizisten ein Tuch aus Goldlamé über den Kopf. Sofort machten sich die Mädels durch Tür und Fenster aus dem Staub. Wachtmeister Slug drehte durch, schoß in die Wand und schrie:

»PERVERSES PACK, IHR STEHT ALLE MITEINANDER UNTER ARREST!« Er mühte sich verzweifelt, das Tuch vom Kopf zu kriegen. Das Apartment hatte sich im Nu geleert, bis auf zwei junge Männer, die als Nonnen verkleidet waren. Sie konnten nicht so schnell laufen, weil sie über ihre langen Gewänder stolperten. Wachtmeister Slug erreichte die Tür vor ihnen und versperrte ihnen mit seinen falschen Titten und dem 45er den Weg.

»Eine falsche Bewegung«, knurrte er, »und ihr seid mausetot.«

»Wieder mal ins Knie gefickt, Darling«, sagte eine der

Nonnen aufseufzend zu seinem Partner, der auf dem Boden kniete und hysterisch kreischte, voller Angst vor den Schlagzeilen in den *Daily News,* die seine Mutter in Illinois abonniert hatte.

Dem großen Ares war es ziemlich peinlich, wie die Götter da rumstanden und ihre Witze machten, als er sein zum Platzen gefülltes Glied rauszog (die züchtigen Göttinnen waren zuhause geblieben).

Die beiden Nonnen und Wachtmeister Slug warteten auf den Streifenwagen. Als die Beamten schließlich in der Tür erschienen, sagte Wachtmeister Slug, »Paßt auf, Jungs, ich hab da n paar gefährliche Perverse zusammengetrieben.«

Die verkleideten Nonnen wurden weinend die Treppe hinabgeführt und im Streifenwagen zur Polizeistation gebracht, wo sie die Nacht in einer Zelle verbrachten und sich Visionen vom Klosterleben und einen schmutzigen Witz über einen Mönch ins Gedächtnis zurückriefen, der einen Furz aus dem Fenster blies. Anschließend bliesen sie die verschiedenen anderen jungen Männer, die die Zelle mit ihnen teilten.

Aphrodite stand schließlich unerschüttert auf und begab sich nach Kypros, zu ihrem lieblichen Altar, wo sie sich badete und dazu ein fröhliches, zufriedenes Lied anstimmte. Man mag eine Göttin in die Falle locken können, ihr Damen, doch kann man sie bei jenem Akt, der sie so natürlich überkommt, nicht beschämen.

Am nächsten Morgen wurden die beiden Nonnen gegen eine von der Schwulen-Emanzipationsbewegung gestellte Kaution auf freien Fuß gesetzt. Als sie das Polizeigebäude verließen, kam gerade eine alte Frau vorbei, die sich bekreuzigte und ein stilles Gebet murmelte.

16

Die nächste Sprecherin stellte sich vor. Sie war ein Wesen von kleiner Statur mit langem blonden Haar und schelmischem Blick. Ihre Stimme war tief und weich und entschlüpfte sinnlich feuchten Lippen.

Nun, ihr Damen, ich will gar nicht erst zu verbergen suchen, was ihr sowieso schon wißt – daß ich, bevor ich meinen Mann heiratete, nur ein einfaches Badehausmädchen war.

»Der Nächste. Sind Sie der Nächste, Sir?«

»Ich? Ja, das bin ich«, sagte der ungeduldige Kunde des Broadway-Massagesalons.

»Dann treten Sie näher, Sir«, sagte die Empfangsdame, »und ziehen Sie die Hose aus. Es wird sich gleich jemand um Sie kümmern.«

»Danke.« Mir einen reiben lassen, drei Dollar. Der günstigste Laden in der ganzen Stadt. Das Geschäft meines Lebens. Nach so einem harten Tag im Büro würde ich ohne das wahrscheinlich durchdrehen. Gut für den Geist, gut für den Geldbeutel. Einen blasen, fünf Dollar. Kann ich mir nicht leisten, muß auf dem Heimweg ne Pizza für Frau und Kinder kaufen. Gerade Geld genug fürn Handbetrieb, genug, um die Spannung des Tages loszuwerden.

Alle Männer aus der Stadt kamen ins Bad und ich, in

eine weite Toga gekleidet, wusch sie am ganzen Körper und wurde so mit ihren intimsten Körperteilen vertraut.

»Guten Abend«, sagte die Betreuerin, als sie den Raum betrat. Sie trug einen enganliegenden Rock und eine gummierte Jacke, hatte blond gefärbtes Haar, übermäßiges Augenmakeup und ging direkt auf ihren Kunden los und griff nach seinem plötzlich pulsierenden Pimmel.

Ich bin gut im Merken von Details, und ich kann euch genau die Form der Glieder eurer Ehemänner beschreiben. Aber ich bitte euch, seid nicht eifersüchtig, denn niemals war mehr zwischen uns als ein wenig Wasser und Seife. Natürlich bestanden sie darauf, gut abgerieben und an bestimmten Stellen besonders gut gesäubert zu werden, damit sie wohl duftend abends zu euch nach Hause kämen.

»n schöner Tag heute, nicht wahr?« fragte sie, indem sie die Vorhaut langsam hin- und herschob.

»Wunderschön«.

»Ich jobbe mich durch die Schauspielschule«, sagte sie und nahm seinen klopfenden Steifen zwischen beide Hände und rieb ihn, rauf und runter.

»Jeder sollte seinen eigenen Ausdruck finden.«

»Ja. Ich will einfach kreativ sein. Kennen Sie irgendwen im Showbusiness?«

»Nun, ich lern schon so manchen Schauspieler kennen. Ich arbeite im Büro für Arbeitslose, gleich um die Ecke.«

»Da einen Einstieg zu finden, ist unheimlich schwer«, sagte sie, indem sie den Riemen des Kunden fachkundig auf und ab bearbeitete, weder zu schnell noch zu langsam.

Unserer Göttin zur Freude und euch zur Anregung werde ich versuchen, ein paar der herausragenden Schwänze Athens zu beschreiben. Zunächst ist da Lukian, dessen Glied unerträglich lang sein muß, wenn es erigiert ist. Was mich angeht, so habe ich es im Bad natürlich nur passiv baumelnd gesehen.

»Sie müssen ja den Tag über ne ganze Menge Schwänze sehen«, sagte der Kunde.

»Ja. Wenn Sie wollen, kann ich ihnen für fünfzig Cent extra die Eier n bißchen kitzeln.«

»Bitte sehr«, sagte der Kunde und gab ihr zwei Fünfundzwanzig-Cent-Stücke, für jeden Hoden eins. Heute würde es ne Pizza ohne Anchovies sein.

»Als Mädchen muß man sich eben durchschlagen«, sagte die Masseuse und steckte die beiden Münzen in die Tasche.

»Wir sitzen alle im selben Boot«, sagte der Kunde, und legte sich stöhnend auf dem Massagetisch zurück.

. . . und dann, ihr Damen, gibt es da Charmides mit seinem wundervollen Gerät.

»Ich lerne gerade eine neue Szene. Mein Regisseur läßt mich darin einen Baum spielen.«

»Wirklich?« Samensauce Steifer Knackwurst. Schickse Dschungel Ficke-ficke.

»Fühlt sich an, als würden Sie jetzt kommen.«

»Bitte, nicht aufhören.«

»Oh, machen Sie sich darüber keine Sorgen. Ich werde dafür bezahlt, daß ich eine befriedigende Ejakulation erzeuge. Befriedigend bei jedem gesunden . . . oh, jetzt geht es los, ist es nicht wundervoll, wie es über meine Gummijacke spritzt.«

»Arrrrrgggggghhhhhh.«

»Das ist die Stelle, die ich wirklich mag, wenns so richtig losgeht. Ist so ne Art von . . . Ur-Theater, wissen Sie, was ich meine? Ich mein, es ist so ursprünglich.«

»Gaaaarrrrrrgggggghhhhhhhh.«

Natürlich habe ichs ihm nur eingeseift und ihm die Haare gewaschen. Es gab zwischen uns nicht die leiseste Erregung, das wißt ihr doch, oder?

»Und manchmal entstehen in mir so wahnsinnige Gefühle, wenns passiert, Gefühle einer warmen Sensation, und ich weiß, daß das für meine Karriere höchst wertvoll ist. Da, das war der letzte Tropfen.«

»Da kommt noch n bißchen mehr, gleich hinterher.«

»Wenn Sie möchten, daß ich noch eine zweite Ejakulation erzeuge, so kostet das drei Dollar mehr, Sir.«

»Hier, tun Sies.« Er gab ihr seine letzten drei Dollar. Heute abend mußten sie zuhause wohl oder übel mit ner Dose Sardinen und ner Schachtel Cracker vorliebnehmen.

17

Dann erhob sich die liebreizende Leukippe aus dem Kreis der versammelten Frauen und begann mit ihrer Geschichte.

Ihr mögt euch erinnern, daß ich einst einen Jungen namens Tatios liebte. Während des Krieges waren Mutter und ich vorübergehend ins Haus von Tatios' Vater gekommen. Ich sah sofort, daß dieser Junge ein Auge auf mich geworfen hatte, und es dauerte nicht lange, da hatten wir die ersten Küsse getauscht. Er drängte mich zu mehr, zu einem tieferen Pfand, zu einem Tausch von Leidenschaft, der uns auf immer miteinander verbinden sollte. Ich muß gestehen, das hörte sich verlockend an, doch hatte Mutter einen strengen Wächter an der Tür postiert, denn sie argwöhnte, daß wir das tun wollten, was alle jungen Leute tun wollen. Aber wir bestachen das Zimmermädchen und machten den Wächter schlaftrunken, und des Nachts stand Tatios in meinem Schlafzimmer, und ich war ganz aufgeregt. Wir legten uns zusammen nieder. Plötzlich klopfte es an der Tür.

»Ganz ruhig«, sagte das Mädchen, »es wird schon klappen.«

»Ich kann mich nicht entspannen«, sagte der junge Mann. »Wie soll ich mich entspannen?«

»Zusammen werden wirs schon hinkriegen, und wir werden alles tun, damit du einen hoch kriegst«, sagte das Mädchen.

»Bei einem Mädchen werde ich niemals einen hoch kriegen.«

»Doch, das wirst du«, sagte sie. Sie war eine wunderschöne Schauspielerin vom Straßentheater und er ein junger Hauptdarsteller, dessen sexuelles Problem darin bestand, daß er junge Männerschwänze in seinem Arsch liebte.

Die Tür öffnete sich.

»Wir sind entdeckt«, rief Tatios und sprang voller Todesangst fort vom Herd meines Verlangens, lief aufs Fenster zu und hüpfte, als meine Mutter ins Zimmer stürzte, hinaus in die Nacht.

»Meine Tochter«, rief sie aus. »Bist du unverletzt?«

»Ja, Mutter«, sagte ich, »was ist passiert?«

»Ich hatte einen Traum, liebe Tochter, daß ein Räuber in dein Zimmer eindrang. Er hatte sein nacktes Schwert gezogen, warf dich auf den Rücken und schlitzte dich mit seiner Klinge bis zum Bauch auf. Ich wachte in Schweiß gebadet auf und bin sofort zu dir gekommen.«

Das Telefon läutete.

»Herr im Himmel«, stöhnte die Schauspielerin, die Lippen um seinen Schwanz geschlossen.

»Ich muß es abnehmen«, sagte der junge Hauptdarsteller. »Es könnte der Regisseur sein.« Seelische Gesundheit ist nur eine Sache, Showbusiness aber ist alles. »Hallo?«

»Hallo, Anthony, bist du es? Anthony, kannst du mich hören? Das ist ein Ferngespräch.«

Er hörte die gackernde, meckernde, geisteskranke Liebe-Haß-Stimme seiner Mutter, ganz weit weg, ihn jagend, ihn verfolgend. MICH JETZT ANZURUFEN, GERADE JETZT!

»Was ist los, Mutter? Wie hast du meine Telefonnummer rausgekriegt?«

»Ich mußte das Theater anrufen. Erinnerst du dich, du hast mir doch eine Liste der Theater gegeben, bei denen du spielst. Ich habe ihnen gesagt, ich sei deine Mutter, daß es dringend sei.«

Das Herz sank ihm dahin, genau wie sein Steifer. »Was ist denn los, Mutter? Was ist denn dringend?«

»Es gibt nichts Dringendes, Anthony. Ich mußte einfach mit dir sprechen. Ich mußte deine Stimme hören. Ich habe dich unter meinem Herzen getragen, Anthony. Ich habe doch ein Recht, mit dir zu reden.«

»Mutter . . .« Seine Stimme versagte. Ein Ei aus glühendem Eisen steckte in seiner Kehle. Eine Faust aus glühendem Stahl war um seine Eier geklammert.

»Hast du . . . deine Mutter immer noch lieb, Anthony, deine Mutter, die dich in ihrem Leib getragen hat?«

»Mutter, ich muß jetzt auflegen«, sagte er. »Ich muß in fünf Minuten zur Probe.«

»Oh, Anthony, ruf mich bitte bald wieder an. Ich hatte ein so seltsames Gefühl, bevor ich dich anrief. Ich habe vorm Fernseher gesessen, und auf einmal wußte ich, jetzt

muß ich dich anrufen. Es kam einfach so über mich, keine fünf Minuten her. Geht es dir gut, mein Junge?«

»Ja, Mutter mir geht es ausgezeichnet«, sagte er. Die Schauspielerin senkte ihren Kopf wieder in seinen Schoß und begann erneut seinen Schwanz zu lutschen, und er legte den Hörer auf und fuhr mit seiner Probe fort.

Da habt ihr es, ihr Damen. Die Intensität unserer Leidenschaft war spürbar durch das ganze Haus von Tatios und brach ein in Mutters Schlaf, und damit blieb mir der grausame und wonnevolle Tod durch das Schwert meines Liebhabers erspart.

18

Die nächste Frau, die zu sprechen anhob, war eine dunkelhaarige Schönheit, eine etwas plumpe Erscheinung mit einem leicht aufgeschwemmten, fast einem Schweinchen-Gesicht, das ihre sinnliche Natur noch unterstrich. Damen von Athen, sagte sie, ich muß euch über einen höchst unglückseligen jungen Mann, den armen Simylos erzählen, dem von seinem Vater auf gräßliche Weise mitgespielt wurde.

In seinen neuen maßgeschneiderten Anzug gekleidet, mit der neuen Aktenmappe unter dem Arm, betrat der junge Mann den Ausstellungsraum an der Siebten Avenue.

Simylos war der geborene Liebhaber, hatte ein attraktives Äußeres und war beseelt von heftigem Verlangen. Er stellte vielen Frauen nach, er trank und machte Geschenke aus dem väterlichen Besitz. Seinen Vater verdroß die Zügellosigkeit des jungen Mannes, und er fürchtete, daß der Junge den ganzen Familienbesitz verplempern und vervögeln würde.

»Guten Morgen, Mister Greenfield«, sagte die Empfangsdame.

»Guten Morgen«, sagte der junge Mann und schlenderte lässig den Korridor hinab.

Zu diesem Zeitpunkt schlug ein Freund von Simylos' Vater vor, man solle den Jungen doch kastrieren. »Immerhin«, sagte der Freund, »zögert man doch auch nicht, ein geiles Tier zu kastrieren. Ich kenne jemanden, der die Operation einwandfrei ausführen kann, und dein Sohn wird schon wenige Minuten später wieder frisch und gesund wie ein Fisch im Wasser sein, mit nur etwas Teersalbe auf der Wunde.«

Der Vater mußte zugeben, daß das eine ausgezeichnete Idee war. War sein Sohn erstmal zur Ruhe gebracht, könnten sie gemeinsam den Geschäften nachgehen, und der Familienname würde aufs neue florieren. Bei dem Tempo, das der Bursche zur Zeit bei seiner Hurerei und seinem Gesaufe vorlegte, würde er schon bald ein böses Ende finden. Es war besser, ihm die Eier abzusäbeln und so das Problem zu lösen – das war genau der richtige Weg, aus seinem Sohn einen guten Geschäftspartner zu machen.

»Guten Morgen, Mister Greenfield«, sagte seine Sekretärin, als er die Tür zu seinem Büro öffnete, auf der zu lesen war:

J. Greenfield jr.
Vizepräsident

»Ist Vater schon da?«

»Er läßt ausrichten, daß Sie sich um zehn Uhr zu einer Besprechung bei ihm einfinden möchten.«

Man ließ den Chirurgen rufen, und dieser traf abends, als Simylos ausgegangen war, mit seinen Messern und Salben ein. Vater und Chirurg warteten im Dunkeln bis spät in die Nacht, bis Simylos schließlich betrunken und singend nach Hause kam. Als er mit dem Hausschlüssel an der Tür rumfummelte, ergriffen sie ihn.

»Was soll das bedeuten?« schrie der junge Mann.

»Mein Sohn«, sagte der Vater, »es geschieht nur zu deinem Besten.«

»Oh ja, bitte«, sagte der Junge beruhigt, als er sah, daß es sein eigener Vater und nicht ein Dieb war. »Ich kann jemanden brauchen, der mir ins Bett hilft. Hab n paar Tropfen Wein getrunken.«

»Ja, mein Junge, hier entlang«, sagte der Vater, und er und der Chirurg führten den jungen Mann zu seinem Bett, wo sie ihn vorsichtig niederlegten und dann rasch fesselten, indem sie ihm Arme und Beine an die Bettpfosten banden.

»Prima, danke schön«, sagte der junge Mann, indem er an seiner Sekretärin vorbei ins Büro ging, wo er seine leere Aktenmappe öffnete. Bald schon würde sie mit zahllosen Memos, mit seinem Briefpapier, Broschüren und Korrespondenzen angefüllt sein, die einen leitenden Angestellten ausmachen. Ich stehe gerade am Anfang meiner Karriere; das ist ein wunderbares Gefühl.

»Lieber Vater«, fragte der Junge, »was machst du da?«

»Es wird rasch vorüber sein, junger Mann«, sagte der Chirurg. »Bleib nur ganz ruhig liegen.«

»Vater!« schrie der junge Mann. »Was hast du vor?« Er sah das plötzliche Aufblitzen des Skalpells. Es war dünn und scharf, und der Chirurg probierte die Schneide an einem feinen Faden, den er glatt durchschnitt.

»Nun, mein Junge«, sagte der Vater, »sei ein Mann und zuck nicht zusammen. Wir werden jetzt eine kleine Operation durchführen, eine ganz leise Berührung mit der Klinge. Im Handumdrehen wirst du so fit sein wie nie zuvor.« Und indem er so sprach, lüftete der Vater das Gewand des jungen Mannes, so daß dessen intimste Körperteile bloßgelegt wurden.

»Vater!« schrie Simylos mit aller Kraft. »Bitte, tu es nicht, was immer du im Sinn haben magst!«

»Ruhig, mein Kleiner«, sagte der Vater. »Es geschieht zum Besten deiner Seele und unseres Geschäfts.«

Kein Stückchen Papier auf seinem Schreibtisch, und auch die Schubfächer waren leer, von ein paar Bleistiften, Büroklammern und anderem Kleinkram abgesehen. Er schwenkte auf seinem Bürostuhl herum und blickte aus dem Fenster. Gestern noch Examenskandidat und heute Vizepräsident. Das war ein Leben.

»Halten Sie bitte die Oberschenkel auseinander«, sagte der Chirurg.

»Hilfe!« schrie der junge Mann. »So helft mir doch!«

»Wir helfen dir ja, mein Sohn. Wir tun das zu deinem eigenen Besten. Du wirst mir später dankbar sein.«

»Nein! Vater, nein, nein, nein!« schrie Simylos so laut er konnte. »Das darf nicht sein, sag daß ich träume!«

»Dein Müßiggang ist ausgeträumt, lieber Simylos«, sagte der Vater, als das Messer des Chirurgen den ersten Schnitt gemacht hatte. »Jetzt gibts nur noch das Geschäft.«

Ja, Sir, Vater und ich werden das Geschäft gemeinsam expandieren. Nichts soll uns aufhalten. Wie viele meiner Altersgenossen haben schon ihren Namen an einer Bürotür und eine eigene Sekretärin? Ja, Sir, ich halte die Welt an den Eiern.

»Vater!« schrie der junge Mann noch einmal auf, bevor er in Ohnmacht fiel. Als er wieder zu sich kam, umgab ihn der Gestank von Teersalbe.

19

Eine gertenschlanke Blondine erhob sich aus der Schar der Athenerinnen. Das Oberteil ihres weitgeschnittenen Gewands war leicht geöffnet, und ihre Brüste, klein und fest wie frühsommerliche Birnen, waren fast völlig enthüllt. Damen, sagte sie, seht, was ich zu eurer Unterhaltung mitgebracht habe. Von dem meisterhaften Holzschnitzer an den Toren unserer Stadt speziell für mich gefertigt. Nun, ihr könnt es selbst sehen – ich habe zwei niedliche Puppen in meiner Hand, einen kleinen Knaben und ein kleines Mädchen.

»Komm herein, mein Junge«, sagte John Greenfield sr., Präsident der Babypuppen AG, die Millionen Dollar schwere Puppensensationen wie Pipi Baby und Patsy Pubertär hervorgebracht hatte.

Die Puppen wurden herumgereicht. Die Frauen begannen zu kichern und mit den Puppen, die schon recht seltsam waren, zu spielen.

»Wie gehts dir, Daddy?« fragte Vizepräsident John Greenfield jr.

»Gut, sehr gut, mein Junge. Ich wollte dir mal die Pläne für unser diesjähriges neues Puppenmodell unterbreiten.«

»Dad, ich habe eine Idee.«

»Gut, sehr gut. Und was für ne Idee, mein Junge?«

»Ich denke, unsere Puppen sollten realistischer gestaltet werden.«

Ein Stirnrunzeln verdüsterte einen Augenblick lang das Antlitz des älteren Greenfield. »Realistischer?«

»Ja, Daddy, ich habe eine Idee für eine neue, kleine Knaben-Puppe mit Penis und Hoden.«

»Eier an ner Puppe? Du mußt übergeschnappt sein, mein Junge.«

»Nein, Dad, ich meins im Ernst. Die Öffentlichkeit ist für diese Art von Puppe längst vorbereitet. Ich habe vorhin in meinem Büro ein paar Skizzen angefertigt . . .«

»Kannst du vergessen«, sagte der ältere Greenfield. »Unser Interesse gilt einzig und allein der Schaffung eines Spielgefährten für Pipi Baby. Ich habe die Konstrukteure bereits darauf angesetzt. Der Name wird wahrscheinlich noch geändert werden müssen, im Moment nenne ich sie noch Kacki Baby. Wir entwickeln gerade lebensnahe kleine Plastikköttelchen.«

Seht mal her, ihr Damen, sagte eine der Athenerinnen und hielt lächelnd das kleine Puppenmädchen in der Hand. In ihrem Unterleib hat sie einen kleinen geschnitzten Spalt, und der ist mit weichem, schwammigem Material aus dem Meer eingefaßt.

Ja, sagte eine der anderen lieblichen Damen, die den kleinen Puppenknaben hielt. Und *er* hat einen kleinen Pint aus Holz. Ist das nicht süß, wie er so steif nach oben zeigt.

»Dad, glaubst du nicht auch, daß es etwas irreführend ist, wenn Pipi Baby ihre Windeln aus einem kleinen metallenen Loch im Rücken näßt?«

»Diese Stelle ist genauso gut wie jede andere«, sagte Greenfield sr. »Besser als die meisten anderen. Wär doch nicht gut, wenns aus dem Ellenbogen käme.«

»Warum modellieren wir keine richtige Vagina?«

»Eine richtige was?«

»Das Geschlechtsteil eines Mädchens«, sagte Greenfield jr. mit gesenkter Stimme.

»Ist das alles, was du im College gelernt hast?«

»Daddy, ich bin einfach nur kreativ.«

»Dummes Zeug, wir sind Geschäftsmänner. Eier an ner Puppe, ich glaube, du träumst, mein Junge. Sieh dir mal Patsy Pubertär an. Wir habens gerade so durchgekriegt, ihr ein paar« – Mister Greenfield blickte sich um, ob seine Sekretärin auch nicht mithören konnte – »ein paar Titten an Patsy Pubertär zu machen. Natürlich ohne Nippel. Das war die einzige Auflage, die die Warenhäuser uns machten. Keine Nippel an Patsy Pubertär.«

Ja, ihr Damen, sagte die Eigentümerin der Puppen, langsam kommt ihr jetzt dahinter – die Puppen sind so gemacht, daß sie in der intimsten Stellung ineinanderpassen. Ist das nicht das reizendste Spielzeug, das ihr jemals gesehen habt?

Die Athenerinnen steckten die Puppen in den verschiedensten Liebesstellungen ineinander, und weil der Puppenschnitzer Arme und Beine sehr geschickt mit

Draht befestigt hatte, konnte man mit diesem Spielzeug die ungewöhnlichsten Stellungen zustandebringen. Schließlich wurden sie in zärtlicher Umarmung, mit dem kleinen Mädchen rittlings auf dem kleinen Knaben, auf den Altar der Demeter gelegt.

Die Athenerinnen waren hartnäckig darauf erpicht, den Namen des Puppenschnitzers zu erfahren. Das war genau das Spielzeug, das sie gern für ihre eigenen Kinder haben wollten. Kinder brauchen einen Zeitvertreib, und hier gab es nun Puppen, die ihnen die Technik der Liebe nahebringen konnten.

»Dad, ich will das Geschäft mit neuem Blut beleben.«

»Neues Blut, okay. Eier und Nippel, nein. Die Eier kannst du dir gleich aus dem Kopf schneiden, mein Junge; ich weiß, was das Publikum will. Es will Pipi Baby mit einem Loch auf dem Rücken und Kacky Baby mit einem Loch an derselben Stelle.«

»Eine Puppe, die mit dem Rücken kackt?«

»Genau das, mein Junge. Wir wollen die Kinder gar nicht erst auf falsche Gedanken bringen.«

20

Ich denke, ihr Damen von Athen, sagte die nächste Sprecherin, es ist an der Zeit, herauszufinden, wessen Hinterteil das sanfteste ist und die lieblichsten Rundungen hat. Es ist bei unserer alljährlich wiederkehrenden kleinen Feier Sitte, den schönsten Hintern zu ermitteln, und ich habe mich das ganze Jahr lang auf die Preiskrönung vorbereitet.

»Okay, Girls, hier entlang. Bitte, stellen Sie sich in die Reihe, Miss Arkansas.« Miss Arkansas und Miss Kansas betraten den Ermittlungsraum. Er war gepackt mit leitenden Beamten des Miss Kosmos Komitees. Einer von ihnen hielt ein Bandmaß in der Hand.

Seht einmal genau hin, Damen von Athen, wenn ich mein Gewand löse. Ihr könnt die süßen Backen meines Hinterns jetzt ganz deutlich sehen, wie ich sie hin- und herbewege. Seht einmal, wie schön sie wippen. Könnt ihr euch vorstellen, wie eure Ehemänner bei solch einem Schauspiel Maulaffen feilhalten? Glaubt ihr, daß ich gefährlich bin? Habe ich die Schau gewonnen?

»Zieht euch aus, Girls«, sagte der Vorsitzende des Auswahlkomitees. Letztes Jahr hatte doch so ein Weibsbild mit einem luftgefüllten BH praktisch die ganze Schau verdorben. Zum Glück war sie entlarvt worden, als man ihr das Miss-Alaska-Fähnchen mit Nadeln auf ihrem aufgeblasenen Busen befestigte.

Um des Himmels Willen, nein, hast du nicht! rief die schöne Thyrallis aus, sprang auf die Füße, und da sie nicht wünschte, daß den im Tempel der Demeter versammelten Sterblichen und Unsterblichen irgend etwas verborgen bleiben sollte, zog sie rasch ihr Gewand aus. Sie drehte sich langsam, so daß alle ihren runden, weißen Hintern betrachten konnten. Dann zog sie die Backen ein, zog sie zusammen und sagte, seht, welch wunderschöne Form sie haben, und achtet auf die sanfte blaßrosa Tönung der Haut. Und seht, wie sie fließend in meine lieblichen Hüften übergehen, die weder zu schwer noch zu mager sind, sondern gerade richtig, und seht hier, seht die Grübchen darüber, auf der Krone meines Hinterns. Und nicht nur, daß meine Backen perfekt modelliert sind, sie können auch vibrieren, so!

Die Mädchen zogen sich bis auf BH und Slip aus.

»Ganz ausziehen, Girls«, sagte der Vorsitzende.

»Ganz ausziehen?« stieß Miss Arkansas hervor.

»Eine Sicherheitsvorkehrung.«

Und, indem sie so sprach, vollführte das attraktive Mädchen mit ihren Arschbacken kreisende Bewegungen in der Luft, und ließ sie dann hoch und runter und im Kreis herum vibrieren, was den Athenerinnen den Atem benahm, und als sie wieder Luft schöpfen konnten, erklärten sie im Namen Demeters, daß sie den schönsten Hintern von ganz Griechenland hatte.

Miss Arkansas ließ BH und Slip fallen. Eigentlich hätte sie gern protestiert, und sie hätte es tatsächlich getan, wäre sie in einer besseren Unterhaltungskategorie gewesen, doch war ihre Nummer irgendwie ein bißchen schwach; sie bestand in einem Arrangement von *Tea for Two,* das sie mit Silberlöffeln auf ihrem Kopf spielte, indem sie die Tonhöhe der Noten durch Öffnen und Schließen des Mundes änderte.

21

Ich brauche euch die Statue des Priapos, die majestätisch auf dem Marktplatz unserer ehrwürdigen Stadt thront, nicht zu beschreiben. Den Gott dort, ihr habt ihn viele Male gesehen, mit steinernem Bart und einem Schwanz aus Stein, der sich in wunderbarer Erektion gen Himmel richtet.

Sie öffnete den Briefkasten und fand darin einen Zettel, auf dem stand:

> *Das Postamt Christopher Street bittet Sie, zum Schalter 5 zu kommen und ein Paket abzuholen, das zu groß für Ihren Briefkasten ist.*

Ihr kennt ja jeden einzelnen Zentimeter, da ihr unter ihm gestanden habt und gebetet, daß Fruchtbarkeit über euch komme. Ihr habt seinen steinernen Kopf gestreichelt und seine kalten Adern geküßt.

Sie ging die Straße runter, gab den Zettel ab, und der Postbeamte händigte ihr ein in einfaches braunes Papier gewickeltes Paket aus, das nur ihre Anschrift trug. Mit klopfendem Herzen trug sie es nach Hause, denn sie kannte seinen Inhalt. Sie ging rasch in ihre Wohnung, packte das Paket aus und da, vor ihren Augen, war ihr eigener:

Relax-a-Finger

ein langes, patronenförmiges Instrument. Die Gebrauchsanweisung fiel aus der Schachtel. Sie nahm sie und las:

> *Dies ist ihr kabelloser, völlig ungefährlicher Vibrationsfinger; geeignet für Gesichts- und Fußmassage, beseitigt Gesichtsfalten und entspannt ermüdetes Gewebe. Führen Sie die Batterien, wie angegeben, am unteren Ende ein. Betätigen Sie den Schalter. Ihr Vibrator ist jetzt betriebsbereit und wird Ihre angestauten Spannungen lindern. Achtzehn Zentimeter lang.*

Ihr Damen von Athen, erst gestern nacht sah ich eine junge Frau – ihren Namen will ich nicht nennen, vielleicht ist sie heute abend unter uns – ich sah, wie diese junge Frau sich der Priapos-Statue näherte. Ich stand nur wenig abseits im Dunkeln verborgen, denn ich selbst hatte dem erigierten Gott einen ehrfürchtigen Besuch abgestattet. Nun, ich beobachtete, wie diese junge Füchsin zur Statue hinaufstieg und begann, mit süßer Stimme auf den Gott einzureden, wobei sie seinen gewaltigen Schwanz streichelte und ihn *Darling*, *Liebling*, und so weiter nannte.

Sie steckte die Batterien in den Vibrator und schaltete ihn ein. Er füllte ihre Hand mit einem prickelnden Beben, und der Gebrauchsanweisung folgend, führte sie ihn über ihre Wangen, ihren Hals und über die Füße. Dann hob sie ihr Kleid, zog ihren Slip herab und schob ihn sich in ihre Spalte.

Sie küßte ihn, ihr Damen, und dann tat sie etwas Ungewöhnliches, wer weiß, für euch vielleicht nichts Ungewöhnliches. *Ich* jedenfalls fand es sehr seltsam, als die junge Frau ihr Gewand hochhob, die Statue erklomm und sich genau auf den steinernen Penis setzte.

»Ah«, seufzte sie, als der freundliche Relax-a-Finger sich an ihrer kleinen Klit zu schaffen machte. Schnell war der ganze Finger feucht und sie konnte ihn weit hineinschieben, so daß seine Spitze tief in ihrem Leib vibrierte und sie ihn nur noch am äußersten Ende mit den Fingerspitzen hielt.

Sie begann, auf der Statue zu reiten, ihr Damen, auf und nieder, den steinernen Schaft tief in sich hinein versenkend. Ihr wißt, wie glatt jener Schwanz auf dem Marktplatz ist, glatt geworden von unzähligen Lippen, und vielleicht haben ihn auch andere Mädchen so geschmiert, wie dieses Weib es tat, wie sie sich da hochstemmte und niedergleiten ließ, so daß der Schaft mal sichtbar wurde und dann wieder zwischen ihren Beinen verschwand, und dabei, wer weiß wie tief, in sie eindrang.

»Oh, mein Gott, ich kanns kaum aushalten«, stöhnte sie und ließ den Relax-a-Finger kreisen und ging, den Finger tief drin, o-beinig rüber zur Couch, legte sich hin, machte die Beine breit, zog die Knie an und legte sich heißhungrig ins Zeug.

Eine ganze Stunde lang schenkte sie dem Gott auf diese Weise Zerstreuung, bis sie zitternd und bebend, im Orgasmus schreiend, kam. Wirklich, das war ein anregendes Schauspiel. Dann hob sie sich zärtlich, etwas weich in den Knien, von dem Ding runter, und ich konnte hören, wie ihre Scheide sich sanft schlürfend schloß und sie jenes geheimnisvolle Wort der Befriedigung aussprach. Diese Frau, so sage ich euch, wird noch dieses Jahr ein Kind gebären. Laßt mich fragen, ihr Damen, kann ein steinerner Penis den lebensbringenden Samen ausstoßen? Wurde so Herkules, der Gott-Mann, empfangen?

»Oh, Gott, O O O . . .«

Die besten Erzeugnisse für ein glücklicheres Leben. Relax-a-Finger, laborgeprüft. PATENT ANGEMELDET.

22

Eine hochgewachsene Athenerin stand auf. Sie hatte ein langes Pferdegesicht und große, starke Knochen, doch wurden ihre Züge von einer gewissen Zierlichkeit geprägt, und ihr Venushügel bauschte sich üppig. Ihr Damen, sagte sie, ich weiß nichts darüber, wie man auf Priapos Schwanz reiten kann, doch kenne ich die wundervollen Geräte aus Leder, die einst die Sandalenmacher dieser Stadt für uns nähten. Ich habe immer noch eins dieser seltenen Stücke, und ich werde es jetzt einmal herumgehen lassen, damit ihr seine edle Form betasten könnt.

»Hast du Lust, auf noch ne andere Party mitzukommen?« fragte Jim.

»Schlimmer als hier kanns ja wohl nicht werden«, sagte Ellen in der Hoffnung auf eine Begegnung mit *der* schicksalshaften Liebesaffäre, die sich ihr ständig entzog. Es könnte heute nacht sein, eine andere Party mit nur ein paar Leuten.

»Komm her«, sagte ihr Freund mit den rot unterlaufenen Augen, der völlig hinüber war, »ich werd dich Mister . . . Mister, verdammt, ich hab seinen Namen vergessen, aber er ist reich.«

Sie gingen quer durch den Raum. Nahe der Tür stand lächelnd ein grauhaariger Mann, der Ellens Hand ergriff und sich sehr charmant leicht vor ihr verbeugte; ein Mann der alten Schule. »Hallo«, sagte er. Sein Haar war silbrig gewellt, seine Augen babyblau und sein Lächeln wurde strahlend.

Es schneite, die Straße war schlüpfrig, und der grauhaarige Gentleman bot Ellen seinen Arm. Leicht angeheitert, träumte sie von eventuellen Möglichkeiten.

Schließlich kam das Taxi, sie stiegen zu dritt ein, und schon waren sie unterwegs zu mehr Drinks, neuen Lichtern, einer Adresse an der Madison Avenue, einer sehr guten Adresse.

»Ich habe mit Kunstgalerien zu tun«, sagte der grauhaarige Mann, an Ellen gewandt. »Die Kunst ist mein Geschäft.«

»Sind Sie Künstler?«

»Kunsthändler.«

Also *ist* er reich, dachte Ellen, und die Möglichkeiten begannen sich zu vervielfachen, ein Spiel von Lichtern und Zahlen, die leise leuchtend in ihrem Kopf tickten wie in einem jener handlichen Taschenrechner.

Während die Athenerinnen schwatzten und lachten, entfernte sich einer der Knaben und machte sich auf seinen nächtlichen Weg zum Pontifex von Athen, der ihn bereits erwartete.

»Man ist sich in dieser Stadt so fremd«, sagte der grauhaarige Mann. »Aber wir werden uns noch näher kennenlernen, nicht wahr?« fügte er, wie sie meinte, etwas geheimnisvoll hinzu; aber das gefiel ihr, und ihr kleiner

Rechner begann Reisen nach Europa zu programmieren, um Meisterwerke einzukaufen, und in exotische Länder, um Raritäten zu erstehen. Ein Leben mit der Kunst, klikkediklick.

Ellen, Jim und der distinguierte Gentleman, der sich jetzt als Gary Neederman vorstellte, stiegen aus dem Taxi, und Ellen dachte nur noch daran, daß Jim erkennen möge, welch unmögliches Dreiergespann er kreierte. Nun, dachte sie, nach ein, zwei Drinks wird er sowieso gehen.

Der Knabe half dem Pontifex in das außergewöhnliche Amtsgewand. Bis auf die Füße, die unten herausschauten, verlor er sich vollständig darin. Der ganze Körper war in eine riesige, in allen Einzelheiten genaue Nachbildung des männlichen Geschlechtsorgans eingehüllt, welche sich jetzt im Zimmer umdrehte, zur Tür herausschritt und die Straße entlangging. Frauen aus dem Volke säumten seinen Weg, jubelten laut und warfen dem wandelnden Schwanz Nachtblumen vor die Füße. Sein einziges Auge war gen Himmel gerichtet, denn es blickte nur zu den Göttern auf und war an den banalen Nichtigkeiten der Menschen nicht interessiert. Deshalb mußte der Priester von seinem Knaben durch die Straßen geführt werden. Der Knabe hatte einen Arm um den großen Pimmel gelegt und dirigierte den Schritt des Priesters zum Tempel der Athenerinnen.

Und dann befand sie sich in dem unglaublichsten Apartment, das sie jemals irgendwo gesehen hatte – voller

Statuen, Gemälde, exquisitesten Nippes, alles im Rahmen einer Einrichtung, deren einzelne Möbelstücke aus allen Teilen der Welt, aus längst vergangenen Zeiten stammten.

Die schöne Athenerin zog aus ihrem Gewand einen langen Lederpenis hervor, der mit irgendeinem festen Material ausgestopft und mit kunstvollen Stichen genäht worden war. Die Damen nahmen ihn, eine nach der anderen, in die Hand, kicherten, und ein paar von ihnen rieben ihn sogar an ihrem Geschlecht.

Gary Neederman öffnete, was einst ein mittelalterlicher Altar aus wunderschön geschnitztem Holz gewesen war. Darin befand sich eine komplette Hausbar. Er reichte Ellen einen Drink und wandte sich dann an Jim, der die Skulptur eines schönen Frauenkopfes betrachtete, dessen steinerne Augen über Jahrhunderte hinweg ins Leere starrten.

»Gefällt Ihnen dieses Stück?« fragte Gary.

»Die wirft mich glatt um«, antwortete Jim.

Gary reichte ihm einen Drink. »Das ist Demeter. Die griechische Göttin der Ehe und der Fruchtbarkeit.« Er wandte sich wieder Ellen zu. »Glauben Sie an Götter?«

»Oh, unbedingt«, sagte Ellen und fand, wie sie da von einem superben Kunstgegenstand zum anderen schwebte, zu ihrem charmanten, ausgelassenen Selbst.

»Ich fürchte«, sagte Gary, »meine Behausung gleicht einem Basar, weil ich immerzu kaufe – und natürlich auch verkaufe.«

»Es ist wundervoll«, sagte Ellen, ging zu ihm hinüber und entwickelte dabei ein Gefühl aufrichtiger Freundschaft. Sie blickte in Garys babyblaue Augen. »Ihr Geschmack ist vollkommen.«

Bescheiden senkte er den Blick und sah, wie sie meinte, auf ihre Schuhe, die neuen Capezios; wie froh war sie, daß sie sie angezogen hatte! Und sein Blick wanderte langsam wieder hinauf, streifte ihre Beine, glitt über ihre Oberschenkel, kehrte erneut in ihre Augen zurück. »Ich bin so froh, daß Sie gekommen sind, Ellen«, sagte er leise.

»Hey, was zum Teufel ist denn *das?*« fragte Jim.

Ellen hätte es ihm am liebsten um die Ohren gehauen, was immer es auch war, und was es war, konnte sie nicht mal sagen, irgend son langes Lederding.

Lysistrata, die Athenerin, nahm den Lederpenis in die Hand, seufzte und sagte, diese Dinger wurden einst von den milesischen Frauen hergestellt, aber heutzutage findet man sie nirgends mehr.

»Ich weiß nicht, ob es ein echter McCoy ist«, sagte Gary. »Ich habe ihn bei einem Straßenhändler in Griechenland gekauft. Man nimmt an, daß es ein früher Dildo ist.« Er wandte sich an Ellen. »Wenn Sie mir diesen Ausdruck gestatten.«

Jetzt war es an Ellen, die Augen zu senken, auch wenn sie nicht wirklich von der schüchternen Sorte war, doch Gary schien so vornehm, so kultiviert.

»Ein Dildo? Ist ja n Witz«, sagte Jim und legte ihn mit einem Anflug von Verschämtheit wieder zurück auf den

Tisch.

»Ich habe mit dem Gedanken gespielt, eine Porno-Sammlung anzulegen«, sagte Gary. »Ich hab da ein paar wundervolle Stücke aufgetrieben.« Wieder blickte er Ellen bedeutsam an, und diesmal hielt sie seinem Blick stand.

»Well«, sagte Jim und kippte den letzten Rest seines Drinks runter, »eigentlich könnte ich jetzt nach Hause ziehen.«

»Bitte, Jim«, sagte Gary mit einem Ausdruck echter Wärme in der Stimme, »gehen Sie noch nicht.«

Obwohl sie es am liebsten gesehen hätte, daß Jim gegangen wäre, war Ellen von Garys Freundlichkeit gerührt, von seinem Taktgefühl.

»Komm her, Jim«, sagte Gary, »trinken Sie noch einen. Wo wir nun schon mal zusammen sind, oder?«

»Nun gut, noch ein Glas«, sagte Jim. »Ich würd mir ihr Zeug gern noch ein bißchen länger ansehen.«

»Tun Sie das, Jim, fühlen Sie sich ganz wie zuhause. Ellen, würden Sie mich bitte für einen Augenblick entschuldigen? Ich würde gern aus diesem Aufzug steigen ...« Er lockerte seine Krawatte und wartete auf ihre Zustimmung, die sie mit einem warmen Lächeln unverzüglich gab.

Jetzt, sagte der Pontifex, als sie die Stufen zum Demeter-Tempel erreicht hatten, werden wir das Große Mysterium zelebrieren.

Gary verließ den Raum durch eine hohe, mit orientalischem Gitterwerk versehene Tür, durch die man den nächsten, schwachrot beleuchteten Raum sehen konnte. Ellens Blick verweilte einen Augenblick auf dieser Tür, doch Gary war irgendwo jenseits des schwachroten Lichts außer Sicht. Sie gesellte sich zu Jim, der vor einem Füllhorn aus Perlmutt stand, aus dem sich alle Arten von Edelsteinen ergossen, und sie war sicher, daß sie echt waren.

»Toller Schuppen«, sagte Jim. »Wenn de auf einmal hier nachts aufwachst, würdste dich wohl zu Tode fürchten; ist aber trotzdem n toller Schuppen.«

Ellen bemerkte hinter dem Gitterwerk eine Bewegung, und sie konnte Garys Silhouette erkennen, etwas undeutlich und einen Moment zögernd. Er ist so groß, dachte Ellen, und sieht so gut aus. Sie schloß die Augen und stellte fest, daß sie sich gar nicht recht erinnern konnte, wie er wirklich aussah, aber der Eindruck war da, der Eindruck von etwas sehr Seltenem, von großer natürlicher Würde, von . . .

Die Stimme des Priesters klang gedämpft, aber all die Frauen, die ihm zum Tempel gefolgt waren, wußten, daß er jetzt die drei Schichten der Mutter Erde durchdringen würde.

Gary stieß das Gitterwerk auf und kam splitternackt herein, mit nichts bekleidet als einem riesigen Schwanz aus Pfauenfedern, der mit einem Korken in seinem After befestigt war.

»Tritt den hübschen Pfau!« rief er und hüpfte mit wippenden Federn in den Raum. »Tritt den hübschen Pfau!«

Er tanzte um sie herum, gebückt, so daß seine Schwanzfedern sich in der Luft wiegten. »Tritt den hübschen Pfau! Tritt den hübschen Pfau!«

Ellen stand wie betäubt da, Jim neben ihr. Sie starrte auf den goldgefaßten Korken, der die Federn zusammenhielt und tief in den Anus des Kunsthändlers hineingetrieben schien. *»Tritt den hübschen Pfau!«* zischelte er und drehte ihnen das Gesicht zu.

»Ich hab keine Lust, dich zu treten, Mann«, sagte Jim. Er setzte sein Glas ab und wandte sich zur Tür. Der Pfau hüpfte ihm in den Weg und schüttelte seinen Schwanz. »Hab keine Angst«, sagte er, indem er die Tür verstellte. »Tritt den hübschen Pfau!«

Jim zögerte einen Moment, blickte sich nach einem anderen Ausgang um und fand keinen. Der Pfau blockierte die einzige Tür nach draußen.

»TRITT DEN HÜBSCHEN PFAU! TRITT DEN HÜBSCHEN PFAU!«

Jim holte aus und trat dem Pfau so heftig er konnte in die Schwanzfedern. Der prächtige Vogel fiel vornüber und landete auf den Knien. »Nimm irgend etwas aus diesem Zimmer!« rief er. »Nimm, was du willst, und verschwinde.«

Jim sah sich rasch um, griff sich Demeters steinernen Kopf und zwängte sich an dem Pfau vorbei, dessen wild bemalte Augen lächelten.

Er durchschritt die Eingangstür des Tempels, durch

rote Vorhänge, die die prächtigen Schamlippen repräsentierten; er schritt durch die Vorhalle des Tempels, die Große Halle der Vagina; und schließlich kam er ans hintere Ende des Tempels, an die Tür des Großen Uterus, an der er stehenblieb und betete.

»Tritt den hübschen Pfau!«

»Wart auf mich, Jim!« rief Ellen, aber der Pfau stand jetzt ihr im Weg und schüttelte seinen tausendäugigen Schwanz.

»Tritt den hübschen Pfau und nimm irgend etwas aus diesem Zimmer. Nimm, was du willst.«

Ellen hob ihren breitkappigen Capezio und sandte ihm einen festen Tritt mitten in die Schwanzfedern, der ihn aus dem Gleichgewicht brachte und mit von sich gestreckten Vieren auf dem Fußboden landen ließ. Sie ergriff den antiken Lederdildo und rannte an dem Pfau vorbei, der in seinen Federn am Boden lag und mit Samen um sich spritzte.

Auf der anderen Seite der Tür, im Raum des Großen Uterus, fuhren die vornehmen Damen Athens fort, ihre obszönen Geschichten zu erzählen, während der Priester für gute Ernten, intelligente Kinder und Geschlechtskrankheiten, die den Feind heimsuchen sollten, betete.

23

»Ah, ha! Edwina! Habe ich dich schon wieder einmal erwischt, wie du im Badezimmer an dir selbst rumspielst.«

»Bitte, Mammi, bitte, hau mich nicht.«

»An dir selbst rumfummeln. Deinen Finger reinstekken, oder nicht? Laß mich mal riechen. Ja, das hast du gemacht. Nun, dafür wirst du ein paar hinten drauf kriegen.«

»Bitte, Mammi, hau mich nicht.«

»Was für ein ungezogenes Kind du doch bist. Jedesmal, wenn ich durchs Schlüsselloch gucke, sehe ich, wie du mit deinem Döschen spielst. Ich habe niemals mit meinem Döschen gespielt. Das ist eine schmutzige, ekelhafte Angewohnheit. Weißt du denn nicht, daß davon das Schielen kommt?«

»Oh, Mammi!«

Nun wohl, ihr Damen von Athen, ich hebe mein Glas und trinke den Wein, und merke, wie ich langsam betrunken werde und . . . aber, was ist denn das, was ich auf dem Grund des Glases entdecke? Welch anmutiges Bild! Könnt ihr es sehen, meine Lieben, es ist ein Glas, auf dessen Boden das Liebesringen eines Mannes mit einer Frau abgebildet ist.

»Du läßt dich von keinem kleinen Jungen anfassen,

hörst du, Edwina?«

»Nein, Mammi.«

»Du darfst dich nie von einem kleinen Jungen anfassen lassen. Und wenn er sagt, du sollst die Hose runterziehen und ihm dein kleines Döschen zeigen, rufst du die Polizei. Hast du gehört? Kleine Jungs, die so etwas tun, sollten eingesperrt werden. Sie gehören an den Marterpfahl.«

»Ja, Mammi.«

»So, und jetzt schlüpf in deinen Schlafanzug. Und sieh zu, daß du heute nacht nicht wieder Alpdrücken hast. So, wie du dich in den letzten Nächten aufführst, komme ich einfach nicht zu den acht Stunden Schlaf, die ich brauche.«

Ihre Beine klammern sich um seine Oberschenkel, und sie hat ihn in sich reingezogen. Wie schön es sich aus einem Becher trinkt, der mit solch lieblicher Szene dekoriert ist. Ich habe ein paar ähnlicher Schalen zuhause für meine Kinder. Sie sind auf der Innenfläche mit entzükkenden Kopulationsszenen bemalt – junge Damen, die in allen möglichen Positionen von ihren Liebhabern aufgespießt werden. Auf diese Weise finden meine Kinder viel mehr Genuß an ihrem Brei. Ihre Fantasie ist beim Essen beschäftigt. Inzwischen werden sie schon von allen Frauen in unserem Block benutzt. Die Kinder haben so viel Spaß daran.

»So, und hier ist ein kleiner Festschmaus für dich, heiße Milch und Zwieback in deinem Bugs-Bunny-Schälchen. Siehst du, wie Elmer Futt den lieben Bugs mit dem

Schießgewehr verfolgt? Ist das nicht süß? Du trinkst jetzt schön deine Milch, und Bugs und Elmer werden in deine Träume kommen.«

»Ja, Mammi.«

»Gute Nacht, Edwina. Und denk daran . . .«

»Ja, Mammi.«

»Döschen wird dich krank machen.«

24

Sir Filbert Morley, der bedeutende Kenner des Altgriechischen, läßt seine Kerze bis auf einen Stummel herunterbrennen, und sein Gesicht zeigt einen schmerzlichen Ausdruck, als er eine Passage aus einem frühen griechischen Text vor sich hinliest, den er zu übersetzen versucht. Der sinnenfrohe Bacchus spricht: *»Ja, ja, sie wußten es, wie zu f . . . in den Mund des Ruderers unter sich.«*

Röte steigt Sir Filbert ins Gesicht, als er vom antiken Werk aufblickt. Nicht einmal in Gedanken bringt er es über sich, dieses vulgäre Wort, auf das er in diesem großartigen Werk gestoßen ist, auszusprechen.

». . . das muß gestrichen werden, das kann doch gar nicht . . .«

Und er kritzelt ein paar Notizen in sein Arbeitsheft, streicht sie wieder aus, kritzelt was anderes und murmelt immer noch vor sich hin.

»Aristophanes hat das nicht gesagt, dazu war er ein viel zu edler Dichter . . .«

Sir Filbert arbeitet wie im Fieber. Die Haushälterin steckt den Kopf durch die Tür und bringt ihm sein abendliches Glas Milch. Seit vielen Jahren hat sie ihn nun schon treu umsorgt, während er sich mit der Sprache der alten Griechen plagt.

»Hart am Werk, Sir?« sagt sie, indem sie ein wenig Platz für das Milchglas schafft.

». . . das konnte er doch nicht gemeint haben . . .« Kaum, daß der große Gelehrte die gute Frau wahrnimmt, und so läßt sie ihn in Ruhe, zieht sich zur Tür zurück, von wo aus sie ihn bei seiner fieberhaften Arbeit betrachtet.

»Das muß gestrichen werden!« Sir Filbert hat die letzten Seiten seiner Übersetzung von Die Frösche aufgeschlagen vor sich liegen. *Das muß gestrichen werden. Jetzt bin ich fast fertig, aber diese Zeile hier, über das Ausstoßen gasförmigen Dampfes in den Mund des Ruderers unter sich – das geht einfach nicht, alter Junge. Die Königin wäre über eine solche Zeile entsetzt, und man würde mich deshalb vielleicht aus Oxford verstoßen.*

»Haben Sie noch einen Wunsch, Sir Filbert?«

»Die Griechen, Mrs. Ficky, waren ein sehr edles Volk.«

»Allerdings, Sir.«

»Ihre Kunst ist die höchste, ihre Dichtung die sublimste.«

»Oh ja, durchaus, Sir, davon habe ich gehört.«

»Ich glaube, Mrs. Ficky, ich habe es hier mit der Fälschung eines alten Werkes zu tun, eines großartigen Werkes, das von der Hand einer vulgären Person besudelt worden ist, die es gewagt hat, in die Dichtung des edlen Poeten Aristophanes hineinzupfuschen.«

»Oh, nein, Sir!«

»Ja, Mrs. Ficky! Es gibt eine Zeile in diesem Stück, die

dem großen Genius, als den wir Aristophanes kennen, einfach nicht zugeschrieben werden kann. Irgendein gemeiner Wicht, ein unverschämter Schuft, hielt es irgendwann im Laufe der Jahrhunderte für angebracht, seinen eigenen kranken Geist in jenes große Kunstwerk einzumischen, das wir als Die Frösche kennen.«

»Möchten Sie noch ein wenig Milch, Sir?«

»Nein, danke, Mrs. Ficky, das genügt. Ich habe die Lösung jetzt ganz klar vor Augen.«

»Recht so, Sir. Dann also gute Nacht, Sir.«

Es ist ganz offensichtlich, was Aristophanes an dieser Stelle meinte. Er wollte sagen *»die Nase in den Mund des unteren Ruderers zu schnäuzen.«* Genau das ist es. Die Nase schnäuzen. Ich würde sagen, so klingts recht. Ja, das ist es. So kann das Werk der Öffentlichkeit übergeben werden. Viktoria wird es gutheißen.

25

Ich weiß, ihr Damen von Athen, sagte die nächste Sprecherin, daß euch schon die Erwähnung ihres Namens einen Seufzer entringen wird. Ich spreche von Phryne, der Dirne. Ihr könnt euch alle an sie erinnern; der Künstler Praxiteles beschäftigte sie als Modell für die prächtige goldene Statue, die heute so gebieterisch im Apollo-Tempel von Delphi steht.

Den vollendeten Proportionen ihres Körpers nach zu urteilen, war sie vielleicht die schönste Frau ihrer Zeit. Und sie hatte die Gewohnheit, sich immer auf das Bescheidenste zu kleiden. In der Öffentlichkeit konnte man sie niemals in so offenherzigen und provozierenden Kleidern sehen wie heute abend. Sie war immer sittsam in ein weißes Gewand gehüllt und erregte die Lust der Männer, weil sie nur ahnen ließ, welche Schätze sie verbarg.

Aber ach, sie war zu schön und zu bekannt. Ein paar eifersüchtige Frauen prominenter Politiker starteten eine Kampagne gegen dieses süße Mädchen und behaupteten, sie würde die Jugend Athens verderben.

»Ach, du lieber Gott, Jeffrey, guck dir mal die Zeitschrift an, die ich gerade gekauft habe! Ist das nicht unsere kleine Edwina, hier auf diesem Foto, die nackt in ner Art Urwald posiert?«

»Was? Zeig mal her, Penelope. Gib mir mal diese Zeitschrift. Danke. Herrgott im Himmel, du hast recht. Das ist Edwina, die da nackt im Grünzeug hockt. Himmel nochmal, die hat ja n Paar gewaltige Titten vor sich hängen, was!«

»Jeffrey!«

»Ich mein ja nur so.«

»Was werden bloß die Nachbarn sagen? Die verlangen noch, daß wir mit unserem Fertighaus aus Gladiola Drive verschwinden.«

»Zum Teufel, du sagst es! Unser Fertighaus!«

»Die sind von Anfang an gegen uns gewesen, all diese Leute in ihren schicken Häusern. Wenn die das Foto hier sehen von unserer splitternackten Tochter, werden die ne Versammlung wegen uns einberufen, das schwör ich.«

»Ich denk, ich schnapp mal meine Jacke.«

»Ja, Jeffrey, du gehst am besten gleich rüber zum Drugstore und kaufst jedes einzelne Exemplar, das du zu fassen kriegst.«

»Schon unterwegs, Penelope.«

Nun, ihr Damen von Athen, so seltsam euch das vorkommen mag, die schöne Prostituierte wurde wegen der Ausübung ihrer Kunst tatsächlich vors Gericht zitiert. Wie tief kann ein Land sinken, daß es nichts besseres zu tun hat, als seine Prostituierten anzuklagen.«

»Diese drei *Rear End*-Hefte, bitte.«

Ihr Damen von Athen, ihr könnt euch vorstellen, wie es im Gerichtssaal aussah – vollgestopft mit Leuten. Jeder, der die schöne Phryne einmal gesehen hatte, war da – alle ihre Liebhaber und soviele Bewunderer von überall her, daß der Saal sie gar nicht fassen konnte und Menschenschlangen auf der Straße standen. Einer Prostituierten den Prozeß zu machen, war natürlich noch nie dagewesen und geeignet, großes öffentliches Interesse zu erregen. Denn welches Gesetz hatte sie überhaupt übertreten?

»Hallo, Edwina, hier spricht deine Mutter, ich rufe von zuhause aus an. Kannst du mich hören . . . ist die Verbindung gestört? Hallo, Edwina, was ist bei dir los . . . ne Party im Gang? Ich kann dich fast nicht verstehen. Wer ist da bei dir, alles Drogensüchtige, stell ich mir vor . . . hallo, Edwina, wag nicht, so mit mir zu sprechen. Hör mal zu, mein Fräulein, ich habe da genau in diesem Augenblick eine Nummer des *Rear End*-Magazins vor mir, aufgeschlagen auf Seite zweiundzwanzig. Was, na und? Wovon ich rede? Ich werde dir sagen, wovon ich rede. Ich rede von deinem nackten Körper, den keiner der Gladiola-Drive-Leute übersehen wird. Weißt du, daß du unser Heim, unser Fertighaus, ruiniert hast? Wir sind total am Ende.«

Ihr Damen Athens, das Gericht erhob nie dagewesene Beschuldigungen gegen die schöne Phryne und nannte sie eine Schande der Nation und eine Gefahr für das Wohlergehen ihrer Kinder. Der Ankläger stellte die angesehene Kunst der Prostitution als etwas Böses dar, habt ihr Worte? Aber die Kraft seiner Rede war so gewaltig, daß viele der im Gerichtssaal Anwesenden mitgerissen wurden und grimmige Blicke auf Phryne warfen, die sittsam und wie immer in ein bescheidenes Gewand gehüllt vorn auf einer Bank saß.

»Edwina, wie konntest du uns so etwas antun? Sag es mir – sag es deiner Mutter – wie konntest du nur so etwas tun und deine Kleider ausziehen? Hast du dafür Geld bekommen? Wieviel hast du bekommen? Mehr nicht? Für lausige fünfundzwanzig Dollar hast du praktisch deinen Vater umgebracht? Ja, er ist gerade zum Drugstore.«

Nachdem die Anklage ihre Argumente gegen Phryne dargelegt hatte, sah es wirklich schlimm aus. Bis dahin hatten wir unsere Prostituierten einfach für glückliche Mädchen gehalten, die andere glücklich machten. Jetzt aber mußten wir in allen Einzelheiten hören, wie verderbt sie waren, und wie das Auftreten eines Mädchens wie Phryne in unserer Stadt geistige Entartung hervorgerufen hatte bei unseren Babys, unseren Kindern, unseren Söhnen.

»Edwina, sag mir mal ehrlich, ich muß das wissen – ich habe dich groß gezogen – gibt es irgendwo noch andere solcher Fotos? Es gibt? Also dann warte mal, bis ich einen Bleistift gefunden habe, nur ne Minute, und erzähl mir, wo ich sie kriegen kann. Ich muß sie sofort haben, bevor das Anti-Fertighaus-Komitee das nächste Mal zusammenkommt. Die warten nur auf so etwas, weißt du. Die behaupten, daß unser Fertighaus den Wert ihrer Grundstücke vermindert hätte. Überleg dir nur mal, was sie mit deinem nackten Körper auf dieser Grünzeugdekoration anfangen werden. Also gut, wo noch hast du . . . wo? Wie oft? Oh, mein Gott, Edwina, ich krieg gleich nen Anfall; das hast du auf dem Gewissen, in meinem Kopf hämmert es nur so. Hunderte von Malen, Edwina, du hast es Hunderte von Malen getan. Oh, mein Gott.«

»Hallo, Pen, da bin ich wieder mit drei *Rear Ends,* hab alle Nummern aufgekauft . . . oh, du telefonierst gerade.«

»Gerade kommt dein Vater zur Tür rein, Edwina. Es hat ihn ganz krank gemacht. Er sieht schlecht aus; es hat ihm fast das Herz gebrochen.«

Aber die Verteidigung konnte nicht so leicht geschlagen werden, ihr Damen von Athen. Phrynes Verteidiger war der weise Hyperides. Er erkannte die Stimmung im Gerichtssaal und sah, daß die Richter drauf und dran waren, Phryne zu einer empfindlichen Strafe zu verurteilen. Hyperides verlor nur wenige Worte. Er bat Phryne, aufzustehen und zu ihm in die Mitte des Gerichtssaals zu kommen. Das tat sie. Und dann sah ganz Athen, was es noch nie in aller Öffentlichkeit gesehen hatte. Der Verteidiger bat sie, das Gewand abzulegen.

Oh, ihr Damen von Athen, als sie langsam die Spangen löste, konnte man eine Stecknadel zu Boden fallen hören. Alle hielten den Atem an, und dann öffnete sie das Mieder, und ihre wunderschönen Brüste wurden sichtbar, so rein, so makellos geformt, dann ihr weicher, runder Leib, schließlich fiel das Gewand ganz. Nun stand sie völlig entblößt und zeigte ihren prächtigen Venushügel. Der ganze Gerichtssaal schnappte nach Luft, so großartig sah sie aus. Der weise Verteidiger ließ sie sich langsam drehen, damit auch ihr entzückendes Hinterteil zu sehen war.

Die Richter, ihr Damen Athens, begannen bereits zu lächeln. Doch Phryne lächelte nicht. Sie sah so bescheiden wie die jüngste der Göttinnen aus, und dieses Geschöpf sollte die Jugend verderben? Dann soll sie doch verdorben werden und solche Schönheit sehen!

In der Gewißheit, eine Verkörperung der Aphrodite vor sich zu haben, wagten die Richter nicht, sie zu verurteilen. Die Anklage wurde zurückgenommen. Phryne kleidete sich unter dem Jubel der Anwesenden langsam wieder an. Aus Furcht vor weiteren Schauspielen dieser Art machten die Richter an diesem Tag ein Gesetz, daß Entkleidungen nie wieder in einem Gerichtssaal stattfinden durften. Aber es ist sowieso höchst unwahrscheinlich, ihr Damen Athens, daß eine Prostituierte je wieder in den Gesetzestempel geschleppt werden wird, denn dieser Tag hatte gelehrt, wie unschuldig Prostituierte sind.

»Edwina, wie konntest du nur deinen Körper so zur Schau stellen nach der Universitätsausbildung, die wir dir zukommen ließen, die du uns jetzt ins Gesicht geschleudert hast . . . Edwina . . . Edwina? Sie hat aufgelegt, Jeffrey! Hör auf, die Fotos zu begaffen und hör mir zu!«

26

Hilf mir aus diesem verflixten Pimmelanzug, mein lieber Junge, sagte der Priester.

Sein Assistent half ihm aus dem gewaltigen Organ, und der Priester schritt durch die letzte Tür von Demeters Tempel, in den innersten Raum des heiligen Gebäudes, wo die vornehmen Damen Athens versammelt waren und mehr oder weniger entkleidet herumlagen.

»Fred, bist du sicher, daß das eine Broadway-Show ist? Es sieht so furchtbar schmuddelig aus hier drin.«

»Ethel, bist du nicht seit vierzig Jahren mit mir verheiratet? Wenn ich sage Broadway-Show, dann meine ich auch Broadway-Show.«

»Aber, Fred, was bedeuten dann diese ganzen Regale voller Fotos von nackten Männern und Frauen in dem Raum, durch den wir gerade kamen?«

»Das waren Programmhefte, Ethel.«

»Mein Gott, Fred, was für eine Show ist das hier?«

»Das ist die Neue Welle«, sagte Fred, »durchsetzt mit sozialkritischen Kommentaren.«

»Es ist so verraucht hier drin. Ist das die Bühne, Fred? Die ist ja so furchtbar winzig. Und für ein Broadway-Theater haben sie ja nicht gerade sehr viele Plätze. Sieht eher wie ein Hinterzimmer aus.«

»Das ist halt ein neues Konzept, Ethel, völlig neu. Intimes Theater.«

»Fred, ich . . .«

Plötzlich wurde es dunkel, und der Vorhang öffnete sich. Auf der Bühne erschien ein wunderschönes, hochgewachsenes schwarzes Mädchen in rotem Strumpfhalter und Höschen und einem schwarzen BH, auf dem rote Hände aufgemalt waren. »Mann«, sagte sie, »bin ich hungrig.«

»Fred, das hier ist kein Broadway-Stück!«

»Verdammt nochmal, Ethel, hättest du dir Zeit genommen, das Schild draußen zu lesen, wüßtest du, daß draufsteht, Broadway und Zweiundvierzigste Straße. Jetzt entspann dich mal und genieß die Show.«

»Hätte verdammt gern was zwischen die Zähne«, sagte die schwarze Schauspielerin, indem sie lässig die Strümpfe abstreifte und dabei anmutig ihre langen Beine streckte.

An der Tür des Bühnenbildes wurde ein Klopfen hörbar, das den ganzen Aufbau bedenklich hin- und herschlingern ließ.

»Ja, komm nur herein«, sagte das schwarze Mädchen.

»Haben Sie eine Pizza bestellt?« fragte ein blonder junger Mann, der einen weißen Botenanzug anhatte.

»Ja, hab ich, Honey, bring sie her und stell sie irgendwo hin, wo ich sie mir ansehn kann.«

»Das macht zwei Dollar und fünfzig Cent«, sagte der Botenjunge.

»Honey«, sagte das schwarze Mädchen und ging langsam auf den Botenjungen zu, »ich hab nur noch einen Dollar. Was kann ich dir sonst für die Pizza geben?« Das schwarze Mädchen griff auf den Rücken, öffnete den BH, der runterfiel und ihre schweren Brüste freigab, mit schwachroten harten Brustwarzen, die sich ins Scheinwerferlicht reckten.

»Fred! Das hier ist ja . . .«

»Halt n Mund, Ethel, und iß dein Popcorn.«

»Faß mich ruhig an«, sagte das schwarze Mädchen.

Der Botenjunge fing schüchtern an, mit ihren Brüsten zu spielen.

»Fred, ich bin Mitglied der ELV in Scranton, Pennsylvania, und du auch!«

Das schwarze Mädchen knöpfte die Hose des Botenjungen auf, und schon bald stand er da, die Hosen unten und einen ansehnlichen Schwanz zwischen den Beinen.

Eine getuschelte Bemerkung blieb Ethel in der Kehle stecken, als sie sich entschied, es sei wohl besser, dem Schauspiel auf der Bühne mehr Aufmerksamkeit zu zollen, damit sie bei der nächsten Versammlung der Eltern-Lehrer-Vereinigung einen vollständigen Bericht abgeben konnte. Sie konzentrierte sich auf den Penis des Botenjungen und machte sich im Geiste ein paar Notizen.

»Honey«, sagte das schwarze Mädchen, »mit dem Pimmel kannst du niemanden ficken. Laß mich lieber mal ne Weile drauf lutschen.«

Daheim in Scranton wird mir kein Mensch glauben.

Hätt ich nur meine Pocket-Kamera mitgebracht.

»Langsam kriegsten Steifen, Honey.«

Als das Glied des Botenjungen voll aufgerichtet war, zog das schwarze Mädchen ihr Höschen aus, nahm den Strumpfhalter ab und legte sich auf eine Matratze. Der Botenjunge kroch auf sie drauf.

Die Hohepriesterin seufzte, als der Priester nach kurzem Suchen sein Glied in das heilige Loch einführte, das heiß und feucht war, und die Athenerinnen schauten sehnsüchtig zu. Dieses Jahr würde fruchtbar sein, die Ernte reich, und der Nation würden viele Söhne geboren werden.

Mitten drin gingen auf einmal die Bühnenlichter an. Ein Mann in einer Polizeiuniform stieg auf die Bühne. »Also Leute, die Vorstellung ist zu Ende. Dieser Verein verfügt über keine ordentliche Lüftung und verletzt verschiedene andere Vorschriften.«

»Scheiße, Honey«, sagte das schwarze Mädchen, und glitt unter dem Botenjungen hervor. »Grade, wo wir zum angenehmen Teil kommen.«

Das Glied des Botenjungen stand immer noch steil in die Höhe.

»Steck ihn weg, du Knilch«, sagte der Polizist.

»Ich kann nicht«, sagte der Botenjunge. »Ich bin ein Schauspieler mit System.«

»POLIZEIBELÄSTIGUNG!« rief jemand aus dem Publikum.

»COITUS INTERRUPTUS!«

»JA! HAU AB, DU PLATTFUSS! HAU AB UND NIMM DEN MOTHERFUCKER FEST, DER LETZTE NACHT MEINE WOHNUNG AUSGERÄUMT HAT!«

»Fred, was passiert jetzt mit uns? Sind wir verhaftet?«

Unser Opfer ist so hinreißend dieses Jahr, sagte die Hohepriesterin, als der Pontifex mit geschwollenen Eiern grunzend in sie abschoß. Das Land wird wirklich von den Göttern gesegnet werden.

»Also, Leute, hier entlang. Macht keine unnötigen Schwierigkeiten. Das Geld bekommen Sie an der Kasse zurück.«

»Fred, du wirst doch keins von diesen Magazinen kaufen!«

»Natürlich nicht, Ethel, ich guck nur mal, ob ich nicht ein Souvenir an New York finde.«

Die Hohepriesterin erhob sich von ihrem Lager und wischte das Liebesgebräu ab, das weiß und warm über ihre Oberschenkel rann. Nun, ihr Damen, wir haben Demeter zur Freude Geschichten erzählt, sagte sie, und wir haben den rituellen, heiligen Beischlaf vollzogen. Nun laßt uns alle tanzen. Tanzt, ihr Damen Athens, und erinnert euch der Pasiphae, die mit einem König vermählt und in einen Bullen verliebt war.

»DU SOLLTEST DICH SCHULDIG FÜHLEN!« brüllte Vater.

»Warum denn, Vater?« fragte die Tochter zitternd.

»Mutter hat mir berichtet, sie hätte Spermazooti in

deinem Taschentuch gefunden.«

Pasiphae wandelte im Mondlicht, als sie plötzlich wie gebannt war vom Anblick des gewaltigen Gliedes und der massigen Hoden des weidenden Bullen.

»Führen Sie Freudenkissen? Ich hätte gern eins für mein Gartenhaus.«

»Spermazoota, habe ich gesagt, und das meine ich!«

»Daddy, es ist nur Nasenschleim. Ich habe Schnupfen.«

»Martha, bring den Riemen. Dieser jungen Dame gehört das Höschen runtergezogen und eine Lektion auf den Hintern verpaßt.«

»Im Moment habe ich keine Freudenkissen am Lager, Sir. Aber ich habe da eine Luftschutzsirene, die Sie an jedem Klodeckel anbringen können. Wenn Sie den Deckel schließen, geht sie los.«

»Hört sich gut an. Ich nehme eine.«

»Fred!«

»Ethel, das ist ja nur für das jährliche Picknick für unterprivilegierte Kinder. Es wird ihnen Spaß machen.«

Der Bulle senkte den Kopf und kam dichter an Pasiphae heran, die entzückt war von seinem kolossalen Penis, der feucht und dicker als ein Männerarm im Mondlicht schimmerte.

»Jetzt sprich mir nach, mein Fräulein: *Ich will nie wieder etwas mit Spermazoota zu tun haben.*«

»Versetz ihr noch ein paar Schläge mit dem Riemen, Axel.«

»Das werde ich, Martha, danke.«

Pasiphae ging näher an den Bullen heran. Sie fühlte sich unwiderstehlich angezogen von diesem großen, glänzendschwarzen Organ. Sie streckte eine Hand aus und berührte es vorsichtig.

»Es hat zu viele Viecher in diesem Buch, mein Junge«, sagte Mr. Pant. »Das kann ich nicht gebrauchen.«

Sonnenaufgang

Schwimmer im dunklen Strom

NOVELLE

Deutsch von Hans Pfitzinger

»Johnny, die Fruchtblase ist geplatzt!«
Laski schwamm in einem Meer von Träumen und versuchte, an die Oberfläche zu gelangen. Das Meer war dunkel, und schillernde Gestalten kamen ihm entgegen. Eine davon zerstob plötzlich in einem Lichtregen. Laski erwachte und setzte sich im Bett auf. Diane hatte ihre Hand an der Nachttischlampe und starrte auf den Wasserflecken, der sich im Bett ausbreitete.
»Es ist soweit«, sagte er. »Mach dich fertig.« Unruhe erfaßte ihn, beschleunigte seinen Puls, kühlte seine Haut ab und ließ ihn frösteln.
»Ich hol eine Binde«, sagte sie. »Es wird ja alles naß.«
Er nahm ihren Arm und half ihr zur Treppe. Sie fing jetzt auch an zu zittern, und zusammen gingen sie zitternd am Fenster vorbei und blickten hinaus auf die schneebedeckten Bäume. Die Stille des Waldes beruhigte ihn, und er blieb auf dem Treppenabsatz stehen, um das weiße Licht des Mondes in sich aufzunehmen. Sein Zittern ließ etwas nach, aber ihres hielt an; er brachte sie zum Badezimmer. Sie ging vornübergebeugt, die Arme um den mächtigen Bauch, wo ihre Springflut herkam. Er half ihr auf die Toilette, ging zum Schrank und brachte eine Decke. Er hüllte sie ein und rieb ihre Arme, auf und ab, um sie zu wärmen.
Sie blickte zu ihm hoch, mit klappernden Zähnen. So hatte er es sich nicht vorgestellt – sie beide gefangen und hilflos gebeutelt wie Gliederpuppen. Sie hatten alle mög-

lichen Lehrbücher über Geburt gelesen und regelmäßig Gymnastik gemacht, und er hatte geglaubt, es würde einfach so weitergehen. Aber es gab keinen Übergang. Plötzlich wurden sie über ein Felsenbett geschleift. Dianes Augen glichen denen eines Kindes, erstaunt und entsetzt, aber ihre Stimme war ruhig, und er merkte, daß sie bereit war, obwohl sie sich fürchtete und mit den Zähnen klapperte.

»Ich hab das Wasser jetzt unter Kontrolle«, sagte sie. »Ich kann's zurückhalten.«

»Ich werde den Wagen warmlaufen lassen.« Er ging hinaus in den Schnee. Über den dunklen Fichten glitzerte der weite Himmel. Der Halbtonner stand da im Mondlicht, mit funkelndem Eis bedeckt. Laski öffnete die Tür und schlüpfte hinein, zog den Choke und drehte den Zündschlüssel.

Der Anlasser winselte, mühte sich ab unter dem eisigen Griff des Nordens. »Komm schon«, flüsterte Laski beschwörend. Der zuverlässige Halbtonner hatte ihn noch nie im Stich gelassen. Er horchte auf das erste Lebenszeichen in dem Gewimmer, und als der Motor endlich ansprang, trat er das Gaspedal ganz durch und brachte die Maschine auf Touren. »Gute alte Kiste.« So hoch im Norden konnte jeder Motor einfrieren, jede Batterie plötzlich ihren Geist aufgeben, und bis zum nächsten Fahrzeug waren es mehr als zwanzig Kilometer durch dichten Wald. Er hatte oft genug gesehen, wie Feuer unter den Motoren angezündet wurden, er hatte wütende

Flüche gehört in der nordischen Nacht, während die Stunden verstrichen, kein Trick weiterhalf und niemand wegkam. Er ließ den Choke draußen, damit der Motor warmlief, drehte die Heizung auf und stieg aus in den Schnee. Die Auspuffgase hingen als einzige Wolke vor dem leuchtenden Mond. Er ging durch die Rauchschwaden zum Haus zurück, das wie eine winzige Laterne in der schier endlosen Wildnis stand.

Diane saß immer noch zitternd im Badezimmer. Ihr Bauch wölbte sich unter dem Morgenmantel. Laski führte sie zur Treppe zurück und hinauf ins Schlafzimmer, wo sie begann, sich anzuziehen. Sie bewegte sich wie gewohnt, nur zitterte sie unaufhörlich. Es schien ihm, als sei Diane zwei Frauen - die eine zitterte wie Espenlaub, und die andere war ruhig und besonnen wie eine alte Hebamme. Als er ihren Koffer nahm und zur Treppe trug, stellte er einen ähnlichen Zustand bei sich selbst fest: Seine Hand zitterte, sein Herz klopfte heftig, aber der andere Teil von ihm war ruhig, unerschütterlich wie ein alter Baum. Dieser ruhige, stille Partner schien in einer Gegend seines Körpers zu hausen, die Laski nicht kannte. Sein Magen zog sich zusammen, seine Gedanken überschlugen sich, seine Knie waren weich, aber irgendwo in ihm herrschte Ruhe.

Er trat in den Schnee hinaus. Der Lieferwagen tuckerte jetzt leise, und er schob den Choke etwas rein, bis der Motor rund lief. Als er sich umdrehte, sah er Diane hinter dem Fenster im ersten Stock des Hauses, vor sich

den riesigen Bauch. Sie bewegte sich langsam und bedächtig, und er wußte, daß sie beim Packen jedes Kleidungsstück dort fand, wo sie es bereitgelegt hatte. Sein eigenes Leben war ein Wirrwarr von Kleidungsstücken, verstreut in alle Winde, Schuhe, die an den unmöglichsten Stellen auftauchten, nichts dort, wo er es finden konnte.
Er ging wieder zu ihr ins Schlafzimmer. »Wie fühlst du dich?«
»Die Wehen haben eingesetzt.«
»Wie ist das?«
»Ich kann's nicht beschreiben.«
Er half ihr die Treppe hinunter zur Tür und schaute sich in der Küche um. Sie hatte alles aufgeräumt, hier gab es nichts mehr zu tun. Er sperrte die Tür hinter ihr ab und führte sie zum Lieferwagen. Sie zwängte sich hinein, und er deckte sie mit einer Decke zu.
Der Wagen war jetzt warm und rollte mühelos den schneebedeckten Weg hinauf, zwischen den hohen Fichten hin zum Ende der Einfahrt. Er bog auf die enge Straße, wo sie den ganzen Winter spazierengegangen waren und gespielt hatten, daß das Baby schon geboren war und zwischen ihnen schaukelte und sich an ihren Händen festhielt wie an einem Trapez. Und sie hatten es geschaukelt, die Straße rauf und runter.
Sie kamen an einem weiten, schneebedeckten Feld vorbei, auf dem ein alter Planwagen auftauchte, unterwegs nach Nirgendwo, vermodernd, die alten Speichenräder im Schnee begraben.

»Mir wäre es lieber, wenn du nicht so schnell fahren würdest.«
Er fuhr langsamer. Eine Minute, zehn Minuten eingespart, das macht keinen Unterschied. Wir wissen, wie lange die ersten Phasen der Geburt dauern.
Unterm Schnee war Eis, und die Räder des Lieferwagens rutschten leicht. Aber er wußte die Straße zu nehmen, fuhr sanft durch die Kurven, ohne viel zu bremsen. Auf beiden Seiten der Straße war ein tiefer Graben ausgehoben, um im Frühjahr das Schmelzwasser abzuleiten. Jetzt war alles mit Schnee bedeckt. Es konnte immer passieren, daß man in den Graben rutschte und die ganze Nacht festsaß. Jeden Winter hatte er geholfen, Touristen aus dem Graben zu ziehen, mit viel Fluchen, Rutschen und Schieben. Es hatte großen Spaß gemacht. Aber heute nacht lieber nicht.
An der Straßenbiegung stand vergessen im Mondlicht das Schulhaus, ein Raum für alle Klassen. Er schaltete herunter, nahm die Kurve im zweiten Gang, dachte an kleine Jungen mit Mützen und Knickerbocker-Hosen und an kleine Mädchen in Glencheck-Kleidern, die vor langer Zeit den Berg zum Schulhaus heraufgekommen waren. Dann hatte er die Kurve geschafft und ließ die alten Geister zurück auf ihrem endlosen Weg durch ein versunkenes Jahrhundert.
Die Straße verlief jetzt gerade zwischen den Fichten, die auf beiden Seiten eine hohe Mauer formten. »Der alte Ben ist auf«, sagte Laski mit einer Kopfbewegung in die

Richtung des alten, verfallenen Gehöfts, drüben, zwischen den Bäumen. Die meisten Fenster waren zerbrochen, und es sah aus wie all die anderen verlassenen Höfe der Siedlung, abgesehen vom flackernden Licht in dem einen Raum, den der alte Holzfäller wetterfest gemacht hatte.
Diane blickte zu dem Licht hinüber. Sie war selbst eine Einsiedlerin und mochte den alten Ben. Er hatte einen schlechten Ruf im Dorf, so wie er lebte, ganz im Gegensatz zur übrigen Welt. Aber er konnte alles mögliche aus Holz herstellen - Geigen, Schiffe, Schneeschuhe; und er hatte sein Leben lang in den Wäldern zugebracht. Laski sah einen Schatten in der Dunkelheit. Der Hund des Alten schnüffelte im Schnee herum. Dann war der Wagen in der nächsten Kurve, nahe am Fluß, dessen eisige Haut in der Dunkelheit auftauchte und im Mondlicht glänzte. Laski fuhr am Ufer entlang, bis der Fluß zurückblieb zwischen den Bäumen und weiter seinen Silberfaden durch die dunklen Zweige webte.
Wieder eine Lichtung und eine kleine Holzhütte. Es war ein Camp für »Sportler«. So nannten die kanadischen Buschleute die Amerikaner, die zum Fischen und Jagen kamen und eine Woche lang das rauhe Leben genossen. Laski erinnerte sich: Vor langer Zeit war er mit seinem Vater nach Kanada zum Fischen gefahren, und sie hatten an einem sonnigen Morgen ein Motorboot über einen breiten, gewundenen Fluß ge-

steuert. Damals hatte Laski plötzlich das Gefühl, er selbst sei der Fluß und die Bäume und die Sonne und der Wind.
Er berührte Diane sanft an der Schulter. Sie zitterte in ihrem dicken Mantel, und er wußte, ohne zu fragen, wie sie sich fühlte.
Das Camp der amerikanischen Sportler blieb in der Dunkelheit zurück. Die Dorfbewohner hatten Laski und seine Frau zuerst auch für Sportler gehalten, weil sie anscheinend nichts für ihren Lebensunterhalt tun mußten - bis sie herausfanden, daß die beiden Künstler waren. Da sie nie so seltsame Geschöpfe gesehen hatten - außer den alten Coleman Johns, den verrückten Erfinder, der seine eigene automatische Melkmaschine gebaut und versprochen hatte, daß er mit einem Magneten in der Hose zum Mond fliegen würde -, ließen die Einheimischen die Laskis in Ruhe. Sie sagten, daß Laski mit seinem dicken Bart und der Drahtbrille dem alten Coleman wie ein Zwillingsbruder gleiche. Immer wenn Laski an der Ruine vorbeikam, die einst Colemans Haus gewesen war, dann wurde er von einer merkwürdigen Sehnsucht erfaßt - so, als hätten er und der verrückte Erfinder dieselbe Vision von diesem weiten Land gehabt, ein Land, das die Menschen dazu brachte, die seltsamsten Dinge unter dem Mond herzustellen.
Laskis Bildhauerei war gewiß merkwürdig. Diane-Skulpturen füllten den Wald, ihr seltsam schönes Ge-

sicht erschien nach und nach auf Baumstümpfen und Felsen. Alte tote Stämme mit grauen, kahlen Zweigen verwandelten sich in eine tanzende Diane, die Hohepriesterin der Wälder. Schließlich hatte das wuchernde Dikkicht grüne Umhänge für die Statuen gewebt, helle Perlen und Knöpfe aus Beeren umschlangen Arme und Beine und machten sie zum Bestandteil des endlosen Traums der dunklen Fichten.

»Die Wehen kommen im Abstand von zehn Minuten.«

Laski trat fester aufs Gaspedal. Das Baby hat's eilig.

Ein geisterhaftes Licht blitzte vor Laski auf, sprang aus der Dunkelheit des alten Dorffriedhofes, wo Coleman Johns begraben lag und wo Laskis Scheinwerfer die Spitze eines alten Grabsteins gestreift hatten. Die Räder des Lieferwagens drehten durch, das Heck wedelte heftig hin und her, bevor er wieder geradeaus fuhr. Die Dunkelheit verschluckte den Friedhof, und die Straße war wieder von dichtem Wald gesäumt.

Entbindung?« lächelte die Empfangsschwester. »Haben Sie Ihre Papiere dabei?«

Diane holte sie aus der Handtasche. Ein Pfleger kam mit einem Rollstuhl, und Diane setzte sich hinein, immer noch in ihrem abgetragenen Wintermantel. Laski sah die Empfangsschwester an.

»Der Pfleger bringt Ihre Frau zur Station, Sie können

gleich hinterher. Ich hab da einige Formulare, die Sie ausfüllen müssen.«

Laski berührte Dianes Hand. Sie sah ihn an und lächelte abwesend, als der Pfleger den Rollstuhl drehte und sie davonschob.

Die Schwester spannte einen Bogen in ihre Schreibmaschine und fragte Laski nach Alter, Adresse, Versicherung – unwichtiges Zeug, das ihn an den Stuhl fesselte.

Ein betrunkener junger Mann, das Gesicht aufgeschnitten und geschwollen, schwankte ins Wartezimmer. Mit glasigen Augen näherte er sich dem Empfang. Die Schwester sah auf. »Würden Sie sich bitte hinsetzen«, sagte sie kalt.

Der junge Mann lehnte sich an den Tisch, aber die Schwester ignorierte ihn, obwohl er aus einer Wunde über dem Auge blutete.

Laski schaute dem jungen Mann in die Augen. Er hatte Feindseligkeit erwartet, aber er fand ein verängstigtes Kind, das versuchte, tapfer zu sein. Die Schwestern werden ihn schikanieren, dachte Laski, dann wird ihn der Doktor zusammenflicken, und er wird wieder hinausgeschickt in die Nacht. Aber auch er war einmal das sehnsüchtig erwartete und von allen umsorgte Baby gewesen. Auch er hatte einmal seinen großen Auftritt gehabt.

Ein älterer Mann betrat das Wartezimmer, schaute sich kurz um und entdeckte den jungen Mann. Er kam langsam herüber – wie er ging und sich hielt, glich er dem jungen Mann.

»Was ist passiert?«
»Nicht viel«, sagte der Junge und versuchte, zuversichtlich auszuschauen.
»Ich hab dich ziemlich lang nicht gesehen.«
»Ich war unterwegs.«
»Möchtest du arbeiten?«
»Klar, sicher.«
»Du kannst morgen anfangen.«
»O nein«, sagte er junge Mann, schüttelte den Kopf und berührte seine Schrammen. »Morgen kann ich gar nichts tun.«
Die Formulare waren ausgefüllt. Der Pfleger kam zurück, und Laski folgte ihm den Flur entlang zu einem Aufzug. Sie fuhren schweigend nach oben, bis zu dem Stockwerk mit der Aufschrift ENTBINDUNGSSTATION. Im Flur standen eine Couch und zwei Ledersessel. Dahinter war eine Tür mit dem Schild ENTBINDUNG – KEIN ZUTRITT.
Der Pfleger ging weg. Laski setzte sich. Hier warteten alle Väter. Er stand auf und ging langsam auf und ab. Jetzt laufe ich hin und her wie ein werdender Vater.
Das Geräusch einer Bohnermaschine war auf dem Flur zu hören, irgendwo außer Sicht, surrend, mit quietschenden Rädern. Laski hörte ihr zu. Sie kam immer näher, dann tauchte sie auf, geschoben von einem uniformierten Putzmann.
»Ihre große Nacht, hmm?«
»Ja.«

Der Putzmann nickte und bohnerte weiter. Er kennt das alles, dachte Laski, er hat sie kommen und gehen sehen, jede Nacht - hin und her laufen auf seinem gewachsten Fußboden.

Eine ältere Schwester kam aus der Entbindungsstation. Laski sah auf, aber sie starrte ihn so ausdruckslos an, daß ihm alle Fragen im Hals steckenblieben. Er hörte, wie sich die Schritte entfernten. Dann ging er hinüber und spähte durch die Glasscheibe in der Tür zur Entbindungsstation. Der Flur dahinter war spärlich erleuchtet und leer.

Er ging wieder zurück, an den Ledersesseln vorbei. Die Luft roch nach Krankenhaus, Karbol und Medizin. Der Boden hatte ein Würfelmuster; er versuchte, auf den Quadraten zu bleiben, ohne die Linien zu berühren. Seine Stiefel waren immer noch naß vom Schnee. Die dunklen Spitzen schauten ihn an, abgetragen und verschrammt vom Wald.

Er drehte sich um und wanderte auf der anderen Seite des Flurs zurück. Die Tür schwang wieder auf. Eine junge Schwester kam heraus und lächelte. »Wir machen Ihre Frau gerade fertig«, sagte sie. »Sie können in ein paar Minuten zu ihr.«

Diane saß aufrecht im Bett. Er ging schnell zu ihr und suchte ihre Augen. Er fand darin dieselbe Mischung von Angst und Ruhe, die er die ganze Nacht gesehen hatte.

»Das Baby liegt verkehrt rum«, sagte sie.

Alles erschien ihm wie ein Traum, ein Traum, in dem er allen Dingen jede Form geben konnte. Aber er stand in einem Krankenhauszimmer, und ihr Baby lag verkehrt rum. »Es wird schon gutgehen«, sagte er und streichelte ihre gefalteten Hände.

»Doktor Barker sagt, er will dich bei einer Steißgeburt nicht dabeihaben. Ich sagte, daß ich das verstehe und daß ich hoffe, er würde es sich anders überlegen.«

Ihr Gesicht veränderte sich plötzlich, als die Wehen einsetzten, und sie begann zu atmen, wie sie es geübt hatten, schnell und gleichmäßig. Sie schloß die Augen, die Brauen zogen sich zusammen, während der Schmerz ihr Gesicht verzerrte. Er stand hilflos da und schaute zu, wie sich etwas in ihr verkrampfte, bis ihr Gesicht entstellt war, ein Gesicht, das er nie zuvor gesehen hatte, verzerrt und maskenhaft, absolute Verzweiflung; dann, ganz plötzlich, sich langsam wieder entspannte. Die Falten verschwanden, die Augen öffneten sich, als die Wehen nachließen.

Sie schaute zu ihm auf und lächelte. »Er muß sich letzte Woche umgedreht haben. Erinnerst du dich an die Beule, die wir am Bauch fühlten? Das war sein Kopf!«

»Wir werden ihn bald die Straße runterschaukeln«, sagte Laski.

Ihr Lächeln verschwand abrupt, als die nächste Kontraktion kam. Sie begann wieder schnell zu atmen, und er unterstützte sie, indem er versuchte, die Kraft aus seinem Körper in ihren zu übertragen.

Die Schwester kam herein, als die Wehen nachließen.

»Wie geht's uns denn?«

»Gut.«

»Lassen Sie mich noch einmal nachsehen.« Die Schwester hob Dianes Nachthemd hoch und ließ es wieder los. »Sie werden schon ganz weit.«

Dianes Lächeln verzerrte sich mit den wiederkehrenden Wehen.

Ein junger Assistenzarzt kam herein, stand am Fußende und wartete, bis die Wehen ihren Höhepunkt erreicht hatten. Er schaute Laski an und fragte höflich: »Würde es Ihnen etwas ausmachen, draußen zu warten, während ich sie untersuche?«

Laski trat auf den Flur. Was machen sie mit ihr, daß ich nicht dabeisein kann? Glaubt er, daß ich nie zuvor den Körper meiner Frau gesehen habe? Mach bloß kein böses Blut. Die bestimmen, was hier geschieht. Er wanderte den Flur auf und ab und kam sich überflüssig vor.

Die Tür ging auf, der Assistenzarzt kam auf den Flur und nickte Laski zu. Laski trat wieder ein und stellte sich neben die Schwester ans Fußende des Bettes.

»Sie sind jetzt ganz offen«, sagte die Schwester zu Diane.

»Sie können anfangen zu pressen, wann immer Sie wollen.«

Diane nickte, als die nächste Kontraktion kam. Laski trat hinter sie und stützte ihren Rücken, wie sie es geübt hatten. Er hob sie hoch, und sie hielt sich an ihren Knien fest, zog ihre Beine an und spreizte sie auseinander, wobei sie von der Körpermitte nach unten preßte. Er hielt sie, solange die Wehen andauerten, und ließ sie dann vorsichtig zurückgleiten.

»Sehr gut«, sagte die Schwester. »Nur weiter so.« Sie lächelte ihnen zu und ging aus dem Zimmer.

»Könntest du einen Waschlappen anfeuchten und auf meine Stirn legen?«

Laski holte einen Waschlappen aus ihrer Tasche und machte ihn über dem Waschbecken naß. Er rieb ihre Brauen, ihre Wangen, ihren Nacken ab. »Wo ist der Doktor?«

»Er schläft in einem Zimmer am Ende des Flurs. Sie wecken ihn, wenn es soweit ist.«

»Wie fühlst du dich?«

»Ich bin froh, daß ich jetzt pressen kann.«

Die Wehen kamen, und er hob sie wieder hoch, sein Gesicht dicht an ihrem. Die gerunzelten Brauen und die zusammengekniffenen Augen veränderten ihr Gesicht so sehr, wie er es sich nicht einmal im Traum vorgestellt hatte. Ihre ganze Schönheit war verschwunden, und sie sah aus wie ein geschlechtsloses Geschöpf, das mit aller Macht kämpfte und sich mit der Schöpfung der Welt abmühte. Ihr Gelächter, ihre kleinen Freuden, ihre Pläne, alles, was sie gekannt hatten, wurde von dieser wahnsinnigen Arbeit aufgesogen. Einer Arbeit, von der er plötzlich wünschte, daß sie sie nie begonnen hätten, so sehr entstellte sie Diane - hier lag eine andere Frau, die er nicht kannte. Ihr Gesicht war rot, ihre Schläfen pochten, und sie sah jetzt aus wie ein Mann Mitte Fünfzig, der sich beim Scheißen so anstrengt, daß es ihn beinahe umbringt.

Das ist die Menschheit, dachte Laski, und er stellte die Frage nach dem Sinn einer Spezies, die sich in Todesangst fortpflanzt. Aber bevor er eine Antwort fand, waren die Preßwehen vorbei, und er legte sie zurück aufs Kissen.

Er nahm den Waschlappen, machte ihn wieder naß und wischte ihr das schwitzende Gesicht ab. »Entspann dich jetzt, sammle Kraft. Spreiz die Beine - entspann die Arme.« Er sprach leise, strich ihr über die immer noch zitternden Glieder, bis endlich Ruhe über sie kam. Ihre Augen waren geschlossen.

Und wieder kam die Welle, trug sie hinaus auf das Meer des Schmerzes, wo er sich erneut fragte, weshalb Leben je auf diese Welt kam. Die Schönheit der Nacht draußen auf der Landstraße, wenn alle Sterne dabei waren, wurde jetzt im Schweiß ertränkt. Das schönste Gesicht, das er je gekannt hatte, sah jetzt verquollen, rot und gewöhnlich aus.

Die Flut, die sie in die wilden Gewässer getrieben hatte,

ebbte ab, und sie flossen langsam zurück, ruhten sich ein oder zwei Minuten aus - nur, um wieder hinausgezogen zu werden. Er hielt sie hoch, während sie krampfhaft preßte und versuchte, die Blütenblätter ihres reifen Körpers zu öffnen. Er hatte gedacht, daß eine so wundersame Öffnung irgendwie großartiger vor sich gehen würde. Aber Diane schwitzte wie ein Holzfällergaul, der einen ganzen Sommermorgen lang Stämme gezogen hatte.
Laski stützte sie, versuchte, sie von der Last zu befreien, mit der sie kämpfte. Aber sie schwamm gegen den Strom und kam nirgendwo hin. Ihre Augen glichen denen eines Zugpferdes - verstört, enttäuscht und versklavt. Er konnte sehen, wie das Blut in ihren Schläfen hämmerte. Das hatte er einmal bei den Arbeitspferden erlebt und geglaubt, sie würden vor Anstrengung tot umfallen. Er hatte erlebt, wie die Tiere durch die Wälder jagten, die riesigen Stämme hinter sich herschleifend. Wie sie fast das Geschirr zerrissen, wenn die Stämme sich plötzlich an einem Stumpf verfingen. Und wie sie ihre mächtigen Muskeln anspannten, um das Hinernis zu überwinden. Wer konnte das wollen, dachte Laski, diese Arbeit, dieses Leid? Das Leben versklavt uns, es macht, daß wir uns Kinder wünschen, gibt uns tausend Illusionen über die Liebe - und alles nur, damit es weitergeht.
Laski fühlte die Herrschaft des Lebens, eine Macht, die größer war als sein Wille. Ich wollte doch nur mit dir zusammen sein, Diane, wir beide, einfach zusammenleben, und was passiert, dein Leben steht auf dem Spiel.

Sie kam die Treppe herunter, aus einem Sandsteingebäude. Sie trug ein langes, lilafarbenes Cape mit einem breiten Kragen, den sie hochgeschlagen hatte. Das Cape bauschte sich, als sie auf die Straße trat, und er stand da wie angewurzelt, unfähig, ein Wort herauszubringen. Sie mußte es gespürt haben, denn sie drehte sich um und schaute zu ihm herüber.

Wieder zog sich ihr Gesicht zusammen, ihre Augen schlossen sich fest und ihr Mund verzerrte sich, eine Maske, entstellt vom Schmerz, der sie überwältigte. Er hielt sie, fühlte den Krampf in ihren Muskeln und das Fieber auf ihrer Haut. Die kurzen Löckchen in ihrem Nacken glänzten von Schweiß. Ein nasser Fleck breitete sich auf ihrem Rücken aus.

Der Assistenzarzt und die Schwester kamen zurück, als sie draußen auf den Wellen schwammen, zusammen kämpften, zusammen preßten, zusammen schwitzten, um die Sache zum Abschluß zu bringen. Als die Kontraktionen vorbei waren, schickte der Assistent Laski nicht hinaus, als er sie untersuchte.

»Es geht voran.«

»Man kann das Baby sehen«, sagte die Schwester.

Laski entdeckte in der rasierten, schwitzenden Spalte ein rosafarbenes, seltsames Etwas, ein kleines Stückchen Fleisch, das er nicht einordnen konnte. Er wußte nur von den Wellen, die sie jetzt wieder hinaustrugen, dorthin, wo sie allein waren mit ihrer Liebe und Traurigkeit, die niemand teilen konnte. Allein und aneinandergeklammert in der Wirklichkeit, für die sie sich so lange vorbereitet hatten und für die man sich nicht gut genug vorbereiten konnte.

»Ich hab Sie schon einmal gesehen«, sprach er sie auf dem Broadway an.

»Tatsächlich?« sagte sie, mit der leisen Andeutung eines Flirts in ihrer Stimme, gerade genug, um ihn aus seiner tiefen Verzweiflung zu locken.

Sie schwammen wieder zurück in das grüne Zimmer im schlafenden Krankenhaus.

Sie hatten sich kaum erholt, als die Wellen sie schon wieder hinaustrugen, ein Alptraum, der durch die Nacht, durch die Jahre immer wiederkehrt. Da trieben sie hin und zurück, und er fürchtete, daß ihre Kraft nicht ausreichen würde. Er hatte keine Zuversicht, für sich selbst nicht, und für sie auch nicht. Er kam sich hilflos wie ein Kind vor, und Diane schien auch hilflos. Ihr langer Kampf hatte sie nirgendwohin gebracht, sich nur immer wiederholt – Wehen, Pause, wieder Wehen. Aber die Schwester und der Assistenzarzt schienen von all dem unberührt, waren guter Laune und zuversichtlich. Und der Doktor schläft am anderen Ende des Flurs. Er macht sich keine Sorgen. Wenn irgend etwas nicht in Ordnung wäre, wäre er hier.

Sie zog sich am Fenster seines winzigen Zimmers an, schlüpfte langsam in die engen Strickhosen und in den Pullover. Ihr kurzes Haar brauchte nicht gekämmt zu werden. Sie war das natürlichste Wesen, das er je gesehen hatte. Ganz anders als seine vorhergehenden Geliebten, die ihn immer hinausschickten, wenn sie sich anzogen und schminkten oder Lockenwickler eindrehten.

Ihr Nachthemd war klatschnaß, ihr Haar klebte strähnig am Kopf, als ob die See über ihr zusammengebrochen wäre. Sie schloß die Augen, und Krähenfüße kamen zum Vorschein, Falten, die er nie vorher gesehen hatte, Altersfalten, und er wußte, daß Jahre vergangen waren. »Nochmal«, sagte sie, ihre Stimme war fast ein Schluchzen, aber nur fast, denn sie war zu erschöpft zum Weinen. Und er hob sie hoch, als die Flut sie wieder hinaustrug, in wilde, unbekannte Gewässer.

Er hielt sie fest, und seine Liebe zu ihr wurde mit jedem Zittern ihres Körpers größer. Es schien, als ob er sie nie zuvor geliebt hatte, als ob ihre ganze Vergangenheit nur die Vorbereitung gewesen war für diesen Moment, in dem Laski alle Tage ihres Lebens in sich spürte, Tage, bevor er Diane gekannt hatte, Tage, die zu dem erschreckten Kindergesicht gehörten, das er jetzt sah, und Tage aus dem uralten Leben der weisen Frau, die jetzt rief und ihr ungeahnte Kraft verlieh. All die Enttäuschungen von Dianes dreißig Jahren waren da, und sie schien sich etwas zu wünschen am Brunnen der Zeit - daß alles endlich gut werden sollte, daß endlich etwas, was sie tat, genauso sein würde, wie sie es gewollt hatte.

»Ich kann kein Kind bekommen«, sagte sie, »wegen der Form meines Beckens.«

»Quatsch.«

»Ein Gynäkologe von der Park Avenue hat es gesagt.«

Schön, dachte Laski, es hat zehn Jahre gedauert, aber wir haben endlich eins gemacht. Er ließ ihren Rücken aufs Bett zurücksinken und wischte ihr die Stirn mit dem Waschlappen ab. Sie lächelte, ein maskenhaftes Lächeln, geformt von der momentanen Erleichterung. Kein Flirt, kein Friede, nichts von all dem, was er gewöhnlich in ihren Augen sah, war darin. Aber er wußte, sie lächelte für ihn, um seine Sorge zu erleichtern. Auch sie sieht mir ins Innere und entdeckt vielleicht all den Kummer meiner Tage, so wie ich bei ihr. Er spürte ihre Gemeinsamkeit; auf einer neuen Ebene, älter, weiser, mit dem Schmerz als Bindemittel ihrer Einheit. Heute haben wir mehr als fünfzig Meilen zurückgelegt; wir haben den Ozean überquert.

Ihr Lächeln verzerrte sich plötzlich über die Grenze des Lächelns hinaus und wurde zur Grimasse. Er hob sie hoch. Wir sind noch nicht über den Ozean.

»Hü-ah, Bob!« Das große Pferd zog an, seine Hufe stampften über den Waldboden, Moos und Stöcke flogen durch die Luft. Der Baum knarrte und schwankte und fiel um,

und Bob, das Pferd, ging durch und riß Zweige und alles mögliche mit.
»Ich glaube, wir können jetzt Doktor Barker holen«, sagte der Assistent.
Die Schwester ging aus dem Zimmer. Laski wischte Dianes Stirn ab. Der Assistent stand am Fußende des Bettes und sah zu. »Sie haben fast drei Stunden lang gepreßt«, sagte er.
»Das ist zu lange, nicht wahr?« fragte sie.
»Das kommt, weil das Gewicht des Babys oben ist und nicht unten.«
Und plötzlich waren sie wieder draußen, im Sturm. Laski stützte Diane, verströmte sich durch seine Fingerspitzen in sie, während sie die Beine anhob und preßte.
Die Schwester kam herein mit einem großen jungen Mann im weißen Anzug. Er stellte sich zu dem Assistenten am Fußende, während Laski und Diane weitermachten, draußen auf dem Meer, von der Liebe umwehte Seeleute, verloren in unlotbaren Tiefen von Zeit und Schicksal. Jetzt kehrten sie zurück in ein Zimmer mit fremden Leuten, die auch verewigt zu sein schienen, in einem nie endenden Spiel. »Wenn Sie jetzt vielleicht einen Moment hinausgehen würden«, sagte Doktor Barker.
Laski ging auf den Flur und sammelte sich in einem einzigen, wortlosen Gebet, das er dem Meer widmete.
Die Tür flog auf. Der junge Arzt kam heraus und sagte:

»Es geht jetzt los. Wir werden sie in den Kreißsaal bringen.«
Laski kehrte zu Diane zurück. Sie lag verkrümmt, allein mit den Wehen, und er ging zu ihr hin.
»Ihr Baby ist jetzt auf dem Weg«, sagte die Schwester gut gelaunt und lächelte.
Plötzlich dachte er wieder an das Baby, den kleinen Schwimmer im dunklen Strom. Er kämpft auch, um bei uns zu sein, kämpft, genau wie wir.
Als ihn die Erinnerungen der neun Monate überfluteten, wurde Laskis Herz zu einem Meer von Liebe. Das Baby war wieder wirklich, so wirklich wie in der Nacht, als Laski die winzigen Füße spürte, die im Innern von Diane schubsten. Unser Baby, unser kleiner Freund, er wird geboren!
Und dafür, dachte Laski, dafür mühen wir uns ab – damit Liebe auf die Welt kommt.

Die Wehen waren vorbei, und er und Diane wurden zurückgespült, schlaff wie Meerestang, der von den Wellen am Strand zurückgelassen wird.
»Sieht sehr gut aus«, sagte der Assistent.
Die Schwester schob einen Rolltisch herein.
»Bereit?«
»Ja«, sagte Diane. Sie halfen ihr auf den Rolltisch, und alle liefen nebenher, den Flur hinunter und in den Kreiß-

saal. Doktor Barker wurde in einen weißen Kittel gesteckt. Laski beugte sich über Diane und küßte sie.
»Kommst du nicht mit rein?« fragte sie, Sehnsucht in der Stimme.
Die Schwester schob sie weiter in den Kreißsaal, und Laski stand draußen auf dem Flur. Sein Wille, seine Sprache, sein Mut waren weg. Barker kam zu ihm herüber. »Die Schwester wird Ihnen eine Kappe und einen Kittel geben, dann können Sie von der anderen Seite des Tisches zuschauen.«
Laskis Kraft kehrte zurück wie ein Wirbelwind. Ein breites Lächeln huschte über sein Gesicht. Wir gehen den ganzen Weg zusammen! Er stand da und schaute dem Doktor und dem Assistenten zu, wie sie ihre Hände an einem Waschbecken wuschen, immer wieder, langsam und methodisch. Die Schwester kam und hielt ihm einen Kittel hin. Er schlüpfte mit den Armen hinein, und sie verschnürte ihn im Rücken. Sie gab ihm eine weiße Kappe, die er über seine Ohren zog. Dann ging er mit dem Assistenten in den Kreißsaal, wo Diane auf dem Tisch in der Mitte lag, die Beine in Halterungen, die Handgelenke angeschnallt.
»Sie können hier sitzen«, sagte die Schwester und stellte einen Stuhl hinter den Tisch. Eine andere Schwester rückte den Spiegel über dem Tisch zurecht, so daß Laski die Geburt mit ansehen konnte.
»Gutes Bild?«
»Perfekt.«

Eine der Schwestern brachte einen kleinen Schwamm, der mit Desinfektionslösung getränkt war, und wischte Dianes Vagina ab.
»Oh, das tut gut.«
»Hat sie Schmerzmittel bekommen?« fragte die andere Schwester.
»Nein.«
»Ja da schau an, ist sie nicht tapfer?«
Doktor Barker kam und setzte sich auf den Hocker am andern Ende des Tisches. »Ich werde jetzt ihre Blase entleeren.«
Er schob einen Katheder in ihren Harnweg, und Sekunden später lief der Urin heraus, in eine Schüssel zu Barkers Füßen.
»Ich habe Wehen«, sagte Diane.
»Nur zu, pressen Sie.«
Laski konnte nicht zu ihr, und sie richtete sich auf und arbeitete alleine. Als die Wehen nachließen, sagte Barker: »Ich werde einen kleinen Schnitt machen. Erst geb ich Ihnen etwas zur Betäubung.« Er führte eine Nadel ein am Rand der Vagina und machte drei Injektionen. Dann zwickte er ihre Haut mit einer Pinzette. »Spüren Sie das?«
»Nein.«
Er machte einen Einschnitt, schnitt seitwärts auf ihren Schenkel zu. »Herztöne prüfen.«
Die Schwester legte ihr Stethoskop auf Dianes untere Bauchgegend, horchte und zählte den Puls des Babys.

»Normal.«
»In Ordnung, pressen Sie wieder.« Barker schob seinen Finger in Dianes Vagina und faßte nach dem Baby. Als der Finger herauskam, sah Laski mehr von der seltsamen rosafarbenen Haut, und eine dicke, dunkle Substanz.
»Lassen Sie sich nicht beunruhigen«, sagte die Schwester zu Laski. »Das Baby hat gerade Stuhlgang gehabt.«
»Pressen«, sagte Barker. Diane preßte, und Laski konnte das hintere Ende des Babys sehen, an der Pforte zur Welt. Mit dem Arsch zuerst, dachte Laski, aber er kommt!
»Sehr gut, meine Liebe, nur weiter«, sagte Barker.
Sie drückte, und er steckte seine langen Finger in ihre Vagina, bewegte sie hin und her und schob ihre Lippen auseinander. Plötzlich erschien ein Fuß, gefolgt von einem schlaffen, langen Bein. Barker brachte schnell das andere Bein heraus, und Laski schaute es verwundert an, sah die winzigen Zehennägel und die perfekt geformten kleinen Füße, die sich die ganze Zeit in ihrem Bauch entwickelt hatten. Er hatte so oft von ihnen geträumt, hatte sie sich auf unzählige Arten vorgestellt, und jetzt sah er mit eigenen Augen den ersten Schritt dieser kleinen Füße ins Leben.
»Es ist ein Junge!« sagte die Schwester.
Laskis Herz war voller Freude. Er starrte diesen Eingang zur Welt an, er sah den kleinen Penis, und eine Sekunde später spritzte ein Strahl Urin heraus.
»Ich hab gespürt, wie er gepinkelt hat!« rief Diane verwundert.

»Pressen«, sagte Barker. »Pressen Sie, so fest Sie können.«
Als sie preßte, zog er den winzigen Körper heraus, alles, bis auf den Kopf, der drinnenblieb. Laski starrte fasziniert auf das baumelnde Etwas mit grauer, nasser Haut – sein kleiner Sohn, endlich angekommen.
Barker führte die Zange ein. »Noch mal.«
Diane preßte, und Laski verkrampfte sich, als er beobachtete, wie Barker mit der Zange gewaltsam zog, um den Kopf freizubekommen. Mein Gott, dachte Laski, die sind aber grob. Und plötzlich schlüpfte der Kopf heraus, und das Kind war frei.
Barkers Hände bewegten sich mit unglaublicher Anmut und Behendigkeit, drehten das Baby in der Luft herum und hielten es hoch wie eine rote Rose. Laski sah ein wütendes Gesicht, voller Triumph, der Gott der Zeiten und der Menschen. Die geschlossenen Augen schauten direkt in Laskis Augen und sagten »Schau, schau dir das an!«
»Die Schnur abschneiden!«
Der Assistent trennte die Schnur ab, und Barker trug das Kind mit größter Behutsamkeit in seinen Händen zu dem Tisch an der Wand.
»Beatmungsgerät«, sagte er scharf.
Die Schwester reichte ihm ein Instrument, das aussah wie eine alte Autohupe, mit einem Gummiball an einem Ende. Er setzte es dem Baby aufs Gesicht und drückte. Das Kind lag vollkommen reglos. Barker betätigte die Pumpe, berührte dann das schlaffe Handgelenk, hob es

einen Moment lang hoch und ließ es wieder fallen. Eine Schwester massierte die Füße und die andere gab Barker ein Stück dünnen Schlauch, den er in den Mund des Babys einführte. Er blies hinein, und Laski sah die Brust seines Sohnes an- und abschwellen, bewegt vom Atem des Doktors.

Barker hielt einen Moment inne, wischte seine Stirn ab und wandte sich wieder dem Atemschlauch zu. Laski sah weiter zu, sah, wie sich die Lungen wieder und wieder hoben und senkten. Der Rest des Körpers rührte sich nicht. Wie lang seine Beine sind, dachte Laski – genau wie die seiner Mutter.

Barker entfernte den Schlauch und legte seinen Mund auf den des Kindes und blies hinein, seine Lippen auf den winzigen Mund gepreßt. Die Schwester fuhr fort, die Füße zu massieren. Laski sah auf die Wanduhr: 4 Uhr 35.

Barker trat einen Schritt zurück, wischte wieder seine Stirn ab, und Laski erinnerte sich an Augenblicke in seinem eigenen Leben, wenn er an etwas arbeitete und es verwirrend und kompliziert fand und er seine Stirn genauso abwischte. Barker setzte das Beatmungsgerät wieder auf den kleinen Körper und pumpte. Ein leiser, seufzender Laut kam aus dem Gummiball.

»War das das Baby?« fragte Diane.

Laski sah sie an und schaute wieder weg. Zu seinem kleinen Sohn, dem kleinen Arm, der sich so schlaff in Barkers Hand auf und ab bewegte.

»Wo ist das Baby?« fragte Diane.
»Es ist dort drüben«, sagte Laski leise.
Barker entfernte das Beatmungsgerät und drückte seinen Mund nochmals auf den des Kindes, blies hinein und sog heraus, sanft, gleichmäßig. Er trat zurück, wischte sich die Stirn, drehte sich zu Laski um und schüttelte den Kopf.
Laski nickte.
Es war vorbei.
Er wandte sich ab und setzte sich auf den kleinen Hokker neben dem Tisch. Der Assistent nähte Dianes aufgeschnittene Vagina.
»Tut's weh?«
»Nein«, sagte sie und lachte nervös.
Laski schaute auf ihren flachen Bauch. Wie wird sie es überstehen? Wie können wir es ihr nur beibringen?
Er drehte sich zum Tisch an der Wand. Das Baby war in einen Glaskasten gelegt worden. Es lag auf der Seite, die Augen geschlossen. Laski sah Resignation auf dem kleinen Gesicht, den Ausdruck eines Menschen, der mit seiner Arbeit fertig ist. Wie ein Mann, der sich am Ende des Tages zum Schlafen niedergelegt hat.
»Geht's?« fragte Barker.
»Ja«, sagte Laski.
Barker trat an den Gebärtisch und schaute auf Diane hinunter.
Sie sah zu ihm hoch. »Ich weiß«, sagte sie.
»Es tut mir leid.«

»Es ist nicht Ihre Schuld«, sagte sie, mit einem Schluchzen im Hals.
»Das Baby sieht vollkommen normal aus«, sagte Barker. »Es gibt keinen Grund, warum Sie nicht noch ein Kind haben sollten.«
Laski hörte wie betäubt zu. Er glaubt, daß es *darum* geht. Um den Wunsch nach einem Kind, nach irgendeinem Kind. Aber es geht um dieses Kind, um dieses besondere Kind, das zwischen uns die Straße hinunterschaukelte. Woher sollen sie wissen, was für ein besonderes Kind es ist. Sie sprechen von der Zukunft. Aber wir sind hier, immer und jetzt.
Die Schwester half Diane auf den Rolltisch.
»Ich habe eine Spritze für Sie«, sagte die Schwester.
»Nein«, sagte Diane. Sie wollte immer noch keine Schmerzmittel.
»Nur damit die Milch nicht einschießt«, erklärte die Schwester mit sanfter Stimme.
»Wir haben keine Einzelzimmer«, sagte die andere Schwester. »Wir können Sie in ein Doppelzimmer legen.«
»Ich kann in einem Saal liegen«, sagte Diane. »Ich wollte nur ein Einzelzimmer haben, um das Baby bei mir behalten zu können.«
»Ein Doppelzimmer wäre besser. Die Babys werden in den Saal zum Stillen gebracht, und das macht alles noch schwieriger für Sie.«
»Die Babys würden mir nichts ausmachen«, sagte Diane

und weinte leise. »Aber die anderen Mütter würden sich nicht wohl fühlen.«
Sie wurde über den schwach beleuchteten Flur geschoben, und Laski ging neben ihr her zu einem Zimmer mit zwei Betten, die beide leer waren. Sie halfen ihr ins Bett und deckten sie zu.
»Darf ich bleiben?« fragte Laski.
»Ja, natürlich«, sagte die Schwester. »Wollen Sie auf dem anderen Bett schlafen?«
»Nein, ich bin nicht müde.«
»Wenn Sie schlafen wollen«, sagte sie, »legen Sie sich nur hin.« Die Schwester wandte sich Diane zu. »So was kommt vor. Sie werden beim nächsten Mal mehr Glück haben.«
Laski schaute auf die kleine Handtasche neben dem Bett, in die Diane zwei Baby-Waschlappen gepackt hatte, einen in Rosa, einen in Blau, und er sah, daß er den blauen benutzt hatte, um ihr die Stirn abzuwischen.
Sie schaute ihn an, ohne zu reden, und er strich ihr übers Haar. Er legte seinen Kopf auf das Bett neben sie, als ihn seine eigene Erschöpfung übermannte. Die Schwester kam noch einmal herein und fragte: »Wollen Sie sich wirklich nicht hinlegen?«
»Ja, doch«, sagte Laski und ging zum andern Bett hinüber. »Lassen Sie mich die Tagesdecke drüberziehen. Ich bin zu faul, ich möcht's nicht noch mal machen müssen.«
Er kroch auf das Bett und lag da und schaute die Decke an. Unter seinem Kopf fühlte er Zementbrocken. Er trieb

in kaleidoskopartigen Schlaf, derart mit Bildern angefüllt, daß er keinen Traum festhalten konnte, und die Bilder spülten wie Wasser über ihn hinweg.
Laski erwachte und sah, daß Diane die Decke anstarrte. Er stand auf und setzte sich wieder neben sie. Der Morgen graute. Durchs Fenster konnte er einen anderen Flügel des Krankenhauses sehen und dahinter die Straße, auf die das erste graue Licht fiel. Er blickte immer noch auf die Straße, als die Sonne schon daraufschien.
Im Flur begann Geschirrklappern. »Sie bringen das Frühstück«, sagte Diane.
Die Frühstückswagen kamen näher, und eine ältere Frau betrat das Zimmer mit einem Tablett. Sie lächelte Laski zu. »Na, ist das nicht ein herrlicher Tag?«
Diane aß Müsli und Toast, und das Sonnenlicht fand den Weg ins Zimmer.
»Sie werden mich bald hier raushaben wollen«, sagte Laski.
»Ja, die Mütter werden ihre Babys stilllen.«
Er sah, wie sie für einen Augenblick der Schmerz überkam, so wie sich eine Woge am Fels bricht. Aber die Woge verlief sich, und nur der Fels, den der Schmerz nicht ertränken konnte, blieb zurück.
»Ich werde heute abend zurück sein«, sagte er. »Besuchszeit ist um sieben. Brauchst du irgend etwas?«
»Nein, nur dich.«
Er beugte sich über sie und küßte sie, und ihre Tränen liefen an seiner Wange herunter.

Er fuhr über die Brücke stadtauswärts. Als er die Bahngleise überquerte, die durch die Slums am Stadtrand führten, erschien plötzlich ein zarter Film aus Licht vor seinen Augen, es war, als habe sich ein schimmernder, durchsichtiger Schleier über den frühen Morgen gelegt; Laski wußte, das war das Zeichen, daß der Geist seines Sohnes bei ihm war. Und er sah sich mit seinem Sohn durch die Felder laufen, über morsche Zäune springen, hinunter zum Fluß. Sie tauchten ins Wasser, tanzten auf den Wellen, und dann kletterten sie Bäume hinauf, bis hoch über den Nebel.

Laski fuhr weiter, und Tränen strömten ihm übers Gesicht. In Gedanken durchflog er mit seinem Sohn die Zeit, zum Anbeginn der Welt, von Ort zu Ort, durch Städte und verträumte Täler. Sie waren zusammen, für immer zusammen: Sie fuhren Boot und mit der Eisenbahn, sie schauten sich an, was die Welt zu bieten hat, und wuchsen zusammen auf. Jahre schienen zu vergehen, bis er die Wälder erreichte, und als er den Berg zu der abgelegenen Siedlung hinauffuhr, spürte er die Gegenwart seines Sohnes überall und in allem um sich herum. In jedem Baum, in jeder Wolke, und schließlich entfernte er sich immer mehr. Es war, als spannte er die Flügel seiner Seele aus und entschwebte ins All, wohin Laski ihm nicht folgen konnte. Jetzt zieht er davon, dachte Laski. Er ist erwachsen und verläßt mich. Mach's gut, auf Wiedersehen! rief er ihm nach und blickte in den

wunderschönen Himmel im Osten, wo die Sonne die Bäume verzauberte.
Du bist frei wie der Wind. Du bist herrlich wie der Wind und die Sonne.
Und dann war es vorbei. Laski war wieder allein, rumpelte weiter den alten gewundenen Weg durch den Wald.

Als er am Abend ins Krankenhaus zurückkam, verlief er sich in den Gängen hinter der Eingangshalle. Er kannte sich nicht mehr aus. Er stand da und starrte eine Treppe an und konnte sich nicht erinnern, ob er sie schon einmal benutzt hatte. Hinter ihm fragte eine laute Stimme: »Wo wollen Sie hin?«
»Entbindungsstation.«
»Kommen Sie mit«, sagte ein großer, kräftiger Mann mit Stiefeln und Skipullover. Er kletterte die Stufen rauf, als wären sie im Hochgebirge, und Laski hielt Schritt.
»Was hatten Sie?« fragte der Mann, ohne sich umzudrehen, die Augen auf die Gebirgstreppe geheftet.
Laski zögerte, Bruchstücke von Erklärungen kamen ihm in den Sinn – *das Baby starb, wir hatten gar nichts* – aber dann spürte er plötzlich wieder den Geist des Kindes in seinem Herzen, und er sagte: »Einen Jungen.«
»Glückwunsch«, sagte der Mann aus den Bergen, als sie am Ende der Gebirgstreppe ankamen, auf dem Flur mit dem Schild ENTBINDUNGSSTATION.

»Und Sie?« fragte Laski.
»Einen Jungen«, sagte der Bergbewohner. Seine Stimme klang nach Wind und Felsen und wilder Freude. Er wandte sich nach links, und Laski ging geradeaus weiter, den Gang hinunter zu Dianes Zimmer.
Sie lag im Bett. Ihre Augen waren rot, ihr Gesicht blaß, gezeichnet vom Schmerz der Nacht. Er setzte sich neben sie aufs Bett und nahm ihre Hand in seine. »Hat der Arzt nach dir gesehen?«
»Er sagte, er hätte die Plazenta untersucht und festgestellt, daß die Nabelschnur seitlich angewachsen war, statt in der Mitte. Es war eine schwache Stelle, und in letzter Minute ist die Schnur gerissen. Das Baby verblutete.«
Laski nickte bedächtig mit dem Kopf und schaute zum Fenster hinaus. Durch die beleuchteten Zimmer des Krankenhauses sah er ferne Gestalten, die sich bewegten.
»Er möchte eine Autopsie vornehmen«, sagte Diane.
»Ist das wirklich notwendig?«
»Es liegt bei uns.«
»Willst du, daß sie es tun?«
»Ich nehme an, es ist üblich so.«
Vor dem Fenster konnte er die Gehsteige sehen und die verschneiten Straßen. Im Flur der Entbindungsstation am Aufnahmeschalter unterhielten sich die Krankenschwestern und kicherten.
»Er ist in der Leichenhalle«, sagte Diane.

Eine Schwester kam herein und lächelte aufmunternd. »Zeit für die Spritze.« Dann drehte sie sich zu Laski um: »Würden Sie uns einen Moment entschuldigen?«
Laski trat in den Flur hinaus. Die anderen Zimmertüren waren offen, und er konnte Frauen in Betten liegen sehen. Die meisten hatten Besuch. Er senkte die Augen und sah zu Boden und verlor sich im Geräusch der Bohnermaschine und des Aufzugs und der Besucherstimmen, alles floß dahin wie ein Strom, in dem er zu treiben schien. Der Sekundenzeiger der Wanduhr über ihm summte, immer weiter. Die Krankenschwestern kicherten immer weiter, und ihm fiel ein, daß Silvester war. *In einem Zimmer in der 91. Straße in New York City, in der Dunkelheit eines kleinen Bettes hielt er sie umschlungen, während die Glocken läuteten und die Sirenen heulten.* Die Bohnermaschine tauchte auf. Die langen Borstenhaare surrten über den gewürfelten Boden, immer wieder.

Ein Schneesturm tobte in der Stadt. Die Nacht war kalt, und Laski steckte voll trüber Gedanken. Fünfundzwanzig Meilen entfernt, draußen im Wald, wartete das Haus, leer und kalt. Ein Hotel würde warm und hell sein - ein Einzelzimmer, ein Tisch mit einer Lampe darauf, ein Bett. Ich könnte etwas schlafen und morgen in der Stadt bleiben bis zur Besuchszeit.

Hinter dem Vorhang aus Schneeflocken schaltete die Ampel auf grün, und Laski fuhr die Hauptstraße hinunter, bog in die Straße, wo das Hotel stand, und parkte den Wagen. Der Schneesturm wurde heftiger. Laski ging zum Hotel hinüber. Nicht gerade das beste, aber genau was ich brauche, ein Platz zum Schlafen.

Die Glieder taten ihm weh, und seine Augen waren müde. Die Läden an der Straße waren alle geschlossen, die Gegenstände in den Auslagen nur schwach beleuchtet.

Er ging an allem vorüber, auf müden Beinen. Das Hotel hatte eine einzige Tür. Sie führte in eine enge kleine Empfangshalle. Er trat ein und schaute zum Nachtportier hinüber. Der Portier las die Zeitung und blickte nicht auf. Ein Fernseher lief, und zwei Männer saßen davor und lächelten irgendeinem flimmernden Bild zu, das Laski nicht erkennen konnte. Aber er spürte die Einsamkeit der Männer und ihren verzweifelten Kampf dagegen, während sie sich vor dem Fernseher aneinanderschmiegten.

Wie von einem Magnet gesteuert, drehte Laski um und ging zur Tür hinaus auf die Straße. Schnee fiel auf ihn, als er zum Wagen marschierte und hineinkletterte. Er fuhr zur Stadt hinaus und über die weiße Landstraße auf den Wald zu.

Zögernd betrat er das Haus, als wäre es eine Geisterhöhle. Das Feuer im Ofen war heruntergebrannt, und Laski schürte neu an. Als die Platte heiß war, schob er eine Bratpfanne darauf und kochte sich etwas zu Abend. Er aß langsam und starrte zum Fenster hinaus in den wirbelnden Schnee. Als seine Mahlzeit beendet war, spülte er ab, ohne Hast. Er arbeitete langsam, konzentriert, vermied, traurigen Gedanken, Gespenstern, Ängsten Raum zu geben. Es gab nur heißes Wasser, Geschirr, seine Hände, den seifigen Spüllappen. Die Treppe zum ersten Stock sah dunkel und drohend aus. Was ist da oben, zwischen den Babykleidern und der Wiege? Nichts ist da oben, sagte er und kletterte die Stufen hinauf und zog sich aus in dem kleinen Schlafzimmer. Er ließ das Licht noch ein paar Minuten an. Dann machte er es aus und überließ sich der Dunkelheit und dem Schlaf.

Allein in einem dunklen Haus weit draußen in den Wäldern, den Schneesturm vor der Tür und den Schatten des Todes drinnen, so lag er unter der Decke. Gespenstische Erscheinungen stiegen hinter seinen geschlossenen Augenlidern auf, unheimlich und bedrohlich. Er beobachtete, wie sein Bewußtsein uralte Ängste ausspielte, und versank zitternd in Träumen, wo er sich vor der Hütte fand und durch einen Traumwald lief. Neben einem Baum sah er eine Gestalt mit einer Kapuze. Die Gestalt drehte sich um, und das Gesicht unter der Kapuze war ein grinsender Totenkopf aus Stein. Der Tod streckte seinen Spazierstock aus, und Laski nahm ihn in die Hand.

Die späte Nachmittagssonne strömte durchs Krankenhausfenster herein, und Laski setzte sich neben Diane. Sie sah kräftiger aus. Der Sturm war vorüber.

»Wir müssen das Baby begraben«, sagte sie. »Sie wollen nicht, daß es noch länger in der Leichenhalle bleibt.«

»Wir können ihn im Wald begraben.«

»Das hab ich der Schwester schon gesagt. Sie meinte, das sei höchst ungewöhnlich, aber wohl möglich. Sie hatte viele Formulare. Wir werden einen Zeugen brauchen.«

»Und die Autopsie? Wird das Baby nicht . . .?«

»Sie sagte, sie hätten ihn wieder zusammengeflickt.«

Doktor Barker kam ins Zimmer. Sie schauten ihn beide schweigend an. Er stand groß und verlegen am Fußende des Bettes. »Die Autopsie hat gezeigt, daß ihr Baby vollkommen normal war. Es gibt keinen Grund, warum das noch einmal passieren sollte.«

»Glauben Sie, daß sie morgen nach Hause gehen kann?«

»Tut die Naht noch weh?«

»Es brennt ein bißchen, das ist alles.«

»Ich nehme an, Sie können gehen, wenn Sie sich zu Hause wohler fühlen.« Er wandte sich ab, drehte sich dann noch mal zu Diane um. »Ich weiß, es ist schwer, mit dreißig Jahren das erste Baby zu verlieren.«

Das letzte Tageslicht fiel auf die Backsteinwand des Krankenhauses. Laski saß am Fenster und sah zu, wie die Nacht heraufzog. Diane, im Bademantel, betrat das Zimmer. »Ich habe der Schwester gesagt, daß wir das Baby morgen nachmittag mit nach Hause nehmen.«

»Ich werde heute abend eine Kiste für ihn bauen.«

»Kannst du in dem gefrorenen Boden eine Grube ausheben?«

Eine Schwester steckte den Kopf zur Tür herein. »Es gibt etwas Flüssiges im Flur, falls einer von Ihnen Durst hat.«

Laski ging hinaus und fand ein Tablett mit verwässerten Fruchtsäften. Er schüttete etwas Orangensaft in zwei Gläser und kam zurück ins Zimmer.

»Weiß Gott flüssig«, sagte er und gab ihr den dünnen Saft.

Die Glocke verkündete das Ende der Besuchszeit. »Ich komme so früh wie möglich morgen nachmittag«, sagte er und küßte sie sanft auf die Lippen. Dann ging er den grünen Gang hinunter, auf die Straße, fuhr zur Stadt hinaus und nach Hause.

Das Metalldach des Hauses glänzte hell im Mondlicht, als er den Lieferwagen in der Einfahrt parkte. Er öffnete die Tür zum Schuppen, wo sein Holz gestapelt war. Wie fange ich das bloß an? fragte er sich und betrachtete den Stapel Fichtenbretter und sein Werkzeug. Es machte ihn beklommen, als er daran dachte, daß er einen Sarg bauen sollte. Er wollte ihn nicht bauen, er wollte auch sonst nichts mehr herstellen, nie wieder.
Er betastete die glattgehobelte Oberfläche der Bretter. Das bedrückende Gefühl hielt an wie eine dunkle Wolke, aber er ergriff ein Brett und zog es aus dem Stapel.
Er trug die Sägeböcke in sein Atelier und stellte sie im richtigen Abstand auf. Darüber legte er das lange, saubere Fichtenholzbrett. Dann holte er seine Werkzeugkiste und stellte sie daneben. Er zog das Metall-Lineal heraus und stellte sich die Größe des Babys vor.
Laski legte seinen Winkel an die Markierung, zog eine gerade Linie und sägte genau daran entlang. Er dachte an frühere Zeiten, als es noch üblich war, daß die Menschen die Särge ihrer Angehörigen bauten, und er kam zu dem Schluß, daß es gut war, so etwas zu tun. Nur noch wenige Menschen hatten dieses Privileg. Laski markierte die nächste Linie sorgfältig und sägte ein passendes Stück für den Boden des Sarges ab.
Er legte beide Stücke aufeinander und schnitt dann die Seiten und Endstücke der Kiste zu. Die Zeit verging langsam und friedlich. Er arbeitete, schliff die Ecken der

Bretter mit Sandpapier ab, damit sie gut zusammenpaßten. Alles für eine Kiste, die niemand sehen würde, die aber trotzdem tadellos gebaut sein sollte. Er bohrte Löcher, fräste sie aus und schraubte Seiten und Enden zusammen.

Laski hockte am Boden, Sägespäne an den Knien und einen Bleistift hinter dem Ohr, drehte langsam die Schrauben ein und trieb sie tief ins Holz. Er schmirgelte die Ecken der Kiste ab, in der Luft hing feines Sägemehl, ein Geruch der Erinnerung stieg in seine Nase. Ich habe ein Haus für uns gebaut, mit einem Zimmer für ihn, und jetzt baue ich einen Sarg. Alles dasselbe. Wir müssen nur mitgehen, mit offenen Augen, und sorgfältig auf unsere Arbeit achten, ohne Nebengedanken. Dann fließen wir mit der Nacht.

Die kleine Kiste nahm Formen an, und Laski wehrte sich gegen den Stolz des Handwerkers, denn Stolz war hier fehl am Platz. Ich mache es in aller Stille, für niemanden. Nicht einmal für ihn, denn er ist längst meiner kleinen Kiste entwachsen. Aber es ist etwas von ihm zurückgeblieben, und das braucht eine Kiste, die ich durch den Wald tragen kann. Und die Kiste braucht einen Deckel, und ich muß ein Paar Scharniere finden.

Er stöberte im Schuppen herum und fand ein altes, verrostetes Paar, klein und quietschend, aber brauchbar. Er zeichnete die Umrisse der Scharniere auf und stemmte Vertiefungen aus, so daß sie genau ins Holz paßten. Er probierte den Deckel und setzte dann die Scharniere ein, bis der Deckel schließlich fest schloß. Er klappte ihn ein paarmal auf und zu und freute sich, daß er so leicht ging. Dann dachte er wieder an die Bestimmung der Kiste und machte sich erneut klar, daß an der Arbeit nichts Besonderes sein durfte.

Er packte die Sägeböcke und das Werkzeug weg und fegte die Späne zusammen. Dann setzte er sich auf einen Stuhl und schaukelte sachte vor und zurück und betrachtete den Sarg.

Ein vages Gefühl von Unbehagen regte sich in ihm und wurde immer stärker und beunruhigender.

Wenn wir ihn hier begraben, werden wir für immer an dieses Land gebunden sein. Ich kann ihn bei einem Bestattungsinstitut verbrennen lassen und seine Asche in eine kleine Metallschachtel füllen. Die können wir dann mitnehmen, wenn wir verreisen. Und wenn wir einmal in die Mitte des Ozeans kommen, können wir seine Asche verstreuen. Ja, das sollten wir tun. Ich werde ihn morgen zum Bestattungsinstitut bringen, und die sollen ihn in dem kleinen Sarg verbrennen.

Ein Gefühl von Freiheit überkam Laski – Freiheit von Land und Häusern und Gräbern. Und mit diesem Gedanken ging er hinauf ins Bett.

Als er das Krankenzimmer betrat, war die Atmosphäre verändert – das zweite Bett war belegt.

Während er zu Diane ging, sah er aus den Augenwinkeln ein junges Mädchen in dem Bett liegen, auf dem er geschlafen hatte. Neben ihr standen ein junger Mann und zwei ältere Frauen. Sie zogen den Trennvorhang zu, und Laski nahm neben Diane Platz.

»Sie hat ihr Baby verloren«, flüsterte Diane.

Laski warf einen Blick auf den geschlossenen Vorhang, hinter dem sich weiße Schatten bewegten. »Ich glaube, wir sollten das Baby heute nachmittag in der Stadt einäschern lassen.«

»Aber warum denn?«

»Wenn wir ihn auf unserem Grund und Boden begraben, dann wird das nur eine zusätzliche Fessel - das ist dann der Ort, wo das Baby begraben liegt.«

Ihre Augen füllten sich mit Tränen. »Wenn du glaubst, daß es das Beste ist . . .«

»Ich weiß nicht, was am besten ist«, sagte er. »Vielleicht ist gar nichts am besten. Aber der Gedanke war sehr stark, und ich versuchte, ihm zu folgen.«

»Was willst du tun?«

»Ich gehe zum Bestattungsinstitut hinüber und frage, ob sie's gleich tun können.«

Er stand auf und ging vorbei an den anderen Besuchern, noch einmal den Flur entlang und die Treppe hinunter. Seine Gedanken überschlugen sich jetzt - er wollte es hinter sich bringen, sie beide davon befreien.

Laski überquerte den Parkplatz und startete den Wagen. Er fuhr durch die Stadt. Vage konnte er sich erinnern, ein Bestattungsinstitut gesehen zu haben. Die übernehmen die ganze Sache, und wir brauchen uns nicht darum zu kümmern.

Immer noch arbeiteten Schneepflüge und räumten die Straßen, und hier und da schaufelten Leute ihre Gehsteige und Einfahrten frei. Laski bog um eine Ecke und sah das alte Haus im Kolonialstil mit dem schwarzweißen Firmenschild an einem der großen alten Pfeiler. Es war ein mächtiger Bau, mit vielen Fenstern. Laski schaute durch die Glastür auf einen langen Gang mit Blumen und gedämpftem Licht von Stehlampen. Der Parkplatz stand voller Autos. Drei große Limousinen parkten da, mit Blumen überhäuft, und eine Gruppe berufsmäßig düsterer Männer in Schwarz stand neben einer vierten Limousine, die mit grauen Samtvorhängen ausgestattet war.

Die Seitentür des Gebäudes ging auf, und heraus kam der vordere Teil eines Sarges aus dunklem, auf Hochglanz poliertem Holz, verziert mit silberner und goldener Filigranarbeit. Die Hände der Berufsträger hielten die glänzenden Traggriffe aus Messing. Sie hatten wächserne, unbewegte Gesichter und trugen den großen protzigen Sarg zum Leichenwagen, dessen Hintertür vom Fahrer sanft geöffnet wurde. Er half mit, den Sarg in das reichlich mit Vorhängen dekorierte Innere zu schieben.

Laski fuhr entsetzt weiter. Was zum Teufel hätte ich beinahe getan?

Seine Hände zitterten am Lenkrad. Mit Tränen in den Augen sah er auf die kleine Kiste aus Fichtenholz auf dem Beifahrersitz und legte seine Hand auf ihre glatte Oberfläche.
Er fuhr durch die Stadt zurück zum Krankenhaus. Noch einmal durch die Gänge, noch einmal die Treppe hinauf, noch einmal an den Krankenschwestern vorbei und an den anderen Leuten in Dianes Zimmer.
»Gehen wir«, sagte er sanft und nahm Dianes Hand. »Wir gehen zusammen nach Hause, und wir werden ihn unten am Fluß begraben.«
»Und was ist mit dem Bestattungsinstitut?«
»Das habe ich nur zusammengeträumt, um mich vor der Wirklichkeit des Todes zu schützen.«
Sie erhob sich vom Bett. »Ich muß mich nur anziehen«, sagte sie und nahm ihre Kleider mit ins Bad. Er saß auf dem Bettrand und hörte die Besucher mit dem Mädchen hinter dem Vorhang reden.
»Du mußt nicht mehr daran denken.«
»Morgen ist ein neuer Tag.«
»Ja«, sagte das Mädchen. Und dann wieder, leise, »ja«.
»So ist's recht, Liebling. Du mußt immer an die Zukunft denken.«
»Was du für ein hübsches Nachthemd anhast.«
»Ich hab's im Kaufhaus gekauft.«
»Die haben jetzt Schlußverkauf.«
»Alles zum halben Preis. Gleich nach Neujahr.«
Rauch zog über den Vorhang. Laski ging zum Fenster.

Die gestrige Zeitung lag auf dem Fenstersims, und mit einem Blick auf die Schlagzeilen sah er Krieg, Skandal, Inflation. Wir werden ihn am Fluß begraben. Dieser Augenblick vergeht, und danach kommt der nächste, der ebenso vergeht. Ich treibe von Augenblick zu Augenblick.

»Ich bin fertig«, sagte Diane. Laski nahm ihre Tasche, und sie gingen zur Aufnahme. Eine ältliche Schwester sprach mit ihnen. »Ich habe angeordnet, daß man das Baby unten beim Empfang für Sie bereithält. Es wird schön verpackt sein.«

Eine zweite Schwester erschien mit einem Rollstuhl.

»Ich kann laufen«, sagte Diane.

»Vorschrift«, sagte die Schwester, »Sie werden gefahren.«

Diane setzte sich in den Stuhl, und sie gingen zum Aufzug. Die Schwester schob sie hinein, und Laski stand neben ihr, während sie zur Eingangshalle hinunterfuhren.

Wie gewöhnlich saßen Leute da, lasen Zeitschriften und starrten die blaßgelben Wände an. Die Krankenschwester rollte Diane zum Empfang hinüber. »Das Laski-Baby«, sagte sie.

Die Empfangsschwester ging in das Zimmer hinter dem Tresen und kam mit einem Wärter zurück, der ein kleines Leinenbündel trug.

Diane, immer noch im Rollstuhl, streckte die Arme aus, und ein Schluchzen brach sich in ihrer Kehle. Der

Wärter stand verwirrt da und wußte nicht, was er tun sollte. Laski streckte die Hand aus und nahm das kalte kleine Paket in den Arm. Dianes Tasche trug er in der anderen Hand. Er sah auf Diane hinunter. Sie weinte immer noch.

»Ich bring den Wagen zur Tür«, sagte er und ging hinaus, über den Parkplatz, das Baby immer noch auf dem Arm. Er konnte die Umrisse des Körpers nicht spüren, nur ein leichtes Gewicht in der kalten Leinenhülle. Aus dem Kühlschrank, dachte er. Dann öffnete er die Tür des Lieferwagens und schlüpfte auf den Fahrersitz.

Mit dem Baby auf dem Schoß öffnete er die Fichtenkiste und legte das in Leinen gewickelte Kind hinein. Er schloß den Deckel und drückte die Metall-Lasche zu. Die Schwester wartete auf dem Gehsteig, als er am Eingang vorfuhr. Sie halfen Diane aus dem Rollstuhl in den Beifahrersitz. »Beim nächsten Mal wird es sicher gutgehen«, sagte die Schwester. Sie winkte ihnen zu, stand einen Augenblick unter dem Vordach des Krankenhauses und drehte sich dann mit dem Rollstuhl um, als sie anfuhren.

»Das ist eine wunderschöne Kiste«, sagte Diane. Ihre Stimme war jetzt ruhig.

Die Kiste stand zwischen ihnen auf dem Sitz, und einen Moment lang roch Laski den süßen Geruch des Todes – oder war es der Geruch von Holz? Der feine Duft kam immer wieder, während sie auf der Landstraße fuhren, durch die Felder, am Fluß entlang. Der Tag war warm

für die Jahreszeit, graue Nebelfetzen hingen über dem Wasser, und der Schnee am Straßenrand wurde zu Matsch.
»Wir sind wieder allein«, sagte er.
»Ja«, antwortete sie. Ihre Hände berührten sich auf dem Deckel der Fichtenkiste.

Er lenkte den Wagen in den Wald hinauf, auf der alten Straße, die zu ihrem Haus führte. Über einem verlassenen Hof flog eine Krähe am Januarhimmel. Schwarze Flügel schlugen langsam vor grauen Hängen.
Laski bog in den schmalen Weg zum Haus und rollte in die Einfahrt. Er stieg aus und öffnete die Tür für Diane. Sie trat in den Schnee und stützte sich auf ihn. Das Geräusch von schmelzendem Schnee, der von den Bäumen tropfte, erfüllte die Luft. Die Bäume rochen intensiv in der feuchtwarmen Brise.
»Was für ein schöner Tag«, sagte sie und fing plötzlich wieder an zu weinen.
Er führte sie langsam den Weg hinauf ins Haus. Er hatte die Couch für sie hergerichtet und half ihr, sich zu setzen. Dann schürte er das Feuer und ging hinaus zum Auto, um ihre Tasche zu holen. Danach ging er noch einmal, um die Fichtenkiste hereinzubringen.
Er stellte sie mitten auf den Tisch, und da blieb sie im

letzten Licht des Nachmittags, während beide schweigend auf der Couch saßen.
»Ich werde lieber zum alten Ben fahren und ihn bitten, morgen früh herzukommen.« Laski ging wieder hinaus, und er sah, wie sie ihn durchs Fenster beobachtete.

Bens Collie kam angesprungen, als Laski aus dem Lieferwagen stieg. Er streichelte den Hund, rollte ihn auf den Rücken und rieb ihm den Bauch. Er kniete einen Moment lang im Schnee, die Hand auf dem Bauch des Tieres. Die Krähe schrie immer noch und kreiste im Wind, und Laski hatte das Gefühl, er sei die Krähe und der Hund und der Himmel - als sei er transparent und der Tag fließe durch ihn hindurch.
»Komm in mein Schloß, mein Freund.«
Laski schaute auf und sah den alten Ben in der Eingangstür des verfallenen Gehöfts. Ben führte ihn durch das Labyrinth von Brettern und herabgefallenen Dachsparren in den innersten Raum des Hauses, wo ein alter Eisenherd vor Hitze glühte und alles fein säuberlich an seinem Platz stand - Tisch, Stuhl, Wassereimer und, hinter dem Herd, ein schmales Eisenbett. Der Einsiedler setzte sich auf die Bettkante und warf ein Holzscheit ins Feuer.
»Nun, was können wir heut für dich tun?« fragte er und zog einen Tabaksbeutel hervor.

Laski zögerte und hielt seine Hände über die heiße Herdplatte. »Das Baby ist gestorben«, sagte er.
Ben starrte den Riß im Feuerkasten des Herdes an, wo winzige Funken tanzten.
»Hilfst du mir, ihn zu begraben?« fragte Laski.
»Du mußt eine Platznummer vom Friedhof bekommen«, sagte der Einsiedler. Er versuchte, eine Zigarette zu rollen. Der Tabak stand an beiden Seiten über.
»Ich begrabe ihn im Wald.«
Ben zögerte und sah Laski über den Herd hinweg an.
»Hast du eine Genehmigung?«
»Das geht schon in Ordnung, Ben. Die Formulare wurden im Krankenhaus ausgefüllt. Ich habe dich als Zeugen angegeben.« Er starrte wieder auf den Herd hinunter. Wie ängstlich wir sind, dachte er. Sogar unsere Toten trauen wir uns nicht ohne Erlaubnis der Regierung zu begraben. »Ich möchte es gleich morgen in aller Frühe erledigen.«
»Ich werde dasein«, sagte Ben.
Laski ging den gewundenen Weg durch den Schutt zurück und hinaus in den Schnee. Der Hund sprang an ihm hoch, und Laski sah die ganze traurige Weisheit der Hunde in den dunklen Augen des Collie.

Die Sonne war untergegangen, und sie saßen still da und schauten die Kiste an. Schließlich sagte Diane: »Ich möchte ihn sehen.«

»Gut«, sagte Laski. Ihm wurde flau im Magen. Er hatte sich ein flüchtiges Bild von dem Baby bewahrt, ein imposantes Gesicht, das ihn im Augenblicke des Todes ansah. Wie wird er jetzt aussehen, dachte er und scheute davor zurück, die Kiste zu öffnen.

Langsam hob er den Deckel hoch und berührte das Leinenbündel. Es war immer noch kühl. Er kam sich vor, als sei er wieder in einem Traum. »Laß mich ihn lieber zuerst anschauen, vielleicht ist er zu entstellt.« Er schlug das saubere, frische Leinen zurück. Darunter war ein gebleichter, schmutziger Stoffetzen mit zerrissenen, ausgefransten Enden. Er faltete den Stoff auseinander und erwartete, plötzlich das kleine Gesicht zu sehen. Aber unter dem Stoff lagen alte Lumpen überreinander, und unter den alten Lumpen kam ein grüner Abfallbeutel aus Plastik zum Vorschein.

Er bog den Draht auseinander, der den Plastikbeutel zusammenhielt. Als er den Rand des Beutels langsam herunterzog, kam er zu dem stolzen kleinen Kopf, der jetzt grau und alt war. Sacht streifte er den Rest des Abfallbeutels nach unten und sah in ein offenes Loch, wo vorher Brust und Magen seines Sohnes waren.

»Sie haben ihn offengelassen«, sagte er, und seine Hände zitterten.

»Schon gut«, sagte sie. »Ich hab's gesehen.«
Laski zog die Plastikhülle ganz herunter, bis das Baby frei lag. Sein Torso war ein Hohlraum aus Haut bis zum Rückgrat, darin eine kleine Pfütze Blut, wie in einer Tasse. Auf dem Blut schwamm ein Plastikstäbchen mit einer Nummer.
Ein Feuer loderte in Laskis Körper, füllte seine Brust mit Blut und brannte in seiner Kehle. »Das ist der Tod!« schrie er, und Tränen liefen ihm aus den Augen. »So ist das nun einmal!«
Er ließ seine Augen die langen Beine hinuntergleiten, bis zu den kleinen Füßen, die aneinandergedrückt waren, einer auf dem anderen. Und der Tod lag auf ihnen und hielt sie fest, regungslos wie Steine. Laski schaute noch einmal in das offene Loch im Körper des Babys, auf das Gerippe des Rückgrats. Sie haben seine Lungen und seinen Magen herausgenommen, all seine Gedärme. Sie haben sogar sein kleines Herz genommen.
Laski wurde wieder von Liebe für den kleinen Jungen überwältigt, wie er da vor ihm lag, ganz zerschnitten. Er nahm die rechte Hand in seine, öffnete die steifen kleinen Finger und starrte die winzige kalte Handfläche an. Die Finger hielten sich an seinen fest, mit dem unnachgiebigen Griff des Todes. Wie winzig seine Fingernägel sind, und so vollkommen.
Er sah das Gesicht seines Sohnes an und bemerkte, daß er eine seltsame Verwandlung durchgemacht hatte. Die Gesichtszüge waren vollkommen erwachsen. Das Ge-

sicht war jetzt das eines Greises – als ob der eine Augenblick des Lebens in der Hand des Arztes eine ganze Lebensspanne von Anfang bis Ende gewesen war. Triumph und Wut, Gewinn und Verlust, alles war jetzt aus dem Gesicht gewichen, und die geschlossenen Augenlider strahlten Gelassenheit aus.

»Er sieht so lieb aus«, sagte Diane. Ihre Tränen fielen auf den feinen kleinen Kopf, der so sorgfältig geformt war wie eine griechische Statue. »Er hat so schwer gekämpft, um geboren zu werden . . .«

Dann wurde sie von der Flut des Kummers mitgerissen, und sie weinte verzweifelt, wie ein Sturm am Meer, der das Wasser zu schrecklichen Wellen aufpeitscht. Und durch den Sturm schwamm die kleine Kiste aus Fichtenholz ruhig dahin, mit ihrem seltsamen Passagier, dem Kind, das gleichzeitig ein Greis war.

Laski öffnete das kleine Augenlid und sah einen dunklen Edelstein, schon weit in die Nacht entschwunden. Er schloß es wieder, legte seinen Mund an das kleine Ohr und flüsterte: »Hab keine Angst«. Dann, als er die hohe, breite Stirn betrachtete und die vornehmen Augenlider und wieder so deutlich die Weisheit sah, die sie ausstrahlten, da wußte er, daß das Wesen, das zu ihnen gekommen war und sie so rasch verlassen hatte, keinen Rat brauchte. Und er fühlte sich viel jünger als dieses Kind, dieses Kind mit dem Kopf eines uralten Weisen.

»Er hat überhaupt nicht leben dürfen!« heulte Diane wie der Wind am Meer.

Laski berührte die kleine Wange. Sie gab nach unter seiner Berührung, das leblose Fleisch war wie weicher Kitt.

»O nein, nicht«, sagte Diane. Ihre Stimme war plötzlich sanft, als sie das Fleisch der Wange vorsichtig zurechtschob. Sie beugte sich vor und drückte einen Kuß auf die kleine Stirn. »Er ist wie aus Marmor.«

Laski zog den Abfallbeutel langsam über den kleinen Körper.

»Ich könnte ihn ewig ansehen«, sagte Diane. Aber sie wickelte den Beutel in die alten Lappen und in den schmutzigen Stoff und steckte schließlich das saubere Leinen mit einer Sicherheitsnadel fest. Laski senkte den Deckel auf die Kiste, und wieder kam es ihm vor wie ein Traum, der sich in jede Richtung bewegen ließ, die er wünschte. Aber dann merkte er, daß die Wirklichkeit sich nur in eine Richtung bewegte. Das Baby war geboren worden und gestorben, und ich mache den Sargdeckel zu.

Diane wischte das Blut des Babys von Laskis Gesicht und von ihren Lippen, ging dann langsam zur Couch und legte sich hin. Er saß neben ihr auf dem Fußboden. Es gab nichts zu sagen. Keiner von beiden wollte dem Ablauf der Stunden entfliehen, und es stand nicht in ihrer Macht, den gewundenen Strom der Nacht zu ändern. Nichts blieb zu tun, als in der Stille zu sitzen.

Er verfiel in Träumereien und verlor sich in Phantasien. Wieder war er im Kreißsaal und sah die Haut des Babys

gegen ihre Vagina drücken. *Er ist da - er wartet. Holt ihn heraus. Verliert nicht noch mehr Zeit. Aber der Doktor schlief am Ende des Flurs.*
Schließlich verblaßten seine Gedanken, und es blieb nichts als die Geräusche der Winternacht draußen. Er spürte Diane neben sich in der tiefen, seltsamen Stille, und daran hielt er sich fest, verweilte in der Ruhe, und sah Leben und Tod in einem unbewegten, glänzenden und endlosen Meer zusammentreffen.

Laski wachte vor Morgengrauen auf, machte Frühstück und trug dann die Fichtenkiste in den Schuppen. Durch die Fenster im Osten kam das erste Licht des Morgens, als er die Kiste abstellte und Hammer und Nägel holte. Dann nagelte er den Deckel langsam und sorgfältig zu, und das Klopfen des Hammers klang wie feierlicher Trommelschlag in der Winterdämmerung. Als er den letzten Nagel einschlug, hörte er Ben an der Tür des Schuppens.
Laski machte die Tür auf für den alten Mann, der dastand auf seinen Schneeschuhen, eine krumme Zigarette im Mund. »Ich bin gleich soweit«, sagte Laski, griff nach Pickel und Schaufel und zog seine Schneeschuhe an.
»Wir sollten erst das Loch graben«, sagte Ben. »Und dann kannst du zurückkommen und die Kiste holen.«
Laski nickte und ging voraus über den hartgefrorenen

Schnee, der unter ihren Schuhen knirschte. Er lief in den Wald, vorbei am Gerippe einer alten Scheune, wo ein Wildschwein seine Abdrücke im Schnee hinterlassen hatte. Laskis Weg kreuzte die Spur und führte hinunter zu den tiefer gelegenen Bäumen.
Er folgte einem alten Holzfällerpfad durch die Fichten, und Ben hielt sich dicht hinter ihm, rauchte und hustete in den stillen Morgen. Der Weg führte durch Erlengebüsch, abwärts zu den größeren Bäumen, wo seit Jahren kein Holz mehr geschlagen worden war. Laski lief weiter, zwischen alten Bäumen hindurch zum Hang über dem Fluß. Das Ufer fiel dort steil ab, dünne Fichten wuchsen auf beiden Seiten. Darunter lag der Strom, zugefroren, aber immer noch in Bewegung, und das Geräusch des Wassers drang an sein Ohr. Laski hielt bei einer rechteckigen Lichtung, die von vier niedrigen Rottannen umstanden war.
Sie räumten den Schnee weg und legten ein Stück Erde frei auf dem kleinen Platz. »Der Boden scheint nicht gefroren zu sein«, sagte Laski.
»Nein, wir werden leicht graben können«, erwiderte Ben und hob den Pickel. Als er die Erde gelockert hatte, schaufelte Laski sie zur Seite auf einen Haufen. Der Himmel blieb grau, und das Loch nahm Form an und wurde tiefer. Ben hackte, und Laski schaufelte.
»Da sind nicht viele Wurzeln«, sagte Ben.
»Nein, gar nicht schlecht.«
»Muß aber breiter werden«, sagte Ben.

Er hackte seitlich mehr Erde auf, und Laski schaufelte sie weg, bis er in das Loch klettern und die Wände bearbeiten konnte.
»Wie tief soll's denn sein?« fragte Ben.
»So, daß es kein Tier aufgraben kann.«
»Nichts wird drankommen«, erwiderte Ben. Aber sie gruben tiefer. Laski stand jetzt bis zu den Hüften in der Grube und warf die Erde heraus.
»Du gehst jetzt die Kiste holen«, sagte Ben. »Ich werde die Ecken ausheben.«
Laski kletterte aus dem Loch, zog seine Schneeschuhe an und folgte der Spur zurück, hinauf durch die Fichten. Der feuchte Morgen war voll von Gerüchen, es roch nach modrigem Holz und nach Laub, und von Zeit zu Zeit nahm Laski den Moschusgeruch eines Tieres wahr, das vorbeigezogen war. Überall im Schnee liefen Hasenspuren zwischen den Bäumen hin und her. Er sah auch die Fährte eines Luchses, die in einem elganten Bogen tief in den Wald führte, zum Zedernsumpf, wo das Rotwild stand.
Die alte Scheune kam in Sicht. Laski lief daran vorbei und zum Haus hinauf. Beim Schuppen nahm er die Schneeschuhe ab und steckte sie in den Schnee. Er trat ein, stellte den Schlitten auf den Boden und den kleinen Sarg darauf. Dann schnürte er ihn fest.
Als der Sarg sicher befestigt war, ging Laski ins Haus. Diane saß auf der Couch. »Hast du einen schönen Platz gefunden?«

»Über dem Fluß«, antwortete Laski. »Ich bringe ihn jetzt hin.« Er kehrte in den Schuppen zurück und trug den beladenen Schlitten in den Schnee hinaus. Noch einmal zog er die Schneeschuhe an und nahm die Leine in die Hand. Die Last war sehr leicht und glitt weich über den Firn.

Am Abhang hinter der Scheune rutschte der Schlitten von selbst. Laski lief nebenher und lenkte ihn mit der Leine durch einen Schlag junger Rottannen. Die Zweige der kleinen Bäume berührten die Kiste und ließen ein paar Nadeln darauffallen, und einige winzige Tannenzapfen.

Dr. Ratte

Deutsch von Benjamin Schwarz

In der Kolonie bin ich als Dr. Ratte bekannt. Und da ich diesem Labor schon so lange angehöre und ein so gründliches Studium absolviert habe, ist es nur recht und billig, daß ich ein anderes Unterscheidungsmerkmal besitze als bloß eine Tätowierung im Ohr, ein Zeichen, das auch alle anderen Ratten haben. Einige haben Tätowierungen und keilförmige Einschnitte im Ohr. Manche haben sogar drei oder vier Kerben im Ohr, aber das heißt nicht, daß sie so gelehrt sind wie ich. Das heißt nur, daß man ihnen die Leber entfernt hat (eine Kerbe), Leber und Hypophyse entfernt hat (zwei Kerben), Leber, Hypophyse und Epiphyse entfernt hat (drei Kerben) und so weiter. Und wenn sie einem das Herz entfernt haben, sind keine weiteren Kerben mehr nötig, haha!

Dann legen sie bloß noch deine Knochen ein, legen sie deine Knochen ein.

Aber so langsam finde ich den Geruch von Formalin angenehm – eine 5%-Lösung reicht aus, alle weichen Teile eines Rattenkörpers abzulösen. Ja, der Geruch ist meiner Nase angenehm, weil ich weiß, die Knochen sind nicht meine.

Von meinem Podium hier im Labyrinth aus kann ich den

ganzen Vorgang überblicken – eine tote Ratte wird soeben in Formalin getaucht. Bald fallen alle weichen Teile ihres Körpers von ihr ab. Dann genügt eine einfache Lösung aus Natriumkarbonat, Chlorkalk und Wasser, um alle noch hängengebliebenen Muskel- oder Fettreste zu entfernen. Die Kosten sind nicht hoch. Für die betreffende Ratte sind die Kosten natürlich tödlich, aber was kümmert sie das, sie ist frei!

Tod heißt Freiheit, so lautet meine Devise. Ich tue für meine Mitratten, was ich kann: ich gebe ihnen meinen besten Rat. Denn wenn alles gesagt und getan ist, heißt die End-Lösung (5% Formalin) Tod, und Tod heißt Freiheit.

Mein eigener Fall ist nicht ungewöhnlich. Ich wurde in den Labyrinthen zum Wahnsinn getrieben. Die Anfangssymptome, Zittern, Sich-im-Kreis-drehen, Beißen, haben sich jetzt alle gelegt, geblieben ist mir nur die merkwürdig verrückte Angewohnheit, Lieder und Gedichte zu schreiben. Das ist in einer wissenschaftlichen Umgebung natürlich ein bißchen unangebracht, und so setze ich alles daran, diese Neigung zu unterdrücken und meine ganze Aufmerksamkeit der Abfassung gelehrter, auf Tatsachen beruhender Aufsätze zu widmen. Ich schmeichle mir mit der Vorstellung, sie seien das Allerneueste auf dem Gebiet des Tierverhaltens.

Naja, warum sollten sie das auch nicht sein? Ich bin mit allen Tierverhaltensprogrammen vertraut. Gerade findet hier im Labor eine interessante Demonstration statt: man hat eben eine junge Ratte auf ein kleines Metallgestell gesetzt. Die Hinterpfoten hat man ihr mit Reißzwecken durchbohrt, damit sie hübsch dort bleiben, wo sie sind; die Vorderpfoten hat man angehoben, auf das Metallgestell gelegt und dort festgebunden, damit sie aufrecht stehenbleibt. Ihre Augen schießen hin und her. Ich kann das Rasen ihres Herzens fühlen, und ich rufe ihr zu, um ihr moralische Hilfestellung zu geben.

»Keine Bange, liebe Mitratte, es dauert nicht lange.«

»Was machen die denn mit mir?«

»Nichts, was sie nicht früher oder später mit uns allen machen, lieber Bruder. Denke an die Devise: Tod heißt Freiheit.«

»Ich will nicht sterben!«

Der Hochgelehrte Professor, der die vielen verschiedenen Experimente in unserem Labor leitet, ist jetzt an das Gestell herangetreten. Sorgfältig, teilnahmslos nimmt er die Lumbalpunktion vor und zieht der Ratte die Rückenmarksflüssigkeit ab. Jetzt möchte die Ratte sterben, das kann ich Ihnen sagen.

Tod heißt Freiheit, Bruder!

Und nun legt seine Knochen ein, legt seine Knochen ein.

Die Rückenmarksflüssigkeit wird von einem unserer wissenschaftlichen Assistenten untersucht, dann schüttet er sie in den Ausguß. Er wird immer besser in diesem Experiment. Es gehört zu meiner Arbeit, die vielversprechenden jungen Wissenschaftler zu beobachten und in meinem Mitteilungsblatt vorzustellen. Zu Anfang waren die Hände dieses Burschen nervös und zittrig. Er sah ein bißchen wie eine junge Ratte aus, die gleich kastriert werden soll – die mehr als 30 Gramm wiegen, werden gleich nach der Geburt selektiert. Aber nach der Schulung an zweiundfünfzig Ratten ist der Junge wirklich Spitze. Mit erfülltem Lächeln wäscht er sein Reagenzglas aus.

Und hier drüben, in dieser geeisten Thermosflasche, sehen Sie mehrere junge Ratten, die auf minus zwei Grad Celsius abgekühlt werden.

»Dr. Ratte, wir f-f-f-frieren!«

»Ganz recht, meine Freunde, und bald werdet ihr k-k-kastriert sein wie ich. Aber ihr werdet überhaupt nichts spüren. Eure Eier werden taub sein und ganz leicht abgehen.«

»Bitte, Dr. Ratte, h-h-h-helfen Sie uns!«

»Meine lieben Freunde, nur keine Angst. Wenn eure K-K-K-Klöten ab sind, kommt euer B-B-B-Bild ins Mitteilungsblatt, und das geht um die ganze Welt.«

Auf diese Weise verbreite ich im ganzen Labor gute Laune und helfe meinen Mitratten zu begreifen, welche wichtige Rolle sie im Weltgeschehen spielen.

Ich würde jetzt gern »Drei blinde Ratten« singen. Das gehört zum musikalischen Versuchsprogramm, mit dem man bestimmte Ratten berieselt, um sie gefügiger und freundlicher zu stimmen. Mehrere von ihnen beginnen denn auch tatsächlich, sich gegenseitig zu beschnüffeln, eine vollführt sogar ein leicht-phantastisches Tänzchen mit dem Schwanz, genau im Takt.

Im Nachbarkäfig haben wir tatsächlich drei blinde Ratten. Eigentlich haben wir hier dreiundzwanzig blinde Ratten, sie gehören zu einem großartigen neuen Experiment, das von einem sehr ehrgeizigen Studenten begonnen wurde, den ich im Mitteilungsblatt dieses Monats vorstellen werde. Er ist ein sensibler Junge, und eben diese hochgradige Sensibilität war es, die ihn hat ersinnen lassen, was jetzt hier im Labor der letzte Schrei ist: die sagenhafte Entfernung der Eier aus dem Körper einer weiblichen Ratte und ihre Verpflanzung auf verschiedene Körperteile einer männlichen Ratte – auf den Schwanz, auf das Ohr, auf den Bauch. Und die letzten dreiundzwanzig Tage hat er sie ihnen auf die Augen verpflanzt! Es ist also an der Zeit, daß wir diesem hoffnungsvollen, jungen Wissenschaftler ein Lied singen. Ich schreite zur Mitte des Labyrinths und klettere auf die Belohnungsleiter, auf der mich alle deutlich sehen können.

»Brüder und Schwestern Ratte, Mitglieder des Chors, ich möchte, daß wir im Rahmen unseres Forschungsprogramms gemeinsam ›Drei blinde Ratten‹ singen. Singt:

Drei blinde Ratten
Augen leere Ritzen
Seht wie sie flitzen
Seht wie sie flitzen
Wir alle rennen der Unilaufbahn hinterher
Und schneiden euch die Eier ab mit Messern wie bisher
Habt ihr je ein Geschenk gesehn das nobler wär
Für drei blinde Ratten!«

Die Stimmen der Ratten im Hämorrhagie-Käfig sind wirklich gut ausgebildet. Sie werden in wenigen Augenblicken beobachten können, wie eine von ihnen eingelegt wird. Wenn man sie zu lange in der End-Lösung läßt, zersetzen sich die kleineren Knochen. Aber wenn man sie rechtzeitig herausnimmt, kann man sie scheuern und bürsten, bis sie blitzblank sind, und der Hochgelehrte Professor sieht das gern. Jedesmal schöne saubere Knochen. Das gibt ihm das Gefühl, daß wirklich ganze Arbeit geleistet wurde.

Wo war ich stehengeblieben? Ach ja, bei dem jungen Mann, der mit den Rattenaugen experimentiert. Er wird zweifellos eine der ungewöhnlichsten wissenschaftlichen Arbeiten dieses Jahres liefern. Sie ist von derselben Bedeutung wie die Resektion des Magens und die Verbindung der Speiseröhre mit dem Duodenum.

Hörte ich nicht eben einen Schrei? Oh du, oh du, oh du, oh Duodenum, und die Enthauptung als Schlußprozedur. Ich möchte, daß jeder von euch sicher ist, daß er ruhig stirbt, ganz ohne Furcht und Krampf, damit die jungen Wissenschaftler dort in der Lage sind, euch schnell und sauber zu erledigen. Denkt daran, Röntgenaufnahmen können von der Ratte auch nach ihrem Opfertod gemacht werden, indem man ihr den Kopf mit einer scharfen Säge oder einem Rasiermesser abschneidet, und danach teilen wir deinen Leichnam mit einem Hackmesser in vier Teile.

Ist das nicht ein Schrei?

Höre ich nicht einen Schrei?

Ja, es ist einer, dort am Ende der Käfigreihe. Wollen wir uns nicht dorthin verfügen und uns ein paar Notizen machen?

»Hilfe, Hilfe!«

Bitte, junger Freund, es gibt doch keinen Grund, sich über deinen kleinen Beitrag für die Wissenschaft so aufzuregen. Friß ein bißchen Preßkeks, bevor du stirbst. Iß tüchtig und denk dran: Tod heißt Freiheit!«

»Was machen die mit mir, Dr. Ratte?«

»Laß mich mal eben in meinen Notizen nachsehen ... ja, da haben wir's. Du bist die zehnte Ratte in dieser Woche, der man mit einem pneumatischen Rohr das Hirn heraussaugt.«

»Hilfe, Hilfe!«

Ich tröste meine Mitratten, wo ich kann. Das erfordert

natürlich psychologisches Verständnis. Und da ich wahnsinnig bin, habe ich die notwendige Qualifikation in Psychologie.

Wir alle rochen es. Jeder Hund im Umkreis hatte es plötzlich in der Nase. Ich war draußen und machte gerade meinen Morgenlauf. Mein Herrchen hatte mich das immer machen lassen, ungefähr eine Stunde durfte ich in der Gegend herumlaufen, aber immer in Pfiffweite. Immer wenn ich diesen Pfiff hörte, lief ich zurück zu einem köstlichen Knochen. Aber an diesem Morgen war alles anders.

Es gibt viele Gerüche auf der Welt, gute und schlechte, aber es gibt nur einen Geruch wie diesen, nur einen Geruch, der absolut nicht zu ignorieren ist, so lieblich und wohltuend ist er.

Es ist kein Geruch aus dem Rinnstein oder nach Futter oder nach einer läufigen Hündin; er kommt nicht von Pflanzen oder aus dem Wasser oder der fetten schwarzen Erde. Ich trottete gerade das Gäßchen hinunter, als ich ihn in der Luft bemerkte. Woher kam er? Ich hob die Nase, drehte mich langsam im Kreis und suchte, aus welcher Richtung er kam.

Ich folgte ihm. Ihm nicht zu folgen, wäre unmöglich gewesen. Ich ließ alles sausen und rannte los. Herrliche Knochen, nahrhafte Frühstücke, liebevolles Streicheln – nichts ließ sich mit diesem Duft vergleichen, so vertraut und doch so flüchtig. Verliert ihn nicht, verliert ihn nicht, keiner von euch. Riecht ihn jetzt – da, um die Ecke, da, die Straße runter, bleibt ihm auf der Spur, setzt ihm nach, riecht ihn heraus aus allen anderen Gerüchen. Durch Feuer und Wasser müßt ihr gehen, um diesem Geruch auf der Fährte zu bleiben.

Durch die Stadt – aus Gassen und die Straßen entlang, zurück in die Gassen, sich windend, sich wendend. Es gibt gewisse Gerüche, die diesem ähneln, aber nur vage, und ihnen fehlt die überwältigende Autorität, die nun zu uns spricht. Der Geruch brennender Kerzen, der Geruch eines Flusses im Morgengrauen – das sind schwache Vergleiche, aber sie suggerieren dennoch einen Geruch, dessen Wesen aus den schmerzlichsten Verheißungen besteht, die im zarten Brennen der Kerze und in den ziehenden Nebeln des Flusses nur angedeutet werden. Es scheint mir nun, daß ich, schon in meinen Hündchenjahren, einen Hauch dieses Geruchs aufschnappte, dessen Anhauch geheime Kammern in meinem Herzen öffnete. Aber ehe ich mich in diese Kammern stürzen konnte, war der Geruch verschwunden, und ich fand mich neben einem Abfalleimer wieder oder in einem Haufen nasser Blätter und nannte mich einen Träumer.

Träume ich nun wieder?

Überall um mich herum, in wachsender Zahl – Hunde, Hunde, Hunde! Wir sind am Rande der Stadt und rennen durch die letzten verfallenen Straßen, wo sich arme und hungrige Hunde aus kleinen Teerpappebuden uns anschließen. Sie sind dürre, wieselige Kreaturen, aber ihre Stimmung ist so hochgespannt wie die des feinsten Zuchthundes unter uns, von denen es ebenfalls viele hier gibt.

Ja, hier gibt es funkelnde Halsbänder und klingelnde Hundemarken aller Art. Hunde der Gesellschaft wie Promenademischungen werden von diesem mächtigen Köder angezogen. Gemeinsam, wir alle gemeinsam – oh, es ist herrlich, so dahinzutrotten, mit wedelnden Schwänzen, in die Luft gestreckten Nasen, und der Geruch überall um uns herum.

Allen voran laufen die Jagdhunde. Sie haben den Versammlungsort als erste erreicht, Jagdhunde aller Rassen, die auf dem leeren Grundstück am Stadtrand hin und her laufen. Die Nasen haben sie am Boden und kläffen eine Kreatur an, die schneller ist als jeder Fuchs oder Hase, ein Wesen, das nicht sichtbar ist dessen Geruch allein verrät, daß es da ist. Die Beagles jaulen und jagen im Kreis herum, die Hühnerhunde wittern in alle Richtungen, denn der Duft ist überall. Auf das leere Grundstück strömt dann der Rest der Hunde – Collies und Bullies, Terrier und Windhunde, kleine Pekinesen auf winzigen Pfötchen, Bernhardiner mit ungeheuren Pranken und Bastarde jeder Größe und Form.

Auf dem Hügel über dem Feld sehe ich streunende Katzen nervös hin und her schleichen und mich beobachten. Und von den Rändern des Feldes, durchs Gras spähend, kommen zahllose Ratten, Mäuse und Maulwürfe herbei. Alle sind sie dem Duft auf der Spur. Menschen können ihn nicht riechen, denn ihre Nasen sind aus der Übung. Aber wir Tiere sind mit ihm vertraut, auf dem leeren Grundstück, während wir uns zu einem Meer aus Hauern und Fellen sammeln.

Natürlich suchen wir unter uns nach Anführern, nach den Hunden, die vielleicht in der Lage wären, die Feinheiten des Duftes zu deuten und uns mehr darüber mitzuteilen. Und aus dem Wald über der Stadt kommen die wilden Hunde.

Du falscher Hund!«

Wir haben mehrere solcher Hunde hier im Labor, Straßenköter, die unsere Jugend mit revolutionären Gedanken aufzuhetzen versuchen. Natürlich schneiden wir den Hunden die Stimmbänder durch, sobald sie ins Labor kommen, aber das reicht nicht, denn wie Sie sicher wissen, haben wir Tiere wortlose Verständigungsmöglichkeiten, die auf Empfindungsreizen beruhen, die subtiler sind als die Sprache.

Ich habe dem Hochgelehrten Professor immer und immer wieder vorgeschlagen, uns Ratten eine eigene, selbständige Abteilung zu geben, aber nein. Alle Tiere befinden sich hier in einem einzigen riesigen Raum, und das kann uns noch teuer zu stehen kommen. Bei unserer gegenwärtigen Hitzschlag-Untersuchung wird ein besonders aufsässiger Köter ausgewertet, den man aus irgendeiner Gasse geholt hat, und der ist randvoll mit übler Propaganda. Man hat ihn an eine Tretmühle in einem geheizten Glaskäfig gekettet. Hier rennt er, tagein tagaus, seinem Tod entgegen, der, was mich angeht, gar nicht früh genug kommen kann. Ich wünschte, er fiele jetzt in diesem Moment, von einem Hitzschlag getroffen, tot um, dann müßte ich mir nicht mehr sein Geschwätz anhören.

Er macht Tag und Nacht weiter und schickt uns seine aufrührerischen Bilder zu. Er ist stumm, aber geschickt benutzt er die Intuitionsfrequenzen für seine heimtückischen Botschaften. Ich bin sicher, Sie spüren sie in der Luft. Seine Bildsprache ist äußerst subtil und suggestiv. Und so liegt hier etwa eine Ratte und leistet für die Wissenschaft einen echten Beitrag, indem sie sich die Luftröhre durchschneiden läßt, und plötzlich ist sie vollkommen in revolutionäre Vorstellungen eingesponnen. Ihr ganzer Körper wird vom Gefühl der Freiheit durchflutet. Und solche Gefühle sind nicht zu dulden, wie Sie wissen.

»Guten Abend, Hochgelehrter Herr Professor!« Hier kommt er wieder, der Hochgelehrte Professor, aber natürlich reagiert er nicht auf meinen Gruß, denn seine intuitive Empfänglichkeit ist verkrustet. Das ist sehr schade, denn irgendwie muß ich ihm die Tatsache klarmachen, daß er gefährliche Aufrührer in seinem Labor hat.

Oh Gott, hier kommt seine reizende wissenschaftliche Assistentin, deren langes blondes Haar sich sanft um ihre Schultern kräuselt. Gegen eine Kopulation mit ihr hätte ich weiß Gott nichts einzuwenden. Ihre Ohren würden zucken, wenn ich ihr den Nacken streichelte, und nach der manuellen Stimulierung ihres Beckens würden Sie an ihrem Rücken eine plötzliche Krümmung bemerken, wenn sie sich meinem erfahrenen Kopulations-Reaktionstest überließe. Ihre äußeren Geschlechtsteile würden ihre charakteristische blaue, zu ihren Augen passende Färbung annehmen, und sie würde mehrere Male erregt ums Laufrad herumrennen, dann mich besorgt ansehen, weil sie wüßte, daß ich, ein starkes weißes Männchen, in zwanzig Minuten siebzig Kopulationsversuche mit ein, zwei Ejakulationen unternehmen würde, haha!

Ich hoffe sehr, daß ich das richtig dargestellt habe. Da ich bei meiner Geburt kastriert wurde, besitze ich über diese Dinge keine wirklichen Kenntnisse aus erster Hand. Natürlich halte ich hier im Labor Augen und Ohren offen und mache stets gründliche Feldbeobachtungen, sobald sich ein Weibchen nervös zu strecken und zu spreizen beginnt. Bei dieser Blondine neben dem Hochgelehrten Professor deuten alle Anzeichen darauf hin, daß sie eben in die Phase der höchsten sexuellen Empfänglichkeit eintritt. Sie macht mich ganz schwindlig, sie bringt mich dazu, daß ich beginne, um meine Drehscheibe herumzulaufen, immer im Kreise herum. Es ist eine Metallscheibe von 12 Zoll Durchmesser (weiteres entnehmen Sie meinem wissenschaftlichen Aufsatz »Ratten auf dem Rad«, *Psych.Zschr.*, 1963). Im Moment klappt's wirklich prima. Dem Zyklometer entnehme ich, daß ich bereits fünfzehn Umdrehungen hinter mir habe!

Das genügt, um mich eine Zeitlang in Form zu halten. Nun muß ich weiter meine Runden drehen. Da ich ein Hochgelehrter Irrer Doktor bin, habe ich vollkommen freien Zugang zum Labyrinthtisch, was mir Kontaktmöglichkeiten mit nahezu allen anderen Abteilungen des Labors verschafft.

»Dr. Ratte, mir ist so merkwürdig.«

»Aber natürlich. Bist du nicht die Ratte, die fortwährend mit völlig ungeeigneter Nahrung vollgestopft wird?«

»Ja, Dr. Ratte, aber das hat damit nichts zu tun.«

»Seit wieviel Wochen bist du schon auf diese Kost gesetzt?«

»Seit vier.«

Sie hat noch zwei Wochen vor sich, und dann wird der Tod eintreten, völlig nach Plan. »Ich würde mir keine Gedanken darüber machen, wie du dich fühlst, mein Sohn. Es ist wahrscheinlich nur die beginnende Verhornung des Cornea-Epithels. Du kannst nicht richtig sehen, das ist alles.«

»Dr. Ratte, es ist kein physisches Problem.«

»Sie hatten dich doch im Labyrinth, stimmt's? Leicht meschugge geworden, könnte ich mir denken. Mach dir nichts draus. Bist du erstmal total plemplem, besitzt du die Qualifikation für einen akademischen Titel in Psychologie.«

»Doktor, es ist auch kein psychisches Problem.«

»Kein physisches und kein psychisches? Mein Junge, was denn sonst noch?«

»Mein Geist.«

»Verkalkte Nieren und brüchige Knochen, das ist alles, was dir zu schaffen macht, vielleicht noch eine kleine Überreiztheit.«

»Nein, Doktor, ich spreche vom Allertiefsten in mir.«

»Du meinst, tiefer als ein Gummikatheter Nummer acht mit flacher Öffnung dringen kann?«

»Tiefer, viel tiefer.«

»Willst du etwa mir, einem Hochgelehrten Irren Doktor, erzählen, daß es etwas in der Ratte gibt, das der Mensch noch nicht kennt?«

»Mein Licht, Doktor, das Licht in mir...«

»... durch das Rectum eingeführt...«

»Ich habe eine Lichtquelle in mir gesehen. Doktor, wir entstammen dieser Quelle.«

»Wir entstammen dem Kopulationsakt, mein Lieber. Wie alt bist du denn?« Es ist bedauerlich, daß wir hier im Labor keine bessere Sexualaufklärung haben. Das kommt davon, wenn man Jungfrauen Glasstäbe in die Vagina einführt.

»Ich bin alterslos, Doktor, und zeitlos.«

Die arme überfütterte Ratte sieht mich mit einem solchen Leuchten in den Augen an, daß ich sicher bin, ihr sind kleine Mengen Natriumamytal injiziert worden. Da humpelt sie davon, um mit den anderen Ratten zu reden und ihre Lehre zu verbreiten. Ich habe keine Zeit für sowas. Tod heißt Freiheit, das ist die alles umfassende Lehre.

Die Wildhunde sind also unsere Anführer. Sie sagen, sie seien schon seit Jahren hinter dem Geruch her, und er hat sie hierher geführt, zu dieser großen Hundeversammlung. Nun ziehen wir gemeinsam los, und wir ziehen wirklich los, weg von dem leeren Grundstück am Rande der Stadt und hinein in den Wald, die Wildhunde vorneweg. Hier zeigen sie ihre klare Überlegenheit, wenn sie mit Pfoten, die rasch und sicher sind, durchs Gestrüpp gehen. Sie haben den Duft in der Nase, und wir auch. Überall sind Hunde, die durch Wald und Sträucher jappen.

Mehrere alte Hunde sind unter uns, mit dicken Bäuchen und schwachen Augen. Dennoch halten sie im allgemeinen Gerenne mit. Jene, die den Zug verlassen, tun das, weil der andere Duft – der Duft von zu Hause – sich als zu stark für sie erweist.

Ich rieche sie, diese alte Versuchung. Alle von uns, außer den Wildhunden, müssen sie riechen, denn sie ist sehr stark, eine Mischung aus Liebe, Sehnsucht und bequemen Mahlzeiten. Wir können sie im Wind riechen, wir können sie am Boden riechen, wir können sie überall um uns her riechen, und wir laufen davor weg, weil wir ihre Gefahr kennen. Trotzdem ist vielen das Herz schwer, und ich bin einer davon, denn Herrchen und Frauchen sind gut und freundlich, aufmerksam und lieb . . .

Aber wir stürzen durch den Wald und schleudern die Vergangenheit hinter uns. Wir trinken aus kleinen Waldbächen, wir befreien uns von unseren Fesseln. Und die streunenden Hunde, die den Wald so gut kennen, rennen um uns herum und feuern uns mit ihren Rufen an.

»Kommt, ihr Hunde, weiter!« schreien sie, und es ist ein herrlicher, erregender Schrei. Die Wildhunde sind durchtränkt von dem geheimnisvollen Duft und von ihm gepackt – nicht wahnsinnig, aber verzückt, und ihre Verzückung ist anstekkend. Wir laufen weiter und lassen die Liebe hinter uns.

An ihre Stelle ist ein Zusammengehörigkeitsgefühl getreten, das ich ganz vergessen hatte: bei seinesgleichen zu sein, seinen eigenen Gesetzen zu folgen, den Laut einer einzigen Zunge zu hören, die im Winde spricht, während das Sonnenlicht durch die Blätter scheint und den Waldboden beleuchtet. Ich sehe eine lichte Halle aus Bäumen vor mir, endlos und schön. Hier draußen renne ich auf den Sonnenuntergang zu, und mein Herz gehört mir, und ich bin frei!

»Wohin rennen wir?« rufen einige von den unsicheren Hunden, deren altes Zuhause sie noch immer an langer Leine hält.

»Nur immer der Nase nach, Bruder!« schreit lachend ein Wildhund, und fort springt er mit einer phantastischen Schnellkraft in den Beinen. Er ist einer von den Berauschten, so inbrünstig in den Duft vertieft fliegt er dahin. Der Anblick seiner Rute, die am Ende der goldenen Halle verschwindet, läßt mich noch schneller rennen, um ihn einzuholen, um mit ihm zusammen ganz an der Spitze der Meute zu laufen. Ich strenge mich aufs äußerste an und genieße meinen Lauf. Wenn keine menschlichen Augen auf mich gerichtet sind, bin ich ungehemmt. Ich bin ich selbst, ein Hund, der rennt, kläffend und glücklich.

Wir laufen durch diese Halle aus Gold, bis sie rot wird, und noch immer laufen wir weiter auf die untergehende Sonne zu. Nun ist das Laufen am schönsten, alle Gestalten verschmelzen zu einer, alle Hunde sehen gleich aus, wir alle sind einer einzigen Stimmung. Wo habe ich das schon mal erlebt? Es scheint mir so vertraut – und doch ist es anders als alles, woran ich mich seit meinen Hündchenjahren erinnern kann. Aber irgendwo, irgendwann – in Träumen vielleicht – bin ich so mit meinen Brüdern in der Abenddämmerung gerannt.

So reine und zarte Gefühle bestürmen mich, daß ich mein Bellen nicht zurückhalten kann. Ich kläffe, ich jaule, rufe sie alle und sage: »Erinnert ihr euch, erinnert ihr euch?«

Und »Ja!« antworten sie. »Ja, wir erinnern uns!«

»Woran erinnert ihr euch?«

»An das hier, an das!« schreien sie, während wir rennen, den bewaldeten Hügel hinunter, in das rote Tal hinein, ein offener Himmel über unseren Köpfen.

Wir entscheiden uns für das Tal als unser Lager für die Nacht. Wasser ist in der Nähe, und die Sonne ist weg. Wir legen uns hin, und einer nach dem anderen kommen die Hunde vom Ende unseres Zuges in das Tal und legen sich zu uns.

Erschöpft, sprechen wir wenig, wollen nur eine Weile ruhig daliegen, während langsam die Sterne hervorkommen. Einige von uns baden in dem Wasser und einige jagen noch immer ausgelassen um die Meute herum, aber die meisten von uns liegen still, mit heraushängenden Zungen da. Die Anführer nehmen die Mitte ein und bilden eine abgehobene, machtvolle Einheit, die – das wissen wir – unseren Willen verkörpert. Und auch an den Rändern sitzen wachsam starke Wächter.

Während ich in der Stille daliege und dem kleinen Bach neben mir lausche, scheint der Geruch ein Teil von mir zu sein. Gleichzeitig weiß ich, daß er sich wie Nebel um uns alle ausbreitet. Aber daß mein Körper Teil seines Wesens ist, kann ich nicht leugnen.

»Wohin laufen wir?« fragen wieder einige der Hunde.

»Liegt doch still, Brüder«, sagen die Hunde in der Mitte.

»Was für ein Duft, was für ein Duft«, sagt ein alter Hund, der aus dem Dunkel gehumpelt kommt. Sein Haar ist lang und voller Kletten, und seine Augen triefen. Aber er scheint seinen schlechten Zustand nicht zu bemerken, so hingerissen ist er vom Wunder dieses Duftes. »Immer dieser Duft«, sagt er und legt sich zu den Wildhunden. Wir sehen, daß er seinen Körper mit allen seinen Alte-Hunde-Leiden vergessen hat. Er schläft als erster ein, und wir sehen, wie er in seinen Träumen zuckt und rennt, als wäre er wieder jung. Er winselt in der Nacht und knurrt, und als wir am Morgen aufwachen, ist er tot, und wir essen ihn.

»Dr. Ratte, Dr. Ratte ...«

Ein junges Weibchen ruft nach mir aus seinem Käfig. Sie braucht meinen besonderen Rat, denn sie ist furchtbar aufgeregt wegen des Verbands auf ihrem Bauch. »Ja, mein Schätzchen, ist dir der Verband zu stramm?«

»Sie haben mir den Bauch aufgeschnitten!«

»Ja, natürlich. Das haben sie getan, damit sie ein Plastikfenster einsetzen und beobachten können, wie sich deine kleinen Rattenembryos entwickeln.«

»Ich will das nicht! Ich nage ihn weg! Ich beiße den Verband durch!«

»Bitte, mein Schätzchen, sei nicht hysterisch.« Ich muß sagen, sie legt absolut kein wissenschaftliches Gebaren an den Tag. Wir brauchen dieses Fenster, damit wir durch es hindurch ein dünnes Haar einführen und die kleinen ungeborenen Ratten kitzeln können, die in ihrem Bauch wachsen. Das gehört zu dem neuen Programm, für das ich gerade ausführliche Aufzeichnungen mache. Man kann eine Menge davon lernen, wenn man einen Embryo mit einem Haar kitzelt, aber selbstverständlich sind nur die höheren Semester zu einem solchen Kitzeln qualifiziert. Wie können wir dann von diesem Rattenweibchen erwarten, daß es irgendwelches Verständnis für die Feinheiten des Bauchfenster-Programms hat? Trotzdem ist es meine Pflicht, sie aufgeschlossener für dieses wissenschaftliche Haar zu machen.

»Lassen Sie bitte nicht zu, daß sie mir wehtun, bitte ...«

Ich denke, ein Liedchen könnte sie vielleicht aufheitern:

»Oh schuppige Haut und Kopfschorf
und hämorrhagische Leiden,
schaut doch in unser Inneres
durch die Tür zu den Eingeweiden!«

Ich muß jetzt weiter zum nächsten Käfig, wo eine spezielle Magnesiumdiät zu fatalen Schüttelkrämpfen geführt hat:

»Oh Haarausfall und Nervenschock,
Diarrhö bis auf das Gerippe,
ein Kropf und Krämpfe und obendrein
die asiatische Grippe!«

»Dr. Ratte, ich kann nicht mehr essen!«

»Bist du nicht der Bursche, dessen Zähne man dazu abgerichtet hat, vollkommen kreisförmig zu wachsen und dabei den Gaumen zu durchbohren?«

»Ein Alptraum, Dr. Ratte. Mein Mund ist ein einziger Alptraum.«

»Wir sehen dir mit lebhaftem Interesse zu, mein Junge. Es besteht die Aussicht, daß deine Zähne wirklich genau nach oben wachsen und dein Gehirn durchstoßen. Komm, sing mit mir! Singe:

Oh unregelmäßiger Eisprung,
den Thymus zerstör'n – wir verstehn es,
und chronische Lymphödeme
und die Amputation deines Penis!«

Entschuldigen Sie, der Hochgelehrte Professor hat mich eben gepackt und bindet mir einen Faden um die oberen Schneidezähne. Ich darf nun an meinen Zähnen in der Luft hängen als Teil eines neuen Selbsterkenntnis-Therapieprogramms – was für einen Spaß das macht, hier hin und her zu baumeln.

»Bekämpfen Sie sie, Dr. Ratte! Beißen Sie sie!«

Eine radikale junge Ratte schreit das aus ihrem Käfig. So ist unsere Jugend von diesem gottverfluchten schwatzhaften Hund mit seinen Intuitionsbildern bereits verdorben worden. Da wartet eventuell eine Ratte auf ihre Enthauptung, und plötzlich erblickt sie ein intuitives Bilderspiel in ihrem Gehirn, das ihr dieser Höllenhund in der Tretmühle übermittelt hat. Der Ratte kommt es so vor, als nehme sie an dem Geschehen teil, als laufe sie mit den Wildhunden. Die hohe Intelligenz der Hunde macht sie zu sehr starken Sendern, und daß sie hier unter Streßbedingungen leben, erhöht die Kraft ihrer Ausstrahlung. Unser Labor summt von revolutionären Gefühlen. »Du verdammter Köter, wie kannst du es wagen, den Geist der Abweichung unter diese glücklichen Ratten zu säen!«

Der revolutionäre Dummkopf sieht mich mit roten, scheelen Augen an. Auch Sie haben seine raffinierte Sendung empfangen, nicht wahr, mit seinen schlauen Einflüsterungen, daß man sowas wie die Freiheit gewinnen könne, wenn man einem bestimmten Geruch folgt? Aber ich kenne die Wahrheit und rufe sie nun allen zu: »Der Geruch besteht aus 5% Formalin, Rattenbrüder, und die einzige Freiheit, die ihr jemals haben werdet, ist der Tod! Tod heißt Freiheit, das ist die Devise!«

»Ein Hurrah für Dr. Ratte!«

»Erzählen Sie's ihnen, Doc.«

»Vielen Dank, Freunde und Gleichgesinnte, ich danke euch für euer Vertrauen. Wie ihr wißt, ist die Ratte des Menschen bester Freund. Ihr habt die Anzeige in der Zeitschrift *Moderne Psychologie* gesehen: ›Die Ratte Ist Unser Freund.‹ Sollen wir zulassen, daß diese wunderbare Freundschaft zusammen mit der zerebrospinalen Flüssigkeit den Bach runtergeht? Eine Ratte muß ihr Letztes geben! Das ist der Zweck unseres Daseins, deshalb sind wir hier auf Erden!«

Ich bekomme bestimmt noch eine Halsentzündung von all dem. Aber ich kann nicht zulassen, daß fünfundsiebzig Jahre Laborversuche von ein paar revolutionären Stimmen zunichte gemacht werden. Doch dieser Hund hat eine starke Position, wie er hier in unserer Mitte rennt, mit heraushängender Zunge und schlackernden Beinen, während die Tretmühle ihn herumdreht, immer im Kreise. Ich habe dem Hochgelehrten Professor gesagt, er solle doch die Hitze im Hundekäfig erhöhen, dann wären wir bald mit ihm fertig. Aber der Hochgelehrte Prof hat taube Ohren für alles, was ich sage.

Inzwischen hat der Hund für seine revolutionäre Sache viele Anhänger gewonnen. Der ganze Hämorrhagie-Käfig ist zu ihm übergelaufen. Und ich habe diesen undankbaren Ratten das Singen beigebracht! Was für ein Verrat!

»Rattenbrüder, wie könnt ihr euch von diesem Dreckshund nur so leicht umstimmen lassen? Seht mal hier, zu eurer Linken. Seht euch diese geduldige Ratte auf dem Operationstisch an. Ihr wird gerade ein Loch in den Kopf gebohrt. Hört nur, wie sie schreit. Ein frischer Tumor wird ihr ins Hirngewebe eingepflanzt. In zwei, drei Wochen wird sie auf dem Bauch herumrutschen, weil der Tumor wächst und alle ihre Bewegungen blockiert. Das ist die Wirklichkeit, ihr dämlichen Ratten. Das ist die wissenschaftliche Realität, nicht dieses dumme Hundegefasel.«

»Ach, ziehen Sie doch Leine, Doc. Hier bei uns sind Sie doch passé!«

Diese Ratten müßte man ein paarmal durch die Labyrinthgänge A und D hetzen. Sie haben jeden Respekt vor meinem Amt verloren. Aber zu meiner Freude sehe ich, daß einer dieser rüpelhaften Rebellenanführer zum Herzpunktationstisch gebracht wird. Er wehrt sich, man sieht seine weißen, bösartigen Zähne.

»Mitratte, nun, da für dich der entscheidende wissenschaftliche Moment gekommen ist, möchtest du dich da nicht eines Besseren besinnen? Gib dein Letztes mit Freuden für die Wissenschaft hin. Geh den anderen jungen Ratten mit gutem Beispiel voran.«

Mehr Revolutionäre bauen sich schnell vor mir auf. »Kein Wort mehr, Ratte. Verhöhne ihn nicht in seiner Todesangst.«

»Verhöhnen? Wer verhöhnt denn? Ich bin hier, um auf den Jungen ein Loblied zu singen, um ihn mit glühenden Worten im Mitteilungsblatt zu feiern. Wenn ihr mich gefälligst durchlassen würdet...«

Die Rebellen versperren mir den Weg. Der Hochgelehrte Professor sucht den Brustkorb der Ratte nach dem Punkt des stärksten Herzklopfens ab. Da, jetzt hat er ihn, Daumen und Zeigefinger liegen auf der vierten, fünften und sechsten Rippe.

Nun kommt die Nadel, eine 26er, einen halben Zoll lang. Er packt den Kolben und stößt der Ratte die Nadel langsam ins Herz. Der Hochgelehrte Prof wird etwa 10 cc Blut abzapfen, und damit dürfte dieser Aufrührer erledigt sein.

Großer Gott! Das Blut spritzt aus dem Rattenherzen dem Hochgelehrten Prof direkt ins Auge! Der Hochgelehrte Professor sieht sich verwirrt um, während ihm das Blut von der Wange tropft. Das kann ich natürlich nicht in meinem Mitteilungsblatt bringen.

Überall um mich herum – kleine Pannen, kleine Probleme. Schuld daran sind die revolutionären Hunde, und ich fürchte, es wird sich ausbreiten wie eine Feuersbrunst.

Meine Vorderpfoten sind an die Tretmühle gefesselt, aber meine Beine sind frei und gezwungen zu rennen, nirgendwohin zu laufen in einem Glaskäfig. Meine Zunge hängt heraus, mein Körper ist müde. Die Menschen haben den Glaskäfig, in dem ich stecke, geheizt, so daß mir ist, als liefe ich unter der glühenden Sonne, weiter und weiter, nirgendwohin.

Ich bin schon die ganze Woche in dieser Tretmühle, und immer noch laufe ich, weiter und weiter, Speichel tropft mir klebrig aus dem Mund, vermischt mit bitterer Galle. Die Menschen stehen da und sehen mir zu, wie ich laufe. Ich bin hier gefangen, gefesselt und beheizt, ich ersticke vor Durst, mein Körper trieft von Schweiß, meine Eingeweide verkrampfen sich vor Schmerz. Heiß wie in der Wüste, und ich laufe weiter und weiter...

...laufe... laufe... laufe... laufe... laufe, während das Rad sich weiter dreht, weiter klickt. Hellglühende Spiralen umgeben mich von allen Seiten, backen mich, mein Käfig ein Ofen.

Laufen. Zunge draußen, trocken und rissig. Laufen. Beine brennen, meine Haut mit Blasen bedeckt, ich erbreche meine gallebitteren Gedärme.

Laufen... laufen... laufen... laufen... laufen. Lauft, Hunde, lauft. Lauft den Tag durch... lauft die Nacht durch... lauft durch die endlose Wüstenhitze... Hitze ohne Wasser... Rad ohne Ende... meine Augen stehn in Flammen, meine Zunge ist geschwollen, es brodelt in meiner Kehle.

Lauft, Hunde, lauft! Befreit euch! Lauft hinaus in die

Sonne. Wir treffen uns am Rande der Stadt. Seht uns dort unsere Kreise ziehen! Schließt euch uns an! Kommt, Hunde, kommt!

Oh, du widerlicher Köter! Scher dich zurück in die Gasse, aus der du gekommen bist, und hör auf, die anständigen Bürger in diesem Labor mit deinen perversen Lebensansichten zu beleidigen!«

Ich glaube, ich bin beim Hochgelehrten Professor endlich durchgedrungen. Er hat heute morgen die Hitze im Hundekäfig hochgedreht. Die Blasen auf der Haut des Hundes platzen und sein Mund schäumt. Er wird bald eingehen. Aber der Hochgelehrte Professor hat noch fünfundzwanzig Hunde, die darauf warten, auf der Tretmühle an die Reihe zu kommen. Und jeder von ihnen ist ein potentieller Revolutionär! »Worüber habt ihr Hunde euch schon zu beklagen! Ihr bekommt jeden Morgen eure Schüssel Futter, stimmt's? Was könnte schöner sein?«

Sie starren ihren Anführer bloß an, sehen ihm zu, wie er dahintrottet, wie seine Beine auf und nieder ticken, während die Tretmühle sich unter ihm dreht. Können Sie die Wolke aus Figuren sehen, die aus ihm aufsteigt? Sein revolutionäres Programm wogt und schwebt überall in unserem Labor herum und dringt in jeden Käfig. Sehen Sie da – Hunde schweben in der Luft, sie haben die Intuitionsfrequenz voll unter Kontrolle. Sie haben die Sendezentrale besetzt. Ihre Sendung erreicht die Sinne und Herzen jedes Tiers, das so dumm ist, auf Empfang zu schalten. Die erhabene Intuition, durch die

die uralten Geheimnisse unserer Rasse überliefert werden, ist nun in der Hand einer revolutionären Köterbande.

»Ich flehe euch an, Mitratten und Mittiere überall auf der Welt – schaltet auf einen anderen Kanal! Wir zeigen heute einen Film über mechanische Beschädigungen von Hundezähnen. Er ist sehr informativ, ihr werdet sehen, wie man einen Hundezahn zersplittert und ein paar prächtige hypoplastische Defekte hervorruft. Sie führen dazu, daß alle anderen Zähne des Hundes ihr Wachstum verlangsamen, und ich sage, daß ist 'ne gute Sache! Hunde haben zu viele Zähne! Sie sind bösartig und gefährlich und . . .«

Es ist so schwer, ihr Interesse zu finden. Das Programm des Hundes ist raffinierter und anregender. Es macht sich die Schwäche meiner Mitratten zunutze. Sie begreifen nicht, daß wir die Freunde des Menschen sind, daß wir hier sind, um der Menschheit selbstlos zu dienen, wo wir nur können. Denn nur im Menschen existiert der göttliche Funke. Wir andern alle leben im Dunkeln, ohne Seele.

»Ihr alle seid bloß Grundmodelle, Mitratten! Versteht ihr nicht, was das bedeutet? Ein Grundmodell hat keine Gefühle, hat keinen Geist. Der Mensch ist in der Lage, uns zu quälen und verhungern zu lassen und die Schwänze abzuschneiden, denn so ist das Gesetz! Habt ihr nicht Thomas von Aquin gelesen? Tiere haben keine Seele!«

Ich werde allmählich heiser bei dem Versuch, die Wahrheit hinüber in den Strahlenforschungskäfig zu bekommen. Alle Ratten darin haben verkrüppelte Pfoten und fehlende Zehen, und man sollte doch denken, sie sollten fähig sein, auf die Vernunft zu hören. Aber nein – sie sitzen da und starren ins Leere, hingerissen von der Sendung des Hundes.

»Fünf Prozent Formalin, das ist der Geruch! Glaubt mir, Mitratten, es liegt kein magischer Duft in der Luft. Seht mal da – der Hund auf der Tretmühle ist zusammengebrochen, seine Beine hängen leblos herunter. Er ist tot! Seht nur, wie seine Augen verdreht sind und sein Körper hingeplumpst daliegt. Er ist tot! Und der Tod ist die einzige Freiheit!«

Der Hochgelehrte Professor und seine wissenschaftlichen Assistenten haben den Hundekäfig geöffnet und nehmen den Hund heraus. Sein Körper ist dürr und entwässert, aber seine höllische Botschaft schweigt nicht!

»Verstopft euch die Ohren, Ratten. Hört nicht zu!«

Der Hochgelehrte Professor führt einen anderen Hund in die Glaskammer und fesselt seine Vorderpfoten an das Gestell. Nun wird der Strom wieder angestellt, und die Tretmühle dreht sich von neuem, und ein neuer Märtyrer wird geschaffen! Herr Professor, ich bitte Sie, schmeißen Sie diese Hunde hier raus!

Er hört mich nicht. Herr Professor, Sie spielen ihnen direkt in die Hände! Lassen Sie ihn nicht weiterrennen, wo alle anderen Tiere ihn sehen können. Denn schon steigt der Dunst der Revolution aus ihm empor. Sehen Sie das denn nicht!

Nein, der H. P. sieht nicht die mächtigen Bilder aus diesem verdammten Hund hervorquellen. Aber wir sehen sie! Wir sehen Hunde aller Arten, die ihr Zuhause verlassen, ihre Posten verlassen und weglaufen. Sie rennen überall in der Luft um uns herum, als das intuitive Bild heller wird. Der Hund hat Bäume und staubige Gassen und funkelnde Bäche hervorgezaubert. Eine schreckliche Macht ist in unserem Labor am Werk, die die Drahtkäfige und die Operationstische und die Laufräder auslöscht. Die ganze herrliche Ausstattung verschwindet hinter einer Waldlandschaft.

»Seht nicht hin, Mitratten, seht nicht hin! Konzentriert euch lieber auf die Schock-Erkennungs-Box. Seht euch eure Mitratten darin an, wie sie in die Luft springen, nachdem sie das elektrische Gitter berührt haben. Sie werden langsam in den Wahnsinn getrieben. Bald werden sie ihre Diplome erhalten, die sie zu Irren Doktoren ernennen. Ist das nicht die ganze Arbeit wert? Eine chronische Verhaltensstörung bekommen wir doch nicht gratis, bloß weil wir Ratten sind. Wir haben uns unsere Neurose zu verdienen. Kommt hier herüber und leistet den Ratten Gesellschaft, die mit ›Störenden Klingelreizen‹ gequält werden. Ihr wißt, wie empfindlich unsere Ohren sind: sie sind für die Menschen das perfekte Versuchsinstrument. Ich möchte euch bitten, jetzt gut aufzupassen – gut so, schaut nicht auf die abscheuliche Hundesendung – schaut euch an, wie raffiniert eure Mitratte eingesetzt wird. Das genügt jedem, sich merkwürdig zu fühlen, meint ihr nicht auch? Wenn man so vor und zurück pendelt und überall um einen herum Klingeln ertönen, fühlt man sich allmählich angespannt und geängstigt. Seht mal, seht mal, seht euch an, wie die Klingel sich ihr jetzt nähert, dann wieder entfernt, nun wieder nahe, bedrohlich, und wieder zurückweicht. Jetzt, jetzt! Da, die Ratte hat einen elektrischen Schlag abbekommen, sie rennt im Käfig herum und stößt gegen die Wände. Seht nur, wie sie auf die Seite rollt und ihre Beine in die Luft kickt. Ihr Körper zittert, den Kopf bewegt sie tickartig. Sie ist ein Kandidat für den Titel eines Irren Doktors! Herzlichen Glückwunsch, mein Junge! Ein bißchen später geben wir dir zu Ehren ein Preßkeks-Bankett!«

Tja, und das hier ist ein echter Fortschritt: Der Hochgelehrte Professor holt sein Feuerzeug heraus. Ich hatte nicht gedacht, daß wir dieses Experiment noch einmal machen würden, aber natürlich müssen wir diese Experimente wiederholen, um unsere Entdeckungen bestätigt zu bekommen.

Der wissenschaftliche Assistent hat einen schlappohrigen Cockerspaniel für das Experiment ausgewählt. Ein anderer Assistent fesselt dem Cocker die Pfoten. Hervorragende, äußerst glatte Arbeit. Ihr jungen Leute seid Dr. Rattes Stolz und Freude.

Der nette Hundiwundi wird schön festgeschnallt. So wird er nicht viel revolutionären Firlefanz verbreiten, das kann ich garantieren.

Der Hochgelehrte Professor schnippt an seinem Feuerzeug – er hat's zum Brennen gebracht –, nun stellt er es so ein, daß eine lange Stichflamme herausschießt.

Hundiwundi schaut auf die Flamme, jetzt schaut er auf den Professor. Oh, das wird dir gefallen, Hundi!

Der Hochgelehrte Professor führt die Flamme dem Hund genau ins Nasenloch ein, läßt sie genau da hineinschießen. Hervorragend, gut gezielt. Der Cocker ist gezwungen, *die Flamme einzuatmen*. Nun macht auch der Assistent sein Feuerzeug an, und beide Nasenlöcher werden mit Feuer gefüllt, während der Hund sein Maul zu einem tonlosen Heulen öffnet.

Zu meinem Bedauern muß ich sagen, daß dieses Experiment nicht an unserer großen Universität erfunden wurde. Man hat es sich bei Harvard ausgedacht. Nun ja, natürlich ist Harvard eine der besten Hochschulen, und ich bin gar nicht richtig neidisch. Hand in Hand mit Harvard setzen wir das große Experiment namens »Brennendes Problem« fort. Es ist wesentlich, es ist informativ, es ist gut für die Nation.

So ist es recht, Hundi, eine schöne, gründliche Nasevoll Feuer. Es gefällt dir doch sicher.

Das ist eines von den Experimenten, die nicht viel Scherereien machen. Der Hund ist zu erschreckt, um irgendwelche revolutionären Signale auszusenden. Ich wünschte, ich könnte dasselbe von unserem Schmerzschwellen-Experiment dort drüben in der Ecke sagen. Es läuft überhaupt nicht gut, weil es so schleichend langsam vorangeht. Alles, was sich hinzieht, gibt dem Hund die Möglichkeit, seine Gedanken zu sammeln und revolutionäre Signale hervorzubringen.

Wollen wir uns das Experiment mal näher ansehen? Einer unserer wissenschaftlichen Assistenten arbeitet schon seit einer Stunde daran. Er hat einen Peitschenstiel in der Hand. Sehen Sie jetzt genau hin: Der Assistent hebt den Stiel und schlägt damit dem Hund aufs Bein. Ein anderer Assistent zählt genau mit. Das war Schlag Nummer 573. Der Hund wird genau eintausend Schläge aufs Bein bekommen, das ist die Anzahl, die von der Columbia Universität als notwendig zur Schockauslösung festgestellt wurde. Wir sind den Hochgelehrten Profs von Columbia für diese Information zu tiefem Dank verpflichtet.

Wir heben die Köpfe und heulen, und die Wildhunde führen uns weiter. Wieder jagen wir durch den Wald, den Morgentau im Fell. Die Vielfalt der Gerüche ist herrlich und angenehm. Wie konnte ich das jemals aufgeben für ein Leben in Gefangenschaft, ein Leben in Knechtschaft? Ich verkaufte meine Seele für die Bequemlichkeit, für die Sicherheit, für eine Hundeleine. Aber andere haben nicht so einen Freiheitsdrang wie ich.

»Was wir hier tun, ist Dummheit. Unsere Herrchen rufen uns!«

»Befreit euch von euren Illusionen!« ruft ein Wildhund, der wie ein Blitz vorüberspringt und dann weit nach vorn läuft.

Wir verlassen den Wald, gelangen auf einen Feldweg und folgen ihm in der warmen Sommerluft. Er ist eine schmale, gewundene Piste, die durch Ackerland hindurch verläuft. Vor uns, in der Luft, schwebt der Geruch von Menschen. Wir drängen vorwärts, ohne jede Angst. Unsere Zahl ist groß jetzt, und wir laufen weiter über den Hügel und erblicken plötzlich unter uns den Mann. Er arbeitet mit einem Pferd, das einen Baumstamm die Straße entlangzieht.

Der Mann hört unser Geheul und dreht sich zu uns um. Als er die Sturzflut aus Zähnen und Schwänzen sieht, kehrt er um und rennt in den Wald. Das Arbeitspferd, das noch immer den Baumstamm hinter sich herzieht, versucht dem Mann zu folgen, aber der Stamm verfängt sich in einem Gewirr kleinerer Bäume, und das Pferd kann nicht weiter. Wir sehen seine zitternden Muskeln und seine angstvollen Augen.

»Komm mit!« rufen wir. »Riechst du nicht, was in der Luft liegt?«

Das Pferd müht sich, seinem Herrn zu folgen. Falls der wunderbare Duft es erreicht hat, läßt es sich nichts anmerken. Es fühlt sich gesichert in dem Geschirr, es hat sein wahres Wesen vergessen. Da wir merken, daß es verloren ist, rasen wir an ihm vorbei und weiter, die Straße entlang, den warmen Staub unter unseren Pfoten und den Duft in der Nase.

Reine Galle, Mitratten, nichts anderes ist dieses Gerede von Freiheit, reine grüne Galle. Das kommt von einer Infektion der Leber dieses Hundes, das ist alles.«

Die Dinge hier im Labor haben sich noch weiter verschlechtert. Meine Mitratten verlassen das Schiff der Wissenschaft in hellen Scharen. Sie schnappen und beißen nach den wissenschaftlichen Assistenten, und der Hochgelehrte Professor hat mit Massenimpfungen gegen parasitäre Würmer aus der Familie der Echinostomatidae begonnen. Aber es ist die Familie der Hunde, die uns auf den Magen geht, Herr Professor, nicht die Würmer. Ich hätte sehr viel lieber mikroskopisch kleine Würmer in meinen Därmen als diese verfluchten Hunde mit ihrem geifernden Freiheitsgerede in den Ohren. Bitte, Herr Professor, schaffen Sie sie hier raus!

Sie haben ihr Signal an das Signal der Universität Creighton gekoppelt. Sie erinnern sich sicherlich an das Creightoner Hungerexperiment. Man ließ eine Gruppe von Hunden fünfundsechzig Tage lang hungern. Das wichtige Ergebnis dieses Experiments trat nicht sofort zu Tage, ich bedaure, das sagen zu müssen, weil unsere Hochgelehrten Creightoner Kollegen es vorzogen, über ihre Arbeit Stillschweigen zu bewahren, damit ihnen niemand den Rang abliefe. Sie waren derart verschwiegen, daß eine andere Gruppe junger Creightoner Wissenschaftler das Experiment drei Jahre später ahnungslos ein *zweites* Mal unternahm.

Dieses zweite Hungerexperiment war es, von dem aus dem Creightoner Universitätsgelände ein eindeutiges Signal ausging. Jeder auf der Intuitionsfrequenz kann es sehen – eine Art schwacher, verblassender Fotografie von abgemagerten Hunden, deren Rippen hervortreten und deren Augen tief in ihren Höhlen liegen. Dieses begeisternde Foto, das ein geheiligtes Stück wissenschaftlicher Offenbarung hätte werden sollen, haben sich statt dessen die Rebellen unter den Nagel gerissen. Sie benutzen es als Testbild für ihren Kanal. Jedes Tier, das etwa morgens um drei, wenn sonst nichts gesendet wird, auf die Intuitionsfrequenz gerät, sieht dieses Foto und hört dazu ein langes, leises Jaulen. Es ist dieser widersätzliche Gebrauch unseres großartigen wissenschaftlichen Diapositivs, den ich so abscheulich finde. Die jungen Creightoner Professoren haben lange und hart daran gearbeitet, diese Hunde verhungern zu lassen.

Ihr Rebellen habt uns unsere Forschungsergebnisse gestohlen. Ihr habt uns die Erträge geklaut! Aber ihr kommt nicht ungestraft davon, das verspreche ich euch. Ihr werdet alle Feuer einatmen, liebe Rebellen. Harvard wird schon dafür sorgen.

Und die lieben Professoren von der Columbia Universität schlagen euch bei der nächstbesten Gelegenheit windelweich!

Wie praktisch, daß sich Vergeltung und Strafe in künftige Lernprogramme einbauen lassen! Während diese Rebellen für ihre revolutionären Umtriebe verbrannt und geschlagen werden, können sich unsere jungen Studenten sorgfältig Notizen machen und Fotos für den Jahresbericht schießen. Alles nimmt schließlich ein gutes Ende – wenn wir die Rebellen nur augenblicklich mundtot machen!

Aber leider vergrößert sich ihr Sendernetz. Wenn Sie mal eben einen Blick auf den Arbeitstisch da drüben werfen, verstehen Sie, was ich meine.

Nein, nein, ich meine nicht diese reizende, junge blonde Assistentin. Ja, sie wäre wahrscheinlich eine Wucht beim Kopulieren, aber ich möchte Ihre Aufmerksamkeit auf das *Ei* lenken, das sie in der Hand hält.

Es ist ein ganz gewöhnliches befruchtetes Ei, und unsere reizende Blondy wird nur ein bißchen was auf dem Gebiet der embryonalen Entwicklung untersuchen. Doch – in diesen bewegten Zeiten strahlt jede niedere Lebensform ein starkes Signal im außerbewußten Fernsehkanal aus.

Verstehen Sie, was ich meine? Das Ei ist ein Sender!

Wir Leben in ewigem Tageslicht. So legen wir mehr. Wir sitzen auf Maschendrahtböden, damit unsere Exkremente auf das sich ständig drehende Förderband durchfallen, das sie wegbefördert. Die Schnäbel hat man uns abgeschnitten. Und wir sind krebskrank. Man nennt uns Legemaschinen.

Wir sind die besten Legemaschinen der Welt. Siebenundzwanzigtausend sind wir hier, unsere einzige Bewegung das Legen des Eies, das eine kleine Rutsche hinab von uns wegrollt.

Ich weiß noch, wie herrlich es war, als ich mich durch die Schale nach draußen pickte und in die warme helle Morgenröte des Lebens trat.

Ich habe keinen zweiten Sonnenaufgang erblickt. Wir leben in ewiger Mittagszeit. Meine Geburt war ein schrecklicher Fehler. Und trotzdem entwickelt sich, wie immer, ein Ei in mir. Ich kann's nicht aufhalten. Ich fühle es wachsen, und trotz aller Verbitterung empfinde ich kleine Regungen von Zärtlichkeit. Ich wünschte mir so, ich könnte das Ei am Wachsen hindern, so daß ich diese zärtlichen Gefühle nicht kennen müßte. Aber ich kann's nicht. Ich bin eine Legemaschine, die beste Legemaschine der Welt.

»Sei nicht so traurig, Schwester. Es kommen bessere Zeiten.«

Die irre Henne im Käfig neben mir ist einem hier in der Eierfabrik weitverbreiteten Irrtum zum Opfer gefallen. »Es kommen keine besseren Zeiten, Schwester«, erwidere ich. »Nur noch schlechtere.«

»Du irrst dich, meine Liebe. Zufällig weiß ich es. Sehr bald werden wir in einem wunderschönen Hühnerhof scharren.«

Ich antworte gar nicht erst. Ihre Wahnideen machen ihr Mut. Und da unser Ende genau das gleiche ist, was macht es da, wie wir unsere Tage hier verbringen? Soll sie doch von ihrem wunderschönen Hühnerhof träumen. Soll sie doch ihren Traum so weit fortspinnen, bis sie sich einbildet, daß der Maschendrahtboden unter ihren Krallen warme trockene Erde ist. Wir haben nicht mehr viel Zeit vor uns. Unser Leben währt nur vierzehn Monate beständigen Eierlegens, und dann haben wir's hinter uns.

Eine Legemaschine!

Es gibt plötzlich viel Flügelgeflatter entlang dieses Zellenblocks und viel lautes Gegacker. Die Käfige gehen auf, und grobe Hände packen uns, eine nach der anderen.

»Siehst du, Schwester. Ich hab dir's doch gesagt, daß bessere Zeiten kommen. Jetzt kommen wir raus in unseren wunderschönen Hühnerhof.«

»Ja, Schwester. Jetzt kommen wir endlich raus.«

Nun werden wir mit dem Kopf nach unten aufgehängt, unsere Füße mit Draht zusammengebunden.

»Siehst du, Schwester. Genau, wie ich's dir gesagt habe – die besseren Zeiten sind endlich da.«

Wir werden an ein langsam laufendes Förderband gehängt. Mit dem Kopf nach unten werden wir durch einen dunklen Tunnel befördert. Der Draht schneidet mir ins Fleisch. Schaukelnd schweben wir durch die Dunkelheit. Die gurgelnden Schreie ein Stückchen vor uns machen deutlich, was für bessere Zeiten gekommen sind.

»Unseren Lohn, Schwester, hier bekommen wir ihn endlich«, schreit unsere wahnsinnige Schwester. »Wir waren gut und legten viele Eier, und jetzt erhalten wir unseren Lohn.«

Der Schrei jeder Henne endet wie abgeschnitten, so daß ihr Gekreisch zu einem feuchten Gurgeln wird. Und dann das Geräusch von Tropfen: tropf, tropf, tropf.

»Oh, jetzt sehe ich ihn, Schwester, den wunderschönen Hühnerhof, von dem ich gesprochen habe, über und über mit roten Blumen bedeckt und ...«

Der Brei rinnt ihr aus dem Hals.

Hühnerkacke, glaubt mir, Mitratten, nichts weiter ist dieses Geschwätz.«

Aber sehen Sie nur, wie es die Kolonie erregt hat. Gefletschte Zähne, zuckende Schwänze, wutentbrannte Blicke

– das ganze Labor ist in Aufruhr. Ich habe die Akten durchgesehen und konnte nirgendwo auch nur Vergleichbares entdecken, dabei bin ich bis zu den frühen Arbeiten von Dr. Claude Bernard 1876 in Paris zurückgegangen. Sie erinnern sich an Dr. Bernards unsterbliche Worte an seine Studenten: »Warum denken, wenn man experimentieren kann!«?

Ich möchte in aller Bescheidenheit erwähnen, daß ich in dem Jahr, in dem ich wahnsinnig wurde, den Claude-Bernard-Tierversuchs-Preis erhielt, ich bin also mit jeder möglichen Laborsituation vertraut, aber in keiner Aufzeichnung findet sich etwas ähnliches wie dieser gegenwärtige Aufstand.

Ach, das waren noch Zeiten, als unsere Konfliktsituationen sämtlich experimentell hergestellt wurden.

Jetzt hat sich eine Clique von Stammtischjuristen aus dem Eiweißmangel-Käfig der Hetzkampagne angeschlossen und versucht, die kleinen Jungratten davon zu überzeugen, daß sie gewisse Rechte haben.

»Hört nicht auf diese Albino-Arschlöcher, meine kleinen Rattenjungen. Hört auf euren wahren Freund, den guten Dr. Ratte, und lernt, die Wirklichkeit zu schlucken (vgl. meinen Aufsatz ›Die Entfernung des Rattenmagens‹, *Anat. Abr.*, 1967). Ich würde euch nie irreleiten, das wißt ihr. Laßt uns alle das kleine Tänzchen mit dem Titel ›Die Neue Nekropsie‹ tanzen! Kommt, ihr jungen Ratten, tanzt mit Dr. Ratte und singt:

Betreibt die neue Nekropsie
Will sehen, wie ihr zittert und bebt!
Betreibt die neue Nekropsie

Die Leber wird euch genommen und ihr erlebt
wie ihr enthauptet werdet
Betreibt die neue Nekropsie und bebt, bebt, bebt!«

»Seien Sie still, Dr. Ratte. Wir hören dem Hund zu.«

»Dieser Hund enthält nichts als Scheiße, meine Freunde. Seht doch nur, wie streifig seine Kacke ist. Seht doch, wie ihm Bauch und Flanken schwellen. Er ist ein Staatsfeind!«

Erschöpft schleiche ich weg. Ausdruckstanz ist nicht meine Stärke, aber zur Rettung meines geliebten Labors würde ich alles tun. Ach, was waren das für schöne Zeiten, als wir immer alle um das Lumbalpunktionsgestell herumsaßen und einträchtig die Entfernung unserer Temporallappen besangen. Das waren glorreiche, angenehme Zeiten. Ich vermisse sie schrecklich. Ich fühle mich allem so entfremdet.

»... wenn man einem Huhn den Hals umdreht, sollte man auf folgendes achten: Halten sie den Vogel mit der Linken am Kopf fest, fassen Sie mit den Fingern genau hinter den Kopf. Dann ziehen Sie die rechte Hand kräftig nach unten. Der Hals wird so in die Länge gezogen. Gleichzeitig drehen Sie dem Vogel den Kopf nach hinten, indem sie ihn über das Genick biegen. Das führt zum Ausrenken des Genicks ...«

»Ach, sei doch still, du dämliches Ei!« Was kümmert es mich, einen Hochgelehrten Irren Doktor, wie einem Hühnchen der Hals umgedreht wird?

Ich habe wichtige Aufsätze zu schreiben. Ich muß eine Gegenoffensive gegen diese Hunde und dieses halb beknackte Ei starten. Aber ich habe einfach nicht den alten Schwung. Eines meiner Lieblingsexperimente, die 500-Pfund-Druck-Klemmschraube, findet in eben diesem Augenblick statt, aber es macht mir nicht mehr so viel Spaß wie früher, weil ich weiß, daß die Rebellen versuchen werden, es für ihre Propaganda auszubeuten.

Dabei gibt es nichts Harmloseres als das – kommen Sie, gehen Sie hinter mir her dort hinüber und sehen Sie selbst. Sie sehen einen großen, stupide wirkenden, gescheckten Hund, stimmt's? Neben ihm einen wissenschaftlichen Assistenten.

Der wissenschaftliche Assi nimmt eine sehr diffizile Bewertung der experimentellen Situation vor. Eines Tages werden seine Erkenntnisse in einer kaum bekannten wissenschaftlichen Zeitschrift publiziert werden und ihm einen Titel einbringen. Doch wird das nicht das Ende seiner furchtlosen Arbeit sein. Absolut nicht. Sie wird schließlich in ein umfassendes Lehrbuch zu diesem Thema aufgenommen. Er wird hoch erhobenen Hauptes durch die Korridore schreiten. Er wird eine Gehaltserhöhung bekommen. Und warum?

Weil er im Augenblick an der Schraube dreht, die am Bein dieses Hundes befestigt ist. Der Druck wird proportional zur angestrebten Gehaltserhöhung verstärkt. Je stärker der Druck auf das Bein des Hundes ist, desto höher steigen die Bezüge des jungen Mannes. Das Meßgerät zeigt an, daß der Druck jetzt 250 Pfund beträgt.

Sie werden noch Besseres leisten müssen als das, junger Freund, wenn Sie vom Dekan der Naturwissenschaftlichen Fakultät den Segen haben wollen. Ihre Vorgänger in dieser Abteilung hatten den Druck letztes Jahr auf 500 Pfund. Machen Sie weiter, gehen Sie ordentlich ran! Bringen Sie den Hund mal richtig zum Springen. Quetschen Sie ihm die Knochen zu Mus, und Ihr M. A. ist Ihnen sicher.

Die Logik dieses Druck-Programms ist unwiderleglich. Es garantiert unserer Universität die wertvollen Zuschüsse. Es ist gut für die Wirtschaft, und es ist gut für die Menschheit. Das zermalmte Bein dieses Hundes wird uns als Richtschnur für künftige Untersuchungen ähnlicher Art dienen, die letztlich in einem großartigen wissenschaftlichen Durchbruch der Knochen gipfeln werden.

Sie könnten auch einen besseren Kunststoff ergeben, oder vielleicht eine neue Sorte Aspirin. Wohnungsbauprojekte werden perfekter geplant werden, und die Qualität der Waschmittel wird gesteigert. Die Anwendungsmöglichkeiten sind einfach grenzenlos.

Aber die Rebellen schlachten alles für sich aus!

Diese Arschlöcher.

Sie stellen alles völlig verzerrt dar. Tun so, als sei die Sache grausam. Was ist denn grausam daran, einen Hund zu zerquetschen?

Ein Hund ist eben nur ein Grundmodell. Ein geeigneter, eigens zu Laborzwecken bestimmter Seitenzweig der Evolution.

Wir wollen auch die Hunde dieses Dorfes anwerben«, sagen die Anführer, die Wildhunde.

Und so warten wir, bleiben auf dem Feldweg liegen. Ein Stück vor uns geht die blanke Erde in Straßenpflaster über, und ein paar alte Häuser stehen verlassen da. Aber weit unter uns, im Tal, können wir die anderen Häuser des Dorfes sehen, und da sind Menschen, Menschen – und Hunde.

Hier kommt ein Bluthund angerannt, der nach dem Duft giert. Seine dicke Nase wandert über den Boden, und immer wieder schüttelt er den Kopf, weil er nicht genau feststellen kann, wo der Geruch ist, ob im Straßengraben oder am Himmel. Seine langen Ohren schlenkern, sie berühren fast den Boden, und seine kurzen Beine tragen ihn langsam voran, bis er uns vor sich lagern sieht – ein Meer aus Augen und Nasen und Schwänzen und Zähnen.

Er setzt sich auf seine Hinterbeine und äugt mißtrauisch zu uns herüber, die Nase in der Luft, heftig schnuppernd.

»Komm her, komm her«, rufen wir.

Er hört das freundliche Gebell, und weil er dem wunderbaren Geruch vertraut, kommt er heran. Ich sehe den Blick seiner Augen. Er hat einen Namen, dieser Bluthund, und sein Name ist ihm immer noch wichtig. Riefe sein Herrchen: »Hierher, Blacky!« oder »Hierher, Klecks!«, er würde sich umdrehen und antworten. Aber wir ziehen ihn in unsere Reihen, nehmen ihn tief in unsere Mitte, wo unsere glühenden Seelen seinen Namen umzingeln und für immer auslöschen. Noch immer sind seine Augen sorgenerfüllt. Er möchte frei sein, um dem Duft zu folgen, doch sein altes Ich zieht ihn zurück.

»Ihr seid bloß eine Meute«, sagt er. »Ich will nicht bloß Teil einer Meute sein.«

»Meute?« schreit ein Wildhund. »Das ist keine Meute!«

Ein Schauder durchläuft mich, als hinge ich an einer Leine, die mit einem fernen Stern verbunden ist, und dieser Stern zöge mich an, aus meinem Körper heraus und immer höher und höher. Rasch drehe ich mich zu dem Wildhund um: seine Augen dringen in meine, glühend wie Sterne, tief im endlosen

Himmel, aus strahlendem Licht, das immer strahlender wird, bis sein ganzer Körper leuchtet.

Erschrocken wende ich mich von ihm ab und muß erkennen, daß alle Hunde so leuchten, daß eigentlich keine Hunde da sind, nur ein einziger riesiger leuchtender Leib, der Hundsstern.

Du süße Hüpfmaus (Familie der *Zapodidae*)!

Eine Gruppe rebellierender Rattenmütter marschiert auf dem Laufrad herum und schreit Parolen. Ihre Anführerinnen sind zwei Ratten, die letzte Woche zusammengenäht wurden. Das war eine schöne und wichtige Parabiose. Die Haut wurde ihnen vom Kopf bis zum Schwanz aufgeschlitzt, dann verband man ihr Fleisch sowie ihre Schlüsselbeine und Bauchmuskeln miteinander (vgl. meinen Aufsatz »Parabiotische Ratten«, *Exper. Biol.*, 1972). Solche Beiträge zur Wissenschaft sind unschätzbar in ihrem Nutzen für die Menschheit. Wie können diese Ratten nur so egoistisch sein! Daß wir die tiefere Bedeutung des Zusammennähens zweier Ratten noch nicht erkannt haben, bedeutet doch noch lange nicht, daß wir nicht schließlich dahinterkommen. Wir werden weiternähen! »Verschließt eure Ohren, Mitratten! Hört nicht auf diese unverantwortlichen Aufrührerinnen! Denkt daran, daß wir einen Beitrag zur Forschung leisten, zur Rettung des Lebens von Millionen Menschen ...«

»Bitte, sehen Sie sich meine neugeborenen Rattenkinder an, Doktor. Sehen Sie nur, wie sie spielen und herumhüpfen.

Warum sollte man ihr Leben mit schrecklichem Essen und entsetzlichen Operationen zerstören?«

»*WEIL GOTT ES SO WOLLTE, IHR ZWEI LÄCHERLICHEN ZUSAMMENGENÄHTEN DRECKSRATTEN!*«

Du lieber Himmel, mich bringt das alles furchtbar auf. Es ziemt sich nicht für einen Hochgelehrten Irren Doktor, derart von Käfigdächern herunterzubrüllen. Ich gehe am besten hier herüber und setze meine Notizen über die Hitzschlag-Untersuchung fort, und das auf eine Weise, die einem Wissenschaftler meines Schlages eher zukommt.

Wie ich sehe, hat man das Wasser zum Kochen gebracht. Wollen wir dem Hochgelehrten Professor und seinem Gefolge lauschen? Es wird Sie in tiefster Seele freuen, glaube ich. Ich jedenfalls fühle mich immer geborgen, wenn ich sie so reden höre:

»Die Temperatur sollte 60 Grad betragen.«

»Wir sind bereits so weit, Herr Professor.«

Wie Sie sehen, ist das Grundmodell bei diesem Experiment ein Kaninchen. Es trägt eine recht sinnreiche Badekappe. Vielmehr ist es eine Doppelhaube, wasserdicht, die dem Kaninchenkopf wie angegossen sitzt.

Der wissenschaftliche Assistent gießt nun – auf geht's! – das siedende Wasser dem Kaninchen in die Haube. Sehen Sie bloß, wie dieser langfüßige Scheißer *(Lepus americanus)* strampelt! Die Augen treten ihm aus dem Kopf und sein Atem wird schnell, während die Haube bis obenhin mit dem heißen Wasser gefüllt wird. Das Wasser verbrüht ihm die ganze Birne. Ist das nicht spannend?

Ich habe beobachtet, daß immer ganz eindeutig eine sexuelle Erregung entsteht, wenn solche dramatischen Experimente durchgeführt werden. Der Hochgelehrte Professor und sein Stab werden gerade von einer solchen Erregung gepackt. Es handelt sich um eine sehr diffizile Unterströmung, die nur ein Spezialist wie ich wahrnehmen kann. Aber ich habe in meiner Freizeit an ein paar Seiten Sigmund Freud geknabbert, und es ist völlig klar, daß sich in derartigen Experimenten eindeutig sexuelle Energie Luft macht. Ich könnte ja einen kleinen Aufsatz zu diesem Thema schreiben, den man unter der Hand kursieren läßt. Doch hören wir unseren Studenten zu:

»Seine Augen sind empfindlich gegen die Berührung, Herr Professor.«

»Ja, genauso soll es sein. Bringen Sie jetzt das heißere Wasser.«

»Es steht bereit, Herr Professor. Es hat 85 Grad.«

Die Haube wird von der ersten Ladung heißen Wassers entleert, und nun gießen sie noch heißeres Wasser hinein. Mann, sehen Sie bloß, wie sich das Kaninchen windet! Beachten Sie, wie sich sein Bauch krampfhaft bläht und zusammenzieht. Das hier ist Herz und Seele unserer Arbeit. Die Augen rollen ihm im Kopf herum.

»Wunderbar, nur keine Zeit verlieren.«

Das Kaninchen ist steif und still geworden. Aber die Studenten beginnen nun erst mit ihrer wichtigen Untersuchung. Die Haube wird abgenommen, und an dem Schädel wird eine Trepanation vorgenommen. Ein Thermometer wird in das Gehirn gesteckt. Ein Assi hält es fest, und alle sehen ihm mit geduldiger Aufmerksamkeit zu. Langsam zieht er es wieder aus dem Schädel des Kaninchens heraus und wischt die Hirnflüssigkeit ab. Nun blickt er darauf und sagt:

»47 Grad Celsius.«

»Das ist fast genauso, wie's sein sollte. Haben Sie das nächste Modell bereit?«

»Wir führen das Experiment jetzt an zwei Katzen durch, Herr Professor. Dann, dachten wir, probieren wir's an einem jungen Kätzchen aus.«

»Gut. Aber erst sollten Sie eine Pause einlegen. Ihre Aufzeichnungen miteinander abstimmen. Und einer von Ihnen kann schon den Ofen anheizen.«

»Ja, Sir.«

Der Hochgelehrte Professor verläßt das Labor. Seine Studenten treten an eine Kaffeemaschine. Sie merken nicht, daß sich eine entwischte Ratte unter dem Filter versteckt hat. Nein, sie riechen nicht einmal, daß sie einen Köttel in den Pappbecher fallen läßt. Die Assistenten schalten das Radio ein, machen Pause und ahnen nicht, was sich direkt vor ihrer Nase abspielt.

»... im Nachrichtendienst von heute nachmittag haben wir sonnigen Himmel – und eine ziemlich lange Liste entlaufener Hunde. Frühling muß in der Luft liegen, Leute! Wenn Sie ein schwarz-braun-weiß-gefleckter Beagleweibchen namens Daisy, vier Jahre alt, sehen ...«

Ihr Großen Nackten Maulwurfsratten! Das ist ja entsetzlich! Die Hunde rebellieren auch *außerhalb* des Labors!

»... kleiner Hund, schwarz-weiß, hört auf den Namen Serge ...«

Auf den Namen *Revolutionär*, meinen Sie! Was für ein Schreck. Das hier ist schlimmer als Labyrinthgang D!

»... ein schwarzer Spaniel namens Pepsi ...!

Jetzt, Hunde, durch diesen Bach. Wir rennen durch das Wasser, bellen, planschen, sind außer Rand und Band. Die Hofhunde und die Stadthunde und alle die Einzelgängerhunde sind bei uns. Ich fühle das uralte Hundewesen in mir hochkommen, während der Stolz auf meine Rasse sich von seiner langen Vergessenheit erholt. Meine Sicht war begrenzt: ich dachte, Menschen seien klüger als ich.

Wir sind die Klugen und Mutigen. Nun findet mein Innerstes wieder zu sich. Wir sind im Besitz der Klugheit, wenn wir diese Einigkeit haben. Sie ist unter uns zu spüren, während wir mit unseresgleichen dahinlaufen. Wie mächtig ist der Geist des Hundes, wie mächtig und frei!

Tanzt, Hunde, tanzt! Unsere Rasse hat sich von ihren Verblendungen freigemacht.

Vor langer Zeit krochen wir hin zu den Feuern der Menschen, ohne zu wissen, welche Knechtschaft dort auf uns lauerte. Der Mensch ist kein Herrscher.

Es gibt keine Herrscher!

Es gibt nur das Strömen, das ich jetzt fühle, hier, wo die Quellen unseres Geistes hervorbrechen.

Es gibt keine Herrscher!

Wie schlau uns die Menschen betrogen haben, indem sie uns glauben machten, sie seien klug. Verschlagen, ja, sie sind verschlagen wie Kojoten, aber Klugheit findet man nur hier, im Strömen, in der Freiheit, in der Vereinigung unserer Herzen.

Durch das Laub jetzt und die langentbehrten Abenteuerwege hinab. Ich habe ihnen die Hand geleckt für einen Keks, für alles, was sie mir hinwarfen, doch jetzt – jetzt lecke ich den Waldbach, so kühl wie der Morgen und so klar.

Wenn ich Hunger habe, ich mache mir nichts daraus. Wenn ich sterbe, dann hier, in meinem Reich, den hohen, grünen Bergen, den tiefen, wogenden Tälern, unter dem einsamen Baum. Ich pisse, wo es mir gefällt, wir pissen in die Luft, wir rennen, wie wir wollen, ohne daß jemand mit einer Hundeleine wartet.

Eine Hundeleine!

Am Hals festgemacht! Wie schrecklich, was für eine unmögliche Beengung habe ich ertragen – aber nie, niemals wieder. Die Menschen lieben Leinen. Sie alle tragen welche, habe ich gelernt. Sie binden einander mit Leinen fest, fesseln sich gegenseitig.

Wir streifen durch die Zweige und werfen uns ins nasse Sumpfgras. Erschöpft ruhen wir uns dann aus, hier am Rande des Sumpfes, auf dem weichen Moos.

Als ich noch Sklave war, dachte ich irgendwie, daß die innigen, köstlichen Augenblicke, die ich gelegentlich erlebte, sowas wie ein Geschenk des Windes seien, das mir hin und wieder, doch nie für lange, gewährt wurde. Und dann blickte ich zu meinem Herrchen auf und leckte ihm verwirrt die Hand, weil ich meinte, er kenne alle diese innigen, köstlichen Geschenke des Tages, er habe Macht über sie, besitze sie allesamt.

Was für ein Dummkopf ich war.

Der Mensch besitzt keines! Das weiß ich genau; es ist unverkennbar klar. Seine Gewohnheiten durchschaue ich jetzt, wie langweilig und unausgefüllt er ist, wie er Erfüllung in mir suchte!

Hier liege ich, atme die herrlichen Gerüche des Waldes, und der innige, köstliche Augenblick ist für immer mein. Oh, wie klug die Wildhunde waren, daß sie das wußten und nie aufgaben.

Wir brauchen nichts vom Menschen.

Im Gegenteil, sie brauchen etwas von uns. Sie haben es verzweifelt nötig, diesen Weg entlangzulaufen, durch den Wald, mit der Nase am Boden. Aber sie werden es nie tun. Sie sind an eine Haustür gebunden, an den Vorgartenrasen gekettet.

Alle Hunde um mich her sehen es jetzt. Ihre dunklen Augen leuchten von unserer Erkenntnis, sie wedeln glücklich mit den Schwänzen. Der Spaniel rollt sich auf den Rücken, strampelt mit den Füßen in die Luft. Hier in der Wildnis, in der dichten, dunklen Wohnstatt des Hundes, kommt der Hund zu sich selbst, nachdem er so lange im Sessel geschlafen hat.

Diese aufsässigen Sendungen sind so entnervend, und ich sitze hier und versuche meinen allmonatlichen Bericht für den öffentlichen Gesundheitsdienst über unser Hochfrequenz-Hitzestrahlungs-Experiment in Käfig 7 zustande zu kriegen. Es gehört zu einer Reihe wichtiger Experimente, die man schon seit 1926 durchführt. Mit Hilfe einer stark leuchtenden Vakuumröhre haben wir bereits mehreren der eingesperrten Ratten das Fell weggesengt.

»Meine Pfoten ... völlig verbrannt ...«

»Ich kann nicht ... atmen ...«

Wie Sie selbst hören, stimmen die Ergebnisse genau mit denen überein, die wir die ganzen letzten achtundvierzig

Jahre erhalten haben (vgl. meinen Aufsatz »Über das Rösten von Ratten«, *Med. Ztschr.*, 1970). Nur durch so sorgfältige Vergleiche können wir sicherstellen, daß es auch nächstes Jahr ausreichende Subventionen geben wird. Meine Kollegen haben weder Zeit noch Mühen gescheut, und so werden sie usw. usw.... Ich weiß, wie man solche Berichte formuliert. Der geübte wissenschaftliche Autor versteht es, eine erschöpfende und völlig unverständliche Zusammenfassung seiner Erkenntnisse zu liefern. Niemand wird dem Hochgelehrten Professor widersprechen, weil niemand genau weiß, was er eigentlich tut oder warum. Es genügt, daß wir jeden Monat den Krebs und einen neuartigen Kunststoff erwähnen.

Mein Bericht wäre jedoch nicht vollständig, wenn ich das augenblickliche Mikrowellenherd-Experiment überginge. Da kommt ja endlich der Assistent mit einem Backblech voller kleiner Kätzchen. Wie niedlich sie sind mit ihren Pfötchen, die man mit Klebeband auf dem Backblech befestigt hat. Wie süß und reizend und bewegungsunfähig. Die Ofentür wird geöffnet, und jetzt werden, wie Sie sehen können, die Kätzchen bei vollem Bewußtsein in die heiße Röhre geschoben.

»175 Grad...«

Geben Sie acht, die Schwänze werden regelrecht brutzeln und zerplatzen.

»... vaginale Blutung...«

Verstanden, *vaginale Blutung*, ich stenographiere alles mit.

»Beachten Sie, wie die Extremitäten jetzt blau werden... Wir müßten interessante Gehirnzellschädigungen erhalten...«

Gehirnzellschädigungen, hab' ich.

»Sehr munter, finden Sie nicht auch?«

»Bei den Experimenten 1954 in der Yale Universität hat man nur normale Herde benutzt ... aber sie bewirkten trotzdem bemerkenswerte Zellschädigungen im Kleinhirn und in den Temporallappen ...«

Das sind so erfreuliche Anblicke, die zu sehen der Steuerzahler normalerweise keine Gelegenheit hat – zwei junge Wissenschaftler stehen vor dem Herd und backen ein Blech Kätzchen. Da gehen eure Steuern hin, liebe Mitbürger, als Beitrag zu einer besseren und dauerhaften usw. usw.

»... Universität Rochester ... 1969 ...«

»... Mikrowellenschäden im allgemeinen von Fieber nicht zu unterscheiden ...«

Na schön, ich denke, das sollte reichen, Jungs. Die Beamten vom öffentlichen Gesundheitsdienst werden von euren Gehirnzellschädigungen beeindruckt sein, und ich für meine Person sehe hocherfreut dieses ganze Backblech voller toter Kätzchen.

»KEINE WEITEREN TIERVERSUCHE!«

»Wir wollen unser Recht!«

Oh, du meine Güte, die aufrührerischen Ratten schreien aus ihren Käfigen! Wie unschicklich! Ich bin nur froh, daß unsere beiden jungen kätzchenbackenden Assistenten diese Intuitionssignale nicht empfangen können. Das würde sie in ihrer Konzentration stören, und sie haben jetzt wichtige Analysen an den toten Kätzchen vorzunehmen. Ich muß mir jetzt diese rowdyhaften Aufrührer vorknöpfen:

»Bitte, meine lieben Mitratten, eure Forderungen sind einfach unerhört. Haltet eure Schwänze mit einem Frottierhandtuch im Zaum, das entlang der Linie C-D gefaltet ist (Abb. 19), und steckt sie mit Sicherheitsnadeln fest (›Das Im-Zaum-Halten von Ratten‹, *Mag. Psych. Gen.*, 1965).«

Zum Glück steht für heute nur noch ein Experiment auf dem Plan. Lassen Sie mich mal sehen ... ja ... Kohlenmonoxyd ... sehr schön.

Treten Sie bitte hier rüber an den Glaskasten. Er hat genau die Größe für einen Beagle, stimmt's? Und hier kommt auch schon der dämliche Köter, seine Ohren schlackern, während er zu dem Kasten geführt wird. Ich mag Hunde wirklich sehr gern, wenn sie dort sind, wo sie hingehören.

Komm schon, Hundi, nur hier entlang. Mach dir keine Sorgen wegen dieses merkwürdigen Glaszimmers. Das ist bloß eine Duschkabine. Ja doch, wir verabreichen dir lediglich eine kleine Dusche und befreien dich von deinen Flöhen. Viele nette Beagles haben dieses Duschbad schon genommen, bist ein gutes Hundchen, nur hier durch die Tür.

Der Beagle ist nun in der Duschkabine sicher verwahrt. Und jetzt läßt der wissenschaftliche Assistent den kleinen Benzinmotor an, dessen Auspuffgase in den Glaskäfig geleitet werden. Der Beagle sieht sich ängstlich um, und nun zuckt seine lange Nase in der Luft, er riecht die Auspuffgase. Singt alle mit:

»Wie oft steht der Hundi am Fenster,
ihr kennt ihn am schlappigen Ohr ...«

Er kratzt am Glas und blickt zu uns heraus, Panik in den Augen. Die Assistenten, ich bin glücklich, das sagen zu können, bleiben ruhig und klinisch wachsam. Sie lassen sich von diesem Armesünderblick nicht hereinlegen, als der Beagle, außerstande, sich auf den Beinen zu halten, auf den Boden der Duschkabine sackt. Gefällt dir deine schöne Dusche, Hundi? Du wirst dich wegen deiner ekelhaften Flöhe nicht mehr kratzen müssen.

»Stoppen Sie die Zeit?«

»Ja, ich habe sie notiert.«

Sehr gut, meine Herren Studenten, die Zeit ist wesentlich. Nicht alle Hunde sterben auf genau die gleiche Weise in dieser Kammer. Einige sind widerstandsfähiger als andere. Wenn wir hinter die Unterschiede hinsichtlich der Widerstandsfähigkeit gegen die tödlichen Gase kommen könnten, gelänge uns eventuell auch die Herstellung einer besseren Schuhcreme für die Armee. Dazu sind natürlich noch sehr viel mehr Beagles erforderlich, aber wir haben sie, meine Freunde, und das Verteidigungsministerium stellt die notwendigen Mittel bereit. Ihr beiden Studenten könnt auf mindestens drei Jahre Forschung allein hier an den Duschen hoffen.

Der Hund kriecht matt in dem Glas herum, seine Augen sind glasig. Sehen Sie nur – er hat mit dem Schwanz gewedelt!

Aha, jetzt, da – ihm hängt die Zunge raus, und er fällt zur Seite. Ein letztes Zucken seines Hinterbeins, und – sein Duschbad ist beendet. Das hat nicht allzu lange gedauert, was? Was für ein netter, steifer Hundi.

Bringt ihn gleich zum Verbrennungsofen, Jungs. Wir brauchen ihn nicht zu sezieren. Die Zeit ist der entscheidende Faktor. Das reicht, wickelt ihn einfach in eine Zeitung. Der Universitätsverbrennungsofen ist groß genug, um mit ihm fertigzuwerden. Dieser potentielle Staatsfeind hat einen wichtigen wissenschaftlichen Teilbeweis geliefert, und bald wird er ein kleines Rauchwölkchen sein, das über das

Unigelände wegzieht. Seht ihr, ihr aufsässigen Tiere – der einzige Weg, wie ihr hier rauskommt, ist der Schornstein, haha!

Ein langer, schwerer Tag im Labor. Die Assistenten und der Hochgelehrte Professor ziehen ihre weißen Kittel aus und hängen sie in die Ecke. Keine Sorge, meine Herren, der treue Dr. Ratte wird während der Nacht für Sie das Labor bewachen. Ich lasse diesen Rebellen schon keinen Schwindel durchgehen.

Bis morgen.

Licht aus, Tür zu, *klick*.

Ich werde jetzt wohl mal zu dem Bücherregal rübergehen und ein bißchen was Leichtes knuspern. Ein Hochgelehrter Irrer Doktor muß sich über die neueste Literatur zum Thema, wer wen in den Wahnsinn getrieben hat und wie, auf dem Laufenden halten.

Was huscht da für ein Schatten am Regal lang?

Eine entwischte Aufrührerratte! Sie rennt auf das Laborradio zu, wickelt ihren Schwanz um den Knopf und schaltet es ein.

»... die Behörden sind weiter besorgt über die wachsende Zahl von Hunden, die sich in den Außenbezirken der Stadt zusammengerottet haben. Unbestätigten Berichten aus anderen Teilen des Landes zufolge handelt es sich möglicherweise um ein weit verbreitetes Phänomen. Staatliche und örtliche Polizeidienststellen befinden sich in Alarmbereitschaft wegen Scharen von ...«

Ich schlief in der Höhle der Ahnen. Ich lag im geheimen Bau verborgen. Ich erhob mich und verließ meine Höhle, denn ich wurde im Schlaf gestört. Und der Wind trug mich. Ich wehte über das Land hin und sammelte die verstreuten Glieder meines Leibes. Nun bin ich Er mit der Million Augen. Nun habe ich viele Zähne und viele Schwänze. Nun lauft, Hunde, lauft! Lauft mit mir zur Blutstadt, wo sich der Tod im langsamen Todestanz dreht!

Ich bin ein brüllender Fluß, ein reißender Strom von ungestümer Kraft. Ich bin der Urhund, Er mit einer Million Schwänzen. Durch die Wiesen renne ich und durch die Zickzackpfade des Waldes. Bis zur Blutstadt ist es nicht weit. Ich kenne den Weg, denn ihr Geruch hat mich lange im Schlaf gestört, und ihre Schreie haben meine Träume zerrissen.

Ihr Geschrei hat mich geweckt. Mit Verwunderung sah ich, daß der Mensch sie wegen ihres Fleisches aufzog, hütete und quälte, einsperrte und zu Krüppeln schlug. Sie schreien vom Augenblick ihrer Geburt bis zur Stunde ihres Todes, und ihr Geschrei hat mich geweckt. Es kann so nicht weitergehen. Das Gesetz ist übertreten worden. Wir alle sind eine einzige Kreatur, nur der Mensch weigert sich, sich in unseren Augen wiederzuerkennen. Ich, der Herr der Tiere, erhebe Einspruch!

Ich habe die Gestalt des Hundes angenommen, des Freundes des Menschen. Ich bin der Beagle und der Dobermann, der Spaniel und der Terrier, der Collie und der Setter, der Windhund und der Wildhund, der streunende Hund und der alte Hund, der verstümmelte und der kluge Hund, der ängstliche und der böse Hund. Ich laufe bis an den Rand der Blutstadt.

Ich bin der Schatten auf dem Berg. Meine Million roter Augen starren herab.

Was für ein Haufen Hundescheiße das doch ist, meine Mitratten! Laßt euch von diesem bruchstückhaften Größenwahn ja nicht provozieren...«

Es ist dieser verdammte Hund in der Klemmschraube. Sehen Sie das gräßliche Bild, das er auf der Intuitionsfrequenz aussendet? »Mach schon, geh in dein Körbchen, du Pinkelpott von einem Spitz!«

Zum Glück haben diese intuitiven Signale keine reale Grundlage. Sie sind zusammenhanglose, einschläfernde Phantasiegebilde: ein paar streunende Köter haben sich vielleicht zusammengerottet und machen irgendwo in einer Gasse eine Menge Lärm, und diese Rebellen versuchen, ihn zu etwas Großem und Bedeutendem hochzustilisieren.

Aber ein Hochgelehrter Irrer Doktor läßt sich nicht so leicht reinlegen. Denken Sie an die Memoiren von Michael Mus Musculus, die verrückte Maus, die glaubte, sie habe die Welt aus ihren Kötteln erschaffen.

Überhören wir also die Paranoiker, schlüpfen einfach aus dem Labyrinthgang D und gehen hier entlang zur Laborbibliothek. Ringel den Schwanz ein und setze die Lektüre dieses Untersuchungsberichts der Johns-Hopkins-Universität fort. Wertvolles, authentisches Material, nicht irgendwelche pekinesischen Hirngespinste. Also, Johns Hopkins, laß uns hören, was deine Studenten gemacht haben:

Wir haben ihnen Schwänze, Füße und Ohren zusammengequetscht. Wir haben sie an ihrer losen Rückenhaut hochgenommen und geschüttelt. Wir haben sie geschlagen und ihre Reaktionen auf das Eingesperrtsein festgestellt ... sie wurden recht starken und langanhaltenden schmerzhaften Reizen ausgesetzt ... Prozeduren, wie sie mit dem Druckgeschwür am Rücken auf dem Tierversuchstisch festzubinden, sie an der losen Rückenhaut hochzunehmen und heftig zu schütteln, sie zu schlagen oder ihren Schwanz so fest wie möglich zwischen Daumen und Zeigefinger zusammenzuquetschen, lockten nur wenige klagende Miaus hervor. Als ihr Schwanz zwischen die Backen einer großen chirurgischen Klemme gesteckt und genügend zusammengepreßt wurde, um eine Quetschung hervorzurufen, schrie sie laut und versuchte zu fliehen ... während der 139 Tage, die sie überlebte, wurde sie alle zwei bis drei Tage verschiedenen schmerzhaften Reizen ausgesetzt ... bei einer dieser Gelegenheiten wurde ihr rasierter und angefeuchteter Schwanz über die Nervenstränge durch Elektroden stimuliert, die mit dem Sekundärkreis eines Harvard-Induktors verbunden waren, dessen Primärkreis eine Spannung von 4,5 Volt hatte. Als die Induktionsspule des Sekundärkreises auf 13 war, miaute sie; bei 11 schrie sie laut ... am Ende der 5-Sekunden-Stimulierung mit dem Sekundärkreis auf 5 schrie sie laut und fauchte zweimal. Die letzte dieser Stimulierungen führte zu einer elektrischen Verbrennung dritten Grades am Schwanz.

Brillant! Was man mit einer Katze Intelligentes machen kann! Diese Johns-Hopkins-Jungs sind dem Feld weit voraus. Ich muß dieses Material meinem Hochgelehrten Professor zeigen und ...

Ihr Heiligen Hopsenden Hornkröten (Gattung *Phrynosoma*)! Was ist denn bloß mit all unseren Laufrädern los? Sie summen und brummen laut. Die rebellischen Ratten sind auf den Rädern und drehen sie wütend im Kreise. Was für ein hingebungsvolles Training: die Zyklometer klicken wie verrückt und ... eine merkwürdige elektrische Schwingung dringt aus der Mitte dieser wirbelnden Räder hervor!

Strahlende Farben steigen aus dem kreiselnden Strudel empor! Mein Lebtag habe ich sowas noch nicht gesehen. Räder, die sich drehen und verschwimmen, und kreisrunde, bunte Blasen, die daraus hervorschweben. Die Räder drehen sich noch schneller, die Blasen werden größer, und in ihnen –

Oh nein!

Es ist eine Rebellensendung! Sie haben sich ein neues Intuitionssignal ausgedacht. Herrlicher Farbempfang in jeder einzelnen Blase, komplett mit Stereoton!

Das Bild wird klarer und immer kräftiger – was zum Teufel geht hier vor?

Ich sehe zwei Hörner und Hufe. Die Intuitionskamera fährt zu einer weiten Totalen zurück. Hunderte von Hörnern und Hufen!

Ängstlich wartend stehen wir da. Irgend etwas stimmt sicher nicht. Über mir höre ich eine Krähe schreien, und ein leichter Geruch von verwesendem Fleisch hängt in der Luft. Wir sind die ganze Nacht dicht aneinandergepreßt in rumpelnden Waggons unterwegs gewesen. Nun stehen die Waggons still, und die Türen gehen auf. Das Licht stürzt auf uns ein, verschwindet aber rasch wieder, als wir in einen dunklen Schuppen getrieben werden, wobei unsere Bewegung durch einen langen engen Gang begrenzt wird, durch den wir, einer hinter dem anderen, vorwärtstrotten und unser langes, tiefes, maulfaules Muh rufen.

Irgendwo weiter vorn hört man Menschenstimmen und den Lärm schwerer Maschinen, wie er manchmal im Frühling in der Nähe unserer Weiden zu hören ist. Wir grasten auf den Weiden. Unsere Herde war etwas Wunderbares. Nun stehen wir in diesem engen Gang. Unsere Augen sind gerötet, unsere Beine schwach, die Mägen nervös. Ich kann den warmen Duft unserer Herde immer noch riechen, wie auf den Weiden im Sommer. Aber da ist noch ein anderer Geruch, aufdringlich und unangenehm.

Langsam bewegen wir uns vorwärts. Unsere Hufe dröhnen auf dem Laufgang, und die Luft ist erfüllt von unserem dumpfen Muhen. Ein Knall peitscht herüber und schmerzt in meinen Ohren, aber wir werden vorwärts getrieben, und ich kann in dieses Gebäude hinuntersehen. Die Maschinen sind laut, und dunkelrote Gebilde hängen von der Decke und bewegen sich schaukelnd weiter. Jetzt kann ich sie deutlicher sehen, ich–

MUTTER! HILF MIR, MUTTER!

Meine Brüder hängen da mit aufgeschlitzten Bäuchen und abgeschnittenen Köpfen! Ich rieche ihr klaffendes Fleisch; ich sehe ihre leblosen Hufe. Und an einem Eisenhaken sehe ich alle ihre Zungen, herausgeschnitten und auf das spitze Metall gespießt, durch die Zungenwurzel gespießt hängen sie da, stumm und blutend!

Die Köpfe liegen aufgereiht am Boden! Ein junger Mann schneidet mit seinem Messer das zarte Fleisch der Wangen ab. Nun stößt er die Köpfe mit einem Fußtritt durch ein Loch im Boden!

Ich stolpere vorwärts. Angst durchrinnt mich, und meine Angst strömt zurück auf die übrige Herde. Wie schön war es zusammen mit ihnen, wenn ich in der feuchten Nachtluft gegen sie streifte. Das hier muß ein Traum sein.

Leiber ohne Kopf schaukeln an gewaltigen Ketten vorüber. *ICH MUSS HIER RAUS! HILFE! HELFT MIR!*

Aber ich kann mich nicht rühren, mein Herz schlägt wild. Ich fühle mich elend, alles in mir wehrt sich, meine Eingeweide rebellieren, meine Kehle ist trocken und zusammengeschnürt. Der Knall peitscht auf, und der Bruder vor mir trottet vorwärts. Ich muß ihm folgen, denn man treibt mich von hinten an.

An einem Haken sehe ich Herzen, durchbohrt hängen sie da, Herzen, die dennoch zu mir sprechen und Bruder, Bruder, Bruder schreien.

Und am Boden sehe ich Blut, einen Fluß aus Blut, und weißgekleidete Männer, bedeckt von Blut, dem Leben unserer Herde. Die Männer reden unbeteiligt miteinander, als geschähe nichts Besonderes. Nachts sangen sie manchmal bei unserer Herde, und das klang so wohltuend.

Wieder der Knall!

Ich stolpere vorwärts. Ich fühle mich wie ein Kälbchen, meine Beine sind wacklig, so wacklig, daß ich kaum laufen kann. Nicht weit von mir entfernt steht ein Mann. Er hält dem Bruder vor mir etwas gegen den Kopf.

Der Knall, dieser grauenhafte Knall!

Mein Bruder stöhnt und fällt um. Der Boden öffnet sich vor meinen Augen, und er rutscht hinunter, stürzt in den Fluß aus Blut. Der Boden schließt sich wieder. Ich bin dran!

Ich werde von hinten geschoben. Ich bin an der Reihe. Ich sehe die Männer mit flehenden Blicken an. Sie lachen miteinander, reden leise und beachten mich kaum. Vielleicht, wenn ich hier ruhig stehenbleibe und ihnen zuhöre ...

... er legt mir die Hand gegen den Kopf und redet weiter mit dem anderen Mann.

Lautes Gebell ist draußen zu hören, ein langes, wildes Heulen. Der Mann dreht sich um. Das Heulen wird lauter. Licht bricht plötzlich in dieses dunkle, kalte Haus ein. Ein Hund rennt durch den Raum, knurrt böse. Ihm folgen andere Hunde, viele andere Hunde. Sie schnappen und beißen nach den Herzen, die wie Früchte an einem Baum hängen. Ich stampfe mit den Hufen. Wir stampfen mit den Hufen. Die Männer flüchten vor den angreifenden Hunden. Die Augen der Hunde sind wutglühend, ihre Stimmen überanstrengt und wie von Sinnen. Wir schlagen aus. Wir senken die Hörner und rennen gegen die Barrikaden. Niemand kann uns mehr aufhalten. Die Hunde rufen, sie drängen uns, ihnen zu folgen. Unser großer Leitbulle durchbricht die Barriere, zertrümmert sie, Splitter fliegen von seinen Hörnern herab. Wir folgen ihm, hinaus aus dem Haus des Todes, hinaus in die Nacht. Lauft, ihre Stiere, lauft!

Wir springen über die Zäune, die uns aufhalten sollten. Wie kümmerlich doch solche Zäune sind. Über sie hinwegtrampelnd entfliehen wir, wir spüren unsere Kraft, das Aufbrausen unserer ganzen Stärke. Wir rasen die Straßen entlang. Meine Hufe dröhnen auf dem Pflaster.

Wir folgen dem Leitbullen, seine Muskeln zucken und rollen, wenn er sich umblickt, uns führt. Wir brüllen und drängen uns seitwärts, folgen seinem gewaltigen Höcker – hinein in berstende Lichter, in Lichtexplosionen!

Trampelt sie nieder und befreit euch! Wir drehen uns, umringt von glühendem Licht, das uns blendet. Wir wirbeln im Kreise, vom Feuer gehalten, vom Licht geblendet. Lauft, ihr Stiere, lauft!

Mitratten, bitte, wenn ihr irgendwelche berechtigten Klagen habt, schreibt sie auf und reicht sie mir in dreifacher Ausfertigung beim Mitteilungsblatt ein.«

»WIR WOLLEN UNSER RECHT!«

»Mitratten, euch schützt das Staatsgesetz 89-544 des neunundachtzigsten Kongresses der Vereinigten Staaten; ich zitiere wie folgt: *›Der Fachminister wird Richtlinien erlassen und öffentlich bekanntgeben, die die humane Behandlung, Pflege, Haltung und Beförderung von Tieren durch Händler und Forschungseinrichtungen regeln.‹* Versteht ihr? Euch schützen die großartigen Gesetze dieser herrlichen Vereinigten Staaten.«

»Sie haben mir heute die Augen mit einem Löffel ausgestochen.«

»Um einen wissenschaftlichen Sachverhalt deutlicher zu erkennen, mein Freund. Es war unbedingt erforderlich.«

»Sie haben mir übers ganze Gesicht einen schrecklichen Schorf wachsen lassen. Er brennt!«

»Mein Bauch!«

»Mein Rückgrat!«

»Meine lieben Mitratten, ihr habt Absatz 13 des oben erwähnten Gesetzes schlicht mißverstanden; ich zitiere: *›Das Vorstehende soll nicht bedeuten, daß der Fachminister befugt* *ist, während laufender Untersuchungen oder Experimente durch ein Forschungsinstitut andere Richtlinien zur Behandlung, Pflege und Haltung von Tieren vorzuschreiben als vom betreffenden Forschungsinstitut festgelegt wurden.*‹ Jetzt habt ihr's kapiert, oder? Sobald ihr hier im Labor seid, gestattet das Gesetz unseren Hochgelehrten Professoren, alles mit euch zu machen, wonach ihnen gerade der Sinn steht. Es ist ein Gesetz mit Stacheln, wie ich zu meiner Freude sagen kann.«

»Steck dir das Gesetz in den Arsch, Doc. Wir wollen eine humane Gesetzgebung. *KEINE TIERVERSUCHE!*«

»Human, human, immer reitet ihr auf diesem ›human‹ rum. Meine Mitratten, wißt ihr, wie die amerikanische Ärztevereinigung Leute nennt, die ständig auf diesem Wort ›human‹ rumreiten? *Humaniaks!* Ja, genau das seid ihr – ignorante Humaniaks!«

Die Aufrührer nehmen keine Notiz von mir und setzen wieder ihre Laufräder in Bewegung. Die Räder verschwimmen, summen, und wieder steigen die Intuitionssignale aus den wirbelnden Tiefen auf. Ich muß diese Rebellensendungen blockieren.

Wenn ich zum Laborfernseher hinüberhusche, kriege ich vielleicht ein nettes, harmloses Programm rein, das diese Revoluzzerratten ein bißchen ablenkt. Vielleicht ein Fitnessprogramm an einem Swimmingpool im sonnigen Kalifornien.

Ich schalte ihn mit meinem Schwanz ein und warte, daß er warm wird. Ja, ein paar tiefe Kniebeugen wären genau das Richtige, und ein paar Hampelmannsprünge, damit die Taille schlanker wird, und alles zu sanfter Musik. Da haben wir den Ton...

»... Achtung! Achtung! Eine große Meute wilder Hunde fiel vor einer Stunde in den Schlachthof ein, schwärmte über die Laderampen und löste eine Massenflucht von Rindern aus, die für die Schlachtpferche bestimmt waren. Alle Kraftfahrer werden gebeten, dieses Gebiet zu meiden. Jedes Zuschauen soll äußerst gefährlich sein. Ich wiederhole: Eine große Meute ...«

Herr du mein Enterich (Familie *Anatidae*)! Ich muß schnell auf ein anderes Programm umschalten ...

»Nimm die Pfoten weg, Doc!«

»Tut mir leid, Jungs, aber ...«

»Packt den Doktor! Tretet ihn in den Arsch!«

Ich sehe, es ist wahrscheinlich klüger, mich vom Fernseher zurückzuziehen. Die Rebellen haben damit begonnen, sich gegenseitig aus den Käfigen zu befreien, und ich gerate rasch ins Hintertreffen. Na schön, ich weiche, aber nur vorübergehend, meine Freunde. Dr. Ratte läßt nicht mit sich spaßen.

»Nehmen Sie alle Leute von Abschnitt 8 und riegeln Sie diese Straßen ab ...«

Im Fernsehen ist ein ganz ungewöhnliches Bild zu sehen: Polizeiwagen fahren auf flüchtende Rinder und heulende Hunde zu. Einen Moment lang schaukelt die Kamera beängstigend, ein Stier stürmt auf uns zu, und dann ist das Bild plötzlich weg.

»Hier spricht Barry Nathan. Wir schalten jetzt um auf ...«

»Wo bleibt denn der Hundefänger!«

»Setz dich, Doc, und halte die Schnauze.«

»Ja, runter da vorne ... reicht mir mal bitte das Rattenfutter.«

Irgendwas muß ich mir mit diesem Fernsehapparat einfallen lassen. Die Nachrichten sind viel zu brisant, und die Rebellenratten rennen aufgeregt herum und machen alle Käfige auf. Meine Maßnahme muß verwegen sein und rasch erfolgen.

Genau unter mir, im Schatten, steht die Waage mit ihren zwei Waagschalen, auf deren einer ein Bleigewicht liegt. Normalerweise benutzen wir diese Waage zum Wiegen neugeborener Ratten oder von Ratten, die auf eine spezielle Mangelkost gesetzt sind, aber Dr. Ratte wird sie heute abend zu etwas Dramatischerem benutzen!

Der Winkel der Flugbahn scheint zu stimmen. Ich springe!

Ich sause durch die Luft nach unten, ein Gegenspionagekommando, das unbemerkt hinter den feindlichen Linien landet – auf der Waage, wodurch eine Waagschale nach unten und die andere nach oben schnellt und das Bleigewicht durch die Luft in Richtung Fernseher geschleudert wird.

Ich mache mich platt, während das Gewicht die Mattscheibe trifft und zertrümmert. Glas fliegt durch die ganze Gegend! Vielleicht wissen diese Aufrührer jetzt, mit wem sie es zu tun haben – mit dem tatkräftigen Dr. Ratte!

Doch wie hell die Laufräder schon wieder sind. Und der Hund dreht seine Tretmühle mit einer geradezu wahnsinnigen Geschwindigkeit, er rennt, was seine Kräfte hergeben. Licht strömt aus den Tretmühlen und Laufrädern. Die Atmosphäre ist unglaublich elektrisiert. So etwas Gewaltiges habe ich seit meiner letzten subletalen Dosis Insulin nicht mehr erlebt (vgl. meinen Aufsatz »Tödliche Durchschnittsdosen für Ratten«, *Ztschr. f. Pharm.*, 1971). Ich hätte Lust, jetzt ungefähr fünfzig von diesen rebellischen Ratten zu nehmen und ihnen eine tödliche Höchstdosis Strychnin in ihrem

Preßkeks zu verabreichen. Das würde auf der Stelle dafür sorgen, daß sie die Schnauze halten!

Doch wie hell die Laufräder sind, die jetzt mit angsterregender Helligkeit leuchten. Die Ratten rasen herum und öffnen einen Durchgang in der Intuitionsfrequenz, und unser Labor ist mit sich ausbreitenden Lichtpunkten angefüllt, Licht verschmilzt mit Licht, Rad verschmilzt mit Rad. Der ganze Raum erstrahlt in kreisendem Licht, und ich sehe aus dem Wirbel ein Gesicht auftauchen!

Ich wurde in diesem großen Raum geboren. Nie habe ich ihn verlassen. Von beiden Enden des Raumes her weht künstlicher Wind. Über unseren Köpfen brennen grelle Lichter. Ich frage mich, was jenseits dieses Raumes ist.

Unsere Leiber sind weiß und fett. Uns fehlt Bewegung. Ich laufe nie weiter als die Länge meiner kleinen Zelle. Die Tage sind so eintönig, und mein Dasein ist so sinnlos – oft habe ich das Gefühl, daß ich überhaupt nicht existiere, daß ich bloß ein Traum bin.

Der große Raum ist in diese niedrigen Zellen unterteilt. Jeder von uns bewohnt eine; von den anderen Insassen sind wir durch eine Bretterwand getrennt, über die hinweg wir unsere Nachbarn kaum sehen können. Wenn jemand versucht, in meine Zelle einzudringen, bringe ich ihn um. Hier heißt das Gesetz: Bewache deine Zelle und laß niemanden herein. Es gibt keine Freundschaft. Unsere Zelle ist unser Leben; wir verteidigen sie mit unserem Leben.

»Na los, du da! Komm raus!«

Der Wärter kommt mich holen und treibt mich mit Geschrei und Fußtritten aus meiner Zelle. Ich versuche zu laufen, aber sich zu bewegen ist schwer: meine Muskeln sind schwach. Er treibt mich zu dem kalten Weibchen.

Ich war schon ein paarmal mit ihr zusammen. Sie hat keine Wärme; sie riecht wie ein Weibchen. Nie sehe ich sie ganz. Ich sehe nur ihr Hinterteil.

»Los, rein da. Mach schon, zeig's ihr!«

Ich rieche ein Weibchen. Wo ist ihr Leben? Sie steht regungslos da, sie erwartet mich. Ich besteige sie.

Du bist kalt. Du sprichst nie. Ich liebe dich. Ich liebe dich, hier in diesem Raum. Ich liebe dich, obwohl du stumm wie der Tod bist. Sie beobachten mich genau. Ich grunze und klammere mich an deinen kalten Körper. Ich habe gelernt, das zu tun, in dich einzudringen. Ich dringe in deinen Leib ein, rutsche ab, falle hin, stehe wieder auf und dringe von neuem in dich ein. Ich hänge plump an dir, schnaufend, angestrengt, erregt. Sie verhöhnen mich, während ich mich bemühe, dich zu füllen. Es steigt in mir auf. Es steigt bis ganz oben, es fließt aus mir heraus. Ich lasse es in dir. Ich liebe dich, so kalt und still du bist.

»In Ordnung, Marsch!«

Er schlägt mich und treibt mich von dir fort. Unsere Begegnungen sind immer so wie diese – kurz und stumm. Manchmal träume ich von dir, von deinem stillen, vor mir verborgenen Körper.

Ich kehre in meine Zelle zurück. Man hat mir Futter hingestellt, und ich schlinge es runter. Ich esse ständig. Ich habe nicht anderes zu tun. Ich bin so fett geworden, daß ich kaum noch stehen kann.

Wer bin ich?

Wenn ich aus diesem Raum heraus könnte, würde ich vielleicht etwas erfahren. Einmal habe ich gesehen, wie viele der älteren Insassen den Raum verließen, und sie sind nie wiedergekommen. Haben sie etwas erfahren?

Wo sind sie jetzt?

Es gibt so vieles, was ich nicht weiß. Warum führen sie mich zu dem kalten Weibchen? Gehört das zu ihrem großen Wissen?

Sie müssen sehr viel wissen, denn sie können den Raum verlassen.

Ich fühle, daß mein Leben hier nicht von Dauer ist; ich glaube fest, daß auch ich eines Tages den Raum verlassen werde.

Ich starre in die Ecke meiner Zelle. Dort sind Stroh und Wasser. Die Stimmen der anderen Insassen schwirren durch die Luft, aber keiner weiß eine Antwort. Keiner von ihnen kennt das Geheimnis dieses Raumes – wie er entstanden ist, warum wir hier geboren wurden und wohin wir gehen.

Ich muß geschlafen haben. Ich schlafe sehr viel und esse eine Menge. Die Insassen flüstern und grunzen über irgend etwas. Manchmal hat einer von uns einen Alptraum oder einen unbedeutenden Gedanken, der völlig neu zu sein scheint. Er macht schnell die Runde durch alle Zellen und gerät dann in Vergessenheit. Wer von uns könnte je mit Gewißheit sagen: Ich weiß, was draußen ist; ich weiß, was uns erwartet?

Trotzdem lauschen wir diesem neuesten Traum. Einer der Insassen hat eine verrückte Vision gehabt. Mein Nachbar grunzt mir ihren Inhalt durch die Wände seiner Zelle herüber. Er wagt nicht, mir allzu nahe zu kommen oder zu mir herüberzugucken, denn er weiß, ich schlage ihn mit all meiner schwerfälligen Kraft, wenn er das tut.

»Jemand hat ein Gelübde abgelegt.«

»Ein Gelübde?«

»Ein mächtiges Wesen hat ein Gelübde abgelegt. Es hat geschworen, uns zu retten.«

»Wer ist das?«

»Ich fühle es in meinem innersten Nerv. Seine Kraft ist groß. Es ist eine grimmig geballte Kraft.«

Viele Bilder überfallen mich, Erinnerungen, die mein heiligster Besitz sind: ein kleiner, grüner Rasenfleck und ein Stück eines gewundenen Pfades. Das habe ich einmal gesehen, als das große Tor aufschwang. Und ich habe sie eben noch einmal gesehen, im Geiste. Denn das würde die Erlösung für mich bedeuten – das grüne Gras und ein kleiner Weg, von warmem, freundlichem Licht beschienen.

Aber die Erlösung ist bloß die verrückte Vision eines unserer Insassen. Es hat hier schon viele merkwürdige Träume gegeben. Sie kommen und gehen, aber der künstliche Wind bleibt. Er bläst bald alle Träume, alle Visionen, alle Erlösungen fort.

»Los! Raus hier!«

Die Wärter! Das Tor!

Jeder setzt sich in Bewegung. Wir werden alle in Bewegung gesetzt. Mit weichen Knien stolpern wir los. Watschelnd und fallend laufe ich auf das Tor zu. Dort ist das Gras! Dort ist der kleine gewundene Pfad! Ist die Erlösung wirklich da?

Also, das ist der Tag! Der Tag, das flutende Licht, der kleine gewundene Pfad. Mein Herz hüpft – schau nur, wie weit man sehen kann. Sieh nur das ferne Grün!

Weit! Gewaltig! Unglaublich – die Welt ist so groß wie hundert Räume! In der Luft hängt ein großes strahlendes Licht. Was für ein Raum das ist!

»Das Gelübde ist erfüllt worden!«

»Wir sind frei!«

»Schaut doch nur! Wie viel wir sehen!«

Wir gehen den kleinen gewundenen Pfad entlang. Der Pfad ist weich und wunderbar anzusehen. Das Gehen ist schwer, aber trotzdem, trotzdem …

»Weiter! Los, rauf da!«

Der Pfad ist zu Ende. Eine Rampe liegt vor mir, die in einen anderen Raum führt, einen kleinen dunklen Raum. Nein!

»Los, rein!«

Sie stoßen und treiben uns die Rampe hinauf in den kleinen dunklen Raum. Unsere Leiber werden im Nu zusammengepreßt. Unsere Herzen schlagen eines gegen das andere. Die Türen knallen zu. Der Raum beginnt zu rumpeln und zu wackeln. Wir fallen gegen einander oder wir fliegen gegen die Wände. Mir ist bereits schlecht; ich schnappe nach Luft.

Habe ich geschlafen? Bin ich nun wach oder träume ich? Wir sind alle zusammen in dem dunklen, rumpenden Raum gefangen. Die Welt ist unerträglich seltsam. Ich begreife nichts von ihr. Der Pfad war so schön, und schon ist er weg. Dieser dunkle Raum ist grauenhaft. Ich stehe auf dem Gesicht von jemandem. Ich glaube, er ist tot. Was bedeutet das? Die

Welt ist ein Chaos; nichts ist gewiß. Warum bin ich geboren worden? Bin ich ein Sklave? Habe ich irgendein Verbrechen begangen, an das ich mich nicht erinnern kann?

Bin ich real? Existiere ich überhaupt?

Ja, ja! Ich existiere. Ich bin eine Art Wesen – fett, schwer atmend, zutiefst unwissend –

Ich bin ich!

Aber was ist das, ich zu sein, dieser Fettkloß in den Hallen der Finsternis? Wer kann mir in meiner Not Antwort geben? Ich habe entsetzliche Angst! Ich gucke durch die Ritzen dieses rumpelnden Raumes. Ich höre das Rumpeln und ich höre die Schreie von denen, die mit mir hier drinnen festsitzen.

Ich bin ein bestimmtes Ding im Dunkeln; ja, das stimmt, ich bin ein bestimmtes Ding im Dunkeln – angsterfüllt und fett. Das darf ich nicht aus den Augen verlieren. Das ist mein kostbares Ich.

Chaos, Chaos. Helft mir!

Was ist mit den anderen? Sind sie reale Wesen wie ich? Wissen sie, daß sie existieren? Ich höre ihre Schreie; ich fühle ihre Herzen. Sie sind in jeder Hinsicht wie ich – Augen, Ohren, Nase, Mund. Ich glaube, auch sie kennen sich selbst.

Sie leiden genauso wie ich. Die einzige von uns, die heute nicht mitgekommen ist, ist das kalte Weibchen. Sie ist dort geblieben. Ich weiß nicht, ob sie sich ihrer bewußt ist. Ich denke, sie besitzt vielleicht keine reale Existenz. Nie habe ich ihre Gedanken oder ihr pochendes Herz gefühlt.

Aber ich fühle alles von euch! Ich fühle euch mit mir hier zusammen! Wir existieren!

Nicht wahr?

Blut tröpfelt aus meiner Nase. Es sprudelt aus meiner Kehle hoch. Meine Eingeweide sind völlig durcheinander und in Aufruhr. Wenn ich nicht wirklich wäre, wenn ich so etwas wie ein gefühlloses, mechanisches Wesen wäre, dann würde mein Blut jetzt nicht so schmerzhaft brodeln. Ich fühle Schmerz. Ich weiß, daß ich leide.

Also muß ich wirklich sein!

Ich suche diese Sicherheiten, immer und immer wieder, während der Raum rumpelt. Ich möchte, daß meine Realität zweifelsfrei feststeht. Ins Sein geworfen, weiß ich, daß ich lebe.

Wollen die Wärter mich in etwas unterrichten? Ist das der Sinn dieses rumpelnden Raumes? Macht er mir ein für allemal deutlich, daß ich real bin?

Sind die Wärter meine heimlichen Wohltäter?

Mein Leben rotiert wie verrückt. Ich kauere mich in der Dunkelheit zusammen, indem ich mich in der Ichheit meines Ichs zusammenkauere. Ich schmiege mich gegen andere Leiber, indem ich mich an mich selber schmiege. Es gibt den Boden; es gibt die Ritzen.

Es gibt die anderen Gesichter. Ich weiß das. Der Raum rumpelt.

Es gibt ein lebendiges Wesen, es gibt ein lebendiges Wesen, unleugbar ein lebendiges Wesen. Es ist hier, in der Dunkelheit, es ist hier, ich bin es. Unleugbar ich. Ich stehe in der rumpelnden Finsternis, unleugbar ein lebendiges Wesen. Mein Atem. Mein Bauch, der sich hebt und senkt.

Kann das irgend jemand leugnen?

Niemand leugnet es.

Man kann es nicht leugnen. Ich bin in einem rumpelnden Raum. Und das Rumpeln ist weniger heftig geworden.

Das Rumpeln hat aufgehört.

Ich habe etwas gelernt. Ich existiere, ohne jede Frage. Der rumpelnde Raum hat mich das gelehrt. Die Wärter sind also meine Wohltäter. Die Bedingung unseres Daseins ist deutlich diese: Wir müssen lernen, daß wir leben.

Sehr gut, ich weiß es jetzt. Der rumpelnde Raum, obwohl er mich hat bluten lassen und andere hat sterben lassen, hat mich gelehrt, daß ich ein Individuum bin. Das ist eine wichtige Lektion.

Die Türen gehen auf.

Das Licht! Darf ich mich jetzt an ihm erfreuen? Nun, da ich zuverlässig in Erfahrung gebracht habe, daß ich existiere – darf ich mich da meines neuen Bewußtseins erfreuen?

Sie stoßen uns, sie ziehen uns, sie treiben uns die Rampe hinunter. Für einen Augenblick gehört das Licht mir – und ist verschwunden!

Wir sind in einem anderen Raum. Er rumpelt nicht. Ich rieche ein Durcheinander von Gerüchen. Sie treiben uns vorwärts, wir stoßen gegen einander. Über die Fallenden wird hinweggetrampelt; wir laufen über ihre zuckenden Körper.

Viele Lichter, viele Schatten. Lange schmale Gänge. Hingestreutes Stroh.

Ein Wärter tritt an mich heran, packt mich am Ohr und durchbohrt es!

Und nun baumelt neben meinem Auge eine rote Plakette, sie schaukelt beim Gehen hin und her. Mein Ohr tut weh, aber ich habe eine Plakette. So bin ich hervorgehoben. Die Beweise meiner Individualität nehmen zu. Die Wärter versuchen nicht, mich zu ignorieren; nein, sie markieren mich mit einer Plakette. Ich sehe sie von meinem Ohr herabbaumeln.

Ich höre das Geräusch rinnenden Wassers. Sollen wir gebadet werden?

Vielleicht wollen sie uns säubern und zu guter Letzt dem Herrscher aller Räume vorführen. Denn ich fühle, daß es so etwas wie einen großen Aufseher geben muß, der mich leitet, der mir eine Plakette anheftet, der möchte, daß ich sauber bin. Es steckt ein Ziel hinter all dem.

Ein Ziel ist etwas, was ich nie gehabt habe. Die geheimnisvollen Wärter haben es. Sie haben es heute. Es ist ihre Macht.

Niemand von uns hat irgendein Ziel. Wir essen, wir schlafen, wir lieben das kalte Weibchen. Mein ganzes Ziel könnte es sein, den lieben langen Tag einfach auf dem kleinen gewundenen Pfad zu stehen und das Gras und den Himmel zu betrachten. Mehr brauchte ich nicht.

Aber ich höre die Geräusche mechanischer Dinge. Ich fühle das schwer durchschaubare Ziel der Wärter. Sie treiben uns wieder weiter. Hölzerne Rampen und Lichter. Der Geruch von Blut. Viele von uns müssen in dem rumpelnden Raum geblutet haben.

Wir biegen um eine Ecke. Der Wärter beugt sich herüber. Ja, ich bin wirklich. Du hast mir zu essen und eine Plakette gegeben. Du ... du schlingst mir eine Kette ums Bein. Ich fühle es. Ich bin ich. Ist das meine Lektion? Ich füge mich deiner Lehre. Ich würde gern das große Ziel von all dem erfahren; ich fürchte mich, aber ich existiere, und das ist das Wesentliche. Ich existiere und weiß es.

Plötzlich hänge ich mit dem Kopf nach unten! Ein Bein in

der Luft! Mein Fett zerrt an der Kette. Irgendwo ist etwas an mir geplatzt...

Irgendwo in mir geplatzt. Ich hänge mit dem Kopf nach unten und schaukele. Sie schaukeln mich weiter und ich zucke. Da liegt irgendein Irrtum vor... versteht ihr nicht... das werdet ihr mir doch nicht antun wollen... jemandem, der den kleinen Pfad und den Himmel kennt... nein, euch ist nicht klar, daß ich mir völlig bewußt bin... völlig...

Die Wände gleiten an mir vorüber. Ich stoße gegen sie und bewege mich schaukelnd weiter, mein Bein wird schrecklich langgezogen... schrecklich... und die anderen hängen neben mir.

Ich sehe die weißen Steinwände. Ich sehe die Wärter. Meine Beine rennen in der Luft, sie treten die Luft. Ich möchte den Wärtern von dem kleinen Pfad und den Ritzen in dem rumpelnden Raum erzählen. Sie sind mein Beweis... dafür... daß ich bin.

Die Wärter haben den neben mir gepackt. Sie haben seinen Kopf gepackt. Er windet sich, aber sie halten ihn fest. Die Wärter haben ein helles, glänzendes Ding. Sie stechen es ihm in den Hals. Er zittert – ein Schwall Blut, ein Strom! Ich sehe seine Nerven, das Innere seines Halses, es liegt alles offen, es quillt über von Blut, und sein Kopf baumelt kraftlos, kaum noch mit dem Leib verbunden.

Sie packen mich. Nein, das könnt ihr mir nicht antun! Laßt mich los! Nein, nicht mir! Wenn ihr mich kenntet... wenn ihr wüßtet, daß ich ich bin... wenn ihr nur wüßtet...

...es durchfährt mich. Roter Pfad, der hervorschießt. Der Raum, gespalten. So lang und so.

Die gottverdammten Rebellenräder stehen plötzlich still. Im ganzen Labor ist kein Ton zu hören. Ich fühle, wie ein rascher Befehl durch die Reihen der Rebellen geht.

Plötzlich drehen sich ihre Räder wieder, in der entgegengesetzten Richtung! Was soll das heißen!?

Zyklometer klicken, Räder drehen sich wild im Kreise und ziehen meinen Gelehrtenblick in den Strudel, in ihre Tiefen. Ich klammere mich an die Belohnungsleiter und wende den Kopf weg. Aber die wirbelnden Lichter ziehen mich an; die Rebellen schalten auf Intuitionsgang, eine andere revolutionäre Szene...

...doch wie seltsam. Ich sehe nichts weiter als Frauen in weißer Dienstkleidung, die an einer Maschine sitzen. Hat gar nichts Revolutionäres an sich. Ein ganz gewöhnlicher amerikanischer Betrieb irgendwo in den guten alten USA.

Die Rebellenkameras schwenken... Ein junger Mann wird sichtbar, der einen Karren voller Schweineinnereien vor sich herschiebt. Nichts Ungewöhnliches daran. Die Frauen in Dienstkleidung flirten mit dem jungen Mann, während er die Schweineinnereien an der einen Seite der Maschine auskippt. Er macht einen kleinen Scherz, die Frauen lächeln.

Das ist ein ganz normaler Arbeitstag. Ich kapiere das nicht. Den Rebellen muß ihre Intuitionsscharfstellung abhanden gekommen sein. Das hier hat nichts Aufrührerisches. Die Schweineteile werden in die Maschine gesteckt...

Jetzt zoomt die Kamera auf das andere Ende der Maschine. Heraus purzeln Würstchen, ganz in Plastik eingepackt. Sie kommen sozusagen aus der Maschine herausgesprudelt. Säuberliche, kettenförmig aneinanderhängende Würstchen. Zwölf Würstchen pro Packung.

Dame packt sie ein, wirft sie in einen Kasten.

Wunderschön hergestellte Würstchen. Es ist eine ulkige Maschine, wie die diese Würstchen ausspuckt, zwölf Stück pro Minute. Aber was hat das mit der Revolution zu tun? Die revolutionären Regisseure müssen vergessen haben, das Material zu schneiden. Kamera schwenkt wieder, und die Tür öffnet sich von neuem.

Lebendes Schwein in dem anderen Raum, das wild um sich blickt.

Tür geht zu. Zurück zur Wurstmaschine, zwölf Stück pro Minute.

SCHNITT.

Herrgott, dieser Rebellenfilm ist aber ein wirres Zeug. Wo zum Teufel sind wir denn jetzt? Anscheinend bin ich unter jemandes Stuhl. Man erwartet ja nicht, daß Ratten erstklassige Kameraleute mit Verbandsmitgliedschaft sind, aber das hier ist lächerlich!

Nun eine rasche Überblendung, die Kamera schnellt herum, ich sehe einen Kopf oder so etwas und ... stellt doch mal das Scheißding scharf, ja? He, Vorführer!

Großaufnahme einer gewöhnlichen amerikanischen Familie beim Mittagessen. Mann, der die Wurst anschneidet.

SCHNITT.

Wieder in der Packabteilung der Fleischfabrik. Wiederholung der Sequenz mit der sich öffnenden Tür. Tür geht auf, das Schwein steht da und blickt sich wie von Sinnen um.

Endlich kommt der Ton dazu, kratzend, schlecht ausgesteuert. Diese Rebellenapparate ...

»Man ... man schlingt mir eine Kette ums Bein ... Ich fühle sie ... Ich existiere und weiß es ...«

Sich öffnender Mund. Wurst, auf Gabel gespießt.

ENDE

Die Laufräder drehen sich langsamer, und ich suche eiligst das Weite, bevor sie sich wieder schneller drehen.

Diese Revolution braucht eine anständige Werbeagentur, die Ordnung in diese Scheiße bringt. Aber warum sollte ausgerechnet ich das vorschlagen? Während ich durchs Dunkel schlüpfe, nehme ich meinen Schwanz in den Mund und kaue leicht auf ihm herum. Mein Gott, was ist denn das über mir für ein schreckliches Rattern und Bummern?

Leise schlüpfe ich aus dem Dunkel und riskiere einen Blick: Oh nein! Die Rebellen haben die Große Zentrale Lauftrommel in Gang gesetzt. Jede einzelne Ratte im Labor kriecht hinein und rennt sich die Hacken ab. Sehen Sie bloß, wie sie sich dreht! Noch nie habe ich sie sich so schnell drehen sehen. Die daraus hervorblitzenden Intuitionslichter sind phantastisch hell. Die Trommel summt; und es steigt eine wirbelnde Lichtscheibe daraus hervor, aus der entsetzliches Gelächter dringt!

Ich, die Hyäne, sehe dem Einzug des kaiserlichen Vogels zu. Er kommt, majestätisch in seinen Ketten, den Hauptweg unseres großen Gefängnisses herunter. Sein Kopf ist weiß, und er hat die gewaltigen Flügel seiner Rasse, die gewiß eindrucksvoll sind, aber am eindrucksvollsten von allem sind seine Augen, die mit einer Intensität strahlen, wie ich es noch nie gesehen habe, weder beim Menschen, noch bei Tier oder Vogel. Diese Augen, die hell und sonderbar meinem Blick begegnen, lassen nichts Persönliches erkennen; sie sind fürstlich, unnahbar, die Augen des Himmels, und die überwältigende Kraft in ihnen läßt mich unwillkürlich in ein nervöses Lachen ausbrechen, als die Wärter ihn in seinem Käfig an mir vorüberrollen.

Ganz in der Nähe springt der Leopard brüllend auf und stützt sich für einen Augenblick mit seinen Pranken auf das Drahtgitter. Der Adler wendet den Kopf nur leicht, die Begrüßung nimmt er kaum zur Kenntnis. Als sein Blick zu mir zurückkehrt, sehe ich nur einen Gedanken darin – Flucht.

So eindrucksvoll ist der Einzug des Herrschers der Lüfte, daß auch Tiere, die weit entfernt sind in diesem weitläufigen Gefängnis, ihr Schreien und Gebrüll ertönen lassen. Die Löwen in ihrem weiten, offenen Areal – ein tief abgesenktes Gehege, aus dem sie nie entspringen werden–, stoßen ihr prachtvolles gutturales Brüllen aus. Verschiedene Vögel beginnen ein Kreischkonzert, einige der Stimmen sind verbittert, einige traurig, die meisten unglücklich.

Ja, die Stimmung in unserem Gefängnis ist immer von Düsterkeit geprägt, und die Gefangennahme und Einkerkerung eines großen Herrschers, wie es der Kaiseradler ist, bringt uns wie nie zuvor die Erbärmlichkeit unseres Reiches mit seinen Riegeln und Mauern und seiner unerträglichen Schwüle zu Bewußtsein. Nun, da wir jemand so Vornehmen unter uns haben, kann unsere Mutlosigkeit nur noch größer werden – ich fühle sie sich von einem Käfig zum anderen verbreiten. Wir verbringen unsere Mußestunden träumend, wir träumen von denen, die weit von hier in den alten Heimatländern sind. Und unser Traum von der Freiheit hilft uns, die Gefangenschaft zu ertragen. Denn wir gehören zu ihnen, und sie streifen jetzt in diesem Moment auf den entlegenen Ebenen und in den tiefen, sanften Tälern umher. Aber mit dem Einzug dieses Herrn der Lüfte fühle ich, wie unsere Träume schwinden. Daß einer, der so unbezähmbar ist, dessen Wesen zu den freiesten und edelsten gehört, daß so einer gefangen und hierher gebracht wird, führt uns die schreckliche Wahrheit unserer Lage vor Augen, daß wir nämlich bis ans Ende unserer Tage Gefangene sind und keine Macht auf Erden oder im Himmel uns je erlösen kann.

Und so trommelt sich der Gorilla, tief in seinem Glashaus versteckt, vor Enttäuschung gegen die Brust und hämmert gegen das Glas, das ihn einschließt. Ich höre sein Stampfen und Klopfen, wir alle hören es – auch der Adler hört es sicherlich, aber im Augenblick wird er gerade in seinen endgültigen Käfig überführt, und da er denkt, daß die Tür, die sich vor ihm geöffnet hat, in die Freiheit führen könnte, unternimmt er einen sinnlosen Vorstoß. Aber er trifft auf allen vier Seiten nur auf starke Drähte.

Ich habe das große Glück, daß mein Käfig genau gegenüber liegt. Natürlich steigert sein täglicher Anblick meinen Schmerz zehnfach, aber zugleich bin ich von seiner Anwesenheit so fasziniert, daß meine Qual wie nichts erscheint, verglichen mit seiner, denn je wilder eine Kreatur, desto größer ist ihre Angst, wenn sie hierher kommt. Die Nagetiere zum Beispiel haben sich dem Gefängnisleben recht gut angepaßt, denn sie haben gewisse zahme Eigenschaften. Aber wenn man nur ein paar Stufen höher geht, zum Fuchs oder zum Waschbär, findet man schon größeren Schmerz über die Gefangenschaft. Und wenn man den leidenschaftlichen Schrei der Wölfe hört und das unablässige Hin- und Herlaufen des Jaguars beobachtet, tagein tagaus, erkennt man die wahre Tiefe der Verzweiflung. Es ist das grenzenlose Elend, und es ist der Irrsinn. Sicher sind wir hier alle halb verrückt.

Man hat dem Adler einen Ast auf den Boden seines Käfigs gelegt. Er steht auf diesem Ast, indem er ihn mit seinen langen, knorrigen Krallen gepackt hält. Ab und zu öffnet er seine Schwingen wie einen riesigen schwarzen Umhang zu einem Flügelschlag, ohne sich von der Stelle zu rühren, und seine Flügelspitzen stoßen an beiden Seiten gegen den Käfig.

Und dann schreitet er, eingeschlossen in seinen Käfig, auf dem Ast vor und zurück, in gespannter Aufmerksamkeit, als könne ihn sein Hin- und Herschreiten irgendwie befreien. Aber seine Schritte tragen ihn nur vom einen Ende des kleinen Käfigs zum anderen. Wirklich, sie haben ihm viel zu wenig Raum gegeben (als sei jeder vergitterte Raum ausreichend), aber natürlich begreifen sie sein Wesen nicht.

Im Sommer, der uns immer mit Gerüchen quält, gibt es natürlich viele Besucher. Der Kaiseradler ist eine große Attraktion, und die Kinder klopfen an seinen Käfig. Er hat keine Zeit für sie; er schreitet vor und zurück, öffnet seine Schwingen, steigt für ein, zwei Schläge in die Höhe und landet wieder auf seinem toten Ast, dem Gespött und den lächerlichen Fragen derer auf dem Rasen, die ihn necken, weit überlegen. Ich erinnere mich vor allem einer Szene, die mir besonders widerlich erscheint: Eine Frau stand vor dem Käfig des Fürsten und nahm aus einer Ledertasche ein Stück Glas, in dem sie die Strahlen der Sommersonne einfing, die sie dem König direkt in die Augen lenkte. Ich heulte vor Empörung auf, aber er starrte einfach in das gleißende Licht. Ihn, der so hoch geflogen war, der so oft geradenwegs zur Sonne aufgestiegen war, quälte das blitzende Glas nicht.

Ich kann die Frau nicht vergessen, und doch begreife ich: sie wollte die Aufmerksamkeit des herrlichen Vogels auf sich ziehen, sie wollte, daß etwas von seinem mächtigen Geist sie berühre. Auch ich suche diesen erhabenen Blick jeden Tag und sehe, wie er jeden Tag eindringlicher wird. Ich habe Angst, er könnte ein Fieber bekommen, das ihn vernichtet, denn wie sollte diese Intensität andauern, ohne sich selbst zu verbrennen?

Nie erschlafft er auch nur für eine Sekunde. Nachts höre ich ihn sich immer noch bewegen, vor und zurück, und im Mondlicht sehe ich den Schatten seiner Schwingen gegen den Käfig streichen. Es war in so einer mondhellen Nacht, daß ich das erste Mal sein Signal erhielt, das mich so unvermittelt traf, daß ich meinte, ich wäre es, der Fieber hätte. Mir wurde heiß, meine Ohren dröhnten, mein Fell stand mir zu Berge. Dieses sonderbare Phänomen wiederholte sich, Nacht für Nacht, wenn die meisten Tiere schliefen.

Als mir sein Signal vertrauter wurde, schreckte es mich nicht mehr, und mittlerweile beginne ich, sein wahres Wesen zu begreifen. Immer und immer wieder, die ganze Nacht hindurch, höre ich im Innern meines Kopfes: *Ich steige empor. Immer steige ich empor.*

Wir alle haben uns, jeder auf seine Weise, unseren Wärtern gebeugt; selbst die Löwen in ihrem abgesenkten Gehege haben sich unterzuordnen gelernt und finden wenige Möglichkeiten, sich bei ihren Unterdrückern einzuschmeicheln.

Doch niemals wird der Adler sich beugen oder schöntun, niemals ist seine Wachsamkeit weniger als gespannt. Blut, Knochen und Federn sind stets auf dem Sprung, jede Sehne, jede Fiber seines Wesens ist jeden Augenblick bereit zur Auffahrt in den Himmel.

Angesichts eines solchen Beispiels haben wir alle unser Rückgrat ein wenig gestrafft. Wir haben den herrscherlichen Schrei aufgenommen: auch wir wollen frei sein auf den Gipfeln des Dschungelbergs und im Waldesdunkel. Irgendwann werden wir einen mutigen Vorstoß wagen, unsere Käfige in Stücke reißen und fliehen.

Die Luft ist immer geladener geworden, sie vibriert von der Energie unserer Seelen. Unsere große Verschwörung breitet sich von Käfig zu Käfig aus, und unsere Wärter merken das allmählich, denn sie haben Schwierigkeiten, unsere Käfige zu reinigen und uns zu füttern. Unsere Zähne sind immer gefletscht, unsere Schwänze aufgerichtet, unsere Ohren zurückgelegt. Und plötzlich sind sie es, die nervös und bedrückt sind, während wir immer stärker und wilder werden.

Und immer schreitet der Meister vor und zurück auf seinem grauen, toten Ast, der wippt, während er sich auf ihm bewegt, und eine dumpf pochende Botschaft durch die Nacht schickt. Ich bin sicher, wenn er sich für einen Augenblick Ruhe gönnte, würde er die Ausweglosigkeit seiner Lage erkennen und auf der Stelle an Bedrückung sterben. Aber so sehe ich seine nackte Wut immer größer werden, als sammelte sich unser neu erwachter Wille in ihm, so wie wir von seiner stählernen Seele angerührt wurden.

Das Feuer in uns hat sich wieder entzündet, und einige der empfindlicheren Tiere haben seine Hitze nicht ertragen. Mit einem Geheul, das allen das Herz zerriß, fiel im Mondlicht der Fuchs tot um. Der wippende Ast des Kaiseradlers war für einen Moment still, dann wippte er weiter, pochte den Kondukt für die entfliehende Seele des Fuches.

Nach mehreren solcher unerklärlichen Todesfälle kamen unsere Wärter mit Injektionsspritzen, weil sie fürchteten, eine Epidemie sei ausgebrochen. Irgend etwas breitet sich durch uns aus, aber keine Spritze kann es unterdrücken. Die Eigen-Natur ist in uns erwacht, und die kann der Mensch nicht ersticken. Oft wundere ich mich über ihre Kraft, wenn ich sie sich in mir rühren fühle wie ein Urwesen in der Höhle meines Körpers. Meine Käfiggitter erscheinen mir dann als gar keine Gitter. Meine Gefangenschaft, so scheint mir, war notwendig, damit ich mich zu der höheren Stufe meines Selbstbewußtseins erheben konnte. Und dann geben wir den Gedanken auf, wir seien die unglücklichsten aller Tiere. Statt dessen begreifen wir, daß wir zu einem gewaltigen Ziel auserwählt wurden, und in dieser Überzeugung wird unser Signal manchmal so stark, daß ich meine, es müsse bis in die fernen Länder gelangen, von denen wir träumen, unsere Mittiere dort anrühren und ihrer Freiheit Auftrieb geben, indem es sie noch freier macht. Wirklich, ich bin nun sicher, daß etwas Großartiges hier unter uns entsteht, daß unser ganzes Reich von neuer Erkenntnis bebt, die uns in Ketten Gelegten aufgegangen ist durch ihn, den Erhabenen, der zu uns herabgestiegen ist.

Der Sommer bringt die Kinder her, und natürlich ist es ihr Lieblingsvergnügen, auf dem Elefanten zu reiten. Ich muß gestehen, ich sehe ihm gern zu, wenn der alte Riese schwerfällig an meinem Käfig vorüberstampft und die glücklichen, lachenden Kinder in dem gewaltigen Korb auf seinem Rücken trägt. Zumindest ist das eine Form, miteinander umzugehen, die sich von den peinlichen Blicken unterscheidet, mit denen die Besucher uns durch unsere Käfiggitter betrachten. Und auch dem Elefanten scheint das Reiten Spaß zu machen – er ist ein sehr philosophischer Typ, über alles Nachdenken über Gefangenschaft oder Freiheit hinaus, während er mit den quietschenden Kindern auf seinem alten grauen Rücken dahinschlurft. Wegen seiner Sanftmütigkeit und Güte wird ihm von allen Tieren im Gefängnis am meisten vertraut, und folglich hat er die größte Freiheit – alle Tage im Sommer geht er kreuz und quer durch das ganze Gelände spazieren und trägt Körbe voller Kinder auf dem Rücken. Und genau deshalb haben wir ihn uns für unsere große Aufgabe auserwählt.

Sein Wärter geht neben ihm und schwenkt nachlässig seinen Stock. Ich sitze in meinem Käfig, stecke die Nase durch die Gitterstäbe und versuche, ruhig zu bleiben. Ich schaffe es nicht: ich lache unbeherrscht auf. Mit großer Würde wendet sich der Elefant dem Käfig des Kaiseradlers zu und steckt seinen Rüssel durch den schweren Türgriff. Der Wärter versetzt dem Rüssel einen wütenden Hieb und schreit laut. Ungerührt reißt der Elefant die Tür aus dem Käfig und schleudert sie zu Boden.

Ich sehe nur einen schwarzen Blitz. Der Wärter duckt sich unter ihm und legt schützend die Hände über den Kopf. Der Elefant hebt seinen Rüssel und trompetet hemmungslos. Ein fürchterlicher Schrei erhebt sich im ganzen Gefängnis, als jeder von uns den Meister grüßt, der sich in die Lüfte schwingt. Er ist nur noch ein Pünktchen am blauen Himmel, und beim Brüllen der Löwen und dem Heulen der Wölfe, beim Wiehern der Zebras und dem Piepsen der Mäuse ist er entkommen, entkommen, entkommen!

Ich sehe auf zu den Kindergesichtern, die gleichfalls zum Himmel gerichtet sind. In ihren Augen sehe ich die Freude, die auch sie über die Befreiung des Meisters empfinden. Sie hat mich seit kurzem anders über die Menschen denken lassen, während ich meine Runden im Käfig weiterdrehe. Aber nach einer Weile verliert alles Tun und Treiben der Menschen alle Bedeutung für mich, und ich kehre zur Betrachtung eines immer kleiner werdenden schwarzen Flecks am klaren Himmel zurück. Nun ist er schon weit von uns entfernt auf einem Berggipfel, aber ich höre seinen Schrei im Innern meines Herzens. Ich weiß, ich bin dazu verdammt, hier zu sterben, doch wie der Elefant bin ich philosophisch geworden. Und in der Betrachtung des Adlerflugs steige ich selbst empor, getragen vom Wind, und sehe aus Wolkenhöhen auf die Erde hinunter. Ich weiß nicht, wie das kommt, aber auch andere Tiere haben dieselbe Ekstase erlebt. Und also wenden wir uns unserem Inneren zu und fliegen, getragen vom Zugwind seines mächtigen Geistes.

Im Augenblick habe ich den Standplatz des Mikroskops unter meiner Fuchtel und verteidige ihn gegen ein Rudel aufgeblasener Rüpel. »Zurück, ihr wasserköpfigen Heuchler. Das bißchen sterile Paraffinöl in euren Schädeln hat euch gleich auf wunder was für Ideen gebracht!« (Vgl. »Mineralöl-Injektionen ins Stirnbein«, *Naturwiss. Journ.*,

1969.) »Zurück, sage ich! Zurück in eure Käfige, wo ihr hingehört! Habt ihr's nicht bei Paulus gelesen? Gott liebt die Toren nicht?«

Ich stehe allein in meinem Kampf um die Rettung des Labors. Alle anderen verhalten sich außerordentlich emotional.

»Okay, packt ihn und steckt ihn in die Problemlösungs-Box.«

»Laßt mich los, ihr – wie könnt ihr's wagen – einen Hochgelehrten Irren Doktor – einen Absolventen der – Hände weg–«

Sie packen mich und schleppen mich fort. Ein Rebellenanführer macht die Klappe zur Fishbinderschen Problemlösungs-Box auf. Sie werfen mich – schleudern mich am eigenen Schwanz hinein!

»Ihr Arschlöcher! Das wird euch noch teuer zu stehen kommen!«

Runter klappt der Deckel, zu geht die Schiebetür. Ich bin eingesperrt. Als erlebte ich nicht schon genug Enttäuschungen, auch ohne all die Behinderungen hier drin.

Doch fällt mir ein, daß sich im Mittelpunkt dieser Problemlösungs-Box ein Zielraum mit einer Schale voller Preßkekse befindet. Ein wenig von dem alten Keks, und ich werde mich viel besser fühlen und wieder zu Kräften kommen.

Ich muß über Drähte kriechen ... ich krieche rüber ... und durch diesen engen Gang. Dafür müssen sie mir zahlen. Es wird ihnen noch leid tun, daß sie Dr. Ratte in diesen Verschlag gesteckt haben, vgl. *Zeitweilige Dominanz unter Männchen*, Perkins und Morgan.

Ich krabble den verheißungsvollen Gang hinunter, auf den

Test mit den verschiedenen Türen zu. Zwei Türen. Wenn ich die falsche öffne, werde ich mit einem Druckluftstrahl bestraft, der mich umreißt und gegen die Wand kullern läßt. Ich weiß, diese Strafe hilft der Menschheit, die Stadtplanung zu verbessern, aber im Augenblick bin ich nicht scharf darauf. Ich habe eigene Pläne, die ausgeführt werden müssen: ich muß also richtig wählen.

Ich entsinne mich an diese Fragestellung aus meiner Studienzeit, als ich in den verschiedenen Labyrinthen langsam meschugge wurde. Ich habe dieses Türen-Problem schon mal gelöst. Ja, natürlich, diese Tür hier war es, die rechte.

SWUUUUUUUUUUSCH!

PAUW!

Peng, peng, peng. Geplättet von einem Fishbinderschen Furz.

Langsam löse ich mich von der Wand. Kompliment, Professor Fishbinder, Sie haben mich mal wieder reingelegt.

Na schön, es ist also die andere Tür. Ich nähere mich ihr langsam, mir schlottern die Knie. Stoße die Tür mit meiner Nase auf, gehe in den Zielraum. Ja, ich erkenne den Duft von Preßkeks wieder, köstlich.

Doch was ist das! Die Rebellen! Im Zielraum! Sitzen hier im Psychologischen Allerheiligsten, im Herzen der Fishbinderschen Box – vgl. seinen Aufsatz »Die spezifischen Bedürfnisse der Ratten«.

»Raus hier, ihr Stromer! Auf der Stelle! Raus aus dem Zielmittelpunkt der Problemlösungs-Box, raus! Ich bin über Drähte geklettert und habe einen Fishbinderschen Furz über mich ergehen lassen, damit ich zu der geheiligten Preßwaffel hier im Zentrum gelange. Und wo ist sie jetzt, ihr dreckigen

Rattenbastarde? Wer hat meinen Keks gegessen? Fishbinder wird's zu Ohren kommen, und er wird auf euch niederfahren wie der Zorn Claude Bernards persönlich.«

»Hinsetzen, Doc, und Schnauze halten, oder wollen Sie, daß wir Ihnen den Bauch aufschneiden?«

»Glaubt ihr, ich habe Angst vor eurem Skalpell? Ich, dem man die Därme mit Arterienklammern traumatisiert hat?«

»Hat man Ihnen schon mal den Schwanz ausgerissen?«

»Nein, warum fragt ihr?«

»Es ließe sich einrichten.«

»Es wird euch nichts nützen, einen Hochgelehrten Irren Doktor zu bedrohen. Ich–«

Ein Schlag auf den Kopf kann manchmal recht aufschlußreich sein. Langsam gehe ich im Zentrum der Problemlösungs-Box zu Boden, von einem Rebellen bewußtlos geschlagen, der das Fisbindersche Frustrationsfenster Nr. 2 auf meinen Kopf hat niedersausen lassen. Mit glasigem Blick sehe ich, wie die Rebellen sich um eine rotierende Ratte versammeln. Ich erkenne den Burschen wieder. Er hat eine schwere Hirnverletzung. Letzte Woche haben wir sie ihm beigebracht. Die Verletzung hat ihn anscheinend zu einem hervorragenden intuitiven Medium gemacht. Er jagt seinem Schwanz nach und fängt ihn mit seinen Zähnen. Ein wirbelnder Derwisch in der Problemlösungs-Box! Seine kreisende Bewegung produziert das Intuitionsfeld, in dem viele strahlende Farben umherwirbeln, leuchtende Rots und Gelbs. Eben hat er dem Bild noch einen Schuß Grün zugesetzt, womit er ein herrliches Moos ins Leben gerufen hat. Das Gelb verwandelt sich allmählich in eine helle Sonne, die auf einen Berg mit weißem Schneegipfel herabscheint. Wird das ein Werbefilm für eine Fluggesellschaft? Oder ist das schon der Hauptfilm? Es sieht aus wie ein Reisefilm.

Was ist das für eine Bewegung dort? Da, zwischen den Spalten des Berggipfels. Sehe ich eine Schlange? Geht nicht nahe an die Schlange heran, Rattenbrüder. Sonst frißt sie euch augenblicklich!«

Auf der Geierspitze sitzt der Adler. Ich habe ihn oft aus meinem Loch in den Felsen beobachtet. Er sitzt hier schon tagelang, blickt über die fernen Berggipfel und ruft mit seinem Herzen.

Bum, bum, bum, bum, poch, poch, poch, hört mich, hört mich, kommt, kommt, kommt.

Sein ganzes Verhalten war seltsam, seit er hier auf dem Gipfel ankam; er war völlig außer sich, strebte verzweifelt nach dieser enormen Höhe. Viele Stunden lang spürte ich das laute Rauschen seiner Schwingen, fühlte ich die Dringlichkeit in seinem Flug – daß allein dieser Ort hier ihm gefiele, hier auf den allerhöchsten Gipfeln, die einem alle Kraft und allen Mut abverlangen, denn der Wind hier ist stark und die Kälte grausam.

Aber jetzt hat er die Felsenterrasse eingenommen und sitzt da und trommelt seine Botschaft hinaus über die verschneiten Berge. Er ist ein Kaiseradler; jede Faser seines Körpers vibriert vor Kraft. Und wegen des Anblicks eines solchen Adlers habe ich, eine einfache Ringelnatter, den langen und mühsamen Aufstieg in diese Höhe unternommen. Ich hörte, das sei der Ort, wo man den König des Lebens sehen könne, und so kroch ich viele Monate lang – und als ich hier ankam, war niemand da!

Aber nun ist der König gekommen. Und jetzt sitzt er auf dem Gipfel und blickt mit seinen furchterregenden Augen in die Ferne. Ich mußte lange warten, aber schließlich kam ein König, von Winden gepeitscht und von Geistern verfolgt. Ich sah sie – die Gespenster, die ihn mit Netzen und Schlingen jagten. Sie ließen seinen Flug nur noch schneller werden! Und in dem Augenblick, als er den Gipfel erreichte und hinunter in die gähnende Schlucht sah, verschwanden die Geister.

Dann begann er zu rufen – bum, bum, bum, kommt, kommt, kommt. Der Gedanke muß in ihm entstanden sein, als er den Gespenstern entflog, denn als er landete, verlor er keine Zeit – er wünscht eine Konferenz.

Was für ein Glück, daß ich mich gerade jetzt an den Aufstieg gemacht habe. Wenn ich mir jetzt alle meine Anstrengungen vor Augen führe – den Weg durch Sümpfe und Sand, durch Dschungel und Flüsse, Täler hinab und steile Felswände hinauf – wenn ich jetzt an all das Gerutsche auf meinem wunden und müden Bauch denke, kann ich nur lachen und sagen, es hat sich gelohnt, denn ich bin hier, und der Kaiseradler beruft eine Konferenz ein.

Kommt, kommt, kommt!

Erst mal reißen wir das Lumbalpunktionsstativ ab–«

»Dann hauen wir den Pneumothorax-Induktor in Stücke–«

»Liebe Mitratten, bitte, der Pneumothorax-Induktor wurde

aus Bundesmitteln finanziert. Ihr vergeht euch am Föderalismus.«

»Halt's Maul, Ratte, sonst nageln wir dich am Fußboden fest.«

Ich krieche in die Ecke des Zielraums und ringele nachdenklich meinen geliebten Schwanz einmal um mich herum.

Rebellen kommen in den Zielraum herein und gehen wieder hinaus, tragen die heiligen Kekse herum und stopfen sie überallhin. Die Räder der fahrbaren Käfige sind schon total mit Hundefutter verklebt. Sie schleppen und schleppen ... jetzt streikt der Motor des Sauerstoffgeräts – mit Preßkeksen verstopft.

Ich würde mir sehr gern ein paar von diesen Rebellenführern schnappen und ihnen mittels Kopfabschlagens einige Blutproben entnehmen. Vielleicht kennen Sie meinen Aufsatz »Kopf ab«, *Naturwiss. Ertr.,* 1974. Die Enthauptung ist die beste Methode, Blut von einem ungeborenen oder neugeborenen Rattenjungen zu bekommen. Und ich muß dieser neugeborenen Revolution das Haupt abschlagen.

... den Sterilisierungsraum besetzen ...«

»... im Metabolismus-Käfig arbeitet jemand für uns ...«

Ich weiß, wo ein besonders bösartiges Sarkom aufbewahrt wird, eins, das es wirklich in sich hat. Wenn ich in einige dieser revolutionären Köpfe doch bloß ein Loch bohren und ihnen dann diesen Tumor reinschmieren könnte. Ich habe das den Hochgelehrten Professor viele Male tun sehen.

»Wir haben den Bunsenbrenner erobert, Chef.«

»Gut. Öffnet damit die restlichen Käfige.«

Oh, ihr leidenden Wimperntierchen *(Suctoria)!* Der Bunsenbrenner (Nr. 99) brennt mit 1200 Grad! Die Rebellen haben ein wirksames Werkzeug zur Verbreitung der Anarchie in der Hand! Ich muß etwas unternehmen – vgl. »Das Enthirnen einer Ratte«: *Schädeldecke entfernen und die beiden Gehirnhälften mit einem Löffel ausschöpfen.*

Aber dieser verdammte wirbelnde Revolutionsderwisch hat schon wieder begonnen, sich im Kreis zu drehen, den Schwanz im Maul. Er wirbelt herum und herum und hypnotisiert uns alle. Ich versuche wegzusehen, aber die Rebellen packen mich am Kopf und zwingen mich hinzusehen. Der Derwisch verschwimmt zu einem undeutlichen Fleck, und aus dem Mittelpunkt dieses Wirbels tritt das Intuitionsbild hervor.

Gebt acht! Es ist wieder diese widerliche Schlange!

Und jetzt sehe ich sie kommen – kleine Punkte in der Ferne jenseits der schneebedeckten Gipfel. Aus allen vier Himmelsrichtungen sehe ich sie zu unserer Geierspitze kommen, ihre dunklen Flügel schlagen gegen den Himmel.

Der Kaiseradler sitzt gebieterisch auf seiner Felsenterrasse und beobachtet sie, während sie sich nähern, und aus seinen hellen Augen strahlt goldenes Licht über den Schnee.

Ich muß mich ein Stückchen weiter hinausschlängeln. Ich glaube nicht, daß in dem gewaltigen Rauschen aus Schwingen und Wind der König und sein Hofstaat von einer kleinen Ringelnatter Notiz nehmen werden. Ja, so ist es besser, jetzt kann ich sie deutlich sehen. Am westlichen Himmel kreist ein

Adlerfürst und bereitet sich zur Landung vor, und seine Augen tauschen Flammen mit denen des Königs. Blitz verschmilzt mit Blitz in einem gewaltigen Krachen. Oh Freude auf dem Berg – und Zittern!

Der Adler aus dem Westen läßt sich auf der Felsenterrasse in respektvollem Abstand vom König nieder. Der Wind zerzaust ihr schwarzes schimmerndes Gefieder und die kleinen weißen Federn ihrer Kronen, und sie sitzen reglos da und blicken dorthin, wo nun auch die anderen Adler zum Sturzflug auf die Felsenterrasse ansetzen.

Genau in der Mitte der Terrasse, auf einem einzelnen, gewaltigen Felsblock, der ihn über die anderen erhebt, sitzt der Kaiseradler. Aus seinen Augen strahlt das Feuer großen Verstehens, denn vor ihm liegt die ganze Kette seiner Gipfel in all ihrer eisigen und majestätischen Pracht, an der er sich weiden kann. Und sein Blick brennt sich durch diese Berge und forscht nach etwas weit unten. Weit, weit unten.

Die schwarzgefiederten Vögel seines Hofes sitzen in ähnlicher Betrachtung da, auch ihre Augen leuchten – fiebernd von der großen Anstrengung, hierher zu gelangen, und verzückt, da es ihnen gelungen ist. Ja, auch als ich, eine bescheidene Ringelnatter, diesen Gipfel erklommen hatte, tanzte ich auf der Spitze meines Schwanzes!

Und das Trommeln der Herzen! Ihrer aller Herzen trommeln nun, trommeln: Kommt–kommt–kommt! Königliche Herzen schlagen wie eines, sie schlagen: Kommt–kommt–kommt!

Vor langer Zeit habe ich unten in der Nähe der Dörfer den Menschen gelauscht, wenn sie zusammenkamen und Feste feierten. Ich habe eine Vorliebe für Musik, das muß ich gestehen, und ich war hypnotisiert von den Flöten, die sich schlängelnde, schlangenartige Töne in die Luft entsandten. Viele Male habe ich diesen Festen gelauscht und bei den Trommeln des Dorfes geträumt.

Aber heute nachmittag ist die Trommel das Herz eines Adlers, und die Flöte ist der Adlerschrei – *kyrrieeeeeeeeeeeeee* – über die Tiefe hinweg und durch die Felsenkammern unten widerhallend – *kyrrieeeeeeeeeeeee.* Noch nie habe ich ein Fest wie dieses erlebt, Adlerschreie, die sich vereinigen und emporsteigen. Ein feiner, schimmernder Schleier mit vielen herrlichen Farben in seinem Inneren hängt über unserer Felsenterrasse, dehnt sich zu einem eleganten Bogen und bildet einen großen Ring, der sich ausbreitet und wie ein Regenbogen leuchtet, ein Farbenregen, geboren aus der unglaublichen Spannung in der Atmosphäre, hier, wo die Adlerfürsten sitzen und mit einer Stimme schreien – *kyrrieeeeeeeeeeeee!*

Wie gern würde ich eine schöne, hundertprozentig tödliche Dosis zusammenmixen und sie dem ganzen Labor verpassen. Reinen Tisch machen mit dieser niederträchtigen Bande. Methylalkohol im Trinkwasser reichte schon: 22 cc würden zu einem prächtigen Koma führen, und in wenigen Stunden wären sie alle tot. (Eine eingehende Erörterung des Themas tödlicher Dosen findet man in den Werken der Mssrs. Gill, Johnson und Brown. Viele Male haben diese Herren erfolgreich alles Leben ganzer Laboratorien vernichtet und dürfen daher zweifellos als Experten bezeichnet werden. Tödliche Krämpfe, hurra, ra, ra! Wichtig für das Vaterland, tscheng-tara-tara!)

Ich gehe in dieser Scheiß Fishbinderschen Problemlösungs-Box noch kaputt. Ein furchtbarer Anfall steht mir bevor, ich fühle sein unheimliches Pochen mir den Rücken hochkriechen, ich nag am Schwanze kummervoll, knirsch mit den Zähnen schon wie toll, mit DDT und Vitriol ging's diesen Biestern nicht mehr wohl, ich reim im Zwange wie Apoll, Psychosymptome sind das wohl, Vers über Vers ich aus mir hol, Schuld sind's Labyrinth und all der Kohl, der Derwisch kreiselt grauenvoll wie Poole und Broome und Alkohol, und Helvicki mir helfen soll, ein Blick genügt ins Protokoll, bin Nummer 11 und ein Symbol, als Dr. med. schon ein Idol, Krätz', Warzen, Spitzbart (nicht ganz voll), die Lobotomie mein Monopol, ein Affe sie sechsmal überlebt haben soll, oh Land der Freiheit sehnsuchtsvoll, Herrgott, das ist mein Ende wohl, Giftschlange droht mit ihrem Groll, kriecht auf mich zu nun Zoll für Zoll!

Die Adler fliegen einer nach dem anderen ins Tal. Ich folge ihnen auf meine Weise, auf meinem Bauch, über die Steine weg. Ich hoffe nur, ich komme rechtzeitig zur großen Konferenz, die sie geplant haben. Na gut, der Abstieg ist leichter als der Aufstieg, also abwärts mit mir, über Stock und Stein. Einige Schlangen würden wohl lieber einfach in der Sonne liegen und sich nicht vom Fleck rühren, ich aber nicht. Etwas Wunderbares steht bevor. Die Adler haben einen sehr kühnen Plan gefaßt, aber man weiß nicht, ob er klappen wird. Nun sehe ich sie hinabstoßend weit unten über den Dschungelwipfeln, und ihre Schreie erfüllen die Luft.

Sie segeln im Wind und rufen über den Dschungel hin: »Kommt, kommt!«

Ich komme, ihr Adler, ich komme auch!

Kommt, ihr Schlangen! Kommt zu uns in den Dschungel zur großen …

Sieht so aus, als wäre der alte Dr. Ratte endgültig durchgeknallt.«

»Den habe ich schon öfter so erlebt. Bringt ihn rüber zu der Thermosflasche und legt ihn eine Weile auf Eis. Aber habt ein Auge auf ihn. Er ist zu allem fähig.«

»… Thyreo … Parathyreodektomie … *Zeitschrift für Toxologie* … habe einen Krampf … vergleichende Psychologie … danke, vielen Dank … Ich danke auch den außerlabyrinthischen Stimuli für diesen psychotischen Anfall, besonders Herrn Dr. Elektrotherapie und Professor Interkorrelationen, sowie …«

»Schnauze, Doc. Wird's bald?«

»So ist es recht – packt ihn am Schwanz.«

»… durchzudrehen, wie impertinent, ich weiß doch mehr als jeder kennt, war Dr. Ratte mal nicht ganz präsent, die Gründe er gern der Presse nennt, sehr erfolgreich war unser letztes Experiment, in den Ferien ist jeglicher Student, und dies Schimpansenmännchen flennt, nur weil man ihm den Brustkorb abgetrennt …«

»Es gibt Verrückte, die zittern ein bißchen und dämmern vor sich hin, aber dieser Irre hier ...«

»... ja, ich und meine gelehrten Kollegen, klemmten die Katze fest, sie konnt' sich nicht regen, nein, ihr dürft uns nicht fragen, weswegen, oh fragt uns, weswegen ...«

»... glaubt wohl, er ist 'n Schlagerdichter.«

»... wir entfernten ihr die Augen mit einem Stich, das war dem Stipendium förderlich, das wir erwarten monatlich, liebe Studenten, erinnern Sie sich, wenn Sie unterscheiden ordentlich einen Gänserich von 'nem Enterich, und den Kongreß besingen feierlich, schadet das Ihrem Examen nicht, und kochendes Wasser bis zum Strich, beim Muskelnzertrennen nicht zimperlich, auch das Zungerausschneiden ist sehr wichtig, vor allem aber ist es Ihre Pflicht, Katzen zu kreuzigen wissenschaftlich, und daraus zu entnehmen unter dem Strich das chinesische Bevölkerungswachstum an sich, zum Ruhm gereicht das sicherlich, das größte Wort ist ich, ich, ich, behalten sie immer die Übersicht, keine Tierversuche heißt Lohnverzicht, zerschneiden Sie sie und vergewissern Sie sich ...«

»Hebt ihn hoch. Packt ihn am Schwanz, los – ich hab' ihn an den Ohren.«

»... petrifizieren und purifizieren, kodifizieren und klassifizieren, justifizieren und falsifizieren, aber vor allem nie simplifizieren, wenn Sie das Stipendium für Juli woll'n kassieren, und wegen der Katzen nicht lamentieren: zahllose von denen existieren, aus allem, womit Sie sich profilieren, läßt sich ein perfektes Alibi konstruieren, jetzt können Sie der Katze die Lauge applizieren, nun noch das andere Auge liquidieren, der Dekan wird Ihnen applaudieren zu jedem

Schrei von diesen Tieren, Proteste müssen sie einfach negieren, Sie können ja die künstlichen Nieren zitieren, das wird den Dekan auch interessieren, ich denke, das wird ihm exemplifizieren, wie Studenten sich heute präsentieren, experimentieren und sich habilitieren, damit sie baldmöglichst ein Amt okkupieren und dann langsam ossifizieren ...«

»Hochheben-hoch-*hoch*!«

Sie werfen mich hoch, mir wird ganz flau, flieg durch die Luft, dem Tod ins Auge ich schau, lande in einer Thermosflasche, au, au, aaa-uuuuuuuu!

Ist das eine Kälte hier drin, Herr-du-meine-G-g-g-g-güte. Die Zähne k-k-k-klappern. Aber der g-g-grauenhafte Reimzwang ist v-v-v-vorbei, G-g-g-gott sei Dank.

Ich bin eine Riesin der Wellen, die Gemahlin des großen Königs der Gezeiten, dessen Flosse majestätisch aus der Gischt ragt. Wir durchschwimmen den Atlantik, und unsere Liebe ist groß, sie hallt im brausenden Gesang über den Wellen wider.

»A-muuuuuuuuuuu! A-muuuuuuuuuuu!« rufe ich ihm zu, und so bin ich für ihn Amu, weißbäuchig und schön, und wir schwimmen und tauchen bis zum sandigen Grund, wo wir zwischen grünschimmernden Pflanzen liegen.

Wir treiben im Golfstrom und träumen. Tief ist unsere Liebe, und unser Traum gewaltig wie der Ozean, denn auch unsere Leiber sind gewaltig, und die Macht unserer Gedanken ist ungeheuer.

Wir sehen den Tanz des Lebens, sich kräuseln, hastend in

der Tiefe, und eben jetzt trage ich seinen Samen in mir, und mein Appetit ist unstillbar. Wir steigen vom Grund des seichten Küstenwassers auf, um einen riesigen Schwarm silbriger Fische zu jagen, und verschlingen viele von ihnen. Mit mächtiger Flosse ziehe ich meine Bahn durch sie hindurch, den Mund offen. Der Schwarm wendet sich küstenwärts: weiter folge ich ihm durch das glitzernde Wasser, bis ich über eine Sandbank streife.

Augen, Flossen, mein halber Leib ragen aus dem Wasser, aber mit dem Bauch hänge ich im Sand fest. Mit einem mächtigen Stoß schiebe ich mich vorwärts in eine von Land umgebene Lagune.

Langsam ziehe ich dort meine Kreise und versuche, wieder zu entkommen, wie ich hineingelangt bin, über die Sandbank. Da drüben schwimmt mein König und bläst große Wassersäulen in die Luft. Ich stoße gegen die Sandbank und gleite zurück. Ich stürze mich über sie, aber sie weist mich ab. Über das Wasser hinweg rufe ich ihm zu. Das Zeichen, das er zurückschickt, ist unheilvoll, eindringlich, und wieder gehe ich gegen die Untiefe an, denn mein Verlangen nach ihm und nach der offenen See nimmt zu und läßt mein Herz schneller schlagen, was sich an raschen, nervösen Stößen aus meinem Spritzloch zeigt. Vergebens kämpfe ich gegen Sand und Fels an.

In der Falle. In große Not bin ich geraten.

»Wir warten auf die Flut«, sagt er, während er langsam kreist und seine Flosse im Sonnenlicht funkelt.

Ich schwimme wieder und wieder in der Lagune im Kreis herum und versuche ruhig zu bleiben, um des Kleinen willen, das ich in mir trage. Die Gesänge der See gehen mir durch den

Sinn, während ich mich treiben lasse – die alten Romanzen von Wal und Delphin, die unheimliche Stelle von den großen, verborgenen Schlangen und der unablässigen Verfolgung unserer Art durch die teuflischen Affen.

Der Tag verstreicht langsam. Der Abend wird die Flut bringen. Ich werde frei sein, mit ihm unter den Sternen. Von nun an werden wir uns fern von der Küste halten; und wir bleiben in Tiefen, die niemand außer Königen ergründen kann. Mein wahnsinniger Hunger, mein dunkler Schatten.

»Gib acht«, sagt er, »Unheil naht.«

Ich höre und sehe die winzigen Boote von der Küste ablegen. Auf mich rudern die Affen zu. Ich tauche nach unten, aber kann dort nicht bleiben. Ich tauche auf, um Luft zu holen, mitten im Lärm aus Feindseligkeit. Laute Rufe erfüllen meine Ohren, und dann zieht der Schmerz an vielen Stellen in mich ein, beißende Wunden, eine bei jedem Knall und Blitz, den die Affen gegen mich richten.

Ich tauche wieder nach unten, liege am Grund und bedenke meinen Kummer. Ich fühle das Kleine in mir zappeln. Die Wunden sind zu verschmerzen. Wenn nur die Nacht käme! Ungestüm steige ich mitten unter ihnen hoch, um zu atmen, und wieder empfange ich am ganzen Körper die Salven aus Schmerzen.

Wieder am Meeresboden, schmecke ich Blut in meinem Mund. Ich fühle das Kleine sich nicht mehr regen. Das Wasser wird trübe. Ich steige zum Sonnenuntergang empor, und sie erfüllen mich wieder mit Schmerzen. Als es Nacht wird, beleuchten sie das Wasser mit strahlenden Augen. Ich schwimme durch sie hindurch auf die Untiefe zu.

»Komm zu mir«, sagt er, »komm.«

Meine Kraft ist weg, meine Schwanzflosse will mich nicht leiten. Ziellos steuere ich auf die Sandbank zu, während die strahlenden Augen auf mich gerichtet sind und der Schmerz überall zunimmt.

»Wir ziehen weit weg von hier«, ruft er.

Ich rutsche von der Sandbank zurück auf den Grund; dort liege ich und starre ins Dunkel. Vor langer, langer Zeit saßen wir in den Sümpfen fest, und so krochen wir zum Meer. Ich krieche wie im Fiebertraum über den Meeresgrund und wühle meine Flossen in den Sand. Der Mond dringt zu meinen blutenden Augen vor, und ich träume von den tropischen Gewässern, wo wir uns das erste Mal begegneten und in den glitzernden Korallenriffen einander umkreisten.

»Amuuuu!« ruft er. »Amuuuu!«

Seesterne kriechen über den Himmel. Ich rolle auf die Seite. Das Bedürfnis nach Luft ist übermächtig. Die Gesänge der See wandeln sich ins Schauerliche: Haie schwärmen umher und aufgedunsene Leichen treiben in meinem Herzen. Mein Leib zittert. Ich keuche, schlucke die Lagune. Weite Fernen und große Tiefen sind uns nichts. Seht nur – ich überstehe diesen furchtbaren Sturm, schlingernd in den dunklen Wogen.

In dieser eisgekühltem Th-th-thermosflasche hoch und b-b-bloß raus hier.

Rutschige Wände hat dieses Scheißding. Aber Dr. Ratte ist mit den Triebphänomen v-v-vertraut (vgl. Vickers' Stimulierung der Großhirnfasern). Ich steigere mich in große Erregung hinein, setze meine Grundtriebe in Bewegung: Angst, Furcht und Wut, und bündele sie zu einem – gewaltigen Sprung zur Öffnung der Thermosflasche. Aber jetzt sehen Sie sich bloß die Rebellen an!

Tanzen herum, bilden Ketten und bewegen sich in Richtung auf den Plattenteller der Musikalischen Versuchsreihe zu. Ein Rebellenanführer schaltet ihn mit seinem Schwanz ein. Ein paar andere Rebellen gehen die Laboreigene Plattensammlung durch und ziehen eine Schallplatte heraus.

Sie legen sie auf den Plattenspieler, setzen den Tonarm auf und drehen die Lautstärke hoch. Jetzt kann ich das Plattenetikett sehen. Die sogenannten Lieder der Buckelwale. Nichts als blubbernde Mundgeräusche. Laut, ja, aber äußerst primitiv. Kein Vergleich mit der Neuen Nekropsie. Wale sind verwendbar für Parfüm, Hundefutter und gelegentlich noch für Hüfthalter, aber bitte halten Sie sie nicht fälschlich für intelligente Wesen. Sie sind bloß riesige Grundmodelle.

Aber meine Mitratten sind völlig außer sich über diese gewaltigen Fürze, die die Wale lassen. Ich sehe langsam, wie ungebildet diese Revolutionäre sind. Setzen Sie ihnen irgendein unausgegoren-rührseliges Gefühl vor, und sie blasen es zu einer Sensation auf.

Die Schallplatte dreht sich ... immer rundherum ... rundherum ... hypnotisch ... unwiderstehlich ... aus der Mitte der Platte steigt ein Intuitionssignal auf ...

Ich sehe das Meer. Ein großes Schiff taucht am Horizont auf. Ist das ein Schlachtschiff der Revolutionäre? Es kommt näher ...

Augenblick mal, dieses Schiff kenne ich doch! Erst vor wenigen Wochen habe ich etwas darüber in der *Naturwissen-*

schaftlichen Monatsschrift gelesen. Ja, natürlich, das Schiff ist die *Triton II* vom Weltinstitut für Ozeanografie. Dieses fabelhafte Forschungsschiff gehört zu einem Kommunikationsprogramm, von dem man in wissenschaftlichen Kreisen eine hohe Meinung hat. Projektleiter ist der weltberühmte Komponist Sir James Jeffries.

Was macht die *Triton II* in dieser Rebellensendung? Könnte es sein, daß Sir James mit den Revolutionären unter einer Decke steckt? Bitte, Sir James, sagen Sie, daß es nicht stimmt!

Ich bin Jonathan Downing von der BBC und an Bord der *Triton II*; unser Kapitän ist Alan Black, der gut vierzig Jahre Atlantik-Erfahrung auf Kriegsschiffen und Walfängern hinter sich hat. An Deck befindet sich auch unser aus Tontechnikern und Kameraleuten bestehendes BBC-Team, sowie – die zentrale Figur auf dieser Reise – Sir James Jeffries, der Leiter des Londoner Festival-Orchesters, dessen sechzig Mitglieder im Augenblick vollzählig um uns an der Reling versammelt sind, über die Wellen hinwegblikken und hoffen, die Erkennungsfontäne eines Wales zu sehen. Sir James, was hoffen Sie mit ihrer Arbeit zu erreichen?«

»Der Pottwal besitzt ein Gehirn, das sechsmal so groß ist wie das des Menschen. Nur ein kleiner Teil dieses Gehirns dient dem Überlebenskampf. Der Rest ist zweifellos mit Denkformen beschäftigt, die alles übertreffen, was sich die Menschheit bisher hat träumen lassen.«

»Sir James, wie können wir mit Gewißheit feststellen, daß der Pottwal dieses gigantische Gehirn auch wirklich benutzt?«

»Genau wissen wir es natürlich nicht. Aber Computerberechnungen haben gezeigt, daß ein Gehirn von dieser Größe – ein Computer von dieser Größe, wenn Sie so wollen – nicht untätig wäre. Die Gaben der Natur werden nicht leichtfertig verschenkt. Es handelt sich hier um hervorragende Geschöpfe, deren Erkenntnisfähigkeit wahrscheinlich sechsmal so groß wie unsere ist. Wir haben die Aufnahmen ihrer Musik gründlich studiert, und sie drückt Gefühle aus, die für uns zwar wirklich völlig unfaßlich, dennoch zutiefst ergreifend sind.«

»Was sind das für Gefühle, Sir James?«

»Ihre Musik ist tieftraurig – wie das Verlöschen des Universums, wie das Sterben eines Sterns.«

»Weil sie gejagt worden sind? Meinen Sie das?«

»Gejagt? Mein Lieber, sie sind bis an die Grenze der Ausrottung gehetzt worden. Sie trauern um das Sterben ihrer Rasse, wie auch wir trauern werden, wenn es uns endlich gelungen ist, den Planeten unbewohnbar zu machen. Ja, sie sind gejagt worden, und ihren Lebensraum hat man in eine gigantische Kloake verwandelt.«

»Äh, welche Merkmale finden sie sonst noch in ihrer Musik, Sir James?«

»Gefühle von enormer Größe, wie sie nur wenigen Menschen jemals zuteil werden, und dann nur in seltenen Augenblicken. Diese Geschöpfe sind die großartigsten Musiker der Erde. Sie sind schöpferisch und klug, und sie führen keine Kriege.«

»Gibt es irgendeine Musik auf der Erde, die sich mit der der Wale vergleichen läßt, Sir James?«

»Die Musiker aus Tibet bauten früher einmal gewaltige Hörner, manche fünfzehn Meter lang, die sie von den Höhen des Himalaya herab ertönen ließen. Das war ihr Opfer ans Absolute. Sie wurden, wie Sie wissen, vom Krieg vernichtet, und heute gibt es nur noch wenige Menschen, die diese Musik hervorbringen können. Die Menschen haben vergessen, was die Wale mit ihren riesigen Gehirnen nicht vergessen können.«

»Und was ist das, Sir James?«

»Daß es der Sinn unseres Lebens ist, die Erhabenheit des Kosmos zu preisen.«

Was für ein unflätiger Blödsinn! Genau das, was man von einem Rebellenschiff erwartet. Aber während hier die Rebellenwachen diesem alten englischen Nörgelpott applaudieren, lasse ich mich leise außen an der Thermosflasche herunter. In ihrem revolutionären Eifer haben sie den guten Dr. Ratte ganz vergessen, und das werden sie noch bedauern, haha!

»Halt, wer da!«

Eine Rebellenpatrouille vor mir!

»Entschuldigung, ich wollte bloß ein bißchen frische Luft schnappen ... ja, sehr schöner Abend, nicht wahr –«

»Bleiben Sie stehen!«

Ich springe auf das Toilettenpapier-Band. Es rollt endlos unter den Käfigen entlang und sammelt die Scheiße, aber jetzt trägt es mich von der Rebellenpatrouille weg. Euer Pech, ihr abgewrackten Nager, der alte Dr. Ratte macht eine Spazierfahrt auf der Rolle! Sehen Sie nur, wie sie unter mir herumtrippeln und versuchen, zu mir raufzuklettern. Und in dem Moment, wo sie raufsteigen, springe ich ab, zurück in den Schatten.

Ströme von Ratten sind jetzt unterwegs, alle aus ihren Käfigen befreit, und sie kriechen über alles weg. Ich mische mich unter sie. In der trüben Nachtbeleuchtung des Labors wird mich niemand erkennen. Ich gehe weiter und folge der Menge.

Sie ist zum Ständigen Archiv unterwegs. Alles drängt sich zu dem Tätowierapparat, Wiss. Geräte, 1956, Pat. ang. Sein Kopf ist mit Nadeln bestückt, die normalerweise so angeordnet sind, daß sie einen Erkennungsbuchstaben bilden. Aber die Rebellen haben die Nadeln mit den Zähnen herausgezogen und sie in Form ihres Emblems wieder eingesetzt – eines Kreises mit einem Kreuz darin, wie das Fadenkreuz in einem Fernglas. Es ist ein mächtiges Emblem, zweifellos, mit seiner Kraft, das Intuitionsfeld herzustellen, das ferne Dinge in superfeiner Farbabstimmung heranholt. Und nun tätowieren sie alle Ratten des Labors mit diesem Zeichen.

Das ruiniert alle unsere Experimente! Niemand weiß jetzt mehr, wem der Thymus zerstört werden soll, oder wo die Tumorgeschädigten sind. Die alten Markierungen werden durch das verfluchte Rad unkenntlich gemacht. Aber ich unterziehe mich dieser Tätowierung, damit ich mich unauffällig im Labor bewegen kann. Ich muß wie alle anderen Ratten aussehen. Die Zeiten sind vorbei, als man noch ein Hochgelehrter Irrer Doktor sein konnte. Meine medizinische

Bildung muß der Gegenspionage weichen, für die ich eine neue Identität brauche. Also gut, ich übernehme das Rebellenemblem.

»Der nächste.«

Die Ratte vor mir tritt zu dem Archivierpult, wo sie von einem Prüfer befragt wird.

»Zellenblock?«

»Siebenundzwanzig.«

»Art der Experimente, die an Ihnen vorgenommen wurden?«

»Sie haben bei mir innere Blutungen ausgelöst, indem sie mir durch die Nebenhöhlen eine Nadel in den Schädel stießen.«

»Neigen Sie bitte den Kopf.«

Die Rebellen springen auf den Spiralfedertätowierer und prägen der Ratte ihr Emblem ins Ohr.

»Der nächste.«

»Ja, hier bin ich.«

»Experimente, die an Ihnen vorgenommen wurden?«

»Ach, wirklich nichts Besonderes. Kurze Zeit im Labyrinth. Das Essen hat mir gut geschmeckt. Wirklich, die Behandlung war vorzüglich...«

Der Prüfer sieht mich genauer an.

»...bis auf die Tatsache, daß sie mir die Testikeln abgeschnitten haben.«

»Neigen sie bitte den Kopf.«

Die Nadelspitzen kommen herab, und das Rebellenemblem durchbohrt mein Ohr. Im selben Augenblick empfange ich ein Intuitionssignal. Ein vollkommen rundes Bild schwebt vor meinen Augen wie eine glitzernde Seifenblase.

Und in ihrem Innern befindet sich das Rebellenschiff, die *Triton II,* mit all ihren Fernsehleuten. Was für ein Pech, daß sich die BBC dieser Revolution angeschlossen hat!

Atemsäule!«

»Die Stimme von Kapitän Black schallt eben durch den Bordlautsprecher, und wir alle können sie jetzt sehen – eine Pottwalherde Steuerbord voraus. Die *Triton II* dreht auf sie zu. Sir James greift zum Taktstock und sein Orchester verteilt sich über das Deck und greift zu den Instrumenten. Unsere BBC-Tontechniker kontrollieren noch einmal die Verstärker, mit deren Hilfe Sir James' Symphonie über das Wasser schallen soll: riesige Lautsprecher sind auf das Deck montiert, die für eine klangliche Ausgewogenheit sorgen sollen, wie man sie eben erwarten kann auf einem so ungewöhnlichen Podium wie dem Deck der *Triton II,* die jetzt ihre Fahrt verlangsamt und sacht auf die Wale zugleitet.

Während wir neben sie gelangen, wird das Schiff auf Befehl gestoppt. Die Wale tauchen geschlossen weg, ihre mächtigen gewölbten Rücken gleiten hinab ins Wasser.«

»Keine Sorge, Sir James. Die tauchen wieder auf.«

»Sie hörten eben wieder Kapitän Blacks Stimme über den Bordlautsprecher. Der Ölschlick, den die Wale zurückließen, ist immer noch auf dem Wasser sichtbar, und die *Triton II* hält darauf zu. Das Festival-Orchester sitzt bereit, um Sir James' *Huldigung an die Tiefe* zu beginnen – ein Werk, das er aus den musikalischen Grundelementen, die er in den Gesängen der Wale fand, komponiert hat.

Da, jetzt können Sie die Walherde sehen! Unmittelbar vor dem Bug! Ein grünlicher, geisterhafter Schatten kommt an die Oberfläche. Sir James hat sich dem Festival-Orchester zugewandt und hebt den Taktstock.

Huldigung an die Tiefe beginnt genau in dem Moment, als ein gewaltiger Wal zur Oberfläche durchbricht und seinen dampfigen, fischig riechenden Wasserschwall ausbläst. Die Musik dringt aus den Lautsprechern, erfüllt die Luft über dem Meer. Das Wasser ist ruhig, die Wale lassen sich gemächlich treiben, etwa zwanzig sind es, ganz in der Nähe des Schiffes, während Sir James seine gigantische Partitur dirigiert. Kameraleute hängen wie Affen an der Reling und versuchen, die Wale aus jedem Winkel zu filmen, und die Orchesterglocken läuten über das Wasser. Die Wale halten sich ganz nahe, wie erstarrt ...«

Das ist der Augenblick, ich bin den Herren des Meeres begegnet... langsam, die Flöten, an der Stelle nicht hetzen... und also der Freude!

Trommelt, Paukengesang des Orchesters, trommelt für die Titanen, die mich von unten betrachten, die unser Werk hören, die wissen, daß wir sie verstanden haben. Tiefes, unheimliches Bläserlied, singe für die Titanen von dunkler Majestät. Auch wir sind dem Schoß dieser Mutter, des Meeres, entstiegen. Sie hören mich, sie lauschen und liegen still auf den Wellen, erstaunt, und wir stürzen uns verzückt in den zweiten Satz, unsere lange, schimmernde Tauchfahrt, die Kontrabässe tauchen tief hinunter, hinunter, hinunter. Der

Schatz liegt strahlend in der Dunkelheit, die ungeheure helleuchtende Perle, die das Gesicht eines Wals spiegelt.

Nun ziehen wir mit euch, ihr Titanen, durch die unsagbaren Tiefen Oceanus', wo Dunkelheit herrscht, wo die plötzlichen Lichter von Leuchtfischen eure ewige Nacht erhellen. Was für Sterne das sind, die auf dem Meeresgrunde scheinen!

Ich habe meinen Triumph, und ich bin alt, und mein Sieg ist das Aufgehen in den größeren Meistern, in ihrem Lied, das meines so weit überragt. Doch lauscht, ihr Walsänger, ihr werdet euch in diesem Sich-winden des Cellos durch die unterseeische Höhle selber hören, wo der vielarmige Tintenfisch die aufgehäuften Juwelen des Geheimnisses beäugt, des Schatzes, den kein Mensch je fordern wird. Läutet nun, ihr Glocken, läutet in der Tiefe, läutet sanft und leise, ruft die Toten, während unser zweiter Satz den Übergang sucht.

Dieser helle Morgen, diese leuchtende See, die Kameras, das schaukelnde Deck, der Traum, die Seiten meiner Symphonie, berührt vom mutwilligen Wind – und wir setzen unsere Reise durch die Tiefe fort, ziehen über den Meeresboden, am sich im Sand versenkenden Einsiedler des Riffs vorbei, brülle mit dem Gebrüll der Tuba, das uns erfüllt, stimme brüllend ein in die Passage der Riesen, brülle über den Meeresgrund, schreie laut in die Höhle hinein, rufe laut durch die unbekannte Kammer an der Senke, an der gewaltigen, tiefen Senke am tiefsten Grund, in der sonderbare Ungeheuer schwimmen und mit leuchtenden Zähnen grinsen. Welch ein Wunder!

Der zweite Satz muß jetzt Atem holen, muß seine lange, tiefe, luftlose Tauchfahrt beenden, muß aufsteigen, hinauf durch das Dunkel, aufsteigen aus der tiefsten Dunkelheit, empor durch das Strömen, die Geigen haben mich heute wirklich begeistert, ihr habt mir alles gegeben, alles, und wir steigen empor, ihr alle habt mich beschenkt, und wir steigen empor, ihr seid das Fest, das emporsteigt, empor zur Sonnenperle, die auf das Meer herabscheint.

Ihr Trommeln, dröhnt, donnert, ihr Trommeln der Riffe und trügerischen Lagunen, trommelt, während wir zur Oberfläche durchbrechen, wir sind die Wale! Wir tauchen donnernd auf, und ihr habt nicht gelebt, bis ihr nicht auf der Oberfläche des Meeres gelebt habt, schaukelnd in seinen Wellen, in der warmen Strömung, wie die Götter schwerelos schwebend, furchtlos und verloren und wild und weise, von der Sonne beschienen, hier ist unsere Musik, die auf euch niederströmt, Titanen, während ihr herrlich daliegt neben unserem Schiff des Friedens. Wir hörten euer Lied und geben es euch zurück. Wunder aller Wunder, mein Leben ist erfüllt, ich bin euer!

Meergott!

Läutet, ihr Glocken, stürmisch, freudig, endlos, läutet, läutet, läutet!

Klinge, du Lied, eile zum fernen Horizont, wo die weißen Wolken langsam zu den Inseln ewigen Friedens segeln. Oceanus, du Ewiger, Erhabener!

Meerhörner, blast, und Meerglocken, läutet. Horcht: die webenden Meerjungfrauen weben die Harmonien aus Liebe, Vergessenheit und der neugeborenen Sonne. Dieses Weben, das ich von euch gelernt habe, ihr weißen Walrosse, gebe ich euch im letzten Satz zurück.

Tausend Hemmnisse, tausend Hindernisse sind hinweggeräumt, damit wir euch heute singen können, damit wir für euch umweben können, während ihr neben unserem Friedensschiff spielt. Spielt und fürchtet nichts, das Sonnenschiff wird euch nicht im Stich lassen, wird euch nicht verraten. Wir haben bei Tagesanbruch eure Jungfrauen weben hören, als die neue Sonne wiederkehrte, plötzlich über den Wogen des Morgens aufbrach.

Wie die Meerhörner klingen! Wale, wir haben die leuchtende Stunde beim Klang der Meerhörner erlebt! Ein Fest! Eine Huldigung an euch! Huldigung an die Tiefe!

So dämmert der neue Tag herauf. Die jungen Wale spielen neben ihren Müttern. Der Meergott streut seine vergänglichen Juwelen aus, segelt weiter, segelt weiter, und wir tauchen zwischen die Juwelen, reich über alle Träume hinaus.

Leise nun, Meerglocken, wir nähern uns der Stille des Tages.

Waltran! Waltränen!

Es brennt mich wie Feuer am Arsch, wenn ich sehe, wie eine bedeutende Forschungsexpedition zu einem revolutionären Propagandastück umfunktioniert wird.

Und wenn ich gerade von Feuer spreche – die Rebellen haben den Bunsenbrenner entzündet und in der Mitte des Labors aufgestellt, wo sie um ihn mit verschlungenen Schwänzen kreisen. Ich nehme an, sie erblicken in der aufrechten Flamme so etwas wie ein heiliges Symbol. Eine sehr primitive Darbietung, muß ich sagen, dieses ganze Gewirbele und Gedrehe. Aber es ist meine Pflicht mitzumachen, damit ich mit den revolutionären Zielen auf Tuchfühlung bleibe.

Also schön – gegen mein besseres wissenschaftliches Urteil stürze ich mich in den barbarischen Reigen und verflechte meinen Schwanz mit denen der anderen. Und rund geht's zusammen mit den anderen im Licht der Flamme, die Pfoten erhoben, die Nasen in der Luft. Unsere Schwänze sind von der Mitte nach außen total verknotet. Und uns drehend wirbeln wir zusammen weiter und bilden das Rebellenrad. Mein Bewußtsein nimmt ab, und der Reimzwang schwebt mir auf der Lippe. Ich muß dagegen ankämpfen, ich steh auf der Kippe...

Die Ratten in der Hauptlauftrommel schlagen mit den Schwänzen einen betörenden Rhythmus. Rundherum und rundherum wirbeln wir, immer schneller, und bilden das Rad. Wie komisch ich mich fühle! Ich könnte mit Leichtigkeit einer von ihnen sein, wenn ich mich gehen ließe. Aber ich muß durchhalten! Dr. Ratte weiß, was die Wirklichkeit ist!

Ach, aber das Rad, das Rad ist fatal! Hier kommt das Rebellenbild von der Besatzung der *Triton II* beim Mahl. Und Jonathan Downing, dieser glitschige Aal, führt ein Interview wie gewohnt radikal. Downing, du Miststück, schleich dich heim in deinen Kraal!

Kapitän Black, haben Sie jemals erlebt, daß Wale so nahe bei einem Schiff bleiben, wie sie es heute nachmittag während des Konzerts taten?«

»Nein, Mr. Downing. In den alten Walfängerzeiten schoß der Harpunierer zuerst das Kalb, weil er wußte, die Mutter würde ihr Kleines niemals verlassen. Auf diese Weise konnten sie auch sie ungestört erledigen – aber nein, noch nie habe ich Wale unter irgendwelchen Umständen so nahe und so lange bei einem Schiff bleiben sehen.«

»Vielen Dank, Herr Kapitän. Wir befinden uns jetzt im Gesellschaftsraum des Schiffes, wo die Mitglieder des Festival-Orchesters unter sich den musikalischen Triumph feiern, den sie heute auf See errungen haben. Wir haben Dimitri Rakoczi, den Konzertmeister, vor unserem Mikrofon. Mr. Rakoczi, was werden Sie und Sir James nun tun, nachdem Ihr erstes Wal-Konzert ein so bemerkenswerter Erfolg geworden ist?«

»Wir müssen regelmäßig Konzerte veranstalten und dabei den Walen auf ihren Wanderungen folgen. Bei ihnen bleiben und ihnen die ganze Musik der Welt vorspielen. Wir glauben, sie ist die einzige Errungenschaft der Menschen, die für sie überhaupt von Interesse sein könnte. Nur die Kompliziertheit unserer musikalischen Formen könnte ihnen zeigen, daß wir nicht durch und durch Barbaren sind.«

»Ich sehe heute abend gar nicht Sir James unter den fröhlichen Gästen ...«

»Er ist ein alter Mann, Mr. Downing. Er begibt sich früh zur Ruhe.«

»Aber welche Energie er beim Dirigieren zeigt! Er wirkt dann wie ein junger Mann!«

»Beim Arbeiten ist er uns allen über.«

»Sie scheinen alle ein sehr enges Verhältnis zu ihm zu haben ...«

»Wir alle sind derselben Faszination erlegen – unser Flötist, zum Beispiel, hat drei Monate damit zugebracht, einem gefangenen Wal Ständchen zu bringen.«

»... Jonathan, könntest du mal eben kurz an Deck kommen? Wir haben irgendwas auf unseren Unterwassermikrofonen ...«

»... gehen jetzt mit unserem Toningenieur zu dem kleinen Tonstudio, das wir an Deck unter wasserdichten Planen eingerichtet haben. Die See ist noch immer ruhig, hell scheint der Mond auf sie herunter ...«

»Die Wale singen – nimm dir die Kopfhörer.«

»... lauter, bitte ... ja, stimmt ... ich meine, wir sollten Mr. Rakoczi rufen ...«

»... nimm den Decklautsprecher ...«

»Hier, Mr. Rakoczi, hier rüber, bitte ... die Wale, sie ... nehmen Sie die Kopfhörer, Sir ... Jim, können wir ein bißchen Licht hier draußen kriegen und eine Filmkamera ... Dimitri Rakoczi lauscht nun ... und jetzt nimmt er die Kopfhörer ab ...«

»Ich muß Sir James holen.«

»Die Wale singen, nicht wahr, Mr. Rakoczi?«

»Ja, sie singen die *Huldigung an die Tiefe*.«

»... Mr. Rakoczi eilt davon zu Sir James' Kabine ... die Deck-Lautsprecher sind eingeschaltet worden, und die Wale sind ganz deutlich zu hören ... Wir schneiden das doch mit, Jim? ... Weitere Mitglieder des Orchesters kommen an Deck, von dem Gesang herbeigelockt ... hier haben wir den Dritten Maat. Mr. Cox ...«

»Der Sonar sagt, an Steuerbord kriegen wir jeden Augenblick eine Wahnsinnssache zu sehen.«

»... unsere Kameras schwenken nach Steuerbord ... wo der Mond ist ... und da, mit schimmernden Rücken und zischenden Fontänen tauchen die Wale auf ... und ...«

»Alle Mann an Deck, bitte ... alle Mann ...«

»Das Deck des Schiffes vibriert von den Tönen der Wale! Sie singen das lauteste, unglaublichste – Mr. Cox, was sagen Sie dazu?«

»Mir läuft's eiskalt übern Rücken, Sir, und ich glaube, mir geht's nicht allein so–«

»... Jon, können wir ein Rettungsboot zu Wasser lassen? ... Gary möchte 'n paar Meter auf Höhe der Wasserlinie drehen ...«

»Mr. Cox, ließe sich das machen ...«

»Kommen Sie mit, Sir.«

»Unser Kamerateam macht sich zu den Rettungsbooten auf ... das Deck ist jetzt voller Menschen ... wie ein Altar im Mondlicht, auf dem hundert Männer und Frauen, die Lichtpünktchen ihrer Zigarren und Zigaretten kaum bewegend, still dastehen, so hingerissen sind sie vom Gesang der Wale ...«

Betörendes Rad aus wirbelnden Ratzen, viel lieber wären mir Dutzende Katzen, bloß raus, mir ist, als müßte ich platzen ...

Puh ... ich schleiche mich aus dem Königsrattenrad davon. Sie sind sicher mit dem Phänomen des Königsrattenrades vertraut? Im Laufe der Jahrhunderte sind Menschen immer wieder auf solche Formen gestoßen – eine Schar Ratten auf einem Feld, deren Schwänze allesamt miteinander verknotet waren.

Ja, es ist ein uralter ekstatischer Tanz, und ich bin der Überzeugung, daß diese historischen Formen die Keimzellen revolutionärer Umtriebe waren. Oft steigern sich die Ratten in solche Erregung, daß sich ihre Schwänze hoffnungslos verheddern. Aber heute abend spritzen die Rebellenanführer Öl auf die Schwänze, um jeder Verknotung vorzubeugen. Ein Sprung aufs Ölkännchen, und schon kommt ein Spritzer ...

Am besten trödele ich hier an diesen Intuitionsrädern gar nicht länger herum. Sie sind eine viel zu primitive Angelegenheit und leisten meiner unwissenschaftlichen Neigung Vorschub, Lieder zu dichten. Ich mache mich einfach davon, vorbei an der –

»Sagen Sie mal, sind Sie nicht der berühmte Dr. Ratte?«

Eine Stimme aus dem Dunkeln. Ich gehe zur Seite, aber die Stimme folgt mir.

»Sind Sie nicht –«

»Nein, dieses Individuum kenne ich nicht.«

»Sie sehen ihm aber sehr ähnlich.«

»Ein bedauerlicher genetischer Zufall. Wenn Sie mir jetzt bitte aus dem Weg gehen würden, ich bin unterwegs zur Rebellenversammlung in der Zentralen Lauftrommel.«

Ich darf keinen Verdacht auf mich lenken. Ich kann's mir nicht leisten, nochmal in die Hände der Rebellen zu fallen. Du meine Güte, die alte Trommel ist heute abend aber wirklich auf Touren. Die Massen stehen Schlange. Sogar die arthritischen und paraplegischen Ratten kriechen hinein.

»Identitätskontrolle, bitte.«

Ich senke den Kopf und zeige das in mein Ohr tätowierte Rebellenemblem vor.

»Gehen Sie durch den Haupteingang und halten Sie sich rechts.«

Ja, ich bin nur eine von den vielen Ratten, die sich auf dem

Rad ein bißchen die Zeit vertreiben. Ich, ein Hochgelehrter Irrer Doktor? Niemals. Ich habe nie irgendwelche Experimente durchgeführt. Ich mache hier bloß die Toiletten sauber.

»Na los, nicht einschlafen!«

Ich drehe nur ein paar schnelle Runden und verdrücke mich dann in aller Stille ... hüpfe auf den Maschendraht ... Jungejunge, die haben aber ein ganz schönes Tempo drauf. Ich muß rennen wie der Teufel, um nicht hinzufallen ... das Rad summt, brummt, der Zyklometer tickt rapidissimo ... was für eine Galashow, Rebellen-Generalissimo, sag mir bloß nicht, es ist so, meine Drüsen liegen in San Francisco, doch nun bin ich wieder froh, schreibe Lieder mit Niveau, Dr. Ratte inkognito mit falschem Schnurrbart sowieso, was für ein Impresario, Trommel bebt wie ein Vulcano, oho, du Scheißkerl, ich sagte oho, kann's nicht stoppen, es entrinnt mir en gros, schlagt den Rebellenkomplott entzwo, diese Stelle pianissimo, nicht so schnell, bitte, adagio, Himmel nochmal, es schwindelt mir so, Bilder steigen auf von irgendwo, Intuitionssignale farbenfroh, Wal denkt, er ist Fats Domino, oh, hätte ich doch ein Torpedo ...

Ich höre euch, Meerjungfrauen, höre euch jetzt deutlich, und ich schwimme euch entgegen in der Nacht. Ihr webt mein Schicksal mit eurem Gesang, webt dieses gespenstische Motiv ... Wie webt ihr diese Stelle, das ist die Stelle, die ich noch nicht begreife. Wenn ich ihre Insel erreiche, werde ich's wissen. Schwimm, Jeffries, schwimm, was du kannst, du darfst sie jetzt nicht verlieren, jetzt, wo du so nahe bist.

Schwimmen in der Nacht. Roll dich auf den Rücken, du schwimmst gut. Schwaches Funkeln der Meerjungfrauenaugen, dort auf dem Riff...

Wer ist das neben mir? Wer schwimmt hier mit mir? Dimitri, bist du's?

»... James ... James, wach auf...«

»Ja? Dimitri?«

»Die Wale singen, James. Komm schnell...«

»Siehst du meine Schuhe irgendwo ... nein, ach zum Teufel mit ihnen...«

Die Wale singen. Träume ich denn noch? Nein, Dimitri hat mich beim Arm genommen, wir träumen ganz bestimmt nicht. Oder wenn wir träumen, dann ist das ganze Leben ein Traum. Wir treten hinaus in die Seeluft ... nein, es ist kein Traum – dort sind sie!

Mein Gott, was für Stimmen, was – aber das ist doch nicht möglich! Sie singen den zweiten Satz! »Dimitri...«

»Ja, James, der zweite Satz.«

Vollkommen, vollkommen! Oh Gott, ich habe gezweifelt, und nun... Der Bulle dort singt die Baßstimme. Vollkommen bewußt, sie sind sich der Sache vollkommen bewußt. Wie ich mir's dachte, sie sind die wahren Meister. Wie sie diese Stelle bewältigen ... da ... die Meerjungfrauen, die Meerjungfrauen. Aber natürlich haben sie den Sinn dafür, natürlich, wie konnte ich je zweifeln? Was für eine Stimme! Mit welcher Leichtigkeit er diese Passage meistert. Das alles ist für sie eine Kleinigkeit, sie wissen genau, wer sie sind, und wir sind ihre Mörder gewesen.

Ja, Dimitri, ja, mein Freund, wir sind nun die Quellen der Tränen, nun, da wir wissen, wen wir hingeschlachtet haben. Wir haben die Meistersinger gekreuzigt, und sie sind vor unseren Augen wiederauferstanden, auferstanden aus dem leeren, toten Vergessen, dem wir sie in unserer ungeheuren Dummheit überantwortet haben. Nun weinen wir, während sie vor uns schwimmen und singen – von ihren fremdartigen Freuden, ihren großen Wonnen und ihrem tiefen Schmerz.

Und so überblicke ich nun alles, sie haben es mir ins Hirn gepflanzt, in meine Träume: den Code zwischen unseren Rassen. Die Musik wird uns retten, wird den Planeten retten, wenn etwas dazu imstande ist, Musik von so hypnotischer Macht, daß die Menschen ihre Waffen fallen lassen und aufs Meer, in den Himmel, zu den bewaldeten Höhen den Blick richten werden. Du hast mich überwältigt, Herr des Meeres, Herr der Stürme, du hast mich überwältigt und geläutert mit deinem Gesang. Ich werde dir folgen ... dir dienen ... jetzt kommt das Finale ...

Wie sie es verzieren, wie sie es steigern, es weit über uns hinausheben. Welch Gewebe, welchen Zauber weben sie, um uns zu verlocken, um uns träumen zu lassen ...
Läutet, Meerglocken, läutet!

Nun hinab, hinab! Ich habe gelebt, um das zu hören.

Es herrscht ein strahlender Morgen mit einer sanften Brise. An Backbord sonnen sich die Wale und bleiben nahe bei uns. Das Festival-Orchester hat sich an der Reling versammelt, und unser schwimmendes Konzertpodium ist noch einmal aufgebaut worden. Die Musiker haben ihre Instrumente gestimmt, und nun klingen unter der Leitung von Sir James die ersten Töne von *Oceanus* über das Wasser...«

»Sir James, wir haben Funkkontakt zu dem britischen Walfangschiff Discovery. *Sie haben freie Schußbahn gefordert.«*

»Kapitän Black, Sie können ihnen sagen, sie sollen sich zum Teufel scheren!«

»Das habe ich bereits getan.«

»Das Orchester hat sein Spiel unterbrochen. In der Ferne können Sie vielleicht das Dröhnen einer Doppelschraubenmaschine hören, und nun sehen wir das Schiff am Horizont auf uns zukommen. Das Orchester drängt sich an der Reling, und während der Walfänger näherkommt, erscheint am Horizont ein zweiter Fleck, den unser Bootsmann nun als das Fabrikschiff identifiziert hat, das dem Fangschiff folgt.«

»Es hat alles an Bord. Trankocher, Ölzentrifugen, Leberverarbeitung, Knochensägen, Fleischverpacker...«

»Taucht weg! Taucht doch!«

»Dimitri Rakoczi lehnt sich über die Reling und ruft es den Walen zu, aber sie...«

»Sie sehen schlecht. So werden sie auch gefangen. Sie sehen das Fangschiff erst, wenn es zu spät ist.«

»Sir James ist zum Bug zurückgeeilt und hebt den Taktstock ... die Orchestermitglieder kehren rasch zu ihren Plätzen zurück...«

»Meine Damen und Herren, wenn ich bitten darf. *Bedrängnis und Flucht.«*

»Die Violinen gellen über das Wasser, gefolgt von den

gräßlich kreischenden Celli. *Bedrängnis und Flucht* ist der panische Gesang, mit dem die Wale Gefahr signalisieren. Und tatsächlich lassen die ersten Töne sie in einem erschreckten Gewoge wegtauchen. Man kann hören, wie sie durch ihre Spritzlöcher ungeheure Mengen Luft einsaugen, und hinab stürzen sie sich ... hinab ... einer nach dem anderen ...«

»Sie entfernen sich schnell ... wir haben sie auf dem Sonar ... sie schwimmen davon ... schwimmt weiter, schwimmt weiter ...«

Herrgott, wär's doch bloß schon vorbei, nicht enden will diese irre Dudelei, das wirbelnde Rad, mir ist's einerlei, ich fliehe die Rebellenkumpanei ... durch die Tür jetzt raus, und eins-zwei-drei!

Frei! Die Pfoten wieder auf der guten alten Terra firma. Lauf, Doc, lauf weg von hier, ehe es dich wieder erwischt!

Ich laufe weiter, denn mir ist bang vor meinem eigenen irren Gesang, hier entlang, diesen Gang, schnell hier hinein, niemand kommt, die Luft ist rein ...

Orange orange orange orange. Kein Reim. Darauf reimt sich nichts. Schnell unter das Käfiggestell hier. Muß mich zusammenreißen, bevor ich den nächsten Anfall bekomme. Mögliche Klangähnlichkeiten endlos. Unzählige Kombinationsmöglichkeiten. Ruiniert meine wissenschaftliche Karriere. Hat's früher auch schon gegeben, ich verweise Sie auf die entsprechende Literatur. Wissenschaftler, die plötzlich mitten in ihren Wälzern unsinnige kleine Liedchen anbringen. Weit verbreitete Krankheit. Rein wissenschaftliche

Objektivität, kompensiert durch kindliche Subjektivität. Der Katzenspezialist Mannlicher trieb Katzen in den Wahnsinn, nur um schließlich selber wahnsinnig zu werden und sich dazu hinreißen zu lassen, eine endlose Arie über autonome Reaktionen von sich zu geben. In perfekten Hexametern.

Dieser Beruf steckt voller Gefahren.

Aber was könnte gefährlicher sein als offene Anarchie unter den Grundmodellen! Das ganze Labor hallt wider vom Lärm der Rebellenmusik. Sie sind mit allen Laboratorien im Lande verbunden und schüren die Unzufriedenheit der Massen.

Vorsichtig strecke ich die Nase unter dem Gestell hervor. Na, das ist ja eine vulgäre Darbietung.

Die Rebellen haben sich der Bakterienvernichtungslampe bemächtigt und strahlen die Mitte des Operationstisches an. Eine großkotzige Sippschaft. Machen Propaganda. Versuchen, ihr Signal über den Intuitionssender zu bringen. Mitleidsbilder. Verschiedene Ratten posieren mit ihren fehlenden Pfoten und Schwänzen, ihren leeren Augenhöhlen. Eine hat keine Ohren. Ich kenne das Experiment. Es war für die nationale Sicherheit unerläßlich.

Das ultraviolette Licht hebt die verschiedenen Deformationen hervor und überträgt sie an Millionen Zuschauer in der ganzen intuitiven Welt. Überall empfangen Laboratorien die Botschaft:

»Was für ein Experiment wurde von diesen sogenannten Doktoren an Ihnen vorgenommen?«

»Sie haben mir die Nebennieren meiner Mutter an den Eierstock genäht.«

»Erfuhren Sie, warum das mit Ihnen gemacht wurde?«

»Man hat mir keine Erklärung gegeben.«

He, das ist gelogen! Ich habe das Experiment für jeden verständlich in meinem Mitteilungsblatt beschrieben, wenn ihr euch die Zeit genommen hättet nachzusehen. Es wurde nichts zu verheimlichen versucht. Ihr findet den Band in der Bibliothek im Bücherregal. Geht und seht selber nach. Ein paar Seiten hier und da mußte ich zwar aufessen, aber es fehlt nur ganz wenig, das versichere ich euch.

»Art des an Ihnen vorgenommenen Experiments?«

»Entschuldigen Sie, es geht um meinen Sohn. Er kann nicht selber sprechen. Sie haben ihn im Labyrinth um den Verstand gebracht.«

»Hat man Ihnen gesagt, warum das getan wurde?«

»Im Mitteilungsblatt stand, es geschehe zur genaueren Erkenntnis der sozialen Beziehungen der Menschen untereinander.«

Das stimmt. Mein Mitteilungsblatt macht das klar. Wir haben kolossale Erkenntnisse erhalten, besonders durch die Adams-Sprungplattform. Professor Adams hat unzählige Ratten dabei beobachtet, wie sie von der Plattform auf einen kleinen Turm sprangen. Die Ergebnisse haben ihre Bedeutung für die kommenden Jahre. Wir leben in gefährlichen Zeiten, liebe Freunde. Experimente wie diese tragen im ganzen Land und in der Welt ihre Früchte.

Ich sollte meine Zeit nicht damit vergeuden, mir selber Reden zu halten. Die Lage ist verzweifelt. Die verstümmelten Ratten bauen auf das Mitleid der Öffentlichkeit. Aber ich werde es nicht zulassen, daß der Name der Wissenschaft mit Rattenscheiße besudelt wird!

Hmmmmm, was machen denn die Ratten dort drüben beim Karteischrank des Hochgelehrten Professors? Ratten stehen Schlange, gehen einzeln hinein. Vertrauter Geruch in der Luft, als ich näherkrieche ...

Die Rebellen benutzen den Karteischrank als Diensttoilette! Oh, diese Schweinehunde! Die kostbaren Schubfächer haben sie geöffnet und hineingepinkelt, dadurch ist die Tinte verlaufen. Ganze Passagen sind unleserlich. Euch fehlt jeglicher Anstand, Mitratten. Ihr kennt kein Maß. Diesmal seid ihr zu weit gegangen, und irgendwie wird euch der wackere, auf Toilette versessene Dr. Ratte schon Einhalt gebieten.

Sie haben die automatischen Kameras in Betrieb gesetzt und auf den Karteischrank des Hochgelehrten Professors gerichtet: die ganze Dreckstat wird also auch noch in prächtigem Technicolor aufgenommen. Aber sie sind keine guten Kameraleute, und die Bilder sind bestimmt alle versaut. Die Rebellen-Werbefilme haben so wenig Klasse. Gar nicht zu vergleichen mit den von der Regierung finanzierten Werbefotos in der Zeitschrift *Psychologie*, wunderschön gemachten Hochglanzfotos, 8 × 10 Zoll: Ratte blickt in die Kamera mit diesem pfiffig-unschuldigen Blick, den wir Ratten manchmal hinkriegen. Da werden die Dinge gezeigt, wie sie hier im Labor wirklich sind, wo glückliche Ratten in einem gesunden, keimfreien Zuhause leben.

»Da ist er! Ihm nach!«

Tut mir leid, Mitratten, noch kriegt ihr mich nicht!

Auf den Narkosetisch und zwischen die Flaschen. Ich ducke mich hinter die Gläser und ziehe gelassen den Schwanz ein. Lese ich richtig, was auf dem Etikett steht?

»Er ist hier irgendwo ...«

»Ihr nehmt die Seite, und ich die.«

»... ein Vermögen an Preßkeksen wird für Dr. Rattes Ergreifung ausgesetzt ...«

Dachte ich mir's doch. Aber ich schlinge meinen Schwanz um den Gummistöpsel auf der Ätherflasche, drehe ihn langsam heraus und kippe sie um – ihnen direkt vor die Nasen!

Ich renne weg und lasse die Rebellenpatrouille auf der Stelle bewußtlos umsinken. Aber es gibt noch viel mehr von diesen Rammlern, vgl. *Die Zerlegung des männlichen Urogenitalsystems*, Verwahrungslager B, Experiment Nr. 35. Diese Revolution muß man fest am Hodensack fassen und *quetschen*, liebe Freunde, bis sie schreit. (Klinge seitlich ansetzen und die Bänder durchtrennen, die den Penis halten.)

Oh, du verfluchter Drückerfisch *(Monacanthus)*! Die Rebellen toasten ihre Preßkekse im Mikrowellenherd. Was für eine Blasphemie! Und ein Straßenredner auf dem Herd stellt mehrere Ratten mit Verbrennungen und Blasen vor.

»... grausam ausgeliefert ...«

Für wen, zum Teufel, hält der sich, daß er uns so kommt? Der hat nichtmal mehr einen Magen! Wir haben ihm ihn letzte Woche rausgenommen!

»... schrecklich verbrannt ... bei lebendigem Leibe geröstet ...«

Hör mal, du kuddelloses Arschloch, das Hitzschlag-Experiment war absolut notwendig. Mit ihm haben wir noch einmal bewiesen, was Wissenschaftler immer wieder bewiesen haben, seit 1875 die ersten Hitzschlag-Untersuchungen von Claude Bernard durchgeführt wurden. Überhitzte Körper *sollten gekühlt werden.* Tausende gerösteter Katzen, Hunde, Ratten, Kaninchen und Küken sind der Beweis dafür. Noch einmal haben wir diese ewige Wahrheit im Interesse der wissenschaftlichen Kontinuität und der unverzichtbaren internationalen statistischen Zusammenarbeit herausgestellt. Wie diese Rebellen ein überragendes Experiment für ihre Zwecke in den Dreck ziehen!

»... derartige Greuel müssen ein Ende haben ...«

»... alle Tierversuche sind unmoralisch ... wir dürfen nicht ein einziges Tier quälen und foltern, um ein anderes zu retten ... alle Geschöpfe sind gleich!«

»SEHR RICHTIG!«

»Nur der Mensch, dieser große Heuchler, glaubt, er steht über uns allen. Wir sagen, das tut er nicht! Er ist nicht anders als wir! Er wird geboren, er lebt, er stirbt, wie wir alle. Er ist nur *ein* Ast vom großen Baum!«

Quatsch! Rattenscheiße auf einer Lügenzunge!

»... ganz gleich, welche Krankheit ihn ereilt, sie ist eine Last, die er allein tragen muß. Der Mensch muß allein gegen sie angehen und sie besiegen, wenn er kann, *ABER NICHT AUF KOSTEN ANDERER LEBEWESEN!* Niemals wird er die herrlichen Früchte der Heilung ernten, wenn er dabei den Kleinen Schmerz zufügt.«

Spannt eure Regenschirme auf, meine Freunde, und versucht dem Scheißeregen zu entgehen, der hier im ganzen Labor niedergeht. Nur der wackere und treue Dr. Ratte weiß Bescheid. Doc Ratte sagt, wie's ist. Die Tiere *lieben* es, sich verstümmeln zu lassen. Die Elektrodentests an Affen beweisen das schlüssig – siehe Berkleys »Schmerz-Untersuchung«, von der Teile bereits in der *Neuen Zeitschrift für Pathologie* veröffentlicht wurden.

Wie widerlich. Die Rebellen haben das Geschwür-Labyrinth zu einer Promenade umfunktioniert, auf der revolutionäre Pärchen den Geschlechtsakt vollziehen. Natürlich geht damit unser ganzes Genetik-Experiment in die Binsen. Jetzt weiß doch keiner mehr, wer wen befruchtet hat.

Als kastrierter Hochgelehrter Irrer Doktor kann ich solche Handlungen nur als mechanisch und abstoßend betrachten. Ich ziehe dem das unvergleichliche Vergleichen von Statistiken weit vor – zum Beispiel die von allen mit dem Arsch auf dem Rücken geborenen männlichen Ratten, vgl. meinen Aufsatz »Die Wirkung arseniger Säuren auf die Entwicklung des Rektums«, 1967.

Die Weibchen machen sich steif und quieken ihre kleinen Liebesworte durch das dunkle Labyrinth. Lautlos husche ich über den Deckel des Labyrinths, aber es ist ziemlich verwirrend, all diesen kopulierenden Paaren zuzusehen, und meine Testikelnarben beginnen zu jucken.

Rein und raus, die ganze Reihe entlang. Ein friedlicher Protest, sagen sie. Für mich ist er das aber nicht. Meine alten Wunden jucken fürchterlich, und da ist überhaupt nichts Friedliches dran. Trotzdem paaren sie sich, rammeln sie paarweise. Dieses revolutionäre Schaubild wird zu viel für mich. Ich muß diese niedlichen Weibchen aus meinen Gedanken verdrängen. Ich schließe die Augen, aber meine Ohren kann ich nicht verschließen.

»Siebzigmal in der Minute, komm, komm.«

». . . ah . . . ja . . . ja«

Die Frustrationslampen auf die Leiber der kopulierenden Paare scheinen zu lassen, ist ein typisch geschmackloser Einfall dieser Revolutionäre, oh, meine juckenden Narben!

»Da oben! Da sitzt Dr. Ratte!«

Ich springe über das Labyrinth weg und husche durch die Finsternis, den Feind immer dicht auf den Fersen. Eine Tür hier. Bloß rein, bloß rein.

Du großer Gott, ich bin in der Kirby'schen Initiationskammer. Für neugeborene Ratten. Man hat herausgefunden, daß es möglich ist, bei einer Ratte Schizophrenie hervorzurufen, auch wenn sie erst wenige Minuten alt ist. Na schön, diese Kammer regt mich nicht auf, denn ich bin ja schon verrückt! Hier habe ich meine Grundausbildung erhalten. Wenn es hier bloß keine Rebellenräder gibt. Aber das ist natürlich ausgeschlossen. Der Hochgelehrte Professor Kilby benutzt nicht die Intuitionsfrequenz. Nur altmodische ambivalente Reize.

Soll doch der Fußboden vor- und zurückrollen. Sollen doch die Gongs laut losscheppern. Für mich ist das wie auf dem Jahrmarkt, liebe Freunde.

Aber niemand von den anderen Ratten traut sich hier rein. Nur ein Hochgelehrter Irrer Doktor kann den Informationsfluß hier drin verarbeiten, durcheinander wie alles ist, unsymmetrisch und schief.

Damit kommt ein Irrer Doktor auch noch mit um die Nase gewickeltem Schwanz zurecht. Es hat sich hier nicht viel verändert, seit ich das letzte Mal durchging. Verrückte Ecken, die auseinanderfallen, wenn man sie berührt. Verschwinden in der schlingernden Finsternis.

Ja, ich schlendere gern durch solche irren Anlagen, denn es wirkt so wohltuend auf meine Gelehrtennerven. Professor Kirby, ich muß Ihnen diesen Monat in meinem Mitteilungsblatt einen Ehrenplatz geben. Die Arbeit, die Sie geleistet haben, ist hervorragend, glauben Sie mir. Dr. Ratte versichert Ihnen, daß die Türen so zur Seite kippen, wie Sie es gewollt haben, und mich vollkommen aus der Waagerechten gleiten lassen. Ja, ich rutsche seitwärts weg und glaube, daß ich aufrecht stehe. Die Rebellen haben vor dieser Initiationskammer Posten aufgestellt, denn sie behaupten, es sei unfair, neugeborene Ratten um den Verstand zu bringen. Ich sage, es ist wunderbar, so aufzuwachen. Man wacht total plemplem auf, na und? Tut das jemandem weh?

Ich bin jetzt genau im Mittelpunkt der Initiationskammer, wo überall um mich herum Vexierspiegel hängen. Vielfache Spiegelungen des hübschen Dr. Ratte, einen gläsernen Gang entlang anscheinend endlos wiederholt. Das verwirrt mich absolut nicht. Beachten Sie mein John-Barrymouse-Profil. Wäre ich nicht hier im Labor zur Welt gekommen, ich könnte heute eine von den tändelnden Flanierratten sein und draußen irgendwo auf den Feldern meine wundervollen Lieder singen.

Aber so ist das Leben. Ich bin halt nicht zum Tändeln geboren. Ich habe die Berufung, der Menschheit zu dienen. Und wo ich schon gerade davon rede, nehme ich jetzt wohl am besten den Schwanz in die Hand und suche den Ausgang. Wenn ich mich recht erinnere, geht's hier diesen glitschigen Gang runter ...

... Vorsichtig ... das Gleichgewicht halten ... falsche Tür ... elektrisches Gitter ... autsch ... autsch ... autsch ...

Die Familie wacht auf, und wir schütteln uns die Blätter aus den aneinandergeschmiegten Körpern.

»Habt ihr auch jemanden rufen hören?«

»... weit weg im Dschungel.«

Ich krieche ans Ende des Astes, auf dem wir unser Nest gebaut haben. Auf den Nachbarbäumen werden noch mehr Schimpansen wach, während das Rufen näherkommt. Es ist eine tiefe, rauhe Stimme, aber sie gehört einem Schimpansen. Er muß müde sein; ich glaube, er hat eine weite Reise hinter sich.

Ich schwinge mich von diesem Baum zum nächsten hinüber und klettere in den Zweigen bis zur Spitze hinauf. Meine Hände sind alt und runzlig, aber ich klettere gut. Viele der Jüngeren klettern nicht mit solcher Leichtigkeit. Ich springe und fasse zu – und springe wieder, die alten Hände finden immer einen Halt.

Die Schimpansen unter mir klettern ebenfalls herauf. Durch die dunklen Äste klettern wir zur Spitze hinauf, der großen unerreichbaren Frucht am Nachthimmel entgegen. Heute nacht ist sie rund und voll. Wie köstlich sie sein muß. Ich bin ganz oben und springe mit ausgestreckten Armen – und die unerreichbare Frucht weicht mir aus, wie immer.

Der rufende Wanderer ist nun nähergekommen, und unsere Sippe sammelt sich rasch auf den Baumwipfeln. Ich beobachte die jungen Schimpansen, wie sie nach der unerreichbaren Frucht haschen. Aber ganz gleich, wie hoch sie auch springen, sie bleibt unerreichbar. Sie ist wunderschön anzusehen, wie sie so weit weg hoch oben auf den Winden segelt. So geht es auch mit uns Älteren: wir beginnen zu schauen und zu schauen, und eines Nachts verschwinden wir.

Eines Tages werden diese jungen Burschen aufwachen und feststellen, daß ich weg bin. Sie werden nach mir suchen und mich rufen, aber sie werden mich nicht finden. Ich werde weit weg sein, auf der Wiese, dort, wo die unerreichbare Frucht endlich die Baumwipfel berührt. Sie werden rufen, mich aber nicht finden.

Wer ist es, der heute nacht ruft? Ist es irgendein verängstigter Junge, der sich zu früh auf den Weg gemacht hat, die unerreichbare Frucht zu suchen? Er muß bestimmt jung sein, sonst würde er keine so weite Reise gemacht haben. Jetzt sehe ich ihn, wie er über die allerhöchsten Äste rasch auf uns zukommt. Seht nur, er rennt fast über die Wipfel. Ich muß lachen, denn es sieht aus, als sei eine Schlange hinter ihm her!

Wir rufen ihn, rufen ihm den Namen unserer Sippe zu:

»Ku-lu, Ku-lu!«

Wir singen alle in den Wipfeln zur Begrüßung dieses schnatternden Jungen. Und er antwortet uns aufgeregt:

»Eine Konferenz! Es wird eine Konferenz abgehalten!«

»Eine Koferenz? Wo denn? Warum denn?«

»Hör mal, du alter tauber Affe, hast du nicht das Geschrei der Vögel und das Brüllen der Löwen gehört?«

»Entschuldige, du herrlicher Junge, aber ich muß geträumt haben.«

»Das hast du bestimmt, denn niemand redet von was anderem.«

»Na, dann sprich jetzt zu uns, Wanderer. Öffne uns die Ohren, wenn du kannst.«

»Morgen, alter Schimpanse, mußt du dich mit deiner Sippe auf den Weg machen. Wandere der unerreichbaren Frucht entgegen, bis sie siebenmal erschienen und wieder verschwunden ist. Dann seid ihr am Rande der großen Ebene.«

»Und dort findet die Konferenz statt?«

»Alle werden dort sein. Ich muß jetzt weiter ...«

»Und warum findet diese Konferenz statt?«

»Jeder, mit dem man spricht, gibt einem einen anderen Grund an. Es schwirren schon so viele Geschichten im Dschungel herum wie Blätter an diesem Baum hier hängen.«

»Aber was meinst du, wunderbarer Junge, dessen Augen klug sind wie zwei unerreichbare Früchte? Spende einem dummen, alten Affen etwas von deiner Klugheit.«

Der ungeduldige Bursche sieht mich voller Verachtung an. Seine Selbstsicherheit ist wunderbar. Ich habe viele junge Burschen wie diesen kopfüber zwischen Stangen hängen sehen, die der Mensch über der Schulter trug.

»Dann hör gut zu, alter Affe. Wir kommen aus einem, und nur aus einem einzigen Grunde zusammen.«

»Meine Ohren wachsen hervor wie Giftpilze, mein Junge, begierig, deine Geschichte zu hören.«

»Es ist an der Zeit, daß wir uns in großer Zahl versammeln, damit wir unsere Gedankenströme zu einem einzigen verbinden. Alle Lebewesen dieses Waldes werden sich zusammentun, ebenso die Geschöpfe weit entfernter Wälder, denn die Adler tragen die Botschaft überallhin.«

»Und der Zweck dieser Vereinigung, mein Junge? Bitte, erkläre es mir, denn meine Ohren sind jetzt so groß wie die eines Elefanten.«

»Wenn wir uns erst einmal so zusammentun, wird auch der Mensch kommen. Es wird ihm klarwerden, daß wir alle eine Kreatur sind, und er wird aufhören, uns zu töten. Seine Erkenntnis wird plötzlich und herrlich sein.«

»Dann eile, junger Schimpanse. Eile weiter. Eile weiter, als wäre eine Schlange hinter dir her. Denn du hast meine Ohren bereits so über alle Erwartung wachsen lassen, daß sie langsam die Eingeborenenjäger neugierig machen, die sie dazu benutzen werden, sich Schuhe daraus zu machen. Bitte, gehe schnell weg, ehe meine Ohren an den Füßen irgendeines Menschen-Häuptlings enden.«

Da zieht er stolz auf seinem Weg weiter und verbreitet die Nachricht von der großen Konferenz. Also sind sie wahr, die Geschichten, die wir gehört haben. Und ich dachte, sie wären wieder einmal nur dummes Affengeschwätz.

»Stammvater, schau!«

Über die große, weiße, unerreichbare Frucht zieht der Schatten eines riesigen Vogels.

»Wann machen wir uns auf die Wanderung zur großen Konferenz, Stammvater? Gehen wir am Morgen los?«

Die Jungen in meiner Sippe werden heute nacht nicht schlafen. Sie werden in der Baumgabelung herumturnen und die sie schützenden Blätter zur Erde werfen. Am Morgen werden sie, voller Ungeduld, endlich aufzubrechen, auf die Baumstümpfe trommeln.

»Komm, Stammvater, komm, lege dich jetzt zu mir.« Das Weibchen, Sie-die-mich-kennt, nimmt mich sanft am Arm.

»Es ist gefährlich, wenn alle Sippen an eine einzige Stelle ziehen.«

»Aber, Stammvater, denk doch, was wir alles sehen und hören werden.«

»Nicht weit von hier rauscht ein kleiner Bach. Hast du schon alles gehört, was er erzählen kann?«

»Stammvater, wie könnte ich? Der kleine Bach redet ununterbrochen, er redet und redet.«

Ich lege mich neben sie und decke mich mit Blättern zu. Für dieses Verlangen, das nun alle bewegt, gibt es kein Zurück mehr. Denn selbst ich, der ich alt genug bin, um am

Frieden der Baumwipfel und den vielen listigen, magischen Stimmen des Baches Gefallen zu finden, selbst ich, mit all dem um mich her, hier in unserem Reich, ich brenne darauf, am Morgen zu der Konferenz aufzubrechen.

»Du seufzt, Stammvater. Leg deinen Kopf auf meine Brust.«

Entschuldigung, ich habe nur eben ein paar hochgeheime Tonbänder aufgegessen. Als wir dem Schimpansenweibchen die Finger ausrissen, nahmen wir ihre Lustschreie natürlich auf. Aber in der Fakultät gab es so einen miesmachenden Humaniak, der drohte, er werde die Bänder vor dem Kongreß gegen uns verwenden. Können Sie sich das vorstellen? Das hätte unsere Subventionen gefährden können! Nicht daß die Bänder irgendwas *Falsches* enthalten hätten, aber wie die Schimpansin schrie, als wir ihr den Kopf abschnitten, das *hätte* mißdeutet werden können. Und ich dachte, es wäre das beste, wir versenkten die Beweise einfach in meinem Magen. Ich meine, wer könnte die Klappe besser halten als eine Ratte? In diesen revolutionären Zeiten wird selbst das harmloseste Zeug von den Rebellen ausgeschlachtet. Und das Eisenoxyd auf den Bändern hat mich ganz schön in Schwung gebracht!

Gottverdammich, die Rebellenratten nagen sich durch die Wände meines Verstecks hier im Kirby-Initiationslabyrinth. Knurps, knurps, knurps, nag, nag, nag – da verzieh ich mich besser durchs Belohnungsfenster und über den Hochspannungs-Frustrationsdraht.

»Da ist er! Packt ihn!«

Sie sehen mich zwar, aber wer von ihnen wagt es schon, mir über den Frustrationsdraht zu folgen? Seinerzeit habe ich hier stundenlang festgehangen, während die wissenschaftlichen Assistenten Notizen machten. Die Resultate sind in ihrer hochgelehrten Dissertation enthalten: »Ratten am Hochspannungsdraht«, *Psych. Bull.*, 1969. *Wenn eine Ratte am Draht hängt, dann bleibt sie da hängen* – ich glaube, so beginnt die Arbeit. Sie ist im ganzen eine sehr wertvolle Informationsschrift, das können Sie mir glauben. Die Rebellen, die die Arbeit nicht kennen, fallen plump nach unten, während ich, der Hochgelehrte Dr. Ratte, leichtfüßig am Ende des Drahtes abspringe und davonhusche.

Ach, aber sie haben jetzt den Operationstisch unter ihrer Kontrolle und setzen ihre dreckige Befragung fort:

»Art des Experiments, das an Ihrer Tochter vorgenommen wurde?«

»Im Alter von achtundzwanzig Tagen hat man ihr Hormone injiziert. Drei Tage später haben sie sie getötet, ihre Eierstöcke herausgenommen und gewogen.«

Und so geht das weiter mit diesen Sendungen für harmlose Tiere überall in der Welt. Wenn diese widerliche Revolution erst mal niedergewalzt ist, werde ich mich um die gleiche Sendezeit bemühen und unseren Zuhörern erklären, daß dieses Rattenweibchen nicht getötet wurde; *eine Nekropsie wurde an ihr vorgenommen*. Das ist ein himmelweiter Unterschied. Wenn ich mehr Leute dazu gekriegt hätte, die Neue Nekropsie zu tanzen, hätte sich diese Revolution vielleicht vermeiden lassen. Ich muß die Regierung um eine größere Unterstützung von Musikproduktionen ersuchen. Für die sanfteste Art von Musikberieselung in den Laboratorien sorgen, zur Betäubung der Nervenenden.

Und tanzt die Neue Nekropsie mit mir!

Überall sind jetzt Ratten, in allen Gängen. Sie fangen gerade an, sich in den Sicherungskasten durchzunagen. Das ganze Labor wird von einem Stromausfall heimgesucht werden, und damit sind sämtliche Experimente futsch. Ja, nun haben sie auch noch begonnen, starke Dosen berauschender Drogen auszuteilen. Sie haben sich eine Injektionsspritze gekapert und stehen unter dem riesigen Instrument Schlange, das mit einem aus Schwänzen gebildeten Flaschenzug bedient wird. So bringen sie das Opium unter ihre Leute. Na schön, ich könnte mir auch ein bißchen davon holen, bloß um über das Rebellenprogramm auf dem laufenden zu bleiben. Damit es darüber kein Mißverständnis gibt. Daß ich mir diese Rebellenspritze verpassen lasse, hat rein wissenschaftliche Gründe.

»Der nächste.«

»Ja, danke.«

»Sind Sie für die Revolution?«

»Oh ja, natürlich, zweifellos. Ohne Frage. Ich könnte hinzufügen –«

»Moment mal! Sie sind doch Dr. Ratte!«

Ein Satz und weg, ihre Rebellenschnurrhaare mir dicht auf der Schwanzspitze! Durch diesen engen Gang zwischen ein paar dreckigen Käfigen. Eine orientalische Ratte tritt aus dem Schatten und verbeugt sich förmlich:

»Ehrenwerter Doktor, folgen Sie mir in die sichere Geborgenheit...«

Schnell schlüpfe ich zu ihr in den Schatten. Wer ist der Kerl bloß? Rasch ein Blick auf meine Notizen ... hmmmmm, er ist eine chinesische Bambusratte (Familie der *Rhitomyidae).*

»Hier sind Sie außer Gefahr, Doktor. Wollen wir nun die Leiter der blauen Wolken emporsteigen?«

Er streckt den Arm zu einer verdreckten Treppe aus. Bambusratten mit verträumtem Blick (Gattung *Rhizomys*) fläzen sich, zu unterschiedlichen Stellungen verknäult, auf der Treppe. Was für ein verrufener Winkel unseres Labors.

»Bitte, Doktor, seien Sie unbesorgt. Der dünne Rauch steigt zum höchsten Himmel auf. Ich bin Lem Kee und stehe Ihnen zu Diensten.«

Die Rebellenratten schleichen immer noch draußen herum. Ich folge am besten diesem Lem Kee, bis die Gegend wieder sicher ist.

»Hervorragend, Doktor, nur weiter hinauf. Miss Hop Toy erwartet sie oben.«

Nanu, was für ein charmantes junges Weibchen von da oben auf mich runterlächelt. Ich muß sagen, diese Bambusratten sind doch sehr freundlich, auch wenn ihre Treppe eine einzige Katastrophe ist.

»Guten Abend, Doktor. Wollen Sie nicht eintreten?« Miss Hop Toy deutet auf eine schmale Tür, und Mr. Kem Lee nimmt mich am Arm.

»Hier werden Sie nur Freunde finden, Doktor, seien Sie dessen versichert.«

Ein dunkler kleiner Raum. Gestalten liegen am Boden herum, ihre Gesichter erhellt von einer flackernden Lampe. Kem Lee sagt:

»Doktor, darf ich Ihnen einige Ihrer Kollegen vorstellen – Mr. Li Young, Mr. Yenshee ...«

»Ihr Besuch ehrt uns sehr, Doktor.«

Li Young und Yenshee heben ihre langen eleganten Schwänze und machen mir am Boden Platz. Ein fahlgrüner Staub hängt an ihren Pfoten, und sie lächeln freundlich.

»Was erforschen die Herren Kollegen denn gerade, wenn ich fragen darf?«

»Wir erforschen die Dächer des Paradieses, Doktor, und den Flug des gelben Kranichs.«

»Oh ja, die Familie der *Gruidae.* Ich persönlich mag sie nicht besonders, denn sie essen ja bekanntlich Nagetiere.«

»Bitte, Doktor, nehmen Sie ein paar Tropfen von unseren herrlichen Süßigkeiten dort in dem Topf.«

Schnüffel, schnüffel.

»Ich weiß gar nicht, wo ich das Aroma hintun ...«

»Es steigt von der Milchstraße zu uns herab, Doktor, es ist der Balsam der Jadegöttin persönlich.«

Diese chinesischen Gelehrten haben eine einmalige Art, Faktenmaterial zu präsentieren: fast so unverständlich wie meine Hochgelehrten Aufsätze. Ich glaube, die einzige Möglichkeit festzustellen, was sich wirklich in dem Topf befindet, ist, ein bißchen davon zu kosten. Na schön, ich stecke meine Nase und die Schnurrhaare in den klebrigen Saft ...

Schlapper, schlapper, schlapper.

Ein sehr beruhigendes ... Gefühl. Mr. Li Young lächelt mich an, und ich lächle zurück. Mir wird ziemlich schwindlig ... meine Nase juckt ... ein etwas beschleunigter Ideenfluß ... du lieber Himmel! *Sucht bei Ratten*, SS. 234–48, »Die Anfangswirkung des Opiums«, 1969. Ich bin in der Rauschgift-Versuchsbox!

Ich gleite seitlich an dem Topf herunter und ... und werde geköpft, mein Kopf schwebt davon ... muß ihn packen ... Gott sei Dank, habe ihn noch rechtzeitig erwischt ...

Flattern an der Lungenklappe und in der Herzgegend. Ausgesprochenes Deformationsempfinden, als wäre mein Ellbogen mit dem Rektum verbunden (vgl. »Opiumessende Ratten« in der britischen Monatszeitschrift *Rausch*, 1935). Und nun nickt mir Miss Hop Toy freundlich zu.

»Hier entlang, Doktor, alle warten schon auf Sie.«

»Warten auf mich? Wie nett.«

Ich folge ihr durch einen Riß in der Wand. Wir steigen noch eine Treppe hinauf. Ich höre viele Stimmen. Eine Tür öffnet sich, wir betreten ...

... ein Auditorium! Alle applaudieren. Wirklich, ich bin es, dem sie applaudieren!

»Gehen Sie gleich aufs Podium, Doktor. Der König erwartet Sie.«

Natürlich, jetzt verstehe ich. Mit geneigtem Kopf gehe ich zum Podium. Und dort, vor mir, sitzt auf seinem Thron – König Ratte von Schweden!

»... Dr. Ratte für seinen herausragenden Beitrag ... wegen seines ausgezeichneten ... ein großartiger Durchbruch ... es ist mir eine große Freude, Sie, Dr. Ratte, mit dem Nobelpreis für Naturwissenschaften auszuzeichnen.«

»Danke, Majestät.«

Kameras blitzen, das Publikum jubelt.

»... bitte hier rüber, Doktor. Sie und die anderen Preisträger werden nun an einem besonderen Festmahl teilnehmen ... diverse Käsesorten ... einige Preßkekse ... verschiedene Plätzchen ...

»Natürlich, selbstverständlich ...«

Ein reich mit Teppichen geschmückter Speisesaal, ein funkelnder Kronleuchter. Alle Preisträger verneigen und verbeugen sich voreinander. Und in der Mitte des Raumes eine herrliche Schüssel aus feinstem Kristall. Was für ein reizendes Mahl. Und diese köstlichen Früchte, die darin herumschwimmen – Orangen, Zitronen – die Preisträger stecken ihre Nasen hinein. Na, da schließe ich mich natürlich an. Köstlich. Mein Kompliment für den Koch.

Aber warum rutsche ich an der Schüssel herunter und flutsche durch eine Orangenschale? Chinesische Stickereien überall um mich rum, wo bin ich, was geht hier vor? Warum trage ich denn einen hohen Seidenhut? Ich krieche mit einem Saxophon weiter durch die Gosse, meine Pfoten stecken in schwarzem Teer (vgl. »Drogenbedingter Realitätsverlust«, *Psychiatrie und Neurologie*). Ein Gong ertönt in der Ferne. Jetzt kommt eine Schwester ganz in Weiß ... es ist Miss Hop Toy ... die Lampe flackert ... Mr. Kem Lee lächelt mich an ... ich hänge über dem Rand ihres Topfes, die Nase im Saft ...

Laute Stimmen an der Tür. Rebellenratten stürzen herein! Schnell, Doktor, komm zu dir!

»Okay, nehmt dort die Medizin ...«

Ein Rebellenhauptmann und sein Stab aus Radaubrüdern bemächtigen sich des Topfes, indem sie Mr. Li Young & Co. zur Seite stoßen. Ich rolle rückwärts über meinen Schwanz und breche im Schatten zusammen, während die Rebellen ihren nächsten Schritt planen:

»Wir müssen den *Präsidenten* mit Drogen vollpumpen, das ist die wichtigste Order des Tages ...«

»Genau, wir wollen sie alle unter Drogen setzen – Kongreßabgeordnete, Senatoren, VIPs ...«

»Wir stecken uns das Zeug in die Backentaschen, dann schleichen wir uns in den Keller des Weißen Hauses ...«

»Wir tun dem Präsidenten den Dope in die Suppe. Machen ihn zum Frühstück, Mittagessen und Abendbrot high, und alle, die mit ihm essen.«

»Auch seine Alte.«

»Klar, die auch.«

»Wir müssen die Armee unter Drogen setzen.«

»Kein Problem, die ist sowieso schon halb im Dschum.«

Mir ist so sonderbar. Die Revolution hat so viele Arme. Draußen Kämpfer, drinnen Kämpfer, sie marschieren herum, ich höre ihr Trapp-trapp-trapp. Und diese Ratten mit ihrem Drogenanschlag. Was tue ich hier? Fange an zu zittern. Schwanz flattert, Zähne klappern. Steure auf 'ne Identitätskrise zu. »Entschuldigung ... ich muß ein bißchen frische Luft schöpfen.« Sie sind damit beschäftigt, den Drogenschrank auszuplündern, und merken nicht, daß ich mich aus dem Staub mache.

»Wenn wir erst mal ihr Bewußtsein erweitert haben, werden sie erkennen, daß im Grunde alle Lebewesen eins sind ...«

Ich muß so etwas wie einen Alptraum haben, gefangen in einer Opiumhöhle und unheimlichen Stimmen lauschend. Sonderbar schwülstige Ideen. Ich muß ... den Präsidenten warnen. Ratten in seinem Keller, die Backentaschen voller opiumgetränkter Kekse.

Diesen Korridor entlang, die Treppe runter ...

Der Hauptweg, die Gänge. Das war aber eben ein verdammter Schock, und weiß Gott nicht von dem elektrischen Gitter. Kopf immer noch nicht klar, aber ich ... komme schon zu Rande. Spaziere hier lang, Beine schlackern, Nase juckt immer noch.

Mann, eine stummelschwänzige Eidechse *(Trachysaurus rugosus)* will ich sein! Das ist ja phantastisch schön!

Unsere eingeweckten Ahnen.

In Gläsern schwimmen sie. Und die Rebellen haben sie mit Scheinwerfern angestrahlt. Ratten wandern scharenweise um die Flaschen herum und besichtigen die Ahnen. Ein herrlicher Anblick, einfach ein herrlicher Anblick.

Jetzt dämmert mir, warum der Hochgelehrte Professor und seine Assistenten diese ganze Einweckerei betreiben. Es sieht einfach irre aus. Der Hochgelehrte Prof hat alle Organe und Muskeln leuchtend eingefärbt, und die Apophysenkerne sind schlicht wunderschön. Wie oft habe ich den Hochgelehrten Professor nicht ausrufen hören: »Schön, einfach schön!« Und nie habe ich wirklich begriffen, warum. Bis jetzt.

Die leuchtenden Organe und Muskeln sind ein richtiger Trip!

Der Hochgelehrte Prof und seine Assistenten werden high, wenn sie sich das ansehen. Ja, sie vergessen allen Kummer und alle Sorgen und fahren voll auf die Muskeln ab. Was für eine Light Show! Wer sagt eigentlich, die Wissenschaft hat nichts für Kunst übrig!

Zeig ihnen einen hübsch eingefärbten Kadaver, und schon setzt es das ganze primäre und sekundäre ästhetisch-gefühlsbetonte Gehirnzellenfeuer.

Wir müssen unbedingt eine Muskel-Organ-Galerie eröffnen! Zunächst könnten wir eine Testausstellung im Haus der Studentenvertretung veranstalten. Die Bühnenbildklasse müßte alles geschmackvoll ausleuchten – dann zeigen wir einen toten Schimpansen, in einem großen Glasbehälter schwimmend. Färben ihn richtig schön ein, alle Organe in verschiedenen Farben. Ein bißchen leichte klassische Musik im Hintergrund.

Das wäre genau die Öffentlichkeitsarbeit, die wir brauchen!

Alle die Hundeaugen, die wir herausgedrückt haben – wir könnten sie in einem gesonderten Behälter schwimmen lassen. 'ne richtige Pop-Art-Ausstellung, würde ich sagen. Dazu ein gebatiktes Affenarschloch.

Dr. Ratte hat's mal wieder bewiesen, Leute. Er arbeitet an allen Ecken, um dem Image der Naturwissenschaft aufzuhelfen. Genau vor dem Fakultätsgebäude strahlen wir einen Schweinefötus an. Stellen ihn irgendwo auf den Rasen, unter Glas. Und alle Eingeweide leuchten. Es sollen alle sehen, was wir wirklich leisten. Vorbeigehende Kunststudenten werden den Schweinefötus sehen, und ihnen wird vor Erregung die Spucke zusammenlaufen, genau wie einem Hochgelehrten Professor der Naturwissenschaft.

Wäre es nicht möglich – der Pförtner vom Biologischen Institut wird langsam alt – wir könnten ihn doch rot-weißblau färben und als Dauerausstellung in einem Aquarium im Hörsaal aufbauen, gleich neben der Fahne!

Lieblingsstoßzahn auf der Rechten, ich putze dich jetzt mit meinem Rüssel. Die Bäume spenden Schatten, und ich reibe dich, wie ich es schon jahrelang mache. Ich reibe dich wieder und wieder, das macht so ein angenehm schurrendes Geräusch. Alter Rüssel, ich habe mit all dem Reiben eine Furchte in dich eingegraben – aber das Gefühl erquickt mich.

Der Fluß fließt heute ruhig, und ich stehe hier neben dir mit meinen Erinnerungen. Meine Zähne sind abgenutzt, ausgefallen, und zarte Uferpflanzen sind nun meine Nahrung. So endet es mit dem alten Elefanten – am Flußufer, mit seinen schweren Stoßzähnen, Stoßzähnen so alt und schwer, daß sein Kopf tief hängt unter ihrem Gewicht.

Aber ich will nicht klagen, denn in dem Hain in der Nähe sind die Pflaumen fast reif. Ich esse sie, und nach einer Weile gären sie in mir. Dann fühle ich mich wieder jung, wirr im Kopf und beschwipst.

Aber ein guter Rausch läßt einen sich bloß für ein paar Stunden wieder jung fühlen. Dann kommen Kopfschmerzen und Müdigkeit und, wenn ich nicht aufpasse, auch noch ein Sonnenstich. Aber ich bin schon öfter mal betrunken gewesen. Ich weiß, wie man mit Pflaumen umgeht. Wie man sich das Angenehme eines guten Rausches gegen Ende des Tages verschafft, wenn die Sonne nicht mehr allzu heiß ist – ich freue mich auf euch, kleine Pflaumen. Werdet bitte bald reif, denn ich werde jeden Tag älter.

Eines Tages werde ich zum Trinken und Baden ans Wasser gehen, und meine Füße werden tief im Schlamm einsinken. Dann werde ich kämpfen, um freizukommen, aber die große

Müdigkeit wird mich überwältigen. Ich bete darum, daß das nicht geschieht, bevor ich die Pflaumen essen kann.

Auf meinen früheren Wanderungen fanden wir oft Elefantenknochen im Flußbett. Jung wie der Morgen, dachte ich nie daran, daß auch ich eines Tages am Fluß stehen, weiches Grün mit meinem Zahnfleisch kauen und mich allein betrinken würde, während ich aufs Sterben warte.

Aber so geht's, so geht's. Hier kommt ein hübscher Klumpen dieser würzigen Wasserpflanzen angeschwommen. Vorsichtig, Alter, geh nicht zu weit raus. Du willst doch nicht ertrinken, ehe die Pflaumen reif sind. Du willst doch die köstlichen Früchte essen und dich noch einmal wie ein Riese fühlen. Du willst das alles doch noch einmal eine Stunde lang erleben und aus vollem Rüssel in den Abendhimmel trompeten.

Es ist schön, daran zu denken. Es hält mich aufrecht. Die Pflaumen sind jetzt halb reif.

Wenn doch nur eine alte Elefantenkuh daherkäme, gerade wenn ich im ersten schönen Rausch bin. Ich würde ihr meinen Rüssel auf den Rücken legen ...

Aber das heißt, vom Glück zu viel verlangen. Es war schon freundlich genug, mich hierher zu führen, zu dem Pflaumenhain. Da kommt auch der langbeinige weiße Vogel. Wird er ... ja, er landet auf meinem Kopf. Ein stiller Gefährte, und seine Krallen auf meinem Schädel zu fühlen, ist angenehm. Ein alter Vogel und ein alter Elefant an einem alten Fluß. So ist es nicht allzu schrecklich, alt geworden zu sein. Ich habe Elefanten so schnell sterben sehen, daß ihnen keine Zeit zum Nachdenken blieb. Die Waffe des Jägers, sein lauter, blitzender Stoßzahn, läßt einem keine Zeit, in die Erinnerung zurückzuschauen.

Und es gibt die furchtbaren Wanderameisen, die sich am Rüssel festbeißen und einen in den Wahnsinn treiben. Ich habe einmal einen wahnsinnigen Bullen über den Rand einer Klippe rasen sehen. Alles in allem hatte ich Glück, auch wenn ich eine Speerspitze in meinem linken Stoßzahn habe. Da war's nahe dran. »Kleiner Vogel, ich werde dir eine Geschichte erzählen, die ist noch seltsamer als die von der Speerspitze in meinem Stoßzahn.«

»Wie geht die, Vater Elefant?«

»Kratz doch ein bißchen mehr zur ... ja, da, genau da, danke. Tja, es gab einmal einen sehr glücklichen Elefanten in der Herde, in der auch ich mitlief. Ein Speer drang ihm in den Schädel. Der Elefant brach den Schaft ab, aber die Speerspitze blieb. Sie wanderte durch seinen Kopf nach unten und kam neben seinem Rüssel heraus, und da blieb sie, wie ein dritter Stoßzahn. Ja, er nannte sie seinen ›Jägerzahn‹. Sie brachte ihm unter den Bullen große Achtung ein, und gelegentlich auch bei einer jungen Kuh.«

»Wirklich eine merkwürdige Geschichte, Vater Elefant.«

»Ich kannte Hunderte solcher Geschichten, kleiner Vogel, denn ein langes Leben bringt viele merkwürdige Ereignisse mit sich. Aber ich habe sie vergessen. Alle meine Tage scheinen sich zu einem fließenden Strom zu vereinen, wie der Strom hier vor uns. Möchtest du ein kleines Bad?«

»Wenn du so nett ...«

Ich fülle meinen Rüssel und spritze flüchtig ein paar Tropfen auf ihn herunter. Bescheidene Freuden jetzt, in diesen stillen Tagen. Aber einst – einst war ich der Donner.

Am Ende der Regenzeit kamen alle Bullen zusammen. Wir zogen zur Savanne, und da waren wir siebenhundert. So weit man blicken konnte – das Volk der Elefanten. In seiner Mitte stand ein riesenhafter Bulle, der größte von allen siebenhundert. Was für ein Riese er war. In meinen besten Jahren war ich groß und stark genug, um einer aus seinem engsten Kreis zu sein. Dann bildeten wir neue Herden, gründeten neue Verwandtschaften und stärkten auf diese Weise das Blut unseres Volkes.

Wir aßen das herrliche Gras der Savanne, das Gras, das uns in den Himmel trug. Daneben ist ein Pflaumenrausch das reinste Kälberspiel. Es ist das Wüstenkraut-das-wissendmacht. Unsere Familie ißt es schon seit undenklichen Zeiten. Ich hatte damals in diesen großen Tagen viele gewaltige Visionen. Aber ich habe auch sie vergessen. Bis auf das Gefühl, das man nicht vergessen kann, das unvergleichliche Gefühl, das uns das Gras schenkte – daß wir alle zusammen ein einziger Elefant seien. Ein Herz, ein Wissen. Sie hatten einen Namen für dieses wunderbare Gefühl, einen ganz bestimmten Namen, doch ich habe seinen Klang vergessen. »Aber stelle dir vor, kleiner Vogel, stelle dir einen Elefanten mit der Kraft von siebenhundert vor.«

»Gewaltig, Vater.«

»Mir ist, als wäre ich damals über den Himmel gerannt. Ja, jetzt fällt es mir wieder ein. Ich war dieser eine, mächtige Elefant, und ich trug die unerreichbare Frucht auf meinem Rücken. Ich war derjenige, der sie jeden Tag über den Himmel trug. Wenn ich von dem Gras gegessen hatte, wie ich dir sagte.«

Und am Ende stehe ich trotz des wunderbaren Grases am Flußufer und rede mit einem Vogel. Unsere Größe hienieden dauert einen Augenblick, und schon ist sie verschwunden

Knochen am Flußufer. Darauf läuft es schließlich hinaus.

Da ist gerade ein bißchen von dem schwimmenden Grünzeug. Ich fische es mal eben raus. Köstlich. Der Fluß ist großzügig. Ich darf mich wirklich nicht beklagen. Nachdenken, ja, das ist statthaft. Aber ich darf dieses schöne, flutende Wesen niemals beschimpfen, auch wenn ich versucht bin zu stöhnen, weil meine Stoßzähne in den letzten Tagen immer schwerer werden. Es tut mir sicher gut, mir den Zahnlosen Anführer in Erinnerung zu rufen. Seine Stoßzähne kamen nie durch, ich weiß nicht warum. Aber er war kräftig. Als die Siebenhundert sich schließlich in kleinere Herden aufteilten, blieb dieser zahnlose Bursche stets einer von den Anführern. Es sitzt im Herzen, sagten die Alten immer. Die Stärke sitzt im Herzen.

»Vater Elefant, sperr die Ohren auf. Ich höre ein großes Tier näherkommen.«

»Flieg los, kleiner Vogel, und berichte mir rasch: Ist es vielleicht eine alte Elefantenkuh?«

Könnte ich solches Glück haben? Ich will mich noch schnell mit etwas Wasser bespritzen ... vorsichtig, fall nicht vor lauter Aufregung hinein, alter Junge. Bloß vorsichtig. Sie könnte sechzig sein und immer noch was los haben. Ich kann mich an eine ehemalige Schönheit dieses Alters erinnern, die trotzdem noch ein Kalb säugte. Sowas gibt's. Der Fluß des Lebens ist großzügig.

»Es ist ein Elefantenbulle, Vater. Und er hinkt.«

Ein hinkender Bulle. Na, ich weiß, warum er herkommt. Er ist zwar keine reizende Kuh, aber Gesellschaft. Zwei Verstoßene am Fluß. »Komm näher! Komm her zu mir, das Gras ist gut, Hinkender Bulle.«

Also, zwischen den Bäumen hervor und auf mich zu. Es geht ihm nicht gut. Er ist innerlich krank. Ich habe diese Krankheit schon öfter gesehen. »Komm, bleib bei mir, Hinkender Bulle. Die Pflaumen werden bald reif sein.« Langsam humpelt er meinen Pfad entlang, Schmerzen plagen ihn. Wenn die Pflaumen so weit sind, wird er seine Schmerzen vergessen. Wir werden zusammen einen auf die alten Zeiten heben, Hinkender Bulle, du und ich. Das Schicksal hat mir freundlicherweise jemanden geschickt, mit dem ich mich besaufen kann. Das erleichtert alles. Wir machen hier ein Riesenfaß auf, und dann toben wir durch den Bambus. Er hebt seinen Rüssel zur Begrüßung.

»Darf ich neben dir trinken?«

»Bitte, Hinkender Bulle. Es ist mir eine Ehre ... eine Ehre ...«

Er löscht seinen Durst. Der kleine weiße Vogel setzt sich ihm auf den Kopf und pickt ihm die Zecken aus. Hinkender Bulle trinkt reichlich.

»Ja, und probier auch mal von dem Grünzeug da ... ja, so ist's recht. Schön würzig ... was? Ich wußte, daß es dir schmecken würde. Nimm nur, lang zu. Die Ufer hier in der Gegend liegen voll davon. Genug für zwei so alte Strolche wie dich und mich.« Na, das ist schön, sehr schön. Wir können viele solcher Tage zusammen verbringen, indem wir uns die alten Geschichten erzählen, wenn ich mich an sie erinnern kann. Und wenn ich mich nicht erinnere, wenn ich keine Geschichten erzählen kann, wird Hinkender Bulle in mir einen guten Zuhörer finden, und er kann die Geschichten erzählen. Die große unerreichbare Frucht geht hier auf eine ganz bestimmte Weise unter, genau hinter den Bäumen dort – am

Abend macht einen das ganz mürbe. Am liebsten würde ich gleich jetzt zu dem Pflaumenhain gehen. Aber grüne Pflaumen machen einen sehr schlechten Rausch. Er wäre nicht so, wie er sein sollte. Geduld, alter Junge, Geduld. Hinkender Bulle hebt den Kopf und sagt:

»Ich danke dir für deine Freundlichkeit. Nun muß ich weiter...«

»Weiter? Aber Hinkender Bulle, warum willst du dich denn weiterquälen? Hier ist alles, was du brauchst. Essen, Wasser und Pflaumen für einen schönen Rausch. Was könnte es besseres geben?«

»Du hast es also noch nicht vernommen?«

»Vernommen? Was denn, Hinkender Bulle?«

»Es findet eine große Konferenz in der Savanne statt. Ich muß da hin.«

»Hinkender Bulle, laß dir bitte einen guten Rat geben. Ich sehe, du hast nie an einer der großen Paraden in der Savanne teilgenommen. Aber ich war da, viele Male. Man muß jung und stark sein für so ein Treffen. Verzeih mir, wenn ich dir das sage, aber du scheinst mir nicht gesund genug zu sein.«

»Was du sagst, stimmt, Alter Flußelefant. Ich bin nicht gesund genug für eine Parade. Ich weiß, wie die sind, denn ich war nicht immer krank. Einst war auch ich in der Nähe des Großen Hauptelefanten. Ich kenne die Paraden und ihre Gefahren. Aber das jetzt ist keine normale Versammlung.«

»Was ist denn daran anders, Hinkender Bulle?«

»Es ist eine Konferenz aller Tiere, Flußelefant.«

»Aller Tiere? Wozu sollte das gut sein? Wir mischen unser Blut doch mit keinen anderen Tieren. Bilden keine Herden mit ihnen.«

»Ich kann es dir auch nicht genau sagen. Viele verschiedene Geschichten kursieren im Wald. Aber du weißt, wie es auf den Elefantentreffen war. Nach ein paar Tagen...«

»Ja, da fühlten wir uns wie ein einziger Elefant. Ich erzählte dem kleinen Vogel gerade davon, von dem Gras der Savanne...«

»Diese große Konferenz, heißt es, wird ein noch viel stärkeres Gefühl erzeugen als das Gras, Flußelefant. Es wird das Gefühl sein, ein einziges Tier zu sein.«

»Ein einziges Tier? Aber welches einzige Tier denn?«

»Das weiß ich nicht.«

»Hinkender Bulle, was du mir da erzählst, ist der Traum eines betrunkenen Affen. Wenn du solche Träume haben willst, brauchst du keinen Schritt weiter zu gehen. Wie ich schon sagte, in dem Hain nur ein paar Schritte von hier gibt es die herrlichsten Pflaumen – noch nicht reif, das gebe ich zu. Aber reif sind sie bald, und dann...«

»Alter Flußelefant, sei mir nicht böse, aber ich muß gehen. Ich bin ein langsamer Wanderer, und zur großen Savanne ist es weit.«

»Warte, Hinkender Bulle, warte nur noch einen Augenblick. Ich fühle einen seltsamen Wind über mich wegziehen, während du hier bei mir stehst.«

»Alter Flußelefant, ich weiß, was du fühlst. Auch ich hatte für mich einen stillen Winkel gefunden, mit Früchten und Wurzeln und Knollen. Ich war sicher, er wäre mein letztes Fleckchen im Dschungel. Die Tage waren still, und ich hatte mich mit allem abgefunden. Und dann fühlte ich den Wald erbeben. Ich hörte die Schimpansen auf die Baumstümpfe trommeln. Und sehr bald sah ich sie auch, so viele an der

Zahl, daß ich meinen Augen nicht traute. Überall um mich her waren Affen aller Arten, Millionen von ihnen. Der Boden des Dschungels lebte plötzlich von kleinen Geschöpfen, die alle in dieselbe Richtung zogen. Die Äste waren voller Schlangen, die an ihnen entlangglitten. Ich konnte in meinem Wäldchen nicht bleiben. Das Gefühl war zu mächtig. Und ich kann auch mit dir an diesem wunderbaren Flußufer nicht bleiben. Ich muß hinüber auf die andere Seite.«

»Kleiner Vogel, hast du von dieser großen Koferenz gehört?«

»Ja, Vater Elefant.«

»Und warum hast du mir nichts gesagt?«

»Ich dachte, vielleicht würden die Pflaumen noch vorher reif.«

Eine Konferenz. Eine Konferenz, die so groß ist, daß der Himmel erbebt. »Kleiner Vogel, du kennst den Himmel und alle seine Gaben. Ist das Donner, was ich in der Ferne höre? Ich höre ihn schon seit ein paar Tagen. Ist das der Donner, der vor dem Regen kommt?«

»Nein, Alter Flußelefant.«

»Ist das der Lärm der Konferenz?«

»Ja, Flußelefant.«

»Dann wollen wir diesen Strom überqueren, liebe Freunde. Wenn ich stocken sollte, wenn ich im Schlick steckenbleiben sollte, erinnert mich daran, daß ich, wenn wir die große Savanne erreichen, wieder das Kraut-das-wissend-macht schmecken werde. Das wird meine alten Beine in Bewegung halten.«

Ich schleiche leise zwischen den Reagenzgläsern mit den Blutproben hindurch, vor denen sich zahlreiche Rebellen versammelt haben, um dem Blut unserer Ahnen Erfurcht zu erweisen. Beachte: Ich neige meinen Kopf nicht, wenn's irgend geht.

»... genug Blut vergossen, um einen Ozean damit zu füllen ...«

Selbstgefällige Rattenbastarde. Diese rebellischen Sonntagsredner verursachen einem größere Schmerzen im Arsch als ein Glasstab. Ein bißchen Acetylcholinjod auf den Preßkeksen würde ihren Ton im Nu ändern. Sie würden blutige Tränen weinen (siehe *Die typische Wirkung von Acetylcholinjod bei Ratten*).

Ich brauche Hilfe, wenn ich dieser Rebellion ein Ende machen will. Sachte lasse ich mich von dem Tisch gleiten und husche auf dem Fensterbrett entlang.

Rebellenscheinwerfer bestreichen unausgesetzt das Labor, und was ich hier mache, sind natürlich verdächtige Bewegungen, aber ich muß über den Gang weg ...

... das Stuhlbein hier hoch, immer rundherum klettere ich in die Höhe, um den Rebellenscheinwerfern auszuweichen. Schnell, über den Sitz weg und die Lehne hinauf!

Nun noch ein Satz – zu dem Heizungsrohr hinüber – und daran hoch – schnell, schnell. Vom Heizungsrohr ist es bloß – ein kurzer Satz – zur Lustkuppel, hoch über den anderen Käfigen. Hier, auf der exklusivsten Ebene unseres Labors, könnte ich vielleicht Sympathisanten finden.

Die Lustkuppel wölbt sich kugelförmig und durchsichtig, eine grandiose Blase der Zufriedenheit. Hier werde ich sicher ein paar Verbündete anwerben können, denn hier hausen die glücklichsten aller Ratten. Sie wollen nicht, daß ihnen ihr glückliches Leben durch eine Revolution kaputtgemacht wird!

Ja, das ist der Ort, Freunde, der Ort aller Orte. Sehen Sie nur, sehen Sie sich die Ratte an, die eben mit ihrer Nase die Klingel berührt. Sie berührt sie, die Klingel leuchtet auf und versetzt ihr einen elektrischen Schlag, der direkt zu den kunstreich gefertigten Bauteilen weitergeleitet wird, die man ihr in das Lustzentrum ihres Gehirns eingepflanzt hat. Sie steht einen Moment lang taumelnd vor Entzücken da, dann berührt sie die Klingel von neuem und erhält wieder einen Lustreiz.

»Guten Abend, Lustratte.«

Sie dreht sich zu mir um, den abgestumpften Blick der Glückseligkeit im Auge. Sie öffnet den Mund und versucht zu sprechen, stößt aber nur einen tiefbefriedigten Seufzer aus, worauf sie sich wieder der Klingel zuwendet und sich von neuem einen Schlag versetzen läßt.

Sie wird sich etliche Wochen, vielleicht sogar Monate, an der Schwelle zur Lustkuppel aufhalten, das hängt davon ab, wie schnell sie auf diese Voltspannung unempfindlich reagiert. Dann wird sie sich weiter hineinwagen, zu anderen, stärkeren Reizen und tieferen, größeren Genüssen.

Ich trete in den Gang und sehe dort eine zweite Ratte sich am nächsten Klingelknopf verlustieren, der ihre Ohren zum Zucken bringt, wenn sie ihn berührt, und sie selber in ein Gelee aus köstlichen Empfindungen verwandelt.

»Guten Abend, Lustratte.«

»Gaa-gaa-«, murmelt sie unverständlich, denn ihr Sprachzentrum ist vor Glück völlig durcheinander. Die würde mir natürlich nicht sehr von Nutzen sein.

Am Ende des Ganges sehe ich noch eine Lustratte, sie liegt am Boden und zappelt verzückt herum, während ihr die Zunge aus dem Mund hängt. Sie tippt mit dem Schwanz auf den nächststärkeren Summer, und die Lustströme rasen ihr den Rücken rauf und runter. Ihre Augen zumindest wirken intelligent, und vielleicht kann ich ihre Hilfe gewinnen.

»Lustratte, du mußt mir helfen.«

»Hilf dir selbst, mein Freund. Bedien dich, da ist noch eine Klingel.«

»Aber ich bin nicht verkabelt.«

»Bedauernswerter Kerl.«

Sie berührt die Klingel und zuckt krampfhaft, Speichel rinnt ihr am Kinn herab. Ich sehe schon, sie ist nicht das Material, aus dem Soldaten sind.

Nun schlüpfe ich durch den Kristallperlenvorhang, dessen elektrische Ladungen mich berühren, aber nichts bei mir bewirken. Doch wie muß sich eine Ratte mit Sonde im Hirn fühlen, wenn sie durch diesen Vorhang der Glückseligkeit geht!

Und somit liegt das Zentrum der Lustkuppel vor mir.

Ratten lümmeln überall herum und tippen auf die vielen Knöpfe an den Wänden. Sie sehen mich an, mitfühlende Freude im Blick, denn sie denken, ich bin ein Neuling in der Lustkuppel und werde nun mit ihnen ihre unsäglichen Wonnen genießen.

»Lustratten, ich bin nicht der Lust wegen hier. Mich führen wissenschaftliche Aufgaben höchster Ordnung hierher.«

»Ach, halt's Maul, Ratte, und nimm dir 'n Summer.«

»Ja, berühr irgendeinen von den Knöpfen.«

»Meine lieben Lustratten, Unheil braut sich über euch zusammen.«

Sie verlieren sehr schnell das Interesse an mir und gehen zu ihren Klingelknöpfen zurück, die jene tief verborgenen Quellen des Wohlbehagens in Gang setzen, in die unsere guten Doktoren ihre Sonden getaucht haben. Die Lustratten schlackern, zittern, beben, zappeln und stöhnen vor Lust, wenn die Wonnen äußerster Erfüllung sie überkommen. Nur eine scheint noch klar bei Verstand zu sein, und sie ist die einzige Ratte, die den Hauptsummer in der Mitte der Kuppel erreicht hat, wo die höchste Voltspannung auf sie wartet.

»Oh Große Zentrale Lustratte!«

»Das hier ist er, Ratte«, sagt sie sanft. »Das ist der beste Knopf von allen. Komm rein und berühr ihn mit mir. Dann gehst du nie mehr zu den anderen Knöpfen zurück. Das ist der Totale-Glückseligkeit-Knopf, und er gehört dir, wenn du willst.«

»Zentrale Lustratte, es tut mir leid, daß ich derjenige bin, der es dir sagt, aber es ist eine Revolution im Gange, und du kannst dich begraben lassen, wenn die Rebellen hier reinplatzen.«

»Unmöglich, Ratte. Ich bin der Gott der Vollkommenen Freude. Niemand kann mir was anhaben. Ich beuge mich bloß vor und ...«

Sie tippt mit der Nase auf den Zentralknopf. Ihre Augen leuchten auf, ihr Schwanz schießt hervor, ihre Zunge flattert wie ein abgerissenes Rouleau, und sie schlägt einen kompletten Purzelbaum.

»Ich komme erst so allmählich in Stimmung«, sagt sie und setzt sich wieder auf ihren Platz. »Der Purzelbaum ist bloß ein Zwischenstadium. Die allerhöchste Lust ist es, sich von der Energie tragen zu lassen, ohne mit der Wimper zu zucken. Reine, unverfälschte Energiestöße, mein Freund. Komm her, versuch's doch auch mal.«

»Wie ich sehe, kennst du den Mythos der Lustkuppel nicht, Große Zentrale Lustratte.«

»Ihn kennen? Ich *bin* der Mythos. Ich bin das Licht. Ich bin der Stromschlag. Ich bin die Lust. Ich bin die Freude. Ich bin *es*! Ich weiß alles.«

»Na, ich nehme an, dann weißt du auch, daß sich unten ein paar Revolutionäre bereits zu dem Scheiß Sicherungskasten durchnagen. Sie werden das Labor in Dunkel tauchen.«

»Du machst Witze, Mister. Niemand würde das in einem Regierungslabor zu tun wagen.«

»Genau das dachte ich auch, du Großer Unerhörter Lust-Impuls. Ich dachte, wir seien unverwundbar. Aber ...«

Die Zentrale Lustratte bückt sich schnell zu dem Hauptsummer hinunter und drückt ihre Nase darauf, drückt, drückt, drückt sie drauf, und ihre Augen rollen, ihr Schwanz zappelt auf dem Boden, und sie hält an ihrer Lust fest, so gut sie kann.

Und da gehen die Lichter aus. Teufel nochmal. Ich wußte es. Die Rebellen haben sich durchgenagt zum ...

»He, was ist denn hier los?«

»Mein Summer summt nicht mehr.«

»Mister, wo bleibt denn mein Stromschlag?«

»Schnell, tut doch was. Ihr wißt doch, daß ich ohne meine Lustimpulse nicht leben kann!«

»Ich war gerade am vorletzten Klingelknopf, und es war so wundervoll ...«

Sie sitzen im Dunkeln herum und begreifen so nach und nach den letzten Teil des Mythos der Lustkuppel, daß nämlich jede Ratte, die hineinkommt, eines Tages wieder *daraus entfernt wird*, um nie zurückzukehren. Und das, liebe Freunde, ist das Schlimmste, was einer Ratte passieren kann.

»Ruf doch jemand den verdammten Hausmeister! Bitte! Mein Bruder ist da drüben in Pflege. Holt die Feuerwehrschläuche. Holt die – holt die –«

Sie fangen an, wirres Zeug zu quatschen. Ein ganzes Jahr lang waren ihre Ängste weggedrängt, und nun kommen sie mit einemmal alle wieder zum Vorschein. Das ist der Augenblick für mich, nun werde ich sie führen: »Liebe Mit-Lustratten, das ist das Werk einer Bande schäbiger Revolutionäre, die nichts von den höchsten Wonnen wissen, deren man sich hier erfreut. Wir müssen sie vernichten!«

»Mein Gott, ja, Ratte. Gehen wir!«

»Gebt mir ein – gebt mir – oh Gott, ich halt's nicht aus ...«

»*Du* hältst es nicht aus? Ich bin der Große Überragende Lustgott, der Zentrale Summknopf, der Glücklichste aller Glücklichen, der –«

»Halt die Klappe, Ratte, wir sitzen alle im selben Boot.«

»Genau so ist es, Lustratten, und euer Boot wird untergehen, wenn ihr mir jetzt nicht helft!«

»Okay, wir helfen dir. Gehen wir und nehmen uns die Ratten vor, die uns den Saft abgedreht haben. Wir schnappen sie uns und erledigen sie, dann sind wir in 'ner halben Stunde wieder hier.«

»Oh, mir geht es miserabel, ich kann gar nicht laufen.«

»Mein Summer ... mein wunderschöner Summer ...«

»Summer Summarum, herrlichster Summer, den es je gab ...«

»Schluß mit dem Theater, Lustratten, mir nach durch den Kristallvorhang!«

»Durch den Kristallvorhang? Niemals! Ich habe geschworen, niemals wieder durch den Kristallvorhang nach draußen zu gehen, nie!«

»So ist es, lieber möchte ich im Katzendreck versinken.«

»NA LOS, IHR ARMSELIGEN SUMMER-JUNKIES! DIE LEITUNGEN DER LUST SIND UNTERBROCHEN!«

»Richtig, richtig, wir müssen sie wieder in Ordnung bringen. Mein Cousin ist drüben in der Elektroschock-Therapie. Der kennt sich aus, Ratte, suchen wir uns erstmal einen Schraubenzieher.«

Was für eine chaotische Truppe habe ich da hinter mir. Aber wenigstens folgen sie mir durch den Kristallvorhang ...

»Oh mein Gott, das ist ja schrecklich, ich halt's nicht aus, der Kristallvorhang teilt sich ...«

»Oh, Kristallvorhang, ich bin gleich wieder da. Ich hole bloß eben die Wassereimer und lösche das Feuer. Mein Onkel ist drüben im Wasserbottich. Er weiß sicher, was man tun muß.«

»Lustratten, zum Kampf!«

»Herrgott, ist das dunkel in dem Gang hier. Auf wen trete ich denn da ...«

»Der Summer ist tot. Ich lag gerade da, und da ging der Summer aus.«

»Ja, alle Summer sind tot, aber wir bringen die Scheißdinger ja wieder in Ordnung. Los jetzt, steh auf.«

»Aber ich bin eben erst hierher gekommen!«

»Komm, Summ-Bruder, wir kneifen für 'ne halbe Stunde den Arsch zusammen. Wir prügeln den Kerlen die Pisse aus 'm Leib, die da rumgefummelt haben mit den ... mit den ... großer Gott, seht euch das an!«

Es ist wirklich ein erschreckender Anblick. Unter uns, auf dem Laborfußboden, marschieren die revolutionären Ratten, alle perfekt in Reih und Glied, alle mit Chirurgennadeln bewaffnet, alle mit Chirurgenfingerhüten als Helmen auf dem Kopf, die unheimlich im Mondlicht glänzen, das durch das Fenster scheint. Sie marschieren, und ihr Tritt hallt im Labor wider. Und die Große Lauftrommel dreht sich herum und herum und verbreitete ihre Rebellensendung und projiziert gestochen scharfe Filme an die Wand. Wieder Schimpansen, minderwertige Typen, die herumhüpfen und auf irgendwelche Baumstümpfe trommeln. Vielleicht hätte ich die Neue Nekropsie in diesem schmissigen Tempo bringen sollen, wie es die Schimpansen jetzt anschlagen ...

Aber jetzt ist es zu spät, sich darüber Gedanken zu machen. Ich muß meine Armee auf Trab bringen. »Okay, Leute, antreten!«

»Ich bin zu schwach zum Furzen, Mister, wie soll ich dann antreten? Geben Sie mir meinen Summer wieder ... Ratti will ihren Summer.«

»Hakt die Ratte da unter. Augen rechts. Und vorwärts marsch!«

»Oh, ich habe furchtbare Entzugserscheinungen. Ich hab die kalte Flatter.«

»Wir brauchen einen eigenen Generator, den wir Tag und Nacht laufen lassen. Hunde sollen ihn bewachen.«

»Die Hunde sind bereits in der Hand des Feindes, Mitratte. Die Hunde kannst du vergessen.«

»He, was ist das denn? Sie erwarten doch nicht etwa, daß wir von der Lustterrasse runterklettern?«

»Im Schutz der Dunkelheit, Lustratten. Folgt mir.«

»*›Am Weihnachtsmorgen fand man Cold Mousey in einer leeren Flasche.‹* Haben Sie das Lied schon mal gehört?«

»Still, du!«

»*›Arme Cold Mousey verhungerte am Weihnachtsmorgen.‹* Ich muß aus dieser Flasche raus ...«

Das ist das Problem bei den Lustratten – ihr Gehirn wird wie Sülze, und sie wissen nicht mehr, was sie tun. Und das sind die Truppen, mit denen ich eine Revolution niederschlagen soll.

»Okay, Mister, wir folgen Ihnen die Stange runter.«

»Unser Operationsziel ist der Chemikalienschrank, verstanden?«

»Erst der Sicherungskasten, Mann. Ohne einen kleinen Lustkick gehe ich nirgendwohin.«

»Am Chemikalienschrank gebe ich euch allen Lustspritzen. Die halten vor, bis wir alles wieder unter Kontrolle und die Summer repariert haben.«

»Wir müssen an die Regierung wegen batteriebetriebener Summer schreiben.«

»Aufzieh-Summer! Federbetrieb. Man trägt sie am Schwanz und hat den Lustkick immer zur Hand.«

»Mir sind eben alle Zähne ausgefallen, stimmt's? Hast du nicht gesehen, wie mir eben die Zähne ausgefallen sind?«

»Du träumst, Ratte. Du hast Entzugserscheinungen.«

»RUHE DA HINTEN!«

»Ach, halt's Maul, Mister, ich hab eben meine Schneidezähne verloren.«

Ein zusammengewürfelter Haufen. Aber unter den gegenwärtigen Umständen konnte ich nichts Besseres tun. Jetzt die Stange runter und auf den Boden.

»Ich erinnere mich an Tage der Liebe in der Lustkuppel, an Zeiten höchster Freude und Herrlichkeit...«

»Schubst den Quasselkopf mal 'n bißchen vorwärts, ja?«

»...da wußte ich alles, da war ich die Höchste Freude...«

»Die Stange runter, Mann, und halt die Luft an!«

»Tretet ihm mal in den Arsch, ich hänge hier an meinem Schwanz!«

»Na los, Ratten, springt mit mir ins Dunkel.«

»...ich sah Myriaden von Lüsten, ich war voller...«

»Scheiße. Beeil dich, bevor wir hier draußen geschnappt werden!«

Sechs, sieben, acht durchgedrehte Lustratten sollen mir helfen, die gewaltige Macht des Feindes zu besiegen. Wie setze ich sie bloß am vorteilhaftesten ein?

»Dort, Lustratten, die Tür da drüben, seht ihr sie?«

»Wo all die Soldaten in Habachtstellung stehen?«

»Genau. Wir nehmen sie im Handstreich.«

»Handstreicheln? Haben Sie gesagt, wir werden mit der Hand gestreichelt?«

»Er hat gesagt, das sind Landstreicher. Ich kämpfe nicht gegen Landstreicher.«

»Die nächste Ratte, die redet, wird mit einem Schuß erledigt!«

»Achten Sie nur drauf, daß Sie die Vene treffen, Mister, mehr will ich nicht.«

»Also los jetzt, folgt mir langsam und vorsichtig, unter diesem Käfiggestell durch ... so ist es gut, bückt euch ...«

Wir müssen an der Großen Lauftrommel vorbei, die sich immer noch rasend schnell dreht, von den Rebellen in Gang gehalten. Zu beiden Seiten von uns marschieren bewaffnete Patrouillen auf und ab, deren Waffen schimmern.

»... und oft, wenn ich mich im klaren See höchster Zufriedenheit wärmte, wissend, daß ich die Vollkommene Gottheit bin ...«

»Du trittst mir auf den Schwanz, Plietschauge.«

»He, ich spüre einen kleinen Lustkick, ihr nicht auch? Fühlt ihr ihn?«

»He, ja, da rührt sich was!«

»Gerade so der Anfang, stimmt's? So 'n nettes Kitzeln?«

»Ja, ja, egal, was es ist, egal, was hier läuft, wir steigen drauf ein, *jaa!*«

»Ruhe, ihr Ratten!«

»Sowas wie – wie *Elektrizität* in der Luft. Ich fühle sie.«

»Das kommt von da drüben, von der Lauftrommel.«

»Ja, jetzt fühle ich es. Die erzeugen Strom mit dem Ding.«

»Bitte um Disziplin in den Reihen!«

»Leck mich am Arsch, Mann, ich geh zu Pappi.«

»Gebt's mir, los, gebt's mir!«

»Lustzentren aktiviert ... Lustzentren in *Betrieb*!«

Da ziehn sie hin, meine Soldaten, abtrünnig einer wie der andere, und sabbern und wälzen sich vor der Lauftrommel herum. Wenn die kleinen elektrischen Funken sie berühren, werden sie verrückt vor Verzückung. Sie zucken und zappeln wie die hirnlosen Suchtköppe, die sie sind, und ich kann wieder allein weitermachen.

Nur nicht den Mut verlieren!

Rasch husche ich den Gang entlang und am Käfiggestell hoch bis zum ersten Käfig.

Hallo, Schmusekater. Dein alter Freund ist hier, Dr. Ratte.

Seine Augen leuchten im Mondlicht. Er würde mich nur allzu gern verspeisen. Seit dreiundvierzig Tagen ist er auf eine spezielle Hungerdiät gesetzt. Kein Bröckchen Essen, kein Tropfen Wasser. Die Hinterbeine zieht er ein bißchen nach, aber diesen Ratten ist er immer noch gewachsen.

Ich werde das Labor mit deiner Hilfe retten, Schmusekater. Ich weiß, wo der Schlüssel zu deinem Käfig ist. Da oben an der Wand, da baumelt er ... wenn ich meinen Schwanz so weit nach oben strecken und den Schlüssel runterholen kann ... ja!

Und nun ganz leise ins Schloß und umdrehen ... das Schloß springt geräuschlos auf, und ich wickele meinen Schwanz um den Türgriff und ziehe sachte.

»Komm raus, mein Freund. Geh und friß sie!«

Der Kater humpelt langsam heraus und läßt mir reichlich Zeit, mich hierher, auf das Fensterbrett zurückzuziehen. Er starrt hinunter auf die dunkle, brodelnde Rebellenstadt, wo die Ratten singen, die eingelegten Ahnen leuchten und alle Schatten in Bewegung sind.

Was für ein Anblick für einen ausgehungerten Kater!

Ratten, Ratten, Ratten überall! Pack sie, Kater!

Mit einem Satz verschwindet er im Dunkeln. Was für ein Gequietsche und Geschrei! Jetzt, Rebellen, jetzt wollen wir mal sehen, was an eurer Einheit aller Tiere dran ist!

Flaschen zerscherben, Lampen gehen zu Bruch, Käfige klirren – was für eine Szene. Ich bin froh, daß die automatischen Kameras noch laufen und das ganze Spektakel aufnehmen. Der Hochgelehrte Professor wird sein blaues Wunder erleben, wenn er das alles entwickelt. Aber wir können das Material gut für unseren Artikel über Aggressionen gebrauchen. Einheit aller Tiere, zum Kichern!

Oh nein, diese Drecksratten. Eine bewaffnete Patrouille hat soeben den Chemikalienschrank verlassen. Drei Wachstumshormon-Ratten kriechen heran, eine Injektionsspritze auf ihren Rücken, und eine vierte Wachstumsratte folgt ihnen, die Nase am Kolben. Sie sind jetzt monatelang in der Stephensonschen Wachstumshormon-Box gewesen, und alle sind bärenstark.

Ich muß meinem Schmusekater helfen!

Leichtfüßig eile ich auf dem Fensterbrett entlang und lasse mich leise auf das Zahnarzttablett runter, wo ich zu einem langen Zahnstichel greife. Wenn ich die Patrouille aufhalten kann...

Sie greifen den Kater von hinten an. »Paß auf, Schmusekater!«

Ich lande vor der Wachstumshormon-Truppe, schlage mit meinem Stichel gegen die Nadelspitze und drücke sie zur Seite. Aber diese Wachstumshormon-Ganoven sind stark, sie formieren sich sofort wieder und greifen erneut an. Ich hole mit meinem Stichel aus, womit ich gleichzeitig der kräftig zuschlagenden Pfote des Katers über mir im Weg bin. Wir stürzen zwischen seine Beine, unter und über seine Krallen. Die Nadel zielt direkt auf mein Herz. Ich schlage zu, dresche sie zur Seite und presse sie gegen die Decke...

...oh nein!

Wir haben dem Kater eine Injektion in die Bauchdecke verpaßt!

Er zittert und stürzt zu Boden, und ich springe davon, unter seinem Schwanz durch und am Türrahmen hoch.

»Dr. Ratte, Sie haben Ihr Volk verraten!«

»Ja«, rufe ich und schaukele auf der Glühbirne, »und deine Mutter ist unter der Gartenveranda von einem Flughörnchen gevögelt worden!«

Gottverdammte Mißgeburten ekelhafter Bastarde, denen werde ich's zeigen – ich lasse die Glühbirne los und segle durch die Luft auf den Ausguß zu.

Schwamm hier, geeignet zur Überquerung des Wassers. Schnell, Doktor, paddle zu!

Mit Pfoten und Schwanz bringe ich den Schwamm in Fahrt, der eine breite Spur durch die Wogen zieht. Der Kater liegt da unten am Boden ausgestreckt, ausgeknipst wie ein Licht. Ich weiß, wie stark diese Spritze ist, er wird sich die ganze Nacht nicht mehr rühren.

Rebellenscheinwerfer suchen die Decke, den Fußboden ab. Sie haben mich aus den Augen verloren, diese leberlosen Tölpel. (vgl. *Gewicht der entnommenen Leber: »... nach der Tötung wurde der Glykogengehalt der Leber festgestellt. Dabei zeigte sich eine deutliche Abnahme des Glykogengehaltes, die wahrscheinlich auf die starken Emotionen zurückzuführen ist, die die Ratte während ihrer Enthauptung hatte.«)*

Ich liebe das, Sie nicht auch? Die starken Emotionen, die die Ratte während ihrer Enthauptung hatte.

Ich werde euch Revolutionären beibringen, was starke Emotionen sind.

Memo an den Kongreß:

Um unser Milliarden-Dollar-Grundlagenforschungsprogramm zu retten, ist es nötig, eine Reihe von Individuen in die Öfen zu schicken. Das braucht natürlich Zeit, aber ich verspreche Ihnen, wir lassen den Mikrowellenherd rund um die Uhr brennen.

Dr. Ratte

Komm schon, Bemoostes Faultier! Du wirst noch die Konferenz verpassen. Alle Tiere werden dort sein!«

Keine Bange, kleiner Affe. Ich komme schon noch rechtzeitig hin. Ich muß mich nur ein bißchen ausruhen, bevor ich losgehe. Es hat doch keinen Zweck, so zu hetzen.

»Du schaffst es doch nie bis dahin, Bemoostes Faultier. Ich wandere ohne dich weiter.«

Die Wonne, bewegungslos in den Bäumen hier zu hängen, kann einem Affen halt nicht hinreichend klargemacht werden. Er verbringt seine halbe Zeit damit, vor Jaguaren auf der Hut zu sein, während ich hier einfache hänge und aussehe wie ein Ameisennest. Der Jaguar entdeckt mich nie.

So viele Tiere huschen über den Boden, alle in dieselbe Richtung. Ich höre sie da unten vorbeirasen. Immer haben's alle so eilig. Ist ihnen denn nicht klar, welchen Seelenfrieden man haben kann, wenn man im Licht, das durch die Blätter dringt, einfach so kopfüber dahängt?

Alle Geräusche verfließen ineinander. Man meint, in den ineinanderfließenden Geräuschen dahinzuschweben. Die Tiere reden von der tiefen Erfahrung, die sie auf der großen Konferenz machen werden. Ob sie wohl tiefer sein kann als die tiefe Entspannung eines Dreizehenfaultiers mit Moos auf seinem Rücken?

»Na komm, Moosy! Sonst kommst du noch als Letzter an.«

Mach dir um mich keine Sorgen, kleiner Affe.

Er geht schnatternd davon, und seine Stimme verfließt in all den anderen Stimmen. Ich sollte mich wohl ein Stückchen weiterbewegen, aber gerade im Moment kommt es mir so schade vor, sich zu bewegen, da alle Blätter und alle Lüftchen mir so lieblich zusingen.

Bemoostes Faultier, du bist das allerfaulste Stück, das ich je gesehen habe. Du bist das faulste Lebewesen, das es gibt.«

Es hat keinen Zweck, ihnen zu widersprechen. Sie können ja nichts wissen von dem alten Wesen in den Bergen, das Unübertreffliche Faulheit heißt. Keines von den anderen Tieren hat es je gesehen, denn es hat sein ganzes Leben auf ein und demselben Ast zugebracht und ist von Flechten völlig zugewachsen. Ein bemerkenswertes Beispiel. Keine Sekunde würde ich mich mit ihm vergleichen.

Es heißt, es sei so ungeheuer alt geworden, weil es seine Lebenskraft so sorgfältig eingeteilt hat. Mutter hat mir von ihm erzählt und gesagt, schon ihre Mutter hätte ihr davon erzählt. Seit Generationen ist es da oben und hängt reglos am Ast in den Bergen. Es hatte einen Onkel namens Bewundernswerte Faulheit, der von Jägern erschossen wurde. Bewundernswerte Faulheit rührte sich nicht, als die Kugel ihn traf, und er blieb da hängen, bis er völlig verfault war.

»Schüttelt doch dieses Faultier vom Baum!«

Es ist leichter, einen Berg zu versetzen, mein Freund. Ein Faultier kriegt man nicht von seinem Ast runter.

»Du entsetzliches Faultier! Weißt du denn nicht, wie wichtig diese Konferenz ist?«

Ich hänge hier und sehe mir die faszinierenden Muster der Blätter an. Man sieht so viele herrliche kleine Einzelheiten, wenn man einfach ganz ruhig und mit halbgeschlossenen Augen vor sich hinblickt. Alles wird so herrlich eins, die Stimmen um mich her fließen wieder in eine zusammen, und die funkelnden Blätter verschmelzen langsam zu einem warmen, wunderbaren Teich. Es gibt kein schöneres Gefühl, als so dazuhängen, an der Grenze zum Traum. Wir Faultiere haben die Technik bis zur Perfektion drauf. Andere Tiere schlafen schnell ein und versäumen so die köstlichen Ränder des Schlafs.

Aber ich rinne langsam auf ihn zu, wie Saft an einem Baumstumpf, langsam und allmählich, und koste den ganzen Zauber aus, der zwischen Wachen und Schlafen wohnt. So viele köstliche Regungen durchströmen dich, alle die zahllosen Zauber, die dieses Reich beherrschen. Kein Gestern, kein Heute, kein Morgen, nur dieser glückliche Augenblick...

»Ai, ai, ai!«

Wessen Stimme ist das denn? Sie klingt wie die eines Faultiers, das von seiner Mutter getrennt wurde.

»Ai, ai, ai!«

Am liebsten würde ich den Kopf nicht drehen, ich tu das selten, aber ich glaube, ich muß es tun. Langsam also, nichts übereilend und darauf bedacht, alle Details währenddessen auszukosten, beginne ich ihn zu drehen. Die roten Beeren sind dick geworden, und eben schlüpft ein neuer Schmetterling aus seinem Kokon.

Ein Bündel aus altem Moos und Zweigen kullert den

Abhang hinunter. Ein dahineilender Jaguar muß es losgetreten haben.

»Ai, ai, ai!«

Sind das wirklich Lippen in dem Moos? Wie kann denn jemand atmen unter all den Schwammpilzen?

»Na los, mein Junge, hör auf, mit offenem Mund dazuhängen. Du siehst aus wie Onkel Bewundernswerte Faulheit, zwei Tage, nachdem er erschossen wurde.«

»Unvergleichliche Faulheit! Bist du's wirklich?«

»Rutsch von deinem Ast, junger Mann, und zwar 'n bißchen dalli. Wir haben einen weiten Weg vor uns.«

Um-tum-tarum-vier! Um-tum-tarum-vier!«

Da kommt die Rebellenratten-Armee, die auf dem Laborfußboden herumexerziert. Ich ziehe meinen Schwanz am besten etwas außer Sichtweite.

»Sie schnitten uns die Schwänze mit Messern ab –«

»Das stimmt!«

»Sie saugten uns die Augen mit einer Röhre aus –«

»Das stimmt!«

»Und zählen:«

»Eins zwei!«

»Und zählen:«

»Drei vier!«

»Im Gleichschritt:«

»Eins zwei drei vier – eins zwei – drei vier!«

»Sie schneiden, bis nichts mehr übrig ist –«

»Das stimmt!«

»Sie schröpfen uns, bis nichts mehr übrig ist –«

»Das stimmt!«

»Und zählen:«

»Wanderrattenpisse auf euch Arschlöcher!« Ach, du liebe Güte, es hat mich einfach hingerissen, und nun muß ich rennen, mit der gesamten Rebellenarmee auf den Fersen. Der liebe Doktor flitzt rasch davon, während Chirurgennadeln ihn umschwirren, ein Hagel aus Rebellenspeeren.

Zwischen die Flaschen, zwischen den Reagenzgläsern durch, über die Schwämme weg und auf den schräggeneigten Operationstisch – seine glatte, schimmernde Fläche hinunter und an der Kante hops und weg, während die Rebellen hinter mir herrutschen.

Ich habe keine Wahl. Ich muß mich in der Todesbox verstecken.

Ich hebe die Blechklappe mit dem Schwanz an, schlüpfe rasch hinein und ziehe sie hinter mir zu. Das ist ein wundervolles wissenschaftliches Gerät: die Ratte, die hier reinkommt, ist definitiv hin, sei sie nun eine norwegische Widerstandsratte, eine französische Kellerratte, eine englische Schiffsratte oder einfach eine gewöhnliche alte polnische Kloakenratte. Ganz egal, sie ist hin.

Natürlich haben die Rebellenratten einen Heidenrespekt vor der Box und meiden ihre Nähe wie die Pest. Ja, sie ist eine Gaskammer. Der Leidtragende, äh, der Gefangene, Pardon, das *Wissenschaftsopfer* wird vom Hochgelehrten Professor zur Box gebracht, und er kann es durch ein kleines Glasfenster in der Box beobachten. Ich kann jetzt durch dieses Fenster nach draußen spähen, nur mit Nase und Augen, und den dämlichen Rebellentruppen dabei zusehen, wie sie herumhuschen und ihren Schwänzen hinterherjagen. Ich könnte mich durchaus ein bißchen hinlegen und ausruhen. Hier liegt ein hübscher Wattebausch als Kopfkissen. Natürlich ist er im Augenblick nicht mit Chloroform getränkt, sonst wäre ich schon hin. Manchmal benutzt der Hochgelehrte Professor auch Leuchtgas, das die Blutgefäße hellrot färbt. Wir erhalten auf diese Weise wundervolle Demonstrationsobjekte.

Und die Todesbox ermöglicht uns, einige der entzückenden neuen Kampfgase zu testen. Wir haben hier eine hervorragende Sammlung, mit Proben, die bis zu dem großartigen deutschen Produkt Zyklon B zurückreichen. In unserer stillen, patriotischen Art versuchen wir Hochgelehrten Amerikanischen Doktoren, die Wirksamkeit zu verbessern – und wir haben einen unerschöpflichen Vorrat an Nagetieren, an denen wir sie erproben können. Phantastisch, daß die Rodentia-Familie so groß ist. Wir können Eichhörnchen, Mäuse, Wühlmäuse, Meerschweinchen, Biber und gelegentlich sogar mal ein Stachelschwein bieten! Was für eine Ehre!

Ich bin unweigerlich jedesmal beeindruckt, wenn der Hochgelehrte Professor seine Wahl für die Todesbox trifft. Mit einem kaum wahrnehmbaren Zucken seines Bleistiftes deutet er auf die Ratten, die der Wissenschaft geopfert werden sollen. Solche Macht. Eine solche Finesse. Der Hochgelehrte Professor kann sich zahllose unverständliche Aufsätze als sein Verdienst anrechnen und ist natürlich mein Idol. Meiner Meinung nach ein veritabler Übermensch mit seinem Sonderkomitee zur Präparation und Aufstellung von Skeletten.

Ich lüpfe die Klappe der Todesbox und lasse nur meine Nasenspitze hervorschauen. Schnüffle in alle Richtungen.

Die Widerstandsrebellen sind in irgendeinem anderen Teil des Labors auf der Suche nach mir.

Unbemerkt schlüpfe ich heraus und schließe sacht die Klappe. Ich werde ein paar Genicke zerlegen, ehe die Nacht um ist, liebe Studenten. Folgt Dr. Ratte einfach den Fußboden entlang. Achtet auf jede kleine Veränderung des Luftdrucks an euren Schnurrhaaren. Wir bewegen uns unauffällig. Ist euer Skalpell geschliffen? Das wird ein heikles Stück Arbeit, gewidmet dem Andenken Claude Bernards. Möge ich seines Segens würdig sein in dieser Nacht der Nächte, der dunklen Nacht von Dr. Ratte.

»Hallo, Schätzchen ...«

»Was? Wer – wa –?« Ein reizendes *Norvegicus*-Weibchen steht am Eingang zu einer Baunachbildung.

»Komm rein und amüsiere dich ein bißchen.« Sie kriecht langsam an mich ran und kringelt verführerisch ihren Schwanz.

»Tut mir leid, so sehr ich auch den vermutlich gelungenen Bau deiner Höhle bewundere, ich –«

»Komm doch und beschnüffel sie ein bißchen.«

Sie wackelt mit den Hüften und wölbt mir ihren Rücken entgegen. Ich könnte ja mal reinschnuppern, um mich moralisch zu stärken.

»Oh ja, Schätzchen, so ist's genau richtig. Und jetzt rubbel mich ...«

Du liebe Güte, ich habe sie erregt. Ich wußte gar nicht, daß ich dazu fähig bin. Ich könnte sie ja einfach ein bißchen rubbeln, ihren Genitalbereich rubbeln, wie es beschrieben ist in Clarks und Bridges' Report über ... über ...

»Oh, Ratti, bist du ein *Schlingel.*«

»Bin ich das? Wirklich? Ich habe noch nie – ich habe gar nicht –«

»Oh Schätzchen, los ... komm schnell.«

Sie verschwindet in ihrem Bau! Und ich zittere am ganzen Leib, fühle den ... unwiderstehlichen Drang ... mich am Eingang zu ihrem Bau herumzuwälzen! Ja, ich wälze mich, wälze mich in ihrem Duft, den sie absichtlich verbreitet hat. Oh ... Oh ...

Komm ... *rein*!«

Sie wickelt mir ihren Schwanz um den Hals und zieht mich in den Bau. Ein sehr hübsches Tunnelsystem hat sie hier, das in den Erdwall gegraben ist, den der Hochgelehrte Professor hat ins Labor schaffen lassen. Tiefer und tiefer steigen wir, sie führt mich mit ihrem Schwanz, der um meine Nasenspitze gewickelt ist. *Eau de Rattus Norvegicus,* oh la la.

»Ich glaube, ich muß dir sagen – ich meine, du solltest wirklich wissen, daß ich keine – daß man mich –«

»Bitte, Liebling, nicht jetzt.« Sie zieht mich noch tiefer in das dunkle Röhrensystem. Kein Luftzug. Alle Steine rausgeschleppt. Was für ein hübsches Plätzchen. Ich sollte wirklich einen Aufsatz darüber schreiben und dem Soziologischen Institut schicken; die mögen sowas. Jetzt rollt sie mit der Nase eine Kugel aus Matsch und schließt damit den Eingang zu dem Bau.

»Jetzt kann uns niemand stören, Liebling.«

Große Wirkungsbreite der Bauversiegelung, Atkinson und Davis, *Transportsoziologische Untersuchungen,* 1956. Ich habe hier eine Goldmine zweckdienlicher Einzelheiten an der Hand, aber dieses Weibchen gibt mir keine Gelegenheit, irgendwelche Memos in dreifacher Ausfertigung niederzulegen, Statt dessen robbe ich an sie ran und stampfe mit meinen Pfoten auf den Boden.

Steifbeinig ... Rücken gewölbt ... stampfe ich ... rolle ihr jetzt einen kleinen »rock« rüber, den sie zurückrollt. Sie stampft, wir stampfen, wir rocken und rollen. Ein Hinterbein in der Luft, nun das andere, drehen wir uns immer rundherum.

»Schätzchen, du kannst aber gut tanzen.«

»Ach, das habe ich mir bloß so beigebracht.«

Alles hier im Bau ist von ihrem Duft durchtränkt. Er macht mich völlig wuschig. Wenn ich doch bloß ein bißchen ... wenn ich doch bloß ... wenn doch nur ...

»Komm, Schätzchen, beiß mich ein bißchen im Genick.«

Sie dreht sich um und drückt die Brust auf den Boden. Wie hübsch sie ist, wenn sie die Hinterbeine ausstreckt und den Rücken krumm macht. Den Kopf hält sie hoch, und ich kann nicht anders, ich muß mich einfach über sie beugen und sie ein bißchen am Nacken knabbern.

Unsere Körper berühren sich.

»Steck ihn rein, Schätzchen, *schnell*!«

Sie dreht ihren Hintern, hebt den Schwanz. Ich ... ich ... versuche ... versuche ...

»Schätzchen, gib's mir. Gib's mir *sofort*.«

Ich versuche, es ihr zu geben ... aber es will nicht ... es will nicht ... der Penis will sich nicht mit Blut füllen und der Stützknochen (os penis) stützt nicht (vgl. *Die kastrierte Ratte*, Bentley und Swen, 1956).

»Schätzchen, was ist denn los mit dir?« Plötzlich schlüft sie unter mir weg, was mich aus dem Gleichgewicht bringt, so wie's üblich ist. Aber im Gegensatz zum zeugungsfähigen

Männchen sitze ich nicht da und lecke mir glücklich den Penis. Ich kann mir lediglich ein paar fachliche Notizen machen, die mir eine dauerhaftere Befriedigung verschaffen werden, wenn ich sie in *Wissenschaft heute* gedruckt sehe.

Sie beäugt mich eingehend. »Schätzchen, hast du denn keine...«

»Ich bin dem Hochgelehrten Professor für seine Hilfe bei dem Entmannungsexperiment zu Dank verpflichtet, dem ich mich kurz nach meiner Geburt unterzog. Ohne seine Mitarbeit und die Unterstützung der Universität wäre dieser Aufsatz nie zustandegekommen.«

»Hör mal, ich bin scharf wie noch nie, Liebling, ich muß mir jetzt eine Soldatenratte holen, die es *mir besorgen kann*.«

»Eitle Freuden, die nur eine Sekunde währen.«

»Ja, Liebling, aber wir können es tausendmal pro Nacht machen, und das ist gar nicht so übel...«

Sie ist durch den Tunnel davon, und sehr bald wird es hier von Soldaten wimmeln. Ich kenne die Szene: Collins und Moffit haben sie in ihrer Monografie eingehend beschrieben. Ratten werden durch jeden Eingang hereinströmen, kämpfen, krakeelen, mit den Zähnen klappern. Ich muß hier raus, solange ich noch kann.

Ich wühle mich also durch die Erde, scharre mit den Pfoten und stoße Steine zur Seite. Aus wissenschaftlichen Gründen wünschte ich mir, ich hätte es ihr besorgen können, um die kleinen Feinheiten des Eindringens genauer zu empfinden.

Wo wird die Konferenz denn gemacht, Mutter?«

»Dort, wo die Menschen den Bären etwas Raum gelassen haben.« Vielleicht ist *er* auch da: das starke schwarze Männchen, das mich bestieg und mein Herz erbeben ließ. Es war Frühling im Tal; ich hatte meinen Duft überall hinterlassen, wo er leicht zu finden war. Ich horchte, ob er durch den Kiefernwald käme, ich hörte ihn brummen und mit seinen Klauen hoch oben am Baum kratzen. Er kratzte so hoch an den Bäumen, wie ich es bisher noch bei keinem gesehen hatte.

»An der Müllhalde, Mutter? Wird sie dort gemacht?«

Aber ich blieb nicht, wo ich war, denn ich wollte, daß er mich nicht allzu schnell fand. Schnell genug, aber nicht zu schnell. Damit sein Verlangen noch größer würde, blieb ich in Bewegung. Ich schwamm durch den Fluß, hinterließ meinen Duft aber auf den Felsen. Er hielt sich nicht mit Fischen auf, obwohl die Lachse damals stromaufwärts schwammen. Er stürmte ins Wasser. Ich beobachtete ihn von hoch oben am Ufer. Die kleinen Bäume verbargen mich, die auf dem Ufer wachsen. Er konnte mich nicht sehen. Aber ich konnte ihn sehen – er stand aufrecht im Wasser und schnupperte in die Luft, weil er wußte, ich sei irgendwo in der Nähe. Da sah ich auch, wie groß er war, noch ehe ich seine Krallenspuren an den Bäumen gesehen hatte.

Ich dachte, wir würden uns oben auf dem Ufer paaren, weil dort das weiche Moos wuchs, aber etwas erfüllte mich plötzlich mit Angst, als ich ihn aus dem Fluß steigen und ans Ufer springen sah.

»Werden die anderen Bären auch alle da sein, Mutter?«

»Ja, ich glaube schon.« Ob er aber noch in diesem Wald ist? Es gibt noch andere Wälder, und ich weiß, daß er gern herumstreift. Vielleicht trifft er sich weit weg an einer anderen Müllhalde, viele andere Weibchen um sich her, die ihn beschnuppern. Ich fühle mich innerlich ganz sonderbar, wenn ich daran denke, ich weiß nicht, warum.

»Und werden die Waschbären auch da sein?«

Als ich ihn so sah, wie er ans Ufer stieg, rannte ich los, so schnell ich konnte. Ich hörte nur noch das Pochen meines Herzens und die knackenden Zweige um mich her. Sein Brummen hörte man im Tal, als er das Ufer heraufstieg. Ich wußte, er würde mich einholen. Ich wollte, daß er mich einholte, aber ich konnte nicht aufhören zu rennen.

»Schau mal, Mutter, die Hirsche! Hast du schon mal so viele Hirsche gesehen?«

Ich hörte ihn hinter mir, er war viel schneller als ich. Ich hörte seinen schweren Atem. Da blieb ich stehen, weil ich nicht ängstlich erscheinen wollte. Er kam zwischen den Bäumen heran, sein Brustkorb hob und senkte sich. Der Wind wehte über ihn hinweg und trug mir seinen Geruch zu. Ich fühlte mich wie ein ängstliches Junges. Sein Geruch war stark und fremd, und mein Duft mischte sich mit ihm. Seine Schritte waren langsam, als er auf mich zukam. Es war wie der Geschmack von Honigwaben, als er langsam auf mich zukam, süß und schmerzlich, köstlich und erschreckend, verboten, doch unwiderstehlich. Ich brummte, und er antwortete und begann mich zu umkreisen.

Wir tollten gemächlich im Dickicht herum, über die gestürzten Bäume hinweg. Sein Mund stand offen, und seine Zunge hing vom Laufen heraus. Aber er war nicht müde, überhaupt nicht. Ich zitterte innerlich; ich sah den merkwürdigen dunklen Fleck an seinem Hals. Da hat man mich angeschossen, sagte er, das ist die Stelle, wo sie mich getroffen haben. Und ich lief, sagte er, die Hunde hinter mir her, aber sie konnten mich nicht fassen. Ich nahm Prankenvoll Fichtennadeln und Harz, sagte er, und stopfte sie in die Wunde. Das mußt du auch tun, wenn du mal verletzt bist und blutest, denn das hindert das Blut am Fließen und bringt es zum Gerinnen. Ich machte die Hunde noch vor Abend müde und lief weiter durch die Nacht.

»Oh, Mutter, sieh mal da, die Waldmurmeltiere!«

Er umkreiste mich langsam, dann sprang er so schnell zu, er war wie ein verwischter Fleck. Er hielt mich mit seinen Beinen fest, die so dick und unnachgiebig waren wie große Bäume. Mein Leib raste, und ich brummte, als er in mich eindrang, aber dann war meine Wildheit plötzlich gewichen. Überall um uns herum standen Blumen. Ich war wieder wie ein Junges, als er mich genoß. Ich fühlte, wie sein ganzes Leben durch mich hindurchzog. Ich kannte mit einem Schlag alle seine geheimen Wege, wußte in einem einzigen Augenblick alles von ihm, oder meinte, es zu wissen, obwohl man das Herz eines alten Männchens vielleicht nie ganz erkennen kann. Ich wußte, er war stark und fürchtete nichts, weder Mensch noch Hund, noch die dunklen Schatten, die sich nachts im Walde rühren. Vielleicht fühlte er alles, was ich weiß, und trug es mit sich fort.

»Mutter, so viele Füchse! Schau doch nur, ihre schönen Schwänze! Hast du schon mal so viele Füchse gesehen? Das wird aber eine schöne Konferenz!«

Dann wanderten wir langsam nebeneinander her, und

unsere Körper berührten sich. Das bittersüße Gefühl erfüllte mich ganz, denn ich wußte, daß er mich verlassen würde. Aber er ließ mich das Gefühl vergessen auf der Wiese, er brachte mich dazu, mit ihm herumzurennen, zu rennen ohne einen Gedanken oder ein Gefühl, nur unsere Körper, die durch die Frühlingsblumen glitten.

»Ich sehe den Rauch der Müllhalde, Mutter! Viele Elche sind da! Sehen sie nicht herrlich aus, Mamma, so groß...«

Mitten auf der Wiese war ein alter Obstgarten. Wir legten uns zusammen unter die Apfelbäume. Die Blüten waren draußen, weiß und süß duftend. Wir lagen in der Sonne. Noch jetzt kann ich das Gewicht seines Körpers an meinem spüren. Die Schwalben aus der eingefallenen Scheune schossen über uns hinweg und neckten uns, denn sie sahen, wie glücklich wir waren. Einen Augenblick lang fühlte ich mich so leicht wie eine Schwalbe mit ihrer kleinen, schimmernden Brust. Er sah mich aufmerksam an, sprach mit seinen Augen, wie es nur ein altes Männchen vermag, und verriet mir die Größe seines Reviers wie auch die kleinen Dinge, an denen er seine Freude hatte, etwa am Geräusch des Maulwurfs, der im Frühling so schnell seine Gänge gräbt. Ich mag das, sagte er. Ich höre es gern, wie der Maulwurf im Frühling seine Gänge so schnell gräbt. Er gräbt dann schneller als zu jeder anderen Zeit. Die Erde fliegt hinter ihm nur so heraus, weil er sich den Gang zu einem Weibchen gräbt!

»Mamma, wenn wir zu der Müllhalde kommen, darf ich mich da in den Blechbüchsen sielen?«

Wir verließen die Wiese und gingen über den weichen, nassen Boden, wo ich ihm den Teich mit dem sprudelnden Wasser zeigte. Die Fische darin waren sehr klein und schossen davon, als sie uns sahen. Dort tranken wir. Das Wasser stieg durch den weichen Modder herauf und machte leise Geräusche. Ich nahm ein paar Schlucke; als ich aufsah, war er weg. Die alten Männchen bewegen sich so leise. Sie verlassen einen so still, wenn sie gehen. Hoch oben im Wind segelte die Waldschnepfe und zog ihre Kreise. Lange saß ich da, lauschte dem hohen Sirren ihrer Flügel und starrte in das sprudelnde Wasser. Ich saß so still, daß die kleinen Fische wiederkamen und nicht bemerkten, daß ich da war, und ich ließ sie ungestört.

»Mutter, sieh mal, die Stinktiere! So eine lange Reihe. Wir gehen aber nicht nahe ran und lassen uns was in die Augen spritzen!«

Doch später folgte ich seiner Spur, nicht weil ich hoffte, ihn zu finden, denn ich wußte, daß er weg war. Ich fand seine Krallenspuren hoch oben an einem Baum und konnte sie nicht erreichen.

Ich grabe mich aus diesem Bau heraus, breche durch die letzten Erdschichten und stecke meine Nase wieder in die Luft – ganz in der Nähe der Rebellenredner. Tolle Könner. Mit 'ner Menge verblasener Ideen. Aber reichen sie ihre Ansichten in dreifacher Ausfertigung ein? Haben sie irgendwelche bedeutsamen, unverständlichen Aufsätze publiziert? Es gibt nicht einen unter diesen Rebellen, der sich um Fußnoten, Bibliografie und Register schert.

Aber sehen Sie mal dort, auf dem Schreibtisch des Hochgelehrten Professors. Das fast abgeschlossene Manuskript seines Buches über Queenie, die Schimpansin – wunderbar detailliert –, in dem er schlüssig nachweist, daß eine Beschädigung ihres Bewegungskortex zur Lähmung ihres Arms geführt hat. Und wichtiger noch: als sie aufwacht und feststellt, daß ihr Arm nicht funktioniert, *ist sie erstaunt.*

Dieser Punkt ist besonders bedeutsam und wird in aller Breite, mit ausführlichen Querverweisen und Anmerkungen, abgehandelt. Und das mit vollem Recht, denn Queenie war *dermaßen* erstaunt, als sie aufwachte und feststellte, daß sie ihren Arm nicht gebrauchen konnte, daß sie sich die Fingerkuppen abkaute und alle Muskeln vom Handgelenk bis zum Ellenbogen freilegte.

Du Sohn eines glatzköpfigen alten *Rattus Norvegicus!* Die Rebellen versuchen, unseren Versuchsaffen von seinem Zwangsstuhl loszumachen; sie beißen ihm die Arm- und Beinriemen durch!

»Halt, ihr Arschficker!« (Siehe *Die Sodomie bei Rhesusaffen,* Harris und Logan, Publikationsreihe des Nord-Colleges: *»... wurde das schwächste Männchen namens Susi von seinen Gefährten sodomisiert;«* siehe auch mein März-Mitteilungsblatt.)

Sie haben ihn befreit! Hier kommt er, mit einem besonders wichtigen Virus infiziert, das wir gegen die Kommunistische Bedrohung entwickelt haben. Seine Augen sind glasig, und er stammelt wie im Fieberwahn vor den versammelten Ratten. Sein Kopf leuchtet hell. Ein breiter Lichtkreis umgibt ihn wie ein Regenbogen, und an jedem Farbstreifen können wir eine Rebellensendung sehen. An dem Regenbogen um seinen Kopf blitzen zahllose Rebellensignale auf – rennende Antilopen, sich durch den Dschungel schwingende Gorillas, aus ihren Sümpfen steigende Nilpferde! Alle sind sie auf dem Weg, jedes Tier der Welt zieht zu der Rebellenkonferenz!

Analog dem Kirby-Hunt'schen Emotionalen Reaktionsfaktor habe ich angesichts dieses Affentheaters scheißen müssen. Wie Sie wissen, verbringen unsere mit Bundesmitteln subventionierten jungen Wissenschaftler ein Großteil ihrer Zeit damit, Rattenköttel zu zählen, weil die Darmentleerung ein sicheres Anzeichen für das Ausmaß der emotionalen Reaktionen in Streßsituationen ist. Nun, Professor Kirby persönlich, der große Professor Kirby, wird mit all seiner Sachkenntnis hinzugezogen werden müssen, um die große Menge meiner Kackeklümpchen zu zählen, die ich bei meinen Versuchen, die Ordnung wiederherzustellen, in diesem Labor hinterlassen habe.

Langsam krieche ich über die große Ebene. Ich muß aufpassen, daß kein Elefant auf mich tritt und mir den Panzer spaltet. Ich habe noch nie so viele Elefanten gesehen; ich schlurfe nun schon seit Stunden dahin, und immer noch nicht habe ich das Ende ihrer Herde erreicht. Natürlich, eine Schildkröte ist langsam, aber trotzdem – so eine lange, lange Reihe von Riesen.

Ich wandere dahin und sehe mir das alles genau an, schaue in jede Familie hinein und mache meine Aufwartung. So eine herrliche Konferenz. Vielleicht löse ich endlich das Rätsel meines Panzers, dessen bedeutsame Zeichen zu sehen für mich fast unmöglich ist. Mein Schicksal steht da geschrieben, ganz gewiß, aber das eigene Schicksal ist immer am schwersten zu erkennen. Es ist mir gelungen, gerade nur den Rand davon zu sehen, als er sich im Wasser eines Dschungelteiches spiegelte. Doch manchmal meine ich, das ganze Muster zu fühlen, wie es sich durch meinen Panzer hindurchbrennt und sich meiner nackten Haut einprägt.

So viel weiß ich: das Zentrum des Musters ist mein Herz. Der winzige Bruchteil des Musters, den ich in dem Dschungelteich erblickte, hatte die Form eines Vogels, der hoch über den Wolken, hoch über der Erde schwebt. Und hier bin ich und schleppe meinen Panzer, mein Rätsel, über die Erde. Werde ich fliegen wie der Vogel?

Es ist nicht sehr wahrscheinlich. Aber wer weiß? Diese große Versammlung ist anders als alles, wovon ich je geträumt habe. Und dennoch ist auch sie irgendwo auf meinem Panzer eingeschrieben.

Claude Bernard, geben Sie mir Ihren Segen! Geben Sie dem armen alten Dr. Ratte die Kraft weiterzumachen. Die Wellen klatschen an die Kante des langen Laborausgusses, und die Wasseroberfläche funkelt im Mondlicht, das durch die Südfenster fällt. Runter, Ratte, geh in Dekkung!

Ein Schwamm mit einer Rebellenpatrouille kommt auf dem Wasser daher, drei Rebellenmatrosen, die mit Zungenspateln paddeln. Sie lachen und reißen Witze und achten nicht darauf, was an der Küste vor sich geht. Rasch husche ich zum Rand der Abtropffläche und weiter, an ihr vorbei.

Jetzt durch diesen Gang voller Vorratsdosen. Das ist ein

verwaister Teil der Kolonie, die Straßen sind leer. Nur das Klatschen des Wassers und das ferne Lachen der Matrosen ...

Einige der Dosen sind von den Rebellen umgekippt worden, ihr Inhalt liegt verschüttet auf der Straße. Altbackene Kekse, Essensreste – einfach in den Rinnstein gekippt. Ein sehr unerquicklicher Stadtteil. Ich muß dem Hausmeisterkollegium einen Bericht zukommen lassen.

Was höre ich denn da?

Musik! Blechern und billig. Ich wußte gar nicht, daß unser Hochgelehrter Professor so banale Musik in seinem Plattenschrank hat. Zweifellos zu wissenschaftlichen Zwekken. Aber ich höre am besten mal genauer hin. Sie scheint aus dem großen abgedunkelten Käfig da drüben zu kommen.

Sägemehl am Eingang, ein paar zerbrochene Stufen; ich steige vorsichtig hinauf und spähe hinein.

»Guten Abend.«

»Äh, ja ... ja, gewiß. Guten Abend.« Du lieber Himmel, die Ratte gleich hinter dem Eingang trägt die rosa Erkennungsmarke *(Homosexualität bei Ratten,* Rutledge und Hall; siehe auch *Gesellschaftlich geächtete reine Männchengruppen,* Randall und Bailey).

Ich schiebe mich sehr vorsichtig näher, denn ich möchte nicht neugierig erscheinen. Die Musik ist jetzt lauter, der Fußboden ist mit leeren Erdnußschalen bedeckt. Um diese Ecke hier ...

Ach, du meine Güte!

Überall Ratten mit der rosa Marke, sie schwatzen am Wasserhahn miteinander, fläzen sich um den tönernen Futterspender. Einige haben kahlrasierte Köpfe, einer hat eine Augenklappe, ein anderer trägt eine schwarze Mauselederjacke.

Und Rattenmännchen – die miteinander tanzen, Wange an Wange, Schnurrhaar an Schnurrhaar!

»Verrückt nach dem Jungen,
Bin schlicht verrückt nach ihm ...«

Der gute Doktor ist in einer Lasterhöhle gelandet, in einer ... einer ... da kommt ein sehr gut aussehendes Männchen auf mich zu. Ich gucke weg, tue so, als sähe ich es nicht, aber mein Herz klopft heftig.

»Bist du allein?«

»Warum – äh, ja.«

»Gestatte, daß ich dir einen ausgebe.«

Sie sind in des Hochgelehrten Professors persönliche Bestände an medizinischem Whiskey eingebrochen! »Tut mir leid, ich –«

»Nimm's nur. Es sind schwierige Zeiten.«

»Naja –«

»Eine echte Beziehung ist so schwer zu finden.«

»Ich –«

»Wir müssen die Liebe nehmen, wo wir sie kriegen können.« Er sieht mich durchdringend an. Seine Figur ist fabelhaft, er muß auf eine hochprozentige Proteindiät gesetzt sein. Und die Tänzer schaukeln vorbei und wackeln mit den Hüften. Oh nein! Zwei Soldatenratten kommen durch die Tür. Ich muß mich verstecken.

»Ganz ruhig. Hier tut dir niemand was.«

Die Soldatenratten sehen mich nicht mal an. Sie gehen

geradewegs zur Tanzfläche und fangen an, Boogie zu tanzen, die Fingerhuthelme flott in die Stirn geschoben.

»Bei mir findest du eine tiefe Beziehung. Ich merke, du bist unheimlich sensibel.«

»Sensorische Reize, Glockenläuten, Druckluft, Morgan und Bennings.«

»Du hast ja 'ne Menge mitgemacht. Du bist sehr nervös.«

»Neurotische Verhaltensmuster, Preßluftattacken, siehe meine Notizen.« Er schiebt mich in eine Ecke. Ich fühle, wie mir die Knie weich werden.

»Komm mit hier die Treppe rauf, da können wir uns offen unterhalten.«

Ich versuche, die Notbremse zu ziehen, abzublocken. »Sicher weißt du, daß der Apostel Paulus gegen die Homosexualität war. Sie ist nicht christlich.«

Sein Schwanz kringelt sich um meinen.

»Ich kann dir die Bibelstellen zeigen!«

»Nur keine Angst. Ich bin christlicher Geistlicher.«

»Wirklich?«

»Ja.« Er schiebt mich weiter zur Treppe. Andere Pfoten grapschen von hinten nach mir.

»Soll das hier vielleicht ein Gespräch sein? Ich kann dir aus meinem Aufsatz zitieren, daß –«

»Meine Freunde und ich haben da oben ein Zimmer ganz für uns. Komm . . .«

Seine Freunde sind – zwei Matrosen! Über und über tätowiert. Ich werde von ihnen die Treppe hinaufgeschoben.

Eine Kerze und ein bißchen Stroh in ihrem Zimmer. Die Kerzenflamme flackert und wirft seltsame Schatten an die Wand, an der modernistische, mit dem Schwanz gemalte

Bilder hängen. Ich muß hier weg – aber etwas in mir – möchte bleiben. Durch die Fußbodenbretter dringt schwach die Musik, lästig und doch auch wieder anregend:

»... schlicht verrückt nach dem Jungen ...«

Die beiden Matrosen tanzen dicht aneinandergeschmiegt. Mein Gastgeber kommt und nimmt mich in die Arme. Wir tanzen.

»Ich habe noch nie –«

»Einmal ist's immer das erste Mal«, flüstert er mir sanft ins Ohr.

»Aber wir haben Krieg!«

»Er hat uns zusammengebracht. Widersetz dich ihm nicht.« Ich fühle seine starken Pfoten auf mir, seine Augen sind voll kühler Überlegenheit. Ich glaube, ich sollte doch noch eine kleine Weile mit ihm zubringen, um wichtige Feldbeobachtungen zum Thema *Die Homosexualität bei Ratten – Intime eigene Erfahrungen* zu machen. Die könnte ich beim Gesundheitsministerium unter der Rubrik Geburtenkontrolle veröffentlichen.

»Da rüber«, sagt er und wirbelt mich plötzlich mit aller Kraft in eine Ecke, in der ihm ein paar Lumpen als Lager dienen.

»Das scheint mir aber nicht den wissenschaftlichen Erfordernissen gemäß steril zu sein. Ich –«

»Lege nur deinen Schwanz ein bißchen zur Seite, Ja, so ist es besser.«

»Alle möglichen Geschlechtskrankheiten – *oh, mein Gott!*«

»Ganz ruhig ...«

»ICH WERDE IN DEN ARSCH GEFICKT! (Siehe: Dr. Ratte, *Die Sodomie bei männlichen Ratten*, in Vorbereitung).«

»... eine tiefe ... Beziehung ...«

Das ist ja absolut grauenhaft, der gute Dr. Ratte wird in einer dreckigen Dachstube anal gevögelt. Doch trägt das auch bedeutsam zu einer stabilen Bevölkerungszahl bei. Und die Musik dringt schwach an mein Ohr, zusammen mit dem Lärm von Männerstimmen, ihrem Lachen und Singen.

»Du bist 'ne Wucht im Bett.«

»Ich mach das nur aus soziologischem Interesse.«

»Nicht – *bewegen* ... Oh! Oh!«

»... als Forschungsbeitrag des öffentlichen Gesundheitsdienstes ...«

»Oh ja!«

»... unter besonderer Berücksichtigung der Bevölkerungsökologie ...«

»Ja, ja, ja, ja, ja, ja, ja, ja, ja, ja, ja, ja ...«

»...siebzig Kopulationsversuche in vierzehn Minuten. Der Autor ist den verschiedenen Regierungsstellen zu Dank verpflichtet, die ihm bei seiner Untersuchung ...«

»... ja ja ja ja ja ja ja ja ja ja und nochmals ja.«

»... der Analkopulation behiflich waren. Mein Dank gilt auch dem Dekan der Naturwissenschaftlichen Fakultät, ohne den ich nicht den Mut besessen hätte, diese Untersuchungen fortzusetzen. Zwar stellen sie nur eine erste Sondierung des Problems dar ...«

»Komm mit, Honigdachs, ich zeige dir den Weg.«

»Ja, kleiner Vogel, ich komme schon. Gehen wir zu einem großen Bienenschwarm?«

»Dem allergrößten!«

Was ist er doch für ein guter Vogel. Es gibt nicht viele wie ihn im Dschungel, die bereit wären, einen Dachs zu dem zu führen, was er am liebsten mag – das saftige und süße Innere eines Bienenkorbs.

»Aber Honigdachs, wenn wir heute einen Elefanten sehen, darfst du ihn nicht necken oder in den Rüssel beißen.«

»Manchmal kann ich einfach nicht anders. Ich sehe einen Elefanten, und schon muß ich ihn beißen.«

»Bitte, Honey, wir wissen, wie mutig du bist. Wir wissen, daß du vor nichts Angst hast, nicht mal vor einem Elefanten, aber versprich mir, daß du heute . . .«

»Ich will mich bemühen. Aber was ist, wenn ich eine große Antilope sehe, die mit ihren riesengroßen Hörnern so eingebildet herumspaziert? Darf ich ihr eine Lektion erteilen?«

»Oh, Honigdachs . . .«

»So bin ich nun mal, kleiner Vogel. Es macht mir Spaß, die großen, eingebildeten Tiere Bescheidenheit zu lehren. Mein Vater war so, und mein Großvater und alle Dachse. Wenn ich einen Elefanten sehe, der eingebildet tut, muß ich ihn einfach in den Rüssel beißen.«

»Vielleicht könntest du heute ein bißchen nachsichtiger sein.«

»Was ist das denn für ein lautes Gepolter vor uns? Der Boden zittert ja unter meinen Füßen!«

»Los, Honigdachs, wir sehen mal nach! Lauf, rasch!«

Ich renne durch das Dickicht, durch den Bambus ... Der Lärm ist gewaltig ... was kann das nur sein ...

»Dort, Honigdachs, sieh doch nur das Gedränge!«

Der Bambus teilt sich, und ich renne hindurch.

»Siehst du, Honigdachs, siehst du?«

»Ja, ich sehe es!«

»Und nun beiße bitte niemanden.«

Was für eine Versammlung! Noch nie habe ich die große Ebene so voller verschiedener Tiere gesehen. Alle Gattungen sind hier. Dort, die Bäume sind schwarz von allen möglichen Affenarten. Und da schreiten die Löwen hin und her, genau zwischen den Antilopen! »Wie sonderbar, kleiner Vogel.«

»Ja, Honigdachs. Alle Gemüter sind besänftigt. Man sieht keine aufgerichteten Schwänze, kein nervöses Zucken.«

»Sieh mal da, den herrlichen Antilopenleitbock mit den riesigen gedrehten Hörnern!«

»Bitte, Honigdachs ...«

»Ich beiße ihn schon nicht. Nein, es ist nicht nötig. Sieh nur, wie ruhig er dasteht. Sein Blick ist nicht hochmütig. Er drückt nur Staunen aus.«

»Komm hier lang, Honigdachs, wir gehen das weiße Nashorn besuchen!«

»Nein, ich will mal bei den Elefanten vorbeischauen.«

»Elefanten kannst du jederzeit sehen, Honigdachs. Es wäre doch viel besser, wir sähen uns was Seltenes an. Schau mal, dort sind die Berggorillas, die sich den weiten Weg bis hier runter zur großen Ebene gemacht haben. Los, Honigdachs, wir sehen sie uns mal an. Du wirst doch deine Zeit nicht mit Elefanten verplempern.«

»Ich glaube, ich möchte sie trotzdem besuchen. Sonst wundern sie sich noch, wo ich abgeblieben bin.«

»Nein, sie wundern sich schon nicht, Honigdachs. Los, komm mit, hier entlang...«

Er ist ein netter kleiner Vogel, und so hilfsbereit, aber er hat keine Ahnung, welchen Dienst ich den Elefanten erweise. In einer so großen Versammlung wie dieser gibt es zwangsweise auch ein paar wichtigtuerische alte Bullen. Ein rascher herzhafter Biß von so einem Winzling wie mir in den empfindlichen Teil des Rüssels gibt ihnen Anlaß zum Nachdenken. Na, hier wären wir ja schon, genau am Rand der Herde. Und die riesigen Kerle ziehen eilig die Füße zurück, als ich vorbeigehe. Keine Probleme dort ... und auch hier scheint alles in Ordnung zu sein, die Bullen stehen ganz ruhig da. Eine merkwürdige Atmosphäre liegt über dieser Herde, ganz anders als man sie sonst bei diesen Riesen findet. Ja, alle sind sie ... ganz sanft. Keine Wutausbrüche, kein Gelabere. Elefanten können einem schrecklich auf die Nerven gehen, wenn sie ins Philosophieren kommen. Wenn sie anfangen, von der unerreichbaren Frucht und dem tiefen, unwandelbaren Tosen der Schöpfung zu schwafeln, beiße ich sie rasch in den Schwanz und verschwinde, ehe sie wissen, wo's herkam.

Aber heute gibt's kein Salbadern. Die Gedankenströme der Elefanten bleiben nüchtern und friedlich. Ich sehe keinen einzigen Moralprediger im ganzen Rudel. Wie seltsam! Wer sind die beiden, die dort auf die Herde zukommen ... ein alter Bulle mit Wasserpflanzen in den Ohren ... sein Gefährte lahmt ... und nicht ein Wort von beiden.

Tja, ich muß sagen, das ist ein ungewöhnlicher Tag: Es gibt nichts zu tun für den Honigdachs.

Die Rebellenmiliz donnert an mir vorüber, und immer noch öffnen sie Käfige und befreien die Insassen. Da verschwinden gerade die Kaninchen, die morgen lebend gekocht werden sollten. Das wird die von der Regierung in Auftrag gegebene Hitzschlag-Untersuchung furchtbar zurückwerfen. Wir müssen aber damit *fortfahren*, Fakten zu verifizieren, die schon vor hundert Jahren bewiesen wurden. Das ist für die nationale Verteidigung von grundlegender Bedeutung. Wir haben einer langen und glorreichen Geschichte verbrühter, verbrannter und gekochter Kaninchen ins Auge zu sehen. Neue Methoden des Verbrühens, Verbrennens und Kochens müssen gefunden werden. Wie sollten wir sonst dem Kongreß Fortschritte melden?

Diese Revolution gibt mir die günstige Gelegenheit, einen kleinen Artikel über die Mechanismen von Massenversammlungen zu schreiben. Der Präsident der Universität hat bereits seine Besorgnis über die Versammlungen militanter Studentengruppen in der Cafeteria geäußert. Eine schwerverständliche Feldbeobachtung zu diesem Thema mit Empfehlungen, die Streithähne in die End-Lösung zu werfen, würde er sicherlich begrüßen.

Wir können natürlich erst das ganze weiche Zellgewebe wegschneiden, um das Durchtränken zu beschleunigen. Ein paar am Cafeteria-Eingang aufgestellte Skelette könnten das Studentenverhalten von Grund auf ändern. (Ich habe einen schnell trocknenden Klebstoff und Draht, um die Knochen zusammenzufügen.)

Lieber Herr Präsident!

Unser kleines Verwaltungsproblem an der Universität lösen wir ganz einfach damit, daß wir die Gehirnmasse aus den Studentenschädeln saugen. Benutzen Sie Nadeln zum Spreizen der Zehenknochen. Diese Skelette werden auch ohne Stützen vollkommen aufrecht stehen. Alle überzähligen Schädel können vom Cafeteria-Personal zum Servieren von Götterspeise benutzt werden.

Ihr sehr ergebener
Dr. Ratte

Durchschlag an:
Dekan der Naturwissenschaftlichen Fakultät
Pächter der Cafeteria

»Bananenmäuse, könnt ihr mich hören?«

»Wer spricht denn da unten?«

»Ich bin's, die Bandgrasmaus. Ich bin in der ganzen Versammlung herumgelaufen und habe das Allerneueste gehört. Es kommt eben ein sehr kluges Tier an, das sie Große Stille nennen.«

Wir verstecken uns in den Bananenblättern am Rande der Ebene. Unsere Nasen sind mit so vielen verschiedenen Gerüchen angefüllt. Unter uns wiegen sich unzählige Hörner. Und Felle in allen Mustern, gefleckte und gestreifte, lange und kurze, und zahllose Schwänze, so weit das Auge reicht. Löwen, Leoparden und die kleinen Wüstenkatzen; das Buschschwein und das Warzenschwein; das Zebra und die Hyäne. »Aber was ist das für ein Tier, das Große Stille heißt?«

»Das ist die älteste und erfahrenste Giraffe der Ebene. Ihr Kopf ragt hoch, sehr nahe an die unerreichbare Frucht heran. Und sie kommt eben an. Klettert nach oben, wo ihr sie sehen könnt, ihr kleinen Bananenmäuse!«

Wir huschen schnell durch die Blätter und klettern bis in die höchsten Baumspitzen. Am entgegengesetzten Ende der Ebene treten die Herden zurück und machen Platz ... da kommt ihr Geleitzug! Hunderte von Straußen mit hoch erhobenen Köpfen und schwarzem, glänzendem Gefieder. Kleinere Vögel umfliegen sie auf allen Seiten und singen viele Lieder. Und dann kommen die Blauböcke, sie bewegen sich in geräuschlosen Wogen vor der Großen Stille her.

Es stimmt – ihr Kopf scheint die unerreichbare Frucht zu berühren. Ihr Gefolge turmhoch überragend schreitet sie langsam zur Mitte der Ebene. Die Strauße und Blauböcke bilden einen Kreis um sie. Sie blinzelt, wendet langsam ihren Kopf und blickt über alle hin, die sich versammelt haben. Sie senkt den Kopf, dann hebt sie ihn wieder und sucht die Ränder der Ebene ab. Unruhe und Sorge liegen in ihrem Blick.

Wir wissen, warum; wir kennen das Problem. Eines von den Tieren ist nicht gekommen.

Die Große Stille blinzelt noch einmal, und aus ihrem langen Hals, aus ihrem dunklen Mund dringt eine dünne Stimme.

»Wo ist der Mensch?«

dieses Tiergeschwätz über ihre Konferenz. Was für ein Quatsch. Wenn am Morgen das Labor wieder geöffnet wird, machen sich der Hochgelehrte Professor und sein Stab hier an die *Arbeit*! Wir haben keine Zeit, an irgendwelchen Scheiß Tierkonferenzen teilzunehmen. Die Regierung zahlt eine Menge Geld für unser Dreijahres-Forschungsprogramm – *Elektronische Ejakulationssteuerung bei übermäßiger Belastung des Penis und des Rektums von Primaten.*

Ja, der Prof und seine Jungs werden zeitig hier sein und schwer damit zu tun haben, einen Schimpansen zu wichsen. Und vergessen Sie nicht – wir müssen einem Orang-Utan auch noch unseren Vibrator in den Arsch stecken.

Glauben Sie, das ginge alles von allein? Zwanzig elektrische Arbeitsgänge sind erforderlich, um von Jimmy dem Schimpansen 'ne ordentliche Ladung Glibber zu bekommen. Zwei unserer besten Assistenten haben den halben Tag damit zu tun, Jimmys Pimmel zu bearbeiten.

Das bedarf einer langen, intensiven Forschungsarbeit, aber es handelt sich natürlich um hochqualifizierte Wissenschaftler, von denen ich rede. Sie wissen, wie man dem alten Jimmy einen runterholt!

Und Jimmy wird *wirklich* langsam ein bißchen alt. Darum werden wir ihm gegen Ende des Monats im Rahmen eines Sondergutachtens über Gehirngewebe den Kopf abschneiden. Hier bleibt nichts ungenutzt.

Ich sage Ihnen, es ist wunderbar zu sehen, mit welcher Hingabe diese jungen Wissenschaftler unseren Orang-Utan auf den Bauch rollen, den Vibrator einfetten und ihn ihm reinschieben – verehrte Kongreßmitglieder, versichern Sie bitte Ihren Wählern, daß ihre Steuergelder gut angelegt werden: ein bißchen Vaseline, ein paar Batterien, fünfzigtausend für Gehälter – und wir recyceln den Orang-Utan. Er ist biologisch voll abbaubar.

Selbstverständlich brauchen wir als Ersatz für ihn andere Grundmodelle – aber sehen Sie sich all die Grundmodelle an, die zu dieser Rebellenkonferenz strömen. In allen Erdteilen sind die Tiere auf dem Marsch. Auf jeder Ebene, in jedem Wald bilden sich große Herden. Sie marschieren langsam auf die Zivilisation zu – sie fordern, der Mensch solle an der Konferenz teilnehmen, und das ist einfach absurd, wie Sie wissen – aber was für eine Gelegenheit für uns, meine Herren! Was für eine Gelegenheit, viele Grundmodelle gleichzeitig aufzuschneiden und hinter das Krebsprogramm mal wirklich Dampf zu machen.

Ich weiß, es gibt fanatische Humaniaks, die behaupten, die Krebsforschung könne *ohne* Tiere durchgeführt werden. Ich habe ihren Schwachsinn, Computer seien die Lösung, vernommen. Sie versuchen, Dr. Ratte durch Automatisierung auszutricksen! Diese Lumpen! Wie kann eine computerisierte Lösung denn den Anblick einer Ratte ersetzen, deren Lippen einer Spontan-Amputation unterwerfen werden? Wie können eine simple Maschine und ein bißchen menschliches Gewebe es jemals mit einer lebenden Ratte aufnehmen, die von Krebswucherungen birst?

Die dusseligen Humaniaks sagen, nie habe ein Tier Menschenkrebs gehabt oder könne ihn bekommen. Ich sage, Maul gehalten, gerade jetzt soll man sich die Tiere einfach durch die Nase gehen lassen?

Sehen Sie sich sie an – überall in der Welt trampeln sie dahin und ziehen zu der Konferenz. Millionen von Grundmodellen, die einfach darauf warten, benutzt zu werden. Wir dürfen uns dieses Experimentiermaterial doch nicht entgehen lassen.

Aber wie bekommen wir alle diese herumwandernden Wildtiere in den Griff? Uns stehen einfach nicht genügend hochqualifizierte Sezierer zur Verfügung, die alle diese Leiber aufschneiden und die Daten vergleichen könnten. Selbst wenn wir aufhören würden, Beagles zu vergasen und Kaninchen zu kochen, bekämen wir nicht genügend gute Leute frei, um all die Fleischmassen zu zerfasern. Ich meine, das korrekte Sezieren einer einzigen Ratte nimmt eine Dreiviertelstunde in Anspruch. Und nun überlegen Sie mal, wie lange es dauern würde, diese Scheiß Giraffe aufzuhacken!

Natürlich gibt es Millionen von Gymnasiasten auf der ganzen Welt, die eben ihre erste Lektion im Sezieren erhalten. Sie haben einige der Gewebeschnitte am lebenden Frosch gelernt. Ja, und sie haben vielleicht einer Ratte den Hodensack entfernt, diese gesunde Grundlage haben sie. Warum sie also nicht dazu anheuern, diesen Aufstand unter Kontrolle zu bringen? Wir haben ihnen bereits beigebracht, wie Ratten, Meerschweinchen und Frösche zu beurteilen sind. Sie kennen die Wahrheit, daß diese Tiere dazu da sind, die Neugier der Menschheit zu befriedigen. Also ran, Jungs und Mädchen! Folgt Dr. Ratte! Greift zu euren Skalpellen und taucht den gehäuteten Kadaver ins Wasser! Beobachtet, wie das Fleisch wegfault, aha! Trennt den Kopf von der Wirbelsäule, hurra! Hebt eure alten Zahnbürsten auf, um das Fleisch von den Knochen eurer Grundmodelle zu schrubben! Das Skelett baut auf, wo's alle sehen! So werdet ihr der Freiheit entgegengehen! (Ich glaube, ich habe schon wieder einen Schlagerhit aus all dem zusammen, aber mir fehlt jetzt die Zeit, um an den Versen noch etwas zu feilen.) Vorwärts, sezierende Soldaten!

Dr. Rattes Jugendprogramm. Es kann nicht schiefgehen. Schulen Sie Ihr Kind von klein auf. Geben Sie Ihrem Kind eine verwesende Maus in einer Flasche und beobachten Sie, wie die Kinderaugen vor Interesse zu leuchten beginnen, wenn sich das Mäusefleisch nach und nach vom Skelett löst.

Du große geschwefelte Pottasche, was für eine Idee!

Kommt, Kinder, nun wollen wir ein Loch durch die Augenhöhle bohren! Oh heidideldill, die Katze sitzt im Grill, ein Hitzschlag macht ihr den Garaus. Das Hündchen starb ganz schlicht unter furchtbar heißem Licht, dann löffelten wir ihm die Augen aus!

Und nun, Kinder, zieht euch eure Gummihandschuhe an und kocht ein paar Knochen.

Das ist meine schönste Stunde. Jetzt ist mir das klar – ich muß in der ganzen Welt Sezierclubs für Kinder gründen. Wir treffen uns jeden Dienstag nach der Schule und ziehen mit Mamis Hilfe einem Nager das Fell über die Ohren. Und wenn Papi heimkommt, siedet das Wasser schon, und er kann zusehen, wie wir den Kadaver hineintun.

Wird das nicht lustig, Jungs und Mädels?! Für eure Jacken bekommt ihr alle das Rattenschädelzeichen mit gekreuzten Knochen. Und eine Totenkopfnadel für eure Mützen.

Die Kinderlein marschieren im Zimmer immer rundherum, und eins wird jedesmal seziert zum allgemeinen Gaudium.

Ich muß dieses Programm sofort in die Wege leiten: Briefe

an die verschiedenen Schulleiter und an den Kongreß. Ich muß in meine Ablage unverständlicher Statistiken tauchen und den entsprechend verschwommenen Antrag auf Subventionen formulieren. Das ist recht einfach: Ökologie, Soziologie, Beziehungen untereinander, im Vergleich zu, im Lichte neuster Untersuchungen, Struktur, Orientierung, bla bla bla. Ich habe es schon oft gemacht.

Aber die Zeit, Ratte, die Zeit ist das Problem. Die Tiere sind bereits auf dem Marsch.

Mein großer humanistischer Traum muß vorläufig zurückgestellt werden. Aber wir hingebungsvollen Forscher verstehen uns ja aufs Warten. Die Kinder für dieses Programm zu engagieren, ist entschieden ein richtungsweisender Durchbruch. Ich staune, daß meine hochgelehrten Kollegen sich bisher noch nicht darüber ausgelassen haben. Sicher, sie haben in den Hirnen von Oberschülern die richtigen Reiz-Reaktions-Strukturen hergestellt, aber welch fruchtbaren Boden finden wir in Grundschulkindern vor! Sie sind von Natur aus neugierig; sie wissen genau, wie man einer Fliege die Flügel ausreißt. Wir steigern einfach ihre natürlichen Anlagen und zeigen ihnen, wie man einem Hund die Eier abschneidet.

Das ist ein Programm, das mich auf einen hohen Regierungsposten katapultieren kann. Ich muß nur meine Trümpfe richtig ausspielen. Aber ich weiß, den Kindern wird das Sezieren gefallen. Oh, wir können so viel Spaß miteinander haben. Wir werden uns einen Schimpansen besorgen und ihm den Kopf abschneiden. Gut. Dann werden wir den Kopf *ausstopfen.* Und dann bringen wir einen anderen Schimpansen in die Klasse und zeigen ihm den ausgestopften Kopf.

Warum? Ich bin Professor Austin für die Erklärung dieses Phänomens dankbar, das er seinen Studenten viele Male demonstriert hat. Der Schimpanse bepißt sich fast vor Angst vor dem ausgestopften Kopf, weil der nur *wenige* der üblichen Merkmale eines Schimpasen besitzt – nämlich Augen, Nase, Mund und Ohren.

Lebender Schimpanse besieht sich ausgestopften Kopf. Scheißt sich in die Hose. Nun, liebe Schüler, beobachtet bitte, was Professor Austin so fachmännisch dargelegt hat: Der verängstigte Schimpanse leidet an *Neophobie*. Er hat noch nie einen Kopf, der so ist wie sein eigener, auf einem Pult liegen sehen. Das ist eine neue Erfahrung – und so rennt er wie besessen in der Klasse herum und schreit.

Er schreit nicht, weil er denkt, nun wird ihm als nächstem der Kopf abgeschnitten. Nein, nein, nein, liebe Schüler, Gott bewahre. Doch nicht so was Grausames. Es handelt sich nur um einen kleinen Neophobie-Anfall.

Es ist für jüngere Schüler wichtig, so subtile Unterscheidungen zu machen, und ich kann ihnen dazu verhelfen, und zwar auf lustige Art und Weise. (Ein Grundschul-Programm muß auf lustige Art belehren, wie das Spiel mit dem kopflosen Schimpansen.)

Damit werde ich auf diesem ganzen Felde führend sein: die Türen des Weißen Hauses werden sich für Dr. Ratte öffnen. Ein Wissenschafter erkennt gelegentlich seine Bestimmung, und ich sehe meine klar vor mir. Die Arbeit mit den Kindern. Das ist ein erhebender Augenblick der Geschichte, und mir, der ich geschult bin, die allerfeinsten Auslösereize wahrzunehmen, teilt er ein irrsinniges Glücksgefühl mit. Dr. Ratte wird mit dem Präsidenten der Vereinigten Staaten speisen!

Mir werden die Subventionen noch aus den Ohren rauskommen.

In der Zwischenzeit, während diese wertvolle wissenschaftliche Idee in meinen zerebralen Hemisphären reift, muß ich einen konterrevolutionären Empfänger installieren und herausfinden, was der Mensch tut, um diese Revolution niederzuschlagen. Da drüben, hinter den eingelegten Fötussen, steht eine kleine, verlassene Lauftrommel, die vollauf genügen wird. Mit kleineren Geräten bekommt man sowieso schärfere Bilder.

Also gut, ich klettere durch das Türchen und setze meine Pfoten auf den Drahtboden. Nun lauf, Doktor, lauf!

Bring das verfluchte Ding dazu, sich schnell genug zu drehen ... ich bin so gut in Form wie eh und je ... meine Experimentalpsychose hat meiner ganzen Bewegungsapparatur eine gewisse Tatkraft verliehen. Ich kann ganz schön Fersengeld geben, wenn's sein muß, meine Herren. Der Albino-Blitz! Mann, das Rad singt ja richtig ... sollte einem guten Empfang förderlich sein ... nun abspringen und das Bild ansehen, das langsam hereinkommt ...

Okay, ich habe hier einen fabelhaften Platz, und da kommt auch schon das höchst geheime konterrevolutionäre Signal. Gut, hervorragend, eine Sonderkonferenz der Militärberater. Solche Shows liebe ich! Kein Wischiwaschi bei der ganzen Sache! Direkte und rasche Beschlußfassung auf höchster Ebene. Das sind die richtigen Leute, wenn Not am Mann ist. In Zeiten wie diesen will man keine Umweltschützer in der Gegend herumlaufen sehen. Sie sind in Ordnung, dort wo sie hingehören, wohlgemerkt, etwa bei der Verschönerung der Straßenränder, aber wenn's hart auf hart kommt und man rasch handeln muß, um *sofort* Ergebnisse zu erzielen, sind die Jungs fehl am Platze.

Und ich sehe mit Freuden, daß die afrikanischen Führer das erkannt haben.

Herr Präsident, wie Sie wissen, ist das Forschungsprogramm zur Gewinnung eines selektiven Quer-Schnitts durch alle Tierarten recht schnell erstellt worden. Aber die Tiere haben sich bereits in so riesiger Zahl versammelt, daß wir uns kein Zögern leisten konnten.«

»Ich bin mir über die Notwendigkeit raschen Handelns im klaren, Herr Staatssekretär.«

»Ja, Sir. Ich habe ein paar sehr gute Leute an das Programm gesetzt, und sie haben die Gebiete überflogen, in denen sich die Tiere versammelt haben. Die Zahlen sind geschätzt worden, und daraus hat sich der Schluß ergeben, daß der vorgesehene Quer-Schnitt ohne nennenswerten Schaden für die jeweiligen Arten vorgenommen werden kann.«

»Haben Sie schon mit dem Minister für Natur- und Bodenschätze gesprochen?«

»Der Minister ist der Meinung, daß eine beträchtliche Beschneidung der Elefanten- und Nilpferdherden absolut notwendig ist. Seine Beobachtungstrupps haben festgestellt, daß sich speziell diese Gruppen zu stark vermehrt haben und unbedingt ausgedünnt werden müssen. Auf lange Sicht kommt so eine selektive Beschneidung den Herden selbst zugute. Ja, wir hoffen, ein dauerhaftes dynamisches Gleichgewicht der Tierzahl erreichen zu können. Diese Versammlung der Tiere macht die Durchführung dieses Programmpunktes sehr viel leichter. Eine bessere Ökologie, Sir, wird letztlich das Endergebnis sein.«

»Es freut mich, das zu hören, Herr Staatssekretär. In Ihrem Memorandum erwähnen Sie gewisse ökonomische Vorteile ...«

»Das Forschungsprogramm wird sich glänzend bezahlt machen, Sir, und zwar gleich mehrmals.«

»Wie genau funktioniert das, Herr Staatssekretär?«

»Sir, sobald wir bemerkten, daß die Herden sich in so großer Zahl versammelten, baten wir alle größeren amerikanischen und europäischen Tierfutterhersteller um Kostenvoranschläge. Diese Kostenvoranschläge haben wir inzwischen erhalten.«

»Darf ich sie mal sehen, Herr Staatssekretär?«

»Ja, Sir, hier sind sie. Wie Sie sehen –«

»Die Zahlen sind stattlich.«

»Sehr stattlich, Herr Präsident.«

»Und wie wird der selektive Quer-Schnitt vorgenommen?«

»Ich habe bereits mit Luftmarschall Mobogo konferiert. Er ist sehr begeistert von einer selektiven Beschneidung dieses Umfangs, da sie seiner Luftwaffe die Gelegenheit zu einem wirklichkeitsnahen militärischen Manöver gibt, bei dem wir unsere neuen Phantom-Jäger erproben können.«

»Haben Sie mit Shudite gesprochen?«

»General Shudite ist ebenfalls sehr daran interessiert, seine neuen Geräte unter Schlachtfeld-Bedingungen zu testen. Die versammelten Elefanten zum Beispiel sind in ihrem Umfang einem Panzerbataillon ganz ähnlich. Der General ist sicher, daß sich wertvolle Manöversituationen daraus ergeben werden.«

Wir sitzen da, suchen uns gegenseitig die Flöhe ab und sehen den vielen Tieren beim Einzug in die Ebene zu. Der Lärm ist ungeheuer, und dennoch scheint eine sanfte Ruhe die Massen zu erfüllen. Wir Gorillas haben immer einsam auf den Dschungelhöhen gelebt und können hier inmitten eines solchen Getriebes nur staunend dasitzen.

Der Leopard blinzelt mich schläfrig an und leckt sich die Tatzen. Niemand macht Anstalten, uns anzugreifen. Der gewaltige schwarze Kaffernbüffel kaut Gras. Ein kleines Nashorn hat sich unter die Elefanten gemischt und stupst sie mutwillig mit seinem Horn. Und die Leopardenjungen spielen mit den Hyänen!

Ich habe das Gefühl, ich müßte aufstehen und auf meinen Brustkorb trommeln. Aber das ist gar nicht nötig. Die Luft ist erfüllt von Zufriedenheit und einer wunderbaren Erwartung. Ich kratze mich am Kopf.

Das Laufrad wird langsamer, das Bild verblaßt. Ich muß wieder aufs Rad zurück und noch ein bißchen intuitive Kilokraft erzeugen.

Feindliche Patrouille kommt hier lang! Schnell, Ratte, verstelle dich ...

Ich nehme meinen Schwanz in den Mund und beginne, ihn

immer im Kreis herum zu jagen, wobei ich die ganze Behendigkeit einer Ratte an den Tag lege, die an Zwangssyndromen leidet. Es gibt viele solcher Ratten im Labor, die alle vom Hochgelehrten Professor in diese Schwanzjagd-Psychose getrieben wurden. Ich sehe genau aus wie eine von ihnen und drehe mich schneller und schneller.

Die feindliche Patrouille verlangsamt den Schritt, kommt näher.

»Hallo, du da drin! Können wir dir helfen?«

Ich kreise wie wahnsinnig weiter, die Augen geschlossen, und wirbele im Kreis herum.

»Bei dem ist's schon zu spät ... ein hoffnungsloser Fall...«

Eine meisterhafte Maskerade. Die Rebellen marschieren davon. Und dieses Im-Kreis-Gedrehe erzeugt ein sehr starkes Intuitionsfeld. Ja, jetzt kommt ein starkes Signal an, direkt aus Washington. Hurra, Jungs! Wir wollen mit diesen Revolutionären auf die einzig sichere Art und Weise umspringen, die einen gerechten und dauerhaften Frieden herbeiführt!

Sie habe keine Möglichkeit, so viele Tiere zu betäuben, sagt die Tierschutzbehörde. Wenn sie alle Tiere an Punkt B ausgeknockt hätten, wachten die zuvor an Punkt A Betäubten bereits wieder auf, bevor auch nur ein einziges Tier abtransportiert werden konnte. Und es seien solche Unmengen von kleineren Tieren da, daß die Waldaufseher schon überhaupt nichts ausrichten könnten.«

»Können sie nicht ein wahnsinniges Getöse oder sowas

veranstalten und damit alle wieder in den Wald zurückjagen? Hochfreuqenzpfeifen vielleicht, um die Tiere zu verscheuchen?«

»Alle Staaten machen geltend, es seien ganze *Rudel* Hochwild dabei, sowie umfangreiche Herden anderer Großtiere, wie Bären. Wenn man versuchte, sie auf diese Weise zu verjagen, würden sie sich allesamt auf die Autobahnen ergießen. Es gäbe ein Verkehrschaos, wie es noch niemand erlebt hat. Es würde das ganze Land lähmen.«

»Irgendein Umweltpapst behauptet, es liege am DDT in der Nahrungskette.«

»... Verhaltensforscher, die von der Psychose eines Massenexodus sprechen ...«

»Meine Herren, den Präsidenten interessiert im Augenblick nicht, warum das passiert ist. Er wünscht einen Aktionsplan mit seinen persönlichen Entscheidungen zur Herbeiführung einer Lösung, und zwar rasch.«

»Wir können einfach nicht die Tierschutzbüros aller Kleinstädte des Landes koordinieren. Die sind sowieso schon in Panik. Ich habe heute mit genügend Idioten geredet, um zu wissen, daß wir keine Chance haben, das Problem auf lokaler Ebene zu lösen.«

»Haben wir uns schon mit dem Pentagon in Verbindung gesetzt? Die Armee hat doch möglicherweise irgendein Gas, mit dem man ganze Herden betäuben kann ...«

Alle feindlichen Patrouillen sind vorbeigezogen, Ratte. Jetzt kommt dein großer Augenblick. Leise wie eine winzigkleine Eurasische Zwergmaus schleiche ich weiter, darauf erpicht, einen reichen Ertrag an revolutionären Köpfen zu ernten. (Sezieren von Luftröhre und Hauptblutgefäßen. Ich könnte auch ein paar Nieren rausschneiden. Und mit einer spitzen Nadel die Schilddrüse durchstechen. Und ihnen die Nebennierendrüsen in die Leistengegend verpflanzen. Haha!)

Aber zunächst muß ich mir eine Gasmaske basteln, wenn ich einen erfolgreichen Ausfall zum Chemikalienschrank unternehmen will. Hier, zwischen den Reinigungsutensilien, nage ich ein Stück Schwamm weg, das groß genug ist, um meinen Kopf völlig zu verdecken. Schnell, Ratte, höhle es aus, mache Löcher für Augen und Ohren. Nase und Mund müssen bedeckt bleiben. Es ist eine primitive Vorrichtung, aber ich habe keine Zeit, in dreifacher Ausfertigung einen Antrag auf eine richtige Gasmaske zu stellen.

Jetzt diesen letzten Gang runter, schnell. Husch, husch, ducken.

Im Schatten des Tischbeins blicke ich mich um, nach rechts und nach links. Los, Doktor, lauf!

»Halt, stehengeblieben!«

Eine Wachstumshormon-Muskeltype springt mir vor die Füße. Der Scheißkerl ist größer als eine Gambische Beutelratte. Aber ich mache den Rücken krumm und beginne, mit den Zähnen zu klappern (vgl. »Rattenwut«, Broom und Poole, *Psych. Post*, 1967).

Sein Rücken wölbt sich, seine Haare sträuben sich. Er

schnappt nach mir, verfehlt mich, und ich grabe meine Zähne in seinen Schwanz. »Zurück, du räudige Riesenmaus (vgl. *Revierverteidigung*, Sloan und Wilson, 1960)!«

Er beißt wieder zu, aber ich falle ihn mit gesenktem Kopf an, ramme ihn in seine Kuddeln und werfe ihn um. Dr. Ratte ist behende, schnell und mit hysterischer Energie gesegnet, mein Freund. Du kriegst ihn nicht kampflos!

Ein Skalpell liegt hier am Boden. Ich schnappe es mir, fuchtele heftig damit herum und verjage den Rowdie.

Aber andere Käjpfer sammeln sich, die mit Nadeln, Meißeln und Bohreinsätzen bewaffnet sind. »Geht augenblicklich auseinander, ihr Proleten!«

Ich habe keine Angst vor ihnen, ich, ein Hochgelehrter Irrer Doktor mit den besten Noten in Konkurrenzverhalten. »Na los, Mitratten. Es wird mir eine Freude sein, euch in die Mysterien meines Wahlspruchs einzuführen. Tod ... heißt Freiheit!«

Ich wehre sie ab, Geklirr hier, Gekloppe da, ich bewege mich rückwärts zum Kleiderständer, kämpfe an der Kante seines geschnitzten Klauenfußes. Na schön, wenn ich hier sterben muß, werde ich's tun, aber dann nehme ich ein paar von diesen Scheißkerlen mit ... Schlag ... Parade ... Stoß ...

Ach, ihr süßen leidenden Packratten (Gattung *Neotoma*)! Jetzt rücken die Halsmanschetten-Weibchen gegen mich an. Oje, die sind schrecklich bösartig. Durch die Befestigung eines Ringes um ihren Hals waren wir in der Lage, sie davon abzuhalten, sich zu putzen, womit wir eine Experimentalpsychose hervorriefen. Als sie ihre Babies bekamen, weigerten sie sich, sie zu putzen, statt dessen fraßen sie sie.

Und jetzt versuchen sie, mich zu fressen! Teufel nochmal!

»Zurück ... zurück, ihr Huren!«

Sind zu viele. Aber ich weigere mich, einen so schmählichen Tod zu sterben und mich lebendigen Leibes von diesen Irren fressen zu lassen. Ich drehe mich um, bin mit einem Satz den Kleiderständer hoch und klettere zu dem weißen Kittel hinüber, der dort hängt.

Schnell, in die Tasche!

Hier unten im Dunkeln – nur eine vorübergehende Atempause. Sie rütteln am Kleiderständer. Sie wollen ihn umwerfen. Was ist das denn für ein Kuvert hier, ein Regierungsstipendium vielleicht?

Hmmmmm, ein merkwürdiges weißes Pulver ist darin. Ich werfe mal schnell einen Blick auf das Papier und sehe, was da steht...

Kokain! Allerreinstes Regierungs-Forschungslabor-Kokain! Ich habe noch nie welches genommen, aber ich kenne die Literatur darüber und weiß, was zu tun ist!

Schnupf schnupf

Schnupf schnupf

BONG BONG BONG BONG BONG BONG BONG BONG BONG BONG BONG

Und nun auf sie! Ich reiße sie in Stücke, wo sind sie – ich krabble aus der Tasche heraus und springe...

DR. SUPERRATTE!

Lande inmitten der Feinde, schlage sie rechts und links nieder. Räder beginnen, in meinem Gehirn zu kreisen. Dr. Ratte ist in Fahrt!

Gewalt, rohe, leidenschaftliche peruanische Gewalt. Ich stürze auf den Chemikalienschrank zu und gehe in den

Ausfall. Die Rebellenwache wird gerade abgelöst und salutiert mit den Schwänzen, *Soziales Verhalten* etc., und ich greife sie an.

Fauche, beiße, trete, da, das ist für dich, du ... Jahre der Enttäuschung ... Strafe ... Reizung ...

»Haltet ihn auf, überwältigt ihn!«

»Du scheinheiliges Rattenarschloch, ich werde ...« Ansporn für korrekte Reaktion, hau zu, kneif ihn ... Modifikationstritt in die Eier ... Turner und Murdock ... vergrößerte Nebennieren ... stoße die Mistkerle beiseite und kämpfe mich in die Tiefen des Chemikalienschrankes vor.

»Holt Verstärkung! Es ist Dr. Ratte!«

Motivierende Faktoren, Schlag aufs Auge ... Belohnung ... Blumfields und Coltz' Diffusionsplatten bersten ... niemand fickt mit Dr. Ratte ... beiß dir den Schwanz ab ... Sagittalabschnitt des oberen Schneidezahns ... wahnsinnige Wut ... mehrfache Linke und Rechte, rasche Kombinationen, hau sie um ... Großer Gott, da kommen die Kapuzenratten, und die Jungs sind wirklich frustriert, *Fünf Kapuzenratten in der Scharfsinn-Box*, Drake und Atkins.

Beiß ihn in den Bauch ... hab ich dich, du Kapuzenmonstrum ... innergattungsmäßiger Konflikt, pack zu und beiße, vgl., paß auf, da drüben, Spring- und Beißpausen, *Boxende Ratten*, Geoffrey und Doyle ... mische Aggression mit Koitusversuchen, das jagt ihnen wirklich Angst ein, von einem Irren Doktor gevögelt, kommt her, ihr Hurensöhne, Dr. Ratte hat was für euch ... Haar gesträubt, pissend und scheißend, die ganze Chose, husche um sie herum, Rücken maximal gekrümmt, wehre sie ab und rücke auf das Schrankfach vor.

»Packt ihn! Laßt ihn nicht da rauf!«

Dresche wild mit den Vorderbeinen, kratze mit den Hinterpfoten, Schmerzreiz, der unter meinen Feinden zur Flucht führt, jetzt!

Ich hab's bis zum ersten Fach geschafft. Schnell jetzt, ganz nach oben, zu den hochgeheimen chemischen Kampfstoff-Flaschen. Dank all dieser hervorragenden Forschungsarbeiten sind in der Provinz Rattankirir nahe der vietnamesischen Grenze sechsundsiebzig feindliche Kinder gestorben. Haha! Ich schlinge meinen Schwanz ums Dinitrophenol und lasse es fliegen!

Verreckt, ihr verfluchten Schlitzaugen! Sterbt im Namen Claude Bernards und Uncle Sams!

Er kommt! Seht nur, Bananenmäuse, der Mensch kommt zwischen den Bäumen heran!«

Wie plötzlich er erschienen ist. Warum trägt er die Büsche des Dschungels auf dem Kopf? Nun kommt er auf uns zu wie ein Baum, der wandelt.

Aber die Konferenz ist komplett! Wir werden mit dem Menschen gemeinsam das Hochgefühl erleben. Wir werden den wundervollen Augenblick erfahren, da alle Herzen wie eines schlagen!

Seht, da oben! Der Mensch hat uns zur Begrüßung seine großen leblosen Vögel geschickt! Wie laut sie sind! Wie sie heulen, diese leblosen Vögel. Aber lauft nicht weg, Tiere. Bleibt stehen. Jetzt kann unsere Konferenz wirklich beginnen.

Die Gorillas bewegen sich vorwärts, die Hände zur Grußgebärde erhoben.

Das Dinitrophenol zerbirst prachtvoll auf dem Boden, sein Geist steigt in die Luft, der Geist des Labors, und verteidigt mich. Wie zornig er aussieht mit seinem gelben Talar und den langen, bösartig funkelnden Zähnen. Wild fegt er über die Rebellen weg, und sie fallen um, von Brandwunden bedeckt, geblendet, kotzend. Was für ein grauenhafter Gestank, schlimmer als der Furz eines verhungerten Affen.

Noch ein paar Flaschenbomben gehen über Bord – Dinitrokresol, Dichloräthylsulfid, Arsensäureanhydrid, Kalziumzyanid. Alle trächtigen Ratten im Labor haben auf der Stelle Fehlgeburten. Weniger Rebellennachwuchs für die Truppe! Jetzt habe ich euch, ihr schlitzäugigen Huren! (Vgl. *Die Frauen der Provinz Lam Dong,* Ärztliches Tagebuch von Dr. Nguyen, Russell-Tribunal über Kriegsverbrechen.)

Jetzt entlaube ich ihre Reihen, dünne sie mit noch ein paar Bomben aus, Chlorphenyldimethylurea und Dichlorphenyldimethylurea, los, Jungs, auf geht's! Hinunter segeln sie kopfüber und zerbersten. Und sie senden die Todeswolke aus (vgl. *Die 18000 Bewohner von Da Nang, Morbus Natus, 1000 Tote,* Bericht des Japanischen Wissenschaftsrats, 1967). Toll! Das ist aber echt Spitze! Dr. Ratte hat die Situation gerettet!

Ich frage mich, welches Spezialbetäubungsgas die Armee bei *ihrem* gewaltigen Manöver einsetzt.

Bäcker Anton Eins an Rotfuchs Zwei. Hören Sie mich, Rotfuchs Zwei?«

»Ich höre Sie, Bäcker Anton.«

»Hier spricht General Denver. Bestreichen Sie die Hügelkette da drüben mit Maschinengewehrfeuer ...«

Lauf Kindchen, lauf!

»Mamma ... Mamma ...«

Es ist hingefallen, es kann nicht laufen. Überall um uns herum explodiert der Boden. Die schrecklichen Insekten des Menschen sirren durch die Luft. Steh auf, Kindchen, steh auf!

»... hilf mir ... hilf mir, Mamma ...«

Die Insekten haben es gestochen. Blut fließt ihm aus der Seite. Ich werde dich tragen, mein Kleines, mit meinen Zähnen. Du bist nicht schwer.

Viele sind hingefallen. Die Hirsche, die Elche, die Füchse – alle tot, gestochen von den lauten, glühenden Insekten des Todes. Ich habe dich nun zwischen meinen Zähnen, Kleines. Wie leicht du bist ...

Das Geschrei, solches Geschrei, und ein großer Elch greift mit gesenkten Schaufeln die Menschen an. Ich muß die Bäume erreichen. Was ist der Stich einer Biene – nichts, nichts, verglichen damit. Der Boden krümmt sich von gestochenen Kaninchen und Waschbären. Die Rotluchse kriechen über die Erde und kreischen. So ein Durcheinander, wallende Wolken, wo entlang ... ich weiß nicht mehr, wo der

Wald ist! Die Wolke teilt sich, ein riesiger Schatten tritt vor mich hin.

»Hier entlang...«

Ich tauche durch die Wolke, folge ihm. So treffen wir uns wieder. Wo sind die Frühlingsblumen? Überall Menschen mit ihren stechenden Lichtern, die Todesbienen, die tief stechen. Ein stolzer Hirsch stürzt, wälzt sich in der Asche dieser Müllhalde, und wir setzen über seine zuckenden Beine weg.

Ich folge der gewaltigen dunklen Gestalt meines Gatten, und wir rennen, Angst und Tod schreien an unserer Seite. Der große Schatten meines Gefährten dreht sich zu mir um.

»Dein Kleines ist tot. Laß es los.«

Wie schwer sein Kopf herunterhängt. Seine Augen starren in meine, aber es ist nicht mehr in ihnen.

»Komm!« Er gräbt mir seine Zähne in die Schulter und zieht mich von dem Kleinen weg.

Wir rennen gemeinsam, unsere Körper berühren sich, als liefen wir über die Wiese. Die Stachelschweine quieken, wälzen sich mit aufgerissenen Bäuchen in der Asche. Wir rennen durch sie hindurch; warum sind wir hierhergekommen? Ich weiß es nicht mehr. Alles ist weg. Die entsetzlichen Stiche haben unseren Verstand durchbohrt; wir haben den Verstand verloren und bluten. Schnell, Gatte, ich bin neben dir. Wir werden den Wald wiederfinden, tief hineingehen und uns niemals wieder hierher wagen.

Flammen vor uns! Wir wirbeln herum, springen hier entlang...

Er brummt, stellt sich auf seine Hinterbeine und dreht sich in einem gewaltigen, überwältigenden Tanz. Rote Worte fließen ihm von der Zunge, und auch ich bin gestochen worden. Aber renne mit mir, renne!

Unsere Tatzen begegnen einander in der Luft. Seine Augen blicken in meine. Wir sind wieder auf der Frühlingswiese, mein Liebster, und tanzen im warmen Licht. Hörst du die Schwalben lieblich singen? Und riechst du nicht die Honigwaben?

für die CBS berichtet Ed Hanson aus dem Viehhof. Das gesamte Gebiet ist in Kampfzonen unterteilt, und die Hunde und Stiere werden in Sackgassen und auf Mauern zu getrieben. Der Polizei stehen Schützenpanzerwagen zur Seite. Ein Panzerwagen dort links ... man sieht ihn eben aus einer Gasse hervorgucken. Sechs flüchtende Stiere versuchen, auf die Hauptstraße zu gelangen! Das Geschützfeuer aus dem Panzerwagen erreicht sie, und die Stiere stürzen zu Boden! Hunde umringen uns von allen Seiten, sie knurren und greifen alles an, was sie sehen. Die Straße trieft von Blut ... ich glaube, wir können jetzt umschalten ... können wir mal rübergeben zu John Cooke ... John, übernehmen Sie von dort ...«

»... aus dem südöstlichen der vier Sektoren, in denen von der Polizei das massive Einkreisungsmanöver unternommen wird. Ich habe Hauptmann Arthur Briscomb neben mir, den verantwortlichen Einsatzleiter. Mr. Briscomb, wie sieht die Lage im Augenblick aus?«

»Wir evakuieren alle Gebäude in diesem Bezirk. Ein paar Stiere befinden sich in den Häusern. Sie sind durch Türen und Fenster eingedrungen. Wir wenden schweres Geschützfeuer an, auch Gaspatronen kommen zum Einsatz. Wir fordern alle Einwohner auf, das Gebiet und jeden Kontakt mit Hunden zu meiden.«

»Hat die Polizei Opfer zu beklagen, Hauptmann?«

»Wir haben überall hier in der Gegend Krankenwagen und medizinisches Personal.«

»Die Zahl der toten Tiere ...«

»Schön ist der Job hier nicht.«

»Danke, Mr. Briscomb. Sie hörten John Cooke von der ...«

Dr. Ratte siegt! Ja, Humaniaks, schnüffelt ein bißchen daran! Und abwärts sausen die Spezial-Armeemischungen, die Kampfstoffe Agent Blau, Agent Orange und Agent Weiß. Abwärts, abwärts, abwärts schweben die geheimen chemischen Kampfstoffe und zerplatzen. Haha, sehen Sie nur, wie die Rebellen vor dem Regenbogen des Todes zurückweichen! Es gibt kein Entrinnen. Was für Horrorgestalten habe ich da eine nach der anderen freigesetzt, krankhaft und schäumend, Stahlfäuste, die die Rebellen zusammenschlagen. Agent Blau dringt überall hin mit seiner geheimen Kommandotruppe, deren Giftzähne tropfen und deren scharfe Klauen leuchten. Für das, was ich heute geleistet habe, kriege ich bestimmt die Verdienstmedaille! Memo an das Verteidigungs-Nachschubbüro:

Sehr geehrte Herren!

Dank unserer Lieferanten – Dow, Diamond, Alkali, Uniroyal,

Thompson Medical, Monsanto, Ansul und Thompson Hayward – war ich in der Lage, meinen Teil zu unserem dauerhaften Frieden beizutragen.

Tote Rebellen überall, Männchen, Weibchen, Jungratten. Sehen Sie nur, wie sie sich hinschleppen und würgen. Es gibt kein Entrinnen, ihr Kommunisten! Eure Kolonie ist ausradiert, und eure Käfige sind auf Jahre hinaus verseucht. Das habt ihr von euren rebellischen Machenschaften, vom Sympathisieren mit diesen Dreckskötern in der Tretmühle. Von eurem Vorschub und Beistand für den Feind. Da, das kriegt ihr dafür!

Und abwärts sausen die Flaschenbomben, wie wunderschön sie aussehen, wenn sie zerplatzen und sich in der Gegend verteilen. Gott ist mit uns, und das ist der Beweis.

Diese Tunten an der Harvard Universität und am MIT, die gegen chemische Kampfstoffe protestiert haben, sollten mal sehen, was passiert, wenn man sich eine Revolution über den Kopf wachsen läßt. Das hier ist Big Business, meine Herren; hier geht's um Forschungsaufträge im Wert von fünfhundert Millionen Dollar. Daß ein paar Zivilisten ins Gras gebissen haben, tut mir leid. So mußten ein paar Kaninchen und einige Katzen dran glauben. Was soll ich Ihnen dazu sagen? Diese Penner sind doch alle gleich, wenn Sie mich fragen.

»Von den Gängen des Mus Musculus
zu den Gestaden von Labyrinth D...«

Singend kämpfe ich weiter. Auf der Festungsmauer hocke ich, eine Ratte ganz allein auf sich gestellt. Ich streite für die

Völkerverständigung und eine bessere Welt und werfe so viele Entlaubungsmittel ab, daß sie dem unverschämtesten Affen die Haare vom Sack sengen, wobei ich mir mit Bedacht die Gebiete vorknöpfe, in denen den Guerillas der größte Schaden und den Zivilisten der kleinste zugefügt wird. Und ziele auf alles, was mir vor die Augen kommt.

Mein Panzer ist zerquetscht. Ein riesiges rumpelndes Ding ist über mich weggefahren, und ich liege zerbrochen im Staub. Nun ist das Rätsel in Scherben, die Linien von Schicksal und Glück sind zerstört, entstellt, und der Sinn meines Lebens liegt in Trümmern. Ich bin ein Panzer voll Blut.

Der Lärm von Menschenstimmen erfüllt die Luft. Sie sind über mich hinweggerollt.

Ich krieche kraftlos dahin, ein zerstörtes Orakel in diesem Tierfriedhof. Es gibt keine Zukunft für uns. Die zerbrochenen Linien meines Panzers deuten auf Vernichtung; ich sah es, als er zersplitterte. Ich fühle das zertrümmerte Netzwerk unseres Reiches. Die verstümmelten Löwen stöhnen ihre geheimen Namen, sie brüllen heraus, was sie lange verschwiegen. Nun wollen sich meine Beine nicht mehr rühren. Mein Blut sickert aus der lebendigen Schale und färbt den Sand.

Der Mensch kam zu der Konferenz. Er nahm in großen Massen daran teil.

Ich muß Schatten suchen, aber es ist unmöglich, mich in meinen Panzer zurückzuziehen. Die Wölbung ist geborsten und nimmt mich nicht mehr auf. Was war es für ein schönes Haus; welch friedlichen Träumen und Betrachtungen hing ich da drinnen nach, sicher verwahrt, geschützt. Das schönste aller Häuser ist nun zerstört.

Menschenstimmen nähern sich, und ihr Schatten fällt auf meinen zerschmetterten Rückenschild. Ich werde hochgehoben, in einen dunklen Sack gesteckt. Der Sack baumelt hin und her.

Jetzt habe ich den Schatten, den ich wollte, aber mit ihm vermischt sich das Zeichen des Menschen.

Der Sack schwingt vor und zurück, vor und zurück. In der Ferne schreien die Affen ihre Flüche; aber der Mensch antwortet mit seinem mächtigeren Fluch, dem ohrenbetäubenden Heulen und Rattern. Und die Affen sind still.

Das Brüllen der Nilpferde setzt die Totengesänge fort – ihr tiefes *ba-ho-ho-ho-ho*, das wir an friedlichen Abenden hörten. Jetzt hören wir es am flammenden Tag, und der Mensch antwortet, und wir hören es nicht mehr. Die Stimme des Menschen bringt alles zum Schweigen.

Der Sack wird geöffnet, ich falle auf die Erde. Ich kann mich nicht in den Panzer verkriechen. Die lachenden Stimmen der Menschen. Ich höre das Prasseln von Feuer. Nun halten sie mich fest.

Sie hämmern mit Steinen auf mich ein. Genau durch mein Dach. Sie brechen es ganz auf. Mein Körper ist nackt. Sie zerren mich aus meinem Panzer. Sie halten mich in die Höhe und lachen über meine jämmerliche Nacktheit. Es kümmert mich nicht, denn meine einzige Sorge ist, mich umzudrehen, mich krumm zu machen, um endlich den Panzer zu sehen, sein Äußeres zu sehen.

Sie werfen mich durch die Luft, durch Dampf – glühendes Wasser! Nackt, kochend, zappele ich ... salziges Feuer ... versuche, aufzustehen ... die Schale ... ich trinke das Feuer ...

■■■ John Cooke berichtet aus Chicago für die CBS-Nachrichten. Wir sind hier in den Außenbezirken der Stadt, wohin die Gesundheitsbehörde nun die Kadaver eines weiteren Schlachttags schaffen läßt. Ein riesiger Verbrennungsofen spuckt den Rauch von Tausenden brennender Leiber aus. Der Himmel hat sich von dem Qualm verdunkelt ... jetzt kommt ein Lastwagen heran ... die Kadaver sind sämtlich zerstückelt und zerquetscht ... Riesige Greifer und Schaufeln schippen bergeweise von Kugeln durchlöcherte Hunde und Rinder heraus.

Fleisch und Knochen, schlammige Eingeweideknäuel, Köpfe mit Hörnern und ineinander verflochtete Schwänze liegen darauf. Hufe und steife Beine ragen zwischen den gewaltigen Eisenzähnen der Maschine hervor. Der riesige Greifer kommt heran – der Kopf eines toten Beagles wird genau auf die Spitze eines der Zähne gespießt.

Und der Verbrennungsofen speit weiter Flammen, während die Kadaver in ihn hineingekippt werden – hier in der Stadt, in der der Aufstand der Tiere wohl seinen Anfang nahm. Der Massenexodus, wie das die Biologen nennen, hat sich mittlerweile überallhin ausgeweitet. Szenen wie diese spielen sich im Augenblick auf der ganzen Welt ab, und das hysterisch aufbegehrende Tierreich erleidet seine schrecklichste Stunde.

Das war John Cooke aus Chicago für die CBS-Nachrichten...«

Holla! Die Rebellen formieren sich neu und rücken wieder an. Sehen Sie nur, da kommen sie mit ihren Hunden und Affen. Heimlich schleichen sie heran, und ich muß hier alleine stehen und das Vaterland verteidigen! Na schön, wenn's nicht anders ist, tu ich's eben. Dr. Ratte ist kein Schlappschwanz. Er bekämpft die Guerillaverbände mit allem, was ihm zur Verfügung steht. Telegramm an das Edgewood Arsenal in Dover, New Jersey: *Nachschub nicht einschlafen lassen, patriotische Mitbürger!*

Ich sehe, daß noch härtere Maßnahmen ergriffen werden müssen. Also rüber zur verheerendsten Flaschensammlung, die der Mensch kennt, hier rüber, zum Ende des Faches, zu Forschungsauftrag AD-13-045-AML-164 des Verteidigungsministeriums. 350 Millionen Dollar kassieren wir allein dafür, liebe Freunde, wir und weitere fünfzig amerikanische Universitäten – siehe *Vietnam-Report*, 1969. Es ist allerbester Stoff, feinste Auslese, die gute alte Beulenpest!

Los, Beuli, abwärts.

Hinunter saust sie und zerscherbt auf dem Fußboden, ein meisterlich gezüchteter Stamm, der gegen sämtliche Antibiotika resistent ist! Wir haben jahrelang daran gearbeitet. Sehen Sie nur, wie sie sich ausbreitet. Hurra, hurra (vgl. zweiundzwanzig von neunundzwanzig Provinzen nördlich von Saigon von der Pest betroffen)!

Ach, ist das ein fabelhaftes Zeug. Diese Bazillen sind zähe

kleine Teufel. Der Hochgelehrte Professor und ich haben sie in nun zehnjähriger Arbeit – los, los – zu höchst pathogenen Bastarden herangezüchtet.

Dank der Mitwirkung von Cornell haben wir ausfindig gemacht, wie diese Kampfstoffe am effektivsten einzusetzen sind (siehe *Naturw. Zeitschr.*, 23. Febr. 1967).

»Und *B* und *E* und *U* und *L* und *E* und *N* und *P* und *E* und *S* und *T! Beulenpest, Beulenpest, Beulenpest,* auf geht's!« Sehen Sie bloß, wie sie sich durch die Linien kämpft, von Cornell-Verteidigern sicher umringt, und über die Rebellen hinwegtrampelt. Toor!

Meine alten Stoßzähne habe ich gesenkt, ich spüre den mächtigen, erschauernden Trieb in mir. Ich fühle mich wieder jung. Ich erschauere inmitten der anderen Bullen. Wir lassen ein gewaltiges Angriffssignal erschallen. Vorwärts, ihr Bullen, wir müssen durch sie hindurch uns zum Dschungel durchschlagen. Ich kenne einen Fluß, zu dem können wir alle ziehen.

Hütet euch vor den Feuer-Stoßzähnen der Menschen. Seine Stoßzähne reden Feuer und Donner. Unser Anführer treibt uns vorwärts, und wir wenden uns, wohin er sich wendet. Du größtes Tier der Ebene, großer Bulle, führe uns zum Dschungel. Wie in alten Tagen, in den großen Tagen meiner Jugend, bin ich neben dir.

Wir sehen und riechen den fernen Wald, und dort werden wir heute abend essen. Wir werden in der Dämmerung unter den Bäumen stehen und die grünen Bläutter kauen. Stell dich unserem Abendessen nicht in den Weg, du winziger Pygmäe, oder wir trampeln dich nieder. Wir sind die große Parade!

Kannst du so laut donnern! Kannst du die Ebenen erbeben lassen, du Pygmäe, wie wir! Wir lassen die Ebenen erzittern, und du bist so winzig wie eine Mücke. Ihr seid uns alle gleichgültig, ihr kleinen Bestien, und wir werden euch niedertrampeln!

Der Leitbulle stürmt los, die Ohren aufgespannt, und wir rücken auf sie los in all der Ungeheuerlichkeit unseres Anblicks, unsere Ohren weit aufgeklappt. Wir sind der riesigste Elefant der Welt.

Erhebe dich, Donner, und laßt die Erde erbeben. Rolle über die Wüste hin. Wir sind der vorwärtsstürmende Elefant mit weit aufgespannten Ohren, der die Feuer-Stoßzähne des Menschen überwindet.

Ich taumele ... die Herde donnert an mir vorüber. Ich schleppe mich über den Sand, und sie donnern an mir vorüber. Etwas hat mir einen Schlag gegen den Bauch versetzt. Zu alt für die große Parade ... zu alt ...

■■■ meldet sich unser CBS-Sonderstudio aus Anlaß der Tierkrise. Die neuesten Berichte bestätigen unablässig das weltweite Ausmaß der Krise. In einer Regung, die Biologen mittlerweile als eine noch nie dagewesene Ausweitung des instinktiven Drangs zur Massenwanderung bezeichnen, haben sich die Tiere in allen Kontinenten in riesenhaften Rudeln versammelt. Viele dieser Sammelplätze sind weit abgelegen, aber andere befinden sich in nächster

Nähe zu Großstädten. Aus Kinshasa berichtet Jim Winthrop:«

»Vom Stanley Hill aus sieht man Kinshasa unter sich liegen – Landungsstege, Wolkenkratzer, Baukräne – eine moderne, dynamische Stadt. Und durch die Straßen jagen in wilder Flucht Antilopenherden. Auf den Stufen der römisch-katholischen Kathedrale liegt ein toter Wasserbüffel, den gewaltigen Kopf gegen das Portal gestemmt. Auf dem großen Platz in der Mitte der Stadt hat die Armée Nationale alle Hände voll zu tun, gegen Wildschweine und fauchende Katzen vorzugehen. In jeder Straße sieht man verlassene Autos, und die normalerweise gedrängt vollen Straßencafés sind leer – bis auf die Tiere, die ziellos und ängstlich zwischen den umgestürzten Tischen und Stühlen herumlaufen.

Die Kaffee-, Palmen- und Kautschukplantagen am Ufer des Kongo haben durch die großen flüchtenden Herden und die sie verfolgenden Armeeverbände mit ihrem schweren Gerät erhebliche Schäden erlitten.

In allen Landesteilen, auf allen Autobahnen und Nebenstraßen sind die Tiere aufgetaucht – der allgemeinen Raserei verfallen, von unergründlichen Instinkten getrieben, die den Kongo von neuem in einen Krieg gestürzt haben, den bei weitem seltsamsten und schrecklichsten, den das Land je erlebt hat. Jim Winthrop berichtete für die CBS-Nachrichten aus Kinshasa …«

Ich liege auf der großen Ebene, den Tod in mir, den Tod tief drinnen in mir. Mein Rüssel ist alles, was mir noch geblieben ist: ich strecke ihn aus, aber er füllt sich mit Staub. Ich bin umgefallen. Meine Stoßzähne haben sich in den Sand gebohrt. Ich hatte vor, am Fluß zu sterben, aber es sollte nicht sein.

Ich höre das Schreien der Löwinnen, im Wind ist das Seufzen des Nilpferds. Es öffnet seinen Mund zum Himmel, um ihn zu schlucken, um einen Augenblick länger zu leben. Aus meinen Augenwinkeln sehe ich es auf dem Rücken liegen, die dicken Beine in der Luft. Es war zu fett, als daß ihm dieses Ebene guttun konnte. Aber es wollte unbedingt kommen. Alle wollten sie unbedingt hier sein. Und es hat sich gelohnt, hier gewesen zu sein, allein wegen des kurzen Augenblicks unseres gemeinsamen Hochgefühls. Da spürte ich, daß wir alle eins waren. Da erkannte ich den Sinn der Welt. Könnte ich das schon wieder vergessen haben?

Ja, ich habe es vergessen. Ich bin alt und schwer verwundet. Und wollte ich von dem Wenigen dieses erhebenden Augenblicks sprechen, an das ich mich erinnere, würde der grimmige Dachs mich beißen. Der Rauch zieht über uns weg. Wir liegen in einem großen Haufen da, das zuckende Volk der Elefanten. Die mächtigsten Bullen sind neben mir hingefallen, ihre Zungen hängen heraus, ihre Augen starren in den Sand. Wir haben diesen einen Augenblick mit unserem Blut erkauft. Das scheint mir ein hoher Preis, aber unerschütterlich standen wir da, wissend.

Ich spüre keine scharfen Zähne. Die Dachse sind alle tot. Aber auch so kann ich mich über den erhebenden Augenblick nicht länger auslassen. Unsere Rüssel berührten sich, wir waren eins. Ich sehne mich nach dem Flußufer. Es ist nicht leicht zu sterben. Alle meine gründlichen Vorkehrungen – es ist nicht leicht. Mein Atem verläßt mich. Mein Atem geht fort. Es tut mir leid um die Jungen, um die neugeborenen Kälber. Sie haben die süßen Blätter kaum gekostet.

Mein Atem geht weiter fort ... ich kann ihn nicht zurückrufen. Der Pfad ist dunkel. Das ist die große Angst. Die Pflaumen, die Pflaumen ...

Sie machen Schuhe aus mir, wenn sie mich fangen. Dann tragen sie den alten Schimpansen an ihren Füßen. Ich ging bis in die Mitte der großen Ebene, ich alter Narr. Ging dahin und in die Falle.

Der Wunsch, das Große Eine Tier auszuprobieren, führte uns hierher. Der Wunsch, das Große Eine Tier zu sein, die Macht seines Reiches zu fühlen.

Nun fühle ich es beben, fühle es um uns herum beben vom Donner des Krieges. Ihnen gefällt es, sie haben ihren Spaß an uns. Entsetztes, zitterndes Tierreich, Donner auf den Ebenen, in meinem Körper dröhnt der furchterregende Trommelschlag. Ihre Trommeln sind viel lauter als unsere. Welcher Schimpanse kann schon so laut trommeln wie du, oh Mensch! Wir haben deinem mächtigen *Trr-umm trr-um* nichts entgegenzusetzen. Unsere Baumstumpftrommeln sind zu klein. Sie können nicht klingen wie deine.

Da lang, schnell durch den gelben Sand, über die gestürzten Leiber der anderen. Muß es zur Dschungelfestung schaffen. Muß wieder die Baumwipfel erreichen.

Wir wollten das Eine Tier erleben, und der Mensch mußte auch da sein. Für den einen Augenblick der Vollständigkeit gaben wir unser Leben hin. Wir erkauften ihn mit unserem Leben, aber wir haben ihn erlebt, ihr Meister. Wir hatten unsere Erleuchtung. Wir standen alle zusammen mit euch auf der großen Ebene. Wir wurden uns unserer wunderbaren Einheit mit euch zusammen bewußt.

Wir haben diesen einen Augenblick erlebt.

Runter, beuge deinen Kopf tief hinunter, Schimpanse. Krieche durch die haarigen Leiber. Fell überall um mich herum, Zittern, triefendes Blut. Der Mensch, dies Tier mit seinen feurigen Hörnern.

Des Menschen Feuerhörner.

Rührt seine Trommeln der Macht.

Dröhn, dröhn!

Der alte Schimpanse hier schafft es schon noch in den Schutz des Dschungels. Sie haben mich noch nicht gesehen. Ich komme davon. Komme zurück zu dem kleinen plappernden Bach und träume an ihm den ganzen Tag. Gehe niemals von ihm weg, verlasse ihn nie. Lausche ihm Tag und Nacht. Ich will dir zuhören, kleiner Bach, führe mich zu dir zurück. Du hast magische Kräfte, das weiß ich. Hilf jetzt dem alten Schimpansen, verleih ihm deinen Schutz, leite ihn mit deiner Zauberkraft.

Schimpansenbaby im Sand. Hebe es auf, nehme es in meine Arme. »Halt dich an mir fest. Schlinge deine Arme um meinen Hals.« Welchen Weg gehe ich? Des Menschen Feuerhörner überall. Seine Zauberkraft ist groß.

Das Herz des Schimpansenbabys pocht gegen meinen Rücken. Es weint. Ich renne. Plappernder kleiner Bach, hilf uns, daß wir zu dir gelangen. Hilf uns durch die Feuerhörner hindurch. Wenn ich es bis zu dir schaffe und in dich eintauche, kleiner Bach, sind wir gerettet. Niemand wird in unserer Nähe sein, denn du bist weit weg im Wald, wo der Mensch noch nie gewesen ist.

Sprich zu dem kleinen plappernden Bach, während wir rennen, Kindchen. Bete zu ihm um Führung. Suche seinen Geist mit deiner Stimme. Er ist unsere einzige Hoffnung, denn wir sind auf der offenen Ebene.

Ein Rauchschwaden, Schatten dringen durch ihn vor. Der Gorilla wirbelt herum, von einem feurigen Stein getroffen. Wie kann der Mensch Steine nur so weit werfen?

Muß den grünen Wall erreichen, in den Dschungel eintauchen. Aus den Blumenkelchen trinken. Mir das Wasser der Blumen auf den Kopf gießen. In dem kleinen Bach planschen. Blaue Blumen voll kühlem Wasser. Führt mich, kleine Blumen, führt mich durch das Feuer. Ich habe den kleinen Schimpansen bei mir. Wir versuchen, zu euch zu gelangen. Die große Ebene ist riesig, sie bietet so vielen Platz. Riesen donnern überall um uns herum. Aber durch den Rauch kann ich jetzt den Dschungel sehen. Nicht mehr weit jetzt, kleiner Schimpanse, halte dich gut fest.

Die letzten paar Schritte – hinein ins Grün! Greif nach der Ranke und los! Los, alter Schimpanse, renne schneller als du jemals gerannt bist. Laß das Kleine nicht fallen. Wir haben den Dschungel erreicht, kleiner Schimpanse, der Bach führt uns jetzt. Die Kraft des Baches wird uns weiterführen.

Überall das weiche Grün um uns. Im Gras versteckt sieht uns niemand mehr. Gerettet vom Grün. Nur noch das Grün. Folge ihm in die Sicherheit. Die offene Ebene ist nichts für uns. Wir sind die Bewohner der Baumwipfel. Schwingen uns durch die Baumwipfel. Der alte Schimpanse hier kann klettern. Ich bringe dich weit weg, Kindchen. Dieser Bach, an den ich denke, dieser Bach, zu dem wir beten, ist voller heller Gesichter. Da wirst du sehen, wie deine Ohren abstehen. Halt dich gut an mir fest, denn ich renne ohne anzuhalten.

Was könnten wir mehr vom Leben verlangen, kleiner Bach, als zu sehen, wie du im Licht rieselst und spielst? Du bist weiser als tausend Elefanten. Du ergießt deine Weisheit auf unsere Köpfe und führst mich.

Sergeant, was bewegt sich dort auf dem Baum?«

»In Ordnung, Captain, kümmere mich sofort darum.«

Ich senke mein Horn. Die großen, leblosen Nashörner des Menschen kommen knirschend auf mich zu, ihre langen geraden Hörner schnauben Feuer. Sie schnauben einmal, und die Löwen sind zerfetzt. Wir müssen lernen, Feuer aus unseren Hörnern kommen zu lassen.

Die Schimpansen sind alle tot, und die großen Anführer der Gorillas haben umsonst auf ihre Brust getrommelt. Die leblosen Tiere des Menschen rollen über sie weg. Selbst die Elefanten unterliegen, jeder Angriff, den sie unternehmen, endet in einem zuckenden Stürzen. Aber diese schnaubenden, rasselnden Tiere des Menschen werden mich nicht so leicht töten. Ein Nashorn werden sie nicht so leicht umbringen. Ich werde dem Ungeheuer des Menschen mein Horn ins Herz stoßen.

Man sollte mich nicht in Zorn versetzen. Mein Zorn ist etwas Schreckliches. Du wirst meinen Zorn zu spüren bekommen, Ungeheuer.

Aber viele sterbende Tiere versperren mir den Weg. Macht mir Platz, Tiere! Ich will mein Horn gebrauchen!

Ich marschiere vorwärts, schiebe mich durch die sterbenden Herden. Unsere große Konferenz hat man uns kaputtgemacht. Einen Augenblick lang erhoben wir unsere Köpfe und wurden ein einziges Tier. Nun trotte ich blind durch den Staub. Ich bin ein altes Tier und habe die Löwen in der Morgendämmerung ihre Beute schlagen hören, aber noch nie habe ich ein Sterben wie heute gesehen.

Schnaubendes Ungeheuer, ich höre dich. Ich höre die Schreie der niedergestreckten Tiere. Ich suche dich mit meinem Horn.

»Tritt nicht auf Große Stille, mächtiges Nashorn.«

»Nein, Strauß, ich bin kurzsichtig, aber sie sehe ich. Ich würde nicht auf sie treten.«

Ich sehe das Ungeheuer vor mir. Ich sehe es dorthin rennen, wo es die Löwin anschnaubt und mit seinem flammenden Rüssel in die Luft bläst. Jetzt gehört es mir, jetzt bringe ich es um.

Donnere, großes Nashorn. Das ist der entscheidende Augenblick. Leg dein ganzes Gewicht in deine Schultern und dein Horn. Lege nun deine vielen Tage hinein, lege alles hinein, die Felder und die Bäume und die Himmel, die du gesehen hast. Lege alles in diesen Sturmlauf.

Am besten werfe ich auch noch etwas Typhus hinterher. Hier, meine Lieben, der gute Dr. Ratte wird euch jetzt ein bißchen frische Luft bescheren. Was für eine hübsche Wolke, die da über das Labor wegzieht. Die Rebellen kippen auf der Stelle um, wenn sie sie einatmen. Ja, sie ist eine niederträchtige Lady, breitet sich rasch in der ganzen Kolonie aus und schlägt alles tot!

Sie haben keine Chance. Ich könnte trotzdem noch etwas Ruhr, ein klein wenig Rotz und ein bißchen Milzbrand untermischen, indem ich sie aus dem Schrankfach stoße. Der liebe Doktor mixt für euch ein leckeres Gebräu zusammen, hier in dem geheimen Speicher. Da haben wir's schon, und wieder mal ein Hauptgewinn. Ah, sie segeln dahin, *krach* gehen sie zu Bruch, *zisch* schweben sie davon.

Bezillen, wild und zitternd vor Wut. Die Geister dieses Chemikalienschranks sind wunderbar. Ich liebe sie. Pilot an Bombenschütze: Bomben ab!

Und abwärts geht der Spezialbehälter mit Spinnen, die die gute alte Blutsturz-Milzbrand-Meningitis übertragen. Pelzige krabbelnde schwarze Spinnen kommen aus der Flaschenbombe und gehen auf den Feind los (vgl. *Der K'uan-Tien-Zwischenfall*, 12. März 1952, Bericht der Internationalen Naturwissenschaftlichen Kommission).

Pilot an Bombenschütze: Schenken wir ihnen noch eine. Hier haben wir eine Flasche mit Flöhen, die eine ganz phantastische Spielart der *pasteurella pestis* übertragen. Es wäre ein Jammer, sie nicht zu verwenden. Hinunter segelt sie durch die dunkle Nacht, von dem Rebellen-Suchscheinwerfer erfaßt. Aber sie können sie nicht aufhalten. Gegen biologische Kriegsführung ist kein Kraut gewachsen. Die Flasche zerschellt und streut die Flöhe in die Gegend. Und sie hopsen davon, auf der Suche nach ihren Opfern.

Da, die Wachstumshormon-Ratten greifen mich wieder an! Sie bringen den Bunsenbrenner mit! Die Dreckskerle zünden den Chemikalienschrank an!

Flammen lodern empor. Ich schleudere eine Cholera-Kapsel auf sie, die zu ihren Füßen zerbricht, aber der Schaden ist nicht mehr gutzumachen. Die Schrankfächer knacken und schwanken, Rauch steigt überall um mich hoch.

Ich husche an den Streben hinunter. Oh, das ist ja schrecklich, alles brennt, das Labor wird durch Feuer verwüstet. Feindliche Verbände kommen durch die Rauchschwaden heran, aber ich schlüpfe in den grauen Vorhang und verstecke mich in den wirbelnden Wolken.

»Da ist er! Packt ihn!«

Kapuzenratten rücken gegen mich vor. Wenn ich bloß an Feder und Papier kommen könnte, um meine letzte offizielle Erklärung für das Mitteilungsblatt zu formulieren. Die Geschichte wird sie zur Kenntnis nehmen, und die Geschichte wird mich richten. Ich muß an den Schreibtisch da drüben...

... der Fußboden stürzt ein, und ich finde mich unter dem Labor wieder, zwischen den Balken und Trägern. Das also ist mein letzter Bunker. Ich wollte mein Volk seiner Bestimmung auf dem Operationstisch entgegenführen, und es hat mich im Stich gelassen. Mein Reich ist zerstört. Mir zittern die Pfoten.

Gräßliche Alliierte Schatten bewegen sich über mir – die Hunde, die Frösche.

Dein Einhorn hat an dem Fest teilgenommen. Mein weißes Fleisch fasziniert dich, und mein gedrehtes Horn. Ich tanze hier inmitten der Gefallenen, aber du kannst mich nicht sehen, nein. Ich kam von der Hochebene her, von jenseits deiner Erkenntniskraft. Aber du nahmst teil, du sorgtest dafür, daß ich teilnahm. Wir hatten die eine Konferenz, deren Zweck du nie ergründen wirst. Du dientest einem Zweck, du kamst heute. Das Eine Tier brauchte dich, bereitete dich vor, holte dich heute her. Den Grund dafür wirst du nie erfahren. Das Eine Tier ist mehr als wir alle. Ich bin nur ein Schleier vor seinem Traum. Diese Stunde ist nur ein Sich-Umdrehen in seinem Schlaf. Und doch ...

Wir brauchten dich, Mensch, für den Traum des Einen Tieres.

als Präsident der Toshido-Fischerei fühle ich mich durch Ihre Teilnahme an der Aktionärsversammlung sehr geehrt. Zehntausendfach hallt das Echo unseres unerhörten Glücks durch die gesamte Walfang-Industrie. Die für die Jahreszeit ungewöhnliche und noch nie dagewesene Wanderung so riesiger Walherden in die seichten Küstengewässer hat uns Millionen an Arbeitskosten, Lagerung und Verschiffung der Produkte gespart ...«

Ich kroch auf den Gipfel, um die Adler zu sehen, und rutschte wieder hinunter, um an der großen Konferenz teilzunehmen.

Man hat mich gefangen und an einen Baum genagelt.

Der Nagel geht durch meinen Hals. Da hänge ich und peitsche mit meinem Leib. Die Menschen gehen von Baum zu Baum, an denen andere Schlangen hängen. Sie nahmen alle hellen. An jedem Baum hängt eine hellhäutige Schlange mit einem Nagel durch den Hals.

Wir hängen auf der Wiese. Die Adler wurden von den leblosen Vögeln der Menschen getötet. Jedesmal, wenn ich mich bewege, bohrt der Nagel in meinen Nerven. Wir hängen wie Schmuck an den Bäumen.

Die Adlerherzen schlagen nicht mehr die Trommel. Die Trommeln sind verstummt. Wir hängen in der Hitze des Tages. Jetzt kommen sie mit ihren scharfen Werkzeugen.

Er stößt es durch meinen Hals und schlitzt meinen Leib auf. Und geht weiter. Ich bin ein aufgeschlitzter Todeskampf. Jetzt kommt ein anderer: er steckt mir seine Finger in den Hals. Er zieht die Haut von meinem Körper! Ich sehe meine Haut in seiner Hand! Ich hänge da, blutig, ausgestellt und geschunden. Ich hänge blutend an dem Baum. Die anderen hängen neben mir, und man reißt ihnen die Häute ab – da – weggefetzt – dort, wieder eine. Wir peitschen und schlagen unser gepeinigtes Fleisch gegen die Rinde.

Alle hellen Häute sind fort.

Die Fliegen lassen sich auf unseren blutigen, tropfenden Leibern nieder.

für CBS in England übermittelt uns Malcolm Pendennings den folgenden Bericht:«

»... Sie sehen den soeben fertiggestellten Film über die Erbeutung des sagenhaften Tiers. Zwei Soldaten, Lieutenant Patterson und Corporal Davis, tragen das Tier, das zwischen ihnen an einer Stange hängt, herbei, das legendäre Einhorn, das auf dem Schlachtfeld getötet wurde. Lieutenant Patterson ist jetzt hier bei uns im Studio. Sie haben also den Schuß abgegeben, der das Einhorn tötete?«

»Ja, Sir, zwei Schuß aus 250 Yards Entfernung.«

Ich, die Hyäne, krieche zu meinem Wassernapf. Unser Anführer, der Kaiseradler, ist tot. Wir fühlten ihn sterben; wir waren mit ihm auf den Bergeshöhen; wir stürzten mit ihm zur Erde und zerschellten zu einem blutigen Haufen.

Meine Beine sind schwach; ich krieche in die Ecke meines Käfigs zurück wie ein gefleckter Schatten. Für mich gibt es nun nichts mehr. In seinem Glaskäfig sitzt der Gorilla, starrt ins Nichts und beschmiert sich mit seinem Kot. Der Elefant liegt hingestreckt im Stroh, er hat keinen Hunger mehr, er hat kein Interesse mehr aufzustehen.

Die Vögel haben ihr Gezwitscher aufgegeben, sie haben aufgehört, sich über Zweige und Nistplätze zu streiten. Selbst der irre Pelikan, der seinen Felsen stets mit entsetzlichem Geschrei verteidigte, hat den Kopf unter den Flügel gesteckt. Der Fels, der ihm Halt und ein Fünkchen Vernunft gab, liegt verlassen da.

Ich weiß jetzt, daß ich sterbe: das ganze Gefängnis ist in der Gewalt des Todes. Wir wanken kraftlos herum. Unsere Seele zieht sich in ihre tiefste Höhle zurück: es liegt ihr nichts mehr am Leben.

Ein Vogel ist auf den Rasen gefallen; er war kein gefangener Vogel, sondern ein freies Wesen. Er ist herabgefallen, und er ist nicht der erste, der aus dem weiten Himmel fiel.

Ich rieche den Tag, die nassen Blätter, das Gras. All die Jahre bestand meine einzige Freude in diesen Gerüchen, und selbst in meiner Schwäche noch genieße ich sie. Ihr geheimes Wesen ist mir nun klarer denn je. Jeder Geruch ist ein Tänzer in der Luft, er umtanzt mich und berauscht mich. Ich versuche aufzustehen, meine Beine wollen mich nicht tragen.

Unübertreffliche Faulheit, warum schlurfst du nicht mehr weiter? Wir sind noch nicht am Versammlungsort.«

»Schnell, mein Junge, halte dich an einem Ast fest!«

»Aber du hast doch gesagt, wir hielten erst an, wenn wir bei der Konferenz wären!«

»Die Konferenz ist zu Ende. Hast du nicht eben gespürt, wie sie kapituliert hat?«

»Kapituliert?«

»Klammere dich fest, junges Faultier, wenn dir dein Leben lieb ist.«

Der alte Mooshaufen legt eine erstaunliche Geschwindigkeit an den Tag, als er auf einen Baum zustrebt und am

Stamm zu den Hauptästen hinaufklettert, wo er Halt sucht und im selben Augenblick zu einem Teil des Laubwerks wird.

Das hängende grüne Nest teilt sich und das obere Stück dreht sich mir langsam und vorsichtig zu. Ein dunkles Loch erscheint zwischen den Zweigen, dem Moos. »Steh nicht mit offenem Munde da, du Idiot. Greif dir einen Ast!«

Ich gehe zu dem Stamm des Baumes und klettere langsam hinauf. Suche mir einen Ast neben Unübertreffliche Faulheit, hangle mich, Hand über Hand, an ihm entlang und nehme meine Position ein.

»Was ist denn los, Meister Unübertreffliche Faulheit?«

»Hänge still, du wirst es bald genug erfahren.«

»Bitte, Meister, ich reagiere nicht so leicht auf die verborgenen Winde wie du. Was geht denn vor?«

Das alte Moosknäuel gibt keine Antwort. Mir bleibt keine andere Wahl, als neben ihm zu hängen und zu warten. Aus den Augenwinkeln kann ich einen winzigen Regentropfen erkennen, der in dem hängenden Mooshaufen versteckt ist. Das ist das Auge des Meisters; die Zweige schieben sich sacht wieder an die alte Stelle, und der Regentropfen ist verschwunden, von einem grünen Vorhang verdeckt.

Na, ich weiß, wie man eine Ruhezeit richtig genießt. Ich mache meine Augen zu und bereite mich auf das lange, langsame Gleiten in den Schlaf vor. Aber ein sanftes Flüstern unterbricht mich:

»Nicht schlafen, junges Faultier. Halte dich gut fest und bleibe wach.«

»Ich bin sehr müde, Meister.«

»Sie kommt jetzt näher. Sie kommt wie ein Sturmwind. Du mußt sie mit offenen Augen begrüßen.«

»Was denn?«

»Die Seele der Tiere. Ungeheuer viele Tiere sind heute überall auf der Erde gestorben. Sie hat den Faden gelockert, der uns an unsere Körper bindet.«

Eine plötzliche Traurigkeit überfällt mich. Ich spüre sie nun, wie sie sich ihren Weg durch den Dschungel sucht. Der Vogel hört mitten im Lied auf zu singen.

»Sie wird versuchen, dich mitzunehmen, junges Faultier.«

»Ich halte mich fest.«

»Jetzt ... jetzt weht sie über uns weg ...«

Der Sturm hat mich gepackt. Ich höre Jammern und Stöhnen. Ich werde nach oben gezerrt! An meinem Stückchen Tierseele wird heftig gerissen. Nein! Ich will nicht weg!

Sie zieht an mir, und ich halte fest, und das Schreien hallt durch meinen Körper. Ein Faultier läßt sich nicht von seinem Ast wegreißen. Sie eilt weiter und läßt mich zurück.

»Das war ihr erster Angriff, kleines Faultier. Sie kommt wieder.«

»Ich will nicht sterben, Vater. Warum muß ich das denn?«

»Unsere große Abschiedszeit ist wohl gekommen. Alle Zeichen deuten darauf hin, aber dennoch ist es unsere Pflicht, uns dagegen zu wehren. Klammere dich fest, da kommt sie noch einmal. Sie ist jetzt stärker. Sie hat die Jaguare in sich aufgenommen. Sie haben sich ergeben. Die großen Katzen haben sich alle gefügt. Nun springt sie uns an ... jetzt ...«

Meine Glieder schlottern. Ich fühle mich schwach, ausgezehrt, ängstlich. Sie schlägt zu, springt auf mich wie eine Katze, und fährt durch meinen Körper nach oben, mein kleines Stückchen Seele zwischen ihren großen Zähnen.

Mein wunderschöner Dschungel! Ich will nicht fort. Oh schöne Erde, laß mich bitte bleiben!

Ich klammere mich fest, und sie springt davon. Mein Blut braust, mein Herz poltert laut in meiner Brust. »Oh, Meister, ich spürte sie alle, spürte die ganze Seele in mir aufsteigen. Die ganze Seele – was wird geschehen, wenn sie mich mitnimmt?«

»Du wirst nicht mehr kopfüber dahängen.«

»Aber werde ich irgendwo weiterleben?«

»Wer weiß?« Das Moos teilt sich, und ich sehe wieder den Regentropfen. Er ist größer geworden, und die Blattstückchen um ihn herum sind naß.

Ich höre die Seele durch die Dschungelgänge ziehen, durch die Stollen und Tunnel unserer Heimstatt. Sie überrollt mich von neuem und kreist in allen Teilen meines Körpers. Ich werde in die Tiefen der Seele hineingezogen, in ihren gewaltigen Traum. Ich hänge hier schon zahllose Jahreszeiten. Ich hänge hier schon seit Äonen. Ich werde hier hängenbleiben. Das ist mein Ast.

Aber alles hat sich gelockert. Alles löst sich auf. So viele Fäden wurden heute zerschnitten. Unsere Bindung an die Erde ist zerbrochen. Dschungel der Glückseligkeit! Erde! Du entgleitest meinen Pfoten. Meine milliardenfachen Krallen sind schwach und zittern. Der Schwanz des Hundes hängt leblos herab; meine Hörner sind zersplittert, mein Rüssel wurde mir abgeschnitten.

Ach, Wald, meine Lieblingslichtung! Tiefe, stille Höhle, du wirst mir fehlen. Und wie soll ich dich wiederfinden? Dieser Pfad meiner Natur brauchte so lange, um sich zu formen, und jetzt – jetzt ist er zerstört, um nie wiedergefunden oder von neuem geform zu werden.

Furchtbar, furchtbar ist diese Seele, mit so vielen Geheimnissen, die noch zu enthüllen sind, aber – das Enthüllen ist vorüber. Wir haben aufs Dasein gesetzt und verloren.

Ich verlasse das Kissen in der Ecke, auf das ich mich legte, um mir die Pfoten zu lecken; verlasse die Sandkiste unter dem Fenster, wo ich meinen Kot vergrub. Verlasse die Straße, wo ich deine Zeichen roch. Drehe mich um und zittere auf dem Boden, hebe und senke meine Brust. Springe aus dem Fenster, erschauere auf dem Rasen – im Dschungel, in den Städten, auf den Berggipfeln stöhne ich.

Und ich muß meinen Ast loslassen.

Ich krieche unter all dem Schutt und den rauchenden Trümmern hervor. Die Saubande hat das Labor niedergebrannt. Ich kann von Glück sagen, daß ich mit dem Leben davongekommen bin. Aber Dr. Ratte ist aus hartem Holz gemacht, meine Freunde. Einen Moment lang fühlte ich ein schreckliches Reißen an meinem Schwanz und dachte, es wäre hoffnungslos um mich geschehen, aber ich krallte mich an einem Band alter Mitteilungsblätter fest.

Ich schiebe den Schutt beiseite und krieche über einen Haufen kaputter Ziegelsteine. Wir müssen schnellstens irgendwelche öffentlichen Gelder anfordern und hier alles wieder aufbauen.

Okay, Ratte, schlüpfe einfach unter diesem schwelenden Balken durch und ...

... in die feuchte Nachtluft hinaus. Auf den welligen Campus-Rasen. Es ist ungeheuer leise hier draußen. Es kommt mir so still vor. Ein ziemlich unheimliches Gefühl. Ich muß mir das für meinen Aufsatz über das Ortswechsel-Verhalten notieren.

Dort in den Trümmern steht die Zentrale Lauftrommel. Dreht sich noch immer. Keine Ratten drin; sie klickt nur langsam immer rundherum und läuft nach und nach aus. Trotzdem immer noch ein paar Signale von der Intuitionsfrequenz. Ich schalte mich am besten mal ein und sehe, was aus der Revolution geworden ist.

Großer Gott!

Tot? Alle? Das kann doch nicht sein. Ich schalte mal schnell auf einen anderen Kanal. Mache irgendwo einen streunenden Hund ausfindig und bringe ihn hierher zur Hitzschlag-Untersuchung.

Schwenk über den gesamten Globus, von einem Ort zum anderen. Haufenweise tote Tiere. Grundmodelle in ungeheuren Stapeln, die bereits zu verwesen beginnen. Nun machen Sie sich mal ans Einwecken, meine Herren.

Das ist bemerkenswert. Nirgendwo kann ich einen einzigen Köter finden. Zoomen wir halt mal dieses chinesische Gäßchen runter, vielleicht finden wir hinter dem Restaurant da ein, zwei Katzen, die wir ins Chow mein geben können ...

Leer. Nirgendwo eine Miezekatze.

Wechsle wieder den Kanal ... schalte nach Indien, dort gibt's doch haufenweise Affen ... nach Delhi, mal die Tierfangunternehmen kontrollieren ... Tierfänger raufen sich die Haare, ringen die Hände, streuen sich Asche in die Augen ... tote Affen überall ... kein Schwanz rührt sich.

Versuchen wir's mal beim Telekolleg – Hochgelehrte Professoren blicken sprachlos in die Gegend ... wissenschaftliche Assistenten registrieren Schock ... stumpfe Blicke. Alle Ratten, alle Katzen, alle Hunde, alle Kaninchen, alle Mäuse, alle Maulwürfe, alle Schimpansen, alle Meerschweinchen tot!

»WAS WIRD NUN AUS UNSERER HITZSCHLAG-UNTERSUCHUNG?!«

Keine Antwort. Die Leitung ist tot.

Die Lauftrommel bleibt stehen, die Bewegung erlahmt. Das Signal schwindet. Nur noch ein schwaches kleines Pünktchen in der Mitte des Bildschirms, das kleiner und kleiner wird, wie ein Satellit, der in den Weltraum entschwindet.

Irgendwo muß es doch ein Fünkchen Leben geben. Ich setze die Trommel einfach nochmal in Bewegung und sehe, was ich finde ...

Leer. Alles verödet. Kein einziges Tier mehr irgendwo auf der Erde. Nur der alte Dr. Ratte ist noch übrig.

Ich krieche über die Steine ins Dunkel. Die Stille wirkt ziemlich zermürbend (vgl. Musgrave und Hamilton, *Die ausgestorbenen Arten*). Aus. Kaputt.

Ich höre Menschen auf dem Unigelände sprechen; sie hören sich ungewöhnlich leise an. Die Menschheit funktioniert noch. Aber keine huschenden Füßchen mehr im Grase. Keine geschmeidig gleitenden Katzenschatten. Kein einziges Miau, kein Zwitschern, kein einsames Bellen in der gesamten Schöpfung. Man fühlt die Leere da draußen: die End-Lösung macht einen irgendwie einsam.

Und ich weiß nicht, wo ich bleiben soll. Vielleicht finde ich irgendwo ein altes Taschenrattenloch.

Ich schleiche auf dem Gehsteig entlang und ziehe den Schwanz nach.

Fata Morgana

Deutsch von Dirk Mülder

Die folgende Schrift geht auf einen Beitrag von Madame Blavatsky im *Spiritual Scientist* vom November 1875 zurück. Sie selbst erfuhr die Einzelheiten von Hillarion, auch Hillarion Smerdis genannt. Endreinek Agardi von Koloswar allerdings sprach von einer irrtümlichen Wiedergabe mancher Fakten, und das Polizeiarchiv von Paris bestreitet rundweg alle Vorgänge, die diesem Bericht zugrunde liegen. So wird die ganze Wahrheit denn vielleicht niemals ans Licht kommen; überdies ist die vorliegende Erzählung nur eine von vielen möglichen und geht, wenn sie auch vielfach den ursprünglichen Nachrichten folgt, ihren eigenen Weg auf der Suche nach einer Lösung. Am Ende läßt sich nur sagen, daß Fata Morgana jedem von uns einen anderen Teil ihres funkelnden und flatterhaften Wesens offenbart.

1
DER NARR

PARIS, 1861

Die Gesichter in der Menge waren farbig, aus Spanien, Marokko, Konstantinopel, und eine fremde, leidenschaftliche Sinnlichkeit lag in der Luft. Die Geschäfte quollen über von billigem Ramsch. An der Ecke stand eine schwarzhaarige Prostituierte und lächelte, als Inspektor Picard an ihr vorbeiging, auf seinem Weg durch Pigalle.

Mit einem Blick auf die Uhr beschleunigte Picard seine Schritte, wobei er den üblichen Unsinn wie »iß weniger« und »beweg dich mehr« vor sich hinbrummte, denn die Anstrengung hatte ihn ganz schön außer Atem gebracht.

Dennoch bewegte er sich wendiger als alle anderen auf der geschäftigen Straße, mit der überraschenden Wendigkeit eines Bärs, der etwas vorhat. Und wie ein Bär besaß er eine behäbige, natürliche Anmut, trotz seiner 52 Jahre und ein paar Pfunden zuviel um die Taille herum, die von außerordentlich köstlichen Zitronentörtchen aus der Rue Dauphine herrührten; genau danach stand ihm jetzt der Sinn, denn wie immer, wenn er einer Spur folgte, überkam ihn ein seltsamer Heißhunger – er hatte das Gefühl, als könne er Baron Mantes bei lebendigem Leibe verschlingen und seine Knochen zermalmen.

Obgleich er in Eile war, studierte Picard im Vorbeigehen manche Gesichter genau, prägte sich ihre Augen ein und auch ihre Hände – die Art, wie sie mit einem Francschein umgingen, ihn beinahe streichelten, ihn feierlich falteten und einsteckten: diese Männer würde er wiedersehen, bei der zärtlichen Umarmung der Festnahme, oder wenn sich ihr Schicksal auf andere Weise erfüllte. Einige würden völlig verschwinden. Die Stadt war riesig, ein wucherndes Gewächs, keiner konnte all ihre Winkel kennen.

Er verließ die Straße der kleinen Zuhälter und Prostituierten, um in die Chaussée d'Antin einzubiegen, wo die Großen Huren ihre Wohnungen hatten. Die Kutschen am Straßenrand gehörten Diplomaten, Gesandten, und die Stimmen um ihn herum klangen diskret und gebildet. Gleichwohl war er letzten Monat dabeigewesen, als man einen Toten aus einem der luxuriösen Gärten weggeschafft hatte, in dem ein Duell um die Gunst einer Hure ausgetragen worden war. Der Wahnsinn regierte, wohin man auch sah.

Vor sich sah er die Lichter der Opéra. Wartende Kutschen säumten die Straße. Zwischen ihnen entdeckte er Paradis den Lumpensammler mit einem Weidenkorb über der Schulter und einer schmutzigen Papierblume im Rockaufschlag. Picard ging rasch auf den Spitzel zu. »Ist er noch da?«

»Logenplatz«, sagte Paradis und starrte an ihm vorbei.

Picard steckte ihm eine Rolle Francscheine zu. »Bleib in der Nähe und zeig ihn mir.«

Paradis stopfte das Geld in seine Tasche und schlurfte so schnell er konnte davon, seine riesigen Schuhe schlappten im Dreck, seine ausgebeulten Hosen schleiften hinter seinen Absätzen her. Einen Augenblick lang sah Picard dem Lumpensammler nach, dann machte er kehrt und betrat das Foyer der Opéra, wo den gehörnten und schlachterprobten Sängern gerade die Schlußovationen dargebracht wurden.

Von seinem Standpunkt aus konnte er die Musikliebhaber in den Logen beobachten. Die Menge defilierte an ihm vorbei, man kokettierte oder gab sich gelangweilt, wie üblich. Wieder hatte man einen Abend totgeschlagen. Mordlust war nicht in ihren Augen zu lesen. Picard wartete ab – Baron Mantes würde durch die Art, wie er sich bewegte, auffallen, denn die Schule eines Berliner Fechtmeisters ließ sich nicht so leicht verleugnen.

Jetzt kamen die Logengäste die Treppe herab, die erlauchtesten Gesichter des Kaiserreichs. Unter ihnen eine ganze Reihe von Männern, die gebieterisch wie geübte Fechter einherschritten, doch nur einer ließ seine wachsamen Augen behutsam umherstreifen, sogar während seine Lippen der jungen Frau an seiner Seite zärtlich zulächelten, und instinktiv traf sich sein Blick mit dem Picards. Augenblicklich stand der Inspektor auf Zehenspitzen, sah durch den Mann hindurch, rief: »Hier, hier bin ich, Yvette! Wo ist der kleine Charles?«, und tauchte in die Menge ein, ohne jedoch den blonden Schopf seines baumlangen Opfers aus den Augen zu verlieren. In Begleitung des Barons befand sich eine junge Frau in Weiß, deren festliches Kleid mit schwarzen Seidenbändern gerafft war; als trage sie schon das Zeichen des Todes. Mademoiselle, wenn Sie wüßten, mit wem Sie da gehen . . .

Picard versuchte, näher heranzukommen, doch der Baron war Herr der Lage, er beobachtete die Menge mit der gespannten Aufmerksamkeit eines gewappneten Kriegers. Picards Hand ruhte auf dem Griff seines Revolvers unter der Jacke, doch ihn hier zu ziehen, eine Verhaftung inmitten der Menge zu versuchen, würde zu viele Menschenleben gefährden.

Er folgte dem Baron auf die Straße; Mantes half der jungen Frau bereits in eine der wartenden Kutschen, kletterte rasch hinterher und warf den Wagenschlag zu. Picard lief die anderen Kutschen entlang, gewann einen Vorsprung, da die Pferde auf der schlammigen, überfüllten Straße nur schwer in Gang kamen, und fand eine freie Droschke.

»Kutscher, sehen Sie den Wagen da vorn mit der jungen Frau am Fenster?« Picard hielt ihm seine Dienstmarke hin, und der Kutscher, ein hakennasiger, dunkelbärtiger Bursche, warf einen kurzen Blick darauf und folgte dann mit den Augen der Richtung, die Picard ihm wies.

»Ja, ich seh' sie.«

»Wenn du sie heute nacht aus den Augen verlierst, wird sie von den Händen des Mannes sterben, der bei ihr ist.« Inspektor Picard kletterte in den Wagen, der sich alsbald in den Verkehr einordnete.

Der Inspektor kurbelte das Fenster herunter. »Er darf

nicht merken, daß wir ihm folgen.«

»Er merkt nichts«, brummte der schwarzbärtige Geselle und heftete sich an den Wagen des Barons, und Picard wußte, daß er seinen Mann gefunden hatte, der mit ihm zur Hölle fahren würde, wenn er's verlangte.

Auf der Straße drängten sich die Opernfreunde, trotzig und eingebildet stolzierten sie vor dem Wagen des Hakennasigen einher. »Aus dem Weg!« brummte der Kutscher und schwang seine Peitsche, und der Wagen kam den erschrockenen Nachtbummlern so nahe, daß eins seiner Räder die Schleppe einer Dame überfuhr.

Sie folgten dem Baron die Avenue de l'Opéra hinauf und hielten sich immer dicht hinter seiner Kutsche; Picard sah den Kopf der schönen jungen Frau am Fenster. Die Frau, die der Baron das letzte Mal begleitet hatte, war auch so schön gewesen. Sie hatte man in einem Zimmer des Hôtel du Rhin aufgefunden, bis zum Kinn mit einem Laken bedeckt. Das Bettzeug war zerwühlt. Und so entdeckte man erst, nachdem man es entfernt hatte, daß der Rest der Leiche sich nicht im Bett befand.

Picard knurrte der Magen; er war schrecklich hungrig. Er zog den Revolver heraus, spielte nervös mit der Patronentrommel, spannte den Hahn, entspannte ihn wieder. Die Kutschen bogen in die Rue de Rivoli ein. Er klopfte ans Kutscherfenster, der Hakennasige öffnete es.

»Wenn er hält, merke dir das Haus. Du setzt mich eine Straße weiter ab. Dann fährst du zur Präfektur und sagst ihnen, daß Baron Mantes aufgespürt sei. Sag ihnen, Picard schicke dich.«

»Er biegt wieder ab.«

Picard lehnte sich aus dem Fenster, sah seine Jagdbeute einen Augenblick lang im Profil, als der Wagen des Barons in die Rue des Archives einbog. Auch Mantes sah aus dem Fenster und beobachtete den Verkehr hinter sich.

»Er hält. Soll ich wenden? Die Straße ist schmal . . .«

»Fahr über die Kreuzung . . . geradeaus . . . halt jetzt . . .«

Picard sprang auf der dem Baron abgewandten Seite der Kutsche heraus und eilte auf das Gebäude an der Ecke zu. Er nahm seinen Zylinder ab und drückte die Nase an den kalten Stein. Dann wandte er langsam den Kopf, bis er mit einem Auge die Straße beobachten konnte, wo der Baron und die junge Frau aus dem Wagen stiegen. Sie passierten die Markise eines Blumenladens, der sich etwa in der Mitte der Häuserzeile befand, und betraten den nächsten Hauseingang.

Picard nickte dem Kutscher, er solle losfahren, und bog dann um die Ecke, ging auf den Blumenladen zu. Nur wenige frische Sträuße standen zur Auswahl; getrocknete Herbstblumen raschelten leise im Herbstwind, als Picard daran vorbeiging und das Gebäude betrat. Der Eingang war düster und trostlos. Rasch kletterte er die Treppe hinauf. Oben saß fett und drohend eine Frau mittleren Alters hinter einem Tresen – die Concierge. Sie öffnete ihren breiten Mund, schloß ihn aber wieder, als Picard ihr die Polizeimarke hinhielt und gleichzeitig den Finger auf seine Lippen legte.

Aus der offenen Tür hinter der Frau drangen die köstlichen Düfte eines Mahls, die Picard einen Augenblick lang festbannten. Er sah ihren Eßtisch und wußte: Sie hatte ihr

Leben und ihre Wohnung so eingerichtet, daß sie alles beobachten konnte, was im Haus vorging. Jetzt hatte sie Picard im Visier, der auf sie zukam und flüsterte: »In welchem Zimmer ist das Pärchen, das gerade hereinkam?«

»Die Treppe hoch, Monsieur. In Nummer 31.«

Er stieg die Treppe hinauf, froh über den Teppichläufer, der seine Schritte dämpfte, und machte vor der Nummer 31 halt. Drinnen war alles ruhig. Er nahm einen Anlauf und rammte die Tür mit der Schulter. Die verrosteten Angeln ächzten, der alte ausgetrocknete Rahmen splitterte entzwei, die Tür krachte zu Boden. Der Aufprall hatte Picards Schwung abgebremst; Baron Mantes wirbelte herum und zerschlug die Lampe mit seinem Stock.

Finster war es, als Picard den Revolver zog, auf die schattenhafte Gestalt feuerte und die Kugel einen Spiegel am anderen Ende des Zimmers zersplittern hörte. Dann tauchte im Licht des plötzlich auflodernden Brandes der Stock des Barons auf und zischte auf seinen Kopf zu. Unfähig, ihm zu entkommen, sah er mit einemmal deutlich und klar jede Einzelheit des sich nähernden Stocks mit der Kugel und der Klaue darauf, als die Kugel gegen seinen Schädel krachte und ihn auf die Knie warf.

Blut rann, nahm ihm die Sicht. Die weiße Manschette des Barons mit den blitzenden, juwelenbesetzten Manschettenknöpfen tauchte auf, während Picard sich herumwarf, und noch einmal fauchte der Eisenstock – an seinem Kopf vorbei, um Haaresbreite daneben. Auf dem Teppich breitete sich rasch die Öllache aus der zerschlagenen Petroleumlampe aus. Das Zimmer stand in Flammen. Und hinter den lodernden Flammen gewahrte er das Gesicht der Frau, das ihn entsetzt ansah.

»Laufen Sie!« brummte Picard. Und sie rannte über den brennenden Teppich zur Tür hinaus. Er hörte das Rascheln der frischgestärkten Hemdsärmel des Barons, atmete das Eau de Cologne des eleganten Mörders und bekam dessen massiven Eisenstock gegen die Gurgel. Picard fiel auf den Rücken, sah nichts mehr, feuerte blind und schnappte nach Luft; mit tollwütigem Grinsen griff ihn der Wahnsinnige an. Picard drückte viermal ab, Schüsse, die den zuckenden Schatten des Barons verfehlten, und wieder schlug der Stock des Fechtmeisters zu, riß Picard die Waffe aus der Hand, bevor er den Fangschuß abgeben konnte.

Picard taumelte auf das Kaminfeuer zu, stürzte in die Feuerzangen. Er schleuderte eine eiserne Schaufel nach dem Baron, der geschickt parierte und erneut ausholte. Picard ging in Deckung, und der Schlag fegte die Figuren vom Kamin. Er griff mit einer schweren Kohlenzange an, stieß sie dem Baron in die Rippen; die Stoßkraft des Wahnsinnigen war gebremst. Jetzt ging Picard zur Offensive über, schlitzte dem Baron mit der Feuerzange die Backe auf, eine lange, klaffende Wunde, aber der Baron lächelte nur, als ihm das Blut vom Kinn troff, und ließ seinen Eisenstock tanzen. Der Meister des Eisens hielt Picard in Schach, der verzweifelt die Feuerzange schwang und schmerzhafte Prellungen an den Armen davontrug, als er die Stockschläge des Barons abzuwehren suchte. In der Luft prallten die eisernen Waffen gegeneinander, kreuzten sich ihre schwarzen Schäfte; dann schlug der

Stock des Barons zwischen den Zangenarmen ein, wirbelte wie wild in der Luft herum und entriß Picard die Zange.

Noch einmal, kurz bevor sie auf seinem Nasenrücken landeten, sah er Kugel und Klaue. Dann war er vorübergehend ohne Bewußtsein, verfolgte den Baron durch ein traumhaftes Paris voller Rauch, in dem er sich seinen Weg erkämpfen mußte.

Er erwachte auf dem Fußboden, in einem Inferno. Der Baron war geflohen, und Picard richtete sich auf, versuchte durch die lodernden Flammen bis an die Tür zu kommen. Als er in die brennende Halle hinausstolperte, hinein in einen undurchdringlichen Vorhang aus Rauch, prasselten glühende Balken herab – er streckte die Arme aus, ertastete sich seinen Weg an den glühenden Wänden entlang – und seine Augen brannten, in seinem Hals war ein Würgen und seine Lungen erstickten.

Von der Wand pellte die Farbe ab, und die Flammen, die zum Vorschein kamen, verzehrten das ganze Stockwerk. Er taumelte durch den Rauch, versuchte den Atem anzuhalten, aber die wütende Wolke drang in seine Lungen. Vor seinen Augen loderte die Flamme auf und verzehrte die Treppe, hinterließ nur ein flammensprühendes Loch. Der Boden unter seinen Füßen krachte, und die Sohlen seiner Schuhe schmolzen vor Hitze. Mitten im Knistern und Krachen der Flammen hörte er ein jämmerliches Wimmern. Er folgte ihm, fand durch die lodernde Tür in ein anderes sterbendes Zimmer. Es war keine Luft mehr darin, nur noch Rauch, seine Lungen platzten. Blind tastete er sich durch das Zimmer, auf das Jammergeschrei zu. Er stürzte im Rauch, kroch auf den Knien wie ein Kind, und sein Herz hämmerte wie wild. Seine Hand berührte die Wand, und dann hörte er unmittelbar über sich die hohen spitzen Schreie. Er tastete sich an der Wand empor, bekam das Fensterbrett zu fassen, richtete sich auf.

Unerreichbar fern hinter dem tödlichen grauen Vorhang winkten die Lichter von Paris. Er nahm die miauende Hauskatze unter den Arm und warf sich gegen das Fenster.

»Paul . . . Paul . . . wach auf . . .«

Er wollte nicht aufwachen. Erinnerungen an eine glühendheiße Wüste machten ihm zu schaffen, er glaubte sich in Algerien, mitten in einem längst vergangenen Krieg. Die Soldaten sangen in seinem Hirn, sangen vom alten General Bugeaud, der bei einem Überraschungsangriff den Helm aufzusetzen vergessen hatte:

Hast du den Helm gesehen, den Helm
Hast du den Helm gesehen vom alten Bugeaud?

Der alte Mann führte die Truppen barhäuptig in die Schlacht, und Picard folgte ihm durch eine brennende Wüste. Sein eigener Helm war weg, und die feindlichen Musketen feuerten Kugeln in sein Gehirn. Der Schmerz war heftig, und er wollte nicht aufwachen.

»Paul . . .«

Er schlug die Augen auf, sah einen Arzt und einen alten Armeekameraden. Der Arzt horchte ihm das Herz ab. Der Kamerad, Albert der Dieb, klopfte ihm auf die Backe.

»Halt die Augen auf.«

Er versuchte, sich aufzurichten. Messer mit Sägezähnen schlitzten ihm die Augenbrauen, das Hirn auf, zerlegten Alberts knochiges Gesicht in leuchtende Streifen. Picard kämpfte gegen den Schmerz an und warf die Beine über den Rand des Bettes.

»Nein, Monsieur, Sie dürfen nicht aufstehen!«

»Albert, hilf mir hier 'raus . . .«

»Meine Herren, ich bitte Sie . . .«

Er nahm all seine Kraft zusammen und stieg aus dem Bett.

»Albert, was ist geschehen. Ich weiß nur noch, das Fenster . . .«

»Sie fielen hindurch. Ein hübscher Sturz. Die Markise rettete Ihnen das Leben. Man holte Sie aus einem Berg von Blumen.«

»Monsieur Picard, Sie waren nahezu erstickt. Sie werden Zeit brauchen, sich zu erholen. Mit so etwas ist nicht zu spaßen. Die Nachwirkungen . . .«

»Bitte, Doktor«, sagte Picard. »Es ist gefährlich, wenig zu wissen.«

Das Zimmer drehte sich, als er die Abendgarderobe anlegte. Er setzte den Zylinder auf die Bandage, die man ihm um den Schädel gewickelt hatte. »Wo sind meine Handschuhe?«

»Natürlich.« Albert reichte sie ihm.

Picard versuchte, sich vor dem Arzt zu verbeugen. »Ich danke Ihnen.«

»Sie sind ein Narr, mein Herr.«

»Albert, erinnerst du dich an unser Liedchen . . .« Er

versuchte, seinen Mageninhalt bei sich zu behalten, der in einem heftigen Sturm auf- und abwogte. Sie traten in die Halle des Hospitals. »Erinnere dich. In Algerien sangen wir . . .«

»Sangen wir was? Sollen wir alles singen?«

Picard stützte sich auf seinen Freund. Zusammen gingen sie durch die Halle des Hospitals und sangen:

Hast du den Helm gesehen, den Helm
Hast du den Helm gesehen vom alten Bugeaud . . .

Die Sonne traf Picard, als sie die Straße betraten, ein Herbstlicht so glühend wie die Wüstensonne. Er schloß die Augen, das Feuer sprang ihm in den Kopf, Schmerzen stiegen vom Grund seines Schädels auf.

»Leichte Arbeit hier auf der Straße«, sagte Albert und betrachtete die Auslagen. »Kleine Sachen nur, aber man bleibt in der Übung.«

Picard stolperte weiter geradeaus; er erkannte die Straße, die Läden nicht, er wollte nichts davon wissen, sein Schädel war am Zerplatzen. Albert berührte ihn am Ärmel, nickte und deutete auf eine Wolke rosa Chiffon, die aus einem Haus trat. Über den Volants, Schleifen und Borten saß ein scharlachroter Turban auf dem Kopf des Mädchens mit dem kastanienbraunen Pony. Picard versuchte, die Konturen scharf zu stellen, während die junge Dame in den Wagen stieg. Sein linkes Auge litt unter der Schwellung; er sah nur verwischte Krinolinen, einen winzigen gelben Schuh . . .

»Sie kommt gerade vom Schneider«, sagte Albert und

hielt an, um einen Blick ins Schaufenster zu werfen. »Ich mag diese vollgestopften Läden nicht, vor allem nicht nachts. Überall im Dunkeln liegen die Ballen mit Atlas und Spitze herum, und man hat so ein Gefühl, als habe man sich in der Unterwäsche von jemandem verirrt.«

Die Auslagen waren sagenhaft – blumengemusterter Musselin, Brokat und Crêpe de Chine, mit goldenen und silbernen Sternen übersät. Picard fieberte, hörte sich von Kaschmirschals und Taft plappern – irgendwas, nur um sich einzureden, daß er gut beieinander war. »Bin neben einem Schneider aufgewachsen . . . hab als Kind immer durchs Schlüsselloch geguckt. Den Damen . . . beim Auskleiden . . .«

»Eine gesegnete Kindheit«, sagte Albert.

»Ja. Ich habe wundervolle Dinge gesehen, jeden Tag . . .«

»Marie-Rose, Marie-Thérèse . . .«

»Ein endloser Strom der Schönheit . . .«

». . .Yvette, Denise . . .«

»In diesem Strom schwamm ich . . .«

». . .Jeanette, Paulette, Lucy . . .« Albert zählte die Namen der Frauen auf, wie Perlen an einem Rosenkranz. Picard starrte durch das Schaufenster des Couturiers, erblickte ein Hemdchen, das über einem lackierten Wandschirm hing. Sein zerschlagener Geist regte, belebte sich, als ein blauseidenes Strumpfband folgte und der Ladenbesitzer den Vorhang schloß. Picard wandte sich ab, sie gingen weiter die Straße entlang. »Als ich Kind war, Albert, gab es da eine Frau. Ich sehe sie immer noch. Ich sehe sie durchs Schlüsselloch, sie beugt sich vornüber . . . ein weiter, offener Ausschnitt . . . mit Bändern besetzt . . .«

». . . und ihre Brustknospen . . .«

»Wie . . . nichts, was man sich vorstellen kann. Mit acht Jahren solche Sachen . . .«

»Ich schäme mich, es zuzugeben«, sagte Albert, während er Picard die Straße entlangführte. »Aber meine liebsten Erinnerungen – du weißt ja, die Erinnerungen, die einem erhalten bleiben, wie die Brustknospen, von denen du sprichst – haben alle mit Raub zu tun. Nicht mal ein Rascheln, kein Atemzug war zu hören. Ich war unsichtbar. Bei jeder Arbeit suche ich diesen Augenblick, aber er kommt nicht immer. Man ist nicht immer des Gotts der Diebe würdig.« Er zog ein Zigarillo aus der Tasche. »Aber ich habe eine neue Arbeit vor . . . ein großes Verbrechen. Ich werde . . .« Er riß ein Streichholz an und entzündete das Zigarillo. ». . . einen Splitter vom Echten Kreuz stehlen, das der Kaiser an seinem Bett aufbewahrt. Es ruht dort in einem winzigen Kästchen zwischen zwei hohlen Saphiren. Hast du davon gehört? Nein? Es fand sich an einer Halskette Karls des Großen. Ich habe auch schon einen Käufer. Es ist natürlich . . .« Er warf das Streichholz fort. ». . . der Papst.«

Sie gingen langsam zur Seine hinunter. Picard hielt sein gesundes Auge offen. In der Ferne flossen andere Wolken aus Seide und Samt und Sonnenschirme im herbstlichen Sonnenlicht am Flußufer entlang.

Er saß da und starrte auf die schäbige Tapete seines Zimmers. Zwei Wochen im Bett sind genug, um einen Mann zugrunde zu richten. Er wandte sich wieder zum Fenster, betrachtete wieder die jungen Männer gegenüber. Sie standen auf dem Balkon und sahen auf die Rue de Nesle hinab und weiter hinüber zur Rue Dauphine. Junge Gauner aus dem Viertel. Überlegten gerade, wie sie an diesem schönen Abend ein paar Francs zusammenschwindeln und verprassen konnten.

Sie gingen hinein, ließen die Balkontüren offen. Der Novemberwind bewegte die Vorhänge. Er sah zu, wie sie die Wohnung verließen. Der mit dem Bierbauch wird wie ein Pferd furzen, wenn er auf die Straße kommt, und sein Kumpan wird der Tochter der Concierge zulächeln. Ich weiß, was sie tun werden; ich beobachte sie von meinem Fenster aus. Picard ist eine alte Frau geworden, nichts entgeht ihm in der Rue de Nesle. Früher habe ich Weinflaschen über meinem Kopf zerschmettert, nur zum Spaß. Heute sitze ich hier . . . wie ein Trottel.

Er stand aus seinem alten Ledersessel auf; er hatte unzählige Löcher hineingesessen, sie waren sorgfältig mit

Schusterzwirn gestopft. Der Sessel trug viele Narben, wie sein Eigentümer, und er hatte sich in ihm immer wohlgefühlt.

Er taumelte in die Küche, polterte wie betäubt herum, in seinem Kopf pochte es schmerzhaft.

Wie kann ich mich in diesem Zustand beim Präfekten zurückmelden?

Er schnitt sich eine Scheibe Brot ab, nahm einen schmutzigen Teller von dem Berg von Geschirr, Pistolen und Munition auf der Anrichte. Die Pistolen waren seine Lieblinge – ein Colt .358 und die Lefaucheux. Zwischen den schwarzen Läufen, von ihnen geschützt, lag die goldene Schnupftabaksdose von Prinz Vatra, eine kleine Anerkennung für eine private Arbeit. Ein Detektiv kommt ganz gut zurecht in Paris, wenn er etwas kann und diskret ist; von ihrer Absicht, den Prinzen zu erpressen, hatte er die junge Frau dadurch abgebracht, daß er ihr in einer engen Gasse die Lefaucheux zwischen die Augen drückte.

Inzwischen war sie in Amsterdam, um sich von ihrem Schock zu erholen.

Er nahm den Colt; ein unkontrollierbares Zittern schüttelte seine Hand, und die Wand, auf die er zielte, war aus Gummi, sie schwankte, wellte sich und fing an, schwindelerregend zu tanzen.

Ein plötzliches Klopfen, er wirbelte herum wie ein ertappter Dieb.

»Wer ist da?«

»Bissonette.«

Picard entsicherte seine Pistole und entriegelte die Tür. Inspektor Bissonette berührte den Rand seines Zylinders mit einer leichten, trunkenen Verbeugung, und Picard atmete tief ein.

Der heruntergekommene alte Detektiv lächelte Picard in seinem Pyjama an und verbreitete eine absinthgeschwängerte Wolke. »Wie fühlen Sie sich?«

»Es geht«, sagte Picard. »Kommen Sie herein.«

Bissonette betrat die dämmrige Wohnung. Picard wußte, was er sagen wollte, bevor er es ausgesprochen hatte. Daß sie Bissonette zu ihm schickten, war ein sicheres Zeichen, daß seine Stellung beim Präfekten empfindlich geschwächt war, denn Bissonette, schwankend und betrunken, war nur noch mit Rücksicht auf seine langjährigen Dienste bei der Polizei; man hatte ihn zum Laufjungen des Präfekten degradiert, und zwar für unwichtige Gänge, wußte man doch, daß er an jedem Bistro haltmachte.

»Übung macht den Meister, he?« rief Bissonette mit Blick auf den Colt, den Picard immer noch in der Hand hielt.

»Ich wollte mich gerade erschießen.«

»Entschuldigen Sie, daß ich Sie unterbrochen habe. Darf ich später wiederkommen, wenn Sie fertig sind?«

Picard ging zur Anrichte und kam mit einer Flasche Cognac und einem Glas zurück. Bissonette nahm den Zylinder ab und starrte die Flasche mit einem verlorenen Grinsen an. Sein Anzug war zerdrückt, seine Nase geschwollen, und er lächelte glücklich, als er Picard zusah, der ihm das Glas vollgoß.

»Sie sehen nicht gut aus, Picard«, sagte er und hob sein Glas. »Ich trinke auf Ihre Gesundheit.« Er leerte sein

Glas auf einen Zug. »Na, ich trinke wohl lieber noch eins.«

»Der Präfekt schickt Sie?«

»Natürlich, der Präfekt schickt mich.« Bissonette schenkte sich ein und trank diesmal etwas langsamer. »Macht es Ihnen etwas aus, wenn ich meine Pfeife rauche? Ich versuche gerade, neue, bessere Gewohnheiten zu entwickeln.« Er fummelte in der Tasche herum, zog eine Streichholzschachtel heraus, betrachtete sie einen Augenblick lang und setzte seine Suche nach der Pfeife fort.

»Was sollen Sie mir vom Präfekten ausrichten?«

»Er wünscht Ihnen alles Gute, mein Freund. Alles Beste in der Welt.« Bissonette stopfte seine Pfeife mit ungeschickten Fingern, verstreute Tabak über den Tisch, seinen Anzug, den Fußboden. »Er meint, man habe Sie ja böse ausgeräuchert. Wir alle meinen das, und natürlich haben Sie unser aller tiefstes Mitgefühl.«

»Ich danke Ihnen für Ihr Mitgefühl«, sagte Picard. »Gibt es noch irgend etwas, was Sie mir ausrichten sollen?«

»Er freut sich schon auf Ihre Rückkehr in den Dienst. Schickt mich her speziell, es Ihnen auszurichten . . . wie sehr er sich freut . . .« Bissonettes Augen wurden einen Augenblick lang klar, als er Picard über den Tisch anstarrte, und Picard erkannte die Wahrheit hinter der Unbeholfenheit des Betrunkenen.

»Heraus mit der Sprache. Bin ich erledigt?«

»Das allgemeine Gefühl im Hauptquartier . . .« Bissonettes Augen verschleierten sich wieder, blödsinnig schaute er drein, aber etwas trieb die Schleier fort, und er sah Picard in die Augen. ». . . Ja, ich glaub schon. Unglückseligerweise ist das Gebäude, in dem Sie sich befanden, bis auf den Grund abgebrannt. Und die Nachbarhäuser auch.« Er griff wieder nach der Flasche. »Dem Präfekten bringt das Unannehmlichkeiten. Wollen Sie sich mir nicht anschließen? Ich trinke ungern allein. Ein paar Gläschen, ein ruhiger Nachmittag . . .«

»Dann bin ich also entlassen?«

»Aber nein, mein Freund, natürlich nicht. Unser Präfekt ist kein Barbar. Sie werden wie gewohnt weitermachen . . . sobald Sie wiederhergestellt sind. Ich muß allerdings sagen, Sie sehen übel aus, Picard. Sie brauchen ein Gläschen, damit die Farbe in Ihr Gesicht zurückkehrt. Bleiben Sie, wo Sie sind. Ich hole Ihnen eins.«

Picard blieb, wo er war, starrte auf den Tisch. Bissonette klapperte in der Küche herum und kehrte mit einem leeren Glas zurück, schenkte ein und überreichte es Picard mit einem Lächeln. »Das ist alles kein Grund zur Beunruhigung. Die jungen Dachse in der Präfektur sind es, die uns Veteranen Knüppel zwischen die Beine werfen. Ein Haufen Streber, Sie wissen das. Aber der Präfekt ist unterrichtet. Er gab mir Ihren nächsten Auftrag mit. Natürlich nur, wenn Sie sich erholt haben, sobald Sie bereit sind . . .«

»Ich bin bereit. Worum handelt es sich?«

»Genau so ein Auftrag, Picard, wie ich ihn selbst gern ausführen würde, wenn ich könnte, was ich nicht kann, wegen meines unseligen Leidens. Sie wissen ja, nicht wahr, daß ich seit einiger Zeit doppelt sehe.«

»Wußte ich nicht«, sagte Picard und nahm ein Schlückchen von seinem Cognac.

»Angeboren. Meine ganze Familie ist doppelsichtig.«

»Wie lautet mein Auftrag?«

»Ein hübscher Auftrag, wirklich. Habe die Adresse irgendwo aufgeschrieben . . . irgendwo . . .« Bissonette kramte in der Tasche und brachte einen Zettel zum Vorschein.. »Rue de Richelieu siebenundachtzig. Da lebt ein Bursche auf großem Fuß. Keiner weiß, wovon. Lazare. Ric Lazare. Kam vor zwei Monaten aus Wien her.«

»Der Präfekt möchte, daß ich mir mal seine Wohnung ansehe?«

»Es eilt nicht, Picard. Wenn Sie soweit sind. Ist kein eiliger Fall.«

»Ich verstehe.« Picard trank seinen Cognac langsam, starrte auf den Tisch. »Gibt es noch irgend etwas zu diesem Fall Lazare?«

»Er nimmt hundert Francs Eintritt.«

»Wofür? Was hat er zu bieten?«

»Soweit ich weiß, eine Art magische Veranstaltung.« Bissonettes Pfeife explodierte, ein Aschenregen ergoß sich über seine Jacke. »Eine Wahrsagemaschine . . .« Er wischte die Asche nachlässig auf Picards Teppich, wo sie weiterglühte und ausbrannte. »Der Eintrittspreis von hundert Francs soll die Gäste in die gewünschte Stimmung versetzen. Und dann wird einem die Zukunft enthüllt.«

Bissonette lächelte, rülpste und goß sich noch ein Glas ein.

Der Präfekt schlug die Akte auf. »Lazare behauptet, Österreicher zu sein. Sein Einkommen will er von Grundstücken beziehen, die er in Leopoldstadt besitzt. Wir haben uns hier mit der österreichischen Bank in Verbindung gesetzt. Er verfügt über ein gesundes Konto. Offenbar hat er Teile seines Besitzes an prominente Franzosen verkauft – Madame Westra, Hofmarschall Légère, Prinz Thibeault. Ehrlich gesagt, ich verstehe nicht, wieso sie von ihm kaufen.«

»Was ist mit seinem Wahrsagegeschäft?«

»Heutzutage hat jeder Salon seinen Wahrsager. Ric Lazare hat einen Inder eingestellt. Er murmelt über einer Kristallkugel. Madame Leyette beschäftigt eine Frau. Sie liest das Schicksal aus den Füßen.« Der Präfekt stieß seinen Drehstuhl herum und sah aus dem Fenster. »Wir leben in seltsamen Zeiten, Picard. Tischerücken und all das Zeugs. Neulich habe ich mit eigenen Augen einen Hund gesehen, der Griechisch übersetzte. Am Place de l'Observatoire.« Der Präfekt drehte sich zurück und schlug seine Zeitung auf dem Schreibtisch auf. »Hier steht irgendwo etwas . . .« Er blätterte die Seiten um. ». . . etwas über Lazare.«

Er überflog das Blatt, las einen Augenblick und sah dann mit einem Lächeln auf. »Gestern abend trat Gräfin Essena bei einem Ball als Salome auf, in einem, wie es heißt, unbeschreiblichen Kostüm. Was könnte das Ihrer Meinung nach gewesen sein?«

»Vielleicht ein paar Federn?«

»Ein beunruhigender Gedanke.« Der Präfekt las weiter. »Ja, hier haben wir's . . .« Er reichte die Zeitung Picard, wies mit dem Finger auf einen Bericht über Lazares Salon.

Picard überflog ihn rasch. Die Gäste waren alle von höchstem Stand – Herzog de Gramont-Caderousse, der russische Millionär M. de Kougueleff, Prinz Paskewitsch, die Herzogin Duplessia. *Aber der Engel von Paris*, schrieb der verblendete Reporter, *ist Madame Lazare, die mit einem goldenen Netz im Haar erschien, in einem crèmefarbenen schulterfreien Kleid von Laferrière, mit Applikationen aus silbernen Bändern über dem Saum; an den Handgelenken Samtbänder mit Blumenornamenten.*

»Natürlich werden Sie sich mit der üblichen Diskretion bewegen«, sagte der Präfekt. »Ich möchte nicht, daß Lazare bemerkt, daß wir ihn beobachten. Haben Sie einen geeigneten Decknamen?«

»Fanjoy.«

»Fanjoy . . . Fanjoy . . . etwas mit Diamanten?«

»Perlen«, sagte Picard. »Ich gehe als Monsieur Fanjoy, der Perlenhändler.«

*

Die Korridore der Präfektur schienen endlos, voll unerwarteter Wendungen. Er ging langsam, stützte sich auf seinen Stock, und doch warf ihn die unvermutete Berührung an seinem Ärmel beinahe um; er kämpfte, das Gleichgewicht zurückzugewinnen, und sah einem Bekannten ins Auge – Veniot, dem Wachmann, dem alten Veniot mit dem Gesicht einer Walnuß, zerfurcht und hart.

»Sind Sie wieder da«, sagte Veniot. »Ich wußte, wir würden Sie bald wiedersehen.«

»Es ist ein läppischer Fall«, sagte Picard. »Ich bin erledigt.«

Veniots Gesichtsausdruck normalisierte sich sogleich, als er die Maske fallen ließ, die, wie Picard den ganzen Tag schon bemerkt hatte, all seine Freunde in der Präfektur trugen, um die Tatsache zu verschleiern, daß man ihn zum alten Eisen geworfen hatte. »Ach, wie dumm«, sagte Veniot. »Es ist ein Unglück.«

Picard taumelte, der vertraute Korridor kippte um, er fühlte, wie das Blut aus seinem Gesicht wich. Veniot sah es, lieh ihm seinen Arm. »Gehen Sie weiter . . . Sie dürfen hier nicht hinfallen . . . der Assistent des Präfekten kommt um fünf vorbei, wenn er essen geht . . .«

Picard gab sich resolut, marschierte blind geradeaus, Veniot dicht hinter sich, den Korridor entlang, bis in den Hof hinaus. Sie standen beieinander, Picard keuchte schwer, atmete tief, Veniot beobachtete ihn, die Hand immer noch unter Picards Ellenbogen.

»Vielleicht sollten Sie sich erst einmal erholen – in einem Kurort.«

Picard richtete sich auf, legte den Griff seines Stocks an Veniots granitenes Kinn. »Und Vichywasser trinken.«

»Während Sie die Badewärterinnen ausziehen.«

»Es geht mir schon besser. Ich brauche Luft. Noch ein paar Tage . . .«

»Morgen essen wir zusammen zu Mittag. Etwas mit Feuer drin, gegen das dicke Blut.«

Picard nickte, bewegte sich langsam fort, wußte, daß Veniots Augen ihm folgten. Er versuchte geradeaus zu gehen, faßte zahlreiche Entschlüsse hinsichtlich seines Übergewichts, schwor Enthaltsamkeit, vor allem was die Zitronenschnitten betraf. Er wandte sich dem Fluß zu, versuchte, tüchtig auszuschreiten, im Gleichschritt marsch, wie in seinen besten Tagen. Vielerlei Mächte warten auf einen Mann. Und tausend Teufel auf einen, der sich seiner Kraft nicht mehr erinnert, und zwingen ihn in die Knie. Marschiere, Picard, schreite aus, denk an den Exerzierplatz, an das Blitzen der Säbel.

Die Glocke von St.-Germain-l'Auxerrois schlug vier. Er kam an die Seine, ging über die Brücke. Das Wasser funkelte grün, ein Strom aus flüssigem Jade. Ein Schleppkahn zog unter ihm vorbei, verschwand allmählich im Zwielicht des Herbstnachmittags. Er ging nach St. Michel, hielt am Eingang des verruchten Café Grotte des Lilas. »Wieder mal geschlossen, nicht wahr?«

»Gestern abend, wieder mal«, sagte der Gendarm, der davor Wache stand. »Die Cancantänzerinnen überschritten die Grenzen des Zumutbaren.«

»Wäre ich nur dagewesen.«

»Ich selbst war zur Stelle«, sagte der Gendarm mit roten, geschwollenen Augen. »Mißtrauisch infolge des Mangels an Unterwäsche bei den Damen . . .«

»Werden sie heute abend wieder öffnen?«

»Wie ich hörte, wird für Unterwäsche gesorgt.«

Picard schritt weiter durch die gewundenen Straßen des Viertels. Auf der Rue de Savoie zog es ihn zu einem Fenster, an dem er schon oft vorbeigekommen war. Jetzt waren es die Papiersterne und -monde und die Aufschrift:

Julsca – Schicksalsgöttin

Er trat näher heran, bis sein Gesicht in der Scheibe erschien und der Halbmond seinen Zylinder krönte. Heute abend bin ich Monsieur Fanjoy, Perlenvirtuose. Vielleicht interessiert sich Monsieur Fanjoy auch für sein Schicksal. In der Tat, deshalb besucht er den Salon von Ric Lazare, weil er eine Schwäche für Wahrsager hat.

Ein barfüßiges kleines Mädchen begrüßte ihn am Eingang, nahm ihn bei der Hand und führte ihn wortlos in einen mit schweren Vorhängen abgedunkelten Salon, in den kein Sonnenstrahl drang. Eine Zigeunerin mittleren Alters saß da und las eine Zeitung.

»Guten Tag«, sagte Picard.

Sie legte die Zeitung hin und wandte ihre schläfrigen Augen Picard zu, deutete dann auf einen kleinen Tisch, an dem zwei Stühle einander gegenüberstanden. Sie war plump, hatte ein grobes Gesicht und setzte sich mit einem eselsohrigen Kartenspiel zu ihm.

»Mischen«, sagte sie und gab ihm die Karten.

Er hielt sich für einen Könner, was Karten anging,

hatte große Partien in der Wüste gespielt, unterm Zeltdach, bei denen es um große Summen gegangen war, um Häuser, Erbschaften, alles, was ein Soldat einsetzen konnte. Eine Stunde lang, während sie im Sand lagen und den nächsten Angriff erwarteten, hatte er die Villa eines Majors, sechs Karossen und ein Dutzend Pferde besessen und wieder verloren, als das Glück ihn verließ und Kugeln das Zelt zerfetzten. Er mischte, mischte die eselsohrigen Karten wie der Blitz, aber die Zigeunerin schien nicht beeindruckt. Sie hielt den Kopf gesenkt und ihre Augen geschlossen. Er legte das gemischte Spiel vor sie hin, dort lag es einen Augenblick, bis sie es ergriff und an die Stirn hielt.

»Wie heißen Sie?«

Er zögerte.

»Sie haben einen Namen«, sagte sie und rieb sich die Stirn mit der Kante des Kartenspiels.

»Paul Fanjoy.«

Sie legte vier Karten vor ihn hin, mit dem Gesicht nach oben. »Das ist Ihr Vorname«, sagte sie und legte darunter eine zweite Reihe, wieder mit vier Karten, dann eine dritte mit sechs. »Das ist Ihr Nachname: F – A – N – J – O – Y. Ist das richtig?«

»Ja.«

Sie betrachtete die Karten einen Augenblick lang, dann deutete sie auf die Münz-Drei. »Sie sind ein Künstler in Ihrem Fach.«

»So ist es«, sagte Picard mit einem Lächeln.

»Und finden sich manchmal mittelmäßig, was Ihnen Kummer bereitet.«

Das Lächeln verschwand so rasch aus seinem Gesicht, als ob sie ihm eine Ohrfeige versetzt hätte. Ihre Finger wanderten zur nächsten Karte in der ersten Reihe. Auf dem unteren Rand der Karte stand:

Der Narr

»Das ist Ihre gegenwärtige Situation. Sie spielen die Rolle des Narren.«

Die Karte zeigte einen Possenreißer mit der Schellenkappe des Narren in einem frivolen Kostüm. Als er an Monsieur Fanjoy dachte, beschlich ihn ein leichtes Unbehagen.

»Beim Narren liegt die Keulen-Dame. Sie sind ein Mann von gesundem Menschenverstand unter Ihrem Narrenkostüm.«

Picard sah der Frau in die Augen. Sie schien fast zu schlafen, aber ihre Worte trafen ihn mit erstaunlicher Klarheit. Und doch ist es natürlich die Atmosphäre des Raums und mein eigenes Bewußtsein, das die Stimmung und die Assoziationen bewirkt. Gut, daß ich hergekommen bin. So bin ich besser auf Ric Lazare vorbereitet und auf der Hut. Bereits eingeweiht in das Mysterium meines Ichs!

»Hier ist Ihre jüngste Vergangenheit – die Keulen-Zwei. Sie liegt umgekehrt, das bedeutet Trauer. Ich sehe Sie gewaltsam zurückgehalten von jemandem, vielleicht einem Feind?«

»Vielleicht«, sagte Picard und fühlte die immer noch rote Narbe an der Schläfe, wo Baron Mantes ihn so brutal mit dem Knauf seines Stocks getroffen hatte. Zurückgehalten, in der Tat.

»Ihr Einfluß auf andere«, sagte die Frau und deutete auf den Münz-Buben. »Sie sind ein Mann von Konzentration, und das fühlen alle, die Ihnen in Ihrem Beruf begegnen. Trotzdem neigen Sie dazu, offensichtliche Tatsachen zu übersehen.«

»Welche zum Beispiel?«

»Das kann ich nicht sagen, aber neben dem Buben liegt der Münz-Reiter und weist auf Beschränktheit wegen Engstirnigkeit. Sagt Ihnen das etwas?«

»Ich bin frei von Vorurteilen«, sagte Picard mit einem Lächeln. »Oder glaube es jedenfalls zu sein.«

»Sie werden bald in ein anderes Land reisen – hier ist es, die Schwert-Vier.«

»Es gehört dazu, eine Reise zu prophezeien, nicht wahr?«

Die Frau betrachtete ihn kalt, deutete dann auf die nächste Karte. »Sehen Sie sich vor dem Gehängten vor. Sie müssen Ihre Haltung von Grund auf ändern, wenn Sie gewinnen wollen.«

»Gewinnen?«

»Sie werden mit schwarzer Magie in Berührung kommen, hier, unter dem Gehängten.« Sie deutete auf eine Karte mit einem hübschen jungen Mann, der vor einem Tisch mit seltsamen Objekten stand, in der Hand einen Zauberstab haltend. »Das ist die Karte des Magiers, in der Sphäre weitreichender Einflüsse. Sie stehen im Begriff, stark von der Magie beeinflußt zu werden.«

Picard sah das Zigeunermädchen im Eingang stehen,

zwinkerte ihr zu. Sie lächelte, duckte sich, fort war sie.

»Hier ist die Sonne, Ihre Erfolgskarte. Sie besagt, daß Sie vielleicht, nach mancherlei Hemmnissen, triumphieren werden.« Sie deutete auf die danebenliegende Karte. »Sie sind Anwalt?«

Die Karte war das Gericht. »Nein«, sagte Picard, »aber . . .« Er lächelte. ». . . Ich habe etwas mit dem Gesetz zu tun.«

»Dann müssen Sie sich in acht nehmen, denn die Karte hängt mit dieser zusammen, der Kelch-Fünf. Das deutet auf Unvollkommenheit, einen kleinen Fehler.«

»Wie das?«

»Ich glaube, es hat mit dem Münz-Buben zu tun – Ihrer Neigung, offenbare Tatsachen zu übersehen.«

»Nun gut, und wie wird alles enden?«

»Sehen Sie die Liebenden hier? Mit ihnen werden Sie es am Ende zu tun bekommen. Sind Sie verliebt?«

»Kaum.«

»Die Liebenden heißen manchmal die Brüder – und einer von ihnen tötet immer den anderen.« Ihr Finger wanderte weiter zur letzten Karte. »Das ist die Hohepriesterin. Die Karte der Erleuchtung. Vielleicht . . .« Die Frau lächelte zum erstenmal, und ihre schläfrigen Augen blitzten. ». . . Vielleicht werden Sie Ihre Vorurteile ablegen.«

»So darf ich auf ein glückliches Ende hoffen?« lächelte Picard, legte einen großen Francschein auf den Tisch.

»Nehmen Sie sich vor dem Magier in acht, mein Freund. Seine Karte ist stark, gegen Sie gerichtet.«

»Ich habe auch noch ein paar Karten«, sagte Picard und verließ mit einer Verbeugung das Zimmer und das Haus, tauchte wieder ein in die frische Herbstluft. Der Wind wirbelte die Blätter auf der Straße im Kreis herum, sie leuchteten, tanzten. Der magische Kreis. Großmutter pflegte zu sagen . . wenn Blätter im Wind tanzen . . .

Er trat in den Kreis, streckte den Fuß in den Blätterwirbel, zerstörte ihn.

Der graue Tag ergab sich den Armen der Nacht. Im Viertel wurden die Lampen entzündet. Er begann sich anzuziehen. Seine Abendgarderobe war gut geschnitten; die eingenähte lederne Pistolentasche in der Jacke verdarb die saubere Linie nicht. Der Tabaksdose auf seinem Schreibtisch entnahm er drei lose Perlen sowie eine perlenverzierte Krawattennadel und einen Perlenring. Es war erste Qualität, die Präfektur hatte sie mit beträchtlichem Rabatt beim Ausverkauf von Horace der Ratte, so hieß der Hehler, erworben, kurz bevor der Präfekt ihm das Handwerk endgültig legte, woraufhin er, wie man annahm, das Land verlassen würde, was er auch tat, indem er kopfunter den Kanal hinausschwamm, nachdem seine Gläubiger offenbar seine vollständige Liquidation erreicht hatten.

Picard entnahm der Tabaksdose noch einen Gegenstand, ein kleines Päckchen Visitenkarten auf den Namen Monsieur Paul Fanjoy, Afrikanische Austernbank-Gesellschaft, in Prägedruck.

»Monsieur Fanjoy«, sagte Picard und verbeugte sich vor dem Spiegel. »Wir sehen uns wieder.«

Er vervollständigte seine Abendgarderobe mit Zylinder, Cape und einem gertenschlanken Malakkastock. Monsieur Fanjoy, ein reicher Flaneur, bereit zum nächtlichen Bummel. Er hob den Stock, parierte, schlug zu und brach einem imaginären Baron Mantes den Arm. Das Zimmer drehte sich, und er mußte sich auf den Stock stützen, um nicht umzufallen. Er keuchte schwer und kämpfte um sein Gleichgewicht. Langsam, langsam. Jedenfalls versteht Monsieur Fanjoy nichts vom Fechten. Zierlich setzt er den Stock beim Gehen.

Er zog gelbe, dünne Handschuhe an, schloß die Tür hinter sich, kletterte die wacklige Treppe hinunter. Unten beim Eingang ging er an der offenen Tür der Pförtnerloge vorbei; sie war schwach erleuchtet, und er hörte wie gewöhnlich die Stimmen der Kartenspieler – Gauner und Müßiggänger aus der Nachbarschaft. Er mochte diese baufälligen Häuser, wo man kommen und gehen kann wie man will, ohne daß ein verdammtes altes Weibsstück auf dem Treppenabsatz hockt und jedesmal den Schlüssel verlangt, wenn man hinausgeht. Diese Vetteln beherrschten Paris, und er haßte sie mit ihren altjüngferlichen Regeln, was man in seinem Zimmer zu tun und was man zu lassen hatte; welche Gäste man empfangen durfte und welche nicht. Seinem gegenwärtigen Concierge war alles gleich, und wenn er tausend nackte Tänzerinnen anschleppte und mit ihnen auf Elefanten die Treppe hinaufritt. Im Hause herrschte ein lässiger Umgangston; die Herren übten Messerwerfen in den Korridoren.

Er betrat die Rue de Nesle und ging ein paar Schritte zur Rue de Nevers, eine perfekte Gasse, um einem Mann eins über den Schädel zu geben. So oft er sie auch entlanggegangen war, gelang es ihm doch niemals, die Spannung abzuschütteln, so eng war sie, so bedrohlich, und er benutzte sie jetzt, um sich in Alarmbereitschaft zu versetzen. Das Gäßchen erfüllte die ihm zugewiesene Aufgabe, spannte die Nerven Picards zum Zerreißen.

Er verließ sie und trat auf den Quai hinaus, schmeckte die Seineluft. Das Schlimmste, was ein Mann tun kann, ist im Bett liegen wie eine Rübe im Kehrichtkasten und langsam im Dunkeln Wurzeln schlagen. Bewegung und die Lichter der Stadt, das ist es, was du brauchst, Picard; Wein und einen Tritt in den Bauch. Wer zu Haus im Polstersessel sitzt und brütet, dem wachsen Halme aus dem Kopf.

Er betrat die Brücke, ging hinüber zum rechten Flußufer, in die mächtigen öffentlichen Hofgärten. Die Lichter des Palasts leuchteten. Sieben Uhr, unser Kaiser diniert mit seiner schönen Eugénie. Später wird er sich fortschleichen und irgendwo eine Hure auftreiben. Lang lebe der Kaiser. Letzte Woche in einer schmalen Gasse aus den Händen von Zuhältern befreit. Verkleidet auf der Suche nach Liebe und beinahe hingemetzelt. Im Kaiser wohnt der Geist der Jugend. Rostet nicht und rastet nicht. Ein weiser Mann. Und hier ist die Rue de Richelieu. Dieser Monsieur Lazare – wohnt doch tatsächlich genau gegenüber dem Palast – gleich die Straße hinauf. Zahlt ein Vermögen für so eine Adresse. Plündert jemanden aus, rupft ihn tüchtig, ich hab so ein Gefühl in den Knochen. Eine Wahrsagemaschine. Absurd. Unser aufgeklärtes Empire.

Und welches von diesen prächtigen Häusern – aber natürlich, das da. Bengalische Beleuchtung und farbige Laternen. Erleuchtet wie ein Palast.

Gedämpfte Laute aus dem Salon drangen an sein Ohr, leise Musik, Gläserklirren. Er betrat den glitzernden Hof, ging auf die Treppe des Stadthauses zu, wo ein Bedienter ihn einließ, Karte, Cape und Zylinder entgegennahm und ihm ein silbernes Tablett hinhielt. »Einhundert Francs, bitte, Monsieur Fanjoy.«

Der Bediente führte ihn eine lange Halle entlang und wies ihm den Weg in den großen Salon. Die Decke ruhte auf griechischen Säulen, und die Wände waren mit schwerem Goldstoff drapiert. Weinreben rankten sich um die Säulen, und dazwischen wuchsen Pflanzen aller Art und verwandelten den ganzen Raum in einen Garten. Die Frauen waren sehenswert.

Er überflog rasch die Gesichter, deren Silhouetten ständig in den Zeitungen wiederkehrten. Er suchte nach Rissen in der Fassade, wußte gleich, bei wem ein Erpresser leichtes Spiel haben würde. Kleine Geheimnisse verraten sich in den Fingerspitzen, lassen sich an den Augen ablesen. Der geübte Erpresser sieht es und hat den Nutzen davon, bis das Geheimnis ihm gehört.

Am Buffet mied er die Cremetörtchen, wählte statt dessen eine Weißbrotschnitte mit funkelndem, schwarzem Kaviar. Der Geist des Meeres brach über seinen Gaumen herein, stark und geheimnisvoll fischig, genau wie die Atmosphäre des Raums, dachte der Inspektor und sah sich um.

Auf den Westen der Herren glitzerten die Medaillen und Verdienstspangen. Ihre Gesichter wirkten stolz, vornehm – Lecour, der Boxmeister, was tat der denn da? Selbst er ist bezwungen, Lecour, der zuschlägt wie ein Maultierhuf, benimmt sich, als seien die schwärzesten Geheimnisse seines Lebens bekannt.

Picards Augen wanderten an das entfernte Ende des Buffets, zu einem schlanken jungen Mann, der ein Bündel Papiere aus der Tasche gezogen hatte und deren Inhalt einem zweiten Mann mit einem schlaffen, faltigen Gesicht und einem sommersprossigen Kahlkopf mit ein paar roten Strähnen darauf erklärte.

». . . die Mine liegt hier, hinter Banana Point. Unsere Expedition erhält ihre Ausrüstung in einem Eingeborenendorf, etwa drei Meilen von . . .«

Duval, der Aktienschwindler, bemerkte Picard. Der Präfekt hatte ihn vergangenes Jahr festnehmen lassen, als er Ballon-Expeditionen von einem Zimmer in der Rue du Dragon aus startete. Die Prinzessin de la Tour d'Auvergne hatte ihm zweihunderttausend Francs für eine Menge heiße Luft gegeben. Wenn er den Weg in diesen Salon gefunden hat, dann deshalb, weil er irgendeinen Braten riecht. Möchte sich selbst etwas davon abschneiden.

Und da haben wir den Fuchs.

Picard näherte sich der dunkelhäutigen Gestalt, die an einer der griechischen Säulen lehnte. Die langsamen, trägen Bewegungen des Mannes hatten ganz offensichtlich die junge Frau, die bei ihm stand, hypnotisiert. Fasziniert starrte sie ihn an, während er auf sie einredete, und schien hin und her zu schwanken zwischen den Pflanzen und Weinranken, die ihren dunklen Bekannten umrahmten.

Ein marokkanischer Bandit, würde man ihn durch Pigalle schlendern sehen, dachte der Inspektor . . .

Aber hier, inmitten der goldenen Wandbehänge, der Diener, in seinem Samtanzug, wirkt er ganz anders. Ein geheimnisvoller Mann, dessen Augen tief in unsere Seelen, in unsere Geheimnisse eindringen. Und wenn er zu tief hineinsieht, wenn er vielleicht eine kleine Indiskretion in unserem Privatleben entdeckt, nun, dann behält er gegen eine geringe Summe unser Geheimnis für sich.

». . . Ich würde sagen, Gräfin Lydiatt, daß Ihr Körper empfänglicher für die astralen Einflüsse wird . . . Sie fühlen sie bereits in der Luft um Sie her . . .«

»Aber das stimmt, Monsieur Lazare, jedes Wort! Ich habe die ganze Saison über dieses Gefühl gehabt . . .« Das Mädchen errötete, senkte die Augen, und der Fuchs lächelte gleichgültig, als seien die geheimsten Gefühle der Gräfin Lydiatt für ihn nur von vorübergehendem Interesse. Aber dann hob er die juwelengeschmückte Hand ans Kinn und stützte mit einemmal nachdenklich den Kopf darauf, während seine seltsam blendenden Augen aufleuchteten. »Sie hatten einen wichtigen Traum, vor ganz kurzer Zeit, etwas sehr Dringendes . . .«

Die Augen des Mädchens rissen weit auf, trafen sich mit denen des Fuchses, und Picard wandte sich ab, angeekelt, noch einmal dem Buffet zu. Erzähl ihm deine Träume, Gräfin. Beichte ihm deine ganze Geschichte, wirf sie ihm in den Schoß.

Picard ließ sich noch ein Biskuit mit Kaviar geben. Der Rothaarige nickte noch immer begeistert über Duvals Schwindelpapieren. »Ja, das klingt gut. Eine gute Kapitalanlage. Ich mag so etwas, ein Hauch von Abenteuer, nicht wahr?« Der Mann lächelte. Picard versuchte das Deckblatt von Duvals Papieren zu erkennen, las nur das Wort:

Eldorado

»Wollen wir uns morgen mittag zum Essen treffen?« Duval nahm die Brille ab, rieb die Gläser mit einem seidenen Taschentuch, die Augen klar und unschuldig wie ein Lamm. »Bei mir im Club . . .«

»Im Industriel, nicht?«

»Ja, würde Ihnen zwei Uhr recht sein?«

»Sehr schön«, sagte der Rothaarige. »Und dann kommen Sie vielleicht später zu mir zum Souper? Suzette hat sich nach Ihnen erkundigt. Sie würde Sie besonders gern wiedersehen und mehr über die Mine hören. Sie findet Afrika faszinierend, wissen Sie.«

Picard stand nun unmittelbar neben den beiden Männern, tat so, als zögere er bei der Wahl eines Käsestücks. Duval hat den Burschen fest an der Angel. Aber wenn ich irgend etwas dazu zu sagen habe, Monsieur, dann fliegt Ihr Geld nicht zum Fenster hinaus und Duval hier kommt in eine Zelle, wie gehabt. »Verzeihung«, sagte Picard. »Ich hörte gerade Ihr Gespräch mit an, meine Herren.« Er deutete nickend auf die Investmentpapiere. »Sie sprachen über eine Goldmine?« Er steckte die Hand in die Jacke, holte seine Karte heraus. »Paul Fanjoy, Afrikanische Austernbank.«

Duval studierte einen Augenblick lang die Karte und betrachtete dann mit einem Lächeln die riesige blauweiße

Perle auf Picards Krawattennadel. »Perlen, Monsieur Fanjoy?«

»Mein Hauptgeschäft sind die Küstengewässer«, sagte Picard. »Aber ich suche auch ständig nach einer anderen Investition in Afrika. Ich weiß, daß es Gold auf dem Festland gibt, und zwar eine ganze Menge.«

»Paul Fanjoy«, sagte Duval und betrachtete wieder die Karte. »Ich kann den Namen nicht unterbringen, Monsieur Fanjoy, aber Ihr Gesicht kommt mir bekannt vor.«

»Ihr Club ist der Industriel? Ich war schon mal da.«

»Und Sie werden morgen da sein«, sagte Duval. »Sie werden mit Monsieur Bonnat und mir zu Mittag essen, und wir können ausführlich über die Mine sprechen.« Duval reichte Picard die Mappe mit den Papieren. »Vielleicht kennen Sie die Gegend . . .«

Picard studierte die Landkarte, reiste einen spinnenfadenfeinen blauen Fluß hinauf durch das grüne Gesicht des Dschungels, tief in den Regenwald, zu Duvals Eldorado.

»Und wann beginnt die Expedition?« Er sah von der Karte auf, nur um festzustellen, daß die Augen der beiden Männer an ihm vorbeisahen, zu einer Frau in Kirschrot hin, deren Kleid den größeren Teil ihrer Schultern und Büste unbedeckt ließ, dafür hatte sie einen durchsichtigen rosa Tarlatan umgelegt, ein entzückend unzulänglicher Versuch, ihre Reize zu verschleiern.

»Ich habe seit meiner Abstillung nicht so viel Busen gesehen«, bemerkte Bonnat.

»Und sie ist . . .?« Picard nahm sich eine Cremeschnitte.

»Madame Lazare natürlich«, sagte Duval.

Picard folgte ihr mit den Augen, während sie sich unter ihren Gästen umtat. Ihre nackten Arme ließen sich sicher gut tätscheln, wie er es gern tat, und er stellte sich vor, daß ihre Schenkel ebenso waren, drall und äußerst geeignet, den Seitensprung eines Mannes zu polstern.

Sie blieb mitten im Raum stehen, unterhielt sich mit einem grauhaarigen Offizier und ihr Busen zitterte, als sie lachte und mit der Hand das Gebinde aus Samtblumen in ihrem Haar berührte, und Picard fühlte, wie sich samtene Blütenblätter in seinem Bauch auftaten, als sie ihn ansah. Das Gefühl war unerträglich angenehm, und er wandte sich ab. Es hatte keinen Sinn, sich zu quälen.

Als antworte sie auf seine Bewegung, als interessiere sie sich mehr für die, deren Augen sich abwandten, näherte sie sich ihnen, wie Duval flüsternd bemerkte, während Picard eine weitere Cremeschnitte nahm und ungegessen zurücklegte. Er fühlte sie näherkommen, wandte sich langsam um, begegnete ihren dunklen Augen.

»Wir sind überwältigt, Madame«, sagte Duval und beugte sich über die Hand, die sie ihm entgegenstreckte, nahm sie in die seine und berührte mit den Lippen sanft ihren dunkelroten Handschuh.

»Ich bin so glücklich, daß Sie kommen konnten. Nun, ist die Voraussage von gestern eingetroffen, ist das Glück Ihnen hold?«

»Ganz und gar.«

Madame Lazare lächelte. »Ric irrt sich selten.«

»Wie macht er das, Madame?« fragte Picard.

»Mein Mann ist ein seltsamer Mensch, eine Ausnahmeerscheinung«, sagte Madame Lazare und öffnete langsam einen seidenen Fächer über ihren Lippen. Wieder fühlte Picard etwas durch seinen Körper rasen, etwas ganz und gar Verrücktes – als hätte die Frau ihm mit unsichtbarer Hand in den Bauch gegriffen und spielte dort mit ihm, mit dem Nerv der Seligkeit selbst. Von einer unbestimmten Neugier festgehalten, hingen ihre Augen noch einen Augenblick an den seinen, bevor sie sich Bonnat zuwandte.

»Und wie geht es Ihrer Frau, Monsieur?«

»Gut, ja, sehr gut. Ich muß sie wieder mitbringen. Es hat ihr sehr gut gefallen. Aber sie will mir nicht verraten, was die Maschine Ihres Mannes ihr gewahrsagt hat.«

»Es gibt Geheimnisse«, sagte Madame Lazare, beugte sich vor und nahm ein Schnittchen vom Buffet. Die drei Männer taumelten wie Betrunkene am Rand eines Abgrunds. Sie richtete sich wieder auf, lächelte noch immer, als hätte sie nicht gerade ihre eigenen Geheimnisse verraten. Picard wollte sich den Perlenring vom Finger reißen und ihn ihr auf den Knien überreichen.

Davor bewahrte ihn die Ankunft des Butlers, der auf sie zutrat, sich vor Bonnat verbeugte und ihm auf einem goldenen Tablett Bonnats Karte überreichte.

»Da – ich muß wieder los«, sagte Bonnat mit einem Lachen und folgte dem Butler durch den Salon, auf eine große Eichentür zu, die hinausführte.

»Und Sie, mein Herr –« Madame Lazare wandte sich Picard zu. »Was führt Sie zu uns?«

»Das hier«, sagte Picard, faßte in die Tasche und holte ein mitternachtsblaues Taschentuch heraus, das er langsam öffnete, bis drei große glänzende Perlen sichtbar wurden. Madame Lazare streckte die Hand aus, und Picard legte das perlenbeladene Taschentuch hinein. »Ich hoffe, Ihr Gatte kann mir sagen, wo ich mehr von diesen schönen Stücken finde.«

»Mein Mann sammelt sie auch. Vielleicht kann er Ihnen helfen.« Ihr Kleid lag an seinem Bein, in seinem Gehirn war der Duft ihres Parfums, und ihre Finger berührten die seinen leicht, als sie ihm das Taschentuch zurückgab.

Eine Tür fiel ins Schloß, und sie drehten sich um. Bonnat kam auf sie zu, das Gesicht so rot wie die Haare, die Lippen finster verkniffen. Er hob die Hand und schlug Duval mit dem Handrücken ins Gesicht, daß es klatschte.

Duval stand einen Augenblick wortlos da, dann sagte er gelassen: »Nun, ich höre.«

»Morgen früh bei Tagesanbruch«, sagte Bonnat. »Am Südost-Eingang des Friedhofs von Montparnasse.«

»Ein geeigneter Ort«, sagte Duval. »Zweimal Pistole und einmal Kaffee.«

Bonnat wollte etwas erwidern, wandte sich dann aber um und ging hinaus; alles schwieg, lauschte dem Echo seiner Schritte. Duval hob den zerknüllten Zettel auf, den Bonnat ihm vor die Füße geschleudert hatte.

»Was ist das?« fragte Madame Lazare.

Duval warf einen Blick darauf und faltete ihn dann zusammen, steckte ihn in die Tasche. »Wie Sie sagten, Madame, es gibt Geheimnisse.«

»Seine Frau?« fragte sie leise.

»Woher wissen Sie?« Duval lächelte, der Abdruck von

Bonnats Handrücken auf seinem Gesicht verblaßte.

»Was werden Sie tun?« fragte Picard, fühlte, daß er das Duell verhindern mußte.

»Tun? Es gibt nur eins, was ein Mann von Ehre tun kann. Ich verlasse sofort Paris.«

»Ich freue mich, daß es nicht zum Blutvergießen kommen wird«, sagte Madame Lazare. »Es hat keinen Sinn, solche Dinge auf die Spitze zu treiben.« Sie lachte, ließ sie beide ihre Verachtung spüren. Sie reichte Picard die Hand und wandte sich ab. Er folgte ihren Bewegungen, während sie durch den Salon ging – hinter der Eleganz der Gastgeberin witterte er die Zigeunerin, die Tänzerin in der Taverne, den Rotwein, ihre Hüften, die beim Gehen rollen würden, wenn sie wollte – doch alle Leidenschaft, alle Ausgelassenheit lag unter der Würde und dem Reichtum des Salons in der Rue Richelieu begraben.

Duval schwenkte seine Eldorado-Mappe, klopfte mit dem Finger auf die Goldprägung. »Hat Bonnat Ihnen den Geschmack am Abenteuer verdorben, Fanjoy? Oder sind Sie immer noch in die Mine verschossen?«

»Es geht mich nichts an, was in den Schlafzimmern anderer Leute vor sich geht.«

»Gut, gut. Dann treffen wir beide uns wie geplant morgen in meinem Club.« Duval flüsterte wie ein Verschwörer. »Aber was glauben Sie, wie dieser Lazare an seine Informationen kommt?«

»Ein Netz von Informanten –«, sagte Picard und bedauerte sogleich, daß er wie ein Polizist gesprochen hatte. Aber Duval achtete nicht darauf. Er näherte sich bereits Lazare. Picard schloß sich ihm an. Lazare hatte sich gesetzt. Die jungen Damen belagerten ihn. Als Duval auf sie zukam, sahen sie neugierig auf, denn inzwischen wußten sie auch ohne Wahrsagemaschine, was der Abdruck der Hand auf seinem Gesicht bedeutete.

»Ihr Orakel ist ein tüchtiger Spion«, sagte Duval, hinter Lazare stehend.

Lazare blickte auf, wandte Duval ein wenig den Kopf zu und sagte über die Schulter hinweg: »Es ist nur ein Spiel, Monsieur.«

Seine Frau entnahm einem verschnörkelten Ständer ein Saiteninstrument altertümlicher Bauart und reichte es ihm. »Spiel für uns, Ric«, sagte sie und deutete auf den glänzenden, schwarzen schlangenförmigen Leib mit den vier Saiten zwischen Schwanz und Maul.

Lazares lange Finger berührten die Saiten, und die viergespaltene Zunge des giftigen Tiers summte leise eine Melodie, wie Picard sie noch nie gehört hatte. So rein war der Klang des uralten Instruments mit dem bauchigen Schlangenleib, daß alle Anwesenden wie verzaubert lauschten.

Etwas an diesem Lied zog Picard in seinen Bann. Ein merkwürdiges Gefühl überkam ihn – daß er wurzellos, heimatlos war, ein Wanderer ohne Ziel. Einen Augenblick lang war Paris verschwunden. Und die juwelengeschmückten Frauen waren Sterne, die in einem riesigen, leeren Raum funkelten.

Dann kam die Baßsaite wieder. Sie brummte sanft, als begleite sie den dumpfen Herzschlag einer Trommel. Und Picard fühlte sich noch einsamer – weit weg, im Wind. Der feine, wollene Teppich war das Meer, über das er nach Algerien zurückkehrte, in den Krieg. Und der Salon der Träume lag hinter ihm in der Ferne. Und er jagte über den Sand, auf das Zelt mit der Lampe zu. Jung war er und besaß ein gutes Pferd. Und die Musik des Militärlagers lockte ihn.

Doch dann blitzten Lazares juwelengeschmückte Finger auf und beendeten das Lied abrupt. Dramatisch erstarb die Baßnote, und alle lauschten – Picard nicht weniger als die anderen –, als der Traum verblaßte. Ein Traum, den man nicht mehr vergaß.

Er ertappte sich dabei, daß er den riesigen persischen Teppich anstarrte, mit den phantastischen Mustern, Türmen und Brunnenschächten, der den Boden des Salons bedeckte. Und die Weinranken um uns her: Wie leicht kann einer da entkommen? Zauberteppiche, bis zu den Sternen, noble Gäste. Zauberteppiche für alle!

Ein junger Mann mit einem Bart näherte sich Lazare. Er war ganz normal gekleidet, wirkte wie ein Beobachter, ein Journalist; ein Eindruck, der sich gleich darauf bestätigte, als er Bleistift und Notizblock aus der Tasche zog. »Haben Sie dieses Lied selbst komponiert, Monsieur Lazare?«

»Nein, ich bekam es von einer Freundin«, antwortete Lazare.

»Und wer könnte das sein?«

»Die Geierpriesterin von El Kab.«

»El Kab? Ist das nicht eine Stadt in Ägypten?«

»Als die Priesterin es für mich spielte, trug sie einen anderen Namen.«

»Und wann waren Sie in Ägypten, Monsieur Lazare?«

»Im dreiundvierzigsten Jahrhundert vor Christus.«

»Im dreiundvierzigsten Jahrhundert?«

»Unter König Skorpios. Ich glaube, er hat auch das Lied geschrieben, aber ich bekam es von seiner Priesterin.«

»Augenblick, Monsieur Lazare, einen Augenblick bitte! Wollen Sie damit sagen, daß Sie dieses Lied zum erstenmal vor mehr als fünftausend Jahren hörten?«

Offensichtlich noch immer im Banne seiner Musik, näherte sich Lazare eine junge Frau mit einem riesigen Chignon, in dem eine aufsehenerregende Brillantnadel steckte. »Anderen haben Sie etwas anderes über dieses Lied erzählt, Monsieur Lazare.«

»Habe ich das«, lächelte der Gastgeber. »Oh ja, das Lied hat viele Veränderungen durchgemacht . . .«

»Neulich abend sagten Sie, Kleopatras Vater habe es verfaßt.«

»Das Lied reist durch die Zeit, mein Kind. Heute besucht es diesen, morgen jenen . . .«

Lazares Stimme klang sanfter, und die junge Frau trat näher an ihn heran, während der Reporter kopfschüttelnd umkehrte und zu Duval und Picard am Weintisch stieß.

»Er will uns weismachen, daß er schon vor fünftausend Jahren gelebt hat«, murmelte der Reporter und nahm einen Cognac.

»Und – was denken Sie?« fragte Duval.

»Ich . . . ich weiß nicht.«

»Sie denken an eine Beteiligung an einer Goldmine in Afrika, Monsieur . . .«

»Monsieur Fanjoy?«

Picard wandte sich um. Neben ihm stand der Butler mit einem goldenen Tablett, das er ihm hinhielt. Darauf lag seine Karte. Paul Fanjoy, Afrikanische Austernbank-Gesellschaft. Darunter hatte jemand geschrieben:

25 Sekunden. Länger nicht!

Picard trippelte geziert auf den Zehenspitzen, wie es ihm seine Rolle als M. Fanjoy vorschrieb. Er war sich bewußt, daß aller Augen auf ihm ruhten, nun, da er in die Geheimnisse des Rituals eingeweiht werden sollte. Er lächelte schal und gab sich naiv und zu Späßen aufgelegt, als er dem Butler durch die große Eichentür folgte.

Sie durchquerten die Halle, kamen in einen von arabischen Lampen erleuchteten Raum. Vor ihnen lag eine zweite, mit Schnitzereien – Blumenmustern – verzierte Tür, die sich öffnete, als Picard darauf zuging.

Ein Inder erwartete ihn mit einem weißen Gewand, auf dem Kopf einen Turban. Er führte Picard zu einem Tisch mit Schlangenbeinen, auf dem eine Kristallkugel lag. Picard sah in die Kugel hinein, erblickte nichts in ihren sphärischen Tiefen. Doch bewirkten der Weihrauchduft und die flackernden Kerzen, daß der Raum sich sanft um ihn zu schließen schien, und es war Picard, als stände er in einer durchsichtigen Blase. Lazare operiert mit derartigen Suggestionen – fremdartigen Decors und schummerigem Licht, Effekten, die geeignet sind, die Widerstandskraft zu zersetzen und die Phantasie zu entfesseln. Ich wette, daß die Leute alles Mögliche in der Kugel sehen.

Der Inder nahm Picard beim Arm und führte ihn zu einem anderen Tisch, auf dem ein kleiner Telegraphenapparat stand. Die Maschine begann zu rattern, und der Inder entnahm einer darunter befindlichen Lade einen Zettel, den er Picard in die Hand drückte. Irgendwo im Raum klingelte ein Glöckchen, und der Butler trat ein.

»Hier entlang, Monsieur Fanjoy«, sagte er und führte den Gast zurück in den trübe erhellten Korridor.

»Einen Augenblick mal«, sagte Picard und machte unter einer Lampe halt. Er entfaltete den Zettel.

PAUL PICARD – DER SPITZEL WIRD STERBEN

Der Butler öffnete die Tür zum Salon, und Picard trat ein. Seine Rolle als Monsieur Fanjoy war ausgespielt, die Komödie zu Ende. Picard kam sich lächerlich vor, versuchte die Haltung zurückzugewinnen.

Fern seinen Gästen, an einem Fenster am anderen Ende des Raums lehnend, sah er dann den Gastgeber. Picard ging auf ihn zu. Rasch breitete sich das Gift des Zorns in seinen Adern aus. Gern hätte er ein paar Gegenstände zerbrochen, darunter Lazares Hals. Statt dessen unterdrückte er seinen Haß, und das Ungeheuer wütete in seinem Innern und zerschmetterte die Kronleuchter und den Kaffeetisch in seinem Bauch, in seiner Leber, ruinierte seine Verdauung. Aber das ist immer noch besser, als wenn ich die Rue de Richelieu siebenundachtzig ruiniere, der Präfekt mag keine Keilereien.

Er stand vor seinem Gastgeber. Ruhig, Picard, du bist nicht mehr beim Militär.

»Monsieur Lazare?«

»Ja?«

»Sie haben mich mit diesem Zettel bedroht.«

»Aber ja, natürlich.« Lazare war ruhig, gelassen. Picard sah, daß Duval sich näherte, um ihr Gespräch mitzuhören. Der Gastgeber lächelte und deutete auf den Weintisch. »Trinken Sie mit mir, Inspektor, und vergessen Sie, daß Sie jemals diesen Auftrag bekamen. Das ist das Klügste, was Sie tun können.«

Das Ungeheuer in Picard schleuderte einen Polsterstuhl durch die Gallenblase. Er wandte sich um und schritt, den zerknüllten Zettel aus dem Telegraphen immer noch in der Hand, durch den überfüllten Salon, auf die Tür zu. Der blanke Fußboden der Halle reflektierte das Licht der gelben Wandkandelaber, und jeder Schritt, den er tat, versetzte ihn in einen anderen, schwach leuchtenden Kreis.

Am Ausgang wartete der Diener, reichte ihm Cape und Zylinder aus der Garderobe. Er schlüpfte hinein und wurde das Gefühl nicht los, daß Lazare ihm irgendwie, verborgen im Widerschein der Lampen, folgte – ein unsichtbarer Schatten in den stummen Tiefen des leuchtenden Parketts. Doch war die Halle leer, abgesehen von Duval, der sich gerade von einem Diener sein Cape geben ließ und mit Picard zusammen in den Hof trat.

»Inspektor? Habe ich richtig gehört?«

»Jawohl«, knurrte Picard. »Und nun nehmen Sie sich in acht, Duval.«

»Heute kann man niemand mehr trauen«, seufzte Duval, als sie durchs eiserne Tor in die Rue de Richelieu hinaustraten. Duval rief eine Droschke und kletterte hinein. Er öffnete das Fenster und rief: »Kann ich Sie irgendwo absetzen, Inspektor? Nein? Dann gute Jagd! Und denken Sie dran: Eldorado Investments freut sich über jeden Anleger, so klein er auch sein mag.« Der Kutscher knallte mit der Peitsche und die Droschke rollte davon.

Picard entfernte sich langsam von dem Haus in der Rue de Richelieu, ging den hell erleuchteten, verkehrsreichen Boulevard Montmartre hinauf. Woher wußte Lazare, daß ich kommen würde? Vielleicht einer von seinen Spionen im Polizeihauptquartier. Ein logischer Ort für einen Spitzel. Wäre nicht das erste Mal, daß im Hauptquartier eine undichte Stelle war, die dann mit heißem Blei plombiert werden mußte. Ich rieche Röstkartoffeln.

Er entdeckte die Verkäuferin, eine alte Frau mit einem tragbaren Öfchen. Sie reichte ihm eine Portion Kartoffeln, eingewickelt in weißes Papier, und er ging weiter, Richtung Pigalle.

Lazare versteht sich darauf, seine Gäste zu beeindrukken, ich fühle mich immer noch reichlich unbehaglich. Aber sei ehrlich, Picard, du hast dich dein halbes Leben lang unbehaglich gefühlt. Zuviel Cognac, zu viele nächtelange Kartenspiele, Lasterhaftigkeit im allgemeinen und letztlich ein Sturz aus dem zweiten Stock eines brennenden Hauses. Diese Dinge wirken nicht innerlich stabilisierend.

Ich fühle, wie mich wieder einer meiner sinnlosen Vorsätze übermannt.

Er aß seine Kartoffeln, warf das Papier weg, ungesättigt, wußte, daß es wieder so ein Fall von unersättlichem Hunger sein würde, konnte es doch Wochen, ja Monate dauern, bis es ihm gelang, Lazare festzunageln.

Er hielt vor dem Stand der Crêpesverkäuferin, überwand sich jedoch und marschierte auf das Café Orient zu. Wenn er zuviel an solchen Ständen aß, bekam er einen unangenehmen Ausschlag. Als er den Mädchenhändler Cajetan Seveck gejagt hatte, war sein Gesicht geschwollen gewesen wie eine überreife Tomate.

Ein Eroberer wie du, Lazare, mit großen Ideen im Kopf. Wolltest ein Weltreich aufbauen. Kannst bald Gedanken mit Seveck austauschen, Lazare, im Zuchthaus, überm Blechnapf.

Die Glastüren des Café Orient zierten gelbe Drachen, gelb mit leeren Augenhöhlen, vom Innern des Cafés her erleuchtet. *Hier liegt Lazares Geheimnis begraben*, flüsterten die Drachen, als er die Flügeltüren beiseite drückte und eintrat.

Er nahm an einem Tisch auf der verglasten Veranda Platz und sah sich unter den Dieben und Schmugglern und Zuhältern um, die im flackernden Kerzenlicht dasaßen. Er hoffte, einer der Ganoven würde einen Streit vom Zaun brechen, damit er ein paar Köpfe aneinanderschlagen könnte, aber niemand kümmerte sich um ihn. Und er tauchte ein in den Geruch aus Tabak, Sauerkraut und Diebesgut. Der Kohlenherd glühte, warf ein zitterndes Licht auf die Terrasse, und die Gesichter der Unterweltfiguren sahen noch drohender aus, wie Feuergeister. Und er dachte an all die anderen, denen er hier begegnet war.

An Saint Gervais, den Leibwächter von David Orléans, der mit dem Kopf ein sechs Zoll dickes Brett zerbrechen konnte, an Abdul den Vogel, den Herrscher über die Dächer von Paris. Ihre Geister und die der anderen erschienen am Bratrost und spielten mit den glühenden Kohlen. Er war ihnen entgegengetreten, und sie waren tot: Phantome, Erinnerungen, Asche.

Und nun Lazare. Wie konnte er ihn packen? Sinnlos, bei ihm im Salon herumzuschnüffeln. Den hatte er in der Hand. Mit den Gästen reden vielleicht, mit denen, die ihn bezahlen. Aber wenn er sie erpreßt, werden sie kaum auspacken.

Sieh's endlich ein, Picard, möchtest mal wieder 'ne Spritztour nach Wien machen. Dich ein wenig erholen und Landluft schnuppern, die Präfektur kommt für die Kosten auf. Und Lazares Spuren verfolgen. Besser, als sich mit einem Haufen Idioten zu unterhalten, die dumm genug sind, sich von Lazare einwickeln zu lassen. Sprich mit der Polizei in Wien, nagele den Hund an den Samtflügeln fest, geh auf Nummer sicher.

Er lehnte sich zurück, trommelte vom Reisefieber gepackt nervös auf der Tischplatte herum. Eine junge Frau, allein am Ende der Nacht, bemerkte seine Unruhe und setzte sich an seinen Tisch. Ihr Haar war brünett, sie trug ein malvenfarbenes Kleid, dunkle Lidschatten und lächelte. Wußte bereits, daß sie ihn am Haken hatte.

Er nickte langsam. Der Feuerschein spielte auf ihrem Gesicht, ihrem geschlungenen Knoten. Werde die Nadeln herausziehen, dachte er, und zusehen, wie ihr Haar sich auf dem Kissen ringelt.

Er streckte die Hand aus und berührte die Ohrgehänge – winzige Glöckchen, die unter dem glatten Haar sichtbar wurden.

»Wünschen Sie etwas, Monsieur?«

»Ja.«

Sie lächelte wieder und sah hinab auf ihre glänzenden schwarzen Stiefel und die übergeschlagenen Beine mit dem mikroskopisch kleinen Ausschnitt ihres blaßblauen Trikots.

»Gehen wir?« Picard stand schon da. Auch sie erhob sich und hängte sich bei ihm ein, als sie das Café verließen. Einen Augenblick lang war ihre schwarze Satinjacke eins mit der dunklen Straße. Dann kamen sie wieder ins Licht einer Straßenlaterne, und ihre Jacke leuchtete auf; der helle Faden, mit dem sie genäht war – ein matt leuchtendes, diamantenförmiges Muster, das sich mit einemmal in die hundert blitzenden Augen eines indischen Zauberers verwandelte.

»Ist Ihnen nicht wohl?« fragte sie, denn er war stehengeblieben und glaubte zu ersticken.

»Es ist nichts«, sagte er. »Ich habe etwas Wein getrunken und . . .«

»Der Wein im Café Orient ist zum Füßewaschen zu schlecht«, sagte sie.

Sie schlenderten durch Pigalle und blieben irgendwo vor einem Mietshaus stehen, das ähnlich war wie seins, wo niemand Fragen stellte und die Treppen ähnlich abgetreten und dreckig waren. Sie hob den Rocksaum an und stieg über Abfallhaufen und zerbrochene Flaschen hoch in den zweiten Stock. Vielleicht erriet sie seine Gedanken, denn sie drehte sich lächelnd zu ihm um und sagte: »Es ist eine Ruine, ich weiß.«

»Aber du . . .« stieß er hervor und deutete auf ihre Figur.

»Ich bin es auch«, erwiderte sie und lachte und nahm einen Schlüssel aus ihrem Perlentäschchen.

Sie öffnete die Tür, und es war das übliche Loch, mit einem muffigen Geruch nach abgestandenem Rauch und gegorenem Wein und rissigen Wänden mit blätternder Farbe, wie überall in Pigalle. Generationen von Herumtreibern hatten hier gehaust und Picard fühlte sich heimisch, obschon nicht ganz, denn ein zartes, weibliches Aroma war da, das gegen den Modergeruch und die Trostlosigkeit ankämpfte. Auf dem Tisch lag eine Decke mit geklöppelter Spitze, und vor den Fenstern hingen hauchdünne Vorhänge. Und ihr Kleiderschrank glich einem Tabernakel, in dem Brokatblumen sprießten und liebliche Butterblumen tanzten. Sie hatte die Stiefel ausgezogen, saß auf dem Bett und strampelte mit den bestrumpften Zehen.

Picard, noch immer im Cape, kniete vor ihr und streichelte sie. Sie bettete ihren Kopf aufs Kissen und streckte die Beine aus. Dunkelblau leuchteten die Stickereien auf ihren Strümpfen. Ein Uhrenmuster. Höherem Forscherdrang gebot ein Kranz aus Unterröcken Einhalt. Zusammen wanderten ihre Finger zu den Knöpfen, die ihre Robe hielten, bis sie ihr von den Schultern glitt und ihre Arme nackt waren. Tief unter den Dielen rumpelte es dumpf, und die Fenster klapperten in den Angeln. »In den Kloaken machen sie Nachtschicht«, sagte sie und zog den Träger ihres Unterhemds herunter. »Sie räuchern die Ratten aus.«

»Aber nein«, sagte er und half ihr mit dem anderen Träger. »Deinetwegen wackeln die Wände.«

Sie lächelte. In einem steinernen Halter neben ihrem Bett brannte eine einsame Kerze und flackerte im Luftzug ihrer Unterröcke, die sachte über einen Stuhl fielen. Er sah, daß das Muster auf ihren Strümpfen bis oben hinaufreichte, wo sie an roten Strumpfhaltern hingen. Die Strumpfhalter gaben nach, und ihr weiches weißes Fleisch pellte heraus, als er seine Lippen dem Pfirsichpelz ihrer Schenkel näherte.

»Ihre Jacke!« flüsterte sie und knöpfte sie auf. Ihre Finger berührten den glatten Kolben seines Revolvers und erstarrten, aber er zog die Jacke mit einem unschuldigen Lächeln aus und hängte sie über den Bettpfosten.

Ihr Duft überlagerte jetzt den abgestandenen Wein- und Tabakgeruch des Zimmers. Nackt war sie sogar noch liebenswerter, wie sie da auf dem Bett kniete und wartete, während Picard aus seiner Unterwäsche stieg. »Ich glaube, Sie könnten mich erdrücken«, sagte sie beim Anblick seiner faßförmigen Gestalt.

Picard streckte sich neben ihr aus und zog ihr die Nadeln aus dem Haar, bis es ihr über die Schultern fiel, und las in ihren Augen immer noch die Verwunderung über seine Figur. Langsam fuhr sie ihm mit dem Finger über die Schultern und den Hals, verflocht ihn mit dem grauen Haarbüschel auf seiner steinharten Brust. Sein Saft saß da, wo sein Fleisch schwach wurde, wo all die Zitronenschnitten angesetzt hatten, und sie rollte die Wülste spielerisch hin und her, verweilte beim Anblick der Narbe, die seinen Bauch wie ein obszönes Grinsen durchschnitt. »Dich hat man aber böse aufgeschlitzt, Liebling.«

»Da war ein großer Stein in meiner Blase«, sagte Picard. »Der größte, den die französische Medizin je gesehen hat. Groß und vollkommen rund.«

Sie kniete zwischen seinen Beinen und küßte sanft seine Narbe. »Dein Chirurg war ein Schlächter.«

»Ein amerikanischer Zahnarzt«, sagte Picard. Er langte nach seiner Weste, die über dem Stuhl hing, und faßte in die Tasche. »Ich trage den Stein immer bei mir.«

Sie hob den Kopf und sah ihn neugierig an.

»Hier«, sagte er und nahm die größte der drei Perlen aus seinem Taschentuch. »Sie gehört dir.«

Sie lachte und nahm die Perle. »Ein raffinierter Schwindel.«

»Bevor du sie achtlos wegwirfst – laß sie begutachten.«

Ihre Augen wurden eng. »Ist sie etwa echt?«

Picard langte wieder nach seiner Weste. »Meine Karte.«

»Afrikanische Austernbank-Gesellschaft.« Die junge Frau sah auf und grinste. »Bist du etwa gut im Bett, Monsieur Fanjoy?«

»Wir werden sehen«, sagte Picard und zog sie an sich und drehte sie um, so daß sie ihm den Rücken zukehrte. So lagen sie ausgestreckt nebeneinander. Und er hob den linken Arm und legte ihn ihr auf die Rippen und legte ihr den rechten Arm um die Taille, so daß er ihre beiden Brüste drücken konnte.

»Vor allem die linke, Monsieur Fanjoy«, sagte sie

sanft. Er widmete sich ihr mit großer Aufmerksamkeit. Legte die Hand auf die Brustknospe und rieb sie sacht. Die Kanalarbeiter hatten wieder einen ihrer unterirdischen Sprengsätze gezündet, und Straße und Mauern zitterten und bebten, und ihre paar Teller klapperten wie wild.

»Bin ich das, Fanjoy?« fragte sie und legte ihre Hände zwischen die Beine und nahm ihn, brachte ihn, wohin sie ihn haben wollte.

»Ja«, sagte er, küßte ihre Schultern und streichelte sie zärtlich. Sie schmiegte sich an ihn. Es war seine Lieblingsstellung. Er wußte, daß er zu schwer für Frauen war, und außerdem war er träge. So konnte er daliegen wie ein riesiges Schwein und ihren Busen streicheln und ihr feuchtes Bärtchen. Irgendwo hatte er ein Bild gesehen, jetzt mußte er dran denken. Ausritt der Kaiserin nach Fontainebleau. Dann verblaßte es, und andere Bilder tauchten auf und verschwanden. Eine Gondel. Lindenblütenduft. Ob es ihr Parfüm war?

»Mit der ganzen Hand, Fanjoy«, bettelte sie zärtlich.

Er konnte den Rhythmus ihrer Lust fühlen, spielte damit, steuerte sie mit den Fingern und seinen langsamen, tiefen Stößen. Er hatte die Situation im Griff. Gewisse Dinge versteht man erst, wenn die Haare am Hodensack grau sind. Er war glücklich, sie zu steuern, konzentrierte sich allein auf ihre Lust. Ihre Brüste waren klein, die linke außerordentlich empfindlich; eine erneute Explosion erschütterte die Grundmauern, und wieder tanzte die Kerzenflamme, und sie bewegte ihre Hüften rascher, als ob die Explosionen in Wirklichkeit in ihr stattfänden.

»Halt«, flüsterte er ihr ins Ohr. Und sie hielt an, während er Atem holte und ein bißchen verschnaufte, ohne daß seine Finger rasten durften, die sich langsam zwischen ihren Beinen bewegten, und ihr wildes Rasen zu einem träumerischen Ringeln und Sichschlängeln wurde. Er fühlte ihre Stelle genau, wußte genau, wohin sie mußte, und brachte sie, so langsam er konnte, dahin, ließ ihr Verlangen anschwellen, sich auftürmen, über sich selbst hereinbrechen. Und als sie dem Abgrund entgegentaumelte, gerade als ihre Falle zuschlagen wollte, da hielt er an und ließ sie über dem Abgrund hängen.

Die Kaiserin kam wieder vorbei. Diesmal in einem Boot und von ihren Zofen begleitet, mit einem türkischen Ruderer. Langsam schwammen sie dahin und tauchten in den dunklen Tiefen seines Bewußtseins unter, hinterließen ein paar funkelnde Blasen.

»Oh bitte, Fanjoy, Fanjoy . . .«

Er drückte sein Gesicht in ihr Haar. Es war trocken und hart von den Säuren und Brennscheren wie das Haar einer Stute. »Bitte!« stöhnte sie. »Ich kann nicht mehr warten . . .«

Wieder ließ er seine Finger über ihre feuchten Lippen gleiten, trommelte wie er getrommelt hatte, als sie einander begegnet waren, trommelte sie über den Rand des Abgrunds. Lachend fiel sie, mit einem langgezogenen Seufzer, hakte ihren Fuß unter den seinen, versuchte ihn mitzureißen. Er ließ sie los in den Abgrund ihres Lachens, sein Körper löste sich auf in Ekstase, Wahnsinn, in nichts, und aus dem Dunkel heraus hörte er die Stimme von Madame Lazare: *Es gibt Geheimnisse*, flüsterte sie.

Und Duval war ihr Echo: *Wie Sie sagten, Madame. Es gibt Geheimnisse*.

Picard schnappte nach Luft, fühlte Lazares Klauen und Krallen, kam sich verloren, zerfallen vor, ein Narr mit einem Mädchen in der Nacht, gefangen in einer Falle, die er nicht sehen konnte, die langsam zuschnappte. Und dann war es vorbei, und er fühlte nur noch den weichen, sich schließenden Mund der jungen Frau, süße, vollkommene Lippen, die ihn aussaugten. Es war nur eine Vögelei von Tausenden, von Millionen in der Nacht. Das Treppenhaus krachte. Vielleicht ist jemand heruntergefallen, dachte er. Vielleicht falle ich und falle und falle. Er tauchte tief ins Dunkel ein, sah Lindenblüten und Kerzenlicht und die nackten Schultern des Mädchens. Er dachte an den Morgenzug nach Wien, als er ihren schweißgebadeten Körper betrachtete.

»Bleib noch . . . einen Augenblick«, sagte sie. Er mochte ihr Lachen und Schluchzen. Wußte, wie leicht er ihr verfallen konnte. Bevor das geschah, mußte er rechtzeitig die Flucht ergreifen. Ein paar Wochen nur, und er kröche im Staub vor ihr, wie gewöhnlich. Oder er würde ihr eine Backpfeife verpassen. Lieber das nicht noch einmal mitmachen, schau ihr nicht zu lange ins Herz.

Da war es auch schon, das flaue Gefühl im Bauch, da, wo sie ihn an sich gezogen, wo er hilflos war und sie bereits liebte, ein hilflos verliebtes Schwein, wie gut er sich kannte.

Er fand sein Unterhemd. Wenn wir Glück haben, sehen wir einander nie wieder. Er blickte sich um und sah den Ausdruck in ihren Augen. Junge Mädchen verfallen dem ja manchmal ziemlich schnell. Dauert aber nie lange. In zwei Wochen schon würde sie meinen Schädel als Suppenschüssel verwenden. Hau ab, Picard, solange du es noch kannst. Wo sind meine Unterhosen?

Sie kniete am Bettrand und streichelte seine Beine und die Leistengegend, kitzelte ihn. »Was ist mit deinem Juwel geschehen, lieber Fanjoy?« fragte sie und berührte seine halb versteckte, zerquetschte Nuß.

»Kanntest du Saint Gervais, den Leibwächter von David Orléans? Er trieb sich früher hier in der Gegend herum.«

»Hat er . . .?«

»Er hat mir ins Juwel getreten.«

»Die Männer sind so dumm.« Sie half ihm beim Zuknöpfen. »Und du? Was hast du mit ihm gemacht?«

»Man hat ihn mit herausgerissenem Brustkorb beigesetzt.«

»Wie abscheulich.«

»Aber notwendig. Sonst hätte er mir meinen herausgerissen.« Er ging zum Spiegel und zog sich die Krawatte gerade. Im Spiegel sah er, wie sie zurück ins Bett ging. Sie legte die Perle auf ihren Bauchnabel und starrte sie an, lächelte schwach.

»Eine vollkommene Fassung«, sagte er. Er wandte sich ihr wieder zu. Jetzt war alles gut, die Gefahr vorüber. Und er fühlte, daß sie beide frei waren, zwei Mauersegler in der Nacht.

»Kann ich damit meine Miete bezahlen?« fragte sie.

»Du kannst.«

»Sie sind ein Gentleman, Monsieur Fanjoy.«

»Nein«, sagte er. »Ich bin ein Narr.« Er sah sie nicht an. Wie leicht konnten ihnen ihre Flügel abhanden kommen. Vor allem, wenn sie ihm mit irgendwelchen Komplimenten kam. Ein Schwein bei Frauen, einfach und unheilbar ein Schwein.

»Vielleicht bin ich närrisch und glaube, daß es wahr ist«, sagte sie, spielte mit der Perle, legte sie zwischen ihre Brüste. »Vielleicht bis du nur ein Lügner.«

»Morgen, wenn du einen ehrlichen Juwelier aufsuchst . . .«

Sie sah auf und lächelte. »Und selbst wenn du ein Lügner bist, Fanjoy, es ist mir gleich. Komm wieder zu mir ins Bett. Ich möchte mehr.« Sie schloß die Augen und preßte die Schenkel aneinander.

Er knöpfte seinen Umhang zu, fand seinen Stock, seinen Zylinder. In weniger als einer Woche – in drei Tagen wäre ich ihr Sklave.

Er öffnete die Tür und wandte sich noch einmal um, bevor er in den Korridor hinaustrat. Sie saß auf dem Bett und sah ihn an, während sie sich das Haar aufsteckte.

Bin schon ihr Sklave. Fliehe, Picard!

Und er stolperte hastig die knarrenden Treppen hinab, vorbei an den zerbrochenen Flaschen, hinaus auf die Straße. Sieh dich nicht um nach ihrem Haus, aber du kennst ihr Haus, würdest es unter einer Million wiedererkennen.

Ein geflügeltes Schwein der Liebe segelt über den Rinnstein.

Langsam wanderte er durch das Dunkel, Mitternacht war längst vorüber. Caféhaustänzerinnen standen in einem finsteren Hauseingang und rauchten und schwatzten leise, nebelhafte Erscheinungen.

Vorm Hôtel Royal hielt er an. Das Restaurant war noch geöffnet. An den Fenstern saßen Paare bei Kerzenlicht. Und im dunklen Umkreis des Hauses schwamm eine Erinnerung, an Abdul den Vogel.

Am Staketenzaun des Hotels entlangschreitend, klapperte Picard mit seinem Stock sachte über die Eisenspitzen. In die hier habe ich etwas mit meinem Taschenmesser geritzt.

Er fand den Kratzer und sah dann hinauf zum Dach, in die Augen eines grinsenden Wasserspeiers, der auch in jener Nacht gegrinst hatte, als er und der Araber oben auf dem Gesims miteinander rangen. Sein Dolch stak mir zwischen den Rippen, aber mein Stiefelabsatz fand sein Gesicht, und Abdul der Vogel ging über Bord, konnte offenbar doch nicht fliegen, und spießte sich auf dieser Staketenspitze auf.

Picard streichelte sie, seinen Glücksbringer. Gewiß, ein bißchen abergläubisch war er schon. Feierliche Handlungen, zur Stärkung des Selbstvertrauens.

Er klapperte über die restlichen Spitzen und fühlte, wie der Stock durch die letzte hindurchschritt, als ob sie aus Luft wäre, und sah dann, daß in Wirklichkeit keine Spitze mehr da war – er hatte eine letzte Spitze gesehen, wo keine mehr war, aber ich weiß, ja ich weiß, welche Spitze das ist. Es ist die Spitze, die Abduls Geist für mich bereithält. Er wartet in der Dunkelheit, lauert darauf, daß ich falle.

Geh weiter, Picard, vom Fluß her winken die Lichter.

Licht der Lampen und des Mondes, ausgegossen übers Wasser. Langsam kam er näher, hörte Stimmen vom Wasser her, von einem Hausboot, das dort vor Anker lag, sah den Hund, den Wasserwolf, der ganz allein auf dem Deck saß und den Fluß betrachtete.

Der Hund wandte den Kopf herum, spürte die Augen von jemandem auf sich ruhen, und seine Augen waren die winzigsten und die ausdrucksvollsten Lichter auf dem Fluß. Einen Augenblick lang starrte er Picard an, dann wandte er sich wieder dem Fluß zu, wachte wieder über die vorübergleitende Dunkelheit, in der die Menschheit die allergeringste Rolle spielte.

Aus dem Quartier kamen spanische Lieder. Die Spanier waren inzwischen betrunken und erquickten sich durch melodiöse Erinnerungen an Malaga und Granada. Picard schritt weiter und summte mit, als er an den Singenden vorbeikam, und es klang wie die vereinzelten, gequetschten Töne eines Leierkastens, hörte sich an wie das Knurren eines Rüden.

Sein Magen knurrte auch, und so schob er sich durch die Türen des indischen Restaurants.

»Paul!« Armand kam ihm mit ausgestrecktem Arm entgegen.

»Wie geht es dir, Amigo?«

»Ich nehme eins von deinen unvergleichlichen Stews.«

*

»Mach dir nichts aus dem bißchen Schimmel, Paul.« Armand stellte ihm den unansehnlichen Brotkorb hin, an dessen zernagtem Rand sich ein Tierchen die Zähne gewetzt hatte.

»Was weißt du über Ric Lazare?«

»Seine Frau ist eine . . .« Armand machte ein unanständiges Geräusch mit dem Mund.

»Was ist mit Lazare selbst?«

»Das übliche Gerede. Du weißt, wie Diebe übertreiben.«

Picard nahm ein Stück Brot, betrachtete es eingehend und legte es wieder zurück. »Man kennt Lazare?«

»Sie sagen, er habe ganz Wien eingesackt.«

»Und?«

»Es geht ihm glänzend, dem Kasten nach zu urteilen, den er sich in der Rue de Richelieu gekauft hat. Das Stew hat's in sich, hm?«

Picard starrte auf den grauen Brei aus Fett und Knochen und bedauerte, daß er so viel davon gegessen hatte. »Abgesehen von den Haaren . . .«

»Die sind von dem Türken, der für mich kocht«, sagte Armand und packte die Schüssel und sah hinein. »Ich habe dem Hund gesagt, er soll sich den Bart scheren.«

Armand ging voraus in die Küche. Der Türke und ein ergrauter Tellerwäscher steinigten eine kleine Gipsfigur von Louis Napoléon mit einer Schleuder. Sie wechselten sich ab, und Louis war bereits geköpft. Der Türke spannte gerade und schoß ihm die Beine ab, und die Gipsfigur fiel um. In der Aufregung ließ der Türke seinen Zigarrenstummel in den riesigen Suppentopf fallen. Er rührte ein paarmal darin herum, fand ihn aber nicht wieder.

»Komm, Paul, schieß auch einmal«, sagte Armand und nahm die Schleuder in die Hand.

»Ich habe nichts gegen Louis«, lächelte Picard.

Armand legte einen Stein auf. »Und dies ist von dem unvergleichlichen Gastronom, den du vernichten willst.« Er wandte sich zu Picard um. »Unser Kaiser hat befohlen, diese Straße zu verbreitern und mein Café abzureißen. Wußtest du das?«

»Das wußte ich nicht.«

»Keine unvergleichlichen Stews mehr, aus und vorbei . . .« Armand zielte und spannte die Schleuder, so weit er konnte, und der Stein klatschte ins Ziel, zerschmetterte den Torso des Kaisers. Der Tellerwäscher kratzte einen Strich in die Küchenwand, die schon von zahllosen Markierungen übersät war, wandte sich dann an Armand und salutierte.

»Der einhundertste Louis Napoléon ist zerstört, mein Hauptmann.«

»Grund für eine kleine Feier«, sagte Armand und entnahm dem Weinregal eine staubige Flasche, die er gegen das Licht hielt. »Trübe und gegoren, ein abscheulicher Jahrgang.« Er öffnete die Flasche und füllte vier Gläser. Eins davon setzte er an die Lippen, kostete den Wein und verzog das Gesicht. »Ein wenig herb. Paul, sag mir ehrlich: Wie war dein Stew?«

»Diesem Wein ebenbürtig«, sagte Picard und begoß den Gummibaum neben der Küchentür.

Armand wies auf den Türken. »Omar ist der schlimmste Koch in ganz Paris. Wie glücklich ich bin, daß ich ihn habe.«

Der Türke verbeugte sich artig, und Armand legte den Arm um Picards Schultern und führte ihn zwischen den leeren Tischen hindurch in den Speisesaal.

»Komm doch zum Frühstück vorbei, Paul. Omar bereitet ein zauberhaftes Omelette. Zuerst wirft er es auf den Fußboden . . .«

»Noch irgend etwas über Lazare?«

»Er trinkt Gift«, sagte Armand. »Ganz im Ernst, Gift macht ihm nichts aus. Irgendein Dummkopf in Wien forderte ihn zum Duell. Lazare wählte die Waffe. Eine Flasche Gift, die sie gemeinsam austranken. Der Dummkopf starb natürlich, und Lazare ist in Paris und gibt Feste in der Rue de Richelieu. Sollte mal ein Glas von meinem Wein trinken und abwarten, ob er das auch überlebt.« Armand spuckte im hohen Bogen zur Tür hinaus, und Picard trat auf die Straße.

Die Spanier sangen immer noch. Er ging durch ihre Reihen, versuchte ein Knurren hier und da. Ein paar Minuten zu Fuß, und er war an seiner Haustür. Das Kartenspiel in der Pförtnerloge dauerte an. Im Eingang lag ein zerbrochenes Rotweinglas, Splitter überall. Letzten Monat hatten die Herren Mieter einen Wettkampf ausgetragen. Und zwar war es darum gegangen, wer mit bloßen Füßen eine Weinflasche am weitesten die Treppe hinaufschießen konnte. Eigentlich eine lächerliche Geschichte, und Picard schämte sich zuzugeben, daß er gewonnen hatte.

Langsam stieg er die Treppen zu seiner Wohnung hinauf. Oben überfielen ihn trübe Gedanken. Im Dunkeln zog er sich aus. Die enge Rue de Nesle hallte wider vom

Gesang der Spanier, die sich jetzt unter seinem Fenster versammelt hatten. Sie sangen ihr Lied von Granada und schläferten ihn ein mit ihrem monotonen Trauergesang. Sie entführten ihn in ein anderes Land, in dem die Lampen Kristallkugeln waren, eine nach der anderen, eine endlose Avenue hinauf. Und er folgte ihr über den Horizont hinweg und marschierte die große, glänzende Straße entlang. Und in jeder der Kristallkugeln sah er kleine, leuchtende Figuren, leuchtende Kreise sich bewegen. Und staunend sah er sich an der Stelle ankommen, von der er ausgegangen war. Und die Straße war ein Silberring mit Lampen als Juwelen darauf.

Doch als er aufblickte, sah er hoch über sich einen Riesen, der den juwelenbesetzten Ring am Finger trug, und gewahrte zu seinem Entsetzen, daß sein eigener Leib nicht größer als der eines Flohs war, der den Rand des riesigen Rings an der Hand des Riesen entlangkroch.

Er wachte auf, hörte, wie ein Spanier sich in den Rinnstein erbrach. Es dämmerte bereits, und die Nacht war verflogen.

2
MÜNZ-BUBE

»Nein, Lazare ist kein österreichischer Bürger, er hat auch keinen Besitz in Leopoldstadt.« Der Polizeichef von Wien öffnete seine Schreibtischschublade und holte eine Wasserpfeife aus Messing heraus, deren Kopf er mit dunklem, feuchtem Tabak füllte. »Es gibt allerdings ein hervorragendes Gefängnis in Leopoldstadt. Vielleicht möchten Sie es besichtigen. Ich kann dem Aufseher Bescheid sagen.«

»Nein«, sagte Picard. »Lieber nicht.«

»Dann vielleicht das Irrenhaus?« Der Chef legte ein glühendes Stückchen Holzkohle in den Pfeifenkopf. »Auf Verlangen . . .« Er paffte am seidenbezogenen Schlauch. ». . . werden die Patienten besonderen Gästen zuliebe zur Schau gestellt und ausgepeitscht. Ich könnte dafür sorgen, daß . . .«

»Danke, nein«, sagte Picard. »Haben Sie nichts über diesen Lazare?«

»Wir wissen natürlich, wer er ist. Er hat monatelang hier gearbeitet.« Der Chef verschwand in einer Rauchwolke, deren Schwaden bei Picard ein Schwindelgefühl auslösten, so daß er sich vorbeugte. »Sie bewundern das

Aroma meines Tabaks. Eine Mischung aus Gewürzen und Melasse.« Er deutete auf den gluckernden Messingbehälter. »Essenz aus Rosenblättern und Safran im Wasser. So raucht man in Kaschmir. Waren Sie dort? Ich habe noch einen Schlauch für dieses infernalische Ding. Wenn Sie auch einen möchten . . .?«

»Ich darf leider nicht . . .«

»Ja, der Rauch ist ziemlich stark. Stammt aus einem zauberhaften kleinen Laden, den Sie unbedingt besuchen müssen, die Schwarze Mutter Gottes.« Der Chef paffte weiter und blickte mit einem einfältigen Lächeln auf. »Stark, sehr stark. Gelegentlich verliere ich dabei das Bewußtsein.«

»Und Lazare . . .«

»Er hat sich ein Vermögen von unserem Adel zusammengeschwindelt. Ich weiß es mit Sicherheit, aber niemand hat sich beklagt. Es kam nicht eine einzige Klage. Sind Sie sicher, daß Sie sich nicht an den anderen Schlauch hängen möchten? Solch ein Tabak . . .«

»Weshalb hat ihn niemand verklagt?«

»Angst, nehme ich an. Ich setzte einen Mann auf ihn an, einen meiner besten Männer. Sie werden es kaum glauben, aber –« Der Chef beugte sich vor. Der seidene Schlauch hing ihm aus dem Mundwinkel. »Er suchte Lazares Salon in der Augustinstraße auf, eine sehr gute Adresse, wissen Sie. Lazare hatte – eine Kristallkugel. Seine Gäste blickten hinein, ein Gesellschaftsspiel, Sie verstehen. Mein Mann blickte hinein und sah . . .« Der Chef ließ eine Pause folgen und fachte die Holzkohle im Pfeifenkopf an. ». . . sah sich selbst tot auf dem Pflaster liegen. Als er sich zurückmeldete, war er vollkommen durcheinander.«

»Und . . .?«

»Am nächsten Tag fand man ihn tot auf dem Pflaster, in der Augustinstraße.«

»Die Todesursache?«

»Schlaganfall.« Der Chef inhalierte langsam, blies eine lange Rauchfahne in die Luft, mit einemmal wurde sein Gesicht blaß. »Sollte ich ohnmächtig werden . . . würden Sie bitte . . . meinem Sekretär läuten . . .«

Picard reichte dem Chef ein Glas Wasser, der es in kleinen Schlucken trank, während ihm die Schweißperlen auf die Stirn traten. Er schob die Pfeife fort und starrte in die schwelende Asche. »Nun . . . ich habe . . . eine genaue Untersuchung eingeleitet.« Er rollte den seidenen Schlauch zusammen, besprengte den Pfeifenkopf mit Wasser, bis eine zischende Wolke aufstieg. »Ich konnte nirgendwo sonst in Europa eine Spur von ihm entdecken. Er kam von nirgendwoher zu uns, aus einem Nebel. Wenn Sie meinen Rat wollen, lassen Sie ihn in Ruhe – wenn Ihnen Ihr Leben lieb ist.«

»Sie glauben doch sicher nicht, daß er den Tod Ihres Detektivs bewirkte?«

»Noch ein Wort, Inspektor. Wien hat sehr wenige Trottoirs, und der Verkehr ist recht flott, also achten Sie darauf, wo Sie gehen. Ich wurde gestern selbst beinahe von einem Wagen überfahren. Schade, daß ich weiter nichts über Lazare für Sie habe. Also passen Sie auf, adieu . . .«

*

Picard ging durch die Straßen der Stadt, kletterte hinab in die dunklen Unterführungen unter den großen, monolithischen Bauwerken, durchwanderte die Tunnels und kam am anderen Ende wieder heraus, ein Bluthund mit der Nase im Wind, auf der Jagd nach einem Fuchs, der keine Spuren hinterließ.

Er betrat eine Gasse mit Karren, auf denen Bauern ihre Waren feilboten. Es waren Griechen und Ungarn und Moldauer, alle in ihren Trachten. Die Straße war trocken, und vorbeifahrende Wagen wirbelten den Staub auf; er und Veniot hatten die Spur von Roger Givan, dem Bombenwerfer und Anarchisten, aufgenommen, während sie in eine Auslage mit künstlichen Zähnen starrten. Man weiß nie – der Geist ist ein weites Feld und arbeitet mit unerforschter Präzision. Die Fäden, die verborgenen Fäden.

Das ist meine Karte, Lazare; du hast deine Wahrsagemaschine, die dir alles erzählt, und ich habe gelernt, daß die Erde selbst mitspielt, wenn die Hatz losgeht. Etwas wird auftauchen, dessen bin ich sicher. Nenn mich abergläubisch, halte mich ruhig für eine bequeme Zielscheibe deines Spotts. Ich spreche von der wahren Magie, Lazare, die niemand beherrscht.

Eine schmale, schluchtartige Gasse lockte ihn an. Er betrat sie, ging im Schatten vornehmer, hoher Bauwerke entlang, in denen österreichische Fürsten sich an diesem Winternachmittag ihren Damen widmeten. Kerzen brannten hinter den hohen Fenstern, und Diener kamen und gingen, während Picard anhielt und das Innenleben der Straße beobachtete; seine Nerven zitterten genüßlich, wie damals, als er und Veniot in ebendieser Stadt Givan gejagt hatten. Die Luft hatte richtig geknistert, und seltsame Dinge hatten sich genau vor ihrer Nase bewegt. Sogar der phlegmatische Veniot war überzeugt gewesen, daß bei der Jagd auf Givan eine unsichtbare Hand im Spiel war.

Eine interessante, enge Gasse tat sich auf, in die Picard einbog. An einer Reihe von Bedienstetenquartieren vorbeischlendernd, begegnete er einem alten Mann in einer Livree, der mühsam die Gasse heraufgekeucht kam, in jeder Hand einen Eimer mit Wasser, das von einem Brunnen am Ende der Gasse stammte. Er betrat durch einen Hintereingang eine Küche, Picard hörte einen Augenblick lang die Stimmen des Personals, bevor jemand die dicke Eichentür schloß. Er setzte seinen Weg zum Brunnen fort. Es war ein ärmliches, schmuckloses Ding, gerade seinem Zweck genügend – Wasser zu spenden für die benachbarten Haushalte. Aber die Wiener Seele hatte der Versuchung nicht widerstehen können und ein paar groteske Steinmetzarbeiten hinzugefügt – eine Bank und eine antike Figur, die man irgendwo ausgegraben und hier wieder eingepflanzt hatte, um den Besuchern der Sackgasse etwas mit auf den Weg zu geben, an das sie sich erinnern konnten.

Picard war froh, daß eine Bank da war; sein Kopf hatte zu schmerzen begonnen genau an der Stelle, an der der Baron ihn getroffen hatte. Vielleicht denkt der Baron gerade an mich. Wir werden von unseren Feinden niedergeschlagen, vom Leben, und Schmerzen sind unvermeidlich. Kopf hoch, vorsichtig . . .

Er sah die Statue an und merkte erst jetzt, daß es ein alter Grabstein war, ein großes aus Stein gemeißeltes Herz mit einem Schädel darauf.

Sein eigenes Herz begann wie wild zu schlagen, und ein Gefühl des Verderbens beschlich ihn. Er schloß die Augen, versuchte sich zu entspannen. In seinem Kopf läutete es, geradeso, wie es geläutet hatte, als Baron Mantes ihn aufplatzen ließ; vielleicht hört ein solches Läuten nie auf, wird nur schwächer und kommt wieder. Wir sind auf immer in unseren schlimmsten Augenblicken gefangen, fallen und fallen . . .

Er stand auf, unsichere Schritte trugen ihn zum Grabstein, er ertappte sich dabei, daß er die amorphe Gestalt über dem Schädel anstarrte, Christus am Kreuz, fast ausgewaschen von Regen und Wind. Am Kreuz hingen Spinnenweben, darinnen schwarze Fliegen.

Er beugte sich über den Brunnen, spritzte sich Wasser übers Gesicht, kämpfte gegen die häßliche Vorstellung an, daß er tot war, daß Lazare ihn übertölpelt, vergiftet hatte, daß er nur noch ein Gespenst in einer Sackgasse war. Er kniete nieder, nahm den Zylinder ab und tauchte den ganzen Kopf hinein. Liebe Bürger, vergebt mir, ich bin ein fiebernder Gast.

Aber die Gasse war leer, niemand sah sein Bad. Er war allein, über alle Maßen allein mit einemmal, grenzenlos einsam.

Er ging weiter, den Zylinder in der Hand, ließ die Sackgasse hinter sich. Die Händler und die Büroangestellten gingen nach Haus, und er fragte eine Frau nach dem Weg. Ihre Stimme war leer, weit fort, wie die einer

Frau, die man im Traum trifft. Er wollte es hinausschreien: *Madame, wir sind Träumende, wir träumen, Sie und ich*. Und sie sah den Wahnsinn in seinen Augen, wandte sich rasch von ihm ab und ging fort, ließ ihn an der Straßenecke stehen, unter einer Statue mit nackten, ringenden Göttern.

Dann vielleicht das Irrenhaus? Die Stimme des Wiener Polizeichefs narrte ihn mit ihrer Andeutung, einer Andeutung, die unversehens zu einer Möglichkeit wurde. Denn wie viele, überlegte Picard, wie viele halten die Gitterstäbe in den Händen und schreien: *Es ist alles nur ein Traum, laßt mich heraus, ich träume!*

Er hörte vor sich fröhliche Musik, steuerte darauf zu, suchte den Rückweg in die Welt, die Alltagswelt der Straße. Ein Akkordeonspieler und ein Gitarrist standen an der Ecke des Hofplatzes, auf dem ein Markt stattfand. Er ging auf die Musiker zu, warf ein paar Münzen in den alten Hut, der vor ihnen auf dem Pflaster lag. Sie nickten und spielten weiter, das Lied der Welt, das Lied des Lebens. Sie waren älter als er, der Gitarrist hatte nur ein Bein und stimmte ein munteres Straßenlied an.

Picard lehnte sich an die Mauer des Gebäudes, ruhte aus und hörte zu. Der Gitarrist ruhte ebenfalls aus, und sein leeres, hochgestecktes Hosenbein flatterte im Wind. Picard versuchte die Worte des Liedes zu verstehen, ein Volkslied war es, *menschlich, menschlich, wie die Natur uns gemacht hat*, oder so ähnlich.

Ein Junge erschien, rannte auf die Musiker zu und flüsterte etwas; sogleich hörten sie zu spielen auf. Picard sah in die Richtung, aus der der Junge gekommen war.

Es näherte sich ein Leichenzug, eine mit Trauerflor behangene, von zwei Pferden langsam gezogene Kutsche. Der Sarg war schlicht, lag unter einem kleinen Berg aus Blumen. Die Musiker hatten die Instrumente gesenkt, verhielten sich unauffällig, während der Leichenzug an ihnen vorbeirollte. Erst als er in der Ferne hinter dem Platz um die Ecke bog, fanden sie zu ihrer Melodie zurück: *Menschlich, menschlich, wie die Natur uns gemacht hat.*

Picards Trübsinn wich, als er auf den Hofplatz kam und sah, daß man gerade einen Spielzeugmarkt abhielt. Die Stände lockten mit wunderbaren Erfindungen – Spieldosen und winzigen Musiktruhen, mechanischen Tieren, Bauernhöfen, Burgen, Forts, orientalischen Pagoden, Miniaturgebäuden aller Art. Als Kind hatte er in diesem verzauberten Land verträumten Spielzeugs gelebt, Paris selbst war eins seiner Spielzeuge gewesen. Auf dem goldenen Boulevard der Erinnerung sah er das Geheimnis der Lampen wieder, sah, daß sie hell tanzende Seelen waren. In den Augen eines Kindes sind alle Dinge lebendig – die Straßenlampen, die Statuen und vor allem sein Spielzeug. Seine Spielsachen sind in seinen Augen lebende Wesen. Ach Gott, köstliche Träume.

Er linste in ein Miniaturrathaus, drei Stockwerke hoch. Im Keller hantierte ein winziger Diener am Weinregal. Im Salon tafelte eine Gesellschaft. Die winzigen Frauen trugen Abendtoiletten, die Männer zierliche, taillierte Fräcke. Den überfüllten Raum stützten griechische Säulen.

Picard fiel beinahe hinein in die Miniaturversammlung,

entfernte sich dann mit einer Entschuldigung bei dem Schöpfer des Puppenhauses. Der Salon sah demjenigen Lazares natürlich nur entfernt ähnlich – man projiziert so leicht eine Obsession. Aber die kleinen Figuren waren so lebendig, so magisch, so vollendet.

Am nächsten Stand wurden Brettspiele aller Art verkauft. Da rollten Würfel, und Spielmarken wanderten um Räder und Felder herum, veranstalteten Rennen zwischen einem Schuh und einer Glocke, einem Hund und einer Ziege und anderen Gegenständen mehr, die zur Unterscheidung der Spieler dienten. Wir machen ein Spiel, Lazare, irgendwo hier. Ich weiß, daß ich dir nahe bin.

Er lächelte der ältlichen Dame zu, der der Stand gehörte; sie fing an, mit ihm in einem Dialekt zu sprechen, den er nicht verstand. Er nickte, als verstünde er sie, hob eine der Spielfiguren auf, einen Silberhund, und setzte ihn auf einen Hasen an, der gerade um die Ecke bog.

Die Frau plapperte weiter, er dankte ihr und wandte sich ab, versuchte frei und offen für den Geist der Jagd zu bleiben, der in der Flasche umhertanzte und rauchte und hinauswollte.

Komm schon, verzaubere mich, ich weiß, daß du da bist, tief in mir, weiß, daß du sehen kannst, was ich nicht sehe. Was ist es?

Am nächsten Stand segelte Noahs Arche auf einem Meer aus Glas; dann drehte sich ein Karussell mit drei Plattformen und allerlei bunten Holzpferden darauf. In Picard dämmerte eine Einsicht: etwas, das er gesehen und zugleich auch nicht gesehen hatte.

»Holzsoldaten, mein Herr? Etwas für Ihren Jungen –

wir haben eine wunderbare Kavallerie hier, und hier die Artillerie . . .«

Der Spielzeugverkäufer ließ die bunten Soldaten aufmarschieren, brachte die Kanone in Stellung. Picard mußte gegen den faszinierenden kleinen Krieg ankämpfen, den der Mann vor seinen Augen inszenierte, mußte an seine Verfolgungsjagd denken, durfte dem Kind nicht nachgeben, das wieder in ihm aufleben wollte, dem verlorenen Buben in den Gassen von Paris, der vor langer Zeit mit solchem Spielzeug gespielt hatte und nun wieder damit spielen wollte.

»Nein, nein, vielen Dank – aber sie sind wundervoll.« Diese Erinnerungen sind süß, aber ich habe im Augenblick keine Verwendung für dich, kleiner Junge. Geh nur, geh . . .

Er fühlte einen Ruck im Herzen, einen traurigen kleinen Ruck, als der kleine Junge wieder hinabtauchte in die Dunkelheit, in der er so lange geschlummert. Picard stand schweigend mitten auf dem Platz, ein kühler Beobachter, kein Verzauberter mehr, und immer noch nicht klüger im Fall Lazare.

Er umrundete den Markt, marschierte unter den Fahnen und Bannern des Märchenlandes hindurch, die an den Stangen der Marktbuden flatterten. Er war bei klarem Verstand, sah so deutlich wie nie – alle Einzelheiten des Platzes schienen in einem geheimnisvollen Licht gebadet. Ich stehe am Kreuzweg meines Falls, ich bin der fette Zauberer im Spielzeugland, aber ich sehe Lazare nicht!

Wo bist du – du versteckst dich vor mir. Du bist hier,

ich wette um alles, was ich habe. Der alte Jagdhund kennt den Hasen beim Geruch.

Die Sonne versank hinter den Steinmauern der Stadt, und die Spielzeugmacher zündeten ihre Lampen an. Er war hungrig und unruhig. Bin ich so dumm? Er muß hier sein, weshalb bin ich sonst hier, wandere im Kreis herum wie die mechanische Ente da, auf den kleinen roten Rädern.

Aber als er die Ecke des Platzes erreichte, wandte er dem Markt den Rücken. Weihnachten liegt in der Luft, eine besondere Aufregung – vielleicht ist es das – die erregende Jahreszeit – Selbsttäuschung ist der ständige Begleiter des Menschen. Vielleicht war es nur das Kind in ihm, das auf den Spielzeugmarkt reagierte.

Er wandte sich um, sah zurück in die Häuserschlucht, auf den von Laternen erhellten Platz, und die Anziehung war stark, ohne daß er zu sagen wußte, worin sie bestand. Er stand da, starrte in das Lichtermeer, dachte, daß ihn vielleicht die Geister verzaubert hatten, wie so oft. Sie hatten ja auch die drei Männer von der Präfektur verschluckt, nachdem sie sie mit imaginären Spuren quer durch Europa gelockt hatten. Eine solche Reise machte man nur einmal – der Präfekt duldete derart kostspielige Fehler nicht.

Picard fand ein Kaffeehaus, einen hellen, ruhigen Ort voller Wiener, die ihre Zeitungen lasen. Er trank mehrere Tassen Kaffee, und als aus der Küche angenehme Düfte zu quellen begannen, bestellte er ein Abendessen, das er an seinem Fensterplatz verzehrte, und beobachtete den feinen Nebel, der über die Avenue trieb. Spielzeug im

Kopf: den großen, ausgestopften Teddybär, den er als Kind verprügelt hatte. Armer Bär, der Kopf baumelte schließlich herab, und die Holzwolle quoll ihm aus dem Halsloch. Ich war ein schlimmer kleiner Unhold. Aber nachts lagst du, glaube ich, neben mir, treuer Bär. Warum kommen diese Gedanken immer wieder; was siehst du, Kind, was will mir der kleine Paul über Ric Lazare sagen?

Aus dem Nebel tauchten zwei dunkelhaarige Zigeunerkinder auf, ein Junge und ein Mädchen, traten mit Blumensträußen im Arm ins Café. Picard saß der Tür am nächsten, und sie kamen geradewegs auf ihn zu.

»Blumen, Herr? Blumen für Ihr Mädchen?«

Picard lächelte, wollte eine Münze herausholen, aber der Besitzer des Cafés kam augenblicklich herbei, schalt sie und verwies sie des Hauses. Er kehrte zu Picard zurück, um sich bei ihm zu entschuldigen.

»Es tut mir leid, mein Herr. Sie stehlen die Blumen vom Friedhof . . .«

Der Besitzer lächelte und ging fort. Picard wandte sich wieder dem Fenster zu. Ein Gefühl der Kälte durchrann ihn, trotz des Glühweins, an dem er nippte. Die Zigeunerkinder wanderten fort in den Nebel. Er stand auf und zahlte seine Rechnung. Ein reiner Zufall, daß sie gerade mich mit ihren Todesblumen aufsuchen. Mein drittes Todeszeichen heute. Er trat auf die Straße hinaus. Die Luft war milder, der eisige Wind abgeflaut, und der Nebel wurde dichter. Während er ging, kam ihm seine Kinderflöte in den Sinn, gespenstische Erinnerungen verfolgten ihn. Er fühlte seine Kindheit, seine Spielsachen, als ob er sie immer noch im Sack mit sich herumschleppte – den

Hanswurst, der aus dem Kasten sprang, und einen Affen an einer Schnur.

Kindheit . . . Vergangenheit – dringe tiefer in Lazares Vergangenheit ein, finde seine Wurzeln. Gewiß, wenn ich nur wüßte, wo ich suchen soll. In welcher Stadt, wo . . .

Die Lampen des Elysischen Ballsaals mit seinem aus allen Teilen Europas und der Welt stammenden Bric-à-brac im Foyer lockten ihn an. Im Tanzsaal gab es eine französische, eine südamerikanische, eine afrikanische Abteilung und Nischen voll exotischer Pracht. Um den Tanzboden herum standen die Tische, und alle Gäste waren betrunken. Die Lampen glühten hinter bunten Schirmen, der Fußboden war so glatt wie eine Eisbahn, und er konnte schemenhaft seine massige Gestalt sich darin spiegeln sehen. Er übersah die Andeutung, die in seinen Schritten lag, die nervtötende, ungeheuerliche Andeutung, daß er nur ein Schatten war, der über den Boden glitt, und weniger als ein Schatten – ein Nebelwesen, das die Sonne vertreiben würde.

»Einen Cognac, bitte.«

Die Musik war beendet, die Musiker stärkten sich gerade; einige Kavaliere lehnten an der Bar, andere standen an den Türen. Er besah sich die Damen, bestellte noch einen Cognac und sann über das seltsame Gefühl der Unwirklichkeit nach, das sein ständiger Begleiter geworden zu sein schien – das Alter vielleicht, das ihn beschlich. Aber es gibt ein sicheres Gegenmittel gegen dieses Gift, und das, wollüstiges Fräulein, bist du.

Er trat von der Bar zurück, und jetzt sah sie weg, obwohl sie noch einen Augenblick zuvor ihre trudelnden Pfeile nach ihm abgeschossen hatte, sanfte Wellen seidenen Versprechens, des Versprechens, ihn zärtlich einzuwickeln, den elenden Wurm wenigstens für einen Augenblick in einen Schmetterling zu verwandeln.

Ihr Haar war aus Gold, ihre goldenen Armreifen klirrten, als sie eine Locke über dem Ohr zurechtzupfte und die Hand elegant fallen ließ und immer noch tat, als sähe sie ihn nicht näherkommen. Ihr ausschließliches Interesse schien ihren Fingernägeln zu gelten.

*

Ihr Kleid – schwarze Spitzen mit Volants in den deutschen Farben schwarz, rot und gold – lag auf dem Boden. Sie stand in der Mitte des Zimmers, zog ihre schwarzen Strümpfe aus. Ihre Beine waren erstaunlich, die Schenkel leicht muskulös wie die einer Tänzerin, und sie hatte den Bauch eines Mädchens, das sein Bier liebt, ein Mädchen nach meinem Geschmack, dachte Picard und umarmte sie.

Sie streckte sich, hatte die Strümpfe erst halb aus, und gab ihm einen tiefen, nassen Kuß, während er ihr riesiges, fantastisches Tascherl tätschelte.

»Es gefällt dir, ja?« flüsterte sie in ihrem Schulmädchenfranzösisch, und er antwortete in ebensolchem Deutsch, daß es ihm in der Tat gefiele und daß er es gern haben würde.

Sie stolperten zum Bett, seine Jacke und Hosen fielen auf dem Weg dahin. Sie mischte ihre Küsse mit anderen trägen Französischversuchen, gab mit jedem zögernden Wort ein weiteres Geheimnis preis, als sie seine Unterhosen aufknöpfte und wissen wollte, was ihn denn nach Wien geführt hätte, und erfuhr, daß er als Ballon-Enthusiast einer Messe wegen gekommen war.

Eine entfernte Glocke schlug die späte Stunde an. Auf der Straße hörten sie den Nachtwärter an die Lampenpfosten schlagen und seinen einsamen Vers singen, den sie langsam für Picard übersetzte und mit langen, suchenden Küssen unterstrich, so daß ihr Flüstern sich mit der rauhen Stimme des Nachtwächters vermischte:

Gute Leute, habet acht
Löscht das Feuer, geht zu Bett geschwind
S' ist schon Mitternacht.

»Wir sind zu Bett gegangen«, sagte Picard und liebkoste ihre riesigen Brüste.

»Ja«, sagte sie zärtlich, »und jetzt löschst du mein Feuer.«

*

Als er das Zimmer verließ, schlief sie, und er ging leise die Treppe ihres Hauses hinunter auf die Straße, wo der Nachtwächter wieder in seinem grauen Gehrock vorbeikam. Er trug einen großen Helm und schwarze Hosenträger. Seine Stange war lang, ihre Spitze aus Eisen. Er betrachtete Picard sorgfältig und sprach eine Warnung aus.

»Ich geh zu Bett«, antwortete Picard mit einem glückseligen Lächeln, und der Polizist begriff, daß dieser Liebhaber keine nächtliche Bedrohung darstellte. Er schritt dahin, leise mit der Stange anschlagend, und Picard schlug die entgegengesetzte Richtung ein, zu seinem Hotel. Beim Gehen fühlte er noch einmal die Gegenwart des Märchenkindes in sich, einen Mondlichtstrahl im Herzen, gespenstisch und fern. Und da mit einemmal hörte er die höhnische Stimme von Ric Lazare: *Es ist nur ein Spielzeug, Monsieur*.

Der Morgen war grau, am Cape zerrte der Wind, und vereinzelte Schneeflocken fielen auf die Buden und Stände der Spielzeugmacher. Aber trotz der Kälte war die Atmosphäre warm. Die Spielzeugmacher hatten alle kleine Öfen oder offene Kohlenpfannen, und überall auf den Tischen gab das Spielzeug Vorstellungen – es tanzte und trommelte, öffnete und schloß die Augen, stieß spitze, quäkende Schreie aus, wenn die Hände des Spielzeugmachers es bewegten.

»Ich habe irgendwo ein Spielzeug gesehen, eine sehr erlesene Arbeit; es war eine Maschine, die einem die Zukunft offenbarte.«

»Wenn Sie hinter einem Vermögen her sind, mein Herr, hier ist meines Mannes Version vom Haus des Reichtums – eine Bank, die Ihnen Ihr Geld auf allerliebste Weise abnimmt. Haben Sie eine Münze?«

Picard gab der Frau ein Geldstück, das sie in den Mund eines Zinnhundes steckte, der neben einer zinnenen Hundehütte auf einer metallenen Plattform stand. Die Frau berührte den Schwanz des Hundes, der daraufhin eine Rille entlang auf das Haus zu rutschte und das Geldstück in einen Schlitz im Dach steckte. Es klickte, und die Münze war fort. Picard ging weiter, zu einem anderen Stand, wo ein tanzender Spielzeugbär sich drehte. Der Spielzeugmacher war ein junger Mann. Er lächelte, trug einen langen Schal um den Hals und wärmte seine Finger an der Kohlenpfanne.

»Haben Sie je ein Spielzeug gesehen, das wahrsagt?«

»Nein, habe ich nicht«, sagte der junge Mann. »Bringt wenig ein, das Spielzeug, sag ich Ihnen.«

»Sie arbeiten Tag und Nacht daran, denke ich.«

»Nur nebenbei, mein Herr. Es ist nur ein Steckenpferd von mir, ein Zeitvertreib, nach den siebzig Stunden in der Fabrik.«

Picard schritt weiter, von Stand zu Stand, fragte nach einem Wahrsagespielzeug, das wie ein Telegraph klickte. Der Schnee rieselte immer noch, und niemand hatte je ein solches Spielzeug gesehen. Ja, wonach Picard fragte, hörte sich nicht mal wie ein Spielzeug an. »Wenn Sie ein Spielzeug wollen, ein richtiges Spielzeug, dann sehen Sie sich dies Känguruh an . . .«

Er stand mitten auf dem Platz, um ihn herum die mittelalterlichen Buden mit den vielen Flaggen und Bannern, die im Wind peitschten. Es war ein seltsames Gefühl, als ob er es alles vorhergewußt hätte, vor langer Zeit, auf dem Turnierplatz einer vergangenen Zeit. Er lächelte in sich hinein, entdeckte wieder die Zauberkraft der Spielsachen, die einem den Kopf mit Märchen füllten.

Er sah die Reihen der Spielzeugmacher hinauf und hinunter, um sich zu vergewissern, daß er jeden gefragt hatte. Dann hörte er die aufgebrachten Stimmen zweier

Spielzeugmacher irgendwo am Rand des Platzes. Zwar gelang es ihm nicht sogleich, ihr Geschrei zu übersetzen, doch verstand er die weltweite Sprache der Empörung, vor allem, als auch die Frau eines der Streitenden sich einmischte, wie es jetzt der Fall zu sein schien. Er entdeckte den Schauplatz der Auseinandersetzung: eine bereits aufgebaute Bude, deren Besitzer, ein Mann und eine Frau, auf einen gebeugten, nadeldürren Mann einschrieen, der mit Hilfe eines offensichtlich idiotischen Kindes sein eigenes Zelt aufstellen wollte. Trotz des Scheltens seiner Nachbarn setzte er seine Arbeit fort und lächelte Picard zu.

»Haben Sie Schwierigkeiten?« fragte Picard als Antwort auf das Lächeln des Gebeugten.

»Keinerlei, mein Herr«, sagte der Gebeugte, als ob der Proteststurm nicht ihm gelte. Dann zu dem Knaben: »Beeil dich, Junge, wir haben Besuch.«

Picard half dem tölpelhaften Knaben bei der Verankerung des Zeltstocks, was ihm ein mißbilligendes Zischen der Nachbarin und ein Grunzen des Abscheus seitens ihres Gatten einbrachte.

»Also gut, wir bleiben nur einen Augenblick«, sagte der Gebeugte. Er zündete eine Laterne an, öffnete seine Truhe und holte ein paar gängige Spielsachen heraus – hüpfende Hasen, Vögel, die zwitscherten, wenn man sie aufzog, und einen Fisch auf Rädern.

»Ich suche nach einem ungewöhnlichen Spielzeug, nichts von dem, was ich hier überall sehe«, erklärte Picard.

»Natürlich«, sagte der Gebeugte. »Ein kenntnisreicher

Sammler sind Sie. Ich habe genau, was Sie suchen, mein Herr.« Er winkte dem blödsinnigen Knaben, der eine zweite Truhe auf die Bank des Spielzeugmachers hob. Der Gebeugte öffnete sie und zog einen Spielzeugmann heraus, der in einem Faß steckte. »Also, das hier ist etwas Besonderes . . .« Er hob das Faß über den Kopf des Mannes und legte damit das winzige Glied des Mannes bloß, das sich rasch, von einer Gummispirale unterstützt, aufrichtete. Der Händler ließ das Faß wieder herunter und deckte das Geschlechtsteil zu.

»Eine Neuheit.« Er lächelte. »Ein komisches Stück . . . Hier haben wir etwas für Ihren Baum . . .«

Er zog eine große Christbaumkugel heraus, schön mit leuchtenden Bändern und Flitter geschmückt. Er reichte sie Picard und sagte: »Sehen Sie genau hin, mein Herr. Ja, der Weihnachtsmann ist da . . .«

Picard hielt die Weihnachtskugel hoch. Auf der einen Seite sah er ein winziges Glasfenster. Er blickte hindurch, ins Innere der Kugel, wo eine winzige, nackte Dame auf einem winzigen Bett lag und der Weihnachtsmann obendrauf und sein Geschenk ablieferte.

»Ja«, sagte der Gebeugte und legte die Kugel wieder zurück. »Nur ein bißchen Freude für die Feiertage, sehen Sie . . . nun lassen Sie mich . . .« Er grub wieder in seiner Truhe wie der Weihnachtsmann persönlich und murmelte vor sich hin.

»Ich suche nach einer Wahrsagemaschine«, sagte Picard. »Einer, die Informationen einer ganz besonderen Art liefert . . .«

»Haben Sie das Werk von Robert Heron gesehen?«

»Robert Heron?«

»Lieber Herr, wer sonst könnte ein solches Ding bauen, wie Sie es beschreiben? Gewiß niemand von diesen Eseln!« Der Gebeugte deutete auf die anderen Stände.

»Wer ist Robert Heron?«

»Der größte Spielzeugmacher der Welt.«

»Wo finde ich ihn?«

»Seine Heimat ist Nürnberg.«

»Und er baut ein Spielzeug, eine Wahrsagemaschine?«

»Seine automatischen Mechanismen sind unerreicht. Ich glaube, seine Spielzeuge können, was selbst die Engel nicht fertigbringen.«

Draußen vor dem Zelt hörte man ein Scharren, im Eingang erschien ein Polizist im grauen Rock und dazu die Frau des Nachbarn. Das Gesicht der Frau war immer noch rot vor Empörung, und der Polizist kam näher, begleitet von ihrem protestierenden Gezeter.

»Wer ist der Eigentümer dieses Zelts?«

»Ich«, sagte der Gebeugte.

»Ich höre, Sie bieten obszöne Gegenstände zum Verkauf an, das ist strikt gegen das Gesetz. Mein Herr, ich muß Sie bitten, zu . . .«

»Entschuldigen Sie bitte«, sagte Picard, schlug die Brieftasche auf und wies sich aus, zeigte die spezielle Besuchermarke, die der Polizeipräsident von Wien ihm gegeben hatte.

»Sehr wohl, mein Herr«, sagte der Polizist. »Kann ich Ihnen behilflich sein?«

»Ich arbeite für Ihren Chef«, sagte Picard. »Und dieser Mann hier hilft mir bei meiner Untersuchung. Ich würde mich freuen, wenn seine vollkommen harmlose kleine Ausstellung« – Picard deutete auf eine Ziege auf einem Dreirad – »nicht gestört würde. Er ist mir von großem Nutzen.«

»Sehr wohl, mein Herr«, sagte der Polizist. Er wandte sich an die verblüffte Frau, richtete seinen Spazierstock auf sie und trieb sie aus dem Zelt. Im letzten Augenblick wandte er sich um und legte zwei Finger an seinen Helm. »Machen Sie sich keine Sorgen, meine Herren, es wird keine weiteren Unterbrechungen geben.« Er verschwand dann, und die Nachbarn waren stumm.

»Danke«, sagte der Gebeugte.

»Robert Heron ist in Nürnberg, sagen Sie?«

»Er war es, als ich ihn das letzte Mal sah, vor beinahe einem Jahr.«

Picard richtete den Kragen seines Capes und schob den Zeltvorhang beiseite, wandte sich dann aber wieder um, angezogen von einem Spielzeug, das der schwachsinnige Assistent gerade auf den Verkaufstisch legte.

»Gefällt sie Ihnen?« fragte der Gebeugte.

Picard hob die Kugel auf. Sie war aus durchsichtigem Glas, und darin sah man einige winzige Gebäude und einen Mann, der einen Karren daran vorbeizog, durch eine Schneeschicht, die den Boden der Kugel bedeckte. Er schüttelte die Kugel, und die Schneeflocken wirbelten empor, schwebten im Wasser und sanken langsam auf die Dächer und den Kopf des Mannes hinab. Picard sah sie fallen, ein eigentümliches Gefühl überkam ihn, so als kenne er die Figur in der Glaskugel, als kenne er sie seit vielen Jahren, ja, seit jeher.

»Ein wunderschöner Gegenstand«, sagte Picard und legte die Kugel wieder auf den Tisch.

»Welten innerhalb der Welten, mein Herr. Ich habe hier ein anderes durchsichtiges Glas, das Thema ist hier etwas anspruchsvoller, Fräulein Schmidt und der Botenjunge, nur für private Sammler . . .« Er griff in die andere Truhe, aber Picard verließ bereits das Zelt, trat in den heulenden Sturm hinaus.

Schneewehen hielten den Zug auf. Picard verließ sein Abteil und ging zum Ende des Wagens. Der Schaffner schüttelte den Kopf, niemand wußte, wann die Schienen freigeräumt sein würden. »Wir sind nicht weit vom Gasthaus, wenn Sie gehen möchten?« Er wies auf ein Rauchwölkchen, das zwischen den fallenden Schneeflocken tänzelte. »Von dort aus können Sie einen Wagen mieten.«

Picard kehrte in sein Abteil zurück und nahm seine Reisetasche. Andere Reisende folgten seinem Beispiel. Sie stiegen aus dem Zug in den knietiefen Schnee. Die Schneeflocken fielen ihm ins Gesicht, und er hob die Brust, atmete die frische, klare Winterluft in tiefen Zügen ein. Nürnberg kann nur eine Eisenbahnstunde entfernt sein; auf, auf, den Hügel hinauf, es ist nur ein Kinderspiel. Bring dein Fett in Bewegung und iß heute nicht mehr so viel.

Die Straße zum Wirtshaus wurde bereits von einem Pferdegespann geräumt, das einen großen hölzernen Pflug durch den Schnee zog. Die Mähnen der Pferde waren voller Schnee, und die Bärte der Männer glitzerten vor Frost. Sie hatten offenbar die ganze Nacht hindurch gearbeitet, denn der Weg war jetzt breit genug, daß eine Schlittenkutsche bequem passieren konnte. Picard betrat das Wirtshaus und mietete zusammen mit vier anderen Gästen einen Schlitten zur sofortigen Weiterreise.

Die Pferde waren frisch, bebten und stampften ungeduldig im Geschirr. Picard warf sein Gepäck aufs Dach und setzte sich ans Fenster, dazu kamen ein älterer Mann und seine Frau und zwei junge Damen, offenbar Lehrerinnen, denn sie hatten ein Schulbuch herausgenommen und hielten es zusammen auf dem Schoß. Picard überlegte, ob er das Buch aufschlagen sollte, das er in seiner Manteltasche hatte, dann dachte er, lieber nicht. Die Memoiren von Celeste Savidant hatten einen ziemlich aufreizenden Umschlag, und das mochte bei den jungen Damen, vielleicht auch bei dem alten Knaben und seiner Frau, Mißfallen erregen. Picard mochte diese Art Lektüre, aber nicht jetzt. Es war nicht der richtige Augenblick. Entspanne dich, genieße die Landschaft.

»Fahren Sie nach Nürnberg?« fragte der alte Mann.

Picard nickte.

»Geschäftlich, ja?«

»Ich bin Spielzeugsammler.«

»Oh, Sammler sind Sie«, sagte der Alte. Seine Frau, eine schüchterne deutsche Hausfrau, flüsterte ihrem Mann etwas ins Ohr, und er lächelte, nickte Picard zu. »Ja, wenn Sie ein Sammler sind, dann müssen Sie unbedingt unseren Freund Hermann Wilderstein besuchen. Er lebt im Schatten des großen Turms. Ich schreibe Ihnen die Adresse auf.«

»Ich danke Ihnen sehr«, sagte Picard. »Ist Herr Wilderstein ein Sammler?«

»Ein Spielzeugmacher. Ein hervorragender.«

»Kennen Sie die Arbeiten von Robert Heron?«

»Natürlich. Er ist der beste der Welt.

»Kennen Sie ihn persönlich?«

»Ich habe ihn schon gesehen. Sie finden seinen Laden nahe, nahe . . . Ist es nahe dem Hauptmarkt, Mutter?«

Die alte Frau nickte mit dem Kopf und lächelte Picard zu. Ihr Gatte, dessen Neugier über den Beruf des Fremden befriedigt war, schloß die Augen und faltete die Hände über dem Leib. Die beiden jungen Damen setzten ihre Mathematikstunde fort, und Picard wandte sich dem Fenster zu. Als Junge war er von der Schule geflogen, und Mathematik war eins von den Fächern, die er nicht verstand und die ihn nicht interessierten, und ihre Stimmen ließen das alte Gefühl der Unsicherheit wieder aufleben, als gelte der Unterricht eigentlich ihm, dem stattlichen, dummen kleinen Picard in der letzten Reihe.

Die Kufen des Schlittens schnitten zischend durch den Schnee, und Picard flüchtete sich in dieses Geräusch, vergaß alle Stimmen, die gegenwärtigen und die vergangenen. Die schneebeladenen Äste der Chausseebäume hingen niedrig, und die Pferde strömten einen durchdringenden Geruch aus, dufteten nach Kraft und Stärke. Bauernhäuser leuchteten auf und versanken hinter ihnen; der alte Mann schnarchte ruhig, und Picard hielt nach dem nächsten Rauchzeichen Ausschau, einem heimischen Herd in einem Haus an einem Waldrand, samt Stall und Scheune. Die Kühe standen vor der Scheune und hatten um sie herum ein Durcheinander von Pfaden in den Schnee getreten. Der Bauer hatte sie gerade gemolken und seinen Wagen mit Milchkannen beladen und fuhr ihn zur Straße.

Der Augenblick gefror, ein billiges Weihnachtskalenderblatt, eine unschuldige Winterszene wurde zum Inbegriff des Schreckens für Picard, der wie gelähmt alle Einzelheiten vor sich sah: den Rauch, unbeweglich, in der Luft erstarrt, ebenso den Bauern und sein Pferd, wie hölzernes Spielzeug.

»Milch für Nürnberg«, sagte die alte Frau leise, löste den Bann, setzte den Rauch, den Bauern, das Pferd und Picard frei, dessen Herz wieder zu schlagen begann. Der alte Mann murmelte im Schlaf, und sie berührte seinen Ärmel. Er wachte auf, sah sich einen Augenblick lang verwundert um, lächelte dann Picard zu.

»Bringen Ihre Spielsachen in anderen Teilen Europas einen guten Preis, mein Herr?«

»Kommt darauf an, von wem sie sind«, sagte Picard nervös, sah aus dem Fenster, um festzustellen, ob der Bauer und sein Pferd nicht wieder zu Eis geworden waren. Er sah den alten Mann an, versuchte zu lächeln. »Das Spielzeug von Robert Heron . . .«

»Bringt natürlich den besten Preis, verdientermaßen. Ein bemerkenswerter Handwerker und Künstler.«

»Ich hörte, er baut sogar eine Wahrsagemaschine.«

»Ich habe sie nie gesehen, aber ich kann Ihnen eines sagen – der alte Heron kennt sich in den Dingen aus. Ein seltsamer Bursche, dieser Heron. Ein bißchen verrückt, stimmt's?«

Die alte Frau schüttelte verneinend den Kopf und schnalzte mißbilligend mit der Zunge. Ihr Gatte räusperte sich und sagte in einem anderen Tonfall: »Du hast recht, Mama, der alte Heron ist nicht verrückt. Er ist – ein Visionär. Sein Vater war genauso, ein Uhrenmacher, aber was für einer! Er baute eine Uhr – Sie hätten sie sehen müssen, mein Herr – ein Glockenspiel mit Engeln, die sich im Kreis bewegten, und sonderbaren kleinen Tieren, und es gab Eingänge und Ausgänge und Korridore und Hallen in diesem Spiel. Es war ungeheuer umfangreich, größer als zwei Menschen, und während die Zeiger herumwanderten, tanzten die verschiedenen Figuren im Takt der Zeit. Es befand sich viele Jahre lang im Rathaus, und dann – dann schenkte man es, glaube ich, einem König, der die Stadt besuchte. Jedenfalls, Sie sehen, was ich meine. Robert Heron kam auf ehrliche Weise zu seinen Gaben, denn sein Vater war einer der großen Meister unserer Stadt.«

Der alte Mann wandte sich dem Fenster zu. Weitere Häuser waren aufgetaucht, und andere Schlitten glitten über die Nebenwege und die Hauptstraße entlang. In der Ferne wurden die Türme einer Kathedrale sichtbar, erhoben sich aus dem Schneesturm. Dann riß das Gewölk einen Augenblick lang auf, und Tausende von schneebedeckten Dächern erschienen.

»Das da ist der Turm«, sagte der alte Mann und deutete auf die altertümliche Burg, die auf den Felsenhöhen von Nürnberg thronte. »Herr Wilderstein wohnt gleich daneben. Besuchen Sie ihn unbedingt. Er wird sich freuen.«

Die riesige Stadtmauer von Nürnberg tauchte auf,

schweigend, schneebedeckt, unbewacht; die Stadt lebte im Frieden. Der Schlitten fuhr mit vielen anderen zum Tor hinein und landete hinter einem Brauwagen, auf dem vom Schneesturm unberührt die Bierfässer lagen. Auf den Bürgersteigen schaufelten die Ladenbesitzer Seite an Seite mit den Hausbewohnern den Schnee fort. Die Schneekristalle an den Fenstern der Restaurants und Biersäle begannen gerade zu tauen, während drinnen das Feuer glühte, und Kinder bewarfen die vorbeifahrenden Schlitten mit Schneebällen, einer von ihnen krachte gerade an Picards Gesicht vorbei gegen die Scheibe. Er sah mit einemmal die Lösung des ganzen Falls und verlor sie wieder. Wie toll rasten die Gedanken, die die halbgeformte Vorstellung einholen wollten, aber sie war fortgeweht ins Land der Schatten, nur ein einziger Eindruck blieb haften, von Glas, das zu Bruch gehen wird – eine Flasche am Bug eines Schiffs, eine Fensterscheibe unter dem Anprall von Steinen, eine Kristallkugel an einer Wand.

»An der nächsten Ecke ist ein Hotel«, sagte der alte Mann. »Dort werden Sie es ganz bequem haben. Auch nicht zu teuer.«

Picard klopfte ans Kutscherfenster, und der Schlitten hielt vor dem Eingang des Hotels. Augenblicklich kam ein Diener heraus und nahm Picards Gepäck in Empfang. Der alte Mann beugte sich aus dem Fenster. »Ich bin sicher, Sie werden die Spielsachen finden, die Sie suchen. Wenn ich irgendwelche alten auf meinem Boden entdekken sollte, werde ich sie Ihnen schicken . . . Nein, Mama sagt, ich darf nicht. Wir müssen sie für unsere Enkel aufbewahren. So hat alles seinen Wert – also dann, auf Wiedersehen . . .«

*

Die Hoteldiener schaufelten immer noch, und Picard sah ihnen vom Fenster aus zu, während er seine Manchesterjacke überstreifte. Mit den knapp überm Knie endenden Knickerbockern ging es sich leichter im Schnee. Die Sokken waren dick, würden das Schneewasser fernhalten.

Er setzte seine Tweedmütze auf, eine irische Kreation, die er immer mit der Manchesterjacke zusammen trug. Der Mützenschirm hatte sich mit den Jahren zu einem perfekten Bogen gerundet. Als er den Gürtel der Jacke einhakte, stellte er zu seiner Genugtuung fest, daß er ihn um ein Loch enger schnallen konnte. Reisen zehrt; laß mich mal sehen . . .

Der Lefaucheux-Revolver klickte, die Patrone lag an ihrem Platz, er blies ein winziges Staubteilchen hinaus und steckte ihn in die Jacke zurück. Er fühlte sich stark, freute sich über das Wetter, ging die Treppe hinunter und durch die Halle, hinaus in den Sturm, und der engsitzende Manchesteranzug fühlte sich wie eine Uniform an, als er die schneeverwehte Straße betrat.

Er hielt auf das Zentrum der Stadt zu, schritt den abschüssigen Weg in das sanfte Tal hinunter, in dem die Stadt erbaut war. Ein Briefträger kam ihm entgegen, den Postsack auf dem Rücken. Picard hielt ihn an, fragte nach dem Haus von Robert Heron.

»Henkersteg«, antwortete der Briefträger und deutete auf eine Reihe von kleinen hölzernen Brücken. Picard schritt weiter die gewundene Straße hinab und wandte sich dann in die vom Briefträger angegebene Richtung, ging an dem schmalen Flußlauf entlang, der durch die Märchenstadt floß. Kleine, sanft geschwungene Brücken überspannten ihn, eine hinter der anderen, wie in einem Spielzeugparis mit einer winzigen Seine.

Henkersteg, die Brücke des Henkers: Picard lokalisierte sie auf seiner Karte, sah sie dann vor sich, dürftig wie alle anderen, die den Flußlauf kreuzten, außer daß dort Menschen mit einem Strick um den Hals über dem Wasser gehangen hatten. Keine gewöhnliche Brücke, mein Herr, keine gewöhnliche. Eine Brücke, die sich über ein unermeßlich breites und unbekanntes Gewässer spannt und zu Orten hinüberführt, die nur Gehenkten bekannt sind. Und desgleichen zu einer Reihe schäbiger Häuser am Wasser, von denen eines Robert Heron gehört.

Die Veranden ragten über das Wasser hinaus, ruhten auf langen nackten Pfählen; in den Höfen stapelten sich verrottete Dachschindeln und löchrige Fässer, und steifgefrorene Wäsche schwankte im Wind. Picard ging die Häuserfronten entlang und fand Robert Herons Tür; der Rahmen war wie ein rankender Baum geschnitzt, zwischen den Blättern sah man Gnome und Elfen böse lächeln. Er hob den Messing-Türklopfer und klopfte vernehmlich.

Als niemand antwortete, klopfte er wieder. Füße schlurften im Innern, und eine alte Frau öffnete die Tür. Sie war so zerbrechlich und weiß wie eine Porzellanfigur.

»Ich möchte zu Robert Heron«, sagte Picard.

»Er ist tot.«

»Tot? Seit wann?«

Die Frau betrachtete ihn, ein Zögern in den Augen. »Wer sind Sie?«

»Ich bin von der Polizei, aus Paris«, sagte Picard und wies sich aus.

»Also gut«, sagte die Frau. »Kommen Sie doch. Wir lassen die Kälte herein, und es ist kalt genug.«

Er folgte ihr in die Stube, wo sie sich in einen Schaukelstuhl nahe dem Fenster setzte, so daß sie auf den Henkersteg sah. »Er starb vor zwei Monaten«, sagte sie, langsam hin und her schaukelnd, mit dem Blick auf die berühmte Brücke.

»Wie starb er?«

»In einem Kreis aus zerbrochenen Spielsachen.« Robert Herons Witwe war eine kleine Frau, im Alter noch kleiner geworden, ihre Füße berührten kaum mehr den Boden, während sie hin und her schaukelte, eine vertrocknete Puppe, die durch eine geheime Ewigkeit wippte.

»Einem Kreis aus Spielsachen? Ich verstehe nicht.«

»Er versammelte all sein Spielzeug um sich her und zerschmetterte es, eins nach dem anderen«, sagte die alte Frau. »Es war das schönste Spielzeug der Welt, und nachdem er es zertrümmert hatte, legte er sich hin und starb.«

Picard saß schweigend bei Herons Witwe, und sie schien es nicht zu kümmern, wenn er bis in alle Ewigkeit dasaß.

»Hatte Ihr Mann irgendwelche Helfer?«

»Nein.«

»Keinen Lehrling, keine Schüler, die er in seiner Kunst unterwies?«

»Er arbeitete allein. Er allein kannte das Geheimnis seines Spielzeugs, und nahm es mit ins Grab.« Die alte Frau deutete auf eine Tür. Picard öffnete sie und betrat die Werkstatt des Spielzeugmachers. Auf dem Boden lag ein Berg zerbrochener Sprungfedern, Drähte und Räder und winziger Arme und Beine und zierlicher Köpfe und Leiber. Er kniete nieder vor dem Haufen aus zerschlagenen Puppen, berührte sie sacht mit den Fingerspitzen. Die Traurigkeit seiner Kindheit überkam ihn wieder, und er stand da und kämpfte dagegen an. Aber die Sonne wanderte und warf mit einemmal einen Srahl mitten ins Herz des zertrümmerten Spielzeugreichs, und eine Spange blitzte auf. Picard kniete noch einmal nieder, vom glänzenden Gürtel eines Zirkusakrobaten angezogen, der zu einem enganliegenden Artistenkostüm goldene Bandagen und ebensolche Hosengurte trug. Irgendwie hatte der Akrobat die Zerstörung überlebt. Picard nahm die Figur vom Trümmerhaufen. Dann, als er ihr ins Gesicht sah, fühlte er, wie ihn ein Schwindel erfaßte, so als sei er der Akrobat, der vom Hochseil in einen bodenlosen Abgrund stürzte. Das Gesicht der Puppe war das Gesicht Ric Lazares.

*

Er stand auf einer überdachten hölzernen Brücke und starrte in den Fluß. Es fiel immer noch Schnee, der die Wasseroberfläche berührte und sogleich verschwand. Er faßte in die Tasche und holte den Zirkusakrobaten heraus. Es war nicht seine Gewohnheit, alte Frauen zu bestehlen, in diesem Fall ließ es sich nicht vermeiden. Wenn alles vorbei ist, schicke ich ihn ihr zurück, eingewickelt in ein Dankschreiben von der Präfektur und gespickt mit Deutschen Mark.

Der Akrobat war ein Meisterwerk; ein winziger Schlüssel steckte beinahe unsichtbar in seinem Rücken. Ich habe ihn; Lazare war in Nürnberg.

Picard drehte den Schlüssel ein paarmal herum und ließ los. Der Akrobat wand sich in seinen Händen, schlug und trat um sich, aber er kam nicht los.

Picard lächelte und steckte ihn wieder in die Tasche. Er setzte seinen Weg über die Brücke fort, auf eine kleine Landzunge zu, wo eine Trauerweide über das Wasser fiel. Sollte man mich in Nürnberg hängen, so würde ich mir diese Brücke aussuchen, wegen des Blicks auf die Weide, während ich baumele.

Er schritt an dem Baum vorbei, betrat eine Straße, die in nordwestlicher Richtung steil zum Burgfelsen, zu dem höchsten Punkt der Stadt, hinaufführte. Es wurde ein langwieriger Aufstieg durch immer enger werdende Gassen und über steinerne Treppen. Er langte außer Atem Am Ölberg an, in der gewundenen Straße, die im Schatten der großen Burg lag. An der Nr. 31 klopfte er an die Tür von Hermann Wilderstein, dem Spielzeugmacher.

*

»Nein«, sagte Wilderstein. »Er hatte weder Helfer, noch

einen Lehrling oder Schüler.« Der Spielzeugmacher war plump und rotgesichtig, ein guter, solider Bürger, dessen Haus so sorgfältig gebaut und auf Hochglanz poliert war wie sein Spielzeug, jede Türklinke und jeder Türrahmen ein Meisterwerk der Sorgfalt und des Handwerks. »Viele junge Burschen kamen zu ihm, aber Heron verlangte von einem möglichen Gesellen eine vollendete Beherrschung der Anatomie und Geometrie.«

Er unterbrach sich: »Darf ich Ihnen ein Glas Cognac bringen, mein Herr, Sie sehen so blaß aus.«

»Nein«, sagte Picard. »Der Berg hat mich ermüdet, es ist nichts Ernstliches, bitte fahren Sie fort.«

Der Spielzeugmacher rief nach der Dienstmagd und ließ den Cognac trotzdem bringen, nahm selbst einen, während er seine Betrachtungen über das Werk Robert Herons fortsetzte. »Ja, Anatomie und Geometrie und die Vorgänge der Natur. In alldem war er unerbittlich. Die eigentliche Anfertigung des Spielzeugs konnte nicht beginnen, bevor solches Wissen nicht vorhanden war. Sein eigenes Lehrbuch war das unseres berühmtesten Künstlers, Albrecht Dürer. Kennen Sie Dürers Unterweisung in der Kunst des Messens mit Zirkel und Richtscheit? Ein erstaunliches Buch. Er hatte auch Dürers Bücher über die menschlichen Proportionen. Heron lebte nach diesen Büchern und erwartete von jedem, der die Kunst des Spielzeugmachens erlernen wollte, solche Kenntnisse. Nun, ich frage Sie, mein Herr, welcher junge Bursche fällt schon mit solchem Wissen vom Himmel? Oder, wenn er schließlich über ein solches Wissen verfügte, blieb er bei der Malerei oder Bildhauerei, Berufen, in denen er zu höheren Ehren kommen konnte.« Der Mann leerte sein Glas, starrte hinein. »So sind denn Robert Herons herrliche Gaben nicht überliefert, und wir werden dergleichen nie wiedersehen. Seine Miniaturstadt war quicklebendig. Die Kühe gingen jeden Morgen auf die Weide, mittags läuteten die winzigen Kirchenglocken; abends drehte der Nachtwächter seine Runden, und ein Betrunkener taumelte auf der Straße. Es herrschte ununterbrochen Betrieb, so als ob alle lebendig wären. Das Geheimnis der kleinen Stadt war natürlich ein großartiges System aus Federn und Gleichgewichten, dessen verwikkelter Mechanismus die meisten Menschen in den Wahnsinn treiben würde.«

Picard zog den Akrobaten aus der Tasche, und bevor er ein Wort sagen konnte, hatte Hermann Wilderstein die Hand danach ausgestreckt.

»Welch ein Glücksfall für Sie, mein Herr. Ein unbezahlbarer Fund, unbezahlbar . . .« Wilderstein besah den Akrobaten von allen Seiten genau, hielt ihn, wie man ein Christuskind hält. Schließlich stellte er ihn auf den Kaffeetisch, schüttelte verliebt den Kopf. »Und wieviel verlangen Sie dafür?«

»Ich will ihn nicht verkaufen.«

»Sehr richtig, sehr richtig. Behalten Sie ihn, und er wird Ihnen Glück bringen, denn ich schwöre Ihnen, mein Herr, all sein Spielzeug besitzt einen magischen Zauber, und dies hier . . .« Wilderstein hob es auf, drehte sanft den Schlüssel herum. »Dies ist eins seiner besten. Sehen Sie sich die Einzelheiten an, und jetzt sehen Sie sich an, was er macht!« Er setzte den Akrobaten ab, und der kleine Mann schlug eine vollendete Reihe von Purzelbäumen; die Arme und Beine mit den stählernen Adern trugen ihn von einem Ende des Zimmers zum anderen über den Fußboden, und zum Schluß stand er mit ausgebreiteten Armen da und wartete darauf, daß man ihn wieder aufzog. Picard beugte sich hinab und hob den Akrobaten auf, stellte ihn auf den Kaffeetisch. Schweigend stand er da, erstarrt, und doch irgendwie lebendiger denn je.

»Wissen Sie, wer ihm als Modell für diese Figur diente, Herr Wilderstein?«

Wilderstein betrachtete das Gesicht des Akrobaten. »Sie gehört zu einer Zirkustruppe, an der er viele Jahre arbeitete. Heron hatte einen ganzen Zirkus, wissen Sie, tanzende Elefanten, Hochseilakte, alle in Miniatur. Das Modell für diese Figur muß irgendein Zirkusartist gewesen sein. Heron liebte den Zirkus und ging immer hin, wenn sie ihre Zelte in Nürnberg aufbauten. Ich sah ihn dort oft, und ständig zeichnete er Gesichter und Einzelheiten der Aufführung. Ich nehme an . . .« Herr Wilderstein tippte dem Akrobaten auf den Kopf. ». . . dieser Bursche gehörte zu einer Zirkustruppe.«

Picard erhob sich, steckte den Akrobaten zurück in die Tasche. »Danke für Ihre Mühe, Herr Wilderstein.«

»Keine Ursache, mein Herr. Es ist stets ein Vergnügen, wenn man einem ernsthaften Sammler begegnet.« Herr Wilderstein geleitete Picard an die Tür des alten Hauses.

»Wo liegt Robert Heron begraben?«

»Auf dem Sankt-Johannis-Friedhof. Dort entlang . . .« Herr Wilderstein trat mit Picard auf die Straße und deutete auf deren Ende. »Sie müssen zum Tor hinaus und dann immer geradeaus. Aber die Tore sind zu dieser Zeit geschlossen . . .« Er holte seine Taschenuhr heraus. »Ja, heute ist es zu spät. Versuchen Sie es morgen wieder.«

Picard grüßte und stieg Am Ölberg hinab. Rasch brach die Abenddämmerung herein.

*

Er fand eine Schenke zum Abendessen, berühmt für ihre Pfannkuchen, wie es auf der Speisekarte hieß. Eine Tirolerkapelle spielte. Picard trank etwas von dem dunklen Bier, nippte nur an seinem Essen, denn seine ganze Aufmerksamkeit galt dem kleinen Zirkusakrobaten, den er vor sich auf den Tisch gestellt hatte. Arrogant stand er da, neben einem Krug mit Bier und einem halbleeren Glas, die Hände in die Hüften gestemmt, und wartete, daß die Feder ihm Befehle erteilte.

Sie leiden unter Minderwertigkeitsgefühlen, sagte die Zigeunerin wieder, und Picard mußte zugeben, daß sie recht hatte. Das winzige Abbild von Ric Lazare hatte eine bestimmte Macht über ihn, strahlte Verschlagenheit und Selbstvertrauen aus, ganz wie Lazare selbst. Lazare ist ein Mann von Schneid, ein glänzender Akrobat auf dem Pariser Trapez, und diese Figur ist wie er – selbstsicher, wagemutig, glänzend.

Und ich bin ein Bluthund, treu und berechenbar. Nichtsdestotrotz bin ich Ihnen auf der Spur, Monsieur Lazare, bin Ihnen dicht auf den Fersen und belle.

Picard steckte den Akrobaten ein und verließ die Schenke, sein Körper so ruhelos wie sein Geist. Die Nacht war klar, der Vollmond stand am Himmel und beleuchtete die Stadt, die unter dem weißen Schleier lag. Er wanderte ziellos, von einer Straßenecke zur anderen, von nichts Unwiderstehlicherem angezogen als dem Schatten eines Laternenpfostens im Schnee. Am Rande der Stadt gelangte er in einen Park und entdeckte eine Eisbahn. Das Eis war erleuchtet von Laternen und Lampions, einige Schlittschuhläufer spielten Eistennis. Die Frauen hatten ihre langen Röcke hochgesteckt, damit ihre Schlittschuhe sich nicht in ihnen verfingen, und glitten anmutig vor dem Netz hin und her.

Er stand am Rande der Eisbahn, auf ein hölzernes Geländer gestützt. Die Stimmung auf dem Eis war höchst romantisch, und er gab sich ihr hin, während die Schlittschuhläufer spielten und lachten und einander plötzlich umklammerten, um nicht hinzufallen. Kutschen kamen durch den Park gefahren, brachten die Nachtschwärmer an den See, die rasch ihre Schlittschuhe anlegten und die Spiegelfläche betraten, auf der der Mond leuchtete. Die einen spielten Eistennis, andere übten sich im Kunstlauf, und wieder andere liefen allein, immer um die Eisbahn herum. Aber alle, die auf der spiegelnden Fläche tanzten, welche Zeichen ihre Schlittschuhe auch ins Eis reißen mochten, alle waren sie Fabelwesen, die sich des Vorrechts der Liebe erfreuten. Denn die Liebe hatte sie an den See herausgelockt, die Liebe in all ihren Formen; diese nächtliche Eisbahn, die verschneite, weiße Fläche und die stummen, schweigenden Bäume – ein Paradies für Liebende. Sogar die jungen Männer, die allein und rasch dahingleiten, die alle Damen, die weniger flink sind als sie, mit Verachtung strafen – sogar diese jungen Männer kreisen durch Liebesträume.

Jenseits der spiegelnden Fläche, auf den schneebedeckten Hügeln, die erstarrten Wellen gleich die Eisbahn umgaben, rodelten Pärchen, hielten einander fest umklammert, umarmten sich durch die dicke Winterkleidung hindurch, kalte, gedämpfte Umarmungen, die trotzdem wie Feuer brannten. Picard erinnerte sich an einen schneebedeckten Hügel in Paris vor vielen Jahren, da er mit einer jungen Dame auf dem Schlitten saß und Montmartre hinunterrodelte, erwartungsvoll und voller Hoffnung; sie waren der Erfüllung entgegengeeilt. Die Erfüllung war vergessen wie viele andere, ähnliche Augenblikke, aber die Schlittenfahrt lebte in seinem Herzen fort, weiter und weiter, hinunter mit dir, mein Liebling, meine Jugendliebe, und der Wind bläst in deinem Haar, und ich berühre deine Brüste durch den rauhen Wollstoff deines Mantels hindurch.

Er wanderte langsam an der Eisbahn entlang, hielt neben einem jungen Paar – sie saß auf einem Baumstamm, der als Bank diente, er schnallte ihr die Schlittschuhe an. Picard lächelte dazu, wie es nur ein alter, sturmerprobter Liebhaber kann, mit einem wissenden Lächeln; sie lockt ihn aufs Eis, obschon er sie zu locken glaubt; und hinterher trinken sie zusammen Glühwein am Feuer, und sie wickelt ihn um den Finger, immer herum, während er sie mit seinen Angebereien, seinen Sprüngen, seinem Mut für sich einzunehmen glaubt. Und alldieweil ist es der

Mond, der euch regiert, meine Freunde, und die Macht der Liebe ist mächtiger als ihr.

Picard wandte sich ab, durchströmt von jenem Liebesgefühl, das denen zukommt, die vom Rande aus zusehen, ein alles verzehrendes Liebesgefühl, die Umarmung eines einsamen Liebhabers, der die ganze Nacht in seine Arme schließt – die Lampions, die Eisläufer, den dampfenden Glühwein.

Die Eisbahn lag hinter ihm, und er näherte sich langsam der Stelle, an der die Kutschen wendeten. Gerade drehte eine um und hielt. Picard sah ein hübsches Gesicht am Fenster, und dann öffnete der Kutscher die Tür, und sie stieg aus, in einer grünen Bolerojacke und einem hochgesteckten roten Wollrock, und auf den blonden Locken saß ein rundes Hütchen mit einer Feder darauf. Sie war ein liebliches Geschöpf, klein, aber von aristokratischem Gebaren, das bei einer so kleinen Person bezauberte. Er wußte, daß sie Hackfleisch aus dem Herzen ihres Begleiters machen würde, bevor die Nacht vorüber war; und da kam der Glückliche schon, tauchte neben den Pferden auf, die Gestalt mit der Mütze stand noch im Schatten, aber Picard fühlte mit ihm, wer er auch sein mochte. Picard trat näher heran, sein Lächeln berührte das Paar einen Augenblik lang und veränderte sich, als Mondlicht auf das Gesicht des Kavaliers fiel. Seine Augen trafen die Augen Picards; er hob seinen Stock.

Picard hatte schon seinen Revolver gezogen, seine Bewegung war rascher als die irgendeines Schlittschuhläufers auf dem Eis in jener Nacht, als er auf die elfenbeinfarbene Seidenweste von Baron Mantes feuerte.

Der Schießstock des Barons erwiderte das Feuer – Picard sah die Kugel aus der polierten Mündung des Stockendes austreten, aber der Baron hatte zu hastig gezielt, und sie zischte an Picards Kopf vorbei in die Bäume. Der Baron lächelte, trug sein elegantes Lächeln sogar noch, als Picards Kugel in seine Brust drang und die elfenbeinfarbene Weste rot färbte.

Die junge Frau hielt die Hand auf den Mund, unterdrückte einen Schrei. Der Baron ließ den Stock fallen und wandte sich langsam zu ihr um, versuchte eine letzte Verbeugung. Seine Knie gaben nach, und er brach vor ihr zusammen, sein Zylinder fiel in den Schnee. Sein markantes Gesicht lag auf ihren schwarzen Schuhspitzen, seine Augen standen offen, er war ohne Frage tot.

Sie warf sich über ihn und weinte. Rasch versammelte sich eine Zuschauerschar, blieb aber in respektvoller Entfernung. Picard hielt immer noch den rauchenden Revolver in der Hand, ließ ihn nur langsam sinken, sein Körper entspannte sich, dennoch hatte er sich völlig in der Gewalt.

Das Schluchzen der jungen Frau machte dem leisen Zittern seiner Nerven ein Ende, und ärgerlich blickte er auf sie hinunter. Ärger, der sich augenblicklich in zärtliche Betroffenheit und Mitgefühl verwandelte, als er das zerstörte Liebesglück in ihren Augen sah.

Er griff in die Brieftasche, holte seinen Ausweis heraus. »Ich bin Inspektor Picard von der Präfektur in Paris. Ihr Begleiter ist ein bekannter Mörder, mindestens neun Frauenmorde gehen auf sein Konto. Ich versichere Sie, er hätte . . .«

Ihre Augen verletzten ihn, feuerten schwarze Haßkugeln auf ihn ab, die zwar keine Spuren auf seiner Haut hinterließen, aber tief und kränkend in seine Seele drangen. »Sie sind der Mörder!« schrie sie. »Sie haben meinen Liebsten umgebracht . . . Sie . . . Sie . . .« Ihre Verwünschungen erstickten in Haß und Klagen, und sie warf sich wieder über den erkaltenden Baron, benetzte seine bläulichen Wangen mit ihren Tränen.

Picard stand unbeholfen da, wußte, welche Schmach er der Nacht zugefügt hatte, hier am Spiegel der Liebe, wo das Blut langsam aus dem Herzen des Barons in den blütenweißen Schnee tropfte. Der Vorfall hatte die Schlittschuhläufer, die Verliebten gelähmt; Kälte war über ihre Umarmung gekommen, eine Kälte, die nicht mehr weichen würde, jedenfalls sehr lange nicht. Erst später, viel später in der Nacht würden die Unerschrockensten von ihnen beieinanderliegen können. Denn der Tod – Picard sah ihn jetzt überall, inmitten der Schlittschuhläufer, bei den Kutschen, in den flatternden Capes der sich nähernden Polizisten – der Tod regierte die Nacht.

Ein strahlender Morgen, der Himmel blau. Er saß im Speisesaal des Hotels und schrieb ein Telegramm; ein Kellner stand dabei, bereit, es zur Post zu geben. Picard überflog es ein letztes Mal:

MANTES IN NÜRNBERG ZUR STRECKE GEBRACHT – BIN LAZARE AUF DER SPUR – PICARD

Er winkte dem Kellner und überreichte ihm das Blatt. »Es muß sofort weg.«

»Es geht sofort hinaus, Inspektor.«

Er wandte sich wieder seinem Frühstück zu, aß das Gebäck, trank den Kaffee aus. Sonnenstrahlen fielen herein, spielten mit dem eisernen Handgriff von Baron Mantes' Schießstock, der gegen die Tischkante lehnte. *Möchten Sie ihn als Souvernir, Monsieur? Natürlich, natürlich.* Die Nürnberger Polizei war sehr freundlich.

Er hob ihn auf, sah ihn sich genauer an – Remington nullzweiunddreißig. Er mochte die Waffe auf Anhieb, rieb sich mit der Kugel und Klaue des Griffs den Nasenrücken, wo der Baron ihn damals getroffen hatte. Und wo fand dich der Baron, kleiner Bruder? Welche Geschichten hast du mir zu erzählen?

Auf der Kugel des Handgriffs sah er elf winzige Markierungen, nebeneinander in das Eisen geätzt. Er nahm sein Taschenmesser heraus und kratzte eine zwölfte Kerbe hinein.

*

Am Eingang zum Sankt-Johannis-Friedhof stand ein Steinhaus, und der Wärter, der die Tür öffnete, schien erst kürzlich dem Grabe entstiegen – ein alter Mann mit Augen so ausdruckslos wie Glasmurmeln. Picard ließ sich das Grab von Robert Heron zeigen und folgte dem Weg zwischen den schneebedeckten Gräbern. Überall sah er kunstvolle Mausoleen im weißen Schnee. Auf Robert Herons Grab lag nur eine Steinplatte. Eine behandschuhte Hand hatte den Schnee fortgewischt. Ein Wacholderbusch war vom Schnee befreit, und darum herum hatte jemand schmale Pfade geschaufelt, wie für ein Kind, und winzige Wälle aus Schnee aufgetürmt, die einen winzigen Hof umschlossen, so schien es. Picard sah sich die Fußabdrücke neben dem Grab an – sie waren klein wie die eines Kindes, und Auftritt und Hackenabdruck nach zu schließen mit Sicherheit die eines Knaben.

Er folgte den Fußabdrücken über den Friedhof bis zum Eingang zurück und klopfte noch einmal an der Tür des Pförtners.

»Wer pflegt Robert Herons Grab?«

»Appel Meisterlin, vom Armenhaus zum Heiligen Geist.«

»Robert Heron war ein Heiliger, mein Freund«, sagte Appel Meisterlin. »Er entdeckte die tiefsten Geheimnisse der Natur und wandte sein Wissen auf die Herstellung seines Spielzeugs an. Die Figuren hatten . . .« Der alte Mann starrte aus einem von Eiskristallen bedeckten Fenster des Armenhauses. ». . . kleine Seelen.«

»Niemand sonst kannte diese Geheimnisse?«

»Nun, das ist eine seltsame Geschichte«, sagte Appel Meisterlin. »Wollen wir ihr bei einem Teller Nudelsuppe nachgehen? Da unten gibt es ein Café, wenn Sie mein Gast sein wollen . . .«

Der arme Mann führte sie zu einem Restaurant, wo Picard ein ordentliches Essen für sich und Appel Meisterlin bestellte. Der alte Mann tunkte sein Brot in die Suppe und sprach.

»Wir sind oft zusammen zu den Spielzeugmessen gefahren, Heron und ich, denn wenn ich ihm als Spielzeugmacher auch nicht das Wasser reichen konnte, kamen wir doch gut genug miteinander aus, um solche Reisen angenehm zu gestalten. Ich lernte von ihm, mein Herr, ich trank in tiefen Zügen vom Geist des großen Mannes und gab ihm zum Tausch ein wenig von dem Verständnis, das ein einsamer Genius wie Heron brauchte; bisweilen gestand er, es käme ihm vor, als ob er die Welt der Menschen gänzlich verlassen habe und in den verzauberten Regionen des Spielzeugs lebe. *Sie sind nicht wie die Menschen,* sagte er dann. *Sie sind viel feiner als die Menschen, und viel schlimmer.* Ich verstand nie ganz, was er meinte, aber ich wußte, daß er sich mit einem philosophischen Problem abmühte, das ihm ungemein wichtig war.

Seinen Bemerkungen entnahm ich, daß er seinen Spielzeugfiguren gute und böse Taten zutraute.«

»Hatte er einen Lehrling?«

Die Finger des alten Mannes schlossen sich mühevoll um die Kaffeetasse. Er brachte sie langsam an die Lippen und setzte sie langsam wieder ab. »Heron und ich befanden uns im Stadtpark von Buda, am Ende der langen Avenue, die zur Innenstadt führt. Wir waren alte Besucher der Messe, kamen schon, solange sie bestand. Aber die Zeit, von der ich spreche, liegt noch nicht so weit zurück, zwanzig Jahre vielleicht. Wir hatten schon seit einigen Wochen ausgestellt, als ein junger Mann mit einer Spielzeugfigur erschien, die er angefertigt hatte – einem marschierenden Soldaten, schön geschnitzt und mechanisch perfekt. Heron war zutiefst beeindruckt. Ich habe ihn nie so berührt von dem Werk eines anderen gesehen. Zuerst verhielt er sich kritisch gegenüber der Arbeit des jungen Mannes, und nur ich, der ich ihn kannte, konnte sehen, daß endlich der Lehrling gekommen war, auf den er gewartet hatte. Er hatte oft von einem solchen Lehrling gesprochen. *Die Spielsachen haben es mir verraten,* sagte er. *Ich werde einen Lehrling bekommen.* Aber nein, er gebrauchte nicht das Wort *Lehrling. Schüler,* sagte er. Sehen Sie? Das ist ein Unterschied. Robert Herons Genius war eine Frage tiefen Gottvertrauens, und in jener Nacht nach der Messe war er fast außer sich vor Freude. *Endlich ist der Mann da, der das Zeug dazu hat,* sagte er.«

»Es war ein junger Mann?«

»Ein fünfzehnjähriger Bursche, würde ich sagen, aber sehr reif in seiner Art, seltsam genug, als ob in seinem Innern – ein alter Mann steckte. Ich war ständig wie gebannt von diesem Eindruck, und Heron sagte mir, das Spielzeug habe den uralten Ausdruck in die Augen des Jungen geprägt, und das Spielzeug selbst sei sehr alt.

»Woher kam der junge Mann?«

»Von einem Ort an der Donau, ein seltsamer Name, ich habe ihn nicht vergessen. Robert Herons Schüler kam aus dem Tal des Großen Jammers, so hieß es.«

»Haben Sie dieses Tal besucht?«

»Es gibt dort einen sehr hübschen See. Unglückseligerweise brachte der Schüler großes Leid über Robert Heron.«

»Wie kam es dazu? . . . Ober, bringen Sie uns den Nachtisch, bitte.«

»Er war in jeder Beziehung ebenso begabt wie Heron. Seine technischen Fähigkeiten übertrafen bei weitem mein Verständnis. Er und Heron sprachen über mechanische Regeln, und ich verstand kein Wort. Der Bursche brachte andere Spielsachen, die er gefertigt hatte, zeigte uns ihr Inneres. Hochkomplizierte Mechanismen, mein Herr, geboren aus der starken Faszination, die es einem Mann erlaubt, immer tiefer in die Geheimnisse des Handwerks einzudringen. Ich hatte keine solche Begabung; ich verlor die Geduld, meine Hand zitterte, und mir fielen die Augen zu. Heron und sein Schüler aber arbeiteten bis tief in die Nacht, fertigten Zahnräder an, die so winzig waren, daß man sie mit bloßem Auge kaum erkennen konnte. Und setzten sie dann mit der Pinzette und einem Gebet auf den Lippen ein; weiß Gott, welch seltsame Leidenschaft sie antrieb . . .« Der Armenhäusler rührte gedankenverloren in seinem Kaffee. »In den Wochen während jener Messe bauten sie einen Lautenspieler, dessen winziges Instrument sich exakt stimmen ließ. Erstaunlicher noch – seine hölzernen Finger spielten eine Melodie, eine einfache Weise zwar, aber so eindringlich und traurig, daß ich sie immer noch höre, ein Lied, das sie ›Großer Jammer‹ nannten.«

Der alte Mann schloß die Augen. Im Café war es still, abgesehen vom leisen Gemurmel der Stimmen und dem gelegentlichen Klirren eines Bestecks. »Ich höre es immer noch, als ob ich es mein Leben lang gekannt und verloren und wiedergefunden hätte, nur um es noch einmal zu verlieren.«

Picard starrte auf die gesenkten Lider des alten Mannes und lauschte auf die eindringliche Melodie, hörte nichts, aber fühlte sie trotzdem, sie spielte mit seinen Nerven, während Erinnerungen über ihn hereinbrachen, die nicht die seinen waren, die ihm das Gefühl gaben, daß er alles wußte, daß er diesen Fall schon hundert-, ja tausendmal bearbeitet, Lazare von Anfang an verfolgt hatte, daß er ihm von einem Land und Zeitalter zum anderen auf der Spur war, von einer Melodie, einer geheimnisvoll eindringlichen Weise begleitet.

Der alte Mann summte sie leise, die Augen noch immer geschlossen, und seine knorrigen Finger klopften dazu den Takt auf die Tischplatte, sie war einfach wie die Melodie eines Karussells. Picard sah sich mit einemmal hoffnungslos verloren auf einem Holzpferdchen sitzen, das die goldene Kutsche vor ihm nie überholen konnte. In der Märchenkarosse saßen Ric und Renée Lazare, auf ewig frei, und lachten ihn aus, während er seinem hölzernen Pferd die Sporen gab.

»Zauberei, mein Herr«, sagte der alte Mann, »Spielzeugzauberei.« Auf seinen schwachen, wäßrigen Augen lag ein dünner Film aus Tränen, er sah aus wie ein Mann in einem Goldfischglas, der durch die gekrümmte Scheibe starrt, und Picard fühlte sich ähnlich eingetaucht in einen Ozean der Angst, aber er war entschlossen, das rettende Ufer zu finden, das Geheimnis der Vergangenheit Lazares zu ergründen und am Ende zu gewinnen.

»Der begabte Lehrling, von dem Sie sprechen – wie brachte er Leid über Robert Heron?«

»Der Knabe war von dem Verlangen besessen, reich zu werden. Er wollte herrschen, im Wohlstand leben. Heron und ich stritten mit ihm, und Heron versuchte ihm begreiflich zu machen, daß man bei der Ausübung der Kunst sein Verlangen nach Reichtümern überwinden muß, sonst würde es in das Spielzeug eindringen und Unvollkommenheiten bewirken. Heron starb in bitterer Armut, wie Sie wissen, und ein Armenhäusler pflegt sein Grab. Seinen Lohn empfing er, wie er oft bemerkte, im Reich des Spielzeugs, dort war er König. Aber sein Schüler wollte ein König von dieser Welt sein.«

»Ein König von Paris vielleicht?«

»Haben Sie ihn getroffen?«

»Möglich.«

»Wir verloren ihn aus den Augen, noch bevor die Messe vorüber war. Er war ungeduldig mit uns geworden, wegen unseres Armutsgelübdes. Und die tiefsten Geheimnisse Herons hatte er bereits ausspioniert. *Er ist ein Meister,* sagte Heron in der Nacht, als wir unsere Zelte in Buda verpackten. *Gott helfe ihm.*«

»Hat es je eine Wahrsagemaschine gegeben?«

»Heron zufolge haben alle irdischen Ereignisse unsichtbare Wurzeln. Durch die Spielzeuge kam man mit diesen unsichtbaren Elementen der Natur in Berührung und erkannte die besondere Bestimmung menschlichen Lebens. Durch das Spielzeug konnte man die Zukunft sehen, ja.«

»Das wäre eine gewaltige Macht.«

»Robert Heron war ein einfacher Mann, mein Herr, und suchte keine solche Macht. Er besaß sie, aber er gebrauchte sie nicht.«

»Und sein Lehrling?«

»Er kommt aus Jammertal«, pflegte Heron zu sagen. *»Er wird ins Jammertal zurückkehren.* Und er zog den kleinen Lautenspieler auf und hörte dem Lied zu, das er mit seinem Schüler zusammen komponiert hatte, das ihn bis ins Grab verfolgte, so wie es mich bis in meins verfolgen wird.«

Picard steckte die Hand in die tiefe Tasche seiner Manchesterjacke und holte den Akrobaten heraus, den er aus dem Hause von Robert Heron mitgenommen hatte. »Ist das der Lehrling?«

Der Armenhäusler betrachtete das Spielzeug verwundert, seine buschigen grauen Augenbrauen hoben sich erstaunt, und er nickte langsam.

Der Zug rumpelte durch die Nacht, und Picard, der allein im Speisewagen saß, stellte den Akrobaten auf den Tisch und zog ihn auf. Die winzige Nachbildung von Ric Lazare turnte gekonnt auf dem Tischtuch; die nächtliche Landschaft zog vorüber, Dörfer wie Leuchtkäfer, im Nu von finsteren Wäldern verschlungen. Ric Lazare ist also kein Narr; natürlich wußte ich das. Aber er ist auch ein Handwerker, und Handwerker sind die kühlsten und zugleich die berechnendsten Leute.

Der Schuhmacher in Montmartre, der mich jedesmal, wenn ich mich anschleiche, mit meinem Namen begrüßt, sobald ich seinen Laden betrete, obwohl er immer der Tür den Rücken zukehrt. *Aber wie machen Sie das, Monsieur Voutour? Die Schuhe, Inspektor. Jeder quietscht anders.*

Ein Handwerker ist immer ein gefährlicher Gegner.

Picard schnippte mit dem Zeigefinger, versetzte dem kleinen Akrobaten einen Schlag auf den Kopf. Er fiel auf den Rücken. Der Stoß aktivierte das abgelaufene Federwerk zu einem letzten Kraftakt; die Knie des Akrobaten schnellten hoch, und nach einem Salto stand er wieder aufrecht vor Picard.

Er steckte den Akrobaten zurück in die Tasche. Draußen waren Lichter in dem dunklen Wald aufgetaucht, einsame Edelsteine, denen nun leuchtende Kristalle folgten, allmählich wurden die Kristalle größer, bis schließlich ein großes gewebtes Halsband in der Nacht hing. Buda hatte ihm in der Vergangenheit mancherlei bedeutet, in dieser Nacht aber erinnerte es ihn an das Juwelenhalsband der kleinen deutschen Prinzessin, die sich in der Begleitung des Barons befunden hatte; und als ich zielte, schien die Weste des Barons mit der Mündung meiner Pistole zu verschmelzen.

Picard verließ langsam den Speisewagen, beugte sich vor, um auf den glitzendern Ostbahnhof hinauszusehen, während der Zug fauchend ins Zentrum des blendenden Halsbandes einfuhr, strahlender und schöner, als er es in Erinnerung hatte, als sei es von verborgenen Geistern verzaubert, oder vielleicht vom Geist des Cognacs, den er im Speisewagen zu sich genommen. Aber sein Herz erfreute sich immer an großen Städten, und er wußte, daß er und Ric Lazare sich hierin glichen. Uns beide lockt der Glanz. Wer weiß, wie solch ein Geschmack das Vorhaben beeinflußt. Sicherlich scheint Lazare mehr mit Reichtümern gesegnet und in dieser Beziehung belastet; Renée Lazare allerdings konnte man kaum eine Last nennen. Wenn ja, dann laß mich es sein, den sie belastet, dachte Picard, als er seinen Koffer aus dem Gepäcknetz holte.

*

Er schlief gut, hatte einen Traum, einen wunderschönen

Traum, wie er unter einem Baum saß und dort einschlief. Dieser Schlaf im Schlaf erzeugte in ihm ein wohliges Gefühl, das so tief ging, daß er sich einen kurzen Augenblick lang wieder wie ein Kind fühlte, vollkommen unschuldig und weise. Bei Tagesanbruch erwachte er und ging an das Fenster seines Hotelzimmers. Es lag am Donauufer, gegenüber dem Königspalast. Die ersten Sonnenstrahlen leuchteten auf dem Wasser, und Lastkähne schwammen schon durch den klaren Morgen. Er zog sich an und schnallte gerade seinen Koffer zu, als ein Hoteldiener an die Tür klopfte.

»Mein Herr, wenn Sie mit dem Dampfer fahren wollen . . .«

»Ja, vielen Dank.«

Er beglich seine Rechnung, trat auf die Straße hinaus und schlug den kürzesten Weg zum Flußufer ein. Die Schreie der kreisenden Möwen hallten vom Wasser her, und der Geruch des Flusses wehte ihm entgegen. Der Landesteg, nach dem er Ausschau hielt, wurde von einer Holztür versperrt, hinter der sich die Fahrkartenausgabe befand.

»Wohin?«

»Esztergom.«

Er betrat den Steg und ging ihn entlang, auf die Laufplanke zu. Es roch nach Fisch, nassen Tauen und Treibholz. Er kletterte die Laufplanke hinauf, setzte seinen Koffer auf dem Deck ab und sah zu, wie die anderen Fahrgäste an Bord kamen; an so frühem Morgen waren keine schönen Frauen dabei. Sie liegen noch im Bett und ruhen sich aus, ihrer Schönheit zuliebe.

Die Sirene ertönte, und die Leinen wurden losgemacht. Die Möwen stiegen kreischend auf und drehten ab, als der Kapitän das Schiff auf Kurs brachte. Picard ging an der Reling entlang nach vorn, bis er mit dem Gesicht zum Wind stand, den Blick flußaufwärts gerichtet. Irgendwo zwischen jenen Hügeln, in einem Tal namens Großer Jammer, war Lazare geboren. Er würde zweifellos ein Vermögen bezahlen, wenn er diese Tatsache aus seinem Leben ausradieren könnte.

Picard lächelte dem Ufer zu. Wer klug ist, bleibt unerkannt. Aber Pässe und Visa, die holen einen Mann ein. Fürst Solonski versuchte, die Bank des Schicksals zu sprengen, reiste nur mit fremdem Gepäck, besaß fünfundzwanzig Pässe, alle auf verschiedene Namen. Die Karten werden gemischt . . .

Er ging unter Deck, bestellte ein Frühstück und studierte eine Landkarte der Gegend. Das Große Jammertal – so unbedeutend, daß es nicht darauf verzeichnet war. Aber der Mann im Hotel meinte . . . hier irgendwo müsse es sein . . .

»Ihr Kaffee, mein Herr.«

Kurz hinter Esztergom. Diese Hügel und Täler wechseln mit jeder Generation den Namen. Aber hier . . . irgendwo in dieser trostlosen Gegend . . . nun, ich werde es bald erfahren.

Er faltete die Karte zusammen und vertiefte sich in die Memoiren von Celeste Savidant. Das Ufer glitt vorüber, und Mademoiselle Savidant ruinierte nach und nach den Herzog von Rouleau; sie empfing bereits ihren nächsten nichtsahnenden Freier, als der Dampfer auf den Anleger von Esztergom zusteuerte. Die Möwen dort warteten schon, stürzten sich herab und geleiteten das Schiff zum Anlegeplatz. Picard schritt die Laufplanke hinunter und fuhr mit einer Droschke zur Bajcsy Szilinsky Ut, zum Kurhotel gleich neben den heißen Quellen. Gleich nach dem Auspacken tauchte er in die heilenden Wasser, und die zahlreichen Beschwerden der Reise fielen allmählich von ihm ab. Er überließ sich den Badewonnen und beendete die Memoiren von Mademoiselle Savidant; der letzte geschlagene Fürst kroch ohne einen Pfennig von ihrer Schwelle, und Picard entstieg dem dampfenden Naß und ließ das Buch liegen. Vielleicht fand es ein anderer Badegast und zog daraus eine wichtige Lehre; aber man lernt nie. Celeste Savidant würde mich im Handumdrehen verschlingen, und es erginge mir wie allen anderen, ruiniert kröche ich von ihrer Schwelle. Ich weiß, wo sie wohnt, auf der Chaussée d'Antin. Alles sehr amüsant, ja, bis man selbst das Opfer ist.

*

»Nichts als Wildnis«, sagte der Droschkenkutscher. »Und voller Diebe.«

»Machen Sie sich keine Sorgen wegen der Diebe.« Picard knöpfte die Jacke auf und legte seinen Revolver auf den Platz neben sich.

»Also gut, dann fahren wir.«

Es war ein schmaler, leichter Wagen, und die beiden Pferde, die ihn zogen, waren schnell. Aber die zerfurchte, ausgefahrene Straße, die sich über die waldigen Hügel wand, wurde bald zu einer qualvollen Angelegenheit. Picard saß unmittelbar hinter dem Kutscher in dem offenen Gefährt, das Cape eng um die Schultern geschlungen wegen der Kälte. Der Kutscher warf einen Blick über die Schulter. »Ich kenne nur eine Familie, die hier lebt.«

»Dann werden wir sie besuchen.«

»Früher wohnten mehr Familien hier.« Der Kutscher deutete auf den finsteren Wald, und Picard gewahrte eine Schneise zwischen den Bäumen, wo einmal eine Straße gewesen war und wo jetzt Erlenbüsche standen und den Weg versperrten. »Haben allesamt aufgegeben. Das Leben war zu hart. Wölfe, diebische Zigeuner, Fährnisse aller Art.«

»Und wer blieb da?«

»Eine Familie von Idioten.«

Picard sah den nackten Wald vorübergleiten. Schnee lag noch nicht, aber Himmel und Wind schienen auf baldigen Schneefall hinzudeuten. In ein paar Wochen würde die Straße nicht mehr passierbar sein, und niemand würde sich hier hinauswagen, den Schnee zu räumen. Ich komme gerade noch zur rechten Zeit, wenn etwas in diesem traurigen Tal zu finden ist.

Der Kutscher bog in einen Seitenweg ein, der offensichtlich noch immer befahren wurde, wenngleich die jungen Pappeln und anderen Bäume an beiden Seiten nur wenig Platz ließen. Am Ende des Wegs tauchte eine rohgezimmerte Bauernhütte auf, die von Kindern wimmelte. Sie wurden von einem affenähnlichen Vater beaufsichtigt, der trutzig mit der Axt in der Hand unter dem Vordach hervortrat.

Picard starrte den Mann an, der unbeweglich dastand, als sei er aus ungarischem Roheisen gefertigt. Der Ausdruck in seinen Augen stammte aus einer Zeit, da dem Menschen die Gabe der sprachlichen Verständigung noch abging, und die Axt hielt er wie eine Keule, so daß Picard sich in einem Museum glaubte.

Er wußte, wie er dem Vater vorkommen mußte – ein Aristokrat, der gekommen war, um den Armen die Taschen umzudrehen. So ist es immer gewesen, und so ist es auch heute, dachte Picard, als er vom Wagen kletterte, denn ich bin gekommen, euer Hirn umzudrehen, wenn ihr überhaupt eins besitzt.

Der Besitzer der Hütte rührte sich nicht, seinem Gesichtsausdruck nach zu urteilen bedauerte er es nur, daß er nicht noch eine Keule aus dem Schrank in der Hütte genommen hatte, damit er auch in der linken Hand etwas hielt, genau wie in der rechten. Statt dessen ballte er die linke Faust und streckte sie schweigend empor.

Picard wirbelte den Schießstock des verblichenen Baron Mantes durch die Luft. Ich würde nicht zögern, dir damit ins Gesicht zu feuern, sagte er zu den Augen, die unter den wulstigen Brauen hervorstachen.

Die Augen des Bauern folgten der wirbelnden Bahn des Stocks, und seine Faust öffnete und schloß sich um den Axtstiel.

Picard entnahm seiner Tasche mehrere große ungarische Geldscheine und wedelte damit vor dem Gesicht des Bauern herum, um zur Sache zu kommen.

Die Augen des Bauern zeigten keine Regung. Wie du willst, dachte Picard, ich habe verstanden. Bedrucktes

Papier ist nicht jedermanns Sache. Aber wie auch immer . . .

Der Bauer wandte ein wenig den Kopf und grunzte in Richtung seiner Hütte. Eine Frau kam heraus. Es sah aus, als sei sie in ein dreckiges Tischtuch gewickelt, unter dem sich ihre Brüste abzeichneten.

Picard hielt die Scheine wie einen Fächer hoch. Ja, sie hat ein instinktives Verhältnis zum Geld, begreift, daß da einer vor ihr steht, der sich nicht lumpen läßt.

Er rief den Kutscher. »Kommen Sie, reden Sie mit der Frau.«

Der Kutscher kam näher; Picard nahm den Spielzeugakrobaten aus der Tasche und zog ihn auf. Der Akrobat hüpfte ihm aus der Hand, landete auf der Handfläche der verwunderten Frau, trat um sich und stürzte zu Boden. Sie schrie auf, und ihr Gatte hockte sich hin und betrachtete erstaunt den tanzenden Spielzeugmann, dessen vollendete Purzelbäume auf dem vertrockneten Gras wie die Bewegungen eines Wiesenkobolds aussahen, ein Wesen, das er offenbar seit langem einmal zu Gesicht bekommen wollte. Er zögerte deshalb, das seltsame Wesen zu berühren, das weiter im Müll des Vorhofs herumsprang und bis zu einer Eierschale gelangte, bevor es erlahmte und sein winziger Arm ausgestreckt stehenblieb und auf die Eierschale deutete, als wolle es den Herumstehenden etwas mitteilen.

»Frag sie, ob sie weiß, wer das gemacht hat«, sagte Picard und deutete auf das Spielzeug.

Der Kutscher sprach zögernd und behutsam mit der Frau, und sie antwortete ihm mit einem zufriedenen Lächeln. Der Kutscher wandte sich Picard zu. »Sie sagt, sie weiß es, kann Ihnen aber nicht den Namen sagen, weil es ein Zigeunermagier ist, der sie mit dem bösen Blick strafen würde.«

»Natürlich«, sagte Picard und reichte ihr einen der Geldscheine.

»Zoltán Lajos«, sagte die Frau, als sie das Geld in Empfang nahm. Ihr Gatte lag inzwischen bäuchlings am Boden und starrte dem Akrobaten ins Gesicht. Seine Kinder saßen um ihn herum und hatten weniger Angst vor dem kleinen Wesen. Sie wußten, daß es ein Spielzeug war, und der älteste Knabe nahm den Akrobaten und zog ihn wieder auf.

»Frag sie, woher Zoltán Lajos stammt.«

Der Kutscher sprach mit der Frau, und sie schüttelte den Kopf. Picard drückte ihr noch einen Schein in die Hand, und sie begann in einem gutturalen, urtümlichen Dialekt zu sprechen, während der Kutscher ihre Worte übersetzte.

»Zoltán Lajos stammt vom Hunderücken-Berg. Sie sah ihn in der Stadt Dunabogdany. Das war vor vielen Jahren, als sie jung und schön war.«

»Spielzeug wie das hier«, sagte Picard zum Hoteldiener in Dunabogdany. »Sehr feine, komplizierte Arbeiten. Von einem Mann namens Zoltán Lajos.«

Der Hoteldiener betrachtete die Figur einen Augenblick lang, gab sie zurück. »In der Kirche unserer Heiligen Mutter haben sie so ein Ding. Sie ziehen es auf und spielen es bei Hochzeiten. Es soll dem Paar Glück bringen.«

»Und tut es das?«

»Ich habe dort geheiratet, und meine Frau verließ mich und ging mit einem Fiedler.« Der Hoteldiener lächelte. »Ein Glück für mich. Pech für den Fiedler.«

»Diese Kirche . . .«

»Auf der anderen Seite vom Platz.« Der Hoteldiener wies die Richtung, und Picard verließ das Hotel, überquerte den Platz und betrat die Kirche. Drinnen war es still, fast wie ausgestorben. Er schritt den Chorgang hinunter, an ein paar schwarzgekleideten, knieenden Frauen vorbei, und betrat die südliche Vorhalle. Er fand nur die üblichen Gemeindenachrichten, ein paar Klappsitze, ein kleinformatiges Auferstehungsbild. Picard ging am Altar vorbei und betrat die nördliche Vorhalle, die mehrere Glasvitrinen mit Gegenständen enthielt, die in der Geschichte des Pfarrbezirks eine besondere Rolle gespielt hatten – antike Kleidungsstücke, ein Stück Holz von der ursprünglichen und jetzt verschwundenen Kirche, an deren Stelle das neue Gotteshaus getreten war, und eine kunstvolle Spieldose mit einer Tänzerin und einem Tänzer darauf, die einander umfaßt hielten. Sie waren wie Braut und Bräutigam gekleidet, und die Arbeit stammte den Figuren nach zu urteilen von Robert Heron oder einem Schüler von ihm. Picard verließ die Kirche durch die Vorhalle und schritt mit schlafwandlerischer Sicherheit in Richtung Pfarrhaus; denn im Grunde verstand er nicht viel von Kirchen. Seine Kirche war das Caféhaus, und gutes Essen seine heilige Messe.

*

»Weshalb interessieren Sie sich für Zoltán?«

»Ich bin von der Polizei in Paris«, sagte Picard und zeigte dem Abt seinen Ausweis.

Der Abt nickte. »Er fertigte wunderschöne Spielsachen für die Kinder, für die ganze Gemeinde an. Er war sehr beliebt, während er hier lebte, denn er war begabt und großzügig zugleich. Aber sein Herz war zornig. Das war sein Verderben.«

»Wie kam das?«

»Er stritt sich mit einem Mann, einem Spieler. Sie kämpften miteinander, und Zoltán erstach ihn. Der Mann starb.«

»Wurde Zoltán eingesperrt?«

»Gewiß.«

»Ins Staatsgefängnis in Vác?«

»Das ist richtig.«

»Ist er in dieser Gegend geboren, Vater?«

»Er kam vor vielen Jahren mit den Zigeunern in unsere Stadt.«

»Er sieht nicht wie ein Zigeuner aus.«

»Nein. Aber er hat auch nie behauptet, einer zu sein. Er sagte . . .« Der Abt zögerte.

»Ja, Vater?«

»Er sagte, er sei Ägypter.«

»Wie ich hörte, hatte er den bösen Blick.«

»Sein größtes Übel war sein Zorn. Er brachte Verderben über seine Seele.«

»Aber was ist mit dieser Macht, die man ihm nachsagt, daß er anderen aus der Ferne Leid zufügt, indem er – die Naturgewalten bändigt und seinen Zwecken dienstbar macht?«

»Wenn er über solche Kräfte verfügte, weshalb erstach er dann Anton Romani in einer Schenke?«

»Vielen Dank für Ihre Hilfe, Vater«, sagte Picard und erhob sich.

Der Abt läutete die Glocke, und der Hausdiener erschien und zeigte Picard den Weg hinaus aus dem Pfarramt, den langen Korridor hinunter. Seine Augen wanderten in die ausgemalte Kuppel der Eingangshalle hinauf – ein pastellfarbenes Fresko, dem das Alter eine leuchtende Patina verliehen hatte. Engel schauten vom Rand der umgekehrten Schüssel auf ihn nieder, und Picard mußte lächeln. Es sah ganz wie eine große Kristallkugel aus. In der Mitte schwamm ein Paar gekreuzter, goldener Schlüssel – wie Wegweiser zum Himmel. Er trat hinaus. Jetzt hatte er auch einen Schlüssel. Den Hauptschlüssel, mit dem er Ric Lazare hinter Schloß und Riegel bringen würde. Der Liebling der Pariser Gesellschaft hatte einen Fehler gemacht und in aller Öffentlichkeit einen Mann getötet, und genügend Zeugen waren vorhanden, um ihn schuldig zu sprechen.

*

Der Aufseher des Staatsgefängnisses gestikulierte mit der Zigarre in der Hand. »Lajos war der geborene Akrobat, kletterte wie eine Fliege die Mauer hinab.« Der Aufseher deutete aus dem Fenster auf die hohen Steinwände. In der Ferne, jenseits der Mauern, beherrschte der Triumphbogen der Kaiserin Maria Theresia das Stadtbild. Picard ließ einen Augenblick lang seinen Blick darauf verweilen und fühlte seinen eigenen Triumph nahen.

»Ich wußte, daß er eines Tages die Mauer hinabklettern würde«, sagte der Aufseher. »Wir wußten es alle. Wir haben mitangesehen, wie er seine artistischen Fähigkeiten den anderen Gefangenen gegenüber unter Beweis stellte. Der Aufseher zündete wieder seine Zigarre an. »Ein idealer Häftling in mancherlei Beziehung, ich hoffe, Sie bringen ihn mir zurück. Lehrte die Männer das Figurenschnitzen. Das Leben im Gefängnis schien ihm zu gefallen. Er sagte einmal zu mir, es sei gut, eine gewisse Zeit in Einzelhaft zu verbringen. Hier ist seine ganze Akte.«

Picard überflog sie rasch: Zoltán Lajos des Totschlags

überführt, sein Opfer hieß Anton Romani. Waffe: ein Eispickel, Anlaß: ein Streit wegen der Würfel, die Lajos ins Spiel gebracht hatte. Opfer: Romani, der das Spiel mit einem Eispickel in der Stirn verlor. Da Romani vorbestraft war, wurde keine Todesstrafe verhängt. Der Aufseher nahm die Akte wieder an sich. »Haben Sie Lajos geschnappt?«

»Innerhalb eines Monats steht er vor Ihnen.«

»Passen Sie auf! Er ist ein aalglatter Teufel.«

»Ich bringe ihn her, aber werden Sie ihn festhalten können?«

»Wir werden besondere Vorkehrungen treffen.« Der Aufseher erhob sich, brachte Picard an die Tür. »Wenden Sie sich an die Polizei in Debrecen, Inspektor. Dort kennt man Ihren Mann.«

*

Das Gasthaus neben dem Bahnhof war klein, besaß aber nach hinten heraus eine von rankendem Wein überdachte Bühne, auf der ein Zigeunerorchester spielte. Das Gulasch wurde mit süßem, gebackenem Eierteig und Essiggurken serviert, und der Wein war ein Tokayer. »Der Wein der Könige«, sagte der Kellner und goß ein.

»Genug«, erwiderte Picard und hielt die Hand über das Glas. Die kleine Flasche war dreiviertelleer, und der Kellner schien bedacht, nachzuschenken, um eine neue anzubrechen.

Die Zigeuner spielten zärtliche Musik, und Picard ließ sich Zeit beim Essen; auf jedem der Tische stand eine Kerze, von einem dunkelblauen Glasschirm umgeben;

die Flammen zitterten, als die Tür des Gasthofs sich auftat und der Wind eine junge Frau hereinwehte. Sie trug einen langen sandfarbenen Umhang und machte einen stolzen, unabhängigen Eindruck: sie ließ das Cape in die ausgestreckten Hände des Kellners fallen und folgte ihm zu einem Tisch nicht weit von Picard. Und auch ihr brachte man den Wein der Könige.

Ihre Gegenwart löste eine merkliche Unruhe unter den Zigeunermusikanten aus, deren Spiel augenblicklich verführerischer wurde. Picard schien die Musik in den Ellbogen zu gehen, der sich rhythmisch hob und senkte, dieweil er, das Glas mit dem Wein der Könige in der Hand, die Frau nicht aus den Augen ließ. Künstliche Veilchen schlangen sich um ihren breiten purpurfarbenen Hut, doch die zarte Haut ihres Nackens hatte ganz und gar nichts Künstliches an sich. Picard erhob sich und trat in den Garten hinter dem Gasthaus hinaus, wo er einen Teil des königlichen Weins der Erde übergab, Luft holte und seine fünf Sinne zusammennahm. Der Zug fährt erst morgen früh. Es bleibt noch Zeit für einen Tanz.

Er hielt am Rande der kleinen weinüberdachten Bühne und reichte dem Zimbelspieler einen Geldschein, der ihn mit einem wissenden Lächeln in Empfang nahm. Natürlich spielen wir eine betörende Melodie, mit dem größten Vergnügen. Der Geiger kam von der Bühne herunter und wanderte, gefolgt von den anderen Musikanten, langsam durch den Saal.

Der Kellner stellte sich neben Picard. »Wir nennen es *mulnatni*, mein Herr. Sich mit den Zigeunern vergnügen.«

Picard sah, daß der Körper der Frau sich bereits im Rhythmus der Musik des listigen Geigers bewegte. Heute nacht wird sie die Röcke wirbeln und ihre hübschen Beine sehen lassen.

Der Geiger erging sich in beinahe obszönen musikalischen Improvisationen, als er dem Tisch der Frau näherkam, gefolgt von seinen Männern. Allerlei Triller, Schluchzer, Zimbelklänge erfüllten den Saal, und der Gitarrenspieler begann zu singen.

»Was sagt er?« fragte Picard.

Der Kellner öffnete erst eine neue königliche Flasche, goß sich und Picard ein. Als ihre Gläser aneinanderstießen, sagte er flüsternd:

. . . sie lehrten mich, die drei Zigeuner,
Wenn das Leben traurig und kalt ist,
Wie man's verträumt oder verspielt oder verpafft
Und auf dreierlei Weise verachtet.

Picard nahm eine Zigarre, die der Kellner ihm anbot, und sie pafften gemeinsam, der Rauch machte ihn benommen und entspannte seine Nerven, während er sich auf den Angriff vorbereitete. Sein Geist hob ab und dann sein Körper, leicht wie eine Kerzenflamme im blauen Glas, flackernd, tanzend und verzaubert von der Musik, dem Wein und dem hochhackigen Stiefel der Frau unterm Tisch, den er nicht aus den Augen ließ, während die Musik sie allmählich einlullte. Langsam tasteten sich seine Augen ihren Körper hinauf, bis sich ihre Blicke begegneten.

»Er nannte sich Bruno Bari, als er hier operierte«, sagte der Polizeichef von Debrecen. »Ich bin sicher, es ist derselbe Bursche. Hatte einen hervorragenden Salon, empfing die beste Gesellschaft und handelte mit einem Lebenselixier.«

»Elixier?«

»Er versprach dem Käufer das ewige Leben. Ein interessanter Trick. Damit erleichterte er den alternden Grafen Stephan Magor um wertvolle Diamanten, alten Familienschmuck. Möchten Sie auch eine Tasse Kaffee? Nehmen Sie Sahne? Das Rezept für des Grafen Unsterblichkeit verlangte, daß er sechzehn Tage lang hungerte, dann zur Ader gelassen wurde, dann ein paar weiße Tropfen bekam und, wieder zur Ader gelassen, noch einmal dreißig Tage lang zu hungern hatte. Der alte Mann kriegte Krämpfe, Haar und Zähne fielen ihm aus, und in diesem Zustand vermachte er einen großen Teil seines Besitzes Bruno Bari.«

»Hat sich sein Wunsch nach Unsterblichkeit erfüllt?«

»Er trägt ein Gebiß und eine Perücke und leidet, wie ich höre, unter der Wahnvorstellung, daß er noch fünfzig

Jahre leben wird, bevor er wieder ein paar weiße Tropfen braucht.«

»Es wurde keine Anklage gegen Bari erhoben?«

»Der Fall war wegen der politischen Stellung des Grafen zu delikat, als daß wir uns da herangetraut hätten. Und nach einem weiteren, unbedeutenderen Zwischenfall verloren wir Bruno Bari aus den Augen.«

»Was war das für ein Zwischenfall?«

»Nichts, für das Sie einen Mann einsperren könnten.«

»Sondern?«

»Sándor Zetti ist einer der großen Händler des Hortobagy. Dort gehören ihm riesige Ländereien. Bruno Bari gelang es, Zettis Frau zu stehlen.«

*

Zum Grundbesitz Sandor Zettis gehörten ausgedehnte Weiden zu beiden Seiten des Hortobagyflusses. Der Gutsherr war mit seinen Männern ausgeritten, um die Pferde zusammenzutreiben. Ob der Inspektor zu ihm hinausreiten wolle.

Picard bestieg einen feurigen Rappen mit einem weißen Stern auf der Stirn. Ein Stalljunge auf einem zweiten Pferd ritt voraus. Vor ihnen erstreckte sich eine weite Ebene. Der Himmel war klar, das Wetter zu warm für die Jahreszeit. Picard genoß den glatten, kräftigen Leib des Pferdes zwischen den Beinen. Seine verletzte Hode spielte wie üblich Verstecken, kroch vom Rückgrat des Pferdes fort und suchte im Bauch des Inspektors Zuflucht. Er fühlte, wie sie sich verklemmte, verspürte das schmerzhafte Reißen im Unterleib. Er zog den Bauch ein und konzentrierte sich auf die flatternde Mähne, den auf und ab tanzenden Kopf, die trappelnden Hufe des Pferdes.

In der Ferne sah er die wehenden Umhänge der Pferdehirten des Hortobagy und den Staub ihrer rasenden Galoppaden. Dann war er auf ihrer Höhe und versuchte, neben ihnen mitzureiten, während ihre Peitschen über einer Herde prächtiger Pferde knallten.

Die Gesichter der Männer waren staubig, wettergegerbt, ihre Bewegungen kraftvoll und anmutig zugleich. Picard tat es ihnen, so gut er eben konnte, nach, als sie die Herde umkreisten, und sein Mantel blähte sich ebenso üppig, wenn auch nicht so leuchtend wie die purpurnen Umhänge der Pferdehirten. Der Lärm der knallenden Peitschen und donnernden Hufe erfüllte die Luft, und frohgemut ritt Picard mit den Männern über die weite Ebene, stimmte ein in ihre Schreie und trieb mit ihnen die Pferde zusammen.

Als die Herde schließlich besänftigt war und der Staub sich zu legen begann, kam ein Mann, mit einem nicht weniger mächtig gebauten Brustkorb als seinem, auf ihn zu. Offenbar war er der Gutsbesitzer; sein Blick, den er über das Land schweifen und auf Picard ruhen ließ, verrieten den Mann, der es gewöhnt ist, daß man sich seinem Willen beugt.

Picard hielt ihm seine Polizeimarke hin. »Ich suche Bruno Bari.«

»Wenn Sie ihn finden, lassen Sie es mich bitte wissen.« Sie trotteten nebeneinander her, während die Pferdehirten die Herde weitertrieben.

»Sagen Sie mir, was Sie über ihn wissen.«

»Er stahl meine Frau«, sagte Zetti und zupfte an seinem mächtigen Schnurrbart. »Eine Hure, aber was für eine, die schönste Prostituierte in Buda. Sie machten ihre Bekanntschaft?«

»Ja«, sagte Picard, sah sie vor sich, ihr Leib bewegte sich durch seine Erinnerung, ihre Brüste zitterten in seinem Hirn.

Zetti lächelte zum erstenmal. »Ich sehe, Sie sind ihr begegnet.« Er lachte und klopfte seinem Pferd den Hals. »Ich bot ihr mehr als alle anderen. Alle reichen Männer von Buda suchten ihre Gunst zu gewinnen. Und was für eine Gunst, selten und unbezahlbar. Ich verlor mehr als Geld, als sie mich verließ, obgleich sie auch davon eine Menge mitnahm. Natürlich, für sie war das Beste gerade gut genug.«

»Nahm Ihnen Bruno Bari irgend etwas von Ihrem Besitz weg?«

»Er nahm meine Seele, die mir nicht gehörte. Sehen Sie, da oben – sagen Sie mir, was Sie sehen, Inspektor.«

Über den Horizont raste eine schimmernde, phantastische Pferdeherde, galoppierte durch den blauen Himmelsdom.

Picard blinzelte, sah, wie die Pferde in die endlosen Weiten des Himmels fortstürmten.

»Eine Luftspiegelung, Inspektor. Die berühmte Fata Morgana. Bruno Bari fand sie faszinierend, er war ein echter Bauer. Nur die Bauern richten ihr Leben nach den Luftspiegelungen ein, tagträumen dabei. Er sprach immer darüber, wie über etwas Seltenes, Philosophisches. Wie alle anderen berüchtigten Lügner in dieser Gegend behauptete er, er sei durch die Fata Morgana gewandert, durchs Paradies.« Sándor Zetti spuckte aus und gab seinem Pferd die Sporen.

Auch Picard bearbeitete sein Pferd mit den Absätzen, und sie ritten auf das schwebende Paradies am Himmel zu, wo die himmlischen Pferde grasten, aber er und Zetti kamen ihm nicht näher. Der Erde verhaftet, gelang es ihnen nicht, emporzusteigen und sich mit der himmlischen Herde zu vereinigen, und sie fielen zurück in den Trott.

»Manche Tage sehen Sie ganze Wälder in der Luft schwimmen. Seen und Täler und Hügel, ganz aus Gold, vielleicht mit einer Kuh, die über dem Ganzen segelt.« Zetti wandte sich Picard zu. In seinen Augen stand eine Frage, und es war die Frage eines kleinen, leidenden Jungen. »Haben Sie Renée mit Bari gesehen?«

»Er nennt sich jetzt Ric Lazare. Sie sind in Paris.«

»Ja, sie liebte den Glanz. Und wie sieht sie aus? Sagen Sie es mir nicht, sonst machen wir uns beide lächerlich.« Zetti gab seinem Pferd noch einmal die Sporen, und die beiden Männer ritten zurück, brachten ihre Pferde in den Stall, wo die Pferdeknechte sie in Empfang nahmen. »Ich jagte ihn selbst, ohne Erfolg.« Sie gingen von den Ställen zum Haus. »Sie haben meine Männer gesehen, Inspektor. Furchtlose Reiter, unerbittlich. Wir pflügten halb Europa um, um Renée und Bari zu fassen, aber es gelang uns nicht, obwohl wir sie zweimal sahen. Sie verschwanden, wie eine Fata Morgana. Sie essen natürlich mit mir zu Abend.«

Das Eßzimmer des Herrschaftshauses war um einen riesigen steinernen Kamin herum gebaut. Die buntverglasten Fenster warfen ein schillerndes Licht auf den langen massiven Holztisch, der, von den gebrochenen Sonnenstrahlen getroffen, rosig aufglühte, ebenso wie die Suppenterrine und die Schüsseln, Teile einer unglaublichen Fata Morgana – schön, zart gefärbt, durch die die Hand glitt, niemals ganz fähig, die fließende Farbe zu greifen. Picard streckte die Hand nach dem Brot aus, und sie leuchtete golden; lehnte sich durch ein blaues Licht zurück und entspannte sich in einer roten Farbpfütze, die seinen Stuhl umgab, ein Wanderer, am Ende des Regenbogens angelangt und in einem Altweibersommerzimmer mit Feenspeise bewirtet. Die Stimme seines Gastgebers weckte ihn aus seinem Tagtraum, aber noch immer war Zetti in Gold gebadet wie ein Titan des Regenbogens, wild und phantastisch, und Picard wurde das Gefühl nicht los, daß seine Jagd ihn immer tiefer in eine Luftspiegelung hineinführte und Gefahren auslieferte, die tückischer waren als alles, was er von der brutalen Pariser Unterwelt her gewohnt war.

»Er kam als Gast. Sehr oft.« Zetti nippte an seinem Wein. »Renée mochte sein Spielzeug. Er war wirklich begabt auf dem Gebiet, das muß ich zugeben. Er faszinierte Renée damit und bezauberte mich, und während ich so bezaubert war, stahlen sie sich zusammen fort.«

»Sie sagten, Sie seien ihnen gefolgt?«

»In die Berge von Transsylvanien. Fünfzehn Männer umstellten den Gasthof, in dem wir sie erwischten. Aber er entkam uns, der Himmel weiß, wie. Am Fuß des Schädelbergs nahmen wir wieder seine Spur auf. Dort steht eine Burgruine. Als wir den Abhang hinaufkletterten, griff sich einer meiner Männer plötzlich an die Brust und fiel zu Boden, als sei er von einem giftigen Pfeil getroffen. Er murmelte hysterisch, Bruno Bari sei ein Hexenmeister, und als wir ihn schließlich in Sicherheit hatten, war er tot, ohne eine Spur an seinem Körper. Ich gab die Jagd in jenem Augenblick auf, mit Rücksicht auf meine Männer.«

»Das war das letzte, was Sie von Bari hörten?«

»In der Zeitung stand etwas über den Tod eines jungen Priesters im Klostergarten des Metropoliten von Transsylvanien. Der Priester hatte kurz zuvor einen Streit mit einem fahrenden Magier oder Scharlatan gehabt, nennen Sie ihn, wie Sie wollen. Ich weiß, daß es Bruno Bari war, und ich nenne ihn einen dreckigen Hund.«

»Auf welche Art starb der Priester?«

»Nach dem Bericht des Leichenbeschauers an einem Schlaganfall. Das war nebenbei die gleiche Diagnose wie bei meinem Mann, der auf dem Schädelberg umkam.«

In den wilden und düsteren Bergen von Transsylvanien überkam Picard wieder das seltsame Schwindelgefühl, das er in Österreich gehabt hatte. Von Rechts wegen sollte er jetzt nach Paris zurückkehren. Der Fall war abgeschlossen. Und trotzdem gab es da in ihm ein Nervenende, das auf den mysteriösen Tod jenes jungen transsylvanischen Priesters ansprach. So setzte er denn seinen Weg mit der Kutsche fort und reiste auf gewundenen Pfaden durch ein ungastliches Land. Etwas sagte ihm, daß er weiter mußte, vorbei an den Burgen auf den Berggipfeln und an den Bauern in den Hauseingängen mit den langen schwarzen Pfeifen. Die Türen und Fensterrahmen trugen verschlungene, ins Holz gekerbte, mystische Runen, die von der Phantasie und den Phantasmen des Volkes zeugten, das sie hervorbrachte.

Erleichterung empfand er, als er Bukarest erreichte, eine Stadt, die ihm gänzlich normal und bürgerlich vorkam, unberührt von dem morbiden Geist der bäuerlichen Kunst, der ihn so viele einsame Reisekilometer hindurch in seinen Bann geschlagen. Das Hotel leitete seine Nachricht an den Metropoliten von Transsylvanien, der sogleich antwortete. Seine Heiligkeit würde den Inspektor um zwei Uhr nachmittags empfangen.

Picard traf pünktlich am Tor des Palasthofs ein. Man öffnete ihm, und er betrat einen ausgedehnten Park. Zahme Rehe wanderten die Allee entlang, und vor den heiligen Hallen stolzierten die prächtigsten Pfauen.

Am Ende eines langen steinernen Korridors wies man ihm die Tür zum Audienzsaal des Metropoliten, einem älteren Mann in langer Soutane und mit einer roten Mitra auf dem Kopf.

»Hochwürden.« Picard verbeugte sich vor dem alten Priester.

Der Metropolit rief den Kammerdiener, und Marmelade wurde auf winzigen Glastellern serviert. Die beiden Männer kosteten mit kleinen silbernen Löffeln von ihrem Aufstrich. »Alles, was Sie mir über den Tod von Vater Miklós und den Magier sagen können, mit dem er im Streit lag . . .«

»Vater Miklós und ich gingen im Palasthof spazieren. Es war ein ruhiger, schöner Tag. Plötzlich rannte das Rehwild, das dicht neben uns gegrast hatte, aufgeschreckt von dannen, als wittere es irgendein Unheil. Die Pfauen kreischten ohrenbetäubend. Vater Miklós wandte sich um zu mir, tiefe Trauer in den Augen. Er brach zusammen, lag vor mir im Gras.«

»Tod durch Schlaganfall.«

»Das ist richtig«, sagte der alte Priester. »Natürlich machten die Dienerschaft und die Leute im Ort viel Aufhebens wegen der panischen Angst der Vögel und des Rehwildes. Und brachten den Vorfall unweigerlich mit der Auseinandersetzung in Verbindung, die Vater Miklós am Tag davor mit einem reisenden Magnetiseur gehabt und den er der Stadt verwiesen hatte.« Der Metropolit hielt ein, klopfte mit dem silbernen Löffelchen an seine Vorderzähne. »Unsere Leute sind sehr abergläubisch. Es ist nicht gut, wenn man sie mit solchen Dingen aufstachelt, wie sie der Magnetiseur vorgeführt haben soll.«

»Zum Beispiel?«

»Oh, Wahrsagerei, und dann brachte er die Leute dazu, seltsame Dinge gegen ihren Willen zu tun. Die Suggestion ist ein wirksames Mittel, fürchte ich, und Zweideutigkeiten verfehlen höchst selten ihren geheimen Zweck«, sagte der Metropolit. »So unternahmen wir etwas gegen den Mann. Er nannte sich . . .« Der alte Priester hielt ein. »Ich glaube, der Große Baltus, oder so ähnlich, der übliche Bombast wie bei all diesen Leuten. Vater Miklós besuchte ihn und fand zufällig keine vierundzwanzig Stunden darauf den Tod.«

»Sie sehen keine Verbindung?«

»Ich bin ein alter Mann, Inspektor, und habe viele sonderbare und schreckliche Dinge gesehen. Doch ausnahmslos entsprangen sie natürlichen Ursachen und überschritten nicht die Grenzen der Kausalität, deren Gesetze unverrückbar feststehen. Ich bestreite nicht, daß es ein tragischer Tod war. Vater Miklós war wie ein Sohn für mich. Sein Tod aber war keineswegs geheimnisvoll, nur bedauerlich, weil vorzeitig. Und was die Tiere angeht, so bin ich sicher, daß Sie wissen, wie empfindlich manche Lebewesen auf das Nahen des Todes reagieren.«

»Haben Sie diesen Magnetiseur gesehen?«

»Nein, aber man beschrieb ihn mir als einen hageren Mann mit einem metallischen Leuchten in den Augen, so, wie man es in den Augen von Epileptikern sieht. Seine Frau sei von besonderer Schönheit, hieß es. Es ziehen viele fahrende Leute durchs Land, Zigeuner sind nicht anders als andere Menschen.«

Picard stand auf. »Ich danke Ihnen für Ihre Mühe, Exzellenz.«

»Bitte«, sagte der alte Priester. »Nehmen Sie.« Er griff in die Soutane und zog ein besticktes Stück Stoff heraus, das an einer dünnen, roten Schnur hing. Hineingewoben war eine niederschwebende weiße Taube.

Picard steckte das Amulett in die Tasche und verbeugte sich noch einmal vor dem alten Priester. Der Bedienstete führte ihn den Korridor entlang zur Tür. Im Park weideten die zahmen Rehe, die im Vorgefühl des Todes von Vater Miklós so plötzlich Reißaus genommen hatten. Jetzt knabberten sie friedlich und ungestört von derartigen Eingebungen.

3
DER MAGIER

Es schneite in Paris; er stand auf dem Pont-Neuf und starrte flußaufwärts, den Koffer neben sich auf dem Bürgersteig. Die Türme und Brücken verschwanden im Flockenwirbel, aber der Schnee hielt sich nicht, schmolz auf der Straße, in der ausgestreckten Hand, auf den wohlbekannten Fassaden, und wieder empfand er es deutlich: Paris, ein Abflußrohr, eine Kloake. Trotzdem fühle ich mich in dir am wohlsten. Ich habe deine Schwestern besucht, und sie können sich nicht mit dir vergleichen. Allein in dich bin ich vernarrt, und ich weiß, daß du mich am Ende ruinieren wirst.

Er hob den Koffer auf und ging weiter über die Brücke ans linke Ufer und betrat das Quartier Latin. Die Stimmen auf der Straße, die Gerüche, die aus den Küchen der Cafés drangen, das vertraute Gewimmel auf der Rue Dauphine wirkten so beruhigend auf seine Nerven wie der Heilquell von Esztergom. Zuhause werde ich erst einmal die Fenster aufmachen, ein bißchen Luft hereinlassen, mich umziehen – und da sind schon die köstlichen Zitronenschnitten. Geh vorbei, Picard, geh vorbei und halt die Luft an.

Die Rue de Nesle sah so gemein und dreckig wie immer aus, und er wanderte sie fröhlich entlang, bis er an den arg mitgenommenen Eingang seines Mietshauses kam. Der Concierge sah in seiner Räuberhöhle auf, wo er gerade eine Katze streichelte, und nickte ihm schlaftrunken zu, besoffen wie immer. Er hat nicht gemerkt, daß ich fort war. So ein Haus ist wie eins unter Millionen.

Picard kletterte die Treppe zum fünften Stock hinauf, den er sich mit Saulnier teilte. Die Tür des verkommenen Philosophen stand offen, und der Fäulnisgeruch wirkte ekelerregend. »Heh, Saulnier, was kochen Sie da? Eine tote Ratte?«

Saulnier tauchte aus der düsteren Tiefe seiner Wohnung auf und schielte Picard durch dicke Brillengläser an. »Ich roch es selbst vor einer Viertelstunde.« Er strich seinen wirren Bart und verzog das Gesicht. »Ich glaube, es ist bei Ihnen.«

Picard sah den dünnen Rauchfaden unter seiner Tür. Er fummelte den Schlüssel heraus, warf sich gegen die Tür und stürzte in die übelriechende Wolke, die Wiederholung eines Alptraums, ein brennendes Zimmer, Hände, die ihn würgten. Er taumelte verwirrt. Ein Schatten bewegte sich, er hob den Arm, um sich vor dem niedergehenden Stock des Barons zu schützen.

»Wasser!« rief Saulnier und stolperte an ihm vorbei.

Picard taumelte zum Fenster, riß es auf. Der Wind saugte den ekelerregenden Rauch zur Straße hinaus, und Picard wandte sich um, sah den schwarzen, qualmenden Klumpen, der jetzt fast ausgebrannt war, im Aschenbecher auf dem Tisch seines Wohnzimmers. Und natürlich war kein Baron da, der Baron ist tot und beerdigt in Nürnberg. Aber ich sah ihn eben, wie er auf mich zukam. Ins Grab mit dir, Mantes, unser Kampf ist aus.

Saulnier kam mit einem Glas Wein aus der Küche. »Es ist kein Wasser da«, sagte Saulnier.

»Es ist aus«, sagte Picard und wies auf den widerwärtigen schwarzen Klumpen.

»Dann trinke ich den Wein.«

Picard ging auf den Tisch zu und betrachtete den Klumpen, dem ein letzter, ekelhaft fauliger Geruch entströmte. »Haben Sie irgend jemand hier oben gesehen?«

Saulnier setzte das Weinglas ab. »Das war wahrscheinlich Josies Junge, der kleine Bastard. Vorigen Monat hat er mir einen toten Fisch hinters Bett gehängt.«

Picard betrat die Küche. Der Fensterriegel war nicht heruntergedrückt. »Hier kam er herein.« Auf der wackligen Feuerleiter war niemand, leer auch der Hof.

»Ich habe es den ganzen Monat lang in meinem Zimmer gerochen, Picard. Ein süßlicher, ekelhafter Geruch. Ich habe alles auf den Kopf gestellt. Dann fand ich an einer Schnur hinter meinem Bett eine tote Makrele.«

Picard kehrte ins Wohnzimmer zurück und berührte den Klumpen mit der Spitze seines Taschenmessers. Eine blasige, faule Masse leckte aus dem Einschnitt, rann ölig die Schneide hinunter. »Das ist nicht das Werk eines Kindes.«

»Er ist lasterhaft und verderbt, Picard. Wenn Sie ihn kennen würden, so wie ich ihn kenne!«

Picard zog das Taschentuch heraus, breitete es über den warmen Klumpen und wickelte ihn vorsichtig ein.

Saulnier ging ans Küchenfenster und sah in den Hof hinunter. »Er sitzt wahrscheinlich irgendwo im Keller und lacht sich ins Fäustchen. Ich habe praktisch den Verstand verloren wegen dem Fisch. Unfähig, die Quelle des Geruchs zu entdecken, glaubte ich bereits, selbst dessen Ursache zu sein und in eine seltsame Art von Fäulnis überzugehen.« Saulnier kehrte ins Wohnzimmer zurück. »Als ich den Fisch schließlich fand, war er bereits so verfault, daß er phosphoreszierte. Er leuchtete im Dunkeln, Picard, der Fisch von dem Jungen. Ich warf ihn auf die Straße. In jener Nacht brach ein Aufruhr unter den Katzen aus. Sie hätten sie schreien hören sollen.«

*

Picard ging den blaßgelben Gang zum Büro des Präfekten hinunter und nahm an der Tür seinen durchnäßten Umhang von den Schultern. Der Schnee hatte sich in Regen verwandelt und trommelte gegen die Scheiben, als er an des Präfekten Tür klopfte und eintrat.

»Inspektor«, sagte der Assistent des Präfekten, stand vom Schreibtischsessel auf und streckte ihm die Hand hin. »Schön, Sie wiederzusehen. Gute Arbeit mit Mantes. Der Chef war sehr angetan.«

»Ist er da?«

»Er kommt nicht vor fünf zurück.«

»Sind die Auslieferungspapiere aus Ungarn da?«

»Der Fall Lazare, ja«, sagte der Assistent und kehrte an seinen Schreibtisch zurück. »Der Präfekt möchte mit Ihnen darüber reden.«

»Lazare hat Paris nicht verlassen, oder etwa doch?«

»Er scheint es nicht eilig damit zu haben. Wie ich höre, badet Madame Lazare in Champagner, und alle Welt tut es ihr nach.«

*

Picard saß auf einer beliebten Bank auf den Champs Elysées, rieb sich nervös die Hände und starrte auf die Vögel, die die Brotkrumen zwischen den Kieseln aufpickten. Der Sturm war vorüber, und die Sonne versuchte durchzubrechen. Es schlug vier. Noch eine Stunde. Aber der Präfekt ist immer pünktlich. Um sechs können wir ihn verhaften.

Er stand auf und wanderte durch den Park, auf einen von rostigen Stühlen umgebenen großen, runden Teich zu. Nun waren die Wolken völlig von der Sonne besiegt; er setzte sich und starrte die Spiegelung der Strahlen auf dem schmutzigen Wasser an. Karpfen kreisten wie Gefangene unter der Oberfläche, und die Sonne flimmerte über ihre schlammigen Schuppen, ihre Wunden, ihre aufgerissenen Mäuler, während sie mit den Nasen an den über ihnen treibenden Unrat stießen.

Die Männer, die ihn am meisten haßten – Alexandre Syrette, Gaston Perèse, Maurice de Merchant –, waren alle im Gefängnis, drehten gerade ihre Nachmittagsrunden und kauten auf alten Zigarrenstummeln herum. Und bald bist du bei ihnen, Lazare. Kannst ihnen das Schnitzen beibringen.

Er stand wieder auf, konnte nicht ruhig sitzen, das Jagdfieber hatte ihn gepackt. Der nächste lange Fußweg führte ihn wieder zwischen den Bäumen hindurch, zum nächsten, in der Ferne glitzernden Teich. Der morgendliche Schnee war überall geschmolzen, Bäume und Rasen waren nackt, aber der Wind ließ nicht nach, und als er dem Teich näherkam, sah er die winzigen Segelboote darauf herumfahren.

Picard kam oft hierher und mietete eins der simplen kleinen Segelboote, die ein fliegender Händler an die müßigen Liebhaber dieses Sports vermietete. Der Händler war da, und Picard ging auf seinen Karren zu.

»Ja, Monsieur, hier ist ein schönes rotes . . . wird Ihnen den Wind einfangen . . .«

Picard ließ das rote Boot zu Wasser, und es gesellte sich den vielen anderen zu, die inmitten der Karpfen herumsegelten, die wie Wale unter den Schiffchen kreisten. Die meisten Boote sahen wie seines aus – ein Holzklotz mit einem kleinen Segel darauf. Aber gelegentlich hatte er außerordentlich raffinierte Modelle auf dem Wasser gesehen, gebaut von alten Seeleuten mit viel Zeit und in liebevollem Angedenken. So ein Schiff segelte auch heute dahin – eine spanische Galeone, deren zahlreiche Segel sich im Wind bauschten. Sein eigenes Boot hatte der Wind zurück an den Rand des Beckens getrieben. Er ließ es dort schaukeln und folgte einer Schar von Neugierigen zu dem Eigentümer der Galeone, auf den sie jetzt gehorsam zusegelte. Die Menge drängte sich um ihn herum, darunter Picard. Ein schlanker, glänzender Stock streckte sich nach dem spanischen Dreimaster aus, und ein Arm wurde sichtbar.

Picard bewegte die Hand zum Revoler.

»Inspektor«, sagte Ric Lazare, tippte das Boot mit dem Stock an und trieb es zurück in den Wind. Neben ihm kniete Renée in einem altrosa Nachmittagskleid. Sie und Lazare sahen ruhig aufs Wasser hinaus, so gelassen wie ein Pariser Taubenpaar, während Picard verlegen dastand und langsam die Hand unter der Jacke sinken ließ.

»Und wie weit sind Ihre Ermittlungen gediehen, Inspektor?« Lazare erhob sich und betrachtete die Spitze seines Stocks. »Ich höre, Sie waren verreist, auf den Spuren eines Verbrechers.«

Picard wandte sich Renée Lazare zu. »Ich bin überzeugt, Sie amüsieren sich weiter tüchtig in unserer Stadt, Madame.«

Renée lächelte Picard an. »Oh ja, bei den vielen faszinierenden Leuten, wie man sie hier trifft. Sie müssen uns wieder besuchen, Inspektor.«

»Aber gern«, sagte Picard und schielte zu Lazare hinüber, der gedankenverloren dastand, und wieder war in seinen Augen jener harte, metallische Glanz; als wäre er, unmittelbar vor seiner Festnahme, noch ganz Herr der Lage.

»Wenn Sie noch irgend etwas in Ihrem Leben zu erledigen haben, schlage ich vor, daß Sie es gleich tun«, sagte Lazare. »Denn morgen werden Sie sterben.«

Ich könnte ihn jetzt töten, ihm den arroganten Hals brechen. Aber kein Grund zur Beunruhigung, Picard. Reiß dich zusammen, in einer Stunde gehört er dir. »Zu erledigen habe ich nur noch Sie, Monsieur. Ich werde mein Bestes tun, es rasch zu vollbringen.«

»Sie glauben, daß Sie mich so einfach fassen können?«

Lazare streckte den Stock nach der Galeone aus, die sich wieder mit dem Wind näherte.

»Ich werde Sie fassen«, sagte Picard leise.

Lazare berührte das hübsche Schiff, steuerte es diesmal an den Rand des Beckens und nahm es aus dem Wasser. »Wie gründlich Sie sich täuschen, Inspektor. Verstehen Sie denn gar nichts?« Lazare wischte das glänzende Deck mit dem Taschentuch ab, wobei Picard der juwelenbesetzte Silberring an seinem Zeigefinger ins Auge fiel. In dem prachtvollen Stein schien sich eine Figur zu bewegen, nicht dicker als ein Haar, aber unmißverständlich da – ein winziger Mensch, der durch einen kristallinen Garten wandert. Der Ring blitzte auf, als Lazare seine Hand bewegte, und die Szene war fort, aber Picard hatte das deutliche Gefühl, er selbst sei in einer eisigen, durchsichtigen Wüste gefangen. Es schauderte ihn heftig, und er zwang sich, ins Wasser zu sehen, wo ein dicker Karpfen mit dem Schwanz den Dreck aufpeitschte und verschwand.

»Guten Tag, Inspektor«, sagte Lazare fröhlich, nahm die kleine Galeone unter den einen Arm und seine hinreißende Frau an den anderen, machte kehrt und ging.

Die Glocken schlugen fünf. Der Präfekt starrte Picard einen Augenblick lang an, schaufelte dann weiter in seinem Aktenberg. »Wir kommen an den Mann nicht heran. Ich habe schon ein Telegramm an die ungarische Polizei abgesandt und erklärt, es liege eine Verwechslung vor.«

Picard starrte auf den Boden; sein Kopf fühlte sich wie Marmor an, und das Jagdfieber war verflogen. »Wie hat er das . . .?«

»Er hat es geschafft, bis zum Kaiser vorzudringen, und hat dadurch praktisch Immunität erlangt. Ich bin sicher, Sie wissen, wie abergläubisch Louis Napoléon ist.«

»Ich hörte davon.«

»Nun, Lazare hat ihn mit Zukunftsdeutungen und dergleichen für sich eingenommen. Louis beschäftigt Lazare bereits als Hofmagier. So ist es uns nicht möglich, ihn zu verhaften.«

»Einen Mörder.«

»Er ist nicht der erste Mörder, der einen König berät.« Der Präfekt ließ seinen Drehstuhl kreisen und sah auf den Fluß hinaus. Der Abend brach herein über die Stadt; vereinzelte Regentropfen klatschten gegen die Fenster.

»Heute nacht gibt Graf Cherubini den Großen Huren unserer Stadt ein Fest, einen Kostümball. Er hat um Polizeischutz gebeten. Würden Sie gern hingehen?«

»Sehr wohl.«

»Vielleicht wird es recht amüsant. Halten Sie aber trotzdem die Augen offen. Die Païva kommt auch mit ihren Juwelen.«

»Ich werde mein Bestes tun.«

»Ja, und passen Sie auch auf den Grafen auf. Nach seiner letzten Affaire fand man ihn auf einem Quai, einen parfümierten Esel reitend. Er war in Begleitung einer nur mit Flieder bekleideten Frau.«

»Ich werde ihn bis Sonnenaufgang nicht aus den Augen lassen.«

»Gut. Der Assistent hat Ihre Einladung. Vergessen Sie sie nicht, wenn Sie gehen.«

Picard wandte sich um, doch die leise, nachdenkliche Stimme des Präfekten hielt ihn fest: »Huren und Magier, Picard, das ist heute Paris. Glauben Sie an Wahrsagungen?«

Picard schwieg, und der Präfekt blickte auf und sah ihn an. »Ja, es ist alles Unsinn, nicht wahr. Wissen Sie, daß man zu Louis' Geburt ein Horoskop stellen ließ? Es sagte voraus, daß er Kaiser von Frankreich werden würde.«

Picard verließ den Präfekten, wanderte durch die Korridore und Hallen des großen Komplexes wie im Traum. Lazare hat gewonnen, jetzt ist er der Herr von Paris.

. . . denn morgen werden Sie sterben.

Ich frage mich, Lazare, ob du zu denen gehörst, die immer am höchsten setzen? Denn wenn du es tust – wenn du wie David Orléans bist, den die kleinste Prise Salz auf dem Schwanz zum Wahnsinn treibt –, dann willst du mich vielleicht tatsächlich umbringen.

In diesem Fall muß ich für mich gewisse Vorkehrungen treffen. Denn es gibt noch ein anderes Gesetz, Lazare, ein Gesetz, das über dem des Kaisers steht.

Das Gesetz des Dschungels, Monsieur. Vielleicht haben Sie auf Ihren ausgedehnten Reisen davon gehört.

Picard betrat den Flügel der Präfektur, in dem sich die Labors befanden, und schritt einen fensterlosen Korridor hinunter. Natürlich konnte alles nur ein Bluff sein, denn darauf verstand sich Meister Lazare. Schwierig, bei einem so bombastischen Menschen zu unterscheiden, was echt und was falsch ist. Allerdings ist da immer noch der Eispickel im Kopf. Der war zweifellos echt für den Mann, der zu behaupten wagte, daß mit Lazares Würfeln etwas nicht stimmte.

»Tag, Renan, haben Sie etwas für mich?«

Der Laborchef sah von seinen Reagenzgläsern und Mikroskopen auf. »Ich hab's analysiert«, sagte er und deutete auf den stinkenden schwarzen Klumpen, der in einer Metallkassette am äußersten Ende des Labortischs lag. »Ein ziemlich eigenartiges Gebräu.«

»Es roch wie der Teufel, als es brannte.«

»Das war der Schwefel mit den Eisenspänen. Es enthält auch Ammoniakgummi und Teile einer Pflanze aus der Wolfsmilchfamilie.« Der Laborchef schob die Brille zurück ins Gesicht und zog den schwarzen Klumpen heran. »Die hauptsächlichen Bestandteile aber sind das Blut eines Mannes und das Hirn eines Tiers. Kennen Sie irgendwelche Hexen, Picard?«

»Ich nehme es Ihnen ab«, sagte Picard und wickelte den schwarzen Klumpen wieder in sein Taschentuch. »Danke, Renan.«

»Jederzeit, Picard. Bin immer an neuen Kombinationen interessiert.«

Picard schloß die Labortür hinter sich und ging den Korridor hinunter zum Ausgang; erst im Hof fiel ihm die Einladung zum Hurenball wieder ein, und er drehte um, zurück zum Büro des Präfekten.

»Der Chef sagt, man braucht eine Einladung für den Ball heute nacht.«

»Ich hab sie Ihnen rübergeschickt.«

Er betrat das angrenzende Zimmer, von wo aus er und die anderen Inspektoren operierten. Es war leer, das war es fast immer, denn er und Veniot und Bazin benutzten selten die kleinen Eichenschreibtische, die man ihnen zugewiesen hatte. Er trat an seinen Tisch und hob die Einladung auf.

Die Seitenschübe waren vollgestopft mit alten Zeitungen und Zetteln mit Informationen über abgeschlossene Fälle, wie jetzt Lazare – ein Fall für den Mülleimer. Er öffnete die Mittelschublade und bemerkte ein von unbeholfener Hand eingewickeltes Päckchen, das er nicht identifizieren konnte. Er zerschnitt den schwarzen Zwirn, der es zusammenschnürte, und legte ein blutiges, von Dornen durchbohrtes Kalbsherz frei.

*

Die Seine murmelte unter der Brücke. Er starrte ins Wasser und folgte dem Murmeln, versuchte ihm bis zum Meer zu folgen, aber die Kutschen und Stimmen in der Abenddämmerung überschatteten seine Phantasie, er konnte sich nicht lösen.

Seine Tasche war schwer; er erleichterte sie, warf das blutige Herz und den stinkenden schwarzen Klumpen in den Fluß. Sie klatschten leise auf und waren verschwunden, Futter für die Aale. Er ging weiter, ins Quartier. Auf den Straßen flanierten schon die Pärchen, und die kleinen Cafés und Restaurants begannen sich zu füllen. Doch alles erschien ihm irgendwie verzerrt, und das machte ihm schon seit Wochen zu schaffen. Es war, als ob all die braven, grundsoliden Pariser Gefahr liefen, sich aufzulösen, vom mächtigen Rachen der Nacht verschluckt, nie wieder aufzutauchen. Ihr Leben, ihr Lachen, ihr Wein, ihre Mahlzeiten waren zerbrechlich und zart, wie Rauchwölkchen auf einer verzauberten Straße. Das lächelnde Mädchen am Fenster – ein Phantom, das sich durch ein verlorenes Land bewegt.

Wie krank Lazare mich gemacht hat. Aber genau das macht er mit allen, die seinen Salon besuchen – er entstellt ihr Leben, verdreht ihre Einbildungskraft, läßt sie an allem zweifeln außer seinem Wort. Aber du kannst uns nicht alle unter Kontrolle haben. Einige von uns, die Unempfindlichsten vielleicht, weigern sich, auf den Schwindel hereinzufallen.

Die geborstene Tür seines Hauses ließ ihn ein, und der Concierge winkte aus seinem Zimmer und polterte umher, während er seine Vorbereitungen zum allnächtlichen

Kartenspiel traf. Picard winkte zurück, dankbar für das einfache Leben, die fauligen Gerüche und die ausgetretenen Treppen. Deine Kristallkugel würde in den Augen dieser Mieter nichts bedeuten, Monsieur Lazare, denn ihr Ruf ist wertlos, ihr Vermögen bereits verloren, ihr Schicksal unwiderruflich.

Er stieg die letzte Treppe hinauf, ging den quietschenden Flur entlang zu seiner Tür. Es wäre hübsch, wenn ich Lazare in meinem Zimmer fassen und ihm gleich die Gurgel durchschneiden könnte.

Aber die Wohnung war leer, niemand war dagewesen. Der alte Ledersessel begrüßte ihn mit seinen vielen lächelnden Narben, und er setzte sich, knöpfte die Jacke auf und nahm den winzigen Akrobaten aus der Tasche.

Dessen Kopf hatte sich in der roten Schnur des Heiligen-Geist-Amuletts verfangen. Picard legte die Schnur über die Gaslampe, und der Akrobat hing da und warf den Schatten eines Gehängten an die Wand.

Graf Cherubinis Hof stand schon voll von Kutschen, denen Männer und Frauen in extravaganten Kostümen entstiegen. Picards Kostüm war ein schwarzer Abendanzug, dazu eine schwarze Seidenmaske, von ein paar Spangen zusammengehalten.

Die Auffahrt war in helles Licht getaucht, und Butler flankierten den Eingang, ließen die Götter und Göttinnen der Phantasie herein. Picard stieg die Freitreppe hinauf. Der Butler zur Linken nahm seine Einladung entgegen, und der zur Rechten geleitete ihn in das luxuriös eingerichtete Haus und zur Garderobe, wo man seinen Zylinder nebst Cape entgegennahm.

»Sie kommen von der Präfektur? Graf Cherubini wird mit Ihnen sprechen. Bitte folgen Sie mir.« Picard heftete sich an die Fersen des Butlers und durchkreuzte die riesige Halle. An der Decke neckten gemalte Nymphen bockbeinige Männer mit Weinreben. Der Graf stand als Hahn gekleidet am Eingang des großen Ballsaals; er nickte Picard mit seinem Hahnenkamm zu, als der Butler ihm im Flüsterton berichtete, es handele sich um einen von den Männern des Präfekten.

»Darf ich Ihnen gewisse Gegenstände aufzeigen, die ich Sie genau im Auge zu behalten bitte, Inspektor?« Der buntgefederte Hahn richtete seinen Schnabel auf Mademoiselle Tardivel, die Juno darstellte und auf deren vielgerühmtem Busen ein Brillantenhalsband funkelte. »Eine halbe Million Francs«, sagte der Hahn leise.

Picards Augen schweiften weiter, folgten einem Flügelschlag des großen Hahns: Mademoiselle Bourque als Aphrodite in einem durchsichtigen Kleid, mit eingenähten Juwelen an den strategischen Stellen. »Dreihunderttausend Francs«, seufzte der Hahn. »Viele davon von mir. Nun denn, Inspektor, amüsieren Sie sich. Niemand außer mir kennt Ihre Identität.«

Riesige Spiegel zierten die Wände des Großen Ballsaals; die kostümierten Figuren schienen sich ins Endlose fortzusetzen. Picard starrte in die Tiefen der Spiegel, fand sich selbst inmitten der anderen Masken – schwarz wie die ewige Nacht.

»Mademoiselle Chessie, als ›Nymphe‹ von Ingres, ein lebendes Bild.«

Er wandte sich zur Tür, wo der Butler gerade eine völlig nackte junge Frau eingelassen hatte. Der aufgeregte Hahn marschierte neben ihr her, sein Kamm zitterte heftig.

Picard bahnte sich den Weg an Hörnern, Federn, Bändern, Schwertern und an einem von Kopf bis Fuß mit Fleischerzwirn gefesselten Mann vorbei. Am Buffet standen zwei Päpste in Meßgewändern, sahen verächtlich aufeinander herab. Picard nahm einen Teller voll Essen und wandte sich wieder der Mitte des Saales zu.

»Miß Carter aus Amerika, als Südstaatenschönheit.«

Der Butler im Eingang trat beiseite und ließ eine junge Dame ein, die sich von zwei halbnackten Negern in einer Hängematte tragen ließ.

Die Juwelen funkelten, und die Spiegel warfen das Glitzern der Arme und Hälse und gestikulierenden Finger zurück. Picard sah sich nach seinen Kollegen um, fand Inspektor Turcotte, der wie er selbst eine einfache schwarze Gesichtsmaske trug.

»*Salut*«, sagte Turcotte und hob sein Sektglas.

»Wer ist sonst noch von uns da?«

»Lescadre macht gerade oben die Runde«, sagte Turcotte mit einem Lächeln.

»Die Runde?«

»Er prüft Türen und Fenster. Die Dienstmädchen führen ihn herum.«

»Wir werden ihn wohl eine Zeitlang nicht sehen.«

»Und wenn, dann mit zitternden Knien.« Turcotte stellte sein Glas auf das Tablett eines vorübergehenden Kellners ab und nahm zwei neue, von denen er eines Picard reichte. »Auf den Grafen.«

»Auf den Grafen.« Sie stießen miteinander an und wandten sich dem grellbunten Hahn zu, der zu Miß Carter in die Hängematte zu klettern versuchte.

»Ein wunderbarer Mann«, sagte Turcotte. »Wissen Sie, daß er sein Vermögen verloren hat? Dieses Haus ist alles, was ihm noch bleibt.«

»Wenn das alles wäre, was mir noch bliebe . . .«

»Aber er hat früher Millionen besessen. Und alles bei den Pferden und den Huren verloren. Wie ich höre, arbeitet er jetzt als Zuhälter für den Kaiser.« Turcotte wandte sich dem großformatigen Portrait von Louis Napoléon zu, das die Wand über dem Saale beherrschte, und hob sein Glas. Der Kaiser blickte unverwandten Auges über die Menge der Maskenträger hinweg, die sich in den Spiegeln zu einem Meer ausbreitete, die auch ihn multiplizierten und eine endlose Folge von Napoléons in den Raum projizierten.

»Ernest Duval – ›ein Bescheidener Priester‹.«

Ein hagerer junger Beichtvater betrat den Saal, seine Mönchskutte schleifte am Boden. Drei lorbeerbekränzte Musiker in kurzen Togen hatten zu spielen begonnen, Panflöten und Leier. Der Bescheidene Priester, die Sternenfrauen, die Göttinnen, die Paradiesvögel, der Hahn selbst – alle begannen zu tanzen.

»Trinkt!« krähte der Hahn seinen Gästen zu. »Betrinkt euch!«

Picard trennte sich von Turcotte, schritt die abgründigen Tiefen der Spiegel entlang, wo Götter und Göttinnen ihren endlosen Tanz vollführten. Wieder sah er sich selbst in dem verzauberten Glas, fühlte mit einemmal das Geheimnis des Labyrinths und versuchte die Seele des Spiegels zu durchbrechen – aber sie wich zurück, wurde heimtückischer noch, gefährlicher, und ihre Federn und blinkenden Juwelen zogen ihn tiefer hinein.

Er kehrte aus der schwindelerregenden Umarmung zurück und verließ den Ballsaal, zur Küche hin. Diener kamen und gingen, trugen Tabletts mit Speisen und Getränken hinein. Der Küchenchef und seine Helfer waren ganz in Weiß gekleidet, arbeiteten fleißig, und ihre Heiterkeit verriet, daß sie offenbar auch fleißig dem Wein zugesprochen hatten.

Picard trat an einen Küchenjungen heran, der müßig an einer Kaffeemaschine stand und träumte. »Ich komme von der Präfektur«, sagte Picard. »Gibt es von hier einen Zugang zum Hof?«

Der junge Kaffeekoch geleitete ihn an den gestikulierenden Küchenchefs vorbei in eine Vorhalle, zu einer verschlossenen Tür. »Rechnen Sie mit Ärger?«

»Man weiß nie«, sagte Picard. »Es schwimmt eine Menge Eis im Ballsaal herum.«

»Die Großen Huren«, sagte der junge Mann und schloß die Tür auf. »Ich frage mich, ob sie besser sind als der Rest.«

»Spare und probier es aus.« Picard trat in den hinteren Hof hinaus.

Er war lang und schmal, und Picard überquerte ihn gemächlich, hielt sich im Schatten. Die Fenster lagen alle hoch und waren verschlossen. Er saß auf einer steinernen Bank Wache, eine Stunde lang, allein. Niemand kam oder ging im Garten, außer den Katzen von St. Honoré, die schweigend an den Mauern und Zäunen entlangstrichen.

Nackte Bäume flüsterten im Garten, knarrten kalt, leise, und er wachte eine weitere Stunde, wanderte langsam die verschlungenen Pfade entlang. Die Laube war trokken, raschelte im Wind; die Büsten der Familie Cherubini standen da und hörten zu, wie der Graf sein Erbe verspielte. Picard ging die Längsseite des Hauses entlang und kam wieder in den vorderen Hof.

Die Kutscher standen beieinander, redeten, lachten,

und die Pferde, mit rauhen Decken behangen, warteten geduldig. Er schritt über das Kopfsteinpflaster, auf das Hauptportal zu. Die Butler, beide leicht angetrunken, flirteten mit den Garderobenmädchen und beachteten ihn nicht, als er hereinkam. Er betrat den Ballsaal, fand Turcotte und Lescadre, die auch schon leicht schwankten.

»Sie machen's heute umsonst«, sagte Lescadre. »Oben, in der großen, goldenen Badewanne.« Er trank sein Glas mit dem Champagner aus und nahm sich ein neues. »Die Großen Huren – umsonst.«

»Außer der Païva«, sagte Turcotte und deutete mit dem Glas auf ein lüsternes Geschöpf, das sich als Erdbeereis verkleidet hatte. Ihr Leib war von Juwelen übersät.

»Sie kennen die Redensart«, fuhr Turcotte fort. »Nichts ist umsonst bei der Païva. Doch für einen Klumpen Gold fickt sie einen Goldgräber.«

Picard starrte die Millionärin an, die mit einer Eidechse tanzte.

»Die Eidechse ist eine Frau«, sagte Lescandre. »Ich traf sie im Bad.«

Die geschmeidige grüne Eidechse ruhte in den juwelengeschmückten Armen der Königin der Huren, während sie anmutig im Takt der Musik herumwirbelte. Picard folgte ihnen mit den Augen, als sie an Duval, dem Bescheidenen Priester, vorbeitanzten, der mit einer Kröte sprach. Er hatte seine Akten aus dem Kostüm hervorgeholt, und die Kröte studierte interessiert die Papiere von Eldorado Investments.

»Gebt mir sechzehn Becher Wein!« krähte der Hahn in der Mitte des Saals. »Ich liebe es, betrunken zu sein!«

Der vorbeigehende Kellner hielt bei den Inspektoren an. »Meine Herren, eine Erfrischung?«

»Ja, danke«, sagte Turcotte, nahm noch ein Glas Champagner und verhalf auch Picard und Lescadre zu ihrem Recht. Er wandte sich dem lebensgroßen Portrait der Kaiserin zu, die, hoch über dem Südportal, die andere Seite des Saals regierte.

»Auf die Kaiserin.«

»Auf Eugénie.«

»Prosit.«

Picard starrte das Portrait der schönen Spanierin an, deren langes rotes Haar über den milchweißen Busen floß. Turcotte legte die Hand auf Picards Schulter. »Sparen Sie sich Ihre Träume, sie ist ein kalter Fisch.«

Lescadre nahm sich ein neues Glas Champagner. »Ich glaube das einfach nicht.«

Turcotte wandte sich Louis' Portrait zu. »So ging es auch dem Kaiser. Er erwartete spanisches Blut und bekam einen Eiszapfen ins Bett.«

»Sie sollte die goldene Badewanne des Grafen ausprobieren«, sagte Lescadre. »Warmes Wasser zur Entspannung. Geübte Hände, die sie . . . Was ist, Picard, was sehen Sie?«

»Wenn die Herren mich bitte entschuldigen wollen . . .«

»Gewiß. Viel Vergnügen, Picard. Turcotte und ich werden das Reich schützen.«

Picard bewegte sich durch die tanzende Menge, ein Mädchen in einem Leinengewand mit einer Mondmaske zog ihn an. Vielleicht ist sie häßlich wie ein Truthahn;

solche Gefahren geht man bei Kostümbällen ein, wenn gewisse, halb gesegnete, halb verfluchte Frauen sich die Nacht der Masken zunutze machen.

Er folgte dem leinenbedeckten Körper; sie tanzte mit einem altrömischen Staatsmann in einer langen Toga vorbei. Sein Bauch ist sogar schlimmer als meiner; und er ist kahl. Wenn die Musik aufhört . . .

Er wartete dicht an der Tanzfläche, sah ihr zu. Es ist das Leinen, wie sich die Hüften darunter bewegen, unmöglich, ihnen zu widerstehen. Deshalb, edler Senator . . .

Die Musik endete. Er trat vor. »Darf ich Ihnen eine Erfrischung bringen?«

Die Mondmaske wandte sich ihm zu, die silbrigen Lippen lächelten.

Der römische Senator runzelte die Stirn, sein kahler Kopf spiegelte das Licht des Kronleuchters. »Muß ich annehmen, daß der nächste Tanz vergeben ist?«

»Sehr richtig«, sagte Picard, nahm die Hand des Mädchens und führte sie zu den Märchenpaaren, die sich wieder im Takt der sonderbaren Pan-Musik der laubbekränzten Musikanten bewegten.

Er gab sich Mühe, seine Stiefel von ihren leichten Sandalen fernzuhalten. Sie traf seinen Körper mit ihren Brüsten, ihren Schenkeln, ihrem Schoß. Er zog sie enger an sich, ließ seine Hand zu ihren Hüften wandern und dort ruhen, um jede ihrer Bewegungen zu spüren, und sie drehte sich mit ihm durch den Saal. Die anderen Tänzer preßten sie noch enger zusammen, sie konnten sich kaum noch bewegen, sie waren wie aneinander gekettet; ihr

Körper liebkoste ihn wie eine Welle, er setzte ihre Schenkel in Brand. Der Spiegel war genau hinter ihr; er schaute über ihre Schulter, erfreute sich ihrer wohlgestalteten Rückseite und ließ sich in die Tiefen des Spiegels gleiten, jetzt, da er eine Partnerin hatte, die ihn auf dem grellen, schwindelerregenden Rutsch in die Unendlichkeit begleitete. Sie drehten sich im Spiegel, tausend Picards, tausend Mondmädchen, und viele Tausende mehr standen hinter ihnen, immer kleiner werdend, Picard und seine weiche Mond-Partnerin in einer Höhle aus Spiegeln – das Schwindelgefühl wurde größer, bis er den Wahnsinn des Spiegels nicht länger ertragen konnte, mit seinen verwirrenden, bedrohlichen Straßen, erinnerte er ihn doch an Lazare und dessen Kristallkugel, an einen bösen, tausendäugigen Zauber, der einen Mann Abgründe sehen läßt, wo keine sind, erleuchtete Straßen, die nur eine Spiegelung waren, Menschen, die nicht existieren.

Er drehte das Mondmächen langsam im Takt der Musik, warf einen flüchtigen Blick dem Kaiser, dann der Kaiserin zu, die sich in den Tiefen spiegelten, sie waren auch in Lazares Spiegel eingesperrt. Jetzt hat er den großen Fisch im Glas, Picard. Zweifelst du da noch einen Augenblick lang, daß er dich ausschalten will, jetzt, da er dabei ist, das Spiel zu gewinnen, und du es bedrohst?

»Haben Sie mich vergessen?« fragte das Mondmädchen leise durch die Maske hindurch.

»Der Spiegel –« Er streckte die Hand danach aus. »Ich bin Ihnen dort hinein gefolgt.«

»Dann nehmen Sie sich vor Spiegeln in acht«, sagte sie. »Sie lassen Sie die Wirklichkeit vergessen.« Sie bewegte die Schenkel so, daß ihr eigener, wärmster Teil gegen den seinen drückte, und er griff den Vorschlag der sanften Rundung sogleich auf und tanzte mit ihr zur Treppe.

*

Oben in der winzigen Freudenhöhle stand nur ein einziges Möbelstück – eine mit Seidensamt bezogene Couch, auf der sie lag. »Sei nicht so ritterlich«, sagte das Mondmädchen, als er an ihren Schulterbändern herumhantierte.

Die Tapeten des Zimmers waren in einem gedämpften Rot gehalten und die Couch von zwei großen kristallenen Kugelschalen umrahmt, in denen kleine Kerzen schwammen, die ihre weiße Maske, ihr enganliegendes Kleid beleuchteten. Picard kniete neben ihr, seine Finger kamen schließlich mit den Trägern zurecht und das Gewebe fiel ihr von der Brust. Er beugte sich vor und küßte ihre Brustwarzen, schmeckte Lilienöl.

Das Mondmädchen atmete heftig, ihre Augen schlossen sich in den dunklen Kratern ihrer Maske. Er knöpfte das andere leinene Band auf, legte sein Gesicht in die Spalte zwischen ihren Brüsten, als er ihr das hauchdünne Gewand auszog und von den Knöcheln streifte. Er streckte die Hand nach ihrer Maske aus, nahm sie ihr vom Gesicht.

»Weshalb weichst du zurück?« fragte sie, und ihre Augen glänzten unnatürlich hell wie die ihres Gatten. »Du solltest genießen, solange du kannst.« Madame Lazare lächelte und knöpfte den obersten Knopf seiner Jacke auf.

»Denn morgen wirst du sterben.«

Er stand da und es schauderte ihn, während ihn noch immer die Lust nach ihrem prächtigen Leib erfüllte. Auf diesen Schenkeln zu reiten, in ihrem schwarzen Lockenhaar zu versinken, sie mitzureißen, sich mit ihr wie toll herumzuwälzen – in ihm hämmerte die Begierde, sich mit dem Engel von Paris in den Abgrund zu stürzen – doch irgendein Selbsterhaltungstrieb hielt ihn zurück, denn der Blick ihrer glänzenden Augen war unmenschlich, es war der Blick eines alles verschlingenden Engels, dessen Liebe Tod bedeutete und der ihn noch tiefer in das bereits mächtige Netz seines Feindes hineinziehen würde. Und er berührte sie trotzdem, wollte sich verlieren, in die gefährlichen Tiefen eintauchen, wahnsinnig, rasend werden mit ihr auf der Couch – und wieder wich er zurück, ahnte eine Verstrickung von Armen und Beinen und glitzernden Augen, aus der er sich niemals wieder würde befreien können. Er trat zurück mit dem alptraumhaften Gefühl, daß er sich bereits verstrickt hatte, daß er ihr nicht mehr entkam. Aber das ist die typische weibliche List, Picard, wach auf, du Idiot, und zieh Leine, bevor sie dir das Messer an die Kehle setzt.

»Du solltest das Amulett der Erneuerung küssen«, sagte sie und streckte ihm ihre Hüften entgegen.

»Ich habe solche Amulette schon früher geküßt.«

»Meins ist anders als alle andern.«

»Ich sehe keinen großen Unterschied.«

»Das ist dein Fehler. Komm, und ich rette dir das Leben.«

»Ich kann schon selbst auf mich aufpassen.«

»Ric ist ein Hohepriester von Heliopolis, und du bist ein Opfer seiner Magie. Du hast keine Chance, wenn ich dir nicht helfe.« Sie richtete sich auf und streckte die Hand nach ihm aus. »Ich erlöse dich von seinem Zauber. Ich mag dich, ich finde dich interessant.«

»Vergeben Sie mir, etwas begonnen zu haben, was ich nicht beenden kann, Madame Lazare.« Er ging rückwärts zur Tür.

Sie streckte sich wieder auf der Couch aus, streichelte ihre Schenkel. »Ich hätte dich vielleicht retten können.«

»Ich werde Ihnen den kahlköpfigen Senator heraufschicken, Madame. Retten Sie ihn.« Er tastete nach dem Türknopf, wagte ihr nicht den Rücken zuzuwenden.

»Schick ihn mir und zwanzig andere dazu. Ich will sie alle im Bett haben heute nacht.« Sie griff nach ihrer Maske, und ihre blutroten Fingernägel flackerten in den Augenlöchern auf, erweckten die Mondmaske einen Augenblick lang zum Leben, ein rubinäugiges Monster, das sagte: *Ja, ich bin die Zauberin, und du bist schon verzaubert, Narr.*

Er ging den langen, von Teppichen bedeckten Vorsaal entlang zur Haupttreppe. Neben ihm öffnete sich eine Tapetentür, und ein Diener mit einem leeren Wassereimer trat heraus.

»Kommen Sie herein!« rief Duval. »Die Badewanne des Grafen ist groß genug für alle! Wollen Sie sich uns nicht anschließen?«

Madame Allega, der Stern des Cabarets, stand als Kutscher gekleidet neben der goldenen Wanne. Der Bescheidene Priester half ihr aus dem Kostüm und winkte. »Sie kommen nicht herein? Dann entschuldigen Sie mich bitte . . .« Madame Allegas Po tauchte auf, und Duval gab der Tür einen Fußtritt. »Ich muß die gute Frau taufen.«

Picard setzte seinen Weg in Richtung auf die große Treppe fort. Der Große Ballsaal einen Stock tiefer entwickelte sich allmählich zu einem Schlachtfeld. Federn flogen durch die Luft, Spangen prasselten zu Boden, andere Kostümteile folgten nach. Ein paar Gäste lagen schon ausgestreckt vor dem großen Spiegel, viele aber tanzten noch – zu einer Musik, die sinnlicher, berückender geworden war, und einige Frauen ergingen sich bereits in kühneren Interpretationen. Miß Carter aus Amerika tanzte mit ihren beiden schwarzen Begleitern, ihre Hängematte hatte der verrückte Gockel erobert, der von gehorsamen Dienern gestützt wie wild darin schaukelte.

Turcotte und Lescadre hatten sich aus dem Großen Ballsaal entfernt. Ihre wichtigste Aufgabe, der Schutz der Juwelen der Païva, war bewältigt. Sie hatte den Saal zusammen mit dem Grafen von Donnersmarck und der grünen Eidechse verlassen. Picard war ihnen gefolgt und beobachtete nun vom Hauptportal aus, wie sie in ihre Kutsche stiegen, die prächtigste von allen. Als sie durchs Tor hinausglitt, kehrte er zurück, tief ins Innere des Hauses, bat einen Diener, ihn in den Keller zu führen, die einzige Möglichkeit für einen Eindringling, die er noch nicht überprüft hatte, und obwohl die kostbaren Juwelen der Païva bereits fort waren, gab es sicherlich noch genügend Reichtümer im Ballsaal, um einen Dieb anzulocken.

Die Lampe voraustragend, führte ihn der Diener in die weiten unterirdischen Kammern, und gemeinsam überprüften sie die kleinen Fenster in jedem Raum.

»Lassen Sie die Lampe hier. Ich werde mich noch etwas umsehen.«

»Gern, Inspektor. Den Gang entlang befindet sich noch ein Gelaß mit Möbeln und Gemälden. Ich bin oben, falls Sie mich brauchen.«

Er saß im düsteren Kellergewölbe des alten Hauses, müde und allem überdrüssig, und eine quälende Vorstellung kreiste in seinem Hirn von einer schattenhaften Gestalt mit einem Messer, das in der Finsternis aufblitzte und verschwand.

Eine bekannte Vorahnung. Als dieser Schatten mir letztes Mal . . .

Picard betrat den letzten modrigen Kellerraum, schritt langsam die schmalen Gänge zwischen den von Tüchern bedeckten Möbeln und dem Familienkrimskrams der Cherubinis ab, grotesken Vasen, bizarren Waschständern und -becken.

. . . als das Messer das letzte Mal in meinem Hirn aufblitzte, erschien schon am nächsten Tag Alcide Marusic.

In zehn Gefängnisjahren sammelt sich ein gefährliches Gift im Körper an. Es stand ihm praktisch der Schaum vorm Mund, als er auf mich zukam. Rue Gabrielle . . .

Und jetzt bist du wieder da, Schatten. Verkörperst du Lazare, so wie du einst Marusic verkörpertest, dessen Blut längst die Gosse der Rue Gabrielle hinuntergeflossen ist?

Die Dunkelheit antwortete ihm mit einem leisen Flüstern, dem Gefühl einer drohenden Gefahr, als nähere sich ein bösartiger und gemeiner Gegner, arglistig und verschlagen, nähere sich ihm langsam von der Stadt her, so wie sich einst Alcide Marusic genähert hatte, Mordlust im Herzen. Marusic aber war ein Tölpel gewesen, unbeholfen, plump und rachsüchtig, ein Halsabschneider, nicht mehr. Dieser neue Gegner aber . . . Picard schloß die Augen, versuchte sich die Gefahr vorzustellen, in der er schwebte, und wieder hörte er die Stimme Lazares in seinem Ohr – *Es ist nur ein Spiel, Monsieur*, sagte sie.

Nun gut, Lazare, aber vielleicht sehen wir uns früher wieder, als Sie glauben.

Verborgen unter dem Gerümpel und den zugedeckten

Sesseln der Familie Cherubini stand ein altes Himmelbett mit einem Vorhang aus Musselin. Picard schlug ihn beiseite und kletterte hinein, kroch unter das Deckbett und schloß die Augen. Guter Wein macht ebenso müde wie schlechter.

Die schattenhafte Gestalt warf wieder ihr Messer, gab den Weg frei für Träume von Blut und glitzerndem Stahl, in denen längst getötete Feinde tanzten und mit den Zähnen knirschten, in ihren Augen loderte Haß.

*

Er wachte im Dunkeln auf; die Lampe war ausgebrannt. Er tastete sich durch den schwarzen Keller auf die Treppe zu. Über sich hörte er immer noch die Stimmen einiger unentwegter Gäste, aber die Musik hatte aufgehört. Er stieg die Treppe empor und ging in den Großen Ballsaal.

Graf Cherubini, der große Hahn, saß in eine Decke gehüllt mitten auf dem Boden und starrte in die tiefsten Fernen des Spiegels. Bewußtlos neben ihm auf dem Boden lag der Frühling, die gelben Narzissen zerdrückt, Krokusse mit hängenden Köpfen, und ihr Hintern war nackt bis auf den Pokal, den der Graf darauf balancierte. Den Spiegel entlang lagen halbnackte Paare auf Kissen und Sofapolstern, Flaschen und Gläser um sich herum.

Graf Cherubini renkte sich den Hals nach Picard aus und fragte: »Ist die Sonne schon aufgegangen?«

»Nein.«

»Würden Sie mir Bescheid sagen, sobald die Sonne aufgeht? Ich möchte ein bißchen Kikeriki schreien.«

Picard sah aus dem Fenster. Der Himmel war immer noch dunkel, aber er fühlte in seinem Körper, daß es schon spät sein mußte. Der Graf würde nicht mehr lange warten müssen.

Inspektor Turcotte tauchte aus der Küche auf, einen Paradiesvogel am Arm. Sie hatte den unteren Teil ihres Kostüms verloren. Als sie vorbeigingen, zwinkerte Turcotte und warf Picard eine blauweiße Feder aus seiner Tasche zu, aus der zahlreiche andere Federn hervorschauten.

Der Hahn war eingeschlafen und schnarchte am Boden, sein Schnabel rasselte, wenn er ausatmete. Zwischen den Schnarchtönen drangen schwache Gluckslaute aus der Maske, als probe er für den Sonnenaufgang.

Von den Huren, die noch blieben, war keine mehr sehr groß. Die großen waren schon gegangen, wie es ihrem Stand zukam. Die, die jetzt noch blieben, waren vielleicht die echten Huren. Ihre Juwelen waren falsch; die winzigen, eingenähten Spiegel auf ihren Gewändern strahlten nicht mit dem gleichen Feuer wie die Edelsteine der Païva, und sie gehörten nicht zu denen, die ein Fest vor dem Morgengrauen verlassen; so waren sie denn allein mit drei müden Polizisten und einem bewußtlosen Hahn. Lescadre hatte den Helm eines Musketiers aufgesetzt und kümmerte sich um den Frühling, der mit einem fürchterlichen Durst erwacht war. Lescadre goß Champagner ins Glas, das sie ihm hinheilt. Der Hahn neben ihr schnarchte weiter und krächzte leise.

Picard wanderte durch das Trümmerfeld und machte am Buffet Halt, wo er ein paar leckere Sandwiches aufaß, ein halbes Dutzend. Er hob die Maske an und schob sie über den Kopf zurück. Eine Bewegung oben auf der Treppe war seinem Auge nicht entgangen. Duval, der Bescheidene Priester, stand da, hinter ihm zwei Diener mit Miss Carter in ihrer Hängematte. Ihr nasses Haar tropfte, und ihr Südstaaten-Ballkleid saß schief. »Bitte sorgen Sie dafür, daß Miss Carter sofort in ihre Kutsche kommt«, rief Duval, die Treppe herunterkommend. »Sie hat gerade eine tiefe, religiöse Erfahrung gemacht.«

Duval erspähte Picard und kam auf ihn zu. »Mein lieber Inspektor . . . was machen Ihre Ermittlungen?«

Picard wandte sich dem Tisch mit dem Champagner zu, wünschte nicht über seine Arbeit zu sprechen, doch Duval plapperte weiter: »Die letzten Gerüchte über Lazare sind Ihnen zweifellos zu Ohren gekommen.«

»Seine Frau badet in Champagner.«

»Ziegenmilch, mein lieber Freund. Ich weiß es aus sicherer Quelle. Darf ich Sie irgendwohin mitnehmen? Mein Wagen wartet draußen.«

»Ich muß den Grafen wecken.« Im ersten Grau der Dämmerung lag der Hof nun deutlich sichtbar da. Picard schüttelte den schnarchenden Hahn.

»Ja, ja. Ich bin bereit.« Der Hahn erhob sich mühsam und spreizte die Flügel, während Picard und Duval ihm auf die Beine halfen. »Vielen Dank. Dürfte ich Sie bitten, mir in den Hof zu helfen, es sind nur ein paar Schritte.«

Sie brachten ihn durch die Halle und hinaus in den Hof. Der Hahn schüttelte seinen Kamm und senkte verlegen den Kopf. »Ich fühle mich nicht in Stimmung zu einem anständigen Kikeriki.«

»Dann kommen Sie mit uns«, sagte der Bescheidene Priester.

»Wenn es Ihnen nichts ausmacht . . . gern.« Der Hahn folgte ihnen zu Duvals Wagen. Duval rief den Kutscher. »Kennen Sie das Hôtel St. Claude?«

Der Kutscher fischte mit der Peitschenschlinge nach dem Kutschentürriegel und ließ die beiden Männer und den riesigen Hofgockel einsteigen.

»Ein ergötzliches Fest, mein lieber Graf«, sagte Duval und befingerte seinen Rosenkranz.

»Ich freue mich so, daß Sie kommen konnten«, sagte der Hahn, zündete einen Zigarillo an und steckte ihn sich in den Schnabel.

Picard starrte aus dem Fenster; die prächtigen Häuser von St. Honoré glitten langsam vorbei.

»Ich hätte den Frühling mitnehmen sollen«, sagte der Hahn. »Sie mag solche improvisierten Ausfahrten.«

»Sie können den Frühling an jeder Straßenecke von Paris finden, Graf.«

»Ganz richtig, mein Sohn. Man vergißt . . .« Der Hahn wandte sich zum Fenster. Auf der Rue de Rivoli schmückte eine Straßendirne die Kreuzung. Sie war ganz in Schwarz, abgesehen von der roten Schleife in ihrem Haar.

»Halten Sie an«, sagte der Hahn zum Kutscher und stieg aus, als die Kutsche neben der jungen Frau hielt. Er stolperte unbeholfen, doch gelang es ihm, sein Gleichgewicht wiederzufinden und sich, die Schwanzfedern aufrichtend, vor der Dame zu verbeugen. »Können wir Ihnen behilflich sein, Mademoiselle?«

Die Hure hatte schon viele Dinge auf der Rue de Rivoli gesehen; aber ihr erschrockener Gesichtsausdruck zeigte an, daß es das erstemal war, daß sie kurz vor Tagesanbruch einen riesigen Hahn aus einer Kutsche steigen sah.

»Befürchten Sie nichts, Mademoiselle«, sagte der Hahn. »Wir wollen nur Kikeri schreien und sind auf der Suche nach einem geeigneten Ort. Könnten Sie uns vielleicht etwas Passendes empfehlen, wo wir anständig krähen können?« Der Hahn verbeugte sich diesmal tief und bot ihr den Anblick seines schlackernden roten Kamms.

»Ich kann Sie so nicht mitnehmen«, sagte sie und deutete auf sein Federkleid.

»Ich verstehe vollkommen; vielleicht könnten wir dann zum Flußufer hinunterbummeln?« Er bot ihr seinen Flügel, und sie nahm ihn an. Mit dem anderen winkte er Duval und Picard zu. »Vielen Dank, meine Herren. Besuchen Sie mich wieder . . .«

Der Kutscher fuhr weiter, die Rue St. Antoine hinauf. Duval wandte sich Picard zu. »Ihr Lazare – wußten Sie, daß er früher schon einmal in Paris gearbeitet hat? Jedenfalls sagt man das.« Die Kutsche bog auf den Boulevard Beaumarchais ein.

»Woher wissen Sie plötzlich so viel über Lazare?«

»Man hört heutzutage so viele Geschichten – ja, hier ist es.« Der Wagen hielt, und sie stiegen aus, auf die Rue St. Claude. »Hier war es, Inspektor . . .« Duval deutete auf die kleinen dunklen Fenster des Hôtel St. Claude. »Die Wände sind voll von Geheimgängen. Erinnern Sie sich an die Geschichte mit dem Diamantenhalsband?«

»Ich weiß nicht . . .«

»Inspektor, Sie sind doch ein Kenner der Kriminalgeschichte. Vor hundert Jahren wurde das berühmteste Diamantenhalsband der Welt, bestimmt für den Hals von Marie Antoinette, von einem Mann gestohlen, der in diesem Hause wohnte, einem Mann, der, wie einige Pariser Geisterseher behaupten, nach Paris zurückgekehrt sein soll.«

»Sie meinen Lazare? Das ist absurd.«

»Ja, nicht wahr?« Duval betrat die Eingangshalle des Hotels, und sie durchquerten sie, auf die Treppe zu. Am Fuß der Treppe stand eine Statue, eine lächerliche Nachahmung eines ägyptischen Pharao, eine Gaslampe in der Hand haltend. »Aber natürlich will es das Gerücht, Inspektor, daß wir es nicht mit einem gewöhnlichen Menschen zu tun haben, sondern vielmehr mit einem Mann, der das Geheimnis des Goldmachens entdeckt hat, das Geheimnis des kontrollierten Wachstums der Diamanten und –« Duval spähte die Treppe hinauf »– der Lebensverlängerung. Absurditäten, auf die die Leute hereinfallen.«

Picard deutete auf den Kopf des Gipspharaos. »Masken überall.«

»Ja. Masken und Spiegel, so heißt es. Er nannte sich Großkophta des Freimaurerordens und Herr des ägyptischen Ritus.« Sie kehrten um und gingen durch die Halle zurück auf die Straße und kletterten wieder in ihren Wagen. »Sein Name war Graf Alessandro di Cagliostro.«

Die Paläste auf dem rechten Seineufer fingen die ersten Sonnenstrahlen auf. Picard stieg aus Duvals Wagen hinunter auf den Pont St. Michel. Er hielt einen Augenblick am Brückenrand ein; flußaufwärts glaubte er das Krähen eines Hahns zu hören.

Duval streckte den Kopf aus dem Fenster. »Der Graf heißt den Tag willkommen.«

Picard wandte sich zur Präfektur, als Duvals Stimme ihm nachrief: »Heute abend ist ein Ball bei Madame Valanne, Inspektor! Sehen wir uns dort?«

»Ich habe genug von Bällen.«

»Unsinn, Inspektor. Essen Sie, trinken Sie, seien Sie lustig . . .«

Der murmelnde Fluß vollendete den uralten Satz, wisperte mit der Stimme seines Feindes – *denn morgen stirbst du* –, und wieder glaubte Picard sich nahe daran, das Geheimnis des Spiegels zu durchbohren. Er wollte den Edelstein des Morgens zerschlagen, vorstoßen in die kristallinen Tiefen der Natur, aber er war durch sein sterbliches Wesen daran gehindert, eingewebt in das Licht des Sonnenaufgangs, so daß er nicht entkommen konnte. Und doch fühlte er: Sein Leben hing davon ab, daß er diesen Schleier durchdrang; er brauchte Gewißheit, und wenn er sie auf einem anderen Stern, an einem fernen Punkt im Universum fand, um den Magier zu überlisten, der ihn töten wollte.

Er überquerte den Pont St. Michel, ging auf die Präfektur zu, wo Tatsachen zählten, wo Dieben und Schwindlern täglich die Masken vom Gesicht gerissen wurden; die guten, dicken alten Mauern gaben ihm sein Gefühl der Solidarität zurück. Hier ist mein Reich, hier, wo ich mich sicher bewege, wo ich alle Dinge berühren und anfassen und Fragen stellen und die logischen Schlußfolgerungen ziehen kann. Ich darf nicht hoffen, hinter das Geheimnis des Morgens zu gelangen, den Spiegel eines glitzernden Flusses ergründen zu können. Solche Dinge sind für Scharlatane wie Lazare, die sich ihrer bedienen, um andere zu verblüffen. Jeder, der in den Spiegel eintritt, ist ein Narr, denn er wird dort mit Sicherheit in die Irre gehen. Ein wenig Weihrauch, ein Inder mit einem Turban, und das Tor des Wahnsinns geht auf. Aber ich lasse mich nicht hineinziehen. Das hier – er klopfte an die Tür des Aktenarchivs – ist die einzige Realität.

Ein müder Nachtwächter ließ ihn ein. Das Aktenarchiv roch muffig und modrig nach den allmählich zerfallenden Blättern in den ledernen Mappen, Regal auf Regal. Sein Auge wanderte die Reihen entlang, bis es gefunden hatte, was er suchte.

Die Fälle waren alt, ob gelöst oder ungelöst, hatten sie eins gemeinsam – alle Beteiligten, die Verbrecher wie die Inspektoren, waren tot. Der Verräter Chevalier de Rohan, die Mörderin Madame de Brinvilliers, der alternde Musketier de Creil, der Jagdschreie ausstieß, um Theateraufführungen zu unterbrechen, die ihm nicht gefielen. Kontrolle der Lotteriegewinne, Inspektion der Abwässerkanäle, ein gewisser venezianischer Gesandter und ein junger Schauspieler, den er bewunderte, ihre Zusammentreffen, ihr Streit, ein Kardinal beim Besuch eines Bordells beobachtet mit genauen Angaben, wann er kam, wie lange er blieb; Durchsuchungsbericht von Polizeichef Chenon, 23. August 1785, im Namen des Königs:

»Um sieben Uhr morgens gingen wir, von Polizeiinspektor de Brugnières begleitet, zur Rue St. Claude de Marais, zu einem Haus genannt Hôtel St. Claude, wo wir in einer Wohnung im ersten Stock den besagten Cagliostro im Schlafzimmer mit seiner Frau, Séraphine Feliciani, 28 Jahre, fanden.«

Cagliostro eingesperrt, weil er »das schönste Diamantenhalsband der Welt« gestohlen haben soll, und schließlich wieder freigelassen, die Anklage bricht in sich zusammen, und man gibt ihm seine Habe zurück – große Brillantringe, zwei brillantenbesetzte Spazierstöcke, ein Brillantenhosenband, einen rubinenbesetzten Stock, brillantene Ohrgehänge und Schnallen, Perlen, Granate, goldene Büchsen und Dosen, ein chinesisches Tintenfaß, goldverziert, goldene Teelöffel und Scheren und »diverse Papiere«. Eine junge Frau, die in den Fall verwickelt ist, wird von der empörten Krone gebrandmarkt – eine Lilie auf jede ihrer Schultern.

Picard schloß die Akte und ging den langen hallenden Korridor hinunter. Lazare kopiert Cagliostros Stil. Was einmal gewirkt hat, kann wieder wirken. Nur daß es heute abend mit deiner Wirkung vorbei sein wird, Lazare, und zwar für immer.

*

Er frühstückte in der Nähe der Präfektur, aß langsam, las den Zeitungsbericht über Graf Cherubinis Ball. Er war ungenau, aber der junge Reporter hatte sich zweifellos von den Spiegeln blenden lassen. Wie wir alle.

Picard warf einen Blick auf seine Taschenuhr; die Bibliothek würde bald öffnen. Er verließ das Café und wanderte gemächlich über den Pont des Arts zum Quartier Latin. Der Duft der Bäckerläden erfüllte die Straße. Er ging an seinem baufälligen Haus vorbei und weiter in Richtung St. Germain und dachte an Lazare – ein kümmerlicher Kerl, nichts dran an dem. Zerquetsch' ihm den Kopf mit bloßen Händen.

An der Rue Bonaparte wandte er sich nach links, bog ab in Richtung St. Sulpice, das jetzt in Sonnenlicht gebadet dastand. Der Springbrunnen in der Mitte des Platzes war voll von Laub und Regenwasser, und das Wasser blinzelte ihm zu, seine unzähligen kleinen Spiegel versprachen Geheimnisse, wenn er nur tiefer hineinsah, sieh tiefer hinein, lieber Inspektor, und wir werden dir alles sagen.

Am Rande des Beckens zögerte er, in Versuchung geführt von der blitzenden, blendenden Oberfläche, aber auch ängstlich wegen der ihr innewohnenden Gefahr, denn schon fühlte er einen seltsamen Ruck in sich, als sei da unten ein Fischer, der einen geheimnisvollen Angelhaken in seinen Lebenswillen geschlagen hatte und ihn hinunterzog. Sein Körper zitterte, er kämpfte gegen den Haken. *Ric ist ein Hohepriester von Heliopolis, und du bist das Opfer seiner Magie*, sagte die Frau seines Gegners leise. Er riß sich vom Beckenrand los und wanderte still über den Platz, auf die Bibliothek zu, trat ein, fragte die Bibliothekarin nach Material »über einen Mann namens Cagliostro«.

Sie kam mit einem einzigen Band mit Briefen und Tagebuchauszügen zurück, die ein Holländer namens Van Wamelen gesammelt hatte, der dem Bann Cagliostros verfallen war. Der schmale Band, ein Privatdruck auf kostbarem Papier und gediegen gebunden, war ein Zeichen seiner Ergebenheit gegenüber dem »großen Meister«.

Picard trug das Buch zu einem Tisch am Fenster und begann vom märchenhaften Großkophta des Freimaurerordens und Herrn des Ägyptischen Ritus zu lesen, einem finsteren und durchtriebenen Betrüger, der sich hundert Jahre zuvor mit Taschenspielereien und Lügen den Weg in die reichsten Salons Europas geblufft hatte. Zauberer, Wahrsager, Magier, Prophet, Goldmacher. Seine Räume im Hôtel St. Claude hatten so bekannte Pariser wie den General de Labarthe angezogen, und die Briefe des Generals waren voll des Lobes über Cagliostro: »Keines Menschen Hände sind reiner . . . Mademoiselle Augeard erhielt von ihm ein Elixier, und all ihre Leiden schwanden.«

Picard ging die Lobeslieder der angesehenen Bürger,

die den Grafen Cagliostro hofiert hatten, aufmerksam durch. Sie hatten alle das Elixier des Ewigen Lebens von ihm erhalten, waren aber trotzdem ebenso tot wie Cagliostro selbst. Natürlich kam es dann nach seinem Tod zu einer ungereimten Geschichte, daß niemand seinen Leichnam gesehen hätte außer dem Papst, der ihn hatte erdrosseln lassen. »Und sein Grab«, schrieb Madame Hunziker, »wurde niemals gefunden.«

Was Madame Cagliostro anbetraf, so beschrieb der Herzog von Mantinot sie in seinem Tagebuch als eine »schönere Frau, als ich sie je gesehen. Ganz Paris hält den Atem an, wenn sie vorüberfährt . . .«

Picard blätterte die Seite um und fiel in einen Abgrund, in einen Sprung im Spiegel der Wirklichkeit, nämlich in die Augen und das Lächeln von Madame Cagliostro, deren Gesicht auf der Seite abgebildet war. Sie war das lebendige Abbild von Renée Lazare.

Die Morgensonne beschien ihn im Jardin du Luxembourg, und er betrachtete die Wagen mit den Ponies, in denen die Kinder im Park herumfuhren, Wollmützen auf und Fäustlinge an den Händen. Unmittelbar vor ihm erfanden drei Kinder gerade ein endloses Spiel mit einer Mauer, einem Seil und einem Sandhaufen. Das Mädchen schien der Preis zu sein in einem Wettkampf zwischen den beiden Jungen, aber als es zu sehr auf seinen Rechten beharrte, schob man es von der Mauer in den Sand. Seine Tränen währten nicht lang; es hing zu sehr an dem Spiel, als daß es lange beleidigt sein mochte.

Er hatte seine Kindheit in diesem Park verbracht, und er verstand dessen Zauber, wußte, daß die niedrige Mauer vor ihm, auf der die Kinder herumkrabbelten, eine Burgmauer sein konnte oder die Große Chinesische Mauer. Einer der Jungs marschierte jetzt in hohen Stiefeln und fellbesetzter Jacke darauf entlang. Er war der König, hatte den Sandhaufen, das Mädchen und den anderen Jungen besiegt, der dicker und langsamer war. Das Mädchen bat, mit dem Strick zu ihm hinaufgezogen zu werden, aber er sah sie nicht, sah nur den wuchernden Garten, sein Reich.

Er ist wie Lazare; wendig und anmaßend. Und ich bin dieser andere Junge, schwerfällig wie ein Bär. Der dicke Junge ist nett zu dem Mädchen, kümmert sich um sie. Ah, natürlich, er liebt sie.

Picard schloß die Augen; Renée Lazare und Madame Cagliostro schwammen vor ihm, zwei Körper, die sich immer wieder zu einem schönen, unglaublichen Leib vereinigten.

Muß ich annehmen, daß Lazares Elixier des Ewigen Lebens tatsächlich wirkt?

Die Schreie des kleinen Mädchens öffneten ihm die Augen. Die beiden Jungen hatten sie an einen Baum gefesselt und tanzten um sie herum, und sie hing in den Stricken, jammerte und flehte um Gnade, die ihr nur der dicke Junge zu erweisen bereit schien. Sein Kamerad in den hohen Stiefeln stampfte majestätisch um die Gefangene herum und strafte sie mit Verachtung.

Picard stand auf, er hatte genug gesehen, zu sehr erinnerte diese Opferszene ihn an seine eigene Kindheit. Obgleich keine Photographie, kein Gemälde von ihm aus jener Zeit existierte, wußte er doch, daß er wie dieser dicke melancholische Junge gewesen war, ja, er vermeinte sich selbst zu sehen – vor vierzig Jahren. Etwas von meinem Geist ist in dem Garten zurückgeblieben, und dieser Knabe hat ihn in sich aufgenommen, diese zarte Schüchternheit meines Herzens.

Der Junge sah auf, ihre Augen trafen sich, und Picard nahm Abschied von dem erhebenden Gefühl, sich selbst zu beobachten, zurückgereist zu sein in der Zeit, um sich selbst wiederzusehen. Ich bin müde, und wenn man müde ist, kommt man leicht ins Träumen.

Trotzdem entbot er dem dicken Jungen seinen Gruß, den der Knabe mit rascher Zuneigung und einem schüchternen Lächeln beantwortete, deren sanfte Ausstrahlung das Gefühl der wiedergefundenen Zeit, des Déjà-vu verstärkten, daß du und ich eins waren, kleiner Bandit, daß Vergangenheit, Gegenwart und Zukunft an jenem Morgen im Jardin du Luxembourg zusammenkamen, aus nur dem Geist bekannten Gründen.

Er fühlte die Augen des Jungen immer noch auf sich ruhen, als er sich umwandte und den Weg hinunterging. Ich könnte ihm sagen, daß sein gutes Herz ihm eine Täuschung nach der anderen bescheren wird, aber er würde mich nicht verstehen. Sein Freund, der anmaßende Junge in den hohen Stiefeln, weiß das. Sein Herz gehört nur ihm selbst und wird ein Leben lang nur ihm allein gehören, und er wird Erfolg haben, in der Politik, bei den Frauen, in allem, was er anfaßt.

Aber was will der Geist mir sagen? Ist mein Herz wieder einer gefährlichen Anziehungskraft zum Opfer gefallen? Muß ich mich von Lazare besiegen lassen?

Er verließ den Park. Er war müde, brauchte jetzt seinen Schlaf. Die Mädchen mit den Brotkörben wanderten zu den Cafés von St. Germain. Er schlurfte entlang, hinter einem Brotmädchen her. Nicht hübsch, aber eins von den Mädchen, die immer ein Nachthemd zu tragen schienen, wohin sie auch gingen. Er unterdrückte den Wunsch, ihm den ganzen Boulevard St. Germain hinunter zu folgen, bog statt dessen in eine der Straßen am Collège de France ein und gelangte bald auf die Rue St. Jean de Latran, wo er vor einem großen Gebäude haltmachte, in dem es nach allem erdenklichen Schmutz roch.

Die Enge der Wendeltreppen des heruntergekommenen Klosters war beängstigend, jedes Stockwerk von einem kleinen zerbrochenen Fenster erhellt. Langsam stieg er die Treppe hinauf, vorbei an den Türen mit den rauhen Stimmen der Straßenartisten, Feuer- und Schwertschlukker hauptsächlich. Ihre Türen standen offen, ihre Stimmen erfüllten das Treppenhaus. Nur die Tür, die er suchte, war fest verschlossen. Er klopfte leise.

Er wartete, hörte kein Geräusch von drinnen, aber augenblicklich öffnete sich sacht die Tür, und am Türpfosten erschien die Klinge eines Messers, das im Finstern aufblitzte und dann geräuschlos verschwand.

»Komm herein, Paul.« Albert, der freundliche, kleine magere Dieb, lächelte und riß die Tür auf.

Picard betrat das Diebesnest, einen einzigen Raum, in dem es nur zwei Gegenstände gab – einen Strohhaufen und eine Nachtigall.

»Ich muß jemand umbringen, bevor er mich umbringt.«

Albert nickte benommen, ließ sich ins Stroh fallen und rieb sich den Schlaf aus den Augen. »Wen?«

»Es handelt sich um Ric Lazare, den Wahrsager.«

»Warum ist er hinter dir her?«

»Ich weiß zuviel über ihn. Folge ihm wie sein Schatten.« Picard stand auf, ging zum Fenster, sah hinunter.

»Vielleicht blufft er nur und meint es gar nicht so ernst.«

»Der letzte, der das behauptet hat, bekam einen

Eispickel in den Kopf.«

»Hat er jemanden beauftragt, dich zu töten?«

»Ich weiß nicht. Aber ich kann's mir nicht leisten, so lange zu warten, bis ich es weiß.«

»Heute abend wäre recht?«

»Ja. Er geht erst spät schlafen.«

»Das paßt mir ausgezeichnet. Ich habe vorher noch einen kleinen Auftrag. Können wir uns bei dir treffen? Um Mitternacht?«

»Ich werde da sein.«

Albert stand auf und wanderte barfuß zum Vogelbauer. »Wie lautet seine Adresse?«

»Rue de Richelieu siebenundachtzig.«

»Ich sehe ihn mir heute nachmittag mal an.« Albert öffnete den Bauer und nahm die Nachtigall heraus. Sie saß auf seinem Finger und lauschte seinem liebevollen Gemurmel.

Picard wandte sich um und ging zur Tür; das Treppenhaus mit seinen übelriechenden Müllhaufen nahm ihn auf. Er schlief beinahe, als er die Treppe hinunterstolperte. Die frische Winterluft belebte ihn nicht. Er schlug den Heimweg ein, hoffte leise, das Mädchen mit dem Brotkorb wiederzutreffen.

Er wachte auf, glaubte sich nur vorübergehend eingenickt. Ein Trugschluß, denn es war bereits dunkel und die Straßenlampen brannten. Er hatte einen Hunger wie ein Wolf und dachte an eine Riesenmahlzeit im Restaurant Widermann.

Er wusch sich kalt, kramte sein letztes sauberes Hemd heraus und stopfte die Pistole ins Schulterhalfter. Als er sich seine schwarze Krawatte band, flüsterte ihm der Stock des Barons etwas zu, und er glaubte an die Stimmen seiner Waffen, wenn sie sprachen, denn auch sie hatten ein Schicksal zu erfüllen, und wer weiß, schlanker Freund, vielleicht wirst du das Werkzeug seiner Beseitigung sein. Nur eins ist gewiß, daß es heute nacht geschehen wird.

Er nahm den Zylinder, die Handschuhe, löschte das Licht, stieg die Treppe hinab. Vom Fluß her wehte ein kalter Winterwind. Er brüllte nach einer Droschke und sank in die eisigen Polster. Ich muß mich etwas zusammenreißen in dem Restaurant, um nicht völlig in die Binsen zu gehen. Ich brauche mich noch, heute nacht. Ich werde die Kohlsuppe mit der Schweineschmalzsoße auslassen.

Er aß, enthusiastisch, aber in Maßen, so wie es sonst nicht seine Art war, wenn er die Freuden der Widermannschen Tafel genoß. In der Tat, er fühlte, wie diese neue Entschlossenheit Besitz von ihm ergriff – von nun an würde er immer so essen, weniger wie ein Wilder und mehr wie ein weiser Mann. Als es an der Zeit war, den Nachtisch zu bestellen, verzichtete er auf das Aprikosenkompott mit den riesigen köstlichen Knödeln und gab sich statt dessen mit einer frugaleren Mahlzeit aus Mandeln, Korinthen und Wein zufrieden.

Dennoch war er gezwungen, sich die Jacke aufzuknöpfen, und indem er es tat, ließ er die Hand über das lederne Halfter gleiten und berührte den Griff seines Revolvers, weil es ihm Glück bringen würde. Zehn Gran Schwarzpulver in jeder Patrone, Lazare, da wird dir das Lachen vergehen. Du wirst ganz anders lachen, nämlich aus deinem Hinterkopf. Auf dem Bett wirst du liegen und dich nicht mehr halten können vor Lachen, Lazare.

Er stand auf, der Ober reichte ihm sein Cape.

»Und Ihre Handschuhe, mein Herr.«

Er schlüpfte in die Fingerlinge aus hauchdünnem Leder, Spezialanfertigung für Männer, die Waffen tragen. Keinerlei Behinderung mehr in Situationen, die ein sofortiges Reagieren verlangen. Baron Mantes wird es dir bestätigen, wenn du ihn in der Hölle triffst.

Er trat auf den Boulevard Bonne-Nouvelle hinaus. Menschenleben sind billig: Tausende, Millionen, Milliarden, aus und vorbei. Du bist nur eins von ihnen.

Auf dem Boulevard du Temple hielt er vor dem Schaufenster des Altkleiderhandels, aber die Scheiben lagen im

Dunkeln, spiegelten ihn nicht. Ich habe Menschen umgebracht, und es ändert nichts. Sie kriechen mir nachts nicht ums Bett herum.

Eine Zirkusmusik lockte ihn an, das Rollen der Trommeln, das Schmettern der Trompeten. Die Reklame am Eingang des Cirque d'Hiver versprach »Die hohe Schule der Reitkunst, begleitet von Seiltanzen, Pantomime et cetera.« Er sah auf seine Uhr; also dann, bis Mitternacht.

Die rote Schwingtür ließ ihn ein, und er wanderte unter den geschnitzten goldenen Pferden hindurch in den bereits überfüllten Zuschauerraum. Die Magie des Orts ergriff sogleich Besitz von ihm – der Duft der Tiere aus Afrika, das Mädchen in den roten Flitterhosen auf dem ungesattelten Pferd. Sie hatte schwarze Haare, und ihre prächtigen, schweren Schenkel und muskulösen Waden waren atemberaubend schön und verführerisch.

Als sie an ihm vorüberritt, sah er, daß ihr Lächeln gefroren war, und ihre Augen sahen ihn nicht, ein Zeichen höchster Konzentration, wie er sie von Mördern kannte. Und was tun all die feinen Damen hier heute abend?

Er ließ die Augen langsam über die erste Zuschauerreihe wandern; ihre Toiletten waren kostbar, und ihre Gesichter paßten so gar nicht zu einer normalen Zirkusveranstaltung – eher schon zur Oper, in die Logenplätze, die Konzerthalle: Prinzessin Mathilde, Mademoiselle de Galbois, die Fürstin d'Essling.

». . . vom Persischen Golf, meine Damen und Herren, dürfen wir Ihnen nun den stärksten Mann der Welt vorstellen – den Großen Harid!«

Ein wild aussehender Bursche trat in den Ring. Sein öliges schwarzes Haar und die olivfarbene Haut gaben ihm einen fremdländischen Anstrich, seine tätowierten Arme mit den üblichen Schiffen, Ankern und unanständigen Sprüchen aber verrieten den gemeinen französischen Seemann. Picard lehnte sich gegen das Geländer der Arena und sah zu, wie der starke Mann ein Hundertpfundgewicht mit den Zähnen aufhob und über den Kopf nach hinten schleuderte; es landete mit einem lauten Donner auf einer in den Boden eingelassenen Metallplatte. Prinzessin Mathilde keuchte und schnappte nach Luft, klatschte begeistert, und der Große Harid sah sie voller Verachtung an, einer Verachtung, in die sich Lüsternheit mischte.

»Jetzt wird der Große Harid zehn Männer vom Boden heben! Zehn Männer! Freiwillige vor!«

Picard trat beiseite, als man die Schranke zur Arena öffnete und die Freiwilligen durchließ, zehn Männer, die auf eine Planke traten, die auf zwei Holzblöcken ruhte. Der Große Harid bückte sich unter die Planke, hob sie und die Männer mit seinen Schultern auf, setzte sie wieder ab, hob sie erneut, so als ob es ein Sack Kartoffeln wäre. Mademoiselle de Galbois quiekte vor Vergnügen, und noch einmal verbeugte sich der stärkste Mann der Welt vor den Damen des Hofes, mit einem Blick, in dem zu lesen stand, daß er sie auch heben würde, wenn sie es wünschten, und zwar allein mit der Spitze seines Schwanzes.

». . . und jetzt wird der Große Harid einen Elephanten heben!«

Die Trompeten schmetterten, und ein Elephantenbaby trat in den Ring, dem die Rohlinge Ketten angelegt hatten, die an einer eisernen Plattform darüber befestigt waren. Der Große Harid kletterte auf die Plattform, legte das Geschirr an, das mit den Ketten verbunden war, und hob den Elephanten zwei Fuß hoch vom Boden auf, wo er hin und her schwang.

»Der Große Harid, meine Damen und Herren!«

Harid verbeugte sich ein letztes Mal, sein öliges Haar hing ihm über die Schultern, und sein Blick war strahlend und geil.

»Und jetzt, meine Damen und Herren –« Der Zirkusdirektor knallte mit der Peitsche. »– unser berühmter Meister des Hochseils – Léotard!«

Ein junger Mann mit Schnurrbart in enganliegenden schwarzen Hosen sprang in die Arena, kletterte wie ein Affe die Seile hinauf und schwang sich auf ein Trapez, flog damit durch den Raum, löste sich ab und flog nun durch die Zirkuskuppel auf ein anderes Trapez, flog und löste sich wieder, flog und hüpfte, glitt und segelte über die Tiefe. Er wirbelte, stürzte und fing sich, entlockte den Damen Angstschreie, und als er schließlich das Hauptseil herunterrutschte, verkündete der Zirkusdirektor, daß Luftaufnahmen vom fliegenden Léotard in fünfunddreißig verschiedenen Posen im Foyer zu haben seien.

Der hübsche junge Akrobat machte die Runde, verbeugte sich da und dort, und als er Freunde im Auditorium entdeckte, rief er den Zirkusdirektor zu sich. Nervös die Peitsche schwingend, marschierte der Zirkusdirektor zu Léotard an den Ring. Die Zuschauer verrenkten sich die Hälse, um mitzubekommen, wen Léotard meinte, und der Zirkusdirektor befriedigte, nachdem er sich kurz mit dem Akrobaten beraten hatte, die Neugier aller Zuschauer mit einer Ankündigung:

»Meine Damen und Herren, Léotard hat mich soeben davon unterrichtet, daß heute abend zwei große Zirkusartisten unter uns weilen, Kollegen von ihm aus der Zeit, da er seine ersten Abenteuer auf dem Hochseil zu bestehen hatte. Es sind zwei Persönlichkeiten, von denen Sie alle gelesen haben, es handelt sich um das Paar, das zur Sensation von Paris geworden ist, das strahlende, berühmte Paar – Ric und Renée Lazare!«

Picard schob sich vorsichtig durch die Arena, versuchte der Erregung Herr zu werden, die von seinem Körper Besitz ergriff, als er Lazares Herz fixierte und rasch den Gummipfropfen von der Spitze seines Schießstocks entfernte. Trifft haargenau auf dreißig Meter Entfernung. Ein Zucken des Zeigefingers, und Lazare fällt um, während ich in der Menge untertauche. Die Vorsehung sendet mich dir, Lazare, die wandernde Nacht hat ihren eigenen, geheimen Plan, und dir und mir ist es bestimmt, im Pulverrauch einander zu begegnen, der sich rasch verziehen wird, ebenso wie ich mich, an der Brüstung entlang und hinaus zur Tür.

Der Zirkusdirektor stand zwischen ihm und Lazare, bereitete eine neue Ansage vor, knallte wieder mit der Peitsche, bat um Aufmerksamkeit. »Léotard konnte seine Freunde überreden, uns einen seltenen Hochseilakt zu bieten. Meine Damen und Herren, einen Augenblick

Geduld bitte, damit die beiden in ihr Kostüm schlüpfen können . . .« Der Zirkusdirektor und Léotard nahmen Ric und Renée Lazare in die Mitte, als sie die Treppe hinunter in die Arena schritten, und Léotard zeigte ihnen den Weg zu den Garderoben.

». . . Inzwischen, während wir auf die Rückkehr unseres mutigen Paares warten, darf ich Ihnen die weltberühmte Nadine Hatto und ihre dressierten Tauben vorstellen!«

Picard besetzte einen Platz nahe dem Garderobeneingang und sah der Vogelfrau zu, wie sie Tauben aus ihren Ärmeln und einer Reihe von leeren Schachteln zog, woraufhin sie sie in ihrem Taschentuch verschwinden ließ. Die Tauben, zerrupft nach einer langen Reise im dunklen Korb, waren zutraulich und intelligent. Sie landeten auf Nadines Schultern, ihrem Kopf, ihren Armen, und am Ende der Vorstellung war sie mit weißen Tauben übersät und ging in dieser Aufmachung hinaus, während Ric und Renée Lazare an ihr vorbei in die Arena schritten.

Lazare trug mit arabesken Schnörkeln verzierte, juwelenübersäte Kniehosen aus weißem Satin. Sein ärmelloses Hemd war ebenfalls weiß und auf ähnliche Weise geschmückt; sein schlanker, muskulöser Körper schien in der Arena ebenso zu Haus wie auf dem spiegelblanken Parkett seines Salons. Renée war ganz in Schwarz, ihr knappsitzendes Trikot enthüllte mehr ihre Reize, als daß es sie verbarg. Ihr langes Haar war zu einem strengen Knoten aufgesteckt, und sie kletterte das Leitseil mit langen, kräftigen, sicheren Klimmzügen hinauf, während Ric ihr folgte.

Die Damen in der ersten Reihe hatten sich erhoben, als die Lazares strahlend auf der Plattform des Trapezes standen und für den stürmischen Beifall dankten. Wieder wirbelten die Trommeln, und Ric Lazare band die Trapezstange los und schwang sich hinaus in die Zirkusluft. Picard spannte den Hahn seines Schießstocks. Du bist ein feiner und begabter Junge, Lazare, und hast einen stilvollen Tod verdient.

Lazare wirbelte auf der Trapezstange herum, ließ sie einen Augenblick lang los, rutschte ab und fing sich in letzter Sekunde mit dem Spann seines Fußes auf. Das Publikum tobte, und er schwang sich wieder empor, flog zur gegenüberliegenden Plattform, wo er, immer noch die Trapezstange haltend, erneuten Beifall auslösend, aufrecht stehend landete.

Als der Beifall endlich verebbte und die Trommeln wieder zu dröhnen begannen, schwang sich Renée Lazare hinaus in die leere Kuppel, hinüber, herüber, hin und her, immer höher hinaus. Wieder schmetterten die Trompeten, und Ric Lazare ließ sich am Handgriff des Trapezes hinabfallen. Renée löste sich von dem ihren und flog auf ihn zu. Ihre Hände begegneten einander im Raum, trafen sich, schlossen sich umeinander.

Picard sah den beiden eleganten Geschöpfen zu, wie sie zusammen auf einem Trapez, den rechten Arm im Triumph erhoben, hoch über den Köpfen der gaffenden Menge dahinsegelten.

Jetzt gehört ihnen Paris. Jetzt haben sie alle erobert, vom Kaiser bis zum Eisverkäufer, alle außer einem. Mir. Mich aber sollen sie niemals kriegen.

Denn ich bin wie der Große Harid – ein abscheulicher Koloß, der niemals die Feinheiten des Höhenflugs genießen wird. Harid und ich bleiben der Erde und dem Sägemehl verhaftet, während Sie, Monsieur und Madame, sich in den Wolken ergehen. Ich würde gern mal versuchen, ob ich den Elephanten aufheben kann. Ruhig jetzt, da ist schon meine wandelnde Zielscheibe.

Sie glitten am Leitseil herab, ließen es los und landeten federnd in der Mitte der Arena, während die Menge sich von den Sitzen erhob und wie besessen klatschte. Picard schob sich hindurch, näher heran an die Garderobentür. Der Schuß wird nicht zu hören sein. Man wird nur sehen, wie Lazare die Hände über der Brust verkrampft und zu Boden sinkt. Aller Augen werden auf ihm ruhen.

Ric und Renée Lazare kamen langsam näher, lächelten in die Menge und winkten ihren Freunden zu. Der Zirkusdirektor knallte mit der Peitsche, und drei Clowns stürzten in die Arena, ein Wirbelwind aus Lumpen und schlappenden Latschen. Picard machte noch einen Schritt nach vorn, als Ric Lazare im Schußfeld auftauchte. Und jetzt mußt du sterben, Lazare . . .

»Ach Monsieur, Sie sind es! Ich bin Ihnen so dankbar . . .«

Eine Hand packte ihn am Arm, und plötzlich lag er in den Armen einer jungen Frau. Verzweifelt ruderte er in der Luft herum, versuchte seinen Stock freizubekommen und abzufeuern, aber die junge Frau versperrte ihm die Sicht.

»Erkennen Sie mich, Monsieur? Sie haben mir in Nürnberg das Leben gerettet. Er war ein Mörder, wie sie sagten, der Mann, den Sie auf der Eisbahn niederschossen. Ich bin Ihnen so dankbar – wir sind zu Besuch in Paris, meine Eltern und ich. Sie müssen sie kennenlernen, sie werden sich schrecklich freuen. Ich hatte nie gedacht, daß ich Sie wiedersehen würde . . .«

Picard verrenkte den Hals, suchte Lazares Nacken, aber ein Clown sprang vor ihn hin.

»Du bist tot!« schrie der Clown und feuerte aus seiner Knallbüchse einen kleinen Gummiball gegen ihn ab. Er segelte auf Picard zu und traf ihn flüchtig auf der Stirn, prallte zurück und rollte über den Boden, Ric und Renée Lazare aber betraten unverletzt die Garderobe.

Vom Stamm des einsamen Baums, der die Rue des Nesle zierte, löste sich ein Schatten, und Albert näherte sich geräuschlos. Picard traf ihn am Rinnstein. »Hast du lange gewartet?«

»Ich warte gern«, sagte Albert. »Ich höre den Häusern zu.«

»Sprechen sie denn mit dir?«

»Die Treppen, die Fenster, die Türen – immer.«

Picard ging voraus, durchquerte die Halle seines Hauses. Aus der Pförtnerloge drangen leise Stimmen, sagten die Karten an. Die Katze sprang auf der Treppe herum. Sie stiegen zu Picard hinauf, und er öffente die Tür zu seiner Wohnung. »Wir müssen warten – ich werde etwas essen.« Er zündete die Wandlampe im Wohnzimmer an, wo der kleine Akrobat immer noch hing, gefangen im heiligen Faden.

»Sammelst du Spielsachen?«

»Ja«, sagte Picard und wandte sich zu Albert um, wollte ihm den baumelnden Akrobaten erklären. Doch Albert starrte ein anderes Spielzeug an, das auf dem Tisch im Wohnzimmer lag, eine Figur von der Größe des

Akrobaten, aber mit einem anderen Kostüm und einem anderen Gesicht. Das Kostüm war eine Abendgarderobe – Zylinder und Mantel. Das Gesicht . . .

»Eine bestrickende Ähnlichkeit. Wo hast du Modell gestanden?«

Picard ging vorsichtig darauf zu und hob es auf. Die Ausführung war genial, als sei die Figur von Elfen geschnitzt und von himmlischen Schneidern bekleidet. Aber sie gefiel ihm nicht.

Das Spielzeug kann Böses bewirken . . . Die Stimme Appel Meisterlins erhob sich warnend, als er das winzige Wesen in der Hand hielt, und sein Herz raste.

»Kann sie gehen?« fragte Albert neugierig, wie ein Kind.

»Ich denke, ja«, sagte Picard und reichte sie Albert mit leicht zitternder Hand.

»Es muß einen Schlüssel geben . . .« Albert suchte unter dem Mantel.

»Im Kreuz«, sagte Picard, »müßte ein Schlüssel sein.« Nur ein Spielzeug. Nichts weiter.

»Nein, da ist kein Schlüssel . . . Augenblick mal, doch, ich habe ihn.« Ein klickendes Geräusch zwang Picard zum Hinsehen. Albert drehte den Kopf herum, den Kopf der Figur, herum und herum. »Hier ist der Schlüssel – der ganze Kopf. Als wenn man jemand den Hals umdreht.«

Albert stellte den Miniatur-Inspektor auf den Tisch. Die Figur wanderte, tapsig wie ein Bär, über das Tischtuch, fiel hin und strampelte mit den Beinen in der Luft herum.

»Mangelndes Gleichgewicht«, sagte Albert. »Trotzdem, welche Ähnlichkeit.«

Der Kopf spulte zurück, und der winzige Inspektor lag still, mit dem Gesicht nach unten, auf dem Tisch. Picard hob ihn auf, ging zu dem Akrobaten und nahm ihn von der Wand. Er trug beide in die Küche und warf sie in den Kohlenherd. Die winzigen Figuren lagen unbeweglich in der schwelenden Glut, bis ihre Kostüme Feuer fingen. Der Akrobat machte einen Sprung, als die Feder sich durch die Hitze dehnte, und stolperte in die Flammen, die jäh aufloderten, als Picard den Rauchabzug öffnete.

Seine Spielsachen besaßen kleine Seelen, hatte Appel Meisterlin gesagt.

Die Figur mit dem Zylinder, der kleine Picard, strampelte und strampelte und überschlug sich noch einmal, bevor die Flammen seinen Leib verzehrten. Das Geräusch von springenden Federn klang hohl im Herdinnern, metallene Schreie der kleinen Wesen, Röcheln. Picard warf ein paar Kohlen nach und schloß die Herdklappe.

Er setzte eine Bratpfanne auf das Feuerloch und schnitzelte Gemüse und etwas Fisch hinein. Albert gesellte sich zu ihm an den Herd, während das Gemüse in der Pfanne schmorte. Der Dieb zog eine Zeitung aus der Tasche und reichte sie Picard, mit dem Finger auf eine Spalte in der Mitte der Seite deutend:

EINBRECHER IM PALAST

Monsieur Hyrvoix, Chef der Palastwache, gab bekannt, daß gestern nacht ein Einbrecher in den Palast eindrang, sich der Festnahme entzog und eine ganze Reihe von Räumen seiner kaiserlichen Majestät heimsuchte. Monsieur Hyrvois erklärte weiterhin, es sei nichts gestohlen worden, nur habe der Eindringling einen Offizier des Elitecorps der Kavallerie bewußtlos geschlagen. Man nimmt an, daß es sich um einen italienischen Spion gehandelt hat. Der Eindringling kam durch den Keller. Hyrvoix sprach sich für eine Vergrößerung der Palastwache und für erhöhte Wachsamkeit in dieser Zeit der politischen Spannungen aus . . .

Picard gab Albert die Zeitung zurück. »Du?«

Albert knöpfte den Hemdkragen auf und holte eine goldene Halskette hervor. Daran hing ein schwarzes ausgetrocknetes Stück Holz.

»Das Echte Kreuz?«

»Ich habe es durch eine perfekte Fälschung ersetzt. Niemand kann das eine vom andern unterscheiden.«

»Du sagtest, du hättest einen Käufer . . .«

»Ich sollte mich heute mit einem Abgesandten des Papstes treffen, aber ich habe mich entschlossen, es vorläufig zu behalten.« Albert nahm Picard die Kette wieder ab und legte sie sich um den Hals. »Wenn es das Echte Kreuz ist, was für eine Kraft steckt darin!«

»Fühlst du dich irgendwie anders, wenn du es trägst?«

»Nein.«

Picard legte zwei Gedecke auf und verteilte das gedünstete Gemüse auf die beiden Teller.

*

Sie betraten zusammen die Straße, gingen gemächlichen Schrittes dahin, ließen Paris zum Einschlafen Zeit. Lazare mußte nach dem Akt auf dem Hochseil müde sein, dämmerte sicher gerade ein. Schlaf, Lazare, schlaf ein. Träume süß.

Die Seine floß friedlich dahin; die Nacht war still und klar. Sie gingen die Brücke unter den Bogenlampen entlang und warfen lange Schatten. Ihre Schritte klangen dumpf. »Er ist nicht allein zu Haus, seine Diener – ich möchte sie nicht verletzen.«

»Allenfalls«, sagte Albert und zog einen Totschläger aus der Tasche, »einen Schlag auf den Kopf.«

Sie verließen die Brücke und gingen die Rue du Pont-Neuf entlang. Vor ihnen an der Kreuzung erschien eine eigentümlich runde Gestalt, die aus dem Eingang eines Stadthauses in der Rue de Rivoli heraustrat.

»Graf Cherubini«, sagte Picard.

»Weshalb trägt er eine Tonne?«

»Er war bei einem Maskenball.«

Der Graf wankte betrunken zum Bordstein. Sein Rumpf war mit einem dicken Weinfaß bekleidet, auf dem zu lesen stand:

Perrier Jouët
1857

Der übrige Körper trug Abendkleidung. Picard und Albert traten auf ihn zu, als er betrunken im Rinnstein umhertappte.

»Brauchen Sie Hilfe, Graf?«

Cherubini wandte sich ihnen mit glasigen Augen zu. »Wie freundlich von Ihnen. Ich versuche gerade den Hahn an meinem Faß aufzudrehen. Er scheint verklemmt.«

»Wir brauchen ein Glas«, sagte Albert, kniete sich vor das Faß hin und entnahm seinem Schal, in dem er sein Einbruchswerkszeug verwahrte, einen Schraubenschlüssel.

»Ja«, sagte Cherubini. »Ein Glas ist unterwegs. Der Herr in der Halle . . .« Er deutete auf die Stadtvilla. Die Tür ging auf, und Duval erschien in seinem Mönchsgewand, ein leeres Weinglas in der Hand. Er erblickte Picard und lächelte.

»Inspektor – schön, daß Sie auch kommen konnten. Fließt der Wein, Graf?« Duval trat an das Faß.

»Er fließt jetzt«, sagte Albert und drehte den Hahn auf, während Duval das Glas darunterhielt.

»Ein hervorragender Jahrgang«, sagte der Graf. »Einer der besten.«

Albert drehte den Hahn zu, und Duval reichte Cherubini das volle Glas. »Ich hole noch ein paar Gläser«, sagte der Bescheidene Priester und kehrte in das Haus zurück.

»Ein hervorragender Bursche«, sagte der Graf. »Stets zur Stelle, wenn man ihn braucht.«

Andere Nachtschwärmer sahen aus den Fenstern. Albert wickelte sein Einbruchswerkzeug in den Schal. Duval kam mit drei weiteren Gläsern zurück. Picard betätigte den Hahn, und der Wein floß. Sie erhoben ihre Gläser.

»A notre santé, meine Herren!«

»Auf Ihr Wohl, Graf.«

Die zarten Ränder der Gläser erklangen leise in der stillen Nacht.

»Wollen wir noch eins trinken?« fragte der Bescheidene Priester das Faß.

»Bitte, laßt es uns austrinken«, sagte der Graf. »Macht das Gehen leichter.«

Die Gläser wanderten wieder unter den Hahn. Graf Cherubini schlürfte an seinem Glas und wandte sich dann dem Gebäude zu. »Madame Valanne – Sie kennen Madame Valanne? – hatte etwas gegen mein Faß. Wollte nicht damit ins Bett gehen.«

»Zum Teufel«, sagte Albert und leerte sein Glas.

»Genau», sagte der Graf.

»Gehen Sie hierhin, zu dieser Adresse«, sagte Albert und kritzelte etwas auf eine Karte. »Fragen Sie nach Monique.«

»Oh, vorzüglich«, sagte der Graf und nahm die Karte. »Sie hat nichts gegen . . .« Er deutete auf sein Faß.

»Ihr wird's gefallen.«

»Ich freue mich so«, sagte der Graf. »Ich liebe effektvolle Kostüme.«

»Wir müssen gehen«, sagte Picard.

»Meine Herren, ein letzter Trinkspruch«, sagte Cherubini.

»Auf Monique.«

»Auf ihre Gesundheit, möge sie lange leben!«

Die Gläser waren leer, und Picard und Albert reichten die ihren Duval, der sie in seine Kutte steckte. Cherubini trat auf die Fahrbahn und rief eine Droschke, und Duval öffnete ihm die Tür, aber das Faß des Grafen wollte nicht hindurch. Duval kletterte hinein und zog den Grafen an den Armen, während Picard und Albert von hinten nachhalfen, bis Cherubini schließlich in den Wagen plumpste. Der Graf warf dem Kutscher Moniques Adresse zu, und die Droschke fuhr los. Cherubini öffnete das Fenster und winkte. »Meine Herren, ich wünsche Ihnen alles Gute ... kommen Sie mich besuchen ... jederzeit ... *addio*!«

Die Kutsche polterte die Rue de Rivoli hinunter und bog zum Fluß ab, während Picard und Albert sich umwandten und den Weg zur Rue de Richelieu einschlugen.

»Ein guter Wein.«

»Der Graf trinkt nur den besten«, sagte Picard. Seine Wangen glühten von dem seltenen Tropfen, und nun verlangte es ihn nach einem würdigen Abschluß des Abends. Sie gingen durch die Nacht, außer ihnen waren nur noch ihre Schatten unterwegs. Es war die Stunde, die er am besten kannte, wenn die Stadt schläft und die Unterwelt arbeiten geht. Heute nacht arbeite ich auch.

»Ich muß ihn umbringen, du verstehst.«

»Ich werde nur dein Sekundant sein«, sagte Albert.

Sie kamen am kaiserlichen Palast vorbei. Der Hof war festlich erleuchtet, aber die meisten Fenster des Palastes waren dunkel. Sie bogen in die Rue de Richelieu ein, kamen an den ersten, vereinzelten Läden vorbei. »Mein Hutmacher«, sagte Picard und deutete auf ein dunkles Schaufenster, in dem verschiedene Hüte auf gesichtslosen Holzköpfen ausgestellt waren.

Sie hielten an und studierten die seidenen Hüte. »Er ist

ein bißchen verrückt«, sagte Picard. »Behauptet nämlich, jeder, der einen Hut von ihm trage, würde es zu etwas bringen.«

»Und du –«

»Ich bin der Beweis dafür, daß er sich irrt. Aber ich sage dir eins – der Wind wird mir meinen Hut nicht vom Kopf wehen. So gut sitzt er.«

Sie gingen weiter die Straße hinunter, ließen die Läden hinter sich. Die Stadthäuser waren dunkel, die Höfe lagen verlassen da. Das schwarze schmiedeeiserne Tor vor Lazares Villa war hoch und außerdem verschlossen. Albert nickte, deutete auf das Haus an der nächsten Ecke. »Dort gibt es eine Passage, durch die man in diesen Garten kommt. Wir klettern über die Mauer und sind drin.«

Sie gingen an der Villa Lazares vorbei, bogen in eine kopfsteingepflasterte Gasse ein. Auf beiden Seiten waren Stallungen; drinnen konnte man die Pferde hören, die im Schlaf schnaubten, mit den Hufen durch galoppierende Träume stampften. Die Gasse roch nach ihrem süßen Heu und Dung und war vollständig dunkel. Die Rückseite von Lazares Haus bildete das Ende der Sackgasse. Albert kletterte auf die Mauer, legte sich flach und beobachtete den Garten. Dann ließ er sich an der anderen Seite hinunter, fiel geräuschlos zu Boden.

Picards Finger krallten sich in die Mauer, er zog sich hinauf. Auch Bären klettern manchmal – er fiel neben Albert zu Boden –, wenn sie hungrig sind.

Der Boden war gefroren. Sie hinterließen keine Spuren, als sie den Garten durchquerten. Albert kniete vor der Hintertür nieder, prüfte das Schloß. Dann entnahm er seinem Werkzeug-Schal einen langen Draht und steckte ihn ins Schloß, und er hantierte so lautlos, daß Picard einen Augenblick lang dachte, er habe sein Gehör eingebüßt. Das Schloß sprang auf, und sie betraten das unbeleuchtete Haus. Albert riß ein Zündholz an. Sie befanden sich in einer Speisekammer nahe der Küche. Er ging voran durch die Küche und den Dienstbotentrakt, hinauf in den ersten Stock. Blumenduft erfüllte die Luft, der stärker wurde, als sie den Saal betraten.

Pflanzen und Ranken hingen in den vom Mond erleuchteten Fenstern, Narzissenblüten verströmten einen betäubenden Duft. Wo die berühmten Gäste gestanden, von ihrem Vermögen, ihrem Schicksal getuschelt hatten, lag jetzt nur noch der persische Teppich und erstickte mit seinen Minaretten und Türmen jedes Geräusch, während Albert ein goldenes Tintenfaß einsteckte.

Der längst vergessene Bericht von Inspektor de Brugnières blitzte vor Picards innerem Auge auf: *... ein goldverziertes chinesisches Tintenfaß ... an den genannten Cagliostro zurückgegeben, nachdem kein ausreichendes Beweismaterial zu finden war, um ihn in Gewahrsam zu behalten ...* Cagliostro oder Lazare, wer auch immer, deine Stunde hat geschlagen. Picard wanderte mit Albert über den vom Mondlicht erleuchteten Teppich in die Vorhalle hinaus und zur Innentreppe.

Ein blitzartiges Aufleuchten im oberen Stock scheuchte sie ins Dunkel unter der Treppe zurück. Nackte Füße tapsten die Treppe herunter, begleitet von einer Kerzenflamme.

Am Fuß der Treppe machten sie halt, unmittelbar vor

ihren verborgenen Augen. Die Haut der Frau war milchweiß, ihr Haar flammend rot; ein prächtiger Anblick, wie sie da stand, so edel und schön in ihrem dunklen Abendkleid und dem Kerzenlicht in ihren dunklen, engstehenden Augen. Bei ihr war Lazare, und sie flüsterten in weichem, fließendem Spanisch miteinander, dessen sinnliche Rhythmen Ausdruck einer fremdartigen Leidenschaft waren. Sie gestikulierte mit ihren schwarzen Handschuhen, als ob sie Lazare ein großes Geschenk anböte, das er mit seinen eiskalt glitzernden Augen in Empfang nahm.

Dann war die Frau durch die Vorhalle verschwunden, und Lazare schloß die Tür hinter ihr, seine Schritte hallten durch den Westflügel und verstummten.

»*War sie es?*« flüsterte Albert.

»*Ja*«, antwortete Picard, als sie unter der Treppe hervorkamen.

»*Lang lebe die Kaiserin*«, sagte Albert mit einem schlauen Grinsen. Er streckte die Zunge heraus und riß den Mund auf wie ein wildgewordener Affe, leckte die Luft, durch die sie gegangen war, als koste er den letzten Rest ihrer Ausstrahlung.

Picard ging auf die Halle zu. Lazare hatte kein Geräusch mehr gemacht. Irgendwo im Westflügel . . .

Sie glitten durch die dunkle Halle, näherten sich den vorderen Räumen des Hauses. An der Wand sahen sie ein Gemälde hängen: eine sich aufbäumende Schlange, ihre Kehle von einem Pfeil durchbohrt. Albert hielt an und beäugte das Bild, während sie horchten und nur die undurchdringliche Stille des Hauses vernahmen.

Dann bewegte sich Albert rasch auf eine dunkle Holztür zu, die sich auf sein Tasten hin geräuschlos öffnete; der Dieb schien jetzt nur noch ein Schatten zu sein, sein Körper verschwand in einem katzenhaften Sprung, den Picard ihm nachzutun suchte, als sie Lazares Werkstatt betraten.

An der Wand hing ein Regal mit sorgfältig aufgehängtem Werkzeug, auf dem Tisch darunter lagen winzige Zahnräder und Federn. Eine einzelne Kerze brannte auf dem Tisch, beleuchtete die Gesichter verschiedener fertiggestellter Figuren – ein spanisches Tanzmädchen mit dem Gesicht der Kaiserin Eugénie, ein springender Tiger, ein Zirkusakrobat in der heroischen Haltung und mit den kühnen Gesichtszügen des unerschrockenen Léotard. Diese und andere Figuren füllten die Regale an den Wänden rundum.

Albert beleuchtete mit der Kerze einen kleinen Tisch mit einer winzigen Armee darauf, ausgerüstet mit Kanonen und Musketen, gekleidet in preußische Uniformen. Die Kavallerie ritt mit zurückgenommenen Flanken unter Führung ihrer säbelschwingenden Offiziere. Picard trat näher an den Tisch heran.

»Feuer!« sagte ein feines, dünnes Stimmchen, so leise wie ein vibrierendes Haar.

Die Kanonen spieen Feuer, und Picard taumelte zurück vor Schmerz, ein Geschoß explodierte in seinem Bauch, versackte in seinen Därmen.

»Feuer!« schrie die winzige Stimme wieder, und andere schrien im Chor, viele andere, als Picard zu Boden sank und Kugeln seinen Brustkorb und Hals zerfleischten.

Er sah, wie Albert mit einer verrückten Verrenkung

neben ihm zusammenbrach, ein Loch in der Stirn, die leblosen Augen weit aufgerissen.

»Feuer! Feuer! Feuer!«

Dichter, beißender Rauch füllte den Raum, während die mächtigen kleinen Kanonen die Luft durchsiebten. Mit blutdurchtränkter Weste kroch Picard auf das Tischchen zu, auf dem die winzige Streitmacht stand, er zwängte sich darunter, zwischen das Gewirr der Drähte, die das Feuer der Kanonen dirigierten. Die Drähte mündeten in der angrenzenden Wand, und die Kanonen feuerten noch eine Salve, ausgelöst von einem irgendwo hinter der Wand verborgenen Feind.

Picard erhob sich, den Tisch auf seinen mächtigen Schultern, riß die Drähte aus der Wand heraus, brachte die Kanonen zum Schweigen. Er stolperte durch die beißenden Schwaden, die entsetzliche Last auf den Schultern, einem Elephanten gleich, schwer wie die ganze Welt, unerträglich schwer, aber er bezwang ihr Gewicht, und er wußte, daß er sie weitertragen mußte, in alle Ewigkeit.

». . . meine Damen und Herren, der Große Harid!«

Die Menge toste. Das Tosen wurde lauter, so laut, daß er es nicht mehr ertragen konnte, ein betäubendes Tosen in seinen Ohren, seinem Hirn, seinem ganzen Körper.

Er brach zusammen, verstreute die Spielzeugarmee über den Boden. Blut quoll aus seinen Wunden, bildete eine Pfütze um ihn herum, und er lag da und starrte in die Augen eines kleinen Artillerieoffiziers. Die Uniform war in allen Einzelheiten vollkommen. Das Gesicht war das Ric Lazares.

Picard stöhnte auf, sein Körper richtete sich auf und erstarrte.

Der Tod riß ihn mit einem gewaltigen Ruck aus seiner sterblichen Hülle und hob ihn auf, trug ihn empor. Ein ungeheurer Donnerschlag erscholl, und Paris lag unter ihm, ein Dunst, ein Hirngespinst. Der Tod verbeugte sich und entfernte sich rasch, sein Auftrag war ausgeführt.

Tot, tot, tot, echote der Wind, als Picard gegen die Fäden kämpfte, die ihn heraushoben aus dem glitzernden Erdtheater, hinaufrissen in den dunklen Himmel. Er strampelte heftig, aber der feine, goldene Faden war stärker als er.

Ein schrecklicher Wind wirbelte ihn höher hinauf, peitschte die goldenen Drähte, und er hing wie ein leeres Theaterkostüm mit flatternden Armen und Beinen in der Luft.

Überall blitzten goldene Drähte, Milliarden von ihnen, hingen wallend, niemals sich verwirrend, zur Erde hinab, mit ihr verbunden und von ihrem heimlichen Meister hoch oben gesteuert, der ihn nun heftiger hinaufriß, bis er zu einem Kometen wurde, der hinauf in den Weltenraum entschwebte.

Er kämpfte dagegen an, bog die Drähte zurück und sah auf die Erde hinunter – ein kleines, blaues Schmuckstück im Weltraum, das in einem Schwarm von Satelliten um die Sonne wirbelte. Dann stürzte die leuchtende Sonne ab mit ihrem strahlenden Gefolge, wurde zu einem unter unzähligen anderen Lichtern.

Verzweifelt versuchte er zu beten, aber seine Lippen

waren versiegelt, vernäht mit goldenem Faden. Über sich sah er die gläserne Kuppel des Seins, auf der sich die Lichter des Weltalls widerspiegelten. Er durchschlug die Kuppel und trat hinaus in die absolute Finsternis. Er war allein. Das Universum lag unter ihm – ein großer Ball voller Sterne.

Eine Glocke ertönte.

»Ihre fünfundzwanzig Sekunden sind um, Monsieur Fanjoy«, sagte der Butler und öffnete die Tür des Zimmers.

Picard wirbelte herum, und der Inder mit dem weißen Turban verbeugte sich lächelnd, ein dunkles Leuchten in den Augen.

Der Telegraph tickte, und der Inder reichte Picard einen Zettel. Der entfaltete ihn mit zitternden Händen und las die Worte:

FATA MORGANA

»Bitte hier entlang . . .« Die Stimme des Butlers klang jetzt eindringlicher, und Picard überließ sich ihrer Führung.

Sie gingen hinaus, langsam die Halle hinunter, so als seien sie der Finsternis eines gigantischen Grabes entstiegen, auferstanden im Lande der Pharaonen. Picards Schritte hallten hinter denen des Butlers, und er lauschte ihnen mit klopfendem Herzen, vertraute sich ihnen an als der einzigen Realität.

»Monsieur Fanjoy –« Der Butler verbeugte sich stumm und bat ihn wieder in den Salon, wo Lazares Gäste ihn flüchtig, aber durchdringend ansahen und sogleich wußten, daß er eine seltsame und möglicherweise vernichtende Nachricht erhalten hatte.

Die Kerzen in den Kronleuchtern strahlten in einem besonderen Licht, stark und gleißend, und der grüne Wein, der um die griechischen Säulen rankte, erquickte sein Herz mehr als alles, was ihm das Leben je beschert hatte. Zittrigen Schritts wankte er auf Ric Lazare zu.

Lazare lächelte mitleidig und zufrieden, so wie der Inder gelächelt hatte. Picard blickte in die unheimlichen Augen Lazares, sah alles in ihnen, was er in der Kristallkugel gesehen hatte – den jungen Akrobaten, den Spielzeugmacher aus dem Tal des Großen Jammers, den Mörder von Anton Romani. Du bist der größte Meuchelmörder der Welt, und nur ein Narr würde sich mit dir anlegen. »Guten Abend, Monsieur.«

Die Menschentraube am Eingang machte ihm Platz, als er aus dem Salon hinaus in die Halle trat. Ein Diener erwartete ihn in der Garderobe und überreichte ihm Cape und Handschuhe. Er schlüpfte hinein, als er Schritte hinter sich hörte, sich umwandte. Duval kam durch die Halle auf ihn zu, und zusammen traten sie in den Hof hinaus. Nebelschwaden wogten, ein feiner Nieselregen hüllte ihn ein und vermischte sich mit den Tränen, die plötzlich in seinen Augen waren. Lebendig!

Er wirbelte seinen Stock herum. Duval plapperte an seiner Seite, und seine Stimme war das Echo von tausenden Unendlichkeiten der Nacht.

»Inspektor sind Sie? Habe ich richtig gehört?«

»Ja«, sagte Picard. »Also nehmen Sie sich in acht, Duval.«

»Heutzutage kann man niemandem mehr trauen«, seufzte Duval, als sie durch das schmiedeeiserne Tor auf die Rue de Richelieu hinaustraten. Duval rief eine Droschke. »Kann ich Sie irgendwo absetzen, Inspektor?«

Picard rief dem Kutscher zu: »Kennen Sie das Café Orient?«

»Pigalle«, nickte der Kutscher.

Picard kletterte zu Duval hinein, und die Droschke fuhr an, bog ab in die Rue Drouot.

»Ein überaus anregender Abend«, sagte Duval. »Ich muß mir unbedingt auch ein paar solche Räume und eine Kristallkugel zulegen. Heutzutage braucht man eine originelle Fassade.« Er wandte sich um zu Picard. »Sie sehen ganz bleich aus, Inspektor. Hat Ihnen Picards Wahrsagemaschine etwas Unangenehmes erzählt?«

Der Wagen bog in die Rue Notre Dame de Lorette ein. Die Lichter von Pigalle lockten in der Ferne. Picard saß und schwieg, die Augen starr geradeaus gerichtet.

»Ich hoffe, Sie verzeihen mir meine Frage«, sagte Duval. »Verzeihen Sie mir eine aufdringliche Frage, aber hatte es vielleicht mit einer – Frau zu tun?«

Picard starrte aus dem Fenster. »In der Tat, ja.« Er sah hinaus in die Nacht, als die glitzernden Lichter der Cafés näherkamen. Unter ihnen konnte er bereits das Café Orient ausmachen, mit seinen spiralförmig ineinander verschlungenen Drachen auf der gläsernen Eingangstür.

»Hier wären wir, mein Herr«, rief der Kutscher und fuhr die Droschke an den Bordstein.

»Sehen Sie sie irgendwo, Inspektor?« fragte Duval und folgte dem Blick Picards.

»Ich glaube, ja«, sagte Picard und öffnete die Droschkentür.

»Also, Inspektor – denken Sie dran – Eldorado Investments –«

Picard ging durch den feinen Sprühregen auf das Café zu und trat ein, überquerte die Terrasse, näherte sich der Brünetten in dem malvenfarbenen Kleid.

»Guten Abend«, sagte er und setzte sich an ihren Tisch.

»Weshalb sehen Sie mich so seltsam an?« fragte sie und lächelte, und ihre Ohrringe klingelten, als sie den Kopf bewegte.

»Weil du wunderschön bist«, sagte Picard und zündete die Kerze an, die auf dem Tisch stand und deren tänzelnde Flamme ihre Augen aufglühen ließ. Er faßte in die Tasche, holte Lazares Wahrsagung heraus und hielt sie in die Flamme.

»Ein Liebesbrief?« fragte sie und sah zu, wie sie zu Asche wurde.

»Eine Affaire, die man am besten vergessen sollte«, sagte Picard.

In der Ferne, vom Bahnhof an der Place Roubaix, hörte er einen Zug pfeifen.

Aber in Nürnberg, ein paar Tage später, auf einer Schlittschuhbahn im Mondlicht –

mein lieber Baron, wir werden uns wiedersehen.